HANGIL
GREAT BOOKS
161

어두운 시대의 사람들

한나 아렌트 지음 | 홍원표 옮김

한길사

Men in Dark Times

by Hannah Arent

Translated by Hong Won Pyo

MEN IN DARK TIMES by Hannah Arendt
Copyright © 1968, 1967, 1965, 1955 by Hannah Arendt
Copyright renewed © 1995, 1994, 1993 by Lotto Kohler
Copyright renewed 1983 by Mary McCarthy West
All rights reserved.
This Korean edition was published by Hangilsa Publishing Co., Ltd. in
2019 by arrangement with Houghton Mifflin Harcourt
Publishing Company through KCC(Korea Copyright Center Inc.), Seoul.

이 책은 (주)한국저작권센터(KCC)를 통한 저작권자와의 독점계약으로 한길사
에서 출간되었습니다. 저작권법에 의해 한국 내에서 보호를 받는 저작물이므로
무단전재와 복제를 금합니다.

로자 룩셈부르크(Rosa Luxemburg, 1871~1919)
로자 룩셈부르크는 마르크스주의 정치이론가이자 혁명가다.
『적기』(赤旗)라는 신문을 창간해 필명으로 글을 썼으며
유럽 노동운동인 제2인터내셔널 제3차 대회 연설로 이름을 알렸다.
자신이 속해 있던 사회민주당(SPD)이 독일의 제1차 세계대전의 참전을
지지하는 모습을 본 뒤 실망해 탈당하고
마르크스주의자 혁명그룹 '스파르타쿠스단'을 조직한다.
1919년 1월 혁명동지인 카를 리프크네히트와 혁명을 일으켰으나
실패하고 이송 도중 살해되었다.

카를 야스퍼스(Karl Jaspers, 1883-1969)
카를 야스퍼스는 아렌트의 스승이자 평생 우정을 나눈 친구였다.
둘은 서신을 교환하면서 '범죄와 책임' '한계상황과 인간조건'
'소통과 행위' '세계시민 문제' 등 다양한 주제로 정치철학적 대화를 나눴다.
이를 야스퍼스는 '실존적 소통'이라 불렀으며
아렌트도 서로의 공통점과 차이점을 조명하면서
자신의 인간성을 고양시킬 수 있었다고 말했다.
둘의 우정은 오늘날 정치에 참여하는 사람들을 인도하는 실천적 태도로서
중요한 의미를 지닌다.

발터 베냐민(Walter Benjamin, 1892-1940)
발터 베냐민은 독일의 유대계 작가이자 문예 평론가다.
그는 나치 독일의 성립과정을 직접 겪었는데
이 경험은 자신의 사상체계를 형성하는 데 큰 영향을 주었다.
철학, 역사, 문학 등 하나의 분과를 집중적으로 연구하지 않고
다수의 분과를 다양한 시각으로 조명했으며
최초로 '원자화' '분산화'된 개인의 집단적 대두를 근대의 징후로 꼽았다.
1940년 5월 독일 군대가 프랑스 국경을 넘어 진군하자
미국으로 망명을 시도했지만 실패하고 자살로 삶을 마무리한다.

헤르만 브로흐(Hermann Broch, 1886-1951)

헤르만 브로흐는 의식의 흐름과 철학적 사색을 결합시킨 독특한 스타일로
20세기 초 혁신적인 현대 소설을 개척한 작가다.
첫 소설『몽유병자들』을 발표하고, 당대의 대문호 토마스 만으로부터
'경탄할 만한 작품'이라는 찬사를 받았다.
1938년 오스트리아가 나치 독일에 합병되었을 때 유대인이라는 이유로 체포되었는데
당시 감옥에서 써내려간 작품이『베르길리우스의 죽음』이었다.
1950년 노벨문학상 후보에 오르고 예일 대학교 명예교수가 되었으나
일 년 후 심장마비로 세상을 떠났다.

베르톨트 브레히트(Bertolt Brecht, 1898–1956)
베르톨트 브레히트는 독일의 극작가, 시인, 연출가다.
그는 무대 위에 등장하는 인물들에게
관객을 감정이입하게 해서는 안 된다고 주장하며
연극이 현실이 아님을 상기시키는 여러 장치를 고안했다.
대표적으로 '낯설게 하기' 효과가 있으며 철학언어로 '인간소외'라 부르기도 한다.
관객은 브레히트의 작품을 감상하고 나서
감정의 해소를 느끼는 것이 아니라 껄끄러운 기분을 느끼며
이를 통해 현실을 새롭게 바라보게 된다.

나탈리 사로트(Nathalie Sarraute, 1900-99)
나탈리 사로트는 전통적 소설 개념인 '등장인물' '극적인 전개' 등을
부정하고 의식 저변에 깔린 감각, 이미지, 회상 등의
요소를 뒤섞는 '누보로망'(nouveau roman) 기법의 대표적인 작가다.
평론집인 『의혹의 시대』와 소설 『천체투영관』을 발표하면서
세계적으로 주목받았으며 시간이 지날수록 인간의 내면을
날카롭고 깊이 있게 탐구한 작품을 많이 발표해
자신만의 고유한 문학적 세계를 구축했다는 평가를 받는다.

위스턴 휴 오든(Wystan Hugh Auden, 1907-73)
위스턴 휴 오든은 영국의 시인으로 혁명적 정치학을 지닌
좌파 시인 그룹 '오든 그룹'(Auden Group)의 리더다.
프로이트의 사상에 영향을 받아 사회문제를 정신분석학적으로 진단했으며
자본주의 사회의 병폐를 분석하고 전체주의의 등장을 경고하기도 했다.
"악마는 언제나 평범한 사람의 모습을 하고 있다.
우리와 함께 잠을 자며 우리와 함께 밥을 먹는다"라는 말을 남겼고
볼링겐 상(1953) 전미도서상(1956) 등 많은 상을 받았다.

랜달 자렐(Randall Jarrell, 1914-65)

랜달 자렐은 시인이자 비평가로 활동했으며 어린이 책에도 글을 썼다.
『네이션』(Nation)의 서평란 편집을 담당하기 위해 뉴욕에 왔을 때
아렌트와 만난 것으로 알려져 있으며 아렌트의 글을 직접 편집했다.
주요 시집으로는 『이방인의 피』 『워싱턴 동물원의 여자』 『잃어버린 세상』 등이 있으며,
어린이 책으로는 『동물 가족』 『박쥐 시』 『생강 빵 토끼』 등이 있다.

HANGIL GREAT BOOKS 161

어두운 시대의 사람들

한나 아렌트 지음 | 홍원표 옮김

한길사

어두운 시대의 사람들

일러두기

1. 이 책은 한나 아렌트(Hannah Arendt)가 쓴
   『어두운 시대의 사람들』(*Men in Dark Times*)을 옮긴 것이다.
2. 원서의 이탤릭체는 고딕으로 표기했다.
3. 옮긴이주는 각주 뒤에 옮긴이라고 표기했다.
4. 각 장의 소제목은 독자의 이해를 돕기 위해 옮긴이가 달았다.

어두운 시대의 세계를 밝히는 빛:
우정, 정치적 사유 그리고 후마니타스

홍원표 한국외국어대학교 명예교수

1. 들어가기: 어디든 나타나는 어둠

원본의 제목 *Men in Dark Times*에서도 나타나듯이 이 책은 특정한 정치체제나 정치적 사건이 아니라 특정한 인물들의 삶을 주제로 삼고 있어서 독자들에게 일종의 전기라는 인상을 준다. 이 책은 1955년부터 1968년 사이에 출간된 연설문, 논문 그리고 에세이들로 구성되어 있다. 아렌트는 레싱을 제외하고 20세기에 활동했던 시인, 작가, 철학자, 혁명가 그리고 성직자 등을 우리에게 소개하고 있다. 이들은 아렌트의 표현대로 "시대정신의 대변자"는 아니라 하더라도 어두운 시대에 빛을 밝히려고 했던 인물들이다.[1]

이 기간에 출간된 주요 저작들은 『어두운 시대의 사람들』과 더불

---

[1] 아렌트는 베냐민의 편지 내용을 인용해 이러한 인물들의 세계에 대한 역할을 비유적으로 표현하고 있다. "이미 가라앉고 있는 돛대 꼭대기에 기어올라가 난파선에 몸을 의지하고 있는 사람처럼, 그러나 그곳에서도 그는 구조신호를 보낼 기회를 갖는다오." 아렌트, 『어두운 시대의 사람들』, 299쪽(이 해제 논문에서는 우리말 번역본의 쪽을 인용함).

어 인간의 자유가 지니는 특성과 인간의 위상을 조명하고 있다.[2] 『인간의 조건』(1958)은 역사 속에 나타나는 인간 일반의 삶과 그 양태를 인간학적 입장에서 조명하고 있다. 반면에 『예루살렘의 아이히만』(1963)은 정치적 자유의 소멸을 상징하는 전체주의 잔재인 아이히만의 정치적 악행을 주요 주제로 삼고 있다. 『혁명론』(1963)은 미국 혁명과 프랑스 혁명을 분석하고 있지만 시민들이 토론·설득·결정, 즉 행위에 참여하고자 모일 때 정치적 자유가 어떻게 실재가 되는가를 제시하고 있다. 여기에서는 특정한 인물이라기보다 행위자들의 정치적 삶을 다루고 있다. 그리고 1957년부터 집필한 8편의 논문으로 구성된 『과거와 미래 사이』(1968)는 전통 상실의 시대에 정치적 사유의 중요성을 현대인들에게 일깨워주고 있다. 이렇듯 아렌트의 저작들은 삶의 형식을 달리 조명하고 있는 것 같지만 인간에 대한 기본적 이해를 담고 있다

그러나 *Men in Dark Times*를 우리말로 옮길 때 사람들보다 '어두운 시대'라는 용어가 먼저 우리 관심을 끌게 된다. 아렌트의 '어두운 시대'는 정치적 의미를 담고 있는 은유다. 그녀의 주장대로 어두운 시대는 새로운 현상이 아니라 역사 속에서 무수히 존재했다. 그리고 어두운 시대는 정치체제의 유형에 관계없이 어느 곳에서나 나타날 수 있다. 아렌트는 미국의 어두운 시절(1965-70)에 베트남전 참전과 관련한 정책결정의 문제점을 『공화국의 위기』에서 소개했다.

『어두운 시대의 사람들』은 유럽 국가들에 존재했던 어두운 시대를 우리에게 이야기하고 있다. 어두운 시대는 어느 곳에서나 존재했고 또 존재할 수 있다는 아렌트의 주장을 고려할 때 한국 현대사에서

---

2) Gabriel Masooane Tlaba, *Politics and Freedom: Human Will and Action in the Thought of Hannah Arendt*, University Press of America: Lanham, New York and London, 1987, pp.ix, xv.

도 암울했던 시대는 길고도 길었다. 현재의 관점에서 볼 때 권위주의 시대는 어두운 시대였다. 이 시대에 권위주의와 투쟁하면서 민주화에 참여했던 정치행위자들은 바로 한국 사회의 어둠을 희미하게 밝히고자 했으며, 이 시기 비판적 지식인들의 정치적 사유 또한 어둠을 밝히는 빛이었다. 물론 여기서는 우리가 경험했던 어두운 시대를 조명하는 장은 아니다. 그러나 어둠을 빛으로 밝히고자 했던 수많은 정치행위자들에 대한 이야기는 말 그대로 잊힌 '과거'의 이야기로 망각되고 있는 우리 시대에『어두운 시대의 사람들』은 한국 현대사의 질곡에 도전해 자유를 찾고자 했던 인물들의 '치열한' 삶뿐만 아니라 그 시대를 우리의 기억으로 재현하고 그 의미를 반추하는 기회를 제공하는 귀중한 자료가 될 것이다.

아렌트는 이 책에서 어두운 시대에 특정한 인물들이 어떻게 살았는가를 이야기하면서 이들의 삶을 우리의 삶으로 다시 끌어들이고 있다. 아렌트는 이들의 삶을 조명하면서 많은 것들을 독자들에게 제공하고자 했다. 여기서는 이들 가운데 몇 가지 귀중한 내용들, 즉 우정, 정치적 사유 그리고 후마니타스에 관해 언급하기로 한다. 이러한 것들은 분주한 현대를 살아가는 우리에게도 여전히 귀중하기 때문이다.

2. 아렌트와 등장인물의 만남: 우정의 대화

레싱상 수상 연설문에서도 언급했듯이 아렌트는 "친구가 없는 삶이란 참다운 삶의 가치가 없다"[3]고 생각할 정도로 우정을 중요시했

---

3)『어두운 시대의 사람들』, 96쪽.

다. 아렌트는 우정의 본질을 대화 속에서 찾았던 그리스인들과 마찬가지로 생애 중에 우정의 대화를 지속하고자 했다. 요나스와 영-브륄은 아렌트를 "우정의 천재"라고 한다. 우리는 아렌트와 야스퍼스 사이의 실존적 소통을 통해 우정의 본질을 확인할 수 있다.

소통의 투쟁에서 비교할 수 없을 정도의 유대가 존재한다. 이러한 유대는 매우 극단적인 문제를 가능케 한다. 그것은 모험을 유지하며 모험을 공동의 모험으로 전환하는 결과에 책임을 지기 때문이다. 이러한 모험은 투쟁을 항상 두 사람의 비밀인 실존적 소통에 제한한다. 따라서 가장 가까운 친구란 공적인 것과 관련해 두 사람이 이익과 손실을 공유하는 투쟁에서 서로 씨름하는 친구다.[4]

아렌트는 야스퍼스뿐만 아니라 다른 인물들을 직접 만나고 우정을 유지할 수 있는 기회를 가졌다. 아렌트는 이 저서에 소개한 14명의 등장인물 가운데 레싱, 교황 요한 23세, 로자 룩셈부르크 그리고 이자크 디네센과 우정의 대화를 직접 나눌 수 있는 기회를 갖지 못했다. 그럼에도 아렌트는 이들의 저서나 전기를 통해 정신적 대화를 나누었다. 아렌트는 "충실은 진실의 징표다"라는 야스퍼스의 좌우명에 따라 등장인물의 삶을 충실히 드러내고자 했다. 에세이 형식의 전기로 구성된 이 책은 등장인물들의 출생순으로 구성되어 있다.

아렌트는 이들의 삶과 정신세계를 망각의 늪에서 우리 세계에 다시 드러내고 있다. 여기서는 아렌트가 생전에 만난 인물을 중심으로 아렌트의 우정을 소개한다. 무엇보다도 야스퍼스와의 우정이 가장

---

4) Karl Jaspers, *Philosophy*, vol. 2, Chicago and London: The University of Chicago Press, 1970, p.60.

돋보이기에 아렌트와 야스퍼스의 만남을 우선 소개한다.

아렌트는 1927년 하이데거의 소개로 야스퍼스를 만난 후 전쟁 기간을 제외하고 서신이나 방문을 통해 만났으며, 이 만남은 1969년 야스퍼스의 서거 직전까지 지속되었다. 야스퍼스가 회고하듯이 "아렌트의 철학적 유대는 그 몇 년 동안 가장 아름다운 경험으로 남아 있으며, 그녀는 젊은 시절 늙은 우리를 찾아와 경험한 것을 우리에게 가져다주었다."[5] 1933년 아렌트의 망명으로 이들의 만남은 오랫동안 단절되었지만, 전후 아렌트와 야스퍼스는 서신과 만남을 통해 자신들의 학문세계를 형성하는 데 공조했다. 아렌트의 저작에는 야스퍼스의 철학적 내용이 깊이 배어 있으며, 역으로 전후 야스퍼스의 정치철학에도 아렌트의 정치적 통찰이 보이고 있다. 아렌트는 야스퍼스 전기를 통해 이러한 점을 잘 보여주고 있다.

아렌트와 베냐민의 관계는 독특하다. 베냐민은 아렌트의 첫 번째 남편인 귄터 스턴(필명 안더스)과 사촌 관계다. 아렌트와 귄터 스턴은 베를린에서 베냐민을 만났으며, 1934년 파리에서 베냐민을 다시 만났다. 아렌트는 파리 망명 시절 귄터 스턴과 이혼한 이후에도 베냐민과 지속적으로 만났다. 아렌트가 블뤼허를 만난 이후 베냐민은 아렌트와 블뤼허 부부의 가장 절친한 친구가 되었다. 베냐민은 1936년 「이야기꾼」(Storyteller)이라는 논문을 집필하고 있었으며, 아렌트에게 『라헬 파른하겐』이라는 전기를 마무리하라고 권유했다.[6]

베냐민은 망명하기 위해 프랑스 국경으로 향하기 직전 자신의 「역사철학 테제」라는 원고를 아렌트와 블뤼허 부부에게 맡겼다. 아렌트

---

5) Karl Jaspers, "Philosophical Autography", Paul Arthur Shilpp ed., *The Philosophy of Karl Jaspers*, New York: Tudor Publishing Company, 1957, p.66.

6) Annabel Herzog, "Illuminating Inheritance: Benjamin's Influence on Arendt's Political Storytelling", *Philosophy & Social Criticism*, vol. 26, no. 1, 2000, p.2.

는 28년 후에 베냐민의 에세이 모음집을 출간하는 편집자의 역할을 했으며, 그 결실이 바로 『조명』(*Illumination*)[7]이다. 아렌트의 베냐민 전기는 이 책 서문에 실렸으며, 이후 『어두운 시대의 사람들』에 다시 수록되었다. 그러나 무엇보다도 중요한 것은 아렌트가 과거를 취급하는 독특한 방식인 이야기하기는 베냐민의 이야기하기로부터 많은 영향을 받았다는 사실이다.

아렌트와 브레히트의 관계 역시 독특하다. 아렌트와 결혼한 스턴은 언론인으로 일자리를 구하던 시기에 라디오 방송 원고를 브레히트에게 가져다주었고, 그의 도움 덕택에 귄터 안더스라는 필명으로 문필생활에 참여했다.[8] 브레히트가 새로 결성된 비밀경찰에 주소록을 압수당한 후 스턴은 파리로 망명했고, 아렌트는 이후 정치인사의 망명을 지원하는 일로 체포되었다가 풀려난 후 파리로 망명했다. "베냐민은 덴마크에 있는 친구인 브레히트를 방문했다가 미출간 시를 가지고 돌아왔다. 아렌트는 그것을 암기했다."[9] 아렌트는 브레히트의 시작(詩作)과 희곡 등으로부터 많은 영감을 얻었다.

제2차 세계대전이 끝난 다음 해인 1946년 아렌트는 시에 많은 관심을 갖게 되었다. 이때 아렌트는 쇼켄출판사에서 일을 시작했으며, 헤르만 브로흐의 부인인 안네 마리 마이어 그레페의 주선으로 시인이자 소설가인 브로흐를 만나게 되었다. 브로흐는 오스트리아가 독일에 합병되던 1938년 나치에 체포되어 수용소에 있을 때 임박한 죽

---

7) 헤로코트 출판사는 1968년에 이 책을 출간했다.

8) Elisabeth Young-Bruehl, *Hannah Arendt: For Love of the World*, New Haven: Yale University Press, 1982; 홍원표 옮김, 『한나 아렌트 전기: 세계사랑을 위하여』, 인간사랑, 2007, 171-172쪽(이후 인용에서는 『세계사랑』으로 표기함).

9) 『세계사랑』, 271-272쪽. 이 시는 「노자가 망명길에 쓴 도덕경을 쓰게 된 경위에 대한 성담」으로서 이후 『스벤보르의 시집』에 수록되었다. 『어두운 시대의 사람들』, 403쪽.

음을 목격하고 이에 영감을 받아 『베르길리우스의 죽음』이라는 소설을 집필하기 시작해 미국에서 이 소설을 완결지었다. 브로흐가 아렌트에게 매료되었듯이 아렌트 역시 그에게 매료되었다. 아렌트는 브로흐의 『베르길리우스의 죽음』에 주목했다. "아렌트는 브로흐의 독립심뿐만 아니라 여성들에 대한 그의 사랑에 감명을 받았다. 브로흐는 집념에 찬 여성들을 좋아하는 남성이지만, 아렌트는 브로흐의 개인적인 관심에는 일정한 거리를 두었다."[10] 아렌트는 브로흐가 사망한 1951년 상당한 분량의 무질서한 문학작품을 출판할 수 있도록 도왔다. "아렌트는 브로흐의 사망 이후 그가 마땅히 받을 만한 도움을 보여줄 정도로 그를 상당히 존경할 수 있었다."[11]

구리안(Waldemar Gurian)은 러시아계 유대인으로서 나치당 이론가인 슈미트(Carl Schmitt)의 지도 아래 법학을 연구했으나 나치의 영향력이 강해지자 자신의 탁월한 지적 에너지를 반유대주의 연구에 헌신했다. 미국으로 이주한 구리안은 노트르담 대학에서 『정치평론』(*The Review of Politics*)을 창간했다. 아렌트가 로마노 과르디니(Romano Guardini)로부터 종교철학을 배웠듯이 "구리안 역시 책임문제에 대한 과르디니의 지도를 인정했다."[12] 아렌트는 친구인 구리안의 초청으로 1954년 노트르담 대학에서 「철학과 정치」라는 주제로 강의를 했다. 아렌트는 구리안의 사망 후 추도사에서 구리안의 순수성에 존경을 표했다. "그는 이른바 문명사회의 장벽을 해체할 수 있었을 때 기뻐했다. 그는 이 장벽에서 인간 영혼 사이의 장벽을 목격했기 때문

---

10) 『세계사랑』, 338쪽.

11) 『세계사랑』, 339쪽.

12) M.A. Fitzsimons, "The Human Prospect as Seen in the Review of Politics, 1939-92: A Sesquicentennial Reflection", *Review of Politics*, vol. 54. no. 4, 1992, p.511.

이다. 순수성과 용기가 이러한 기쁨의 근원이었다."[13]

아렌트는 쇼켄출판사에 일할 때 자렐을 자주 만났다. 자렐은 영어권 현대 시인들인 오든, 디킨슨(Emily Elizabeth Dickinson), 예이츠와 같은 사람들을 아렌트에게 소개했으며, 그들의 시를 아렌트에게 들려주었다. "자렐은 독일어를 사용하는 나라를 사랑했다. 그는 이 때문에 자신을 독일 사람이 아닌 독일어를 말하는 사람으로 생각했던 아렌트의 동료가 되었다."[14] 자렐은 아렌트의 집에서 블뤼허와 함께 시를 함께 낭송하기도 했다. 1954년에 출간된 자렐의『어느 기관에 대한 풍자』(*Pictures from an Institution*)에는 아렌트와 블뤼허 부부에 대한 내용이 묘사되어 있을 정도로 이들 사이의 유대는 지속적으로 발전되었다.

여기에 소개한 등장인물들은 유대인과 직간접적으로 연계된다. 레싱은『현자 나탄』을 통해 기독교, 유대교 그리고 이슬람교 신자들 사이의 우정을 언급하고 있다. 18세기에 레싱은 멘델스존(Moses Mendelssohn) 그리고 헤르더(Johann Gottfried von Herder)와 함께 유대인들을 게토의 정신상태로부터 해방시키고자 노력했다.[15] 야스퍼스는 독일인이지만 유대인을 아내로 두었다는 이유 때문에 한때 대학교수직에서 해직되었으며, 오랫동안 "정신적 망명"을 하면서도 세계시민으로서 위상을 잃지 않았다. 로자 룩셈부르크(Rosa Luxemburg)는 혁명가이며 아렌트가 존경하는 유대인 여성이었다. 아렌트는 시인이며 작가인 브레히트와 브로흐, 그리고 구리안과 깊

---

13)『세계사랑』, 342-343쪽.
14)『세계사랑』, 343쪽.
15) Jerome Kohn, "Hannah Arendt's Jewish Experience: Thinking, Willing, Judging", Roger Berkowitz et al. eds., *Thinking in Dark Times*, New York: Fordham University Press, 2010, p.184.

은 우정을 나누었다.

이들은 아렌트와 마찬가지로 유대계 벼락출세자들과 달리 당시 세계를 비판적으로 성찰한 '자의식적인 한계인'이었다. 아렌트에 따르면 벼락출세자의 부류에 속하는 유대인들은 사회문제에는 관심을 갖고 있었지만 정치에 관심을 갖지 않았다. 반면에, 한계인은 다양한 형식으로 정치의식을 지니고 있다. 이렇듯 아렌트는 한계인의 위치에 있는 유대인들과 우정의 대화를 나누었다.[16] 우리는 이를 통해 유대인으로서 아렌트의 정치의식을 이해할 수 있다. 아렌트는 이 전기를 통해 유대인성을 드러내면서도 후술할 세계시민 의식을 드러내고 있다.

3. 전기에 드러난 아렌트의 자화상

아렌트는 1928년 박사학위를 마친 후 절친한 동료인 안네 멘델스존으로부터 라헬의 전기를 집필하도록 제안을 받았고 독일을 망명하기 직전까지 집필한 원고(마지막 두 장은 이후 완결됨)를 휴대한 채 프랑스로 망명했다. 라헬은 아렌트의 삶에 영향을 미쳤던 유대인 여성 가운데 한 사람이다. 『라헬 파른하겐: 한 유대인 여성의 삶』은 영-브릴의 표현대로 "자서전적 전기"[17]의 성격을 띠고 있다. 그러나 아렌트는 자신의 전기를 집필하지 않았다. 아렌트는 만년에 다른 동료

---

16) 아렌트는 벼락출세자(parvenu)와 한계인(pariah)이라는 구분을 브루멘펠트로부터 받아들였으나 이러한 구분은 실질적으로 프랑스계 유대인 출판업자이며 드레퓌스주의자인 라자레(Bernard Lazare)의 착상이었다. 라자레의 정치적 입장은 『전체주의의 기원』 제4장 「드레퓌스 사건」에서 소개되고 있다.

17) 『세계사랑』, 175-185쪽.

들로부터 이 요청을 받았을 때 "내가 나에 관한 이야기를 기록으로 남긴다면 내 말을 들으려고 누가 모일 것인가요?"라는 말로 완곡히 사양했다.

아렌트는 『어두운 시대의 사람들』에 소개된 인물들의 생애와 사상을 통해 우리에게 무엇을 이야기하고자 했는가? 아렌트는 분명히 이야기하기가 인간의 삶에 어떻게 의미를 부여하고 있는가를 제시하고 있다. 『어두운 시대의 사람들』은 전기에 유사한 연구논문으로 주로 구성되어 있는데,[18] 아렌트는 이들 가운데 일부의 글에서 자신의 개인적 정체성뿐만 아니라 학문적 입장을 눈에 잘 띄지 않게 살며시 드러내고 있다.

"아렌트는 로자 룩셈부르크와 이자크 디네센에 관한 에세이에서 두 여성의 지적 발전에 대한 열정을 부각시키면서"[19] 자신의 정체성을 살며시 드러내고 있다. 아렌트는 로자를 직접 만난 적이 없다. 오히려 로자와의 만남은 어머니인 마르타와 남편인 블뤼허를 통해 간접적으로 이루어진다. 블뤼허는 이 반란에 직접 연루되었다. 따라서 아렌트는 남편을 통해 로자를 알게 되었으며, 이후 네틀(Nettl)의 로자 룩셈부르크 전기를 통해 로자를 간접적으로 만날 수 있었다.

로자의 열렬한 지지자였던 마르타 아렌트는 쾨니히스베르크 동아리에 참여했지만 1919년 스파르타쿠스단의 반란이 총파업으로 이어졌을 때 이 단체를 지지했다. 이때 아렌트는 어머니에 이끌려 파업과 관련한 토론회에 참여했다. 단체의 회원들이 거리로 뛰쳐나오자 마르타 아렌트는 딸에게 "너는 관심을 가져야 한단다. 이것은 역사적

---

18) Steven Weiland, "Biography, Rhetoric, and Intellectual Careers: Writing the Life of Hannah Arendt", *Biography*, vol. 23, no. 3, 1999, p.389.

19) Lynn R. Wilkinson, "Hannah Arendt on Isak Dinesen: Between Storytelling and Theory", *Comparative Literature*, vol. 56, no. 1, Winter 2004, p.84.

인 계기란다!"라고 외쳤다. 아렌트는 이후 네틀의 저작을 통해 로자를 새롭게 조명했다. 아렌트는 로자의 죽음이 "독일에서 두 시대를 가르는 분수령이 되었다. 그것은 독일 좌파에서 돌아올 수 없는 시점이 되었다"[20]고 밝히고 있다.

아렌트는 또한 남편인 블뤼허를 통해 로자와 혁명을 이해할 수 있는 기회를 가졌다. 블뤼허는 1919년 스파르타쿠스단에 참여했으며, 이후 공산당에 참여했다. 블뤼허는 1920년에 설립된 정치대학 강의에 참여했으며 1921년 3월 행동투쟁, 1923년 10월 투쟁에 참여했다. 이러한 정치적 교훈은 아렌트의 혁명이론에 반영되었다. "블뤼허가 재고한 바와 같이 독일공산당의 쇠퇴와 몰락은 아렌트에게 어떠한 혁명도 평의회 없이 결코 성공할 수 없다는 명료한 개념을 제공했다."[21] 이렇듯 아렌트는 블뤼허를 통해 로자의 혁명이론을 이해할 수 있었다.

이제 아렌트가 네틀의 로자 룩셈부르크 전기를 소개한 에세이에서 자신의 삶을 간접적으로 밝힌 부분을 고찰하기로 한다. 앞에서도 언급했듯이, "로자의 죽음은 독일에서 두 시대를 가르는 분기점이 되었으며, 독일 좌파 세력에게는 돌이킬 수 없는 국면이 되었다."[22] 아렌트의 경우 1933년은 독일 망명 이전과 이후의 삶을 가르는 전환점이었다. 이때 아렌트는 정치에 관심을 갖게 된다. 로자가 일련의 정치문제에 깊이 관심을 가졌듯이 아렌트 역시 망명 시기에 정치에 관심을 갖게 되었다. 아렌트는 로자에 대한 언급을 통해 자신이 정치에 관심을 갖게 된 계기를 밝히고 있다.

로자는 1914년 2월 시민불복종을 부추겼다는 대중선동 혐의로 형

---

20) 『세계사랑』, 87쪽.
21) 『세계사랑』, 239쪽.
22) 『어두운 시대의 사람들』, 111쪽.

사법정의 판사들 앞에서 자신의 진술이 진실이었음을 입증했듯이[23) 아렌트 역시 망명 직전 비밀경찰에 체포되어 심문을 받으면서 정치적 상황의 심각함을 인식했다. 아렌트는 로자의 진술을 통해 자신의 정치적 체험을 간접적으로 밝히고 있다. 그러나 "세계정세가 정의와 자유에 대한 자신의 감정을 건드리지 않았다면 로자는 레닌과 달리 식물학, 동물학, 경제학 또는 수학에 관심을 가졌을 것이라는 지적"[24)은 아렌트 자신의 학문적 관심사의 변화를 간접적으로 밝히고 있다. 아렌트는 학생 시절에 신학과 철학에 관심을 가졌기 때문이다.

아렌트는 마르크스에 대한 로자의 입장을 통해 마르크스에 대한 자신의 입장을 간접적으로 언급하고 있다. 아렌트는 "마르크스는 모든 사람들 가운데 실재에 대한 가장 훌륭한 해석자"이지만 "헤겔류의 수법에 로코코풍의 장식을 달고 있는 『자본』 제1권에 두려움을 느낀다"는 로자의 주장을 소개하고 있다. 아렌트의 로자는 『자본의 축적』에서 마르크스의 사유의 대담성을 강조하면서도 이론적 오류를 지적했다. 이는 마르크스에 대한 아렌트의 관심과 비판에도 그대로 나타나고 있다. 아렌트는 『전체주의의 기원』(1951)을 출간한 이후 마르크스의 노동 개념에 많은 관심을 갖고 연구했지만 「마르크스와 서구 정치사상의 전통」이라는 논문을 출간했다. 아렌트는 『인간의 조건』에서 마르크스의 노동 개념이 오류였다는 것을 분명히 보여주고 있다.

아렌트가 언급한 바와 같이 "우리는 로자 룩셈부르크의 정치이념이 요기헤스(Leo Jogiches)로부터 얼마나 영향을 받았는지 결코 알 수 없다. 결혼한 사람들의 경우 상대편의 사상을 따로 떼어놓고 설명

---

23) 『어두운 시대의 사람들』, 112-3쪽.
24) 『어두운 시대의 사람들』, 115쪽.

하기란 쉬운 법이 아니다."[25] 아렌트의 이러한 지적은 『전체주의의 기원』을 집필하는 과정에서 남편인 블뤼허로부터 지적 도움을 받았다는 점을 간접적으로 부각시키고 있다. 아렌트는 또한 로자로부터 혁명의 귀중한 원리를 배웠다. 아렌트의 지적에 따르면 "혁명은 어느 누구에 의해 만들어지는 것이 아니라 자발적으로 발생하며, 행위를 위한 압력은 항상 밑으로부터 나온다."[26] 로자의 이러한 혁명적 교훈은 헝가리 혁명에 관한 논문과 『혁명론』에 반영되어 있다.

아렌트는 일생을 통해 이야기꾼들의 이야기에 관심을 가졌다. 덴마크 단편작가인 이자크 디네센은 1959년 뉴욕을 방문해 여러 단체로부터 초청 강연에 응했으며, 아렌트는 이때 강연에 참석하여 디네센을 볼 수 있었다.[27] 아렌트는 디네센이 사망한 지 1년 후인 1963년 뉴욕을 방문했을 때의 디네센을 다음과 같이 설명했다.

디네센은 뉴욕을 방문했는데, 그의 나이는 상당한 편이었고……
르네상스식 의자로 안내되어 포도주를 대접받았으며, 이후 종이
한 장도 없이 『아프리카를 회상하며』(*Out of Africa*)에서 나오는 이
야기를 한 마디씩 언급하기 시작했다. 청중들은 모두 젊은 사람들
이었는데 압도되었다……. 그는 역시 위대한 여성이다.[28]

우리는 아렌트와 디네센의 만남을 아렌트의 반응에 대한 영-브륄

---

25) 『어두운 시대의 사람들』, 126쪽.
26) 『어두운 시대의 사람들』, 134쪽.
27) Wilkinson, "Hannah Arendt on Isak Dinesen: Between Storytelling and Theory", p.82.
28) 『세계사랑』, 73-74쪽.

의 보도를 통해서만 간접적으로 알 수 있을 뿐이다.[29] 아렌트는 앞에서 소개한 인물들과 달리 대화를 나눌 수 있는 기회를 갖지 못했음에도 불구하고 디네센에 관한 전기 이외에 자신의 다른 저작에서 디네센을 여러 차례 인용했다. 아렌트는 『인간의 조건』 가운데 노동을 설명하는 제3장에서 디네센의 주장을 인용한다. 그녀는 완벽한 형태의 행복 가운데 '고통의 중단'을 언급한 유일한 근대 작가로 디네센을 들고 있다.[30] 아렌트는 행위를 설명하는 장에서 디네센의 이야기를 다시 언급한다. 하나는 '행위'에 관한 제5장의 제사(題詞)다. "여러분은 모든 고통을 이야기로 바꾸거나 그것들에 대해 이야기할 경우 모든 고통을 견뎌낼 수 있다."[31] 다른 하나는 한 개인에 나타나는 인격의 위대성과 중요성을 설명하고자 인용한 다음의 문장이다. "외과의사와 과자제조자 그리고 대저택의 하인들은 그들이 행한 것을 기준으로 심지어는 그들이 하려고 의도했던 것을 기준으로 평가받도록 하라. 위대한 사람들은 현재의 자기 모습으로 판단받는다."[32]

윌킨슨(Wilkinson)은 이 제사에 대해 치밀하게 추적하고 있다. 그에 따르면 아렌트는 1957년 『뉴욕 타임스 서평』에 게재된 전화 대담 내용을 인용했다. 대담자인 벤트 몬(Bent Mohn)이 "당신은 반쯤은

---

29) "그가 뉴욕을 방문했는데, 그의 나이는 상당한 편이었으며, 그의 신체는 놀랍게도 유약한 편이었지만 옷차림은 예뻤다. 그는 르네상스 의자로 안내되어 포도주를 대접받으며 이후 종이 한 장 없이 『아프리카를 회상하며』에서 나오는 이야기를 한 마디씩 언급하기 시작했다. 청중들은 모두 젊은 사람들이었는데 압도되었다……. 그는 장소와 시간을 알고 있는 신으로부터 온 유령과 같았다. 그는 책의 내용을 훨씬 더 확신 있게 말했다. 그는 역시 위대한 여성이다."(『세계사랑』, 74쪽)

30) Arendt, *The Human Condition*, Chicago: The University of Chicago Press, 1958, p.113.

31) Arendt, *The Human Condition*, p.175.

32) Arendt, *The Human Condition*, p.211.

고립된 집에서 라디오를 듣거나 텔레비전을 보면서 지내는 1957년 현재의 사람들에 대해 글을 쓰고 싶지 않은지요?"라고 질문하자, 디네센은 다음과 같이 언급했다.

> 저는 제 당대 사람들에 대해 글쓰기를 원하지 않는다는 인상을 당신에게 주어야 합니다. ……그리고 저는 소설가가 아니며 작가도 아닙니다. 저는 이야기꾼입니다. 제 친구들 가운데 한 사람은 네가 모든 고통을 이야기로 바꾸거나 고통에 대해 이야기를 한다면 모든 고통을 견딜 수 있으며, 아마도 이것은 전적으로 진실되지 않은 것이라고 보지는 않는다는 점을 언급했습니다. 저의 경우 인생의 설명은 인생의 멜로디이며 유형인 것 같습니다. 저는 생애에서 그러한 무한하고 진실로 생각할 수 없는 환상을 느낍니다.[33]

아렌트는 1950년대 말 이전에는 주로 개념적 사유에 의존해 정치이론을 정립했지만, 이야기하기는 이후의 저작에 두드러지게 나타난다. 베냐민의 이야기하기가 『전체주의의 기원』 등 많은 저작의 지침이 되었지만, 아렌트는 호메로스(Homeros)의 영웅에 관한 이야기하기의 현대적 모델로서 디네센을 들고 있다.

디네센은 현대의 세헤라자데였고,[34] 아렌트 역시 역사적 사건의 의미를 밝히는 이야기꾼이 되었다. 디네센은 아프리카에 머무는 동안 첫 번째 남편과 이혼을 하고 커피농장 경영에 실패했으며 연인을 상실하는 극단적인 상실을 경험했다. 아렌트는 디네센과 상황은 다르지만 하이데거와의 결별, 그리고 나치체제로부터의 망명, 나아가

---

33) Wilkinson, "Hannah Arendt on Isak Dinesen: Between Storytelling and Theory", p.77.
34) 『어두운 시대의 사람들』, 201쪽.

"언어적 망명"[35]이라는 극단적인 상실을 경험했다. 아렌트는 디네센의 상실에 대한 묘사를 통해 자신의 삶을 간접적으로 드러내고 있다. 특히 아렌트는 디네센 전기에서 어린 시절의 디네센을 이야기하고 있다. 디네센은 열 살 때 맞은 아버지의 죽음에 충격을 받았다는 사실, 그리고 아버지의 자살에 숨겨진 이유를 밝히고 있다. 디네센의 삶에 대한 이러한 묘사는 어린 시절 아렌트의 상실감을 간접적으로 독자들에게 알려주고 있다.

어두운 시대의 사람들은 정치적 사유를 통해 어둠을 밝히고 있다. 아렌트는 이 전기에서 그러한 사람들과 같은 역할을 하고 있다는 점을 제시했다. 레싱상 수상 연설문에도 아렌트의 자화상이 드러난다. 아렌트는 레싱의 사유가 지니는 특성을 언급하면서 마치 자신에 대해 언급하고 있는 것 같다. "아렌트의 사유 방식은 그녀의 특성 가운데 가장 모호하면서도 독창적인 것이다."[36] 레싱상 수상 연설문은 아렌트의 이러한 사유 방식을 탐구하는데 훌륭한 자료들 가운데 하나이다. 레싱이 "자기사유"의 자유를 언급했듯이 아렌트는 단일한 논리에 제약을 받거나 사유와 그 결과를 연결시키지 않았다.

사유의 결과는 스스로 제출해 놓은 과제의 최종적 해결을 의미하는 한 그는 결과에 대한 욕구를 분명히 비난했습니다. 다시 말해 그의 사유는 진리를 향한 탐구가 아닙니다. 사유과정의 결과인 모든 진리는 필연적으로 사유의 이동을 중단시키기 때문입니다. 레

---

35) 디네센은 연인에 대한 관심으로 『아프리카를 회상하며』를 영어로 썼으며, 아렌트는 미국에 정착한 이후 모국어인 독일어가 아닌 영어로 저서를 집필했다. 두 여성의 경우 파국은 언어적 망명을 수반했다.

36) Ronald Vázquez, "Thinking the Event with Hannah Arendt", *European Journal of Social Theory*, vol. 9, no. 1, 2006, p.43.

싱이 세상에 유포시킨 인식의 효모는······ 다른 사람들에게 자립적
인 사유를 하도록 자극하기 위한 것이며, 사유하는 사람들 사이에
대화를 갖게 하는 데 그 목적이 있었을 뿐입니다.[37]

레싱의 사유가 단순히 "나와 나 자신 사이의 대화"(플라톤)가 아니
라 "다른 사람들과의 예견된 대화"[38]이듯이 아렌트는 레싱의 사유
와 행위가 비밀스런 연결고리를 지니고 있다고 생각했다. 그것은 바
로 이동의 자유다. 레싱은 성공하지는 못했지만 논쟁과 대화를 통해
진리가 인간화될 수 있는 세계를 바랐다. 아렌트 역시 이러한 세계를
사랑했다.

4. 밝음과 어둠, 어두운 시대:
  시적 은유의 정치화(politicalization)

아렌트의 저작에서 '밝음'과 '어둠'은 인간의 다양한 삶을 특징적
으로 드러내는 중요한 은유다. 아렌트는 브레히트의 시「후손들에
게」의 핵심적인 시어를 정치언어로 전환하면서 시어의 이미지를 그
대로 수용한다. 그러나 아렌트는 『인간의 조건』에서 인간의 활동영
역 가운데 사적 영역을 '어둠의 영역'으로 묘사함으로써 어둠이라는
시어를 중립적인 의미로 사용한다. 이렇듯 아렌트의 저작에서 '어
둠'이라는 표현이 때로는 부정적 의미로 때로는 중립적인 의미로 사
용되기도 한다. 이러한 측면은 용어의 이중성 또는 모순으로 이해되

---

37) 『어두운 시대의 사람들』, 75쪽.
38) 『어두운 시대의 사람들』, 75쪽.

기 쉽다.

우선 '어둠'이라는 표현에서 중립적 이미지를 드러내고 있는 몇 가지 예들을 고찰하고, 다음으로『어두운 시대의 사람들』에서 어둠이 담고 있는 부정적 이미지와 의미를 살펴본다.

아렌트는『인간의 조건』에서 '밝음'과 '어둠'을 '드러남'과 '숨김'으로 표현하고 있다. "사적 영역과 공공영역의 차이는······ 보여야 하는 것과 숨겨져야 하는 것 사이의 차이와 일치한다."[39] 이렇듯 사적 영역은 어둠의 영역으로, 공공영역은 빛의 영역이다. 이때 밝음과 어둠이라는 용어는 긍정 또는 부정의 의미보다 '중립적인' 의미로 사용되고 있다. 물론 여기에서 '중립적'이라는 용어는 제한적인 의미로 사용될 수 있다. 그리스 시대 '사생활'이라는 용어에 해당하는 'privacy'는 '결여'란 의미를 담고 있기 때문이다. 이때 '숨김'은 분명히 부정적 이미지를 담고 있다.

그러나 "근대는 숨겨진 것의 영역이 친밀성이라는 조건 아래서 얼마나 풍요롭고 다양할 수 있는가를 발견했다."[40] 사적 영역은 친밀성의 원리에 의해 보호되어야 하는 공간이 되었다. '친밀성'은 사람들 사이에 거리감이 없다는 의미를 담고 있기 때문에 이와 관련된 활동은 다른 사람들의 시선에 드러나기보다 숨겨질 때 오히려 그 진가를 유지할 수 있다. '사랑'은 관련된 당사자들의 개인적인 사항이기에 노출될 때 수치스러움을 야기할 수 있을 뿐만 아니라 그 고귀성을 상실할 수도 있다. 따라서 친밀성의 원리가 작동될 때 그 고유성을 유지하고 있는 사적 영역은 인위적 노력에 의해 형성되는 공공영역과 달리 자연공동체로서 특성을 지니고 있기 때문에 공공영역의 시

---

39) Arendt, *The Human Condition*, p.72.
40) Arendt, *The Human Condition*, p.72.

선에서 볼 때 외부인들의 시선이 침투하지 못하는 어둠의 영역이다.

아렌트는 현상세계의 특성에서 유추해 드러나지 않는 영역으로서 정신 영역을 들고 있다. 『혁명론』에서도 언급되듯이 "마음은 어둠 속에서 그리고 그 어둠 때문에 진행되는 끊임없는 투쟁을 통해 그 근원을 살아 숨 쉬게 해야 한다."[41] 우리는 다른 사람들의 마음을 눈으로 확인할 수 없다. 이 어두운 곳을 드러내라는 요구는 종종 심각한 결과를 초래할 수 있다. "마음은…… 자신을 은폐할 때는 솔직했던 것이 노출될 때에는 거짓된 것같이 보여야 한다는 것을 너무나 잘 알고 있다."[42] 인간 마음의 '어둠'을 밝음으로 전환하는 것은 오히려 부정적 결과를 초래하기 때문에 아렌트는 어둠을 마음의 고유성으로 규정하고 있다. 아우구스티누스는 "인간 마음의 어둠"을 다음과 같이 표현하고 있다. "좋은 마음도 숨겨져 있고 악한 마음도 숨겨져 있다. 좋은 마음에도 심연이 존재하고 악한 마음에도 심연이 존재한다."[43] 이렇듯 정신활동의 "은폐 속의 삶"[44]은 신체활동의 드러난 삶과 대비된다. "현상세계나 신체활동의 시각에서 볼 때 정신활동의 주요 특징은 비가시성이다."[45]

지금까지는 어둠이라는 표현에서 중립적인 이미지를 담고 있는 표현에 대한 아렌트의 입장을 고찰했다. 인간의 삶 가운데 어둠과 연계된 부분은 분명히 존재한다. 아렌트는 드러나지 않음 또는 어둠의 고유성을 부정하고 있지 않다. 그러나 우리는 밝음과 어둠의 이중성에 대한 아렌트의 입장을 고려하지 않을 때 『어두운 시대의 사람들』에

---

41) 아렌트, 홍원표 옮김, 『혁명론』, 한길사, 2004, 182쪽.
42) 『혁명론』, 182-183쪽.
43) 아렌트, 홍원표 옮김, 『정신의 삶 1: 사유』, 푸른숲, 2004, 61쪽.
44) 『정신의 삶 1: 사유』, 113쪽.
45) 『정신의 삶 1: 사유』, 113쪽.

서 표현되는 어둠의 이미지만을 연상시킬 수 있다.

이제는 『어두운 시대의 사람들』에서 나타나듯이 부정적 의미로 표현되는 '어둠'에 대해 살펴보기로 한다. 아렌트는 이 책의 머리말에서 "어두운 시대"를 브레히트의 유명한 시 「후손들에게」로부터 빌려왔다고 지적하면서 이 시대의 특징적 양태를 밝히고 있다.[46] 브레히트는 1930년대 독일의 암울한 상황을 다음과 같이 표현하고 있다.[47]

참으로, 나는 어두운 시대에 살고 있구나!
악의 없는 언어는 어리석게 여겨진다.
주름살 없는 이마는
무감각을 나타내게 되었다. 웃는 사람은
아직 끔찍한 소식을 듣지 못했을 따름이다.

이 시대는 도대체 어떻게 된 것이냐!
나무들이나 이야기하는 행위가 범죄가 되는 시대
곧 그 많은 범죄행위에 관한 침묵을 내포하고 있으니
천천히 길을 건너가는 사람은,
곤경에 빠진 그의 친구들을 아마
만날 수도 없겠지?

아렌트의 표현대로 이 시에는 무질서, 굶주림, 학살과 살육, 분노, 절망, 증오 등을 담고 있다. 아렌트는 머리말에서 어두운 시대를 특징화하면서 어두운 시대의 모습을 이 책 어디서나 볼 수 있다고 밝혔

---

46) 『어두운 시대의 사람들』, 60쪽. 구체적인 내용은 299-364쪽을 참조할 것.
47) 연작시 가운데 두 번째와 세 번째 시는 347-409쪽을 참조할 것.

다. 물론 어둠 자체는 잘 드러나지 않기 때문에 언어 속의 이미지를 통해 주로 이해될 것이다. 물론 이러한 것들은 공적으로 나타날 때 현실적이지만 잘 드러나지 않을 뿐만 아니라 공적인 대변자들은 교묘하게 효과적인 말로 현실적인 것을 은폐하거나 정당화한다. 은폐와 정당화는 당연히 보이지 않는 규제로 이어지기 쉬워진다. 이러한 상황에서 진실은 무의미한 것으로 바뀐다. "공공영역의 불가시광선(black light)은 삶의 실재를 이해할 수 없는 사소함 속에 침몰시키는 빈말이다."[48] 따라서 공공영역이 신뢰성을 상실하여 그 빛을 상실한 시대가 바로 어두운 시대다. '어둠'은 단순히 사실 자체의 공포가 아니라 불유쾌한 사실의 너무나 공공연한 비가시성을 의미한다.

여기서도 나타나듯이 '어두운 시대'는 명료하게 정의되고 있지 않다. 이 책을 읽은 독자들은 아렌트의 개념적 불명료성에 불편함으로 느낄 것이다. 왜 그럴까? 아렌트는 시어와 시적 은유를 이용해 공공영역의 특성을 드러내고자 했기 때문이다. "합리적 설명은 인과율이나 논리적 일관성과 연관되지만, 시적 통찰은 우리를 이미지로 사유하게 한다. ……시적 통찰은 언어에서 지각(perception)이지만, 합리적 설명은 언어를 통한 표상이기 때문이다."[49] '어두운 시대'는 은유다.

아렌트는 1933년에 독일을 망명하기 직전 독일에서 정치현실의 공허함(emptiness)을 경험했다. 그녀는 또한 "프랑스의 붕괴로 프랑스 정치무대의 **텅 비는**"[50] 상황뿐만 아니라 당시까지 정치에 참여하지

---

48) Roger Berkowitz, "Introduction: Thinking in Dark Times", Roger Berkowitz et al. eds., *Thinking in Dark Times*, New York: Fordham University Press, 2010, p.4.

49) Vázquez, "Thinking the Event with Hannah Arendt", p.45.

50) 『과거와 미래 사이』, 9쪽.

않았던 시인이나 작가들의 행위를 통해 공공영역이 채워지는 것을 목격했다. 이러한 공공영역의 텅 빔(또는 적막)은 브레히트의 은유인 '어두운 시대'와 연계된다.[51]

역사상 어두운 시대는 수없이 있었습니다. 그러한 시대에 공공영역은 희미해지고 세계의 상황은 수상해지기 때문에 사람들은 자신들의 사활적 이해나 개인적 자유에 대해 정당한 관심을 가져야 한다는 것 이외에 정치에 대해 더 많은 것을 요구하지 않습니다.[52]

이렇듯 어두운 시대는 공공영역이 고도로 위축되고 개인의 관심사만 부각되어 공과 사의 구분이 무의미해지는 시대다. 이때 공공영역은 사람의 숨결을 느끼지 못하는 '텅 빈' 공간으로 바뀐다. 공과 사의 구분이 무너질 경우 공공영역은 빛을 잃어서 그 기능을 수행하지 못한다. 이때 사람들은 어떻게 행동해야 할 것인가를 더 이상 알지 못하며, 공적인 것과 사적인 것으로부터 무엇을 기대해야 하는가에 대해서도 더 이상 알지 못한다.

우리와 레싱이 살던 시대 사이에 가로놓여 있는 200년 동안 많은 변화가 있어 왔지만…… (레싱의 은유를 빌리자면) "잘 알려진 진리의 기둥은 당시에는 흔들렸지만 오늘날에는 완전히 파괴되어 버렸습니다. 우리는 이러한 기둥을 파괴하기 위해 더 이상 비평이나 현자마저 필요 없게 되었습니다.[53]

---

51) Annabel Herzog, "The Poetic Nature of Political Disclosure: Hannah Arendt's Storytelling", *CLIO*, vol. 30, no. 2, 2001, p.174.
52) 『어두운 시대의 사람들』, 78쪽.
53) 『어두운 시대의 사람들』, 76쪽.

아렌트는 "세계가 인간적 필요에 우호적이지 못한, 즉 비인간적인"[54] 때에 브레히트의 "어둠"이라는 색깔 은유뿐만 아니라 붕괴된 기둥이라는 건축 은유를 사용하고 있다. 진리의 기둥은 정치질서의 기둥이다. "어두운 시대는 복구될 수 없는 붕괴된 구성물이다."[55] 이렇듯 '텅 빔' '어둠' '붕괴된 기둥'은 어두운 시대를 이미지로 드러내는 은유다.

5. 정치적 사유의 길잡이: 개념적 사유와 이야기하기

아렌트는 어두운 시대에 유일하게 신뢰할 수 있는 빛의 근원이 사유활동에서 발견된다고 주장한다.[56] 따라서 정치적 사유는 아렌트의 저작에서 중요한 위치를 차지한다. 아렌트는 자신의 저작에서 다양한 방식으로 사유하는 새로운 길을 독자들에게 제시하고 있다. 하나는 개념적 사유이고, 다른 하나는 이야기하기다. 외형적으로 보면 개념적 사유는 추상화를 지향하고, 이야기하기는 구체적 삶의 복잡성을 드러내고 있다. 『과거와 미래 사이』와 『어두운 시대의 사람들』은 1968년에 출간되었다. 전자는 개념적 사유에 기초해 정치학의 핵심 개념들에 대한 비판적 고찰에 중점을 두고 있다면, 후자는 이야기하기에 기반을 두고 있다. 이러한 목적의 차이에도 불구하고, 아렌트의 저작에서 개념적 사유와 이야기하기는 상호 연계되어 있다.

이렇듯 아렌트는 자신의 저작을 통해 다양한 모습으로 등장하고

---

54) 『어두운 시대의 사람들』, 77쪽.
55) Herzog, "The Poetic Nature of Political Disclosure: Hannah Arendt's Storytelling", p.176.
56) Berkowitz, "Introduction: Thinking in Dark Times", p.5.

있다. 아렌트는 저작에서 세 가지 형태의 인격(persona, mask)을 지닌 인물—이야기꾼, '구경꾼'(spectator), 그리고 행위자—로서 자신의 모습을 드러낸다.[57] 아렌트는 자신의 저작에서 이야기꾼, '세헤라자데'로 등장한다. 아렌트는 "1950년대 후반 이후 1960년대 주로 이야기하기에 중점을 두고"[58] 정치이론을 구성했다. 이야기꾼으로서 아렌트는 특정한 삶과 사건의 의미를 밝힘으로써 우리를 정치적 사유로 인도한 이론가이며, 구경꾼으로서 아렌트는 개념적 사유를 통해 독자를 정치적 사유로 인도한 이론가이기도 하다. 그러나 아렌트는 이론가로서 독자를 정치적 사유로 인도하기 위해 당대에 영향을 받으면서도 당대와 일정한 거리를 유지한 채 역사에 대한 사회과학적 분석에 도전하면서 우리 시대에 빛을 밝히고자 했기 때문에 정치행위자로서 모습을 드러낸다.

우선 아렌트의 저작에서 정치적 사유로 인도하는 개념적 사유와 관련하여 상반된 입장을 고찰한다. 아렌트는 『전체주의의 기원』에서 인류 역사상 전례 없는 정치적 사건인 전체주의를 사유의 범주나 판단 기준으로 이해하기 어렵다고 했다. 따라서 그녀는 전체주의의 요소들을 이해하는 데 개념적 사유의 '유추적'(analogical)[59] 형태를 피

---

57) 슈츠는 개념적 사유에 참여하는 사람을 '이론가'(Theorist)로 규정하고 있으나 벤하비브 역시 이야기하기를 이론으로 규정하고 있다. 따라서 이러한 혼돈을 피하기 위해 구경꾼이라는 표현을 사용한다. 그리스 시대 '이론가'는 일차적으로 구경꾼 또는 관조자, 방관자라는 의미를 지니고 있기 때문이다. 이와 관련해 다음 문헌을 참조할 것. Aaron Schutz, "Theory as Performative Pedagogy: Three Masks of Hannah Arendt", *Educational Theory*, vol. 51, no. 2, 2001, pp.127-150; Seyla Benhabib, "Hannah Arendt and the Redemptive Power of Narrative", *Social Research*, vol. 57, no. 1, 1990, pp.167-196.
58) Wilkinson, "Hannah Arendt on Isak Dinesen: Between Storytelling and Theory", p.80.
59) 유추적 사유는 동일한 법칙의 사례들을 더 많이 모으는 귀납적인 과정이다.

해야 한다고 다음과 같이 독자들에게 권고하고 있다.

이해(comprehension)란 잔악무도한 것을 부정하는 것이 아니며, 선례에서 전례 없는 것을 연역하거나 실재의 영향이나 경험의 충격을 더 이상 느끼지 못하도록 하는 그러한 유추나 일반화를 통해 현상을 설명하는 것도 아니다. 이해는 오히려 우리 시대가 우리에게 부과한 짐을 의식적으로 검토하고 떠받든다는 것을 의미한다. 간단히 말하면 이해란 어떠한 형태든 현실에 미리 계획하지 않지만 주의 깊게 맞서는 것이며 이를 견뎌내는 것이다.[60]

이렇듯 아렌트는 전체주의를 기존의 개념이나 이론에 의존하지 않고 새로이 이해하고자 했다. 아렌트의 경우 나치운동, 전쟁 그리고 인간도살장의 설치로 이어지는 과정에서 촉매제가 된 요소들의 결정화 과정을 조명하려는 시도에서 유추적 사유는 새로운 정치현상에 대한 이해뿐만 아니라 저항 능력의 무력화만 초래할 뿐이었다. 아렌트는 극단적으로 단순화한 유추적 사유를 거부하고, 실재의 영향이나 경험의 충격에 항상 개방적인 입장을 취했다. 따라서 아렌트는 사회과학의 개념적 엄밀성이나 객관성이란 기준에서 탈피해 "은유법, 모순어법 그리고 과장어법"[61]에 의존해 전체주의의 정치적 악을 부각시켰다.

따라서 아렌트는 '구경꾼'이라는 의미의 이론가로서 개념적 사유

---

60) Hannah Arendt, *The Origins of Totalitarianism*, San Diego, New York and London: A Harvest Book, 1976, p.viii.

61) Lisa Jane Disch, "More Truth Than Fact: Storytelling as Critical Understanding in the Writings of Hannah Arendt", *Political Theory*, vol. 21, no. 4, 1993, p.674.

의 유용성을 거부하지는 않았다. 인간 정신은 전적으로 기능하려면 개념을 필요로 한다. 『인간의 조건』에 나타나듯이 개념적 사유의 결실들은 우리의 삶을 이해하는 중요한 범주들이다. 물론 아렌트는 이야기를 통해 이러한 '이념형'을 정립했다. 그녀는 노동, 작업 그리고 행위를 인간의 근본적 활동으로, 삶과 세계성 그리고 다원성을 근본적 활동에 조응하는 인간조건으로, 그리고 활동영역을 사적, 사회적, 공공영역으로 구체화했다.

개념적 사유의 결실은 과거를 유지하고 경험을 통해 배운 것에 의지하는 데 기여한다. 아렌트는 "미국인들의 기억 상실이 혁명 이후 사상을 정립하는 데 치명적"[62]이라고 지적하면서 개념적 사유의 필요성을 다음과 같이 언급하고 있다.

모든 사유가 기억으로 시작된다는 것이 사실이라면 어떠한 기억도 그것이 지속적으로 작동할 수 있는 개념적 사유의 틀에 압축되고 정제되지 않을 경우에는 안전하게 유지되지 못한다는 것은 역시 사실이다. 우리가 경험, 심지어 이야기들—인간이 행하고 유지한 것, 즉 사건과 결과에서 만들어진 것—을 반복해서 언급하지 않는다면 이것들은 생생한 말과 행적에 내재된 사소함 때문에 물거품같이 사라지게 된다.[63]

아렌트는 『혁명론』에서 '혁명' '자유' '행위' '평의회'에 대한 개념적 사유를 통해 혁명정신의 고귀함을 독자들에게 일깨워주고 있다. 개념적 사유는 아렌트 정치이론을 구성하는 한 축이 되고 있다. 무수

---

62) 『혁명론』, 344쪽.
63) 『혁명론』, 345쪽.

한 예들 가운데 '새로운 시작'에 대한 아렌트의 개념적 사유와 그 결실을 살펴볼 필요가 있다.[64]

아렌트는 『전체주의의 기원』 끝부분에서 다음과 같이 기술하고 있다. "역사적 사건이 되기 이전 시작은 인간의 최고 능력이었다. 정치적으로 시작은 인간의 자유와 동일하다. 시작이 있었고 인간이 창조되었다. 이 시작은 새로운 출생에 의해 보장된다."[65] 아렌트는 이 문장을 통해 죽음과 연계된 전체주의를 분석하면서 인간을 탄생의 관점에서 이해해야 한다는 점을 강조했다. 아렌트는 새로운 시작에 대한 개념적 사유를 통해 인간을 탄생의 관점에서 조명하고 있으며, 그의 저작 전체를 통해 기저를 이루는 개념어로 정립했다.

그녀의 저작들에서 새로운 시작이란 개념은 시작, 새로운 것의 시작, 개시, 참신, 출생, 탄생, 프린키피움(principium, 절대적 시작), 이니티움(initium, 상대적 시작) 등 다양하게 표현된다. 아울러 그녀는 자유, 행위, 건국, 혁명, 세계사랑을 새로운 시작의 개념적 변형으로 이해했다.[66]

아렌트는 독자를 정치적 사유로 인도하기 위한 개념적 사유에 기초한 철학 연습을 강조하고 있다. 『과거와 미래 사이』에 수록한 논문들은 그녀의 표현대로 "사유의 연습"이다. 아렌트는 「전통과 근대」와 「역사 개념: 고대와 근대」 등 세 편의 비판적 논문을 통해 "전통적 개념들의 실제 기원을 발견하고", 「교육의 위기」와 「문화의 위기」 등

---

64) 이에 관한 연구로는 홍원표, 「한나 아렌트의 '새로운 시작' 개념과 그 변형」, 『정치사상연구』 제13집 1호, 2007, 79-102쪽을 참조할 것.

65) Arendt, *The Origins of Totalitarianism*, p.479.

66) 홍원표, 「한나 아렌트의 '새로운 시작' 개념과 그 변형」, 80쪽.

네 편의 실험적 논문을 통해 앞에서 제기된 사유의 형태를 적용하고자 했다.[67] 이러한 지적에도 나타나듯이 구경꾼으로서의 아렌트와 이야기꾼으로서의 아렌트는 다음과 같은 점에 동의하고 있다.

과거에서 도출된 개념적 도구는 더 이상 존재하지 않는 사건이나 상황을 설명하려는 이유에서 만들어졌기 때문에 이들을 현재에 사용하는 것은 위험하다. 그러나 이론가로서 아렌트는 이러한 도구를 정면으로 거부하는 대신 경험에 내재된 근원을 추적하는 것이 필요하다는 점을 인정한다. 추상화는 이것이 경험에 의미를 부여하는 이야기와 연계되어 있는 한 유용할 수 있다.[68]

이러한 지적은 개념적 사유와 이야기하기의 탐구 정향과 목표의 차이에도 불구하고 상호 연계되어 있다는 점을 담고 있다. 역사적 이해와 상상력의 특별한 관계를 인정하는 아렌트의 입장에서 볼 때 "우리는 유용한 증거로부터 새로운 개념, 새로운 이야기, 새로운 시각을 다시 형성해야 한다."[69] 따라서 아렌트의 이야기하기에 대해 고찰할 필요가 있다.

아렌트는 레싱상 수상 연설문에서 "어떤 철학이나 경구 또는 분석이 아무리 심오한 것이라고 하더라도 그것은 의미의 강렬함이나 풍부함에서는 적절하게 서술된 이야기와 비교할 수가 없습니다"[70]라

---

67) 아렌트, 서유경 옮김, 『과거와 미래 사이』, 푸른숲, 2005, 25-26쪽.
68) Schutz, "Theory as Performative Pedagogy: Three Masks of Hannah Arendt", p.135.
69) Benhabib, "Hannah Arendt and the Redemptive Power of Narrative", p.182.
70) 『어두운 시대의 사람들』, 93쪽.

고 언급할 만큼 이야기하기를 사랑했다.[71] 아렌트는 '이야기하기'를
명료하게 정의하거나 일관되게 사용하지는 않았지만, 이야기하기를
통해 독자들을 정치적 사유로 인도하는 정치이론을 정립했다. 따라
서 아렌트의 개념적 사유에 대한 연구보다 이야기하기에 대한 연구
자들의 다양한 해석이 많이 소개되어 있다. 여기서는 대표적인 연구
자의 입장을 소개한다.

첫째, 루반(David Luban)은 전체주의 시대를 포함해 어두운 시
대를 이해하는 반실증주의적 방법론으로서 이야기하기에 주목한
다.[72] 루반은 인류의 역사를 시의 시대, 정치의 시대, 역사적 이야기
(historical narrative)의 시대 그리고 법칙의 시대로 구분하고 불멸성
의 추구방식을 특징화했다. 아렌트의 입장을 인정하고 있는 그에 따
르면 정치행위와 이해가 위험에 직면해 있는 어두운 시대에 이야
기하기만이 정치사상가에게 정치적인 것을 이해하는 능력을 제공
한다.

둘째, 벤하비브는 정치이론의 한 방법인 이야기하기의 복원력을
강조한다.[73] 그에 따르면 전체주의 연구의 방법론적 난관에 직면한
아렌트는 이야기하기로서 정치이론 개념을 발전시켰다. 달리 표현
하면 아렌트는 근대론자이며 혁명에 관한 이야기꾼과 전체주의의
슬픈 목격자 사이의 긴장, 하이데거와 야스퍼스의 제자이면서 폴리
스 옹호자에게 나타나는 긴장 때문에 이야기하기에 관심을 가졌다

---

71) Elisabeth Young-Bruehl, *Mind and the Body Politic*, New York and London:
    Routledge, 1989, p.1.
72) David Luban, "Explaining Dark Times: Hannah Arendt's Theory of
    Theory", Lewis P. Hinchman and Sandra K. Hinchman eds., *Hannah Arendt:
    Critical Essays*, Albany, N.Y.: State University of New York Press, 1994, p.97.
73) Benhabib, "Hannah Arendt and the Redemptive Power of Narrative", p.196.

는 것이다.

셋째, 디시(Lisa Jane Disch)는 아렌트의 저작에서 이야기하기는 명료하게 정의되지 않았다고 전제하면서 아렌트의 저작에 대한 상이한 해석을 제안했다.[74] 디시는 전체주의가 정치이론가를 이야기꾼이 되기를 요구하는 정치의 측면들을 강화시켰다는 전제 아래 이야기하기의 특성을 다양하게 규정했다. 아렌트의 이야기하기는 비판적 사유(이해), 논쟁, 객관성 문제, 그리고 상황적 공평성(situated impartiality)과 연계된다. 여기서 상황적 공평성은 추상적인 옳음의 기준에 의거해 정당화되는 것이 아니라 상충되는 수많은 공적 관점을 방문해(visiting), 즉 역지사지(易地思之)를 통해 정당화되는 비판적 결정을 함축하고 있다. 따라서 "이야기하기는 정치사상가의 정의와 임무를 갱신하는, 즉 정치사상의 주류에서 벗어나 공적 삶에 대한 비판적 이해를 표현하는 아렌트의 방식이다."[75]

마지막으로, 아나벨 허조그(Annabel Herzog)는 베냐민의 역사와 이야기 개념, 그리고 아렌트의 '정치적 이야기하기' 사이의 연계성을 전제하고,[76] 아렌트의 특이한 정치적인 것이라는 개념에서 아렌트의 이야기하기 방법의 의미를 모색하고 있다.[77] "정치에 대한 그리스적 이해에서 항상 밀접하게 연계되어 있는 행위와 말의 최종 결과는 항상 언급될 수 있을 만큼 충분히 일관성을 지닌 이야기가 될

---

74) Disch, "More Truth Than Fact: Storytelling as Critical Understanding in Writings of Hannah Arendt", pp.665-694.

75) Disch, "The Poetic Nature of Political Disclosure: Hannah Arendt's Storytelling", pp.170-171.

76) Annabel Herzog, "Illuminating Inheritance: Benjamin's Influence on Arendt's Political Storytelling", *Philosophy & Social Criticism*, vol. 26, no. 1, 2000, p.2.

77) Herzog, "The Poetic Nature of Political Disclosure: Hannah Arendt's Storytelling", p.171.

것이다."[78] 허조그는 이에 주목해 이야기하기의 특이한 기능을 규명했다.

아렌트의 이야기하기는 "개념적 사유와 달리 경험을 정신 속에 재현하는 상상력을 훈련하고, 친밀성과 달리 우정을 촉진하며, 저자와 독자 사이에 확장된 사유방식을 유지하는 데 기여한다."[79] 이렇듯 이야기하기는 정신적 왕래 또는 교감을 통해 원활하게 이루어질 수 있다. 인간의 삶이 다양하면 다양할수록 삶의 영역을 이동하는 양상은 복잡해질 것이다.

『어두운 시대의 사람들』은 등장인물들의 전기로서 사람들이 어떤 삶을 살았으며 세계에서 어떻게 이동했는가를 이야기하고 있다. '행위'가 노출과 연관된다는 점에서 "공적 세계에서 드러나는 이동과 왕래는 행위의 직접적인 산물이 아니라고 하더라도 정의상 정치적이다."[80] 아렌트는 이러한 활동에 공간적 이동뿐만 아니라 비공간적 이동도 포함시킴으로써 등장인물의 활동에 관한 정치적 전기를 집필했다. 이렇듯 아렌트는 로자 룩셈부르크, 발데마르 구리안, 발터 베냐민, 이자크 디네센, 베르톨트 브레히트와 같이 세계 속에서 자신들의 위치를 변화시켰던 사람들의 전기를 이야기하고 있다. 이들은 공적 세계의 상이한 지리적 이동(예를 들면 로자의 경우 폴란드에서 독일로의 이동, 디네센의 경우 덴마크에서 아프리카로의 이동과 귀향, 베냐민의 경우 망명과정에서의 자살, 브레히트의 경우 망명과 동독으로의 '마지못한' 귀향)이나 '비지리적' 이동(예를 들면 문학에서 정치로의 이동, 시에서 사유로의 이동, 사유에서 정치로의 이동)을 통해 자신들이 누구인가를 보여주고 있다. 그녀는 어두운 시대에 정치적 배회

---

78) Arendt, *The Human Condition*, p.97.
79) Wilkinson, "Hannah Arendt on Isak Dinesen: Storytelling and Theory", p.80.
80) 『과거와 미래 사이』, 211쪽.

를 설명할 수 있는 저술 방식, 즉 이야기하기를 추구했다.

행위는 이야기를 생산하기 때문에 이야기하기는 정치를 연계시키는 가장 적절한 방식이다. 그러나 아렌트는 행위 자체만 이야기하지 않고 철학, 문학, 종교 등 공공영역으로 사유를 확장하고, 그 결과를 이야기로 재구성했다. 공적인 삶을 영위하는 다양한 영역 사이의 정신적 이동으로 형성되는 망, 즉 '정치적인 것'(the political)은 바로 정치적 사유의 결실이다. 따라서 정치적 사유 자체는 행위와 구분되지만 기존의 인간관계망에 또 다른 이야기를 게재시킴으로써 삶의 의미를 풍요롭게 할 수 있는 계기를 제공한다. 아렌트는 다른 저작들을 통해 정치를 포함한 다양한 공공영역을 넘나들면서 새로운 이야기를 구성했고, 이를 통해 독자들을 정치적 사유로 인도했다. 여기에서는 『어두운 시대의 사람들』을 중심으로 다양한 형태의 삶에 대한 몇 가지 이야기를 살펴본다.

아렌트의 브레히트 전기는 시작(詩作)과 정치 사이의 정신적 교감을 통해 정치적인 것을 드러내고 있다. "사유와 철학에 부여한 가장 위대한 선물인 은유 자체는 철학적이라기보다 시적이다."[81] 시와 철학은 정신세계와 현상세계를 연계시키는 은유에 의존하고 있기에 상호 밀접한 관계를 지니고 있다. "사유를 구체화하려는 시인의 정치적 목적은 시작(詩作)이 본질적으로 공적이기 때문에 '구술적'이라는 것을 의미한다."[82] "시적인 사유는 은유적이거나 연상적인 사유이며, 세계에 대한 다양한 경험 사이의 교감, 그리고 이와 관련된

---

81) Hannah Arendt, *The Life of Mind: Thinking*, New York: Harcourt Brace Jovanovich, 1978, p.105; 홍원표 옮김, 『정신의 삶 1: 사유』, 164쪽.

82) Mel A. Topf, "Hannah Arendt: Literature and the Public Realm", *College English*, vol. 40, no. 4, 1978, p.356.

다양한 감정 사이의 교감을 발견하는 것이다."[83] 아렌트는 특정한 정치적 사건의 의미를 노출시키고자 시적 상상력을 정치화하고 있기 때문에 이러한 노출은 시적 성격을 띠고 있다.

아렌트의 베냐민 전기는 베냐민이 세계에서 어떻게 이동했는가를 이야기로 구성했으며, 상이한 '정신적 추세'(spiritual trends) 사이의 이동을 이야기로 구성하고 있다. 아렌트는 보들레르(Charles Pierre Baudelaire)의 시 「교감」(Correspondences)에 관한 베냐민의 이해를 통해 '교감'에 관심을 가졌다.[84] '교감'은 아렌트의 은유적 이야기하기의 기저가 되고 있는데, 아렌트는 베냐민이 은유를 글쓰기 방식으로 사용하고 있다는 점을 강조한다. 세계는 은유를 통해 노출되는 다리, 즉 상이한 영역을 연결하는 다리로 구성되어 있다. 따라서 은유와 연계된 시적 사유는 정신적 교감에 있어서 중요하다. "그는 시인이 아니면서 시적으로 사유했으며 은유를 언어의 최대 선물로 생각했다."[85]

아렌트는 『어두운 시대의 사람들』에서 등장인물들의 공적인 삶을 이야기하고 있다. 그러나 로자 룩셈부르크를 제외하면 어느 누구도 정치적으로 활동한 정치적 인물은 없다. 이 저서가 정치적 이야기 형식으로서 일관성을 유지한다면 정치적 언행을 통해 자신들을 노출시키지 않았던 베냐민, 디네센 그리고 자렐 역시 정치적인 삶을 영위했다고 평가되어야 한다. 아렌트는 이들이 어두운 시대에 삶을 영위하고 세계 속에서 활동하면서 자신들을 공개적으로 드러냈기 때문에 이들의 활동이 정치적이었다고 생각했다. 아렌트는 "어두운 시대

---

83) Herzog, "The Poetic Nature of Political Disclosure: Hannah Arendt's Storytelling", p.177.
84) 『어두운 시대의 사람들』, 287쪽.
85) 『어두운 시대의 사람들』, 276쪽.

에 정치적 이동에 대한 설명을 제공할 수 있는 저술 형식인 이야기하기를 모색했다."[86]

6. 후마니타스(humanitas)와 세계시민

아렌트는 "등장인물들이 어떻게 살았고 세계 속에서 어떻게 행동했으며 시대의 움직임에 어떻게 영향을 받았는가를 주로 언급하고 있다."[87] 이들은 어두운 시대에 주로 생애를 통해 세계에 관심을 가지면서 세계에 도전한 한계인으로서 삶을 영위했다. 여기에서는 이들이 세계나 공공영역과 투쟁 속에서 보였던 인간성에 대해 고찰하기로 한다.

어두운 시대의 사람들은 "자신들의 사활적 이해나 개인적 자유에 정당한 관심을 갖는 것 이외에 정치에 대해 더 많은 것을 요구하지 않는다."[88] 아렌트는 이러한 시대에 세계에서 공적으로 인정받는 비속한 사람들과 달리 "세계에 대해 철저하게 비판적 태도를 견지하면서 빛을 밝혔던 등장인물들의 인간성을 부각시키고 있다.

인간성에 대한 아렌트의 입장은 독특하다. 이는 18세기의 인간성에 관한 비판을 통해 드러난다. 아렌트의 지적대로 이러한 인간성을 주장한 가장 위대한 사람은 루소다. "루소의 경우 모든 사람들에게 공통되는 인간본성은 이성이 아니라 동정심, 그의 표현대로 고통받는 동료 인간을 보고 괴로워하는 **본능적인 감정**에 명백히 나타났

---

86) Herzog, "The Poetic Nature of Political Disclosure: Hannah Arendt's Storytelling", p.185.
87) 『어두운 시대의 사람들』, 59쪽.
88) 『어두운 시대의 사람들』, 78쪽.

다."[89] 아렌트는 불행한 사람들(les malheureux), 그리고 비참한 사람들(les miserables) 사이에서 자연스럽게 나타나는 인간성의 여러 가지 형태를 지적하고 있다. 어두운 시대에 박애·동정심·형제애와 같은 인간성은 아주 빈번하게 나타난다는 것이다. 아렌트에 따르면 이러한 박애의 감정은 어둠 속에서 그 모습을 드러내므로 세계 속에서 확인될 수 없으며, 본능적으로 존재하는 인간성과 인간적 노력을 통해 형성되는 인간성은 다르다. 다음과 같은 아렌트의 지적은 독자들을 당혹스럽게 한다. "그러한 인간본성이 존재한다면 그것은 자연현상일 것이다. 그리고 자연현상에 부합되는 형태를 '인간적'이라고 규정한 것은 인간과 자연의 행태가 동일하다는 것을 상정하는 것이다."[90] 아렌트는 루소를 따르지 않고 고대의 입장에 의존해 인간성의 의미를 정의하고 있다.

고대인과 근대인은 공포나 동정심을 아주 자연스러운 것으로 인정하고 있다. 그러나 고대인들은 근대인들과 달리 동정이 공포심과 마찬가지로 우리를 압도한다고 생각해 동정을 높이 평가하지 않았다. 그 특징을 말하자면 "쾌락과 고통이 본능적인 모든 것과 마찬가지로 침묵하는 경향을 지니고 있으며, 소리를 내면서도 언어를 발생시키거나 대화를 하지 않는다."[91] 아렌트는 "동정적인 열정에 사로잡혔던"[92] 근대인과 달리 고대인의 입장에서 다른 사람의 고통을 함께하려는 동정을 인간성의 극치로 인정하지는 않았다.

아렌트는 박애, 동정심 그리고 형제애를 존중하면서도 이러한 것이 왜 진정한 인간성으로 발현되기 어렵다고 생각했는가? 이러한 감

---

89) 『어두운 시대의 사람들』, 79쪽.
90) 『어두운 시대의 사람들』, 79쪽.
91) 『어두운 시대의 사람들』, 84쪽.
92) 『어두운 시대의 사람들』, 391쪽.

정은 인간의 자연스러운 감정이지만, "버림받은 사람들의 범주에 속하지 않는 사람들은 이를 쉽게 획득할 수 없다."[93] 이러한 주장은 활동영역과 인간성의 발현 양태 사이의 관계에 대한 아렌트의 이해를 필요로 한다. 아렌트는 활동영역을 사적 영역, 사회영역, 그리고 공공영역으로 구분하고, 『인간의 조건』뿐만 아니라 『혁명론』에서 다양한 형태의 덕목을 강조하고 있다. 사랑은 사적 영역의 인간적 온기를 느끼게 하는 감정이다. 동정이나 박애 또는 형제애 등의 감정 역시 사랑과 마찬가지로 사적 또는 사회적 차원에서 존중되어야 할 미덕이다. 그러나 아렌트는 공공영역에서 빛을 발하는 인간성을 강조했다.

야스퍼스 전기에 소개된 내용을 중심으로 후마니타스와 세계시민에 대한 아렌트의 입장을 살펴볼 필요가 있다.[94] 아렌트는 우정이란 미덕과 형제애라는 정치적 악덕을 대비시킨다. "인간성은 감상적이기보다 엄숙하고 냉정하며…… 형제애에서 나타나기보다 우정 속에서 나타난다."[95] 우정의 대화에서 이루어지는 고대 그리스인들의 필란트로피아(*philanthropia*)와 로마인들의 후마니타스(*humanitas*)는 정치적 미덕이다. 로마인들은 이를 인간다움의 극치로, 칸트와 야스퍼스는 이를 후마니테트(*humanität*)로 표현했다. "후마티테트는 사람들이 자신들의 삶과 인격을 공공영역으로의 모험에 바칠 때 형성되는 것이다."[96] 아렌트는 이러한 모험을 인류에 대한 선물이라고 규정한다.

"한 인간이 획득하면 결코 없어지지 않는 개성인 인간성"[97]은 확

---

93) 『어두운 시대의 사람들』, 82쪽.
94) 여기서는 옮긴이의 졸고 「칼 야스퍼스와 한나 아렌트의 대화」, 『한국정치학회보』 제44집 3호, 2010, 88-91쪽의 내용을 수정해 소개한다.
95) 『어두운 시대의 사람들』, 98쪽.
96) 『어두운 시대의 사람들』, 161쪽.

장된 심성의 기저가 되는 요소다. 아렌트는 확장된 사유방식과 인간성의 유대가 실제로 어떻게 발생하는가를 시대의 유혹에 굴복하지 않은 야스퍼스를 통해서 파악했다. 아렌트의 경우 이러한 불굴의 정신, 즉 판단의 독립성은 인간에 내재된 은밀한 신뢰, 즉 인류의 인간성이다.[98)]

따라서 인간성은 인류에 대한 이해와 밀접하게 연계된다. '인류'는 야스퍼스와 아렌트의 (정치)철학에서 중요한 정치적 관심 사항이다. 인류는 영구평화를 주장한 칸트 이래 추상적 개념에 머물렀으나 뉘른베르크 재판에서 도입된 '인류에 반하는 범죄'를 통해 나타나듯이 정치적 실재가 되었기 때문이다. 야스퍼스는 제3제국의 몰락 직후 『독일의 책임문제』, 『역사의 기원과 목표』 그리고 『인류의 미래』를 통해 당시의 정치문제에 자신의 입장을 명백히 밝히고 있다. "야스퍼스는 적어도 1933년 집필한 이후 자신의 모든 저작에서 언제나 모든 인류 앞에서 자신이 대답하고 있는 듯이 글을 써 왔다."[99)]

야스퍼스는 인간 존재의 비밀을 찾고자 인류 역사를 통찰했다.[100)] 그는 인간 현존의 의미를 이해하고자 세계사를 천착하면서 인류 역사의 통일성과 가치를 모색했다. 『역사의 기원과 목표』는 "야스퍼스가 전후 비유럽의 관점에서 인류를 생각한 유럽 철학자"[101)]라는 것을 명백히 드러내고 있다. 야스퍼스가 말하는 위대한 문명의 발전은 추축 시대의 종결과 더불어 지금까지 지속되고 왔다. 따라서 야스퍼

---

97) 『어두운 시대의 사람들』, 161쪽.

98) 『어두운 시대의 사람들』, 166쪽.

99) 『어두운 시대의 사람들』, 163쪽.

100) Karl Jaspers, *The Origins and Goal of History*, London: Routledge, 1951, p.xiii.

101) Elisabeth Young-Bruehl, *Mind and Body Politic*, New York & London: Routledge, 1989, p.75.

스는 역사 속에서 인류의 진정한 연대의 가능성을 찾았다. 야스퍼스의 인류와 세계시민의 철학적 연계성을 고찰하기 위해 칸트와 헤겔의 개념을 고찰할 필요가 있다.

야스퍼스의 인류와 세계시민 개념은 칸트와 비교하면 역사적이며, 헤겔과 비교하면 정치적이다. 야스퍼스의 이러한 경험은 헤겔의 역사적 경험에 드러나는 심오함과 칸트의 위대한 정치적 지혜를 결합한 것이다.[102]

야스퍼스는 『역사의 기원과 목표』에서 기독교 역사철학에 기반을 두고 있는 세계사에서 탈피해 위대한 역사적 세계 문명의 기원이 되었던 축을 제시하고, 아주 먼 장래에 인류의 통일을 예견한 칸트와 달리 전 세계의 모든 사람들이 역사상 처음으로 공통의 현재를 갖고 있다고 밝히고 있다. 칸트는 자연의 간지(또는 섭리)에 따라 영구평화가 먼 장래에 실현되기를 기대했지만,[103] 야스퍼스는 과학기술이 세계를 통합시켰음에도 또한 세계를 해체할 위험에 직면해 있다고 밝혔다. 야스퍼스는 기술 시대의 해결책을 강조했다. 즉 인류의 연대는 정치적 책임을 동반해야 하며 인류에 대한 무모한 낙관주의로부터 벗어날 경우에만 비로소 정치적 의미를 갖는다.[104]

야스퍼스의 인류 개념이 왜 헤겔과 비교하면 정치적인가? 아렌트에 따르면 "헤겔의 인류는 세계정신으로 나타나며, 역사적 발전과정에서 항상 나타나지만 결코 정치적 실재가 될 수 없다.[105] 헤겔은 세

---

102) 『어두운 시대의 사람들』, 186쪽.
103) Immanuel Kant, *Perpetual Peace: A Philosophical Peace*, Bristol: Thoemmes Press, 1992, pp.144-157.
104) 『어두운 시대의 사람들』, 177쪽.

계정신이 철학에서 자신을 드러내고 절대자가 사유에서 자신을 드러내는 데 역점을 두고 있기 때문에 헤겔의 인류 개념은 정치적이지 못하다.

아렌트는 야스퍼스의 『철학적 신앙』을 읽고 다음과 같이 언급했다. "당신은 독자들에게 실제로 세계시민이 되기 원하게 만드는군요. ……유대-기독교 신앙에 대한 상대화는 인류 개념의 확고한 기반을 제공하는군요."[106] 아렌트는 세계시민에 대한 기본 입장을 담고 있는 『역사의 기원과 목표』를 세미나에서 학생들과 함께 읽었다.[107]

야스퍼스는 도덕적 전제조건과 정치의 실제적인 조건을 스스로 명료화하고 세계시민의 예상적 관점에서 정치적 사유를 지향하려는 임무 때문에 인류에 대한 책임, 즉 인간의 자유와 인권에 대한 책임을 인정하는 정치적 사유의 거대한 폭을 느꼈을 때 여기서 희망의 소리를 듣고 이를 얻었다.[108] "야스퍼스의 저작들은 『세계관의 심리학』에서 세계철학사에 이르기까지 전반적으로 세계시민에 대한 의도를 담고 있다."[109] 따라서 야스퍼스는 인류의 유대를 강조하면서 전 세계적으로 연합한 정치구조와 상호 이해를 세계정부의 기초로 삼았다.

야스퍼스 역시 자신의 「철학적 회고록」에서 아렌트를 세계시민으로 부각시키고 있다. "그녀는 내적 독립성을 유지함으로써 세계시민

---

105) 『어두운 시대의 사람들』, 187쪽.
106) Hannah Arendt and Karl Jaspers, *Hannah Arendt Karl Jaspers Correspondence 1926-69*, San Diego, New York and London: A Harvest Book, 1992, p.113. (이하 *HAKJ*로 표기함)
107) *HAKJ*, p.258.
108) Karl Jaspers, "Philosophical Autobiography", Paul Arthur Schilpp ed., *The Philosophy of Karl Jaspers*, New York: Tudor Publishing Company, 1957, p.68.
109) 『어두운 시대의 사람들』, 177쪽.

이 되었다."[110] 아렌트는 이미 실프(Schilpp)로부터 「칼 야스퍼스: 세계시민」이라는 주제의 글을 요청받았으며 이를 흔쾌히 수락했다고 밝혔다.[111] 아렌트는 어느 누구도 한 나라의 시민이면서 세계시민이 될 수 없다고 주장한다. "한 시민의 권리와 의무는 동료 시민의 권리와 의무뿐만 아니라 영토의 경계에 의해 규정되고 제한되기"[112] 때문이다. 즉 주권국가를 모델로 한 세계국가나 세계시민 개념은 인류기원의 다양성을 부정한다. 따라서 "세계제국의 폭정 아래서 살거나 일종의 에스페란토로 말하고 사유하는 세계시민은 남녀 양성자 못지않은 괴물일 것이다."[113]

세계시민에 대한 아렌트의 입장은 『칸트 정치철학 강의』에서도 소개되고 있다. 아렌트는 "비판적 사고는 분명 고립 속에서 진행되지만 상상력의 힘으로 다른 사람들을 등장시킴으로써 잠재적으로 공적이며 모든 입장에 공개된 공간으로 들어가게 된다"[114]고 밝히고, 이를 세계시민의 입장으로 규정하고 있다. 칸트의 세계시민은 세계 관찰자다. 세계시민은 "인류의 통합 또는 유대를 단순히 하나의 종교, 하나의 철학, 또는 하나의 정부 형태에 대한 보편적 합의에 기반을 두기보다 집합체가 다양성을 드러내면서도 은폐하는 일종의 일원성과 연계되어 있다는 신념"[115]을 인정할 수 있는 사람이다.

---

110) Jaspers, "Philosophical Autobiography", p.67.
111) 「아렌트가 야스퍼스에게 보낸 편지」(1951년 9월 28일), *HAKJ*, pp.172-173. 야스퍼스는 아렌트의 원고를 실프로부터 받았으며 내용에 대해 흔쾌히 동의한다는 편지를 보냈다(「야스퍼스가 아렌트에게 보낸 편지」(1953년 8월 25일)), *HAKJ*, pp.224-225.
112) 『어두운 시대의 사람들』, 174쪽.
113) 『어두운 시대의 사람들』, 184쪽.
114) Hannah Arendt, *Lectures on Kant's Political Philosophy*, Chicago: The University of Chicago Press, 1982, p.43.
115) 『어두운 시대의 사람들』, 184쪽.

7. 논의되지 않은 내용을 위한 변명

독자들은 이야기하기 형식으로 구성되어 있는 이 책에서 아렌트의 독특한 정치적 사유를 발견할 수 있을 것이다. 물론 우정, 정치적 사유 그리고 후마니타스를 중심으로 이 책의 기본 구도와 내용을 밝히고자 했기 때문에 몇 가지 중요한 문제만 언급하고 있다. 아렌트가 지속적인 사유운동을 주장했듯이 논의되지 않은 문제에 대한 이해는 독자들에게 맡기기로 한다. 여기서는 논의하지 못한 두 가지 문제를 간단히 언급하기로 한다.

브레히트의 시 「후손들에게」라는 시어의 인용에도 나타나듯이 아렌트는 이 책에서 '정치적인 것'을 밝히고자 시, 희곡, 전기, 소설 등 문학작품을 정치적으로 이야기하고 있다. 즉 이 작품은 정치적 이야기하기(political storytelling)다. 아렌트는 전통이 붕괴된 어두운 시대 정치현상이나 정치적 사건의 의미를 드러내고자 정치학 영역에 머물지 않고 문학예술 영역으로 넘어가 시작(詩作) 언어를 정치화했다. 브레히트의 시 이외에 보들레르의 시 「교감」(Correspondence)은 이 책에서 은유적 글쓰기의 기반이 되었다. 아렌트는 셰익스피어의 『폭풍』에 대한 인용을 통해 역사적 또는 정치적 사유의 중요성을 우리에게 알려주고 있다. 아렌트의 경우 호메로스는 이야기꾼의 고전적 모델이고 디네센은 현대적 모델이다.

이야기꾼은 인간의 다양한 활동영역을 넘나들며 이야기를 만든다. 이렇듯 아렌트는 공공영역에 속하는 정치·문학예술·철학 등 다양한 영역을 넘나들면서 사유를 끊임없이 확장시키고자 노력했다. 여기서는 정치와 문학예술 사이의 정신적 '교감' 또는 '왕래'에 대해 제대로 언급하지 않았다. 독자들은 아렌트가 이 책에 소개된 많은 문학작품에서 정치적 상상력을 어떻게 끌어내고 있는가를 추적할 수 있을 것이다.

여기서는 아렌트의 저작에 담긴 교훈만 언급하고 있기 때문에 우리의 정치적 삶에 대해서는 언급하지 못했다. 한국 현대사에서 어두운 시대는 너무나 길었다는 점을 고려할 때 우리는 아렌트의 정치적 이야기하기를 통해 한국의 어두운 시대를 천착할 수 있을 것이다. 다행스럽게도 어두운 시대의 한국 사회에 빛을 밝혔던 인물들의 평전은 독자들에게 많이 소개되었다. 이제 하나의 장에서 이들의 생애와 사상을 집중적으로 조명하려는 이야기꾼이 등장하기를 기대한다.

머리말

  지난 12년에 걸쳐 기회 있을 때마다 집필한 수필과 논문으로 구성된 이 책은 등장인물들이 어떻게 살았고 세계 속에서 어떻게 행동했으며 시대의 움직임에 어떻게 영향을 받았는가를 주로 언급하고 있다. 이 책에 소개된 사람들은 서로 닮은 면을 지니고 있지 않다. 따라서 그들이 공동의 장에서 자신들을 소개하는 발언 기회를 가졌다면, 우리는 그들이 어떻게 항의했을 것인가를 충분히 상상할 수 있을 것이다. 그들의 재능이나 신념, 직업이나 환경은 서로 다르기 때문이다. 하나의 예외는 그들이 서로 상대방을 모른다는 점이다. 그러나 그들은 모두 세대가 다르지만 같은 시대에 살았던 사람들이다. 물론 제1장에 소개한 연설문에서 레싱을 마치 같은 시대의 인물로 취급했지만, 그는 예외다. 따라서 그들은 생애 중 시대를 함께 했을 뿐만 아니라 정치적 파국과 도덕적 절망, 예술과 과학의 경이적인 발전으로 점철된 20세기 전반의 세계를 서로 공유했다. 이 시대는 그들 가운데 일부를 매장했으며 다른 사람들의 생애와 저작에 영향을 미쳤지만, 그 시대에 영향을 거의 받지 않은 사람은 소수이고 그 시대에 제약을 받지 않았다고 할 수 있는 사람은 아무도 없다. 한 시대의 대표자들,

시대정신(*Zeitgeist*)의 대변자들, 역사(History)의 해설자들을 고대하면서 바라보는 사람들은 여기에서 공허하게 찾고 있을 것이다.

그러나 나는 책 제목에 표기된 "어두운 시대", 역사적 시대의 모습을 이 책 어디서나 볼 수 있다고 생각한다. 나는 이 문구를 브레히트의 유명한 시 「후손들에게」[1] 에서 빌려 왔다. 이 시는 무질서와 굶주림, 학살과 살육, 부정의에 대한 분노 그리고 "악만이 존재하고 분노가 존재하지 않을 때" 나타나는 절망, 그렇지만 인간을 추악하게 하는 합리적인 증오, 소리를 소음으로 만드는 근거 있는 분노 등을 담고 있다. 이러한 것들은 모두 공적으로 발생했을 때 분명히 현실적이었다. 여기에는 비밀이나 신비가 존재하지 않았다. 그러나 그것이 결코 모두에게 보이는 것도 아니었고 모두가 간과할 수 있는 것도 아니었다. 파국이 갑작스레 모든 사물과 사람을 덮쳤지만, 이전까지는 실체가 아니라 모든 공적인 대변자들의 매우 효과적인 빈말과 허튼소리가 파국을 은폐하는 기능을 했다. 이들은 여러 가지 다양하고 교묘한 수법으로 끊임없이 불유쾌한 사실을 해명하면서 정당화했기 때문이다. 우리는 어두운 시대에 생활하고 활동했던 사람들, 그리고 그 시대에 대해서 생각할 때 "기존질서"(당시에는 "체제"로 표현함)가 초래하고 확장시켰던 이러한 기만을 고려해야 한다. 공공영역은 좋든 나쁘든 행위와 말로 자신들이 누구며 무엇을 할 수 있는가를 보여줄 수 있는 현상공간을 제공함으로써 인간사에 빛을 밝힐 수 있는 기능을 담당한다. 그런데 공공영역이 "신뢰성 상실"과 "보이지 않는 통치", 그리고 존재하는 것을 노출시키지 않고 은폐하는 언어, 오래된 진실을 보호한다는 명분으로 모든 진실을 무의미한 사소한 것으로 폄하하는 도덕적인 또는 다른 형태의 권고 때문에 그 빛을 잃게 될

---

1) 이에 대한 아렌트의 입장은 제9장 발터 베냐민에서 소개하고 있다-옮긴이.

때 어두움은 찾아왔다.

공공영역의 빛을 잃게 하는 것들은 결코 새로운 것이 아니다. 이러한 것은 사르트르가 이미 30년 전에 『구토』(*La Nausée*) —— 나는 아직도 이것을 가장 훌륭한 작품으로 생각한다 —— 라는 소설에서 나쁜 신념과 고지식한 정신(*l'esprit de sérieux*)이라는 관점으로 기술하고 있는 조건들이다.[2] 이 세계에서 공적으로 인정받는 사람들은 모두 비속한 사람들 속에 속하며, 현존하는 모든 것은 당혹감을 확산시키고 구토를 야기하는 불투명하고 무의미한 현세주의 속에 있다. 이러한 것은 또한 40년 전 하이데거가 (전혀 다른 목적이긴 하지만)『존재와 시간』의 일부 단락에서 더할 나위 없이 정확하게 기술하고 있는 조건들과 똑같다. 그는 이 저서의 일부 단락에서 "그들"(세인, das Man)과 "잡담", 일반적으로 자기 자신의 사생활에 의해 숨겨지지도 보호받지도 않은 채 공개적으로 나타나는 모든 것들을 언급하고 있다.[3] 인간 존

---

2) 아렌트는 「프랑스 실존주의」라는 제목의 수필에서 고지식한 정신을 다음과 같이 해석하고 있다. "고지식한 정신은 모든 사람들이 사회에 적응할 때 겪어야 하는 필연적인 변형에 동의하고 이를 수용하도록 인도하기 때문에 자유의 부정 그 자체다. 모든 사람은 자신의 기능과 동일하지 않다는 것을 마음속으로 충분히 인식하고 있기 때문에 고지식한 정신은 또한 겉치레의 의미에 대한 나쁜 신념을 의미한다. ……고지식한 정신과 같은 이러한 문제는 첫째 사르트르 (Jean Paul Sartre)의 소설 『구토』에서…… 처음으로 언급되었다. 이후 그것은 카뮈(Albert Camus)의 소설 『이방인』의 핵심적인 주제가 되었다." 이 내용은 다음 문헌에 소개되어 있다. Hannah Arendt, *Essays in Understanding 1930-54*, New York, San Diego and London: Harcourt Brace & Company, 1994, pp.189-190-옮긴이.

3) 일상적인 인간은 다른 사람들이 하듯이 존재한다. 우리는 다른 사람들이 삶을 즐기듯이 영위하고 있다. 따라서 우리의 일상적 삶에서 독재자처럼 군림하며 우리의 모든 활동을 규정하는 대중을 세인이라고 칭하고 있다. 달리 표현하면 사람들의 일상적 삶의 양식으로 일상성 속에서 타자와 더불어 공동 존재를 구성하는 대중이 바로 그들이다. 세인(世人), 즉 대중의 말이다. 빈말이란 일상성 속에서 공개적으로 해석된 것을 전달한다. 빈말은 여론으로 바뀌기도 하면서

재에 대한 그의 기술에 따르면 공공영역에서 매혹적으로 들려오는 "빈말"(잡담; Gerede)의 압도적 힘은 현실적인 또는 진정한 것을 모두 공격한다. 빈말은 일상적 존재양식의 모든 국면을 결정하며 미래에 존재할 수 있는 모든 것의 의미와 무의미를 미리 제지하고 억누른다. 하이데거에 따르면 이러한 평범한 일상세계가 지닌 "이해할 수 없는 평범성"에서 벗어나는 길은 파르메니데스와 플라톤 이래 철학자들이 했듯이 정치영역에서 이탈해 고독 속으로 물러나는 길밖에 없다. 여기서 우리가 관심을 갖는 것은 하이데거 분석의 철학적 타당성(나는 그것이 부정할 수 없는 것이라고 생각한다)도 아니고 그 배후에 있는 철학적 사고의 전통도 아니며, 다만 한 시대의 어떤 유의 근본적인 경험과 그 개념적 기술에 대한 것이다. 우리의 문맥에서 볼 때 핵심은 이러하다. 즉 "공적인 것의 빛은 모든 것을 어둡게 한다" (Das Licht der Öffentlichkeit verdunkelt alles)[4]라는 냉소적이고 왜곡된 것 같은 명제는 바로 문제의 핵심을 표현했고 현존하는 조건들의 가장 명료한 내용을 압축적으로 담고 있다.

내가 여기에서 넓은 의미로 언급하고 있는 "어두운 시대"는 실제로 소름 끼칠 정도로 신기한 20세기의 극악무도한 행위 그 자체와 동일한 것은 아니다. 오히려 어두운 시대는 새로운 것도 아닐 뿐만 아니라 역사상 드문 것도 아니다. 다만 예나 지금이나 그만큼의 범죄와

사람들은 이 빈말에 책임지지 않는다. 다른 사람들이 그렇게 말하더라는 식으로 표현되기 때문이다. 따라서 빈말은 무엇을 드러내기보다 은폐하는 기능을 한다—옮긴이.

4) 이 문장은 하이데거의 표현이다. 아렌트는 사람들이 공유할 수 있는 진리가 빛을 발할 수 있는 장소인 공적 세계에 대한 무책임의 본질을 고려했던 자신의 태도를 밝히는 상징으로 이 명제를 사용했다. Elisabeth Young-Bruehl, *What Arendt Matters*, New Haven: Yale University Press, 2006, 서론을 참조할 것—옮긴이.

재앙을 나눠 갖고 있지 않은 미국 역사에서는 알려져 있지 않을 뿐이다. 우리는 가장 어두운 시대에도 밝은 빛을 기대할 권리를 가지고 있다. 그리고 그러한 밝은 빛은 이론이나 개념에서 나오는 게 아니라 오히려 불확실하면서 깜박이는 약한 불빛에서 나올 수 있다. 여러 사람들은 자신들의 삶과 저작을 통해 거의 모든 상황에서도 밝은 빛을 밝히고, 지구상에서 그들에게 주어진 수명을 넘어 밝은 빛을 제시할 수 있다. 이러한 확신은 이 책에 그려진 인물 소개의 대체적인 배경이다. 우리처럼 어둠에 길들여져 있는 눈으로서는 그들의 불빛이 촛불인지 타오르는 태양인지를 알 수가 없다. 그러나 그러한 객관적 평가는 후손들에게 안전하게 남길 수 있지만 부차적으로 중요한 문제인 것 같다.

1968년 1월
한나 아렌트

제1장 어두운 시대의 인간성: 레싱에 관한 사유[1]

수상에 대한 감사

저는 함부르크 자유시로부터 특별대우를 받으며 레싱상을 받게 된 것을 커다란 명예라고 생각합니다. 저는 이 상을 어떻게 받게 되었는가를 알지 못할 뿐만 아니라 수상을 흔쾌히 수락하기도 어렵다는 점을 인정합니다. 저는 이렇게 말함으로써 미묘한 공적(功績) 문제를 완전히 모른 체할 수 있습니다. 바로 이러한 점 때문에 명예는 우리에게 겸손이라는 강한 교훈을 가르쳐 줍니다. 이러한 주장은 다음과 같은 의미를 포함하고 있기 때문입니다. 우리가 다른 사람들의 공적이나 재능을 판단하듯이 우리의 공적을 판단하는 사람들은 우리가 아닙니다. 세상 사람들이 수상을 결정합니다. 그리고 우리는 수상 결정을 수용하고 이에 감사하는 마음을 표시하지만 그것은 우리 자신을 무시하되 세계에 대한 태도, 즉 말하고 들을 수 있는 공간을 제공

---

1) 이 글은 1959년 함부르크 자유시가 시상하는 레싱상을 받는 자리에서 아렌트가 행한 강연 원문으로 피페르 출판사가 원래 독일어로 출판했다. 1968년 저서에서는 클라라와 리처드 윈스턴이 영어로 공역한 것을 수록했다.

하는 세계와 공중에 대한 태도의 틀 속에서 전적으로 활동할 경우에만 가능한 일입니다.

그러나 그 명예는 세계에 대한 감사의 뜻을 강하게 상기시켜 줄 뿐만 아니라 세계에 대한 의무감을 매우 강하게 부과합니다. 우리는 언제나 이러한 명예를 거부할 수 있습니다. 따라서 우리는 그것을 수락함으로써 세계 속에서 우리의 입장을 높일 뿐만 아니라 세계에 대한 일종의 책임을 받아들입니다. 어떤 사람이 공중 앞에 나타났다고 해서 공중이 그를 받아들이고 인정하는 것은 결코 아닙니다. 천재만이 그의 재능 때문에 공적인 삶을 영위할 수 있으며 이런 종류의 어떠한 결단으로부터 면제되기도 합니다. 이러한 사람의 경우에만 명예는 세계와의 조화를 지속시키며 현존하는 조화를 완전히 공개적으로 드러냅니다. 이러한 조화는 마치 인간 사회에 분출하는 자연현상처럼 어떤 생각이나 결단뿐만 아니라 어떤 의무와도 무관하게 발생하고 있습니다. 우리는 레싱이 한때 자신의 시들 가운데 다음과 같이 밝힌 가장 훌륭한 두 시구를 이러한 현상에 진실로 적용시킬 수 있습니다.

그를 감동시킨 것은 감동적이며, 그를 즐겁게 한 것은 즐겁다.
그의 축복 받은 취향은 세계의 취향이다.[2]

---

2) Gotthold Epharim Lessing, *Sämtliche Schriften* 제1권, 253쪽.(이후 『전집』으로 표기)
여기에 병기된 시의 독일어 원문은 다음과 같다. *"Was ihn bewegt, bewegt. Was ihm gefällt, gefällt. / Sein glücklicher Geschmack ist der Geschmack der Welt."* -옮긴이.

어두운 세계와의 투쟁과 화해

분노와 웃음: 저항과 화해

우리 시대에 세계에 대한 우리의 태도보다 더 애매한 것은 없으며, 명예가 우리에게 약속하고 인정한 공공영역과의 조화만큼 인정되지 않는 것도 드물 것입니다. 우리 세기에 천재들은 언제나 그랬듯이 청중과 독특한 조화를 자연스럽게 모색하지만 그들도 세계와 공공영역과의 투쟁을 통해서만 발전할 수 있었습니다. 그러나 세계 속에 거주하는 사람과 세계는 동일한 것이 아닙니다. '사람들' 사이에 존재하는 세계인 이 중간영역은 (사람들이 종종 생각하듯이) 사람들(Menschen, men) 심지어 '인간'(Mensch, man)보다 더 많이 논의되는 주제로서 오늘날 지구상의 거의 모든 나라에서 가장 많이 걱정하고 가장 명백하게 문제가 되는 대상입니다. 세계의 질서는 아직도 미완이거나 미완의 상태를 유지하고 있습니다. 그러나 공공영역은 원래 그 속성이었던 조명의 힘(光力)을 상실하고 있습니다. 서구 여러 나라에 살고 있는 많은 사람들은 고대 세계의 몰락 이후 정치로부터의 자유를 기본적인 자유들 가운데 하나로 보게 되었으며, 이 자유를 행사함으로써 세계로부터 도피할 뿐만 아니라 세계에서 행할 의무로부터 도피해 왔습니다. 이러한 세계로부터 도피하는 개인이 반드시 해를 입지는 않습니다. 그는 위대한 재능을 천재의 수준까지 배양시킬 수도 있으며, 세계에 기여하도록 간접적 방식으로 그렇게 할 수도 있습니다. 그러나 개개인이 세계로부터 도피할 때 세계는 거의 명백하게 손상됩니다. 이 사람들과 동료들 사이에 형성되었음이 틀림없는 특이하고 통상적으로 교체될 수 없는 중간영역은 손상됩니다.

따라서 우리가 현재의 상황에서 공적인 명예나 상의 실질적 의미를 고려할 때 다음과 같은 점을 상정할 수 있을 것입니다. 함부르크

시의회는 도시가 수여하는 상에 레싱의 이름을 붙이기로 결정했을 때 콜럼버스의 달걀처럼 오히려 문제의 해답을 찾아냈습니다. 레싱은 결코 당대의 세계 속에서 편안함을 느끼지 못했으며, 또한 결코 편안함을 추구하지 않은 채 언제나 자신의 모습대로 세계와 관계를 유지하려고 했기 때문입니다. 특수하고 독특한 환경이 이 관계를 지배했습니다. 독일의 공중은 그를 받아들일 만한 준비가 돼 있지 않았으며, 제가 아는 한 그의 생존 당시 그를 결코 존경하지 않았습니다. 레싱은 세계와 행복하고 자연스럽게 조화를 이루지 못한다고 판단했습니다. 레싱과 괴테는 이러한 실력과 행운의 결합을 천재의 상징으로 생각했습니다. 레싱은 "대부분 천재에게나 나타나지만" 세계와 결코 자연스럽게 조화를 이룰 수 없는 중요한 것을 비평의 덕택에 얻을 수 있다고 믿었습니다. 그러나 세계에서 재능의 여신(Virtù)이 나타날 때 행운의 여신(Fortuna)은 미소를 짓습니다. 이러한 모든 것은 상당히 중요했지만 결정적이지 못했습니다. 그는 어떤 때 마치 "행복한 취향"을 지닌 사람 또는 천재에게 경의를 표시하는 듯했지만, 반쯤은 농담조로 현자들이라는 사람들을 따르겠다고 결정하는 듯했습니다. 여기서 "현자들은 자신들의 눈이 닿는 곳마다 가장 잘 알려진 진리의 기둥들을 붕괴시키는 사람들입니다."[3] 레싱은 세계에 대하여 긍정하거나 부정하는 태도를 취하지 않고 철저하게 비판적인 태도를 취했는데, 그 시대의 공공영역에 대한 이러한 태도는 완전히 혁명적이었습니다. 그러나 그의 태도 역시 세계의 존재 덕택에 형성되었으며, 결코 세계의 확고한 기반을 버리지 않았을 뿐만 아니라 감상적 이상주의라는 극단에 빠지지 않았습니다. 레싱의 혁명적 기질은 과장되면서도 거의 학자다운 신중함으로 구체적인 사소한 일에

---

3) 『전집』 제4권, 422쪽; 『시전집』(*The Complete Poems*, London: Faber & Faber, 1971).

집착하는 일종의 기묘한 애착과 연계되어 있으며 많은 오해를 불러일으켰습니다. 레싱의 위대성에서 중요한 요소는 이러합니다. 그는 자신이 공격하거나 칭찬한 사물세계나 인간세계에서 세계와의 참된 관계나 실질적인 위상을 잃게 하는 가상적인 객관성을 결코 인정하지 않았습니다. 다른 어느 곳보다도 비평의 참된 본질이 이해되지 못하고 있는 독일에서 이러한 객관성의 거부는 그의 명성을 높여주는 데 도움이 되지는 못했습니다. 독일인들은 정의가 일반적 의미의 객관성과 아무런 관계가 없다는 것을 파악하기 어려웠습니다.

레싱은 자신이 살았던 세계와 결코 화해하지 않았습니다. 그는 "편견에 도전하고 궁중의 아첨꾼들에게 진리를 말하며" 즐겁게 지냈습니다. 그는 이러한 즐거움에 값을 끔찍이 치르긴 했지만, 이 비극적 기쁨은 글자 그대로 즐거움이었습니다. 그는 이 "비극적 기쁨"의 원천을 자신에게 설명할 때마다 다음과 같이 언급했습니다. "모든 정념, 심지어 가장 불유쾌한 정념까지도 유쾌한 정념입니다. 왜냐하면 우리는…… 정념으로 자신의 존재를 더욱 명확하게 의식하며 현실을 더 강렬하게 느끼기 때문입니다."[4] 이 문장은 그리스의 정념론을 강하게 연상시킵니다. 그리스의 정념론에서 분노는 예컨대 유쾌한 감정의 범주에 포함되고 희망은 공포와 함께 악의 범주에 포함됩니다. 이러한 평가의 차이는 실재의 차이에서 나오는 것인데, 레싱의 경우도 마찬가지입니다. 그러나 실재의 차이는 다음과 같이 측정됩니다. 실재는 정념이 영혼에 미치는 위력에 따라 측정되지 않고 정념이 영혼에 전달하는 총량에 따라 측정됩니다. 공포에서 영혼이 현실에서 물러서듯 희망에서 영혼은 현실을 초월합니다. 그러나 레싱

---

4) 「멘델스존(Moses Mendelssohn)에게 보낸 레싱의 편지」(1757년 2월 2일), 『전집』 제1권, 253쪽.

은 『민나 폰 바른헬름』(*Minna von Barnhelm*)[5]에서 세계와 화해하는 데 기여하는 웃음을 강조했고 세계를 드러내는 데 기여하는 분노를 강조했습니다. 그러한 웃음은 사람들이 세계 속에서 설 자리를 찾는 데 도와주지만, 역설적이게도 영혼을 세계에 팔지 않고서도 그 자리를 찾을 수 있게 도와줍니다. 기본적으로 실재에 대한 강렬한 자각인 즐거움은 세계에 대해 열정적인 개방적 태도와 사랑에서 나타납니다. 세계가 인간을 파괴할지도 모른다는 인식도 이 "비극적 기쁨"을 손상시키지 못합니다.

레싱의 미학이 아리스토텔레스 미학과 대조적으로 마치 공포마저도 일종의 연민(우리가 스스로 느끼는 연민)으로 인정한다면 그 이유는 아마도 레싱이 공포를 정념으로 확립하기 위해서 공포로부터 현실 도피적 측면을 제거하려는 데 있기 때문입니다. 공포란 우리가 다른 사람에 의해 일반적으로 영향을 받듯이 우리가 우리 자신에 의해 영향을 받는 감정입니다. 이것은 다음과 같은 사실과 밀접하게 연계되어 있습니다. 레싱의 경우 시(詩)의 본질은 행위이지 헤르더의 경우처럼 "나의 영혼을 감동시키는 마법의 힘"도 아니고 괴테의 경우처럼 형태를 부여받은 자연도 아니기 때문입니다. 괴테는 "예술작품 그 자체의 완전성"을 "영원히 불가피한 요구"라고 생각했지만, 레싱은 그러한 일에 전혀 관심을 갖지 않았습니다. 레싱은 여기서 오히려 아리스토텔레스와 일치하고 있습니다. 이를테면 그는 세계를 표현하는 구경꾼에 미치는 영향력에 관심을 가졌으며, 더 정확히 말하자

---

5) 독일 계몽주의 사조를 대표하는 사상가로서 근대 독일 문학의 토대를 닦았다. 이 희곡은 지금까지 독자들의 사랑을 받으며 무대에 오르는 독일 희곡 가운데 가장 오래된 고전으로서 3대 희곡의 하나로 평가된다. 이 작품은 민나와 텔하임 사이의 갈등을 소재로 하고 있지만, 이를 해결해가고 이끌어가는 주체는 민나다-옮긴이.

면 예술가나 작가, 동료 인간들 사이에 존재하는 세계적 공간, 즉 그들에게 공통된 세계에 관심을 가졌습니다.

레싱은 본질적으로 편견을 수반하는 분노와 웃음으로 세계를 체험했습니다. 따라서 그는 세계 속에서 예술작품의 영향을 고려하지 않은 채 예술작품 '자체만'을 평가할 수 없었고 그럴 마음도 갖지 않았습니다. 그는 또한 논쟁 속에서 관련되는 사건의 진위 정도를 무시한 채 그것이 공중에 의해 어떻게 평가받느냐에 따라 공격하거나 방어할 수 있었습니다. 그가 "공격받고 있는 사람들을 평안하게 해준다"[6]고 말했을 때 그의 발언은 일종의 용기였으며, 정당한 이유 때문에 혹평을 받은 의견들의 상대적 옳음에 대한 배려였습니다. 이러한 배려는 그에게 본능적으로 존재했습니다. 따라서 그는 기독교에 대한 논쟁에서조차도 정해진 입장을 취하지 않았습니다. 오히려 한때 고상한 자기인식 아래 말했듯이 그는 "누군가 나에게 기독교를 더 설득력 있게 증명하려고 하면 할수록" 기독교에 대해 더 많이 의심했으며, "다른 사람이 더 방자하고 의기양양하게 기독교를 발밑에 깔아뭉개려고 하면 할수록 기독교를 마음속에 더 많이 간직하려고"[7] 본능적으로 노력했습니다. 그러나 이 말이 의미하는 바는 다음과 같습니다. 모든 사람이 기독교의 '진리'를 둘러싸고 논쟁하는 경우 그는 한편 오늘날 기독교가 그 세력을 강화하려는 것을 걱정했고, 다른 한편 기독교가 언젠가는 완전히 소멸되지나 않을까 걱정하면서 세계 속에서 기독교의 입장을 옹호했습니다. 레싱은 당대의 계몽신학이 "우리를 합리적인 기독교인으로 만든다는 구실 아래 우리를 지극히 비합리적인 철학가로 만들고 있다"는 것을 알았습니다. 이때

---

6) 「편지에 드러난 레싱」(Lessing in einem seiner Briefe), nach Franz Mehring, *Die Lessing-Legende*, 1893 Ausg.; 울스타인 책(Ullstein Buch) 2854, 273쪽.
7) 『전집』 제16권, 476쪽.

레싱은 탁월한 선견지명을 보여주었습니다. 그러한 통찰은 이성을 중시하는 입장이기 때문에만 생겨난 것은 아닙니다. 이 같은 전반적인 논쟁에서 레싱의 일차적 관심은 자유였습니다. 신앙을 신의 은혜로 받아들이는 사람보다도 "논증으로 신앙을 강제하려는" 사람들은 자유를 더욱 위태롭게 했습니다. 그러나 그는 이외에도 세계에 대한 자신의 관심을 표현했습니다. 그는 종교와 철학이 모두 세계 속에서 자기 장소를 가지되 "각기 자신의 칸막이 뒤에서 서로를 방해하지 않고…… 제 갈 길을 갈 수 있는"[8] 개별적인 장소를 지녀야만 한다고 생각했습니다.

레싱의 경우 비평이란 항상 세계의 입장을 지지하며, 어느 때라도 세계 속에서 차지하는 위치에 따라 모든 것을 이해하고 판단함을 의미합니다. 그러한 정신상태는 결코 어떤 확정된 세계관을 유발할 수 없습니다. 확정된 세계관은 한번 받아들여지면 한 가지 가능한 시각을 확고하게 고수하기 때문에 한층 더한 경험에 영향을 받지 않습니다. 우리는 더구나 우리에게 이러한 정신상태를 가르칠 레싱이 필요합니다. 그런데 계몽주의나 18세기의 인간성에 대한 우리의 불신 때문에 우리가 그의 가르침을 받아들이는 데 어려운 것은 아닙니다. 레싱과 우리를 가르는 시대는 18세기가 아닌 19세기입니다. 19세기에 역사에 대한 강박관념과 이데올로기에 대한 집착은 우리 시대의 정치적 사유에 크게 영향을 미치고 있습니다. 따라서 우리는 역사나 강제적인 논리를 버팀목으로 사용하지 않는 완전히 자유로운 사유가 우리에게 아무런 권위도 지니지 않는다고 생각하는 경향이 있습니다. 확실하게도 우리는 사유가 지성과 심오함을 요구할 뿐만 아니라

---

8) 「형제인 칼 코트헬프에게 보낸 레싱의 편지」(1774년 2월 2일), 『전집』 제18권, 101쪽.

그 무엇보다도 용기를 요구한다고 아직도 인식하고 있습니다. 그러나 레싱은 글을 쓰고 말을 하는 모든 사람들에게 적용된다는 자기 일관성에 대한 주장, 즉 비모순율의 공리마저도 포기할 수 있을 정도로 세계에 깊이 참여할 수 있었습니다. 우리는 이 점에 대해 놀라지 않을 수 없습니다. 그는 다음과 같이 진지하게 선언했기 때문입니다. "나는 내가 야기하는 난제들을 꼭 풀어야만 한다는 의무에 구속받지 않는다. 나의 이념들이 독자들의 자율적인 사유를 불러일으킬 재료를 담고 있다고 하더라도 그것들은 언제나 어느 정도는 분리되어 있거나 심지어 서로 모순된 것같이 보일 수도 있다."[9] 그는 강제력이나 증거로 누군가 자신을 강요하거나 자신이 다른 사람을 강요하는 것을 바라지 않았습니다. 그는 추론이나 궤변 또는 설득력 있는 논증으로 사유를 지배하려는 사람들의 폭정이 정통 학설의 고수보다 자유에 훨씬 더 위험하다고 생각했습니다. 그는 결코 자기 자신을 강요하지 않았으며, 완전히 일관된 체계를 지닌 역사 속에 자신의 정체성을 고정시키지 않은 채 자신이 알고 있는 바대로 인식의 효모(*fermenta cognitionis*)[10]를 세상에 유포시켰습니다.

자기사유와 자유

따라서 레싱의 유명한 자기사유(*Selbstdenken*, 독립적인 자율적 사유)는 사유를 경유하여 세계와 조화를 이루고자 자신의 발전에 가장 유리한 장소가 어딘가를 세계 속에서 찾고자 두리번거리는 사람의 활동, 즉 치밀하고 조화롭고 유기적으로 성장 발육된 개인의 활동이 결

---

9) 『전집』 제10권, 187쪽.

10) 효(酵)는 술밑을 뜻하는 한자다. 효모를 뜻하는 이스트(yeast)는 끓는다는 뜻이 담겨 있다. 효모 때문에 술이 만들어지듯이 이때 효모는 생각을 가능케 하는 요소를 지칭한다-옮긴이.

코 아닙니다. 레싱의 경우 사유란 '고립된'(옮긴이) 개인으로부터 발생하는 것도 아니고 자기 자신의 표현도 아닙니다.[11] 오히려 개인은 사유활동에서 세계를 자유롭게 이동하는 다른 양태를 발견하기 때문에 그는 그러한 사유를 선택합니다. 레싱은 이러한 사람이 추론이 아니라 행위를 위해 태어난 사람이라고 말하고자 했습니다. 우리가 '자유'(freedom)라는 말을 들을 때마다 연상되는 온갖 종류의 자유들(liberties) 가운데 이동의 자유는 역사적으로 가장 먼저 존재했으며 가장 기본적인 것입니다. 이동의 자유에 대한 제한은 유사 이래 노예화의 전제조건이 되어 왔기 때문에 우리가 바라는 곳을 향해 출발하는 것은 자유로운 것의 전형적인 형태입니다. 이동의 자유는 또한 행위의 불가결한 조건입니다. 사람들은 일차적으로 행위를 통해 세계 속에서 자유를 경험합니다. 공적 공간은 공동의 활동을 통해 형성되며, 이에 따라 역사로 발전하는 사건과 이야기로 저절로 채워집니다. 그런데 사람들은 공적 공간을 상실할 때 사유의 자유를 향유합니다. 물론 사람들은 옛날부터 이러한 것을 체험해 왔습니다. 그리고 레싱은 어쩔 수 없이 이러한 사유의 자유만 향유했던 것 같습니다. 우리는 세계 속의 예속상태에서 벗어나 사유의 자유로 이탈하는 것에 대해 들었을 때 당연히 스토아학파를 기억하게 됩니다. 그것은 역사적으로 가장 유효한 예이기 때문입니다. 그러나 정확하게 말한다면 스토아학파는 행위에서 사유로 후퇴했다기보다는 오히려 세계로부터 자기 자신으로 도피했다는 것을 보여주고 있습니다. 이때 자기는 외부 세계로부터 완전히 독립되어 자신을 유지할 수 있을 것입니다. 레싱의 경우 이런 종류의 것은 없었습니다. 레싱은 사유에 참

---

11) 여기에서 아렌트는 사유와 행위가 유사하다는 것을 고려하고 있다. 사유는 행위와 마찬가지로 목적-수단 관계에 관여하지 않는다. 사유는 결론이나 목적과 아무런 관계가 없다—옮긴이.

여했지만 자기 자신에게 완전히 칩거하지 않았습니다. 그에게 행위와 사유 사이를 연결하는 비밀스러운 고리가 있었다면(나는 정확한 인용을 통해서 증명할 수는 없지만 그런 것이 있었다고 확신합니다) 그 고리는 행위와 사유가 모두 이동의 형태에서 발생한다는 사실에 있으며, 따라서 자유가 행위와 사유의 기반이라는 사실에 있습니다. 그 고리는 이동의 자유입니다.

레싱은 아마도 행위를 사유로 대체할 수 있다거나 사유의 자유를 행위에 내재된 자유로 대체할 수 있는 것이라고 결코 믿지 않았을 것입니다. 그는 종교에 반대하는 바보 같은 많은 행위들을 공중에게 기꺼이 제공했지만 당시 "유럽에서 가장 예속적인 국가"에 살고 있음을 잘 알고 있었습니다. "착취와 전제에 반항해서…… 주인의 권리를 주장하는 소리"를 외친다는 것, 달리 말하면 행동하는 것은 불가능했습니다.[12] 그의 "자기사유"와 행위 사이의 비밀스런 관계는 그가 결코 사유와 그 결과를 연결시키지 않는 데 있습니다. 사실 사유의 결과는 사유가 스스로 제기한 과제의 최종적 해결을 의미할 수 있는 한, 그는 결과에 대한 욕구를 분명히 비난했습니다. 즉 그의 사유는 진리를 향한 탐구가 아니었습니다. 사유과정의 결과인 모든 진리는 필연적으로 사유의 이동을 중단시키기 때문입니다. 레싱이 세상에 유포시킨 인식의 효모는 결론을 전달하기 위한 것이 아니고 다른 사람들에게 독립적인 사유를 하도록 자극하기 위한 것이었습니다. 즉 사유하는 사람들 사이에 대화를 갖게 하는 것 이외에 다른 목적은 없었습니다. 레싱의 사유는 나와 나 자신 사이의 소리 없는 대화(플라톤의 정의)가 아니라 다른 사람들과의 예견된 대화입니다. 이 때문

---

12) 「프리드리히 니콜라이에게 보낸 레싱의 편지」(1769년 8월 25일), 『전집』 17권, 298쪽.

에 레싱의 사유는 논쟁적인 성격을 띠고 있습니다. 그러나 레싱은 독립적으로 사유하는 다른 사람들과 대화를 수행하고, 그리하여 특히 자신의 경우에 모든 능력을 마비시키는 것으로 보였던 고독을 벗어나는 데 성공했다 할지라도 그는 이것이 모든 것을 제대로 바로잡을 수 있다는 점을 거의 확신할 수 없었습니다. 잘못된 것, 그리고 어떤 대화나 어떤 독립적인 사유도 여전히 올바른 것이 될 수 없다는 것은 세계(사람들 사이에서 일어나는 일, 개개인이 태어날 때부터 지니고 있는 모든 것이 가시적이고 들을 수 있는 세계)에 그 원인이 있기 때문입니다. 이러한 면에서 볼 때 우리와 레싱이 살던 시대 사이에 가로놓여 있는 200년 동안 많은 변화가 있어 왔지만 좋은 방향으로 변화된 것은 거의 없습니다. (레싱의 은유를 빌리면) "가장 잘 알려진 진리의 기둥"은 당시에는 흔들렸지만 오늘날에는 완전히 파괴되어 버렸습니다. 우리는 그 기둥을 흔들기 위해 더 이상 비평이나 현자도 필요하지 않습니다. 우리는 그러한 기둥의 파편 더미 속에 우리가 서 있는 것이 아닌가를 알기 위해서는 다만 우리의 주위를 둘러볼 일밖에 없습니다.

이러한 상황은 이제 어떤 의미에서 낯선 지역을 버팀목 없이 자유롭게 이동하려고 기둥이나 지주(支柱)뿐만 아니라 규범이나 전통도 필요하지 않은 새로운 형태의 사유를 촉진할 수 있는 장점일 수 있었습니다. 그러나 현실세계에서 이러한 사유의 장점을 활용하는 것은 어려운 일입니다. 진리의 기둥은 동시에 정치질서의 기둥이었으며, 세계는 (세계 속에 살며 그 속을 자유롭게 움직이는 사람들과는 대조적으로) 연속성과 항구성을 보증할 그러한 기둥을 필요로 합니다. 이것은 옛날부터 명백한 사실이었습니다. 그런데 세계는 그 기둥을 유지하지 못할 경우 인간들에게 상대적으로 안정적이고 소멸되지 않은 안식처를 제공할 수 없습니다. 인간이 사유를 포기하고 잘 알려진 진리나 알려지지 않은 진리도 믿으면서 그것이 마치 모든 경험의 평균치를 지닌 화폐인 양 다루려고 할 때 인간의 진정한 인간성은 분명히 그 활력을 잃게 됩니다. 그러나 이 말은 인간에게는 맞을지 모르나 세계에는 맞지 않습니다. 세계가 어떠한 항구성도 존재하지 않는 운동 속으로 갑작스레 빠져들 때 그 세계는 인간의 필요(죽어야 할 존재인 인간의 필요)에 호의적이지 않은 비인간적 세계가 됩니다. 프랑스 혁명의 엄청난 실패 이후에도 사람들은 처음에는 흔들리다가 나중에는 다시 무너지는 것을 단순히 반복적으로 보기 위해서 프랑스 혁명 당시 이미 파괴된 낡은 기둥을 반복적으로 재건해 왔기 때문입니다. 가장 무시무시한 그릇된 교리는 "가장 잘 알려진 진리"의 자리를 대신해 왔지만, 이 그릇된 교리는 낡은 진리를 대신할 새로운 기둥이나 증거를 세우지 못합니다. 정치영역에서 복고는 결코 정치질서 창립의 대안이 아니라 기껏해야 혁명이라는 창립활동[13]이 실패하게 될 때 불가피하게 이용되는 긴급조치일 뿐입니다. 그러나 특별히 복고가 매우 오랫동안 지속되는 그러한 상황에서 세계뿐만 아니라 공공영역의 모든 부문에 대한 사람들의 불만 역시 불가피하게 지속적으로 증대됩니다. 반복적으로 복구되는 이러한 공적 질서라는 지주는 붕괴될 때마다 그 취약성을 더욱 명료하게 드러내기 때문에 궁극적으로 공적 질서는 어느 누구도 거의 더 이상 은밀하게 믿고 있지 않은 바로 이러한 종류의 "가장 잘 알려진 진리"를 자명하다고 주장하는 사람들에 기반을 두고 있습니다.

---

13) 아렌트의 경우 혁명은 구체제의 종말과 새로운 질서의 시작이라는 이중적 의미를 지니고 있다. 혁명은 새로운 시작이다-옮긴이.

어두운 시대 인간성의 발현

인간성 이해의 범례: 「현자 나탄」

역사에는 어두운 시대와 같은 많은 시대가 나타납니다. 이러한 시대에 공공영역은 빛을 잃어 희미해지고 세상은 대단히 뒤숭숭해지기 때문에 사람들은 자신들의 사활적 이해관계나 개인적 자유에 관심을 갖는 것 이외에 정치에 더 많은 것을 요구하지 않습니다. 이러한 시대를 살아가며 이러한 시대에 적응해 온 사람들은 자신들 사이에 가로놓여 있는 세계를 무시한 채 동료들과 상호 이해에 도달하려고 세상과 공공영역을 멸시하고 가능한 한 무시하며, 또는 이것들을 뛰어넘기도 하고 그 배후(마치 세계가 사람들을 숨겨주는 정면의 보호막이라도 되는 듯이)로 이동하는 경향을 어쩌면 언제나 드러냈을 것입니다. 그러한 시대에 형편이 좋아진다면 특별한 형태의 인간성이 나타날 것입니다. 우리는 그러한 가능성을 올바로 이해하기 위해서 『현자 나탄』(Nathan der Weise)[14]에 대해서 생각해 볼 필요가 있습니다. "인간이 된다는 것으로 충분하다"는 이 책의 진정한 주제는 희곡 속에 배어 있습니다. "나의 친구가 돼라"는 호소는 이 희곡 전체를 관통하는 중심 사상과 같이 퍼지고 그 주제와 일치합니다. 우리는 『마술피리』(The Magic Flute)를 같은 맥락에서 생각해 볼 수 있습니다. 이 작품도 똑같이 그러한 인간성을 주제로 삼고 있습니다. 인류는 각

---

14) 1779년에 출간된 레싱의 희곡이다. 이 희극은 종교적 관용에 대한 열렬한 청원을 다루고 있다. 제3차 십자군 원정 당시 예루살렘을 배경으로 하고 있는 이 희극은 현자인 유대인 상인 나탄, 계몽적 술탄인 살라딘, 그리고 신전기사 단원이 유대교, 이슬람교, 기독교 사이의 간격을 어떻게 좁힐 것인가에 대해 기술하고 있다. 나탄이라는 인물은 레싱의 평생 친구이며 저명한 철학자인 멘델스존을 모델로 하고 있다-옮긴이.

양각색의 민족·국민·인종·종교로 분리됩니다. 우리가 18세기에 이 것의 바탕이 되는 기본적 인간본성에 관한 일반 이론만 고려할 때 이 작품은 일반적인 생각보다는 훨씬 심오한 내용을 담고 있습니다. 만약 그러한 인간본성이 존재한다면 그것은 자연현상일 것입니다. 그리고 자연현상에 부합되는 행태를 '인간적'이라고 규정하는 것은 인간과 자연의 행태가 동일하다는 것을 상정하는 것입니다. 18세기에 이런 유의 인간성을 역사적으로 가장 효과적으로 옹호했던 가장 위대한 사람은 루소(Jean Jacques Rousseau, 1712-78)였습니다. 루소의 경우 모든 사람들에게 공통되는 인간본성은 이성이 아니라 동정심, 그의 표현대로 동료 인간의 고통을 보는 본능적인 혐오감에 명백히 나타났습니다. 가장 훌륭한 인격자는 동정심이 가장 강한 사람이라는 레싱의 주장과 루소의 의견은 놀랍게도 일치합니다. 그러나 레싱은 동정심이 지닌 평등주의적 성격(그가 주장하는 바대로 우리는 악인에 대해서도 "동정심에 가까운 것"을 느낀다는 사실) 때문에 난색을 표시했습니다. 루소에게는 이것이 전혀 문제가 되지 않았습니다. 루소는 자신의 사상에 의지하고 있는 프랑스 혁명의 정신에서 박애 (*fraternité*)를 인간성의 실현으로 보았습니다. 다른 한편 레싱은 (평등주의적인 동정심과 달리 선택적인) 우정을 다만 참된 인간성이 입증될 수 있는 중심적 현상으로 생각했습니다.

18세기적 의미의 인간성: 박애와 동정심

우리는 레싱의 우정 개념과 그것의 정치적 연관성에 눈을 돌리기에 앞서 잠시 18세기적 의미의 박애에 주의를 기울일 필요가 있습니다. 레싱 역시 박애에 대해 잘 알고 있었습니다. 그는 사람들이 '비인간적으로' 취급받고 있는 세계에 대한 증오에서 발생하는 다른 사람들에 대한 형제애, 즉 '박애주의 감정'을 말한 바 있습니다. 그러나 우리의 목적을 고려할 때 중요합니다만, 인간성은 "어두운 시대"
에 그러한 형제애에서 아주 빈번하게 나타납니다. 그러한 시대가 여
러 인간 집단에게 극도로 어두워지게 되어서 그러한 세계로부터 이
탈하는 게 그들의 통찰력이나 선택으로는 더 이상 불가능하게 되었
을 때 이런 유형의 인간성은 실제로 불가피하게 나타납니다. 박애라
는 형태의 인간성은 역사적으로 언제나 박해받는 사람이나 노예화
된 집단 속에서 나타납니다. 18세기 유럽에서는 당시 문필가 그룹
의 신출내기들이었던 유대인들 가운데 그것을 찾아내기란 매우 자
연스러운 일이 틀림없었습니다. 이러한 유형의 인간성은 버림받
은(pariah)[15] 민족의 위대한 특권이며, 이 세계의 국외자들이 언제나
어떤 환경에서나 다른 사람들에 대해서 가질 수 있는 장점입니다. 이
특권은 매우 귀중한 것이며, 세계의 갑작스러운 상실, 세계에 부응하
는 모든 감각기관의 가공할 만한 위축을 종종 수반합니다. 그런데 위
축되기 이전의 감각기관들은 우리와 다른 사람들에게 공통된 세계
에서 우리가 적응하는 공통감(각)[16]에서 시작하여 세계를 사랑하게
끔 하는 미감(美感), 즉 취향에 이르게 됩니다. 따라서 국외자 상태가
수세기 동안 지속되어 온 극단적인 경우 우리는 실질적인 무세계성
에 대해 언급할 수 있습니다. 그리고 슬프게도 무세계성은 언제나 야
만의 한 형태입니다.

---

15) 이 용어에 해당하는 적합한 우리말은 없다. 상황에 따라 표현을 달리해야 그
   의미가 정확하게 전달되기 때문이다. 하층민, 버림받은 사람, 한계인, 주변
   인, 국외자 등으로 번역될 수 있지만, 여기서는 버림받은 사람으로 표기한
   다-옮긴이.
16) 'common sense'에 해당하는 우리말이며 '상식'으로 번역되기도 한다. 공통
   감은 외적 감각인 오감을 종합하는 내적 감각으로서 육감을 의미한다. 취향
   은 공통감(각)의 일종이다. 『판단력 비판』에서 취향 비판에 대해 언급하고 있
   다-옮긴이.

어느 정도 자연스럽게 형성된 이러한 인간성 때문에 마치 박해받는 사람들은 박해라는 압박 속에서 아주 긴밀하게 가까워지기 때문에 우리가 세계라고 말해온 중간영역(물론 박해를 받기 이전 사람들 사이에 서로 거리를 유지하면서 이들 사이에 존재했던 영역)은 쉽게 사라져 버렸습니다. 이러한 인간성은 박해받는 집단을 어느 정도 경험해 왔던 사람들에게 거의 자연현상과 같은 느낌을 줄 수 있는 인간관계의 온정을 형성합니다. 물론 저는 박해받는 사람들이 지녔던 이러한 온정을 중요한 것이 아니라고 주장할 생각은 없습니다. 이러한 인간성은 완전히 발전한 상황에서 인간이 평상시에는 거의 지닐 수 없는 친절함과 선량함이 될 수 있습니다. 그것은 또한 종종 활력의 원천이며, 살아 있다는 단순한 사실 속의 즐거움입니다. 오히려 그것은 세간의 말로 표현하여 천대받고 상처받은 사람들 사이에서만 삶 자체가 그 힘을 완벽히 발휘한다는 것을 암시하고 있습니다. 그러나 우리는 이렇게 말하는 과정에서 다음과 같은 점을 망각해서는 안 됩니다. 즉 전개되는 분위기의 매력과 강도는 이 세계의 버림받은 사람들이 세계에 대한 배려에 의해 편안해지는 커다란 특권을 향유한다는 사실에 기인합니다.

프랑스 혁명이 항상 인간의 정치영역을 특징짓는 자유와 평등에 덧붙였던 박애 개념은 억압받고 박해받는 사람들, 착취당하고 멸시당하는 사람들의 삶의 영역에서 자연스러운 장소를 차지합니다. 그런데 이 사람들은 18세기에 **불행한 사람들**(*les malheureux*)로, 19세기에 **비참한 사람들**(*les misérables*)로 각기 명명되었습니다. 레싱과 루소의 경우 (문맥상으론 매우 다르긴 하지만) 동정심은 만인에게 공통되는 인간본성을 발견하고 확인하는 데 매우 큰 역할을 담당했습니다. 로베스피에르(Robespierre)의 경우 동정심은 역사상 처음으로 혁명당원의 중심적인 동기가 되었습니다. 그 후 동정심은 유럽 혁명사에서 빼

놓을 수 없는 확실한 부분으로 남게 되었습니다. 오늘날 동정심은 의심할 필요 없이 자연스러운 인간 감정입니다. 따라서 동정심은 고통받는 사람을 보면 그가 비록 외국인이라 할지라도 모든 보통 사람들의 감정을 저절로 움직이게 하며, 그것이 모든 인류에게 이를 경우 사람이 참된 동포 형제가 될 수 있는 사회를 세우겠다는 감정의 이상적 기초가 됩니다. 혁명적 성향을 지닌 18세기의 인도주의자는 동정심을 통해서 불행한 사람들이나 비참한 사람들과 유대를 이루려고 노력했습니다. 이러한 노력은 바로 형제애 영역에 침투하는 것과 같습니다. 그러나 이러한 종류의 인도주의는 전파될 수 없으며, 버림받은 사람의 범주에 속하지 않는 사람들은 이를 쉽게 획득할 수 없습니다. 인도주의의 가장 순수한 형태는 버림받은 사람의 특권이기 때문입니다. 동정심이나 고통의 실질적 분담만으로 충분하지 않습니다. 우리는 동정심이 모든 사람을 위한 정의를 구현하기보다는 불행한 사람들의 운명을 개선해 주겠다는 의도로 근대 혁명에 끌어들인 폐해를 이 자리에서 토론할 수는 없습니다. 그러나 우리는 모든 정치문제에서 우리 자신보다 더 많이 체험했던 고대인들이 형제애의 인도주의와 동정심을 어떻게 평가했는가를 잠시 상기시킬 필요가 있습니다. 이러한 평가는 우리 자신과 감정의 근대적 양식에 대한 약간의 견해를 얻는 데 도움이 됩니다.

동정심에 대한 평가: 고대와 근대

근대와 고대는 한 가지 점에서는 일치하고 있습니다. 양쪽 모두 동정심을 아주 자연스러운 것, 말하자면 두려움과 마찬가지로 인간이 벗어날 수 없는 것으로 보고 있습니다. 그러나 동정심에 대한 평가에 이르게 되면 고대인들이 근대인들의 동정심에 대한 높은 평가에 전적으로 반대하는 입장을 취했다는 점은 아주 인상적입니다. 고대인들은 우리가 저항할 수 없어서 두려움과 똑같이 우리를 압도할 수 있는 동정의 순수한 감정적 본질을 명백하게 인식했기 때문에 그들은 가장 동정적인 사람이나 가장 두려워하는 사람은 모두 가장 훌륭한 사람으로 불릴 자격을 갖지 못한다고 생각했습니다. 두 감정은 완전히 수동적이기 때문에 어떤 행위도 불가능하게 만듭니다. 바로 이러한 이유 때문에 아리스토텔레스는 동정과 공포를 함께 논의했습니다. 다른 사람들의 고통이 마치 우리 내면에서 스스로 공포를 일으켰듯이 동정을 공포로 환원하는 것은 전적으로 잘못일 것입니다. 또한 우리가 마치 공포에서 스스로 동정만을 느꼈듯이 두려움을 동정으로 환원하는 것도 전적으로 잘못일 것입니다. 우리는 (키케로의 『투스쿨룸 대화』 *Tusculanae Disputationes* 제3권, 21에서)[17] 스토아학파가 동정과 선망[18]을 동일한 것으로 본다는 사실을 알게 되었을 때 더욱 놀라게 됩니다. "다른 사람의 불행으로 괴로워하는 사람은 또한 다른 사람의 행운에도 괴로워하기 때문입니다." 키케로는 다음과 같은 질문을 제기할 때(같은 책 제4권, 56) 문제의 핵심에 상당히 접근하고 있습니다. "할 수 있다면 도움을 주는 것이 낫지 연민은 무슨 소용입니까? 또는 우리는 연민이 없다면 너그러울 수 없습니까?" 바꾸어 말한다면 인간은 다른 사람들의 고통을 목격했을 때 자극을 받지 않

---

17) 투스쿨룸은 현재 로마의 남동쪽 24킬로미터 지점에 위치한 '프라스카티'이며, 키케로의 별장이 있던 지역이다. 이 저서에서는 다섯 가지 문제를 중점적으로 논의하고 있다. 죽음의 멸시, 고통의 인내, 정신의 고통, 정신의 다른 고통, 어떠한 미덕만이 행복한 삶에 충분한가에 관한 문제를 논의하고 있다-옮긴이.
18) 선망(envy)은 질투(jealousy)와 비슷한 정서다. '질투'가 직접적인 감정이지만, '선망'은 간접적인 감정이라고 말할 수도 있다. 선망은 조금 부드러워 보이는 감정이라면 질투는 매섭고 날카로운 감정이다. 질투가 공격적이라면 선망은 방어적이다. 선망은 질투와 합성된 의미를 가지고 있고 두 단어가 혼동되는 경우도 많지만 쉽게 구분할 수도 있다-옮긴이.

고 사실상 강요당하지 않는다면 인간답게 행동할 수 없을 만큼 아주 비열합니까?

우리는 이러한 감정들을 평가하면서 무욕(無慾) 문제, 더 정확히 표현하면 다른 사람들에 대한 솔직함 문제를 제기하지 않을 수 없습니다. 무욕 또는 솔직함은 어느 점으로 봐도 '인간성'의 전제조건입니다. 기쁨을 나누는 것이 이러한 관점에서 고통을 나누는 것보다 절대적으로 우위에 있다는 점은 명백한 듯합니다. 기쁨이란 슬픔과 달라서 말하기 좋으며, 진정한 인간적인 대화는 다른 사람의 기쁨과 자신의 말이 전적으로 스며들어 있다는 점에서 단순한 대화나 심지어 토론과도 다릅니다. 우리는 진정한 인간적인 대화가 기쁨의 핵심에 조화된다고 말할 수 있습니다. 이러한 기쁨을 방해하는 것은 인간성의 영역에서 가장 나쁜 악덕인 질투입니다. 그러나 동정의 안티테제는 질투가 아니라 동정 못지않은 감정인 잔혹성입니다. 잔혹성은 고통을 자연스럽게 느끼는 곳에서 존재하는 쾌락 감정, 즉 도착된 감정이기 때문입니다. 결정적인 요소는 쾌락과 고통이 본능적인 모든 것과 마찬가지로 침묵하는 경향을 지니고 있으며 소리를 내면서도 언어를 형성하거나 대화를 하지 않는다는 점입니다.

어둠 속에만 드러나는 인간성

지금까지 말한 것을 단지 다른 방식으로 표현하자면 형제애와 같은 인간성은 무시당한 사람들이나 상처받은 사람들에 속하지 않으면서 동정을 통해서만 형제애를 공유할 수 있는 사람들에게는 어울리지 않습니다. 버림받은 민족(Pariavölker)의 온정은 세계에서 다른 종류의 위치에 있다는 이유로 세계에 대한 의무를 가지고 있으면서 버림받은 사람들의 거리낌 없음(Unbekümmertheit)을 공유할 필요가 없는 그런 사람들에게 제대로 확장될 수 없습니다. 그러나 "어두운 시대"에 버림받은 사람들의 햇빛을 대신하는 온정은 보이지 않은 곳으로 도피하고 싶어할 만큼 현실세계를 몹시 두려워하는 사람들에게 진정으로 엄청난 매력을 제공합니다. 긴밀하게 묶인 사람들이 나누는 온정과 형제애만이 자신의 모습을 숨긴 사람들이 가시적인 세계를 더 이상 볼 필요가 없는 비가시적인 곳인 어두운 곳에서 기묘한 비실재를 보상할 수 있습니다. 인간관계는 모든 사람들에게 공통된 세계와 관계없는 절대적 무세계성 상태에서 전개될 경우 비실재의 형태를 띱니다. 이러한 무세계성과 비실재의 상태 속에서 모든 사람들에게 공통된 요소는 세계가 아니고 이러저러한 형태의 '인간본성'이라고 결론짓기란 쉽습니다. 그 형태가 어떤 것인가는 해석자에 달려 있습니다. 이때 모든 사람의 속성으로서 이성이 강조되든, 동정하는 능력처럼 모든 사람에게 공통된 감정이 강조되든 그것은 큰 문제가 되지 않습니다. 18세기의 합리주의와 감정주의는 동전의 양면 같습니다. 이것들은 개인이 모든 사람들에게 형제애의 관계를 느낄 때 과도한 열정으로 똑같이 이끌릴 수 있었습니다. 어떤 경우 이러한 합리성과 감성은 비가시성의 영역에서 확인될 수 있는, 가시적 공동 세계의 상실에 대한 심리학적 대체물일 뿐이었습니다.

　이제 이러한 '인간본성'과 여기에 따르는 박애의 감정은 어둠 속에서만 그 모습을 드러냅니다. 따라서 우리는 이것들을 세계 속에서 확인할 수 없습니다. 게다가 이것들은 가시적인 상황 속에서 환영처럼 무로 바뀌어 버립니다. 무시당하고 상처받은 사람들의 인간성은 결코 일순간도 해방의 시간보다 오래 유지되지 못했습니다. 이러한 사실은 그들의 인간성이 전혀 무의미하다는 것을 의미하지는 않습니다. 그들은 사실 이러한 인간성 덕택에 모욕과 학대를 이겨낼 수 있기 때문입니다. 그러나 이러한 사실은 그들의 인간성이 정치적인 의미에서 전적으로 중요하지 않다는 것을 의미합니다.

어두운 과거의 이해와 극복

유대인 저자의 정체성

물론 사람들이 "어두운 시대"에 취해야 할 적절한 태도와 관련되는 이러한 유사한 문제들은 제가 속해 있는 세대와 인간 집단에 특별히 자연스럽습니다. 명예의 표명을 요구하는 세계와의 조화가 우리 시대의 세계 상황 아래서 결코 자명하지 않듯이 이러한 일은 우리에게도 가장 어려울 것입니다. 명예는 확실히 우리에게 돌발적으로 발생하지 않았습니다. 우리는 세계가 호의로 제공한 것을 선선히 감사한 마음으로 받아들일 수 있는 솔직함과 신뢰감을 더 이상 가질 수 없었다면 그것은 놀라운 것이 아닙니다. 우리 가운데 일부는 말하기나 글쓰기를 통해 공적인 삶에 참여하고 있지만, 이들도 공적인 무대에서 느끼는 어떤 진정한 기쁨으로 이러한 일에 참여하지 않았을 것이며, 공적인 승인의 징표를 인정하겠다고 기대하거나 열망하지도 않았을 것입니다. 그들은 공중 앞에서도 자신의 친구들에게만 연설을 하거나 여기저기에 산재해 있는 알지 못하는 독자들이나 청중들에게 말하는 경향이 있었습니다. 따라서 적어도 말하고 글쓰는 사람들은 누구나 이들과 어느 정도 희미한 형제애를 공감하지 않을 수 없습니다. 그런데 제가 유감스럽게 생각하는 바는 이러합니다. 즉 그들은 이러한 노력을 하면서도 세계에 대해 약간의 의무감을 가지고 있습니다. 그들의 노력은 도리어 점점 더 비인간화되어 가는 세계 속에서 인간성을 최소한 유지할 뿐만 아니라 진정한 인간성의 섬뜩한 현실 상실감에도 저항하려는 희망에 좌우되었습니다. 물론 그들은 각기 자기 방식에 따라 이러한 활동을 했으며, 소수의 사람들은 혼돈시대의 끔찍한 지적·정치적 행위도 실감 있게 체험할 가능성을 모색하려고 노력했습니다.

저는 비교적 젊은 나이에 독일에서 추방된 유대인 집단의 일원입니다. 사람들이 인간성에 대해 이야기할 때 몇 가지 오해가 다만 아주 쉽게 나타날 수 있는데, 저는 그런 오해를 예방하고 싶어서 유대인임을 특별히 강조합니다. 저는 이러한 맥락에서 여러 해 동안 "당신은 누구인가?"라는 질문에 가장 어울리는 대답이 "유대인이다"라고 생각했다는 점을 고백하지 않을 수 없습니다. 이러한 대답은 박해라는 현실을 반영했습니다. 현자 나탄은 (요컨대 실제 언어로 표현되지 않았겠지만) "유대인이여, 한 걸음 다가서라"는 명령에 맞서 "나는 인간이다"라고 응수했습니다만, 저는 이러한 대답이 단지 괴상하면서도 위험스러운 현실 도피를 드러내는 발언에 불과하다고 생각했을 것입니다.

또한 이와 비슷한 또 다른 오해를 재빠르게 끄집어낼 수 있습니다. 저는 '유대인'이라는 말을 사용할 때 유대인의 운명을 인류 운명의 대리자이거나 전형으로 부각시키기라도 하듯이 인간적 실존의 어떤 특수한 형태를 제시할 생각은 없습니다. (그러한 명제도 기껏해야 나치 지배의 마지막 단계에나 설득력을 지닐 수 있었습니다. 이 시기에 유대인이나 반유대주의도 사실 인종주의적 절멸 계획을 공개적으로 언급하고 제대로 진척시키는 수단으로만 이용되었습니다. 이것이 전체주의적 지배의 본질이기 때문입니다. 나치운동은 분명히 처음부터 전체주의를 지향하기는 했습니다만, 제3제국은 초기에는 결코 전체주의적 성격을 띠지 않았습니다. 제가 말하는 '초기'란 1933년부터 1938년까지의 제1기입니다.) 저는 '유대인'이라는 말에서 역사가 부과했거나 운명적으로 차별화시킨 실재를 언급하지도 않았습니다. 오히려 저는 정치적 사실을 인정했을 뿐입니다. 이에 비추어 볼 때 제가 이 집단의 일원이라는 사실은 개인적 정체성과 관련된 다른 모든 문제들보다 더 귀중하며, 더 정확히 표현하여 익명성에 유리하게 다른 모든 문제들을 결정했습니다. 오늘날 그런 태도는 허식처럼 보일 것입니다. 따라서 이런 식으로 반응했던 사람들은 개인적 정체성을 결코 충분히 '인간성'에 불어넣지 못하여 히틀러가 파놓은 함정에 빠져버렸고 자기 자신들의 방식으로 히틀러주의 정신에 굴복했다고 말하기는 참으로 쉬운 법입니다. 불행히도 여기서 문제가 되는 기본적이면서 단순한 원칙은 비방과 박해의 시대에는 특별히 이해하기 어려운 원칙입니다. 사람들은 공격받고 있는 정체성의 관점에서만 이 원칙에 저항할 수 있을 것입니다. 적대적인 세계의 입장에서 그러한 동일화를 거부하는 사람들은 세계에 대해서 놀랍게도 우월감을 가질 수도 있지만, 그들의 우월감이란 이 세계에는 더 이상 존재하지 않는, 비교적 잘 정리된 이상향에서나 나타나는 우월감일 뿐입니다.

나치 시대의 정신적 망명

제 성찰의 개인적 배경을 아주 솔직하게 드러내면 소문으로만 들어서 유대인의 운명을 알고 있는 분들은 제가 마치 학교 밖에서 그런 것을 재미있고 천연스럽게 이야기하고 있는 것으로 쉽사리 생각할 수 있습니다. 물론 그분들은 학교에 다니고 있지 않고 학교수업에도 관심을 갖고 있지 않습니다. 그러나 공교롭게도 이와 똑같은 시기의 독일에는 "정신적 망명"[19]으로 알려진 현상이 존재했습니다. 그리고 그러한 경험에 대해서 조금이라도 알고 있는 분들은 제가 언급하고 있는 문제들과 유사한 여러 가지 문제와 갈등을 단순한 형식적

---

19) 'emigration'은 신체의 이동을 의미하지만, "정신적 망명"은 신체의 이동 없이 자신이 몸담고 있는 공적 세계에 대한 관심에서 자아의 영역으로 이동한다는 의미를 담고 있다. 'inner life'를 "정신의 삶"으로 번역하듯이 'inner emigration'을 내적 망명으로 표현하지 않고 "정신적 망명"으로 표현하는 것이 더 적합하다−옮긴이.

·구조적 의미 이상으로 인정할 수 있을 것입니다. "정신적 망명"이란 명칭 자체가 시사하고 있듯이 이것은 신기하게도 애매한 현상이었습니다. 한편, "정신적 망명"은 독일 국내에 있으면서 마치 더 이상 조국에 속해 있지 않아서 망명자처럼 생각하는 사람이 있다는 것을 의미했습니다. 다른 한편, "정신적 망명"은 그들이 실제로 망명하지 않으면서도 내면의 영역, 사유와 감정의 비가시적 영역으로 이탈했다는 것을 함축했습니다. 세계로부터 내면의 영역으로 이탈하는 이러한 유형의 망명이 제3제국의 멸망과 함께 끝났다고 상상하는 것이 잘못이듯이 그러한 망명이 독일에서만 있었다고 상상하는 것도 잘못일 것입니다. 그러나 가장 어두웠던 그 시대에 독일 내외에는 외형상 견디기 어려운 현실에 직면하여 세계와 그 공공영역으로부터 내면의 삶으로 이동하거나, 그렇지 않으면 "당위적으로 존재하거나" 한때 존재했던 가상세계를 선호하여 현실세계를 그저 무시하려는 유혹은 특별히 강렬했습니다.

1933년부터 1945년까지의 기간이 마치 존재하지 않기라도 한 듯이 행동하는 경향, 이 기간 동안 독일 및 유럽의 역사 일부, 그리고 세계 역사의 일부를 교과서에서 삭제할 수 있기라도 한 듯이 행동하는 경향, 모든 것이 과거의 '부정적' 측면을 망각하는 것에 좌우되고 전율을 감성으로 축소하는 것에 좌우되는 것같이 행동하는 경향이 독일 내에서 만연되어 있었습니다. 따라서 이에 대한 많은 논의가 있었습니다. (『안네 프랑크의 일기』*The Diary of Anne Frank*가 세계 각국에서 출판되었다는 사실은 그러한 경향이 독일에만 국한된 것이 아니라는 명백한 증거입니다.) 사람들은 수마일 떨어져 있는 곳에 살고 있는 어린 학생들도 알 수밖에 없는 사실을 독일 젊은이들에게는 숨겼습니다. 이 시기의 이러한 모든 기이한 상황의 배후에는 물론 진정 난처한 일이 있었습니다. 그리고 지난날의 현실을 직시할 수 없는 바로 이러한 상황은 바로 정신적 망명의 직접적인 유산일 수도 있습니다. 그것은 의심할 여지 없이 상당한 정도로 그리고 훨씬 직접적으로는 히틀러 체제의 귀결이며, 나치당이 독일 국토의 모든 주민을 연루시켰던 조직적 범죄의 귀결입니다. 나치당은 충실한 당원이나 마음 내키지 않는 공범자들 못지않게 정신적 망명자들마저도 이 조직적 범죄에 연루시켰습니다. 연합국은 이 범죄 사실을 집단 범죄라는 운명적인 가설에 포함시켰습니다. 과거의 문제에 대한 어떠한 논의에서도 독일인들이 크게 불편을 느끼는 이유가 바로 여기에 있으며, 모든 국외자들은 이에 충격을 받고 있습니다. 합리적인 태도를 발견한다는 것이 어려운 일입니다. 이러한 상황은 과거를 아직도 "극복하지 못했다"라는 틀에 박힌 표현을 통해서 명백히 나타나 있으며, 먼저 해야 할 일은 과거를 '극복하는' 일이라는 신념 속에 잘 나타나 있습니다. 선의를 가진 사람들은 특별히 이러한 신념을 가지고 있습니다. 그러나 우리는 결코 어떠한 과거를 극복할 수 없으며, 히틀러 독일의 과거를 분명히 극복할 수 없습니다. 우리가 달성할 수 있는 최선책은 과거의 진상을 정확히 이해하고 감내하는 것이며, 그리고 이 과정에서 발생하는 것을 지켜보면서 기다리는 것입니다.

포크너의 『우화』와 과거의 극복

아마도 저는 덜 고통스러운 범례로 이 사실을 가장 잘 설명할 수 있을 것입니다. 제1차 세계대전 이후 우리는 전쟁과 관련하여 질적으로나 양적으로 매우 다양한 수많은 서술적인 묘사에서 '과거의 극복'을 경험했습니다. 자연스럽게도 과거의 극복은 독일뿐만 아니라 전쟁으로 영향을 받은 모든 나라에서 이루어졌습니다. 그럼에도 불구하고 30년이 지나서야 비로소 "그렇다, 이것이 바로 그것이다"라고 말할 수 있을 정도로 사건의 은밀한 진실을 아주 명쾌하게 보여준 예술작품이 출간되었습니다. 물론 이 작품, 즉 포크너(William Harrison Cuthbert Faulkner, 1897-1962)의 소설 『우화』(*A Fable*)[20]에서 은밀한 진실은 거의 묘사되지도 않았으며 심지어 설명되지도 않았을 뿐만 아니라 아무것도 '극복되지' 못했습니다. 그러나 이 소설을 읽은 독자들은 똑같이 눈물을 흘립니다. 즉 '비극적 효과'나 '비극적 기쁨'만 기억에 남습니다. 제가 여기서 비극에 대해서 말씀드리는 까닭은 그것이 다른 어떤 문학 형태보다도 인식과정을 더 잘 표현해 주기 때문입니다. 비극의 주인공은 고통의 형태로 수행된 것을 다시 경험함으로써 식견을 갖게 되며, 개별적 행위들의 연계망은 이러한 고난 속에서, 즉 과거의 행위를 다시 감내하는 과정에서 하나의 사건인 의미 있는 전체로 바뀝니다. 행위자가 수난자로 바뀔 때 비극의 극적인 정점은 발생하며, 비극의 급전(peripeteia), 즉 대단원의 노출은 정점에서 나타납니다. 그러나 비극적이지 않은 줄거리도 회고적이고 지각적으로 작동하는 기억을 통해 수난의 형태로 다시금 경험할 경우에만 진정한 사건이 됩니다. 우리에게 행위를 하도록 촉구하는 격분(*pathos*)과 정당한 분노가 침묵할 때만 그러한 기억은 작용할 수 있습니다. 그러기까지는 시간이 필요합니다. 우리는 과거를 취소할 수 없듯이 과거를 극복할 수 없습니다. 그러나 우리는 과거와

---

20) 1954년에 출간된 소설로서 1955년 퓰리처상과 저술상(National Book Award)을 수상한 작품이다. 이 책은 제1차 세계대전 중 프랑스에서 1주일 동안 발생한 사건을 다루고 있다. 이 책은 예수의 대리인인 제츨라니(Zsettslani) 하사의 이야기를 기술하고 있다. 그 하사는 참혹하게 되풀이되는 참호전에서 공격하라는 명령에 복종하지 말라고 3천 명의 병사에게 명령하고 있다. 독일인들은 공격하지 않는다. 병사들은 전쟁이 두 편에 참여한다는 것을 깨닫게 되었을 때 전쟁은 중단된다. 총사령관은 하사를 체포하고 그에 대한 형을 집행하게 한다. 그는 단지 자신들을 강하게 만들고자 전쟁을 이용하는 지휘관들의 대표자다. 총사령관은 그를 총살하기 전에 전쟁이 인간성의 본질이기 때문에 전쟁을 결코 중단시킬 수 없다고 하사에게 확신시키려고 노력하고 있다-옮긴이.

화해할 수 있습니다. 이것을 위한 형식은 모든 회상에서 발생하는 탄식입니다. 괴테는 (『파우스트』의 헌사에서) 다음과 같이 말하고 있습니다.

고통은 새로이 발생하고, 탄식은 되풀이되어,
삶의 끝없는 미로(迷路)를 거듭 헤매면서.[21]

반복되는 비탄의 비극적 충격은 모든 행위의 본질적인 요소들 가운데 하나에 영향을 미칩니다. 비극적 충격은 행위의 의미뿐만 아니라 역사 속에 수용되는 영속적인 의의를 확정합니다. 행위에 특유한 다른 요소들—무엇보다도 행위과정에서 모두 가시적으로 나타나는 예상목표, 촉진동기, 지도적 원칙—과 정반대로 수행된 행위의 의미는 행위 자체가 종결되고 서술될 수 있는 이야기가 될 때만 명백해집니다. 어떠한 과거의 '극복'도 가능하다면 그것은 일어난 사건을 관련시키는 것입니다. 그러나 역사를 형성하는 그러한 이야기도 문제를 해결하지 못하고 고통을 무마시키지 못합니다. 그러한 이야기가 일거에 모든 것을 해결하는 것은 아닙니다. 오히려 사건의 의미가 살아 있는 한—이러한 의미는 매우 오랫동안 존속되게 마련인데—'과거의 극복'은 끊임없이 반복되는 이야기 형식을 택할 수 있습니다. 매우 일반적인 의미의 시인과 매우 특별한 의미의 역사가는

---

21) 여기에 병기된 문구의 독일어 원문이다. *"Der Schmerz wird neu, es wiederholt die Klage/Des Lebens labyrinthisch irren Lauf."* 관련 문구가 있는 전문은 다음과 같다. "그대들은 즐거웠던 날의 온갖 추억을 날라 온다./그러면 갖가지 그리운 환상이 떠오른다./거의 잊어버린 옛이야기처럼/첫사랑도 우정도 함께 되살아난다./괴로움은 새로워지고, 한탄은 되풀이되어,/인생의 끝없는 미로를 거듭 헤매면서,/덧없는 행복에 속아 아름다운 세월을 보지 못하고,/나보다 앞서 어디론지 사려져 간 그리운 사람들의 이름을 부른다-옮긴이.

이 이야기 과정을 작동시키는 가운데 우리를 끌어들이는 임무를 짊어집니다. 대체로 시인도 역사가도 아닌 우리는 삶에 대한 우리 자신의 체험에서 그러한 과정의 본질에 익숙합니다. 우리는 사건들을 우리 자신이나 다른 사람들과 연계시킴으로써 우리 자신의 삶에서 의미 있는 사건들을 역시 상기해야 할 필요가 있기 때문입니다. 이처럼 우리는 인간적 가능성으로서 가장 넓은 의미의 '시작'(詩作)에 이르는 길을 끊임없이 준비하고 있습니다. 이를테면 우리는 그것이 어떤 인간 속에서 분출되기를 끊임없이 기대하고 있습니다. 이러한 일이 일어날 때 실제로 일어난 것에 대해 이야기하는 것은 잠시 중단되고, 만들어진 이야기는 또 하나의 항목으로서 세계의 재산에 추가됩니다. 시인과 역사가가 역사를 구체화하는 과정에서 역사에 대한 이야기는 항구성과 지속성을 유지해 왔습니다. 따라서 이야기는 우리보다 오래 존속할 세계에서 자리를 잡게 됩니다. 이러한 이야기와 거의 전적으로 분리될 수 있는 의미는 존재하지 않습니다. 우리는 역시 비(非)시적인 체험으로부터 이러한 사실을 알게 됩니다. 어떤 철학이나 경구 또는 분석이 아무리 심오한 것이라 할지라도 그것은 의미의 강렬함과 풍부함에서는 적절하게 서술된 이야기와 비교할 수가 없습니다.

비인간화된 세계 속의 인간성은?

제 주장이 주제로부터 벗어나고 있는 듯합니다. 문제는 이러합니다. 인간성이 공허한 관용어나 환상으로 전락되지 않도록 하기 위해서 비인간화되어 가는 세계에서도 현실은 얼마나 많이 유지되어야 합니까? 달리 말하면 세계로부터 추방되었다든가 또는 세계로부터 이탈했을 경우에도 우리는 어느 정도까지 세계에 대해 의무를 짊어져야 합니까? 저는 다음과 같이 주장하고 싶지는 않습니다. 세계로부터 내밀한 곳으로 도피하고 공적 삶에서 익명적인 삶으로 도피하는 태도인 "정신적 망명"——실제로 실행되었으면서도 **내면적 의구심을 가진 채**(강조는 옮긴이) 자기 자신으로부터 벗어나기 위해 모든 사람이 수행한 것을 실행하겠다는 명분이 아니라면——은 정당화되는 태도가 아니며, 여러 가지 가능한 대안 가운데 오직 가능한 행위일 뿐입니다. 현실을 무시하지 않으나 항상 도피해야 할 것으로 인정하는 한 "시대의식을 상실한"[22] 어두운 시대에 세계 도피(*Weltflucht*)는 물론 정당화될 수 있습니다. 사람들이 이러한 대안을 선택할 때 사적인 삶은 비록 무기력하더라도 결코 무의미하지 않은 현실을 역시 유지할 수 있습니다. 다만 우리는 기본적으로 다음과 같은 내용을 이해할 필요가 있습니다. 이러한 사실의 실질적 속성은 내면에 존재하거나 프라이버시 자체에 근거를 두고 있는 것이 아니라 그들이 도피하고 있는 세계 속에 내재되어 있습니다. 현실 도피의 참된 힘은 박해로부터 생겨나며, 도피자의 개인적 지구력은 박해와 위험에 비례하여 증대합니다.

동시에 우리는 그러한 존재가 순수한 형태로 유지되더라도 이것의 제한된 정치적 타당성을 주목하지 않을 수 없습니다. 그 한계는 지구력(strength)과 권력(power)이 동일한 현상이 아니라는 사실에 있습니다. 권력이란 사람들이 함께 행동하는 곳에서 생겨나는 것이지 사람들이 개인적으로 강인해진다고 해서 생겨나는 것은 아닙니다. 지구력은 권력을 대신할 만큼의 위력을 지니지는 못합니다. 지구력은 권력으로부터 도전을 받는 곳에서 언제나 굴복할 것입니다. 그러나 현실이 간과되거나 망각되는 곳에서는 도피할 수 있거나 도망가는

---

22) 영역본에서는 'impotence'로, 독일어 원문에서는 'Ohnmacht'로 표기되어 있다. 그러나 어두운 시대에 사람들은 시대의식을 간과하고 있다는 점을 고려해 여기에서는 '시대의식을 상실한'으로 표기했다–옮긴이.

동안 저항할 수 있는 완전한 지구력도 가시화될 수 없습니다. 예컨대 한 개인이 자신은 너무 선량하고 고귀하기에 그러한 세계에 대항할 수 없다고 생각할 때, 아니면 한 개인이 어떤 주어진 시점에 지배적인 세계 상황의 절대적인 '거부'에 대응하지 못했을 때 현실은 간과되거나 망각됩니다. 이를테면 참을 수 없을 정도로 바보스러운 나치 밀고자를 단순하게 무시해 버린다는 것은 얼마나 매혹적인 일입니까. 그러나 그러한 매혹에 끌려서 자기 영혼의 숨겨진 도피처로 기어들어가는 것이 매력적이라고 하더라도 그 결과는 언제나 현실을 단념하는 것과 함께 나타나는 인간성 상실일 것입니다.

이렇듯 제3제국의 상황 아래서 우정을 유지하고 있는 독일인과 유대인이 "우리 모두 인간이 아닌가?"라고 말하더라도 그러한 말은 인간성을 드러내는 징표가 되기 어렵습니다. 그러한 말은 현실뿐만 아니라 당시 그들이 공유한 세계로부터 단순히 도피한다는 의미를 담고 있을 뿐이지 그 세계 자체에 대하여 저항한다는 의미를 담고 있지 않습니다. 박해하는 현실을 무시하는 사람들은 유대인과 독일인의 교제를 금지하는 법을 회피할 수 있었지만 이에 반항할 수는 없었습니다. 그들은 현실의 견고한 기반을 상실하지 않은 인간성, 또는 박해하는 현실 속에서 인간성을 유지하면서 서로 "독일인과 유대인, 그리고 친구들"이라고 말했을 것입니다. 그러나 그러한 우정이 그 당시 지속되고(물론 오늘날의 상황은 크게 달라졌지만) 한편 허위적 죄책감 없이, 다른 한편 허위적 우월감이나 열등감 없이 순수하게 항상 유지되었다면 비인간화되었던 세계 속에서도 약간의 인간성은 실현되었을 것입니다.

레싱의 우정

우정의 대화와 인간성

우정은 여러 가지 이유로 인간성 문제와 특별히 연관되는 것 같기 때문에 저는 우정의 범례를 제시하고자 레싱에 대해 다시 말씀드리겠습니다. 잘 알려진 바와 같이 고대인들은 친구가 인간의 삶에 절대 필요하다고 생각했고, 확실히 친구가 없는 삶이란 실제로 살 만한 가치가 없다고 생각했습니다. 그들은 이러한 견해를 가지고 있으면서도 우리가 불행할 때에는 친구의 도움을 필요로 한다는 생각을 거의 고려하지 않았습니다. 오히려 반대로 그들은 함께 기쁨을 나눌 만한 친구가 없다면 행복이나 행운이 존재하지 않는다고 생각했습니다. 물론 우리가 불행할 때에만 누가 참된 친구인가를 알게 된다는 격언에 대해서는 어느 정도 타당한 이유가 있습니다. 그러나 우리가 그러한 증거로 확인하지 않더라도 참된 친구로 생각하는 사람들은 일반적으로 주저하지 않고 행복을 보여주고 기쁨을 함께 나눌 사람들입니다.

우리는 우정을 오로지 친근감(intimacy)이라는 현상으로 이해하는 경향이 있습니다. 친구들은 친분으로 세계와 그 요구에 매이지 않은 채 서로 마음을 털어놓습니다. 이러한 견해를 아주 철저하게 옹호한 사람은 레싱이 아니라 루소입니다. 이러한 견해는 세상으로부터 소외되어 다만 비밀리에 또는 대면하는 만남으로 이루어지는 친분으로 자신을 진정 드러낼 수 있는 근대적 개인의 기본적 태도에 아주 잘 어울립니다. 따라서 우리가 우정의 정치적 연관성을 이해하기란 어렵습니다. 예컨대 우리가 시민들 사이의 우정인 필리아(*philia*)는 도시국가의 안녕을 유지하는 기본 요건들 가운데 하나라는 주장을 읽었을 때 우리는 그가 기껏해야 도시국가 내에는 파당이나 내란이 존재하지 않는다고 말했다고 생각하는 경향이 있습니다. 그러나 그리스인의 경우 우정의 본질은 대화에 있었습니다. 그들은 대화의 지속적인 나눔만이 도시국가(*polis*)의 시민을 결합시킬 수 있다고 주장했습니다. 우정의 정치적 중요성과 우정 특유의 인간성은 대화 속에서 드러났습니다. (개개인은 정담 속에서 자신에 대해 말합니다만), 반면에 우정의 대화는 친구의 존재에 대한 기쁨이 스며들어 있을 수 있으나 인간들이 지속적으로 언급하지 않을 경우 문자 그대로 '인간미 없는' 상태로 존재하는 공동 세계와 연관됩니다. 인간이 세계를 만들었기 때문에 그 세계가 인간적인 것도 아니고, 인간의 소리가 세계에서 들리기 때문에 그 세계가 인간적인 것도 아닙니다. 세계가 대화의 대상이 되고 있을 때에만 그 세계는 인간적인 세계가 됩니다. 우리가 세계의 사물에 아무리 많이 영향을 받는다 할지라도, 그리고 그 사물들이 우리를 아무리 깊게 감동시키고 자극시킨다 할지라도 우리가 동료들과 세계의 사물들에 대하여 논의할 때에만 그 사물들은 우리에게 인간적인 것이 됩니다. 숭고하거나 끔찍하거나 섬뜩한 것은 대화의 대상이 될 수 없지만 세계에 울려 퍼지는 인간의 목소리로 드러낼 수 있습니다. 그렇다고 그것이 정확히 인간답지는 않습니다. 우리는 세계와 우리 내면에서 진행되는 것을 언급함으로써 그것을 인간화하며, 이를 언급하는 과정에서 인간답게 되는 것을 배울 것입니다.

그리스인들은 우정의 대화에서 실현되는 인간성을 **필란트로피아**(*philanthropia*), 즉 '인간애'라고 불렀습니다. 인간애는 다른 사람들과 세계를 공유하려는 마음가짐 자체에서 나타나기 때문입니다. 인간애의 반대 개념인 인간 혐오는 인간을 혐오하는 사람이 그와 함께 세계를 공유할 사람을 찾지 못했다는 것을 의미하며, 그가 세계와 자연 그리고 우주 속에서 자신과 함께 향유할 가치 있는 사람을 아무도 인정하지 않는다는 것을 의미합니다. 그리스의 인간애는 로마의 후마니타스(*humanitas*)로 바뀌면서 많은 변화를 겪었습니다. 이러한 변화들 가운데 가장 중요한 것은 아주 상이한 인종적 기원과 혈통을 지닌 사람들이 로마에서 시민권을 획득하고, 따라서 계몽된 로마인들 사이에서 대화에 참여할 수 있었으며, 그들과 함께 세계나 인생에 대해서 토론할 수 있었다는 정치적 사실과 일치합니다. 그리고 이러한 정치적 배경 때문에 로마의 후마니타스는 현대인이 생각하는 인간성과 구분됩니다. 현대인은 인간성을 단순하게 교육의 효과라고 생각하기 때문입니다.

우정에 관한 고전적 드라마: 『현자 나탄』

그러한 인간성은 감상적이기보다는 엄숙하고 냉정해야 하며 형제애가 아니라 우정 속에서 예시되며, 그러한 우정은 친밀하게 개인적이지 않고 정치적 요구를 제기하며 세계와 관계를 유지합니다. 이 모든 것은 전적으로 고대인들에게 나타나는 특징인 것 같기 때문에 우리는 『현자 나탄』에서 이와 매우 유사한 특징을 발견할 때 오히려 이에 당혹감을 갖게 됩니다. 이 작품은 근대 희곡이지만 우정에 관한 고전적 드라마라고 해도 일리가 있습니다. 이 희곡에서 나탄은 신전기사(神殿騎士)[23], 실제로는 만나는 모든 사람을 향해 "우리는 반드시, 반드시 친구가 되어야만 한다"[24]라고 외치는데, 이러한 외침은 우리에게 아주 야릇한 인상을 줍니다. 이 우정은 레싱에게 분명히 사

---

23) 십자군 전쟁 당시 프랑스 기사들이 예루살렘을 수호한다는 목적으로 기사단을 창립했고, 정식 명칭은 그리스도와 솔로몬 성전의 가난한 전우들이며, 이외에도 성전기사단, 신전기사단으로 불렸으며, 영어 명칭은 'Templar'이다-옮긴이.

24) 『현자 나탄』의 반지설화에서 세 종교의 비유를 인식한 살라딘은 자신의 요구가 부당한 것이며, 종교는 실제적인 인간애를 통해 실체를 드러내야 함을 깨닫고 감격한 술탄은 유대인인 나탄에게 우정을 제안한다. 그사이에 나탄과 교우를 맺고 왕래하던 기사는 레하에게 반하여 청혼을 한다-옮긴이.

랑의 정열보다도 훨씬 더 중요하기 때문에 그는 작품에서 사랑이야기를 과감히 삭제함으로써(연인들인 신전기사와 나탄의 양녀 레하는 결국 오누이입니다) 사랑을 배제하고 우정을 요구하는 관계로 이야기 내용을 바꿀 수 있었습니다. 이 희곡의 극적인 긴장은 다만 인간성과 우정이 진리로 인해 빠져들 수 있는 갈등 속에 존재합니다. 그러한 사실은 아마도 현대인들에게 신기하다는 인상을 줄 것입니다만, 저는 그러한 사실이 고대와 연관된 원리나 갈등과 묘하게도 가깝다는 것을 다시 한 번 말씀드립니다. 결국 나탄의 지혜는 희곡 결말 부분에 이르러 우정을 위해서 진리를 희생시키려는 마음가짐에 다만 나타납니다.

레싱은 진리에 관한 매우 비정통적인 견해를 가졌습니다. 그는 어떠한 진리도, 심지어 신의 섭리에 의해 부여된 진리도 수용하는 것을 거부했으며, 다른 사람들이나 자기 자신의 추론과정을 통해 얻은 진리에 구속받는다고 생각하지 않았습니다. 그가 만약 의견(*doxa*)이나 진리(*aletheia*)의 플라톤적 대안에 직면한다 했다고 하더라도 그가 어떻게 결정했겠는가는 문제가 되지 않습니다. 레싱의 우화를 빌려 표현하자면 그는 설령 진짜 반지를 갖고 있었다 하더라도 오히려 잃어버린 것을 기뻐했습니다. 그는 사람들이 세상사를 논할 때 제기되는 무수한 의견에 대해 즐거움을 느꼈습니다. 진짜 반지가 존재한다면 그것은 대화의 종언을 의미하며 우정과 인간성의 종언을 의미할 것입니다. 이와 같은 근거에서 그는 때때로 사람들을 명명할 때 그들이 '유한한 신들'의 종족에 속한다는 것에 대해 만족했습니다. 그리고 그의 생각에 따르면 인간사회는 결코 "해악을 줄이기보다 증대시키는 데 더 많이 노력하는 사람들"에 의해 피해를 받는 게 아니라 "모든 사람들의 사고방식을 자신의 틀 속에 복종시키려는 사람들로부터 더 많은 피해를 입습니다."[25] 이 말은 일반적인 의미의 관용과 연관성이 별로 없지만(사실 레싱 자신은 결코 특별히 관대한 사람은 아니었습니다), 우정을 발휘하는 재능, 세계에 대한 개방성, 진정한 인류애와 연관성이 상당히 많습니다.

'유한한 신', 인간 이해력의 한계, 사변적 이성이 지적할 수 있고 또한 초월할 수 있는 한계라는 주제는 이후 칸트 비판의 중대한 대상이 되었습니다. 그러나 칸트의 입장이 레싱과 어떠한 공통점을 지닌다 할지라도 ― 실제로 이들은 많은 점에서 공통점을 지니고 있다 ― 두 사상가는 결정적으로 한 부분에서 다른 입장을 제시했습니다. 칸트는 적어도 이론적인 의미에서는 결코 아니지만 인간에게 절대적 진리란 존재하지 않는다고 인식했습니다. 우리가 진리를 소유할 경우 자유로울 수 없으므로 칸트는 인간적 자유의 가능성을 위해서는 진리를 희생시켰습니다. 그러나 칸트는 진리가 존재할 경우 인간성, 우정과 인간들 사이의 대화 가능성을 위하여 진리를 주저하지 않고서 희생시킬 수 있다는 레싱의 주장에 거의 동의하지 않으려고 했습니다. 칸트가 주장한 바에 따르면 어떤 절대적인 것, 즉 인간 위에 존재하는 정언 명령에 따르는 의무는 모든 인간사에서 결정적이며, 모든 의미의 인간성 자체를 위해서도 손상될 수 없답니다. 칸트 윤리의 비판자들은 이 명제를 비인간적이며 무자비한 것이라고 종종 비난하고 있습니다. 그들 주장의 진가가 어떠하든 우리는 칸트 도덕철학의 비인간성을 부정할 수 없습니다. 그 까닭은 이러합니다. 정언 명령은 절대적인 것으로 주장되며, 인간 상호 간의 영역 ― 그것은 본질적 상관관계에서 성립되는 것인데 ― 으로 그 기본적 상대성과 모순되는 것을 그 절대성 속에 끌어넣으려 하기 때문입니다. 하나의 유일한

---

25) 『레싱 전집』 제4권, 422쪽 참조.

진리라는 개념과 끊을 수 없는 관계에 있는 비인간성이 칸트의 저작 가운데 뚜렷하게 나타납니다. 그는 실천이성 위에서 진리를 찾으려 했기 때문입니다. 인간의 지적 한계를 냉정하게 지적했던 칸트는 마치 행동에서도 역시 인간이 신처럼 행동할 수 없다는 사실에 참을 수 없었던 듯했습니다.

그러나 레싱은 옛날, 적어도 파르메니데스와 플라톤 이후 철학자들을 괴롭혀 온 바로 그 문제, 즉 진리란 언급되는 순간 곧 다수 의견들 가운데 하나로 변형되고 반박되며 다시 정식화되고 다른 사람들 사이에서 논의되는 하나의 주제로 격하된다는 것을 기뻐했습니다. 레싱의 위대성은 인간세계 안에서 유일한 진리란 존재하지 않는다는 이론적 통찰에 있을 뿐만 아니라 유일한 진리가 존재하지 않으며, 인간들이 존재하는 한, 이들 사이에 끊임없는 대화가 계속될 것이라는 점을 즐겁게 받아들인 데 있습니다. 유일한 절대적 진리가 존재할 수 있었다면 그것은 모든 논쟁의 종식이었을 것입니다. 독일어권 내에서 모든 논쟁의 원조였고 스승이었던 레싱은 논쟁 속에서 안락함을 느꼈고, 그 속에서 언제나 최대의 명석함과 명확성을 발휘했습니다. 그리고 이 논쟁의 종식은 곧 인간성의 종언을 의미했습니다.

오늘날 우리는 레싱이 의도한 바와 같이 『현자 나탄』의 극적이지만 극적이지 않은 갈등을 이해하기란 어렵습니다. 그것은 부분적으로 우리가 진리와 관련하여 관대하게 행동하는 것이 당연한 일이기 때문입니다. 그렇지만 그러한 이유가 레싱의 이유와 어떠한 연관성은 거의 없습니다. 오늘날에도 누군가는 이따금 레싱의 세 가지 반지에 관한 비유와 똑같은 형태로 이 문제를 설명할지도 모릅니다. 예컨대 카프카의 훌륭한 명언을 들겠습니다. "진리를 말하기란 어렵다. 하나의 진리만 존재하더라도 진리는 살아 있으며 그렇기에 활기

차고 변모하는 얼굴을 지니기 때문이다."[26] 그러나 여기서도 진리와 인간성 사이의 있음직한 반목, 즉 레싱의 이율배반성이 담고 있는 실제로 정치적인 핵심 요소에 대해서는 아무것도 언급하고 있지 않습니다. 더욱이 오늘날 자신이 진리를 갖고 있다고 믿고 있는 사람을 만나기란 드물지요. 대신 우리는 자신이 옳다고 믿는 사람들과 끊임없이 마주치게 됩니다. 이 차이는 명백합니다. 진리문제는 레싱의 시대에 여전히 철학과 종교문제였습니다만, 우리가 관심을 갖고 있는 옳음 문제는 과학의 틀에서 발생하며 언제나 과학 지향적인 사고의 형태에 의해 결정됩니다. 저는 이를 언급하는 과정에서 사유 양식의 이러한 변화가 우리에게 좋은 것인지 나쁜 것인지를 무시하려 합니다. 18세기 사람들이 진리 문제에 매료되었듯이 한 주장의 특별히 과학적인 측면을 전적으로 판단할 수 없는 사람들도 과학적 옳음에 매료되는 것은 단순한 사실입니다. 아주 이상하게도 현대인들은 자신들이 과학자들의 태도로 매료된 것으로부터 벗어나지 않습니다. 과학자들은 실제로 과학적으로 행동하는 한 그들의 '진실'이 결코 최종적이지 않고 끊임없이 살아 있는 탐구를 통해 수정된다는 것을 아주 잘 알고 있습니다.

진리 소유와 옳음이란 두 개념 사이의 차이에도 불구하고, 이러한 두 개념은 한 가지 공통점을 가지고 있습니다. 즉 전자를 택하는 사람이든 후자를 택하는 사람이든 이들은 일반적으로 갈등이 일어나는 경우 인간성이나 우정을 위해서 자신들의 입장을 희생시킬 용의를 갖고 있지 않습니다. 그들은 그런 행위를 한다는 것이 더 높은 단계의 의무, '객관성'을 유지할 의무를 침해하는 일이라고 실제로 믿

---

26) Franz Kafka, *Briefe an Milena, Gesammelte Werke*, Frankfurt am Main: S. Fischer, 1952, p.72.

고 있습니다. 설령 그들이 우연하게도 그러한 희생을 치렀을 경우라 하더라도 그들은 의식적으로 행동한 결과라고 생각지 않지만, 자신의 인간성에 대하여 부끄러움을 느끼거나 심지어는 죄책감마저 갖게 됩니다. 우리가 살고 있는 시대의 관점과 우리의 사고를 지배하는 많은 독단적인 견해라는 관점에서, 우리는 레싱의 갈등을 제3제국의 12년 통치과정과 지배적 이데올로기에 적용시킴으로써 레싱의 갈등을 우리의 체험에 더 가까운 것으로 바꿀 수 있습니다. 나치의 인종이론은 인간의 '본성'과 모순되는 것이기 때문에 원리적으로 증명될수 없다는 사실은 잠시 덮어 두겠습니다(이러한 '과학적' 이론은 나치의 발명품도 아니고 더구나 독일의 발명품도 아니라는 사실에 주목할가치가 있습니다). 그러나 인종 이론은 확실히 증명될 수 있는 것이라고 가정해 봅시다. 나치가 이 이론에서 끌어낸 실제적인 정치적 결론이 논리적으로 완벽하다는 사실은 반박될 수 없습니다. 여기서 명백한 과학적 증거가 한 민족이 열등하다는 사실을 보여주었다고 하지요. 이때 이 사실은 그 민족의 절멸을 정당화시킬 수 있습니까? 그러나 이 질문에 대한 해답은 너무나 쉽습니다. 그 이유는 우리는 "당신을 살해할 수 없다"고 호소할 수 있기 때문인데, 사실 그것은 기독교가 고대 세계에 대해 승리를 거둔 이래 서양의 법적·도덕적 사고를 지배하는 기본적 계율이 되어 왔습니다. 그러나 법적·도덕적·종교적 제한에 의해 지배되지 않는 사유양식의 관점에서—레싱의 사유도 이와 같이 제약받지 않고 "생상하게 변화했다"—질문은 다음과같이 제기될 수 있습니다. 그러한 어떤 원칙이 확실히 증명되더라도두 사람 사이의 유일한 우정을 희생할 만한 가치가 있었을까요?

레싱의 인간성

따라서 우리는 제가 제시한 출발점으로 다시 되돌아가고 있습니다. 레싱의 논쟁에는 '객관성'이 놀라우리만치 결여되어 있으며 그는 여전히 편견에 방심하지 않았는데, 이러한 것은 주관성과는 아무런 관계를 갖지 않습니다. 그것은 언제나 자기의 관점이 아니라 사람들과 그들 세계의 관계라는 관점, 그들의 입장과 의견이란 관점에서 항상 형성되었기 때문입니다. 레싱은 제가 제안했던 질문에 대답하는 데 아무런 어려움도 없었을 것입니다. 이슬람교, 유대교 또는 기독교의 본질에 관한 어떠한 통찰도 독실한 이슬람교도나 경건한 유대교인 또는 신앙심 깊은 기독교인과 우정을 유지하고 우정의 대화를 나누는 것을 방해할 수는 없었습니다. 그의 자유롭고 순결한 양심은 두 사람 사이의 우정의 가능성을 원칙적으로 방해한 어떤 교의도 거부했을 것입니다. 그는 곧장 인간적인 입장을 취했을 것이며, 어떤 진영의 학문적 또는 비학문적인 토론에도 즉각 대처했을 것입니다. 그것이 곧 레싱의 인간성입니다.

이러한 인간성은 그 기반이 이미 흔들리고 있는 정치적으로 예속화된 세계 속에서 등장합니다. 레싱 역시 "어두운 시대"를 이미 살았으며, 그 자신의 독자적인 유형에 따라 어두움에 의해 압도되었습니다. 우리는 그러한 시대에 사람들이 서로 가까워지려 하고 공공영역만 밝히는 빛과 조명의 대체물을 친근감의 온기 속에서 찾고자 얼마나 강력하게 욕구하고 있는가를 보아왔습니다. 그러나 이것은 그들이 논쟁을 피하려고 가능한 한 대립을 불러일으키지 않는 사람과 관계를 지니려 함을 뜻하는 말입니다. 레싱과 같은 성찰을 하는 사람은 그러한 시대와 제한된 세계 속에서는 존재할 여지가 없게 됩니다. 사람들이 서로 따뜻해지기 위하여 가까워지게 되면 그들은 레싱으로부터는 멀어져 가는 존재가 됩니다. 호전적일 만큼 논쟁적이었던 레싱은 고독도 참기 어려웠지만, 모든 차이를 말살하려는 형제애와 같은 과도한 친근감도 참기 어려운 것이었습니다. 그는 결코 논쟁을 벌였던 상대방과 사이가 나빠지기를 바라지 않았습니다. 그는 다만 세계의 사건과 그 속의 사물에 대해서 끊임없이 이야기함으로써 세계를 인간화하려는 데 관심을 두고 있을 뿐이었습니다. 그는 많은 사람의 친구가 되기를 바랐지만 누구의 형제가 되기를 바라지는 않았습니다.

그는 논쟁과 대화를 통해서 이러한 세계 속에서 우정을 이루려는 데 실패했습니다. 그는 실제로 당시 독일어권에 만연되어 있던 조건 아래서는 거의 성공할 수가 없었습니다. "그의 모든 재능보다 훨씬 많은 가치를 지니며" 위대성을 "개성에서 드러낸" 사람인 슐레겔(Friedrich Schlegel, 1767–1845)에 대한 공감은 결코 독일에서는 발전할 수가 없었습니다. 그러한 공감은 가장 깊은 의미의 정치로부터 일어나는 것이기 때문입니다. 레싱은 완전히 정치적인 인간이었습니다. 따라서 그는 다음과 같이 주장했습니다. 진리가 대화를 통해서 인간화될 수 있는 곳, 그리고 순간적으로 일어나는 것이 아니고 "진리라고 생각하는" 것을 말하는 곳에서만이 진리는 존재합니다. 그러나 그러한 말은 고독 속에서는 실제로 불가능합니다. 그것은 많은 발언이 존재하는 영역, 각자가 무엇을 "진리로 보는가"에 대한 언명이 사람들을 결합시키고 분리시키는, 즉 그것이 세계를 구성하고 있는 사람들 사이에 사실상 어떤 거리를 확립시키는 영역에 속합니다. 이 영역 밖에 있는 외부의 모든 진리는 그것이 사람들에게 좋은 것이든 나쁜 것이든 글자 그대로 비인간적입니다. 그러나 사람들을 서로 대립시키고 이반시키기 때문에 그러한 상황이 나타나는 것은 아닙니다. 오히려 그와 반대로 모든 사람을 단일한 의견으로 묶는 결과를 낳게 할 두려움이 있기 때문에 그 결과 무한한 다양성을 지닌 사람이 아니고 단수의 인간, 하나의 종족과 그 유형만이 지상에 살고 있는 듯 다수의 의견 속에서 하나만이 부상되기 때문입니다. 만약 그러한 일이 일어난다면 온갖 다양성을 지닌 사람들 사이의 공간에서 형성되는 세계는 사라져버릴 것입니다. 진리와 인간성 사이의 관계에 대한 가장 심오한 말은 레싱의 문장, 그의 모든 작품에서 끄집어내어 응집시킨 것처럼 보이는 다음의 문장에서 찾을 수 있습니다.[27]

모든 사람 스스로가 진리라고 생각하는 바를 말하게 하라.
그리고 진리 그 자체는 신에게 맡겨라!

---

[27] 「하인리히 라이마루스에게 보낸 레싱의 편지」(1778년 4월 6일), 『전집』 제18권, 269쪽.

제2장 로자 룩셈부르크[1]

유럽 좌파 세력의 결정적 국면

로자의 삶을 조명한 네틀

영국식의 가장 권위 있는 전기는 대단히 훌륭한 역사서술 장르에 속한다. 이러한 부류의 전기는 장황한 문장, 완벽한 관련 증거, 충분한 주석, 풍부한 인용문을 담고 있어서 대체로 두 권의 대작으로 발간된다. 이러한 전기는 대부분의 훌륭한 역사책보다 훨씬 더 많이 더욱 생생하게 문제의 역사 시대에 대해 알려주고 있다. 왜냐하면 역사는 이러한 전기에서 다른 부류의 전기와 달리 어떤 저명인사의 삶에 영향을 미치는 불가피한 배경으로 취급되지 않기 때문이다. 오히려 삶과 세계가 결과로 나타나는 스펙트럼에서 완벽하게 통합될 수 있도록 역사적 시간의 색 없는 빛은 마치 위대한 인물이라는 프리즘을 통해 투과되고 굴절되는 듯하다. 이는 영국식 전기가 위대한 정치가

---

1) 이 글은 아렌트가 『뉴욕 서평』(*The New York Review of Books*, 1966)에 게재한 네틀(J.P. Nettl)의 저서 『로자 룩셈부르크』(*Rosa Luxemburg*) 서평이다.

의 삶을 조명하는 고전적인 장르가 될 수 있는 이유일 것이다. 그래서 이러한 전기는 오히려 인생 이야기에 주로 관심을 지니는 사람들에게는 어울리지 않았으며, 또한 천재성 때문에 세계와 일정한 거리를 유지해야 하고, 세계에서 수행하는 자신들의 역할보다 세계에 부여한 인공물인 작품에 주로 의미를 부여하는 예술가들과 작가들, 일반적으로 사람들의 삶에 어울리지 않았다.[2]

세상에 알려진 위대한 정치가나 다른 인물들의 삶을 묘사하는 데만 어울리는 것 같은 장르의 주제로 예상 밖의 후보자인 로자 룩셈부르크(Rosa Luxemburg,1871-1919)[3]의 생애를 선택한 것은 네틀(J.P. Nettl)[4]이 지닌 천재적 솜씨였다. 로자는 분명히 전혀 그런 인물이 아니었다. 그녀는 유럽 사회주의 운동 세계에서 비교적 짧은 기간 눈부신 활동과 풍부한 재능을 보여주었지만 오히려 주변적인 인물이었다. 행위나 저술의 측면에서 그녀의 영향력은 당대 사람들 — 플레하노프(Plekhanov), 트로츠키(Trotsky), 레닌, 베벨(Bebel), 카우츠키(Karl

---

2) 히틀러와 스탈린이 현대사에서 차지하는 그들의 중요성 때문에 가장 권위 있는 전기의 분에 넘치는 명예로 대우를 받고 있는 최근, 다른 한계는 점점 더 명백해지고 있다. 블록(Alan Bullock)이 히틀러에 관한 저서에서 그리고 도이처(Issac Deutscher)가 스탈린 전기에서 이러한 장르에 고유한 방법론적 세부 사항을 아무리 신중하게 따르고 있다고 하더라도 이러한 보잘것없는 정치인들의 입장에서 역사를 고찰한다는 것은 그들을 존경하게 만드는 오류를 저지르게 하거나 사건의 자세한 면을 왜곡시키는 일밖에 되지 않는다. 우리가 사건과 인간을 올바른 비중으로 보려 한다면 우리는 여전히 하이덴(Konrad Heiden)과 수바린(Boris Souvarine)이 각기 집필한 전기, 즉 상당히 빈약한 자료에 기초한, 사실적으로 불완전한 전기에 의존해야 한다.

3) *Rosa Luxemburg*, 2 vols, Oxford University Press, 1966.

4) 네틀의 주요 저서로는 『로자 룩셈부르크』(*Rosa Luxemburg*, 1966), 『정치적 동원』(*Political Mobilization: A Sociological Analysis of Methods and Concepts*, 1967), 『소련의 성과』(*A Soviet Achievement*, 1967), 『국제체제와 사회의 근대화』(*International Systems and Modernization of Society*, 1968) 등이 있다-옮긴이.

Kautsky) 또는 조레스(Jaurés)와 밀레랑(Millerand)——의 영향력과 거의 비교될 수 없다. 로자는 젊은 시절 조국 폴란드에서 독일 사회민주당에 휩쓸려 들어갔고, 별로 알려지지 않고 무시되어 온 폴란드 사회주의 역사에서 중요한 역할을 계속 수행했으며, 거의 20년 동안 비록 공식적으로 인정받지는 못했지만 독일 좌파운동에서 논란이 가장 많았고 별로 알려지지 않은 인물이 되었다. 성공한 인물을 조명하는 게 이 장르에서 성공하는 전제조건이라면, 네틀은 어떻게 이 여성을 조명하는 데 성공할 수 있었는가? 왜냐하면 로자 룩셈부르크가 살아 있을 때나 죽었을 때 그리고 죽은 이후에도 성공——심지어 그녀가 참여한 혁명가 집단에서의 성공——은 정확히 그녀를 비껴갔기 때문이다. 공식적인 승인에 관한 한 그녀가 공들인 온갖 노력의 실패가 20세기 혁명의 비참한 실패와 아무튼 연계될 수 있는가? 그녀의 삶과 저작이라는 프리즘을 통해서 본다면 역사는 다르게 보일까?

극우파의 죽음 무도회와 유럽 좌파의 분열

어쨌든 나는 19세기 말 수십 년 전부터 1919년 1월 운명의 날까지 유럽 사회주의의 결정적 시기를 이 책만큼 더 많이 밝힌 책을 알지 못한다. 독일 공산당의 전신인 스파르타쿠스단(*Spartakusbund*)의 두 지도자, 로자 룩셈부르크와 리프크네히트(Karl Liebknecht)는 그 운명의 날에 베를린에서 당시 집권하고 있던 사회주의 정권이 주시하는 앞에서 아마도 그들의 묵계 아래 살해되었다. 살해자들은 공식적으로 비합법적인 극단적 민족주의 단체인 의용단(*Freikorps*)[5]의 회원들

---

5) 18세기부터 20세기 초반까지 존재했던 독일 자원병 부대다. 의용단은 제1차 세계대전 이후 그리고 1918-19년 독일 혁명 당시 신생 바이마르 공화국의 좌익에 대항해 싸운 우익 민병대로 성장했고, 공화국 충성파와 치열한 대립에 가담했으며, 바이마르 시기 아주 악명 높은 암살을 계획했다-옮긴이.

이었다. 히틀러의 돌격대는 이 준군사 조직으로부터 유망한 살인자들을 이후 보강할 수 있었다. 의용단은 당시 군사문제를 담당하는 사회당의 방위전문가인 "노스케(Gustav Noske)[6]로부터 전폭적인 지지"를 받고 있었기 때문에 정부는 실제로 의용단의 수중에 있었다. 암살 참가자들 가운데 최후로 살아남은 파브스트(Pabst) 대위가 겨우 최근에 이것이 사실임을 확인해 주었다. 다른 측면뿐만 아니라 이러한 측면에서 볼 때 바이마르 공화국의 더 불길한 징후를 부활시키는 데만 너무나 열중했던 본(Bonn) 정부는 모스크바 당국이 의용단의 노력 덕택에 제1차 세계대전 이후 독일 전역을 적색 제국에 흡수시키는 데 실패했으며 리프크네히트와 룩셈부르크의 암살이 "계엄령에 따라 집행한" 완전히 합법적인 조치였다는 것을 알리려고 했다.[7] 이러한 주장은 바이마르 공화국도 언제나 속이고자 했던 것보다 훨씬 더 기만적이었다. 왜냐하면 바이마르 공화국은 의용단이 실제로 정부군이라는 것을 결코 공개적으로 인정하지 않았으며, (에덴 호텔 복도에서 로자 룩셈부르크의 머리를 때린) 룽게(Runge) 병사에게 '살인미수' 혐의로 2년 2주의 실형을 부과했고 (차 속에서 총을 맞고 사망한 로자의 시신을 란트베르 운하에 버렸을 때 책임 장교였던) 포겔(Vogel) 중위에게 "사체의 발견 사실을 보고하지 않은 채 불법적으로 처리했다"는 혐의로 4개월 형을 부과함으로써 살인자들을 '처벌했기' 때문이다. 암살 다음 날 에덴 호텔에서 암살을 축하하는 룽게와 그의 동조자들을 찍은 사진은 재판 진행 중에 증거자료로 제출되

---

6) 그는 1919-20년 독일 국방장관이었으며, 1920년부터 하노버 지역의 책임자로 재직하다가 1933년 나치 정부에 의해 해임되고, 1944년 히틀러에 대한 반대계획에 동조했다는 혐의로 비밀경찰에 의해 체포되고 구금되었다가 연합군에 의해 풀려났으며, 1946년 미국 방문을 준비하던 중 사망했다-옮긴이.

7) 연방정부 언론정보국의 홍보책자, 1962년 2월 8일 224쪽 참조.

었다. 피고 룽게는 그 사진을 보고 크게 웃었다. 수석판사는 "피고 룽게, 행동을 똑바로 하시오. 이게 웃을 일이 아니오"라고 말했다. 45년의 세월이 지난 후 프랑크푸르트에서 열린 아우슈비츠(Auschwitz) 재판에서도 똑같은 광경이 있었고 똑같은 말이 되풀이되었다.

유럽 좌파 세력은 로자 룩셈부르크와 리프크네히트의 살해와 함께 돌이킬 수 없을 정도로 사회당과 공산당으로 분열되었다. "공산주의자들이 이론에서 묘사한 심연은 ……묘지의 심연이 되어 버렸다." 그리고 정부는 이 초기의 범죄를 지원하고 교사함으로써 제1차 세계대전 이후 독일에서 죽음의 무도회를 시작했다. 극우파 암살자들은 탁월한 극좌파 지도자들인 하세(Hugo Hasse), 란다우어(Gustav Landauer), 요기헤스(Leo Jogiches), 레빈(Eugene Levine)을 살해하기 시작했고, 이어서 곧 중도파 및 중도우파 지도자인 라테나우(Walter Rathenau), 에르츠베르거(Matthias Erzberger)까지 살해했다. 라테나우와 에르츠베르거는 살해 당시 정부 각료였다. 따라서 로자 룩셈부르크의 죽음은 독일에서 두 시대를 가르는 분기점이 되었고 독일 좌파 세력에게는 돌아올 수 없는 국면이 되었다. 사회당에 대해 극도로 실망한 나머지 공산당으로 흘러들어 갔던 사람들은 모두 공산당의 급속한 도덕적 퇴폐와 정치적 분열에 한층 더 큰 실망을 느꼈다. 그런데도 그들은 사회당의 대열에 복귀하는 것이 로자의 살해를 용인하는 것과 같다고 생각했다. 공적으로는 거의 인정되지 않는 그러한 반응들은 역사라는 거대한 수수께끼 속에 던져진 모자이크 모양의 작은 조각들에 불과하다. 로자 룩셈부르크의 경우 그러한 반응들은 그녀의 이름을 덮고 있는 전설의 일부다. 전설 또한 그 자체의 진실을 지니고 있다. 그러나 네틀이 로자의 신화에 전혀 주의를 기울이지 않았다는 사실은 전적으로 옳다. 비록 어려운 일이지만 그녀의 역사적 생명을 회복시킨다는 일은 네틀의 과제였다.

로자 사후 일화와 평가

로자의 사망 직후 좌파 사람들이 모두 그녀는 항상 '잘못했다' (이들 가운데 리히트하임George Lichtheim이 맨 마지막으로 『만남』 *Encounter*에 기고한 글에서 "실제로 회복 가망이 없는 존재"라고 표현함) 라고 이미 판단했을 때 그녀의 평판에서 기묘한 변화가 일어났다. 조그마한 두 권의 서간집이 발간되었다. 이 서간집은 완전히 개인적이면서도 소박하고 인간적일 정도로 감동적이고 종종 시적인 아름다움을 간직하고 있었다. 따라서 이 서간집은 적어도 거의 모든 완고한 반유대주의 단체나 반동 단체에서 나타나는, 피에 굶주린 "공산당원 로자"(Red Rosa)라는 선전 이미지를 깨뜨리기에 충분한 자료였다. 그러나 당시 다른 전설이 계속 유포되었다. 그것은 조류 관찰자, 꽃을 사랑하는 사람, (교도관들이 마치 자신들을 인간으로 취급했다고 주장한 이 이상한 죄수로부터 대우를 받지 않은 채 살 수 없기라도 한 듯이) 교도소를 떠날 때 자신에게 작별 인사를 한 교도관들을 보며 눈에 눈물을 글썽인 여성이라는 감상적인 이미지다. 네틀은 이 일화를 언급하지 않았다. 나는 어린 시절에 이 일화를 정확히 전해 들었고, 이 광경을 목격했다고 주장한 룩셈부르크의 친구이며 변호사였던 로젠펠트(Kurt Rosenfeld)는 이 일화를 나에게 확인시켜 주었다. 아마 틀림없는 사실일 것이다. 이 일화 가운데 약간 당혹스러운 측면은 다른 일화의 등장으로 다소간 상쇄된다. 네틀은 이 일화를 언급했다. 1907년 로자의 친구인 체트킨(Clara Zetkin, 뒷날 독일 공산주의의 "원로 여성"이라고 불림)은 산책을 나갔다가 시간 가는 것을 잊어서 베벨(August Bebel)과의 약속 시간보다 늦게 도착했는데, 베벨은 그들이 실종되지 않았는가 걱정했다. 이때 로자는 자신들의 묘비명을 "독일 사회민주주의를 실천한 최후의 두 남자가 여기 잠들다"로 명기하자고 제안했다. 7년 후인 1914년 2월 그녀는 전쟁 당시 시민불복종을 부추겼다는 대중선동 혐의로 자신을 고발한 형사법정의 판사들 앞에서 행한 화려한 연설에서 이 잔인한 조크가 진실이었음을 입증할 기회를 갖게 되었다. (그런데 여담이지만 제1차 세계대전이 일어나기 5개월 전 "언제나 그릇된" 여성이 이러한 혐의로 재판정에 선다는 것은 나쁜 것만은 아니었다. 당시 전쟁이 일어날 것이라고 "심각하게 생각하는" 사람은 거의 없었다.) 훌륭한 감각을 지니고 있는 네틀은 이 연설 전문을 재수록하고 있는데 그 연설문의 '남성다움'은 독일 사회주의의 역사에서 찾아보기 어려운 것이다.

몇 년의 세월이 흐르고 몇 차례의 심각한 격동을 거친 후에야 비로소 그러한 전설은 사회주의 운동에서 좋았던 시절에 대한 향수의 상징으로 바뀌게 되었다. 이 좋았던 시절에 대한 희망은 초록빛이었고, 혁명은 구석구석까지 확산되었다. 더 중요하지만 대중의 잠재적 능력에 대한 신념과 사회주의나 공산주의 지도부의 도덕적 순수성에 대한 신념은 여전히 유지되었다. '신좌파'가 출현할 때마다 이러한 전설이 세계 전역으로 확산되고 향기를 되찾게 된 것은 로자 룩셈부르크의 인격뿐만 아니라 구좌파의 특성을 대변한다. 물론 이러한 전설은 세부적인 측면에서 거의 대부분 애매하고 혼란스러우며 대체적으로 부정확하다. 그러나 이러한 매력적인 이미지와 함께 "말썽 많은 여성" "현실적"이지도 과학적이지도 못한 "낭만주의자"(그녀는 언제나 한걸음 보조를 달리하고 있었지만)라는 오래된 상투적 문구만 역시 남아 있었다. 그리고 그녀의 저작들 가운데 특별히 제국주의에 관한 대작인 『자본의 축적』(*The Accumulation of Capital*, 1913)[8]은

---

8) 마르크스주의 경제학자 룩셈부르크의 대작으로 평가되며 1913년 처음 출간되었다. 그는 마르크스를 출발점으로 삼아 자신이 살던 격동기의 맥락에서 자본주의의 정치적·경제적 결과에 대한 독립적이고 비판적인 설명을 제공했으며, 미국, 유럽, 중국, 러시아, 영국에서 발생한 사건들을 재해석하고 있다-옮긴이.

주목을 받지 못했다. 신좌파운동의 구성원들이 보통 40세에 도달했을 때 신좌파운동의 계기는 구좌파로 바뀌었다. 이때 신좌파운동은 모두 젊은 시절의 꿈과 함께 로자 룩셈부르크에 대한 초기의 열정을 파묻어 버렸다. 그리고 그들은 그녀가 말하고자 하는 것에 대한 이해는 차치하더라도 골치 아프게 읽으려 하지 않았으므로 자신들이 새롭게 획득한 지위에 맞는 실리주의에 따라 그녀를 쉽게 망각했다. 당에서 고용한 전문 저술가들이 논쟁상의 이유로 그녀의 사후 고안해낸 용어인 "룩셈부르크주의"는 '배신행위'로 매도되는 명예마저도 얻지 못하고 무해한 소아병적 발상의 결과로 취급되었다. 로자 룩셈부르크가 쓰거나 말로 발표한 것은 모두 러시아 혁명 초기 단계의 볼셰비키 정치를 놀랍게도 정확하게 비판했다는 사실을 제외하면 현실적으로 생명력을 갖지 못했다. 살아남아 있는 유일한 예외도 "신이 포기한" 사람들이 스탈린에 대항하기 위해 부적당한 무기로 사용한 것에 지나지 않는다. (네틀 저서의 서평자가 『타임스 문예부록』 *Times Literary Supplement*에서 지적하고 있듯이 "로자의 이름과 저작을 냉전의 도구로 사용한다는 것은 점잖지 못한 일이다.") 그녀의 새로운 예찬자들은 비판자들 못지않게 그녀와 공통점을 갖고 있지 않았다. 그녀는 이론적 차이에 대한 고도로 세련된 감각, 민중에 대한 틀림없는 판단, 개인적 선호도 때문에 레닌과 스탈린을 어떤 상황 아래서도 일괄적으로 다루려고 하지 않았다. 그녀는 또한 '신자'가 아니었다는 사실을 차치하더라도 정치를 결코 종교의 대용품으로 쓰지 않았으며, 네틀의 지적대로 교회를 반대하면서도 종교를 공격하지 않으려고 조심했다. 요약하면 "혁명은 레닌의 경우와 마찬가지로 그녀에게도 가까운 현실"이었지만, 마르크스주의와 마찬가지로 그녀에게는 신앙문제 이상의 것은 아니었다. 레닌은 주로 행위자였고 어떠한 경우나 정치에 관여하려고 했지만, 로자는 반쯤은 진지한 자기평가를 고려할 때 천부적으로 "거위들을 돌볼" 운명을 타고났기에 만약 세계정세가 자신의 정의 감정이나 자유 감정을 건드리지 않았다면 식물학, 동물학, 경제학 또는 수학에 몰두했을지도 모른다.

이 말은 물론 그녀가 정통 마르크스주의자가 아니었으며 정말 마르크스주의자인지 의심받을 만큼 정통적이지 않았음을 인정하는 것이다. 네틀이 옳게 진술하고 있듯이 마르크스는 로자의 생각에 "모든 사람들 가운데 현실을 가장 훌륭하게 해석하는 사람"일 뿐이었다. 그녀는 편지에서 다음과 같이 자신이 마르크스에 개인적 신념을 갖고 있지 않다는 점을 드러내고 있다. "나는 이제 헤겔류의 수법에 로코코풍의 장식을 달고 있기 때문에 높이 평가받고 있는 마르크스의 『자본론』 제1권을 몹시 싫어한다."[9] 그녀의 관점에서 가장 중요했던 것은 혁명 자체보다는 온갖 경이롭고 추악한 측면을 지닌 현실이었다. 그녀의 비정통적인 입장은 솔직하고 비논쟁적이었다. 그녀는 "마르크스의 결론이 지닌 가치보다 오히려 '어떤 것이나 당연한 것으로 인정하는 것을 거부하는 사유의 대담성' 때문에 친구들에게 마르크스의 저작을 읽으라고 권고했다. 마르크스의 오류는……자명했다. ……그래서 〔그녀는〕 결코 장황한 비판에 관여하고 싶지 않았다." 이 모든 것은 『자본의 축적』에 명백히 있다. 메링(Franz Mehring)만이 이것을 "마르크스 사후 어떤 것과도 비교할 수 없는 장대하고 매력적인 업적"이라고 평할 만큼 편견을 갖지 않았다.[10] 이 "재기 넘치고 특이한" 작품의 주제는 간단한 것이다. 자본주의는 "그것의 경제적 모순이라는 중압 아래서" 어떠한 붕괴의 징후도 보이지 않았기 때문에 그녀는 그것의 지속적 존속과 성장을 설명하기 위해

---

9) 「디펜바흐(Hans Diefenbach)에게 보내는 편지」(1917년 3월 8일), 『친구에게 보낸 편지』(*Briefe an Freunde*, Zürich, 1950).

10) 같은 책, 84쪽.

외부 원인을 찾기 시작했다. 그녀는 그것을 이른바 제3자 이론(third-man theory)에서 찾았다.[11] 이 이론에 따르면 성장과정은 자본주의적 생산을 지배하는 내재적 법칙의 결과일 뿐만 아니라 자본주의에 의해 점령되고 영향을 받고 있는 나라에 지속적으로 존재하는 전(前)자본주의 부분들의 결과다. 성장과정이 일단 국토 전역으로 파급되면 자본가들은 지구상의 다른 지역, 즉 전자본주의적 국가를 찾아야 했고, 사실 자본주의 외부에 있는 모든 것에서 성장하는 자본 축적과정에 전자본주의적 국가를 끌어들여야 했다. 달리 표현한다면 마르크스의 "원시적 자본축적"은 원죄와 같이 초기 부르주아지가 시작한 독특한 수탈행위, 즉 개별 사건이 아니라 "확고한 필연성"에 의거해 최종적으로 붕괴할 때까지 자체의 고유한 법칙을 따르는 축적과정을 유발하였다. 수탈은 체제를 유지하기 위해 반복적으로 되풀이되어야만 했다. 따라서 자본주의는 자체의 모순을 창출하고 "혁명을 잉태하는" 폐쇄 체제가 아니었다. 자본주의는 외부의 요인들로 성장했으며, 자본주의의 **자동적** 붕괴는 지구 전체가 정복되고 잠식되었을 때만 발생할 수 있었다.

레닌은 이러한 기술이 어떠한 장점이나 결점을 지니고 있든 본질적으로 마르크스주의적이지 않다는 것을 재빨리 알아차렸다. 그것은 마르크스와 헤겔의 변증법 그 자체의 토대와 모순된다. 이 변증법에 따른다면 모든 테제는 그 자체의 안티테제를 창출해내야만 하는

---

11) 이와 같은 예는 플라톤의 『파르메니데스』에서 발견된다. "모든 형상이 자체의 속성을 지닌다"는 주장, 그리고 "사물이 어떤 특성을 지닐 경우 그것이 형상과 동일시될 수 없다는 주장"은 서로 상반된다. 반면에, 많은 사물들이 모두 형상이라면 단일의 형상이 있어야 한다는 주장은 제삼자의 주장이다. 이러한 논리가 자본 축적과정에 적용된다. 자본 축적과정은 자본의 내재적 속성으로, 그리고 전자본주의적 부분의 결과로 규정된다. 이러한 과정은 상반된다. 그러나 축적과정은 중단되지 않고 제3의 요인으로 지속된다-옮긴이.

데—부르주아 사회는 프롤레타리아트를 창출한다—따라서 운동은 전 과정을 통해 그것을 생성시킨 최초의 요인에 묶여 있게 된다. 레닌은 유물변증법의 입장에서 "자본주의적 확대 재생산은 하나의 완결된 경제의 내부에서는 불가능하고 그것이 기능하기 위해서는 다른 경제를 이용할 필요가 있다는 그녀의 테제가······ '기본적인 오류'임을 지적했다." 난처하게도 추상적인 마르크스주의 이론에서 오류로 드러난 것은 실제로 상황에 대한 특별히 충실한 분석을 제공했다. "남아프리카 흑인들의 고뇌에 대한 그녀의 주의 깊은 묘사"도 분명히 "마르크스주의적이지 않았지만" 오늘날 누가 그것이 제국주의론을 다룬 책에 속한다는 것을 부정할 수 있을 것인가?

폴란드계 유대인 가정과 폴란드 사민당

네틀은 로자 룩셈부르크가 폴란드계 유대인 '동료집단'을 주축으로 형성된 폴란드당(Polish party)에 대해 평생 긴밀하면서도 은밀하게 애착을 가지고 있었다는 사실을 발견했다. 역사적으로 이러한 발견은 네틀의 가장 위대하고 가장 독창적인 성과다. 이 성과는 실제로 혁명이 아니라 20세기 혁명정신의 자료인데 중요함에도 불구하고 완전히 무시되어 왔다. 이러한 환경은 1920년대에도 모든 공적 연계성을 상실했지만 이제 완전히 소멸되고 있다. 그 중심은 중간계급 가정 출신의 동화된 유대인으로 구성되었다. 이들의 문화적 배경은 독일이었다(로자 룩셈부르크는 괴테와 뫼리케Mörike를 암기할 정도였고, 그녀의 문학적 취향은 결점이 없었으며, 독일인 친구들보다도 훨씬 앞서 있었다). 그들의 정치적 배경은 러시아였으며, 윤리적 기준은 공적 삶이나 사적인 삶 양면에서 독특하게 그들 자신의 기준이었다.

이러한 부류의 유대인들은 동부에서 지극히 소수였으며, 서부에서는 훨씬 더 적은 숫자의 동화된 유대인들이다. 이들은 유대적이든 비유대적이든 사회계층 밖에 있었기에 어떠한 인습적 편견을 갖고 있지 않았으며, 진실로 당당한 고립 속에서 명예에 관한 불문율을 발전시켰다. 따라서 이러한 예법은 수많은 비유대인들을 매료시켰다. 이들 가운데 마르흘레프스키(Julian Marchlewski)와 제르진스키(Feliks Dzerzhynski)는 훗날 볼셰비키에 합류했다. 레닌은 바로 이러한 독특한 배경 때문에 제르진스키를 체카(Cheka, 반혁명·사보타주 단속비상위원회)의 최고 책임자(즉 어떤 권력도 타락시킬 수 없었던 사람)로 임명했다. 그런데 그는 아동교육복지성의 직책을 맡고자 요청하지 않았는가?

네틀은 로자 룩셈부르크가 자신의 가족, 부모, 형제, 언니, 그리고 조카들과 아주 원만한 관계를 유지하고 있다는 점을 제대로 강조했다. 이들 어느 누구도 사회주의 신념이나 혁명활동에 조금도 관심을 갖지 않았다. 그러나 룩셈부르크가 경찰을 피해 다니거나 감옥에 갇혀 있어야만 할 때마다 이들은 그녀를 위해 할 수 있는 모든 일을 했다. 이 점은 주목할 만한 가치가 있다. 왜냐하면 그것은 이 독특한 유대인 가정의 배경을 엿볼 수 있는 기회를 우리에게 제공하기 때문이다. 우리는 이러한 배경을 알지 못할 경우 동료집단의 윤리적 기준의 형성을 이해할 수 없다. 언제나 서로를 동등하게 다루는—다른 사람들 속에서는 거의 볼 수 없는—사람들이 은밀하게 지니고 있는 균형감은 어린 시절 세계의 본질적으로 소박한 체험에서 형성되었다. 어린아이들은 자신들의 세계에서 상호 존중, 무조건적 신뢰, 보편적 인간애, 사회적·인종적 차별에 대한 순수하고도 거의 천진난만한 경멸을 당연하게 받아들였다. 동료집단의 구성원들은 '도덕적 원리'와 아주 상이한 도덕적 취향을 공유하고 있다. 그들은 혼란스럽지 않은 세계에서 성장한 덕택에 자신들의 도덕성에 대해 확신을 갖게 되었다. 이러한 확신은 그들에게 "흔치 않은 자기확신"을 제공하지만, 그들이 참여한 세계와는 맞지 않을 뿐만 아니라 오만과 독단으로 곡해되어 신랄한 분노를 초래했다. 이러한 분위기는 로자 룩셈부르크의 가정에는 존재했지만 독일당에는 결코 존재하지 않았다. 가정은 어느 정도 옮길 수 있지만, 특별히 유대적인 가정의 분위기는 어떤 '조국'과도 일치하지 않았다.

폴란드·리투아니아왕국 사회민주당(SDKPiL)은 과거 폴란드왕국 사회민주당(SDPK)이라고 불렸으며 대부분 유대인 단체로 구성된 당이다. 그런데 이 정당이 폴란드 독립에 대한 입장 때문에 공식적인 사회주의폴란드당(PPS)과 분열되었다는 것은 물론 시사하는 점이 매우 크다. (제1차 세계대전 이후 폴란드의 파시스트 독재자인 필스즈키Pilsudski는 사회주의폴란드당에서 가장 유명하고 성공한 사람이었다). 그 분열 후에는 이 그룹 구성원들이 점차 교조주의적 국제주의의 열렬한 옹호자가 되었다는 것 역시 시사하는 바가 크다. 로자 룩셈부르크가 자기 기만적이고 현실을 직시하지 않으려 한다고 비판할 수 있었던 유일한 쟁점이 민족문제라는 점은 더욱더 의미를 지닌다. 물론 그녀의 반민족주의에서 "특수한 유대인 기질"을 발견한다는 것은 "유감스럽게도 우스꽝스러운데", 이 문제가 그녀의 유대인성과 어떠한 관련이 있다는 점은 부정할 수 없다. 네틀은 아무것도 숨기지 않고 있지만 '유대인 문제'에 대한 언급을 매우 조심스럽게 피하고 있다. 이 문제에 관한 논쟁의 수위가 낮다는 점에서 볼 때 사람들은 그의 판단을 칭찬할 만하다. 불행하게도 네틀은 자신의 이해할 수 없는 혐오감 때문에 이 문제에서 중요한 몇 가지 사실을 모른 체해 왔다. 따라서 단순하고 기본적인 성격을 띠고 있기는 하지만 이러한 사실들은 로자 룩셈부르크의 예리하고 민첩한 정신을 반영시키지 않았기 때문에 네틀의 의도적인 간과는 더욱 아쉬움을 남기고 있다.

　내가 알고 있는 한 이러한 사실들 가운데 첫 번째는 니체만이 지적하고 있는 주장이다. 유럽 유대인들은 자신들의 위치와 역할 때문에 특별히 "선량한 유럽인"이 되어야 하는 운명을 갖고 있다는 것이다. 파리와 런던, 베를린과 빈, 바르샤바와 모스크바에 살고 있는 유대인 중간계급은 사실상 범세계주의 성향이나 국제주의 성향을 갖고 있지 않았다. 물론 이들 가운데 지식인들은 그러한 성향을 가지고 있다고 생각했다. 그들은 유럽인이었으며, 다른 어떤 단체라고 말할 수 없는 처지였다. 이것은 확신의 문제가 아니라 객관적인 사실이었다. 다른 말로 표현하면 동화된 유대인들의 자기기만은 자신들이 독일인들과 똑같이 독일적이며 프랑스인들과 똑같이 프랑스적이라는 잘못된 생각으로 나타나지만, 유대 지식인들의 자기기만은 실제 조국이 유럽임에도 불구하고 자신들이 '조국'을 갖고 있지 못하다는 생각으로 나타난다. 두 번째 사실은 동유럽의 지식층이 적어도 여러 나라 말을 사용한다는 점이다. 로자 룩셈부르크 자신은 폴란드어·러시아어·독일어·프랑스어를 유창하게 구사했으며, 영어와 이탈리아어도 잘 알고 있었다. 그들은 언어장벽의 의미를 결코 이해하지 못했으며, "노동계급의 조국은 사회주의 운동이다"라는 슬로건이 왜 노동계급에게 그렇게 잘못된 것인지를 결코 이해하지 못했다. 실제로 상당히 당혹스럽게도 로자 자신은 예민한 현실감각을 갖고 상투어를 엄격히 피하려고 했음에도 불구하고 이 슬로건에 원칙상 무슨 문제가 있었는가를 들으려 하지 않았다. 결국 조국은 무엇보다도 '국토'다. 조직이란 나라가 아니며, 비유적으로도 그렇다. 이 슬로건은 뒷날 "노동계급의 조국은 소비에트 러시아다"(러시아는 적어도 국토였다)라는 슬로건으로 바뀐다. 이러한 변화에는 실제로 불길한 정당성이 있다. 이 세대의 비현실적인 국제주의는 슬로건의 변화로 종식되었다.

　우리는 여기서 그러한 사실들을 더 많이 열거할 수 있지만 그렇다고 해서 로자 룩셈부르크가 민족문제에 대해 완전히 오류를 저질렀다고 주장하기는 어려웠을 것이다. 결국 무엇이 제국주의 시대에 국민국가의 몰락에 뒤따른 광적인 민족주의보다 유럽의 비극적 몰락에 더 많이 기여했는가? 니체가 말하는 "선량한 유럽인들"은 유대인들 가운데에서도 매우 적은 소수였지만 비참한 결말을 미리 예견했던 유일한 사람들이었을지도 모른다. 그러나 그들도 허물어져 가는 정치체제에서 민족주의적 감정의 거대한 힘을 올바르게 가늠할 수는 없었다.

레오와 로자의 비극적 사랑

로자의 초상화: 네틀의 전기

　네틀은 지금까지 접근하지 못했던 자료를 공개했다. 그는 이 공개자료를 통해 폴란드의 동료집단을 발견했으며 이 동료집단이 로자 룩셈부르크의 개인적·공적 삶에서 지속적으로 의미를 갖는다는 점을 밝혔다. 네틀은 또한 이 자료를 통해 룩셈부르크의 삶에 관한 세부 사항들, 즉 "사랑과 삶에 관한 훌륭한 진실"을 종합할 수 있었다. 로자 룩셈부르크가 명성과 관련해 아주 조심스럽게 처신했다는 단순한 이유 때문에 우리는 그녀의 개인적 삶에 대해 현재까지 거의 알지 못했다. 이것은 단순한 자료의 문제만이 아니다. 새로운 사료가 네틀의 손에 들어간 것은 분명 행운이었다. 그는 사실들에 접근할 수단이 부족하기 때문이 아니라 연구하려는 주체와 같은 수준에서 움직이고 생각하며 느끼는 능력의 부족 때문에 곤경에 처한 일부 선행 연구자들을 무시할 충분한 권리를 가지고 있다. 전기 자료를 다루는 네틀의 솜씨는 탁월했다. 그는 자료 취급에서 통찰력 있는 수준을 넘어서고 있다. 그의 전기는 정교하고 신중하면서도 애정을 갖고 이 비범한 여성을 그럴듯하게 그린 첫 번째 초상화와 같다. 로자 룩셈부르크는 마치 자신의 마지막 찬미자를 발견한 것 같다. 그런데 사람들은 이러한 이유 때문에 네틀의 판단들 가운데 일부에 대해서는 반박하고 싶어한다.

네틀은 그녀의 야심과 출세욕을 강조했을 때 확실히 실수를 범했다. 네틀은 독일당 내에 국회의원이 되는 것을 기뻐하는 출세 제일주의자들과 명예 추구자들에 대한 그녀의 격렬한 멸시를 단순한 겉치레 말로 생각하고 있는가? 네틀은 진실로 '야심적인' 인간이 그녀처럼 관대할 수 있다고 믿고 있는가?(언젠가 국제회의 석상에서 조레스가 유창한 연설을 하면서 "로자 룩셈부르크의 오도된 열정을 조롱했다. 그러나 연설을 마친 순간 아무도 그의 연설을 통역하려고 하지 않았다. 그때 로자는 벌떡 일어나 프랑스어에서 독일어로 유창하게 통역하면서 감동적인 연설을 재현했다.") 네틀은 불성실이나 자기기만을 상정하지 않고서 어떻게 이 장면을 로자가 요기헤스에게 보낸 편지들 가운데 하나에서 언급한 다음 구절과 조화시킬 수 있는가. "나는 심술궂게도 행복을 열망하며 아주 완고하게 매일 행복을 얻고자 싸울 준비가 되어 있습니다." 네틀은 그녀의 재미있는 말인 "대초원에 불을 지를" 수 있는 기질의 자연적 위력을 야심으로 잘못 이해했다. 로자는 이러한 기질 때문에 공적인 문제에 거의 저돌적으로 참여했으며, 심지어 자신의 순수한 지적 활동에도 열중했다. 네틀은 '동료집단'의 높은 윤리적 기준을 되풀이해서 강조하고 있지만 아직껏 야심·출세·지위, 심지어 단순한 성공과 같은 그런 것들이 가장 엄격한 금기항

목에 있었다는 것을 이해하지 못하는 것 같다.

네틀은 로자의 인격이 지닌 다른 측면을 강조하면서도 그 함의를 이해하지 못한 것 같다. 즉 네틀은 로자가 아주 "자의식적인 여성"이었다는 점을 이해하지 못했다. 이러한 사실 자체는 달리 표출되었을지도 모르는 그의 야심에 여러 가지 제한을 가했다. 네틀은 로자와 같은 능력과 기회를 가진 남성에게 자연스럽게 존재하는 것 이상으로 로자에게 그것을 부여하지 않았기 때문이다. 자신과 같은 세대에 속하며 정치적 신념을 가진 다른 모든 여성들이 불가항력적으로 참여했던 여성해방 운동에 대한 로자의 불쾌감은 중요한 의미를 지녔다. 로자는 선거권 평등에 직면하여 약간의 차이가 생겼다(*Vive la petite différence*)라고 대답하고 싶었을지 모른다. 그녀는 국외자였다. 왜냐하면 그녀는 자신이 싫어했던 나라, 그리고 자신이 곧 경멸했던 당에서 폴란드계 유대인으로 남아 있었을 뿐만 아니라 또한 여성이었기 때문이다. 물론 네틀은 자신의 남성적 편견에 대해 용서를 받아야만 할 것이다. 레오 요기헤스는 온갖 실천적 목적 때문에 로자의 남편이었고 그녀의 삶에서 첫 번째 아마도 유일한 연인이었다. 네틀이 자신의 남성적 편견에도 불구하고 요기헤스가 그녀의 삶에서 담당한 역할을 충분히 이해했다면, 그러한 편견은 실제로 큰 문제가 되지 않았을 것이다. 요기헤스가 다른 여성과 잠시 관계를 맺자 로자가 집요하게 이에 대해 반발함으로써 야기된 두 사람 사이의 심각한 다툼은 그들 시대와 환경에서는 전형적인 것이었다. 결과적으로 요기헤스는 질투했고 로자는 몇 년 동안 요기헤스를 용서하지 않았다. 이세대는 사랑이란 단 한번 불타오르지만 그렇다고 결혼 증명서에 대한 무관심을 자유연애에 대한 신념과 혼동해서는 안 된다고 확고하게 믿고 있었다. 네틀의 증언에 따르면 그녀는 많은 친구들과 추종자들이 있었고 이를 즐거워했다고 한다. 그러나 그녀의 생애에 또 다른 남성이 있었음을 밝히는 자료는 없다. 로자는 '헨셴'(Hänschen) 디펜바흐(Diefenbach)를 높임말인 당신(*Sie*)이라고 불렀으며 그를 동등한 사람으로 대우할 생각을 가진 적이 없는데, 두 사람의 결혼 계획을 퍼트린 당내 소문을 믿는다는 것은 나에게는 완전히 어이없는 말이라는 인상을 준다. 네틀은 요기헤스와 로자 룩셈부르크의 이야기를 "사회주의의 위대한 비극적 사랑이야기들 가운데 하나"라고 부른다. 그들의 사랑이 비극으로 끝난 것은 "맹목적인 자기 파괴적인 질투" 때문이 아니라 전쟁과 수년 동안의 옥중생활 그리고 불운한 독일 혁명과 피비린내 나는 종말 때문이다. 따라서 우리가 이를 이해할 경우 네틀의 이러한 판단에 이의를 제기할 필요는 없다.

직업 혁명가 요기헤스

네틀이 역시 망각에서 구제한 요기헤스는 직업 혁명가들 가운데 매우 주목할 만한 전형적인 인물이었다. 요기헤스는 로자 룩셈부르크에게는 분명히 남성(*masculini generis*)이었고 대단히 중요한 존재였다. 그녀는 어떤 독일 사회주의 지도자들보다도 독일 보수당 지도자인 베스타르프(Graf Westarp)를 좋아했다. 그녀의 말을 따른다면 "그는 남자다웠기" 때문이다. 그녀가 존경했던 인물은 소수였다. 레닌과 프란츠 메링의 이름만 명단에 확실히 명기되었고 요기헤스의 이름은 이 명단에서 맨 앞에 있었다. 요기헤스는 분명히 행위자였고 열정을 지닌 사람이었으며 어떻게 행동하고 견디는가를 알았다. 그와 레닌을 비교하는 것은 구미가 당긴다. 요기헤스는 다소간 레닌과 비슷하다. 그러나 레닌과 달리 익명성에 대한 열정, 막후에서 영향력을 행사하려는 열정, 음모와 모험에 대한 선호가 강했기 때문에 요기헤스는 추가적으로 야릇한 매력을 지녔음이 틀림없다. 로자가 자신의 편지들 가운데 하나에서 예리하고 실제로 매우 다정한 묘사로 언급한 바와 같이 요기헤스는 '전적으로' 글을 쓸 줄도 몰랐고 대중 연설가로서 평범했다. 그런 면에서 요기헤스는 정말 되다만 레닌 같은 사람(a Lenin *manqué*)이었다. 두 사람 모두 조직화와 지도력에서는 대단한 재능을 보였지만, 다른 면에는 재능이 없었다. 그래서 그들은 아무 것도 할 일이 없거나 혼자 버려졌을 때 무력감을 느꼈고 쓸모없는 존재라고 생각했다. 혼자 고립된 적이 한 번도 없었던 레닌의 경우 그런 문제는 없었다. 그러나 요기헤스는 플레하노프(Plekhanov)와의 논쟁 때문에 일찍부터 러시아당과 대립하게 되었다. 1890년대 스위스에 살고 있는 러시아 이민자들의 최고 권위자인 플레하노프는 최근에 폴란드에서 갓 온 자신감 있는 이 유대인 청년을 "네차예프(Nechaieff)의 축소판"이라고 불렀다. 그 결과로 요기헤스는 로자 룩셈부르크의 표현을 빌리자면 수년간 "완전히 뿌리 뽑힌 잡초"였으며, 1905년 혁명에 이르러서 첫 번째 기회를 잡게 되었다. "갑작스럽게 그는 폴란드 운동뿐만 아니라 러시아 운동에서도 지도자 위치를 얻게 되었다." (폴란드·리투아니아왕국 사회민주당은 혁명 기간에 부상했으며, 이후 중요한 위치를 차지하게 되었다. 요기헤스 자신은 "단한 줄의 글"도 쓴 적이 없지만 당의 출판물을 담당하는 "가장 핵심적인 인물"이었다). 그는 제1차 세계대전 기간 사민당에 "전혀 알려지지 않은 채" 독일군 내부에 비밀 저항단체를 조직하는 최후의 짧은 기회를 포착했다. "요기헤스가 없었다면 스파르타쿠스단(*Spartakusbund*)은 존재할 수 없었을 것이다." 스파르타쿠스단은 독일 내에서 조직된 어느 다른 좌파단체와 다르며 잠시 동안 일종의 "이상적인 동료단체"가 되었다. (물론 이러한 주장은 요기헤스가 독일 혁명을 일으켰다고 말하는 것은 아니다. 모든 혁명이 그러하듯 혁명은 한 사람에 의해 이뤄지지 않았다. 스파르타쿠스단 역시 "사태를 조성했다기보다 오히려 따라갔다." 그리고 스파르타쿠스단 지도자들 — 로자 룩셈부르크, 리프크네히트, 요기헤스—이 1918년 1월 '봉기'를 일으켰거나 부추겼다는 공식 견해는 하나의 신화일 뿐이다.)

우리는 로자 룩셈부르크의 정치이념들 가운데 얼마나 많은 정치이념이 요기헤스의 것인가를 결코 알지 못할 것이다. 결혼한 사람들의 경우 배우자들의 사상을 분리시켜 설명하기란 항상 쉽지는 않다. 그러나 레닌은 성공했다. 요기헤스가 실패했다는 것은 적어도 상황의 결과—그는 유대인이었으며 폴란드인이었다—이기도 하고 능력의 부족이기도 했다. 어쨌든 로자 룩셈부르크는 이 때문에 요기헤스를 원망한 마지막 사람이었을 것이다. 그러나 동료집단의 구성원은 이러한 범주에서 서로를 평가하려 하지 않았다. 요기헤스 자신은 젊은 사람이긴 하지만 러시아계 유대인인 레빈(Eugene Leviné)과 함께 "우리는 휴가 중에 죽은 사람이다"는 말에 동의했을지도 모른다. 그는 이러한 분위기 때문에 다른 사람들과 구분된다. 레닌이나 트로츠키 또는 로자 룩셈부르크 자신마저 이러한 입장에서 생각한 것 같지 않기 때문이다. 레빈은 로자가 암살된 뒤 신변문제로 베를린을 떠나기를 거부하면서 "누군가는 남아서 우리 모두의 비문을 써야 되지 않는가?"라고 말했다. 리프크네히트와 룩셈부르크가 암살된 지 2개월 후 그는 체포되었고 경찰서에서 등 뒤로 총을 맞았다. 살해자의 이름은 알려졌지만, "그를 처벌하려 한 적은 결코 없었다." 그 살인범은 같은 방법으로 다른 사람들을 살해했으며 "프러시아 경찰에서 승진을 거듭했다"고 한다. 이런 것이 곧 바이마르 공화국의 관행이었다.

이러한 옛이야기를 읽고 회고해 볼 때 우리는 독일 동지들과 동료집단 구성원 사이의 차이를 고통스럽게 느끼게 된다. 1905년 러시아혁명 기간에 로자 룩셈부르크는 바르샤바에서 체포되었는데 그녀의 친구들은 보석금(독일당이 마련했을지도 모른다)을 모았다. 보석금의 지불은 "비공식적인 보복위협을 수반하는 것이었다. 로자에게 어떤 일이 일어날 경우 그들은 고급관리들에 맞서 행동으로 보복했을 것이다." 그러한 활동이 죄가 되지 않아 정치적 암살이 급증하던 시기를 전후해 로자의 독일 친구들은 이러한 '행위'가 무엇을 의미하는지를 알지 못했다.

사회주의 운동과 로자의 혁명이론

수정주의 논쟁과 로자의 입장

로자 룩셈부르크가 독일 사민당 내 집행부와 대립하지 않고 오히려 의견의 일치를 보이는 것 같았던 몇 가지 중요한 사례들은 되돌아보면 그녀가 범했다는 '과오들'보다 더 혼돈스럽고 그녀에게는 더 고통스럽다. 이러한 것들은 그녀의 실질적인 오류였다. 그런데 그녀는 결국 이러한 과오를 모두 인정하고 통렬하게 후회했다.

이러한 과오들 가운데 폐해가 가장 적었던 과오는 민족문제와 연관되었다. 그녀는 1898년 취리히에서 독일로 왔다. 그녀는 취리히에서 "폴란드의 공업 발전에 관한 제1급의 논문으로" 박사학위를 받았다(율리우스 볼프 교수는 자신의 자서전에서 "나의 제자들 가운데 가장 우수한 학생"이라고 다정하게 기록했다). 이 논문은 이례적으로 "상업성이 있는 출판물"이라는 평판을 얻었고, 폴란드 역사 연구자들은 아직도 이 논문을 인용한다. 그녀의 논문에서 밝히고 있듯이 폴란드의 경제성장은 전적으로 러시아 시장에 의존했으며, "민족 또는 언어 동질성에 기반한 국가를 형성하려는" 어떠한 시도도 "과거 50년 동안 진행된 모든 진보와 발전을 부정하는 것이었다."(그녀가 경제학적 관점에서 옳았다는 것은 양차 세계대전 사이에 나타났던 폴란드의 만성적 침체에 의해 더욱더 입증되었다.) 이후 그녀는 독일당의 폴란드 문제 전문가가 되었으며, 동부 독일 지역의 폴란드 주민들에게 독일당을 선전하는 전도사가 되었다. 그리고 그녀는 폴란드인들이 완전히 사라질 때까지 이들을 "독일화하기"를 바라는 사람들, 사민당 서기장이 한때 언급했듯이 "폴란드 사회주의를 포함해 모든 폴란드인들에게 기꺼이 선사하려는" 사람들과 불편한 동맹관계를 맺었다. 확실히 "공식적으로 인정된 영광은 로자에게는 잘못된 영광이었다."

로자가 주도적 역할을 담당한 수정주의 논쟁에서 그녀와 당 지도부 사이의 기만적 합의는 훨씬 더 심각했다. 베른슈타인(Eduard Bernstein)[12]이 촉발시켰던 이 유명한 논쟁은 혁명보다는 개혁을 선택한 것으로 역사에 기록되고 있다. 그러나 이 투쟁 선언은 두 가지 이유로 오해의 소지가 있다. 사민당은 이 논쟁을 통해 세기의 전환기에 마치 혁명을 여전히 지지하는 것 같은 인상을 주게 했지만 실질적으로는 그렇지 않았다. 그리고 이 논쟁은 베른슈타인이 말해야만 했던 것들 가운데 대부분의 객관적 정당성을 은폐하고 있다. 그가 주장한 바와 같이 마르크스의 경제이론에 대한 그의 비판은 실제로 "현실과 완전히 일치"했다. 그는 다음과 같이 지적했다. "사회적 부의 비약적 증대로 대자본가들의 숫자가 감소하는 게 아니라 온갖 부류의 자본가들의 숫자가 증대된다", "부유층 계급의 점진적 축소와 빈곤계급의 점진적 궁핍"은 실현되지 않았다, "현대의 프롤레타리아는 실로 가난하지만 그렇다고 해서 극빈자는 아니다", "프롤레타리아가 조국을 갖지 않는다"는 마르크스의 슬로건은 잘못된 것이다. 보통 선거권은 프롤레타리아에게 정치적 권리를, 노동조합은 그들에

---

12) 그의 가장 중요한 저술은 현재 『진화적 사회주의』(*Evolutionary Socialism*)라는 제목으로 영역되어 있는데(쇼켄출판사 보급판) 불행하게도 주석이나 미국의 독자를 위한 서론이 빠져 있다.

게 사회에서 지위를, 그리고 새로운 제국주의의 발전은 그들에게 자국의 외교정책에 명료한 이해관계를 제공했다. 이처럼 달갑지 않은 진실에 대한 독일당의 반발은 그 이론적 기초를 비판적으로 검토하는 것에 대한 뿌리 깊은 거부감으로 촉진되었다. 그러나 이러한 거부감은 베른슈타인의 분석으로 위협받고 있는 당내 기득권 세력에 의해 더욱 첨예화되었다. 관건이 된 것은 "국가 속의 국가"로서 사민당의 지위였다. 사민당은 사실상 사회 밖에 있으면서 당면문제들 자체에 온갖 관심을 가지고 있는 거대하고 잘 조직된 관료기구가 되었다. 베른슈타인류의 수정주의(Revisionism à la Bernstein)는 독일당을 독일 사회로 끌어들이려고 했으며, 그러한 '통합'은 혁명과 마찬가지로 당의 이해관계에 위험한 것으로 인식되었다.

네틀은 사민당이 독일 사회에서 "국외자(pariah) 위상"을 유지하면서 정부 참여에도 실패한 것에 대해 흥미로운 이론을 펴고 있다.[13] 사민당 당원들은 당이 "부패한 자본주의를 대체할 탁월한 대안을 스스로 제공할 수 있다"고 생각한 것 같다. 사실 사민당은 "모든 전선에서 사회의 위협에 대한 방어를 방치함으로써"(네틀이 지적한 바대로) "잘못된 일체감"을 형성했다. 프랑스 사회주의자들은 이를 크게 비난했다.[14] 여하튼 간에 분명한 사실은 당원의 숫자가 늘어날수록 당의 급진적인 활력은 점점 더 '소멸된다'는 점이었다. 사람들은 사

---

13) 『과거와 현재』(Past and Present, 1965년 4월)에 게재된 논문 「정치적 모델로서 독일 사회민주당(1890-1914)」을 참조할 것.

14) 이 상황은 프랑스의 드레퓌스 사건이 일어났을 무렵의 프랑스 육군 입장과 매우 비슷한 특징을 지닌다. 로자 룩셈부르크는 『새 시대』(Die Neue Zeit, 제1권, 1901)에 기고한 논문 「프랑스의 사회적 위기」(Die soziale Krise in Frankreich)에서 이 사건을 철저하게 분석하고 있다. "군부는 위험한 쿠데타를 통해 다른 정부 형태를 약속함으로써 반대파 세력을 잃지 않은 채 공화국의 시민적 권력에 대한 반대 입장을 보이고 싶었기 때문에 행동하기를 꺼려했다."

회와 마찰을 충분히 피하고 어떠한 결과도 수반하지 않는 도덕적 우월감을 즐기면서 "국가 속의 국가에서" 쾌적하게 생활을 영위할 수 있었다. 이 국외자 집단은 사실상 독일 사회 전체의 반사경이며 '축소판'이기 때문에 심각한 소외를 대가로 지불하는 것은 필요하지도 않았다. 이렇듯 독일 사회주의 운동의 가망 없는 국면은 두 가지 대립되는 관점에서 정확하게 분석될 수 있었다. 즉 그 하나의 관점은 자본주의 사회 내에서 노동계급의 해방을 실현된 사실로 인식하고 어느 누구도 그 방법에 대해 생각할 수 없는 혁명에 대한 논의를 중단하라고 요구하는 베른슈타인의 수정주의이고, 또 다른 하나는 부르주아 사회에서 '소외되었을' 뿐만 아니라 세계를 실제로 바꾸고 싶었던 사람들의 관점이 있었다.

이 후자의 입장은 베른슈타인에 대한 공격을 주도했던 동유럽 출신의 혁명주의자들 —플레하노프, 파르부스(Parvus), 그리고 로자 룩셈부르크— 의 입장이며, 독일 사민당의 가장 탁월한 이론가인 카우츠키가 지지했던 혁명주의자들의 입장이었다. 그러나 카우츠키는 외국에 있는 자신의 새로운 동맹자들과 같은 보조를 취하기보다는 베른슈타인에 대해 더 편안함을 느끼고 있었다. 그들이 쟁취한 승리는 피루스(Pyrrhus)의 승리[15]처럼 많은 희생을 치르고 얻은 것이었으며, "실재를 무시함으로써 소외감만 심화시켰다." 실질적인 문제는 이론적인 것도 경제적인 것도 아니었기 때문이다. 문제는 베른슈타인의 확신이었다. 그의 확신은 "대부분의 중간계급 —독일의 중간계급도 예외는 아님— 이 경제적으로나 도덕적으로(강조는 아렌

---

15) 고대 강국인 에피루스가 기원적 279년 로마군과 아드리아해 부근에서 치열한 전투를 벌인 끝이 어렵게 승리한 데서 유래한 말로, 피루스 왕은 "이런 승리를 한 번 더 거두었다간 우리나라가 망한다"고 말했다. 따라서 이는 곧 상처뿐인 승리를 의미한다-옮긴이.

트) 여전히 상당히 건재하다"고 언급한 각주에 부끄럽게 숨겨져 있었다. 이러한 이유 때문에 플레하노프는 그를 "속물"이라고 불렀고, 파르부스와 로자 룩셈부르크는 그 투쟁이 사민당의 장래에 아주 중대한 투쟁이라고 생각했다. 진상은 베른슈타인이나 카우츠키 모두 혁명을 공통적으로 혐오했다는 점이었기 때문이다. 즉 '필연성의 법칙'이 카우츠키에게는 아무것도 하지 않아도 되는 가장 훌륭한 구실이 되었다. 동유럽에서 온 손님들은 이론적 관점에서 혁명이 필연적으로 발생하게 되어 있다는 것을 '믿었을' 뿐만 아니라 혁명을 위해 무엇인가를 하려고 했던 유일한 사람들이었다. 그들은 사회가 도덕적 기반, 정의의 기반 위에서 유지되기 어렵다고 생각했기 때문이다. 다른 한편, 베른슈타인과 로자 룩셈부르크는 자신들이 모두 성실하다고 공동으로 생각했다(이러한 점은 그녀에 대한 베른슈타인의 "은밀한 다정함"을 보여주고 있다). 아울러 그들은 자신들이 관찰한 것을 분석했고, 현실에 충실했으며, 마르크스를 비판했다. 베른슈타인은 로자 룩셈부르크의 공격에 대한 반론에서 로자 역시 "위기이론에 기반을 두고 있는 장래의 사회발전에 대한 전반적인 마르크스주의적 예측"에 의문을 제기했다는 예리한 지적을 의식했다.

로자 룩셈부르크가 독일당 내에서 얻은 초기의 승리는 두 가지 오해에 기반을 두고 있었다. 사민당은 세기의 전환점에서 "전 세계 사회주의자들로부터 부러움을 사고 존경을 받는 대상이었다." 베벨은 비스마르크의 독일제국 건설 이후 제1차 세계대전 발발 때까지 당의 정책과 정신을 인도했던 사민당의 '원로'로서 "나는 현존하는 사회의 영원한 적이며 앞으로도 그럴 것이다"라고 선언했다. 이러한 선언은 폴란드 동료집단의 정신과 같은 것이 아닌가? 우리는 그러한 당당한 도전정신에서 위대한 독일당이 폴란드·리투아니아왕국 사민당의 확대판이라고 상정할 수 있지 않았는가? 이러한 도전의 비밀은 세계 전체에 대한 고의적인 불개입이며 당 조직의 성장에 대한 일방적 집착이었는데, 로자는 제1차 러시아 혁명에 참여했다가 돌아올 때까지 10년 동안 이 비밀을 알지 못했다. 로자는 이러한 경험을 통해 1910년 이후 사회와의 끊임없는 '충돌'이라는 프로그램을 발전시켰다. 로자가 당시 깨달은 바와 같이 이러한 충돌이 없을 경우 혁명정신의 근원 자체는 고갈될 운명이었다. 어쨌든 로자는 자신의 생애를 일개의 분파 속에서 보내려 하지 않았다. 로자는 도덕적 문제 때문에 일차적으로 혁명에 관여했다. 이러한 관여는 로자가 공적인 삶과 공공업무, 그리고 세계의 운명에 정열적으로 참여하기를 바랐다는 것을 의미했다. 로자는 노동계급의 직접적인 이해관계뿐만 아니라 모든 마르크스주의자들의 지평에서 벗어나 유럽 정치에 관여했다. 이러한 관여는 독일당과 러시아당을 위한 "공화주의 강령"에 대한 그녀의 지속적인 주장에 가장 명료하게 나타나고 있다.

로자의 혁명이론과 때늦은 재조명

혁명 참여문제는 로자가 자신의 유명한 저서 『유니우스 소책자』(*Juniusbroschüre*)에서 다루었던 주요 요지들 가운데 하나였다. 로자는 전쟁 기간에 감옥에서 이 책을 집필했으며, 이후 스파르타쿠스단의 강령으로 활용했다. 이 책자의 저자를 몰랐던 레닌은 "공화주의 강령"의 선언이 "실제로 잘못된 혁명강령을 지닌 혁명의 선언을 의미한다"고 즉각 언급했다. 그러나 1년 후 러시아 혁명은 아무런 강령도 없는 상태에서 발생했으며, 그 최초의 성과는 군주정의 폐기와 공화정의 수립이었다. 같은 일은 독일과 오스트리아에서도 일어났다. 물론 그렇다고 해서 러시아, 폴란드 또는 독일의 동지들이 이 점에서 그녀에 대한 격렬한 공격을 결코 그친 것은 아니었다. 사실 그녀를 다른 모든 사람들과 결정적으로 분리시킨 것은 민족문제가 아니라 공화정 문제였다. 그녀는 어떠한 상황에서든 개인적 자유뿐만 아니라 공적 자유의 절대적 필요성을 강조했다. 이러한 경우 그녀는 혼자 있을 때와 마찬가지로 그렇게 두드러지게 나타나지는 않지만 완전히 외톨이 신세였다.

두 번째의 오해는 수정주의 논쟁과 직접 연관된다. 로자 룩셈부르크는 베른슈타인의 분석을 수용하지 않으려는 카우츠키의 태도를 혁명에 대한 명백한 확신으로 잘못 생각했다. 그녀는 1905년 제1차 러시아 혁명 때문에 가짜 신분증을 지참한 채 바르샤바로 서둘러 돌아왔다. 이후 그녀는 자신을 더 이상 속일 수 없었다. 그녀에게는 이 몇 달이 중요한 경험이었을 뿐만 아니라 동시에 "생애 중 가장 행복한" 때이기도 했다. 독일로 돌아온 다음 그녀는 독일당 내의 친구들과 이 사태에 대해 토론을 했다. 그녀는 '혁명'이라는 말을 무의미한 음절로 분류하기 위해서는 "혁명이라는 말과 진정한 혁명 상황이 연결되어야만 했다"는 점을 깨달았다. 독일의 사회주의자들은 이러한 일이 멀리 있는 야만국가에서나 일어날 수 있는 것이라고 믿었다. 이것은 그녀가 받은 최초의 충격이었는데, 그녀는 평생 이 충격에서 벗어나지 못했다. 두 번째의 충격은 1914년에 다가왔는데, 이때 그녀는 자살까지 하려 했다.

당연하게도 그는 참된 혁명을 처음으로 경험함으로써 경멸과 불신을 받는 예술과 환상보다 더 훌륭한 많은 것을 배웠다. 정치행위에 대한 그녀의 통찰은 이러한 경험에서 나타났다. 네틀은 이러한 통찰을 정치이론에 대한 그녀의 가장 중요한 공헌이라고 제대로 평가하고 있다. 그녀가 혁명적 노동자평의회(나중에 소비에트)를 통해 배운 내용은 이러하다. "좋은 조직은 행위에 선행하여 존재하는 것이 아니라 행위의 산물이며, 사람들은 단지 물속에서 수영하는 법을 배우듯이 혁명적 행위를 담당하는 조직은 혁명 자체에서 배울 수 있으며 배워야 한다." 혁명은 어느 누구에 의해 "만들어지는" 것이 아니라 "자발적으로" 발생하며, "행위를 위한 압력"은 항상 "밑으로부터" 나온다. "사회민주당(당시 유일한 혁명당)이 혁명을 분쇄하지 않는 한, 혁명은 위대하고 강력한 것이다."

그렇지만 1905년 서곡의 두 측면은 전적으로 로자의 눈에 띄지 않았다. 무엇보다도 놀라운 사실이지만, 혁명은 공업화되지 않은 후진국에서, 대중의 지지기반을 지닌 강력한 사회주의 운동이 전혀 존재하지 않는 지역에서 일어났다. 둘째, 혁명은 러일전쟁에서 러시아가 패배한 결과라는 부정할 수 없는 사실이다. 레닌은 이 두 가지 사실들을 결코 잊지 않았으며, 여기서 두 가지 결론을 끌어냈다. 첫째, 혁명은 거대한 조직을 필요로 하지 않았다. 즉 구체제의 권위가 일소될 경우 그가 원하는 바가 무엇인지를 알고 있는 지도자가 이끄는 소규모의 잘 짜인 조직만으로 충분히 권력을 장악할 수 있다는 것이다. 거대한 혁명조직이란 거추장스러운 존재일 뿐이었다. 둘째, 혁명은 "만들어지는 것"이 아니고 개인의 능력을 넘어선 환경과 사건의 결과이기 때문에 전쟁은 환영을 받았다.[16] 그녀는 제1차 세계대전 중이 두 번째 입장 때문에 레닌과 의견 차이를 보였으며, 러시아 혁명에서 사용했던 레닌의 전술을 1918년 처음으로 비판했다. 그녀는 전쟁의 최종적 결과가 어떠하든 전쟁에서 가장 두려운 재앙 이외의 무엇이든 찾을 수 있다는 것을 시종일관 무조건 거부했기 때문이다. 인

---

16) 레닌은 제1차 세계대전 중 클라우제비츠(Clausewitz)의 『전쟁론』(*Vom Kriege*, 1832)을 읽었다. 그의 발췌문과 주석은 1950년대 동베를린에서 출판되었다. 『문화사 문고』(*The Archiv für Kulturgeschichte*) 제36권(1954)에 게재된 할베르크(Werner Hahlberg)의 논문 「레닌과 클라우제비츠」에 따르면 레닌은 클라우제비츠의 영향 아래에 있었다. 그는 당시 국민국가의 유럽적 체계의 붕괴인 그 전쟁이 마르크스가 예언한 바의 자본주의 경제의 경제적 붕괴로 대체될 가능성이 있다고 생각할 때였다.

간의 삶, 특히 프롤레타리아의 삶에서 치르는 희생은 하여튼 대단히 심각했다. 게다가 혁명을 전쟁과 학살의 부당 이득자로 보는 것 ― 레닌은 이 점에 대해 조금도 개의치 않았다 ― 은 그녀의 뜻과는 다른 것이다. 조직의 문제를 볼 때 그녀는 민중 전체가 어떤 역할을 맡고 어떤 발언권을 갖는 그러한 승리를 믿고 있었다. 그녀는 어떤 대가를 치르더라도 권력을 장악해야 한다고는 생각하지 않았다. 따라서 그녀는 "실패한 혁명보다 추악한 혁명을 더욱 두려운 존재"로 보았다. 이 점은 사실상 볼셰비키(Bolshevik)와 "그녀 사이의 중대한 차이점"이 된다.

사태의 추이는 그녀의 정당함을 입증해 주지 않았던가? 소비에트 연방의 역사란 "왜곡된 혁명"의 가공할 만한 위험으로 얼룩진 하나의 충분한 증거가 아닌가? 그녀가 예견했던 "도덕적인 붕괴" ― 물론 그녀는 레닌 후계자의 공공연한 범죄를 예견했던 것은 아니지만 ― 는 우세한 무력에 대항하는 진정한 투쟁과 역사적 상황이라는 틈바구니 속에…… 일어날 수 있는 어떤 유의 그리고 모든 정치적 패배보다도 그녀가 이해하고 있었던 혁명운동에 더 해악적인 것이 아니었던가? 레닌이 사용했던 수단은 "완전히 잘못된 것"이라는 점, 구제에 이르는 유일한 길은 "일찍이 없던 무제한적이고 광범위한 민주주의와 여론이라는 공적 상황 그 자체에 의한 교육"이었다는 것, 테러가 모든 사람의 '사기를 꺾고' 모든 사물을 파괴한다는 것 등은 모두 진실이 아니었던가?

그녀는 자신이 얼마나 옳았는가를 지켜볼 때까지 살지 못했으며, 러시아 혁명의 직접적인 산물로서 세계에 퍼진 공산당의 가공할 만큼 급속도로 진행된 도덕적 퇴보를 지켜볼 때까지 살지 못했다. 이 점에서는 레닌도 마찬가지다. 레닌은 자신이 저지른 모든 범죄에도 불구하고 그의 뒤를 따른 어느 누구보다도 본래의 동료집단과 더 많은 공통점을 지니고 있었다. 이 점은 스파르타쿠스단의 지도부에서 요기헤스의 후계자인 레비(Paul Levi)가 로자 룩셈부르크의 사망 3년 후 앞서 인용했던 그녀의 러시아 혁명론을 책으로 출간함으로써 명백해진다. 그 글은 1918년 그녀가 "오직 당신만을 위하여"—즉 출판 의도가 없이—쓴 것이었다.[17] 독일당과 러시아당 모두에게 "그것은 매우 당혹스러운 경우였으며", 만약 레닌이 격렬하고 무절제한 답변을 했다면 그는 용서받을 수 있었을 것이다. 그러나 레닌은 다음과 같이 쓰고 있다. "우리는 적절한 러시아의 속담으로 답변코자 한다. 독수리는 병아리보다 이따금 낮게 날 수도 있다. 그러나 병아리는 결코 독수리만큼 높이 날 수는 없다. 로자 룩셈부르크는…… 자신의 오류에도 불구하고…… 독수리였으며 지금도 독수리다." 따라서 레닌은 계속해서 "그녀의 전기"와 모든 "오류"를 망라한 그녀의 "완전한 저작집"을 출판토록 요청했으며, 이 의무를 "믿을 수 없을 만큼" 게으르게 진척시키는 독일의 동지들을 비난하고 있다. 1922년에 이 일이 있었다. 3년 후 레닌의 후계자들은 독일 공산당을 '볼셰비키화'한다고 결정하고 로자 룩셈부르크의 모든 유산에 대해 명확한 공격을 가하도록 지시했다. 이 임무를 즐겁게 받아들인 사람은 빈에서 막 도착한 피셔(Ruth Fisher)라는 젊은 여자당원이었다. 그녀는 당원

---

17) 오늘날까지 읽히고 인용되는 그녀의 유일한 글이 이 팸플릿이라는 점은 매우 역설적이다. 다음 내용들은 영어판으로 입수할 수 있다. 『자본의 축적』(*The Accumulation of Capital*, London and Yale, 1951); 1937년 뉴욕 애로 출판사에서 간행된 베른슈타인에 대한 회답(1899); 『유니우스 소책자』(1918)는 "독일 사회민주당의 위기"(The Crisis in German Social Democracy)라는 제목으로 1955년 실론의 콜롬보에 있는 란카 사마 사마자 출판사에서 출간되었다. 그것은 등사판 인쇄였다. 원서는 1918년 뉴욕의 사회주의 출판협회(Socialist Publication Society)에서 출판되었다. 1953년 실론의 같은 출판사에서 그녀의 『대중 파업, 정당, 그리고 노동조합』(*The Mass Strike, the Political Party, and the Trade Unions*, 1906)이 출판되었다.

들에게 로자 룩셈부르크와 그녀의 영향력이 "매독균 이외의 아무것도 아니다"라고 말했다.

시궁창 뚜껑이 열렸고, 로자 룩셈부르크가 "다른 동물학적 별종(別種)"이라고 부르는 것이 이것에서 생겨났다. 동료집단의 소수 생존자들을 절멸시키고 그들의 정신에서 마지막 남은 것까지도 망각의 무덤 속에 파묻는 데 "부르주아지의 대리인"이나 "사회주의의 배반자"가 더 이상 필요하지 않았다. 더 이상 말할 필요도 없이 그녀의 완전한 저작집은 출간되지 않았다. 제2차 세계대전 후 "그녀의 오류를 강조하는 면밀한 주석을 붙인" 2권의 전집이 동베를린에서 출판되었다. 욀스너(Fred Oelssner)의 책은 "룩셈부르크주의의 오류체계에 대한 상세한 분석"18)을 담고 있다. 이 책은 "지나치게 스탈린적인" 성향을 지녔기 때문에 곧 "잊혀졌다." 이러한 성향은 명백히 레닌이 요구한 것이 아니었으며, 레닌이 희망한 바대로 "많은 공산주의자 세대들의 교육"에 아무런 도움을 줄 수 없었다.

스탈린이 죽은 뒤 사태는 바뀌기 시작했다. 그러나 스탈린주의적 역사의 수정이 "베벨 숭배"라는 형태를 특징적으로 띠고 있는 동독에서는 바뀐 것이 없었다(이 새로운 허튼소리에 항의를 제기한 유일한 인물은 늙고 불쌍한 둔커Hermann Duncker였다. 젊은 시절 "로자 룩셈부르크, 카를 리프크네히트, 프란츠 메링과 친구 사이였으며 그들과 함께 활동했던 시절을 생애 최고의 해라고 회상할 수 있는" 마지막 남아 있는 저명한 생존자가 바로 둔커다). 그러나 폴란드 사람들은 "독일어판과 부분적으로 중첩되기는 하지만 두 권의 선집을 1959년에 출간했으며 거의 변치 않는 그녀의 명성을 관에서 끄집어냈다. 그 명성은

---

18) J.P. Nettle, *Rosa Luxemburg*(London: Oxford University Press, 1966), p. 821. 네틀이 인용한 책은 다음과 같다. Fred Oelssner, *Rosa Luxemburg, Eine kritische biographische Skizze*(East Berlin, 1951)-옮긴이.

레닌의 사후 여전히 관에 보관되어 있었고, 1956년 이후 이 주제에 관한 출판물이 홍수처럼 폴란드 서점에 쏟아져 나왔다. 사람들은 그녀가 유럽 여러 나라 정치학자들의 교육에서 최종적으로 자신의 위치를 발견할 것이라고 기대하듯이 그들은 그녀가 누구였고 무엇을 했는가에 대한 때늦은 인식에 대한 희망이 여전히 있다고 믿고 싶어 할 것이다. 네틀이 정당하게 주장하고 있듯이 "그녀의 사상은 정치사상사를 진지하게 가르치고 있는 바로 그곳에 존재하고 있다."

제3장 안젤로 주세페 론칼리: 1958-63년의 교황

교황으로 선출된 연유

아렌트의 의문

안젤로 주세페 론칼리(Angello Guiseppe Roncali, 1881-1963)는 로마 교황으로 선출된 이후 요한 23세라는 존함을 갖게 되었다. 『영혼의 일기』(*Journal of a Soul*, 1965)는 그의 영혼의 삶을 기록한 자서전으로서 묘하게 낙담스러우면서도 매력을 불러일으키는 책이다. 퇴위 시기에 대부분 쓰인 이 책은 끊임없이 되풀이되는 열렬한 신앙고백과 자기 훈계, "양심의 시험"과 "영혼의 발전"에 대한 주해를 담고 있으며 실제 사건들에 대해서는 지극히 드물게 다루고 있다. 따라서 이 책은 한 쪽 한 쪽마다 어떻게 하면 선하게 될 수 있고 어떻게 하면 악을 피할 수 있는가를 인도하는 기본 교과서로 이해된다. 그런데도 교황 요한 23세는 바티칸 궁에서 임종을 맞이하고 있을 때인 1963년 5월 말부터 6월 초 사이에 사람들의 마음속에 떠올랐던 두 가지 의문에 명료한 해답을 이 책에서 독특하면서도 생소한 방식으로 제공하는 데 성공했다. 한 로마인 가정부가 나(아렌트 ― 옮긴이)에게 다음과 같이 말했을 때 나는 이 두 가지 의문에 담백하고 명료하게 관심을 갖게 되었다. "부인, 이 교황은 진짜 기독교인입니다. 어떻게 해서 그렇게 되었을까요? 진짜 기독교인이 어떻게 베드로 성당의 교황 자리에 앉을 수가 있었을까요? 론칼리는 먼저 주교에, 이후 대주교와 추기경에 임명되었고 마침내 교황에 임명되지 않았던가요? 그가 어떤 사람인지는 아무도 몰랐지 않았습니까?" 물론 가정부의 세 가지 질문 가운데 마지막 질문에 대해서는 '그렇다'라고 대답할 수 있는 것 같다. 론칼리는 추기경단 선거회(Conclave) 회의장에 들어갔을 때 **교황 후보**(*papabile*)에 포함되어 있지 않았다. 바티칸 양복점은 그의 품에 맞는 가운을 마련하지 않았다. 교황 요한 23세가 책에서 기록하고 있듯이 추기경들은 의견의 일치를 보지 못한 상황에서 자신을 별로 중요하지 않은 "잠정적이고 과도적인 교황"이라고 확신했기 때문에 그는 교황으로 선출되었다.[1] 그는 이어서 다음과 같이 기록했다. "그런데 나는 이미 만 4년간 교황직을 수행하고 있다. 전 세계가 지켜보며 기다리고 있는 목전에서 수행해야만 될 수많은 당면한 일들이 내 앞에 가로놓여 있다." 놀라운 일은 그가 교황 후보 가운데에 없었다는 사실이 아니라 아무도 그를 중요하지 않은 인물로 생각하고 그를 교황으로 선출했다는 사실이다.

그리스도 본받기와 교회제도

그러나 이런 일은 돌이켜 생각해 볼 때만 놀랄 만하다. 확실히 교

---

[1] 론칼리는 12차례의 투표 끝에 1958년 10월 28일 77세의 나이에 교황으로 선출되었다─옮긴이.

회는 2천 년 가까운 세월 동안 **그리스도를 본받으라**(*imitatio Christi*)고 설교해 왔다. 어느 누구도 은둔생활을 하면서 젊은 시절의 론칼리와 같은 말을 했던 교구 사제와 수도사가 수세기에 걸쳐 얼마나 많았는지 말할 수 없다. 18세의 나이에 이미 "훌륭하신 예수에 가까워지려고 생각하는 사람은 미친 사람으로 취급받는다"[2]는 것을 완벽하게 깨달은 론칼리는 다음과 같이 말했다. "나의 모델은 예수 그리스도다. 그들은 내가 바보라고 말하고 그렇게 믿고 있다. 아마도 나는 바보인지 모르지만 나의 자존심은 그렇게 생각하는 나를 허용하지 않을 것이다. 이것은 묘한 양상이다." 그러나 하나의 제도이며 특히 반종교개혁 이후 신앙의 순수성보다는 교조적 신앙을 유지하는 데 더 많은 관심을 가졌던 가톨릭교회는 "나를 따르라"는 권유를 글자 그대로 수용하는 사람들에게 성직자로서 출세 길을 열어주지 않았다. 그들은 순수하고 진정한 기독교 생활양식 속에 포함되어 있는 명백한 무정부주의적 요소를 의식적으로 두려워했기 때문이 아니라 다만 "그리스도를 위해서, 그리고 그리스도와 함께 고통당하고 경멸당하는 것"을 잘못된 정책이라고 생각했기 때문이다. 그런데 론칼리가 십자가의 성 요한이 언급한 이러한 말을 반복하여 인용하면서 그대로 행동하기를 열정적으로 원했다. 그는 주교 서품의식에서 "십자가에 걸린 그리스도와 함께…… 감동을 자신에게도 내려주시기"를 바랐으며, "지금까지 자신이 너무나 고통받지 않은 데 대해" 탄식하고, "주님이 자신에게 특별한 시련과 육체적·정신적 고통과 고뇌를 보내주기를" 바라고 기다렸다. 그는 자신의 소명에 대한 확신으로서 고통스럽고 때 이르게 찾아온 죽음을 기꺼이 받아들였다. 그 소명은

---

2) 『영혼의 일기』 1899년 4월 16일 「월례 심령수업」. 이하 옮긴이 주에서는 박양운 옮김, 『영혼의 일기』, 갑진문화사, 1965에서 인용함-옮긴이.

그가 완성하지 못한 채 남겨두어야만 할 위대한 기획에 필요한 "희생정신"이었다.

교회는 유일한 큰 뜻으로 나자렛 예수를 모방하고자 했던 소수의 사람들을 고위직에 임명하지 않으려고 했는데, 그 이유를 이해하기란 별로 어렵지는 않다. 교계제도에 있는 직을 맡은 성직자들은 루터의 다음과 같은 말을 두려워하며 도스토엡스키의 대심판관의 입장에 따라 생각했던 때가 있었는지 모른다. "하느님 말씀이 아주 영속적으로 야기하는 비극은 세계가 그 말씀 때문에 소용돌이에 휩쓸린다는 사실이다. 하느님의 가르침은 이것이 세계에 도달하는 한 지구 전체를 변화시키고 재생시키고자 나타나기 때문이다."[3] 그러나 그러한 시대는 오래전에 지나갔다. 론칼리는 한때 "온화하고 겸허한 것은…… 약하고 나태한 것과 다르다"고 지적했는데, 고위 성직자들은 이러한 것을 망각했다. 이들이 찾고 있었던 것은 바로 이것이다. 즉 하느님 앞에서 겸허함과 사람 앞에서 순종함은 같은 것이 아니다. 그리고 이 독특한 교황에 대한 적대감이 일부 교단에서 강력했지만 더 증대되지 않았으며, 많은 고위 성직자들과 추기경들도 교황을 지지하게 되었다는 사실은 그들이 교회와 그 위계질서를 인정한다는 것을 의미한다.

론칼리가 1958년 가을 교황직을 맡은 이후 가톨릭계만 아니라 전

---

3) 아렌트는 교황 23세의 행적을 통해 공공영역에서 진정한 기독교인의 출현은 한편 약속이기도 하지만 위험이기도 하다는 점을 보았다. 교황은 공리주의적 태도에서 벗어나 모든 사람을 동등하게 대우할 수 있는 '놀라운' 신념을 가지고 있는데, 세계는 교황의 이러한 언행에 찬사를 보냈다. 이러한 덕목에 대한 아렌트의 진정한 존경에도 불구하고, 교황은 기독교적 삶의 위험성, 즉 세계를 붕괴시킬 수 있는 가능성을 보여주었다. 이러한 측면에서 아렌트는 성서적 믿음의 진정한 천명이 야기하는 두려운 결과에 대한 루터의 주장을 언급하고 있다-옮긴이.

세계는 다음과 같은 주장 때문에 그를 주시하고 있었다. 첫째, 나는 항상 "나 자신에게 관심을 기울이지 않도록 하기 위해…… 더 조심성 있게" 처신하면서 "명예와 의무를 성실히 받아들인다." 둘째, 나는 "지극히 단순하면서도 효과의 측면에서 광범위하며 미래에 대해 책임을 충실히 이행하는…… 여러 가지 생각을 즉각 구체화시킬 수 있다." 그러나 그 자신의 증언에 따르면 "가톨릭 공의회(公議會), 교구대의원회(Diocesan Synod)의 구상이나 교회법전의 수정계획" 등은 "미리 생각했던 것이 아니고", 오히려 "이러한 문제에 대한…… 〔그의〕 어떠한 생각과 완전히 대립되기도 한다." 그의 증언은 다만 그를 주목하고 있던 사람들에게 그의 인물됨과 경탄할 만한 믿음을 거의 논리적으로, 하여튼 자연적으로 보여주는 것 같았다.

이 책 어디서나 이러한 믿음을 증언하고 있지만 그 어느 것도 그가 마지막으로 고뇌했던 나흘 동안 로마에 떠돌았던 그에 관한 수많은 일화나 이야깃거리만큼이나 설득적이지는 않았다. 이때에도 예상보다 일찍 찾아온 그의 선종으로 피부색도 다르고 나라도 다른 신학생, 수도사, 수녀, 성직자 등 전 세계의 수많은 추모객들이 쇄도하는 상황에서 로마시 전체가 여느 때처럼 술렁거리고 있었다. 택시 운전사에서부터 작가나 편집자에 이르기까지, 또는 식당 급사에서 상점 주인에 이르기까지, 신자든 비신자든 여기서 만나는 사람은 누구나 론칼리가 무엇을 행했고 말했는가, 또는 이 경우에는 어떤 행동을 했는가에 대해 이야기했다. 클링거(Kurt Klinger)는 이러한 이야기들 가운데 상당 부분을 수집하여 『교황은 웃는다』(*A Pope Laughs*)를 출간했고, 다른 이야기들은 "선량한 교황 요한"에 관한 수많은 문헌으로 출간되었다. 이 책들은 모두 어떤 방해도 받지 않고 가톨릭교회로부터 출판 인가를 받았다.[4] 그러나 이런 종류의 성인전은 온 세계가 왜 이분에게 눈을 돌리고 있는가를 이해하는 데 별 도움이 되지 못한다. 이런 성인전은 '비난받지' 않기 위하여 교회를 포함한 세계 일반의 기준이 예수의 설교에 포함된 판단이나 행동의 원칙과 대립되는 것을 어느 정도 교묘하게 피하면서 서술하기 때문이다. 20세기의 한복판에서 이분은 자신이 지금까지 배웠던 모든 신념들을 상징적으로 받아들이지 않고 글자 그대로 받아들이기로 결심했다. 그는 "예수를 사랑하기 때문에 질타당하고 멸시당하며 무시당하는 것"을 진실로 바랐다. 그는 자신이 "세계의 판단, 심지어 성직자 세계의 판단에 대해 무심할" 때까지 자신과 자신의 야심을 제어했다. 그는 21세 때 이런 말을 했다고 한다. "만일 내가 교황이 된다고 하더라도…… 나는 의연히 하느님의 심판 앞에 서 있어야만 한다. 이때 나에게는 어떤 가치가 있을 것인가? 별다른 가치는 없을 것이다."[5] 그는 만년에 가족에게 보낸 신앙 유서에서 "내가 확신한 바와 같이 죽음의 천사는 나를 천국으로…… 데려다줄 것이다"라고 쓰고 있다. 이러한 믿음의 엄청난 위력은 그 믿음이 순수하게 야기한 '사건들' 속에서 가장 명료하게 나타났다. 그리고 이러한 사건의 요소를 제거할 경우에만 우리는 이분의 위대성을 추락시킬 수 있다.

그러나 그 당시 입에서 입으로 전해졌던 이분에 관한 위대하고 대담한 이야기들은 밝혀지지 않았으므로 우리는 그 진위를 확인할 수

---

4) Jean Chelini, *Jean XXIII, Pasteur des hommes de bonne volont?*, Paris, 1963; Augustin Pradel, *Le "Bon Pape" Jean XXIII*, Paris, 1963; é Leone Algisi, *John the Twenty-third*, transl. from the Italian by Ryde London, 1963; Loris Capovilla, *The Heart and Mind of John XXIII, His Secretary's Intimate Recollection*, transl. from the Italian, New York, 1964; Alden Hatch, *A Man Named John*, Image Books, 1963.

5) 『영혼의 일기』 1902년 12월 10-12일 「군대 복무를 끝마친 후의 묵상회」─옮긴이.

없다. 나는 이들 가운데 일부를 기억하여 명료하게 드러내고 싶다. 그러나 우리가 이러한 이야기들의 확실성을 부정한다고 하더라도 교황에 대해 이야기하고 이분에 대한 사람들의 생각을 이야기할 가치가 있게 해줄 만큼 그러한 이야기를 만들어내는 노력 자체는 충분히 독특한 측면을 지닐 것이다. 『영혼의 일기』에 소개되었지만 적어도 사실과 다른 최초의 일화는 그가 노동자와 농민에 대해 은혜를 베푸는 친근감을 지니지 않았음을 보여주고 있다. 그 자신도 이 계층 출신이었지만 11살 때 그러한 환경을 떠나 베르가모(Bergamo) 신학교에 입학했다. (그는 군에 복무하게 되었을 때 처음으로 세상과 접촉했다. 그는 군 복무가 "추악하고 불결하며 지긋지긋하다"는 것을 알았다. "나는 악마들과 함께 지옥으로 보내질 것인가? 나는 병영생활이 어떤 것인지 안다. 나는 그 일을 생각할 때마다 몸을 떨었다.")[6] 한 일화에 따르면 몇 사람의 배관공이 수선을 하기 위해 바티칸 궁에 갔다 한다. 교황은 그들 가운데 한 사람이 모든 신성가족의 이름으로 서약을 시작했다는 이야기를 들었다. 교황이 나와서 점잖게 말했다. "당신은 꼭 이렇게 말해야만 했습니까? 당신은 우리처럼 제기랄(*merde*)이라고 말할 수 없습니까?"

어두운 시대의 밝은 빛

내가 다음에 이야기할 세 가지 일화는 매우 중대한 문제와 관련된다. 교황 요한 23세는 자신의 책에서 주교 시절 자신과 로마 바티칸 교황청 당국 사이의 긴장관계에 대해 거의 언급하고 있지 않다. 이

---

6) 『영혼의 일기』 1902년 12월 10-12일 「군대 복무를 끝마친 후의 묵상회」-옮긴이.

분쟁은 그가 '한직에 가까운' 불가리아 주재 교황 감독관에 임명된 1925년부터 시작된 것 같다. 그는 이 자리를 10년 동안 지켰다. 그는 이 땅의 불행을 결코 잊지 않았다. 그는 25년이 지난 다음에도 "양심의 고통이 나날이 계속된 당시에 삶의 단조로움"에 대해서 쓰고 있다. 당시 그는 "불가리아인들이 아니라…… 교회 집행부의 중앙기관과 야기한 많은 사연"을 곧바로 깨닫게 되었다. "이것은 내가 예기하지 못했으나 나에게 심각한 상처를 안겨준 고통과 굴욕이었다." 그는 일찍이 1926년부터 이 분쟁을 "십자가"라고 쓰기 시작했다. 그가 1944년 파리의 교황사절이라는 중요한 자리를 최초로 받게 되기까지 1935년부터 10년 동안 이스탄불 주재 교황사절로 머물게 되었을 때 문제들은 드러나기 시작했다. 그러나 파리에서도 "동일한 사안을 현장에서 이해하는 방식과 로마에서 판단하는 입장의 차이가 나를 매우 손상시켰다. 그것이 나에게는 유일하고 참된 십자가였다."[7] 이러한 불만은 프랑스에 있는 동안은 없었다. 그것은 아마도 그가 마음을 바꿨기 때문이 아니라 교계의 삶의 방식에 익숙해졌기 때문일 것이다. 그는 이러한 맥락에서 1948년 다음과 같은 글을 썼다. "〔선량한 성직자인 나의 동료들이……〕 비천하고 가난하며 사회적 지위가 낮은 사람들에게 보여준 어떤 종류의 불신이나 무례도…… 나를 고통으로 몰아갔다."[8] 또한 "현인인 체하는 이 세상의 모든 사람들, 바티칸 외교사절을 포함한 간교한 마음을 지닌 모든 사람들은…… 예수와 성자들이 밝혀준 순박함과 은총에 비추어볼 때 이 가난한 사람들을 무시했다."[9]

---

7) 『영혼의 일기』1936년 10월 13-16일 「라니카(벨가모) 성심 수녀원의 별장에서」 -옮긴이.

8) 『영혼의 일기』1948년 11월 23-27일 「연례피정: 베네딕트 수도원에서」-옮긴이.

9) 『영혼의 일기』1948년 11월 23-27일 「연례피정: 베네딕트 수도원에서」-옮긴이.

전쟁기간 중에 유대인단체(한 예로 터키 정부가 나치 점령 유럽 지역에서 도망쳐 온 유대인 어린이 수백 명의 독일 송환을 저지했는데)와 접촉한 터키에서 자신의 활동과 관련하여 자신에 대한 매우 드문 심각한 비난을 제기했다. 그는 모든 "양심의 시험"에도 불구하고 결코 자기비판을 한 적이 없는 사람이기 때문이다. 그는 이렇게 쓰고 있다. "나는 더 많이 공헌하고 더 확고한 노력을 하며 내 본래의 성향을 거부할 수 있지 않았을까, 나는 그렇게 했어야 하지 않았을까? 내가 평온과 평화를 추구했던 것은 하느님의 의지와 합치되는 것으로 생각했던 것이었는데, 어떤 본의 아닌 가면을 쓰고 칼을 뽑았던 것은 아닌지?" 그러나 이때 그는 감정의 폭발을 자기 자신에만 국한시켰다. 러시아와의 전쟁이 일어났을 때 독일 대사 프란츠 폰 파펜(Franz von Papen)이 론칼리에게 접근하여 독일에 대한 교황의 공개적인 지지 발언을 끌어낼 수 있도록 교황청에 영향력을 행사하라고 요청했다. "당신 나라 사람들이 독일이나 폴란드에서 학살하고 있는 수백만 명의 유대인에 관해 내가 무엇을 말할 수 있겠습니까?" 그때는 대학살이 시작된 1941년이었다.

아래 소개한 이야기들은 이러한 형태의 문제들을 간단히 소개하고 있다. 내가 아는 한 지금까지 쓰인 교황 요한의 전기 가운데 어느 것도 로마와의 분쟁에 관해서는 말한 바가 없으므로 그런 이야기들의 신빙성을 부정한다 해도 충분한 설득력을 지닐 수가 없다. 먼저 1944년 파리를 출발하기에 앞서 론칼리가 교황 비오(Pius) 12세를 알현했을 때의 일화가 있다. 비오 12세는 알현을 시작한 지 단 7분 동안 이 신임 사절과 이야기를 나누겠다고 말했다. 그러자 론칼리는 자리를 뜨며 "이런 경우 나머지 6분은 필요 없습니다"라고 말했다. 두 번째 일화는 외국에서 돌아온 젊은 사제가 자신의 경력을 더 높이기 위하여 고위 성직자에게 좋은 인상을 남기려고 바티칸 교황청에서 바쁜

일정을 보낸 유쾌한 이야기다. 교황은 이 사제에게 이렇게 말했다고 한다. "여보게 젊은 사제여, 걱정할 것이 없다오. 예수가 심판의 날에 성소의 일을 당신에게 맡기지 않을 것임을 확신하고 안심해도 좋으니라." 마지막 일화는 이러하다. 교황이 선종하기 수개월 전에 한 인사는 교황에게 호흐후트(Hochhuth)의 희곡 『대리인』(*The Deputy*)[10]을 읽으라고 보낸 이후 이에 반대하여 무엇을 할 수 있느냐고 질문했다. 이때 그는 "반대를 하다니, 당신은 진실에 대해 어떻게 반대할 수가 있는가?"라고 답했다 한다.

말과 행위에 나타난 교황의 신앙

지금까지 활자화되지 않은 일화는 수없이 많다. 그에 관한 문헌 속에서 아직도 많은 일화를 발견할 수 있다. 그 가운데 몇 가지는 묘하게도 바뀌어 있다. (사실이겠지만 "전해지는 말"에 따르면 교황은 처음으로 유대인 사절을 맞았을 때 "나는 당신의 형제 요셉이다"라고 했다 한다. 이 말은 이집트에 있던 요셉이 그의 형제들에게 자신을 알리기 위해 한 것이었다. 론칼리는 교황에 선출된 후 추기경들을 처음 만났을 때 이 말을 한 것으로 알려지고 있다. 이러한 해석이 더 그럴싸하다는 게 걱정이다. 그러나 앞의 말은 실제로 매우 위대한 것임에 비해 뒤의 말은 그렇지가 못하다.) 이러한 모든 일화가 보여주는 완전한 독립심은 현세의 사물로부터 진정 초탈하고 편견과 인습으로부터 절묘하게 자유로워지는 데서 나타난다. 이러한 자유로움은 볼테르적인 위트나 사

---

10) 아렌트와 호흐후트의 대담은 1964년 콜롬비아방송국 Creative Arts TV에서 진행되었다. 아렌트는 「대리인-침묵으로 인한 범죄(The Deputy-Guilt by Silence)」에서 이 문제를 다루고 있다-옮긴이.

물의 의미를 역전시킬 때의 놀라운 민첩성에서 드러난다. 이를테면 이런 일이 있었다. 교황은 일과가 되다시피 한 산책을 하다가 바티칸 궁의 정원이 모두 폐쇄되어 있는 것을 보고 그 까닭을 묻자 일반인의 시선에 띄지 않아야 될 지위에 있는 분이기 때문이라는 답을 들었다. 이때 교황은 "왜 사람들이 나를 봐서는 안 될까요? 내 행동에 잘못이라도 있었나요?"라고 물었다. 프랑스 말로는 에스프리(*esprit*)라고 불러야 할, 위트가 풍부한 그의 정신은 또 다른 활자화되지 않은 일화에 의해 확증된다. 그가 프랑스 주재 교황청 대사 사절이었을 당시에 어떤 외교단의 만찬회에서 한 신사가 그를 당황스럽게 하려고 한 장의 나체 사진을 탁자 주위로 돌렸다. 론칼리는 그 사진을 보고서 N씨에게 돌려주며 "N부인 같군요"라고 말했다.

그는 젊은 시절 이야기하는 것을 대단히 좋아했고, 부엌에 머물며 사물에 대하여 논하기를 좋아했다. 그는 또한 "솔로몬과 같은 판결을 선언하는 자신의 천성적 성향"을 책망하고, "여러 가지 상황─신문, 주교, 당시의 주제들과 연관된 문제들에 참견하고 부당하게 공격받아서 감히 대적하기 적합하다고 생각되는 문제들을 변호하여 논쟁에 끼어드는 상황─에서 어떻게 처신할 것인가에 대해…… 극히 평범한 사람들에게 말하는 천성적인 성향"을 책망했다. 그는 이러한 자질을 억제하는 데 성공했든 못 했든 결코 이러한 자질을 상실하지 않았다. 그리고 그가 오랜 '금욕'과 '굴종'의 생활(그는 영혼의 성화를 위해서는 절대적으로 필요하다고 생각했다)을 마친 후 갑자기 가톨릭 위계질서의 유일한 위치, 어떤 상위자의 소리도 "하느님의 의지"라는 이름으로 그에게 말할 수 없는 자리에 이르렀을 때 그의 이러한 성격은 꽃피게 되었다. 그는 "추기경 회의의 소리를 통하여 전해준 주님의 의지에 순수하게 복종하여 이 직책을 수락했다"는 것을 알았고, 이를 『영혼의 일기』에 기록하고 있다. 즉 그는 추기경들이 자신을 선출했다고는 결코 생각하지 않고 오히려 "주님이 나를 선택하셨다"라고 항상 생각했다. 그는 자신이 아주 우연한 방식으로 교황에 선출되었다는 사실을 알고 이러한 확고한 신념을 가졌음이 틀림없다. 그는 이러한 확신이 인간적으로 말하자면 온갖 종류의 오해라는 것을 알았다. 따라서 그는 어떤 독단적인 일반화를 결코 언급하지 않고 분명히 자신을 지적하면서 "그리스도는 대리인인 교황 자신에게 무엇을 원하고 있는지 알고 계신다"라고 쓸 수 있었다. 『영혼의 일기』의 편집자이며 교황 요한의 비서였던 로리스 카포빌라(Loris Capovilla)는 서문에서 많은 사람들을 당황케 하고 다수의 사람들을 곤혹스럽게 만드는 다음과 같은 글을 쓰고 있다. 즉 "그분은 당혹스러울 정도로 분명히 하느님 앞에서는 습관적으로 겸손하고 사람들 앞에서는 자신의 가치를 분명히 의식하신다." 그러나 그는 자신을 절대적으로 확신하고 다른 사람들의 조언을 구하려 하지 않았다 할지라도 자신이 행하고 있었던 것의 최종적인 결과나 미래를 알고 있는 체하는 잘못을 범하지 않았다. 그는 언제나 "하루하루"를 사는 데 만족했고 들판의 백합처럼 "한 시간 한 시간"에 만족했으며, 그의 새로운 지위를 위해 "행위의 기본 원칙"——"미래에 대해 관심을 갖지 않을 것", "미래를 위한 인간적 준비"를 하지 않을 것, "미래에 대해 대담하게 또는 우연히 남에게 이야기하지 않을 것"——을 세웠다. 교황은 신학이론이나 정치이론의 이념이 아니라 신앙심에 따라 "자신이 누군가에게 도움이 될지 모른다는 희망에서 어쨌든 악과 결탁하는 것"에 대해 경계하였다.

교황은 근심과 걱정으로부터 완전히 벗어남으로써 자기 방식의 겸손을 유지했다. 그는 지적으로나 감정적으로 전혀 주저하지 않은 채 "그대 뜻대로 될지어다"라고 말할 수 있었기 때문에 자유로울 수 있었다. 우리에게는 평범하게 보이지만 교황에게는 결코 평범하지 않은 경건한 언어의 층 밑에서 자신의 삶을 조화시켜 주는 이 소박한 기본 감정을『영혼의 일기』속에서 찾아내기란 쉬운 일이 아니다. 우리는『영혼의 일기』에서 이 기본 감정으로부터 연유되는 그의 즐거운 듯한 위트를 기대할 수 없다. 그는 교황직이라는 장엄한 책임을 맡던 첫날 대단히 걱정했으며, 어느 날에는 심지어 밤에 잠을 이룰 수 없어서 "조반니, 그렇게 걱정할 것이 없단다"라고 새벽까지 스스로 타이른 다음에야 비로소 잠들 수 있었다고 친구들에게 말했다. 이때 그는 겸손을 제외하고는 다른 무엇을 역설할 수 있었겠는가?

그는 죄수, '불신자', 정원에서 일하는 노동자, 부엌에서 일하는 수녀, 케네디 대통령의 부인, 흐루쇼프의 딸과 사위 등 모든 사람과 똑같이 친근하게 지냈다. 그러나 어느 누구도 그가 겸손하기 때문에 이런 모든 사람과 쉽게 어울릴 수 있다는 것을 믿지 않으려고 했다. 오히려 그는 엄청난 자기 확신 때문에 지위가 높든 낮든 모든 인간을 똑같이 취급할 수 있었다. 그는 이러한 평등을 확립할 필요가 있다고 느낄 정도로 상당한 경지에 도달했다. 감옥에 있는 강도나 살인자들도 "아들과 형제"라고 불렀던 그는 이것이 빈말이 아님을 확신시키기 위해서 자신이 어렸을 때 어떻게 해서 들키지 않고 사과를 훔쳤으며, 자신의 형제들 가운데 하나가 면허도 없이 해서는 안 될 사냥을 했는가를 그들에게 들려주었다. 그는 "선도할 수 없는 범죄자들이 유폐되어 있는 독방"으로 인도되었을 때 "가장 위엄 있는 목소리로 '문을 여시오, 그들을 내게서 멀리하지 마세요. 그들 모두 우리 주님의 아들입니다'"라고 말했다. 물론 이러한 행위 모두가 오랫동안에 걸쳐 확고하게 수립된 기독교의 교의를 훨씬 넘어서는 것은 아니다. 그러나 그것은 오랜 세월 동안 교의로 남아 있었을 뿐이어서 "노동자들의 위대한 교황"이었던 레오 13세의 회칙(回勅)에서마저 바티칸 교황청이 그들 고용자들에게 최소한의 임금을 지불하는 것도 금하고 있는 실정이었다. 어떤 사람과도 대화를 나누는 신임 교황의 파격적인 습관은 곧 다음과 같은 이야깃거리에 말려드는 계기가 된다. 알덴 해치(Alden Hatch)에 따르면 교황이 종업원 한 사람에게 "요즘 어떠세요?"라고 묻자 그 사람은 "예하(猊下), 아주 나쁩니다"라고 답하고 자신의 수입과 부양가족의 수를 교황에게 알렸다. 그러자 교황은 "우리는 이 문제에 대해 무언가를 해야겠군요. 지금 당신과 나 사이에서 나는 예하가 아니고 교황입니다"라고 말했다. 교황은 다음과 같은 의도로 말했다. "호칭을 잊어버리시오. 여기서 나는 고용주이며 상황을 바꿀 수 있답니다." 교황은 이후 자선사업비를 삭감해야만 이 비용을 충당할 수 있다는 말을 듣자 놀라지 않은 채 다음과 같이 말했다. "그렇다면 우리는 자선사업비를 삭감할 수밖에 없습니다. 정의는 자선에 앞서는 것이기……때문입니다." 이러한 이야기들은 교황의 일상적인 언어마저 신비와 경외에 차 있어야 한다는 통상적인 관념을 거부하는 것이기 때문에 우리를 매우 즐겁게 해준다. 교황 요한에 의하면 그러한 통상적인 관념은 "예수가 보여준 모범"에 명백하게 모순되는 것이다. 그래서 러시아 공산주의 대표자들과의 힘든 회견에서 예수의 "모범"에 따라 다음과 같이 이야기했다는 것을 들을 때 우리의 마음은 진실로 따뜻해진다. "여러분들의 허락을 얻어서 여기 조그만 축복의 자리에 참석하게 되었습니다. 조그마한 축복은 결국 위험을 동반하지 않습니다. 주어진 대로 받으십시오."[11]

이러한 신앙의 순수성은 결코 의혹에 의해 혼란을 일으키거나 경험에 의해 흔들리거나 광신적 신앙—비록 죄가 없지만 위험스러운 것—에 의해 왜곡되는 것이 아니라 실제의 행위와 살아 있는 말 속에서 빛나는 것이다. 그러나 그것은 인쇄된 책갈피 속에서 단조롭고

---

11) 이러한 이야기를 확인하기 위해서는 해치의 책을 참조할 것.

불완전한 죽은 활자가 되어버린다. 『영혼의 일기』에 붙어 있는 몇몇 편지도 똑같은 성질의 것인데 유일한 예외는 "'론칼리 집안에 대한' 신앙 유서"다. 그는 이 유서에서 자신의 형제들, 조카들, 그리고 손자들에게 왜 관례와 다르게 칭호를 부여하지 않았는지, 가난한 사람인 자신이 "빈자들을 때때로 원조했지만" 종전과 같이 현재는 "존경받고 만족할 만한 재산으로" 왜 그들을 구해내지 않았는지 설명하고, 또 왜 자신이나 친척 그리고 친구를 위해서 아무것도─지위나 돈이나 호의 등─구하려 하지 않았는지 설명하고 있다. 왜냐하면 "가난하게 태어나서…… 사제와 주교로서 생활하는 동안 별로 얻은 것은 없지만…… 내 수중에 있는 모든 것을 나누어 주고 가난하게 죽는 것이 나의 특별한 행복이기" 때문이다. 이 글 속에는 약간의 변명 같은 느낌이 들어 있는데, 그것은 그가 가족의 빈곤이 생각보다는 그렇게 "만족할 만한" 것이 못 된다는 것을 알고 있었기 때문인 듯하다. 그는 이미 훨씬 전부터 그들을 괴롭혀 온 끊임없는 "근심과 고통이 좋은 목적에 쓰이기보다는 오히려 그들을 해칠 뿐이다"라고 기록했다. 이 말은 그가 최소한 어떤 종류의 체험을 불필요한 것이라고 느끼고 있는가를 짐작케 할 수 있는 몇 가지 예들 가운데 하나다. 마찬가지로 사람들은 이 가난한 소년의 유별난 자존심에 대해서도 쉽사리 추측할 수 있다. 그는 일생을 통해서 누구의 은혜도 구하지 않았음을 강조하며 또한 자신이 받은 모든 것("나보다 가난한 자가 누구인가? 나는 신학교의 학생이 된 이래 자비로 나에게 주어진 것 이외에 어떤 옷을 몸에 걸친 적이 한 번도 없다")을 신으로부터 부여받은 것이라는 생각에서 위안을 찾았다. 그에게서 빈곤이란 천직의 명백한 증거가 되었다. "나는 그리스도와 같은 가족에 속해 있다─그 이상 무엇을 바랄 것인가?"

현대의 지식인 세대는 무신론자─곧 인간이 알 수 없는 것을 알려고 하는 바보—가 아닌 한 키르케고르, 도스토옙스키, 니체 그리고 실존주의 진영 내외에 있는 무수한 추종자들로부터 종교와 신학상의 문제들이 '흥미롭다'는 것을 배워왔다. 그들은 분명 그처럼 어린 나이에 "물질적 빈곤"뿐만 아니라 "정신적 빈곤"에 대해서도 "충성심을 서약했던" 사람을 이해하기란 어려운 것이다. 어쨌든 교황 요한 23세는 흥미로운 존재도 아니었고 화려한 존재도 아니었다. 이 말은 그가 평범한 학생이었고, 만년에도 어떤 뚜렷한 지적이며 학자적인 관심을 보이지 않았다는 사실과는 별 관계가 없는 얘기다. (그는 신문을 좋아했지만 그 외의 저작물은 거의 읽지 않았다.) 한 어린 소년이 스스로 알료샤처럼 자기 자신에게 이렇게 말했다 하자. "'만약 그대가 완전하게 되려면 그대의 소유물을 팔아서 가난한 자에게 베풀라. 그리고 나를 따르라'라고 씌어 있듯이 자신의 소유물 대신 다만 2루블을 내고 '나를 따르라'"는 것 대신 이른 아침 미사에 나가는 것이 어떤가. 그리고 이미 성장한 사람이 "완전하게" 되려는 소년기의 야심에 집착해서 "나는 얼마만큼 진보했는가?"를 자문하는 것으로 일과를 삼고서 자신이 어느 정도 진보했는지 세심하게 조심하면서 기록한다—이 과정에서 자신을 매우 부드럽게 다루면서 많은 것을 약속하지 않으려고 애쓰며 자신의 실패를 "한 번에 하나로" 삼고 결코 절망에 빠지지 않는다—고 하자. 그러나 그 결과는 특별히 '흥미로울' 것이 못 된다. 완전의 경지에 도달하기 위한 시간표가 이야기의 대체물—"유혹과 태만"이 결코 없고 "대죄든 경미한 죄든" 아무것도 없다면 이야기할 게 무엇인가?—이 되지 않는다. 따라서 『영혼의 일기』 속에 보이는 지적 발전의 몇 가지 예는 저자가 생애 최후의 몇 개월간 사후 출간을 위해 읽고 또 읽었으며 대비했던 저자에 의해 기묘하게도 지적되지 않았다. 그는 개신교도들을 "교회 밖에 있는 가난하고 불행한 사람들"이라고 보지 않고 "세례를 받았든

받지 않았든 모든 사람은 예수에 귀속할 권리는 지닌다"는 확신에 이르렀을 때 아무런 말도 하지 않았다. 그는 또한 "교회의 규칙과 명령, 법규를 마음속 깊이 사랑하고 있다"고 느꼈으며 해치가 말한 바대로 "미사의 전례를 1천 년 만에 처음으로 개정해야만 했는데, 그때 열린 가톨릭 공의회가 "진실의 새로운 예수 공현 축일"이 될 것이라고 확신하면서 일반적으로는 "모든 문제를 개선하고 개혁하며 증진시키는 운동에 그의 모든 노력"을 집중해야만 했다.

"마음의 가난함"은 분명 "불안과 쓸모없는 곤혹감"으로부터 그를 지켜주었고, 그에게 "대담한 단순성의 힘"을 부여했다. 그것은 또한 온건하고 유순한 인물이 선출되기를 바랐던 때에 어떻게 해서 가장 대담한 인물이 선출될 수 있었던가라는 의문에 대한 해답을 주기도 한다. 그는 토마스 아 켐피스(Thomas à Kempis)[12]가 『그리스도를 본받아』(*The Imitation of Christ*)에서 권고한 "알려지지 않고 주목받지 않는 것"[13]이라는 소망을 이루었다. 교황 요한 23세는 이 책을 애독서 가운데 하나로 삼았고 이 말을 일찍이 1903년부터 '좌우명'으로 삼았다. 아마도 많은 사람들은 그를 ─ 결국 그는 지식인의 세계 속에서 살았지만 ─ 약간 우둔하면서 단순하지도 않지만 단순한 마음을 지닌 인물이라고 평가했을 것이다. 수십 년 동안 그가 "인종(忍從)

---

12) 독일 태생으로 라인 캠펜에서 1380년에 태어나 일생을 아그네텐베르크 수도원에서 보냈고 1413년 사제의 서품을 받았으며 1471년에 사망했다. 『그리스도를 본받아』는 1420-27년 사이에 집필했다. 국내 번역본으로 윤을수 옮김, 『그리스도를 본받아』, 가톨릭출판사, 2013을 참조할 것-옮긴이.

13) 제1권 제2장 「자신에 대해 겸손하게 생각함」에 포함된 내용으로 완결된 문장은 다음과 같다. "당신이 도움이 되게 어떤 것을 알고 배우고자 한다면 네 자신이 알려지지 않고 주목받지 않는 것을 사랑하라. 사람이 진정 알고 자신을 낮게 평가할 때 그것은 가장 높고 도움이 되는 교훈이다. 자신을 가벼이 여기고 다른 사람들을 항상 친절하고 높게 생각하는 것, 이것은 위대하고 완벽한 지혜다."-옮긴이.

에 반항할 어떤 유혹도 결코 느껴보지 못했던 것 같다"고 말했던 사람들은 이 인물의 커다란 자부심과 자신감을 이해할 수는 없을 것이다. 그가 복종하는 것은 상급자의 의지에 대한 것이 아니고 하느님의 의지이며, 그는 이때 한순간이나마 자신의 판단을 포기하지 않고 있었다. 그의 신념은 "주님의 뜻대로 될지어다"이며, 그가 스스로 말한 바도 있지만 그것은 진정 "복음서의 정신에 완전히 합치되는 성질의 것"이며, 또한 "보편적 존경을 요구하고 획득하는 것이자 많은 사람들을 교화시키는 것"이었다. 그는 임종 자리에서도 같은 신념에 따라 가장 숭고한 말을 남겼다. "매일이 태어나기 좋은 날이며 매일이 죽기에 좋은 날이다."14)

---

14) "*Ogni giorno é buono per nascere; ogni giorno é buono per morire.*" 교황 요한 23세의 『설교, 교훈, 대담』(*Discorsi, Messagi, Colloqui*) 제5권(Rome, 1964), p.310 참조.

제4장 카를 야스퍼스: 찬사[1]

평화상 수상과 찬사

우리는 독일 출판서적상협회 평화상 시상식에 즈음하여 이 자리에 모였습니다. 독일연방공화국 대통령이 사용했던 표현을 상기해 보면, 이 평화상은 "탁월한 저작물"뿐만 아니라 "적극적으로 행동하며 감내하는 삶을 살아온" 사람에게 수여되는 것입니다. 따라서 평화상은 한 개인에게 수여되기도 하지만, 역사를 통해 항상 모험적인 불확실한 과정을 내딛는 데 헌신하는 사람으로부터 아직 분리되지 않은

---

1) 독일 출판서적상협회(German Book Trade)가 카를 야스퍼스에게 평화상(Peace Prize)을 수여했던 1958년 아렌트가 행한 연설문으로, 피페르 출판사가 원래 독일어로 출판했다. 1968년 저서에서는 클라라와 리처드 윈스턴이 영어로 공역한 것을 수록했다.

1950년 이후 매년 프랑크푸르트서적박람회에서 수여되는 국제평화상이다. 아렌트에게 신학을 가르친 과르디니(Romano Guardini), 그리고 부버(Martin Buber), 틸리히(Paul Tillich), 마르셀(Gabriel Marcel), 그리고 브로흐(Ernst Broch), 요나스(Hans Jonas), 하벨(Václav Havel), 하버마스(Jürgen Habermas) 등이 수상했다-옮긴이.

채 사람들 사이에서 회자되는 작품에 수여되기도 합니다. 이러한 이유 때문에 평화상을 시상할 때는 찬사(*Laudatio*)가 따라야 합니다. 찬사의 과제는 작품보다는 그 저자를 칭송하는 것입니다. 우리는 이러한 일을 어떻게 처리할 것인가를 로마인들로부터 배울 수 있습니다. 그들은 공적 의의를 지닌 문제를 우리보다 훨씬 더 풍부하게 경험했기 때문에 이런 일을 어떻게 말해야 하는가를 우리에게 가르쳐 주고 있습니다. 키케로(Cicero)는 "찬사에서는 다만 관련 개개인(인물)의 위대성과 품위를 고려해야 한다"(*laudationibus… ad personarum dignitatem omnia referrentur*)라고 말했습니다.[2] 바꾸어 말하면 한 사람이 행하거나 창조한 어느 것보다도 그가 더 큰 비중을 차지할 경우 찬사는 그에게 속한 품위와 연관됩니다. 이러한 품위를 인식하고 칭송하는 것은 전문가나 같은 전문직 종사자의 일이 아닙니다. 공중은 공적 시선에 노출되어 왔고 공공영역에서 증명되어 온 사람의 삶을 판단해야 합니다. 상은 이러한 공중이 오래전부터 알아왔던 사실을 확인할 뿐입니다.

따라서 저는 여러분이 모두 알고 있는 것을 이 찬사에서 오로지 표현할 수 있습니다. 많은 사람들이 이미 들었기에 줄곧 은밀하게 개별적으로 알고 있던 사실을 대중 앞에서 밝히는 것은 의미가 더 클 것입니다. 모든 사람이 중요한 것을 듣고 있다는 사실은 바로 그것의 실질적 존재를 확인하는 조명능력을 그것에 부여하게 됩니다. 솔직히 말씀드리자면 저는 야스퍼스(Karl Jaspers 1883-1969)가 명명하듯 이러한 "공공영역으로의 모험"을 주저하고 머뭇거리며 감당하고 있다는 점을 여러분에게 고백하지 않을 수 없습니다. 아마도 여러분 대다수가 느끼듯이 저 역시 같은 입장입니다. 우리는 공공영역에서 조

---

2) *De Oratore* I, p.141.

심스럽고 서투르게 행동하는 현대인입니다. 현대의 편견에 사로잡혀 있는 우리는 인물(person)[3]과 분리되어 있는 '객관적인 작품'만이 공공영역에 속하고 그 작품 배후에 있는 인물이나 그의 삶이란 사적인 문제라고 생각합니다. 우리는 또한 '주관적인' 것들과 연관되는 감정이 공공영역에 노출되는 순간 더 이상 순수하지 않고 감상적인 것으로 바뀐다고 생각합니다. 독일 출판서적상협회는 평화상 시상식에 찬사가 있어야 한다고 결정했을 때 오래전에 확립되어 더 정확한 의미를 지닌 공공영역을 상기시켰습니다. 달리 말하면 전적으로 주관적 상태에 있는 인물은 완전한 결실을 이루기 위해 공중에 모습을 드러내야 합니다. 우리가 이러한 새롭고도 오래된 의미를 수용한다면 우리는 견해를 바꾸어 주관적인 것과 인격적인 것, 객관적인 것과 사실적이거나 비인격적인 것을 동일하게 취급하는 습관을 포기해야 합니다. 이러한 등식화는 과학 분야에서 유래했으며 이 분야에서 의미를 지니지만, 정치에서는 분명 무의미합니다. 사람들은 정치영역에서 대체로 행위하고 말하는 인물로 등장합니다. 따라서 이 영역에서 인격(personality, *das Persönliche*)은 결코 사적인 일이 아닙니다. 그러나 이러한 등식화는 또한 학문적 삶의 영역을 포함하면서도 현저하게 넘어서는 공적인 지적 삶에서도 그 정당성을 상실합니다.

우리는 여기에서 타당하게 논의하기 위해서 주관성과 객관성을 구별하는 게 아니라 개인과 인물(*das Personhafte*)을 구별하는 법을 배워야만 합니다. 개별 주체가 객관적 작품을 세상에 공개하고 그에 대한 평가를 공중에 맡기는 것은 사실입니다. 주관적 요소, 이를테면 작품

---

3) 아렌트는 여기에서 'person'이란 낱말을 사용한다. 인물(人物)은 '일정한 상황에서 어떤 역할을 담당하는 사람' '뛰어난 사람' '생김새나 됨됨이로 본 사람' '뛰어난 인물'을 지칭하며, 또한 '됨됨이' '사람됨' '생김새' 등을 의미한다. 이후에도 나타나듯이 아렌트는 개인과 인물을 구분하고 있다-옮긴이.

으로 이어지는 창작과정은 공중과는 아무런 관계가 없습니다. 그러나 이 작품이 학문적일 뿐만 아니라 "적극적으로 행동하며 감내하는 삶"의 결실이라면 생생한 행위와 말은 작품에 나타납니다. 인간 자신은 행위와 말의 소유자입니다. 여기에서 나타나는 것은 그것을 드러낸 사람 자신에게는 알려지지 않습니다. 그는 출판을 준비하는 작품을 통제할 수 있듯이 생생한 행위와 말을 통제할 수는 없습니다. (자신의 인격을 작품 속에 포함시키고자 의식적으로 노력하는 사람은 항상 연기를 하고 있습니다. 그는 이 과정에서 출판이 자신과 다른 사람에게 지니는 참된 기회를 잃어버립니다.) 인격적 요소는 주체의 통제 영역 밖에 있으며, 한낱 주관성과는 정반대되는 것입니다. 그러나 이 주관성 자체는 '객관적으로' 파악하기 훨씬 쉬우며, 주체의 의도에 따라 훨씬 더 완전히 좌우됩니다. (이를테면 자기통제란 우리가 좋아하는 대로 사용하기 위해 우리 내면에 있는 이러한 순수한 주관적 요소를 장악할 수 있다는 것을 의미합니다.)

후마니타스와 공공영역

인격은 전혀 별개의 문제입니다. 인격은 파악하기 매우 어려우며, 아마도 그리스어의 다이몬(*daimon*)과 가장 비슷할 것입니다. 다이몬은 일생을 통해서 모든 사람을 따라다니는 수호자 정신이지만 언제나 그들의 어깨 너머로 주시할 뿐이어서 한 사람이 만나게 되는 모든 사람은 그 자신보다 훨씬 더 용이하게 그의 수호자 정신을 인식하게 됩니다. 악마적인 것을 지니지 않은 이 다이몬, 그리고 한 인간에 내재된 이 인격적 요소는 공적 공간이 존재할 때 나타납니다. 이러한 주장은 우리가 일상적으로 정치적 삶이라고 생각하는 것 이상으로 확장되는 공공영역의 심오한 의미를 담고 있습니다. 이 공적 공간이 또한 정신영역이며, 로마인들이 말하는 후마니타스(*humanitas*, 인간애)는 그것에 명백히 존재합니다. 후마니타스란 객관적이지 않은 채 정당한 것이기 때문에 로마인들은 그것을 인간다움의 극치라고 생각했습니다. 칸트와 야스퍼스는 이것을 후마니테트(*Humanität*, 인간성)라고 생각했습니다. 신체와 정신의 다른 모든 재능이 시간의 파괴성에 소멸될 수 있다고 하더라도 일단 획득하면 사람을 결코 떠나지 않는 정당한 인격이 바로 후마니타스입니다. 사람들은 후마니타스를 결코 고독 속에서 획득하는 것도 아니고 작품을 공중에게 제공함으로써 획득하는 것도 아닙니다. 사람들은 자신의 삶과 인격을 "공공영역으로의 모험"에 바침으로써 후마니타스를 획득할 수 있습니다. 이 과정 속에서 사람들은 '주관적이지' 않으며 바로 그 이유 때문에 인식할 수도 통제할 수도 없는 어떤 것을 드러내는 위험을 무릅써야 합니다. 따라서 후마니타스가 획득되는 "공공영역으로의 모험"은 인류의 선물이 됩니다.

저는 야스퍼스와 함께 공공영역에 나타나는 인격적 요소가 후마니타스라고 제안할 때 다음과 같은 의미를 포함시키고 싶습니다. 야스퍼스는 그랬지만 어느 누구도 이 동일한 공공영역에 대한 불신을 극복하도록 우리를 도울 수 없으며, 모든 사람 앞에서 우리가 경애하는 사람을 칭찬하는 것이 얼마나 큰 명예이고 기쁨인가를 느끼도록 우리를 도울 수 없습니다. 야스퍼스는 교양인들이 일반적으로 지니고 있는 편견을 지니지 않았기 때문입니다. 그 편견이란 공적인 것(*das Öffentliche*)의 밝은 빛 때문에 모든 사물이 하찮고 피상적이게 되고, 평범한 것만이 그 빛 속에서는 효과를 발휘하며, 이에 따라 철학자는 그곳과 거리를 두어야 한다는 생각을 의미합니다. 여기서 우리는 다음과 같은 칸트의 입장을 상기해 볼 필요가 있습니다. 한 철학 논문의 난해성이 순수하거나 단순한 "현명함을 가장한 것"인가를 판단하는 기준은 그것이 쉽게 대중화될 수 있는가에 달려 있습니다. 다른 점에서도 마찬가지이지만 이 점에서도 칸트의 유일한 후계자인 야스퍼스는 칸트와 마찬가지로 일반 독자 대중에게 글을 쓰기 위해 학문영역과 그 개념적 언어를 한 번 이상 벗어났습니다. 그는 세 차례에 걸쳐서 ─처음에는 나치 정권 장악 직전에 『현대의 인간』(1933)[4], 이어서 제3제국 붕괴 직후에 『독일의 책임 문제』, 그리고 이번엔 『원자폭탄과 인류의 미래』[5] ─그 시대의 정치문제에 직접적으로 관계를 가졌습니다.[6] 그는 정치문제란 너무나 중대한 것이어서 정치가에게만 맡길 수 없다는 점을 잘 알고 있었기 때문입니다.

공공영역에 대한 야스퍼스의 주장은 독특합니다. 한 철학자가 그 주장을 했고, 그 주장은 철학자로서 그의 모든 활동의 기저를 이루는 확신, 철학과 정치가 모든 사람과 연관된다는 확신에서 비롯되었기 때문입니다. 철학과 정치는 이러한 것을 공유하고 있습니다. 그 이유는 철학과 정치가 공공영역에 속해 있는 이유입니다. 이곳에서 인격

---

4) 독일어 원본은 『현대의 정신적 상황』(*Die geistige Situation der Zeit*, 1931). 바이마르 공화국 말기에 출판된 논쟁적인 정치적 저작이다. 이 책에는 의회민주주의에 대한 신랄한 비판을 담고 있다. 야스퍼스는 이 시기 독일 내 정치질서의 보존을 위해 강력한 리더십에 관한 베버적 개념의 적실성을 강조했다. 그러나 하이데거의 정치에 실망한 이후 그는 국가사회주의를 반대하는 입장을 유지했다─옮긴이.

5) 이것은 후기의 저작이다. 야스퍼스는 자신의 작품을 인간주의적 교의로서 아주 명백히 구조화했다. 게다가 그는 이때부터 인간적 순수성의 사회적·집단적 조건들에 더 큰 의미를 부여했으며, 인간주의적 성찰뿐만 아니라 인간주의 정치 그리고 정치적 실존의 독특한 인간적 전제조건들에 대한 탐구는 그의 후기 저작들에서 핵심이 되었다─옮긴이.

6) 이 강연을 행한 1958년 이후 야스퍼스가 집필한 가장 중요한 정치적 저작은 『독일의 미래』(*The Future of Germany*, 1967)다.

과 자신을 증명하는 능력은 중요합니다. 철학자는 과학자와 달리 자신의 의견에 책임을 져야 하고 책임이 있다는 점에서 정치인과 유사한 위치에 있습니다. 정치인은 자기 민족에게만 책임지는 비교적 유리한 위치에 있습니다. 반면에 야스퍼스는 적어도 1933년 이후 집필한 자신의 모든 저작에서 언제나 모든 인류 앞에서 자신에 대해 책임지고 있는 듯이 글을 써왔습니다.

　야스퍼스의 경우 책임은 짐이 아니며 도덕적 명령과는 아무런 관계가 없습니다. 오히려 책임은 증명을 하고 애매한 것을 명확히 하며 어둠을 밝히는 것을 천성적으로 즐거워하는 데서 자연스럽게 흘러나옵니다. 공공영역에 대한 그의 주장은 궁극적으로 그가 빛과 명확함을 사랑하고 있는 결과일 뿐입니다. 그는 아주 오랫동안 빛을 사랑해 왔기 때문에 그 빛은 그의 인격 전체를 드러나게 합니다. 우리는 위대한 저자의 작품 속에서 그 자신에게만 특유한 은유, 즉 전 작품을 한꺼번에 수렴할 수 있는 일관된 은유를 찾게 됩니다. 야스퍼스의 저작 속에서 그러한 은유는 "조명"입니다. 실존은 이성에 의해서 '조명됩니다.' 한편 우리에게 나타나는 모든 것을 '포괄하는' 정신, 다른 한편 우리를 '포괄하는' 세계, 그리고 "우리를 존재하게 하는 내적 존재(the being-in)"는 "포괄자의 양태들"입니다. 이들은 이성을 통해서 '드러납니다.' 마지막으로 이성 자체, 그리고 이성과 진리의 친화성은 이성의 "확장과 조명"을 통해서 확증됩니다. 빛에도 견디면서 빛의 밝음 속에서 안개로 증발하지 않는 것은 모두 후마니타스를 부분적으로 공유하고 있습니다. 즉 인류 앞에서 모든 사유의 성과에 책임지는 것은 사람들이 사유하는 모든 것과 자기 자신을 검증하는 빛 속에서 살아감을 뜻하는 것입니다.

야스퍼스의 불굴의 정신: 독립성과 인간애

야스퍼스는 1933년 훨씬 이전부터 다른 철학자들과 마찬가지로 유명 인사였지만, 히틀러 시대와 특히 그 후 몇 년 동안만 글자 그대로 완전히 공적 인물이 되었습니다. 사람들이 상상하듯이 야스퍼스는 시대상황 때문에 공적 인물이 된 것만은 아닙니다. 그는 이 때문에 처음에는 어쩔 수 없이 박해받는 사람의 어두운 공간으로 들어갔지만 그다음에는 달라진 시대와 태도의 상징이 되었습니다. 시대상황이 그러한 상징과 어떠한 관계를 지닌다고 하더라도 이 상황은 다만 그가 본래 속해 있던 장소로, 즉 세계 여론의 완전한 빛으로 그를 끌어들였습니다. 그는 처음에는 상당한 고통을 받았고, 그다음에는 그 시련 속에서 자신을 검증하면서 최악의 사태가 찾아왔을 때 '다른 독일'과 같은 무언가를 대변하는 그런 과정을 거치지는 않았습니다. 이런 의미에서는 그는 아무것도 대변하지 않았습니다. 그는 언제나 완전히 홀로 있었으며, 독일 저항운동을 포함한 일체의 집단과 떨어져 있었습니다. 오직 인물의 비중에 의해서 유지되는 이러한 입장의 장엄한 분위기는 정확히 다음과 같습니다. 그는 자신의 존재 이외에 어느 것도 대변하지 않은 채 아직 존재할 수 있는 어떠한 형태의 자비도 전적으로 보이지 않고, 따라서 무기력한 전체적 지배의 어두움 속에서도 모든 합리적인 사람들이 실제로, 글자 그대로 살육되었을 경우에만 이성이 절멸될 수 있다는 확신을 제공할 수 있었습니다.

그가 파국의 와중에서도 의연한 태도를 유지하려고 했다는 것은 분명한 사실이었습니다. 그러나 일체의 모든 것이 그에게는 결코 유혹이 될 수 없었다는 이 사실은 확실하지는 않지만 그의 불굴의 정신에서 연유한 것이었습니다. 이 사실은 그를 알고 있는 사람들에게 저항이나 영웅주의 이상의 의미를 갖습니다. 그것은 논증이 필요 없는 확신이며, 모든 것이 일어날 수 있는 시대에 한 가지 사실도 일어날 수 없다는 확신을 의미하기도 합니다. 당시 야스퍼스는 완전히 홀로 있었지만, 그가 대표하고 있던 것은 독일이 아니라 독일 속에 남아 있던 **후마니타스**였습니다. 마치 불굴의 정신을 지닌 야스퍼스만이 이성이 인간들 사이에서 창조하고 확보하는 공간을 밝힐 수 있는 것처럼 보였으며, 이 공간의 빛과 폭은 다만 한 사람만이 그 속에 남아 있다 할지라도 존속될 수 있는 것처럼 보였습니다. 물론 실제로는 그렇지 않았지만 그럴 가능성은 있었습니다. 야스퍼스가 종종 말한 바와 같이 "개인은 혼자 힘으로 이성적일 수 없습니다." 이런 의미에서 그는 결코 고립되어 있지 않았으며, 그러한 고독을 존중하지도 않았습니다. 그가 보증했던 **후마니타스**는 그의 사상의 근원이 된 영역에서 생겨난 것이었지만, 이 영역은 결코 전인미답의 장소는 아니었습니다. 야스퍼스가 유명하게 된 이유란 그가 이성과 자유의 영역을 알면서도 그곳에서 차마 영구적으로 살 수 없었던 어느 누구보다도 이 영역에서 안락함을 더 많이 누렸으며 이 영역에 대해 훨씬 더 확실하게 정통했다는 점입니다. 그의 존재는 빛 자체를 향한 정열로 지배되었기 때문에 그 숨겨진 빛의 근원에서 어둠을 비추는 빛과 같은 존재일 수가 있었습니다.

한 인간이 불굴의 정신을 유지하고 유혹받지 않으며 영향받지 않았다는 사실은 매우 매력적인 것입니다. 이런 사실을 심리적이거나 전기적인 입장에서 설명하려면 우리는 야스퍼스가 성장한 가정을 생각해야만 할 것입니다. 그의 부모는 독일에서도 보기 드문 독립심과 고매하고 강한 정신력을 지닌 프리슬란드(Frisian) 농부 핏줄과 가깝게 연결되어 있었습니다. 자유란 독립성 이상의 의미를 가지고 있습니다. 야스퍼스가 합리적인 자유의식을 독립성에서 발전시키는 것은 과제로 남아 있습니다. 인간은 이러한 의식에서 자신을 자신에게 주어진 것으로 체험합니다. 그러나 가장 자연스러운 것—그가 표현하듯이 약간은 쾌활한 발랄함(Übermut)—은 아마도 그의 타고난 자기 확신에 기인하는 것 같으며, 아니면 어쨌든 그러한 확신에서 생겼습니다. 물론 그는 이러한 발랄함과 더불어 공적인 삶의 흐름에 자신을 드러내는 것을 좋아했으며, 동시에 모호한 것같이 보이는 모든 추세나 의견과 거리를 두었습니다. 야스퍼스는 다음과 같은 점을 확신하기 위해 단지 자신의 인격적인 근원으로 복귀했다가 다시 인류 전체로 나아가려고 상상하기만 하면 되었습니다. 즉 그는 자신이 고립 속에서도 사적 의견을 제시하지 않고 상이하면서도 아직 드러나지 않은 공적 의견—칸트의 표현대로 "언젠가 분명히 커다란 고속도로로 확장될 작은 도로"—을 대변한다는 점을 확신했습니다.

이와 같은 판단의 무오류적인 확실성과 정신의 탁월성 속에는 위험성이 있을 수 있습니다. 유혹되지 않는다는 것은 무경험으로 이어질 수 있으며, 달리 표현하여 주어진 시대가 제시하는 실재에 대한 경험의 부족으로 이어질 수 있습니다. 야스퍼스가 항상 편안함을 느꼈던 당당한 독립성, 즉 사람들이 말하고 생각하는 것에 대한 유쾌한 초연함보다 우리 시대의 경험에서 더 기대할 수 있는 게 무엇이겠습니까? 이러한 정신은 인습에 대한 저항 속에 존재하는 것이 아닙니다. 인습은 언제나 있는 그대로 인정되지 않으며, 결코 행동의 기준으로 진지하게 인정되지 않기 때문입니다. 이러한 독립성, 인간에 대한 은밀한 신뢰, 인류의 인간애 밑바탕에 깊이 깔려 있는 신뢰보다 사로트(Nathalie Sarraute)[7]의 표현대로 우리의 의혹 시대(*ère de*

---

7) 사로트(1900-99)는 러시아 이바노프에서 태어나 1909년 파리로 이주해 살았으며, 법, 역사, 사회학을 공부한 러시아계 유대인 여성이다. 그는 1948년 『미지인의 초상』(*Portrait of a Man Unknown*)이라는 소설을 출간하면서 작가활동에 헌신했다. 그는 아렌트의 지적 삶에서 간접적으로 영향을 주었다. 이에 관한 내

soupçon)로부터 멀리 벗어날 수 있는 것이 무엇이겠습니까?

공공영역으로의 모험

　우리는 지금까지 주관적·심리적 문제에 대해 논의해 왔습니다. 히틀러가 집권했을 무렵 야스퍼스는 50세였습니다. 이때 대다수 사람들은 자신들의 체험을 오랫동안 확대하지 않았으며, 특히 지식인들은 자신들의 의견에 지나치게 집착하는 경향이 있어서 모든 실제적 사건 속에서 다만 이러한 의견의 보강 증거를 이해할 뿐입니다. 야스퍼스가 이 시대의 결정적인 사건(그가 다른 사람보다 앞서 예견했던 것도 아니며 다른 많은 사람보다 더 충분하게 마음을 정리했던 것도 아니지만)에 대해서 반발했던 것은 그가 자신의 철학에 안주하기 위한 것도 아니며, 세계를 무시하려는 것도 아니었고, 우울감에 빠져서 그런 것도 아니었습니다. 3부작 『철학』(*Philosophy*)[8]을 완성한 1933년 이

　용은 영-브륄의 『한나 아렌트 전기』에 간단하게 다음과 같이 언급되고 있다. "그는 『인간의 조건』에서 전통적 입장을 상정하지 않으며 관조적 삶의 관점에서 집필하지 않고 활동적 삶에 대해 기술하려고 노력했다. 그는 『정신의 삶』 어디선가 관조적 삶에 대해 기술해야만 했다. 그러나 어디에? 아렌트는 프랑스 소설가인 사로트의 가우스 강의를 듣기 위해 하드위크와 함께 참석했을 때인 1972년 4월 프린스턴대학에서 그 주제에 대한 생각을 간접적으로 갖게 되었다. 매카시(Mary McCarthy)의 절친한 친구인 사로트는 매카시의 작품에서 자신이 발견한 것과 같은 엄격한 정직성 때문에 아렌트가 존경했던 작가였다. 아렌트는 1964년 사로트의 『황금열매』(*The Golden Fruits*)에 관한 서평에서 『카라마조프 형제들』의 조시마 알료사에게 한 조언, 즉 "주여, 저는 영구적 삶을 얻기 위해 무엇을 해야 합니까? 무엇보다도 자신에게 거짓말하지 말라"를 인용했다. 영-브륄, 홍원표 옮김, 『한나 아렌트 전기: 세계사랑을 위하여』, 인간사랑, 2007, 725쪽을 참조할 것-옮긴이.

8) 1932년 출간된 3부작은 『철학적 세계정향』(*Philosophical World Orientation*), 『실존

후, 그리고 다시 『진리에 대해서』(*On Truth*)[9]를 완성한 1945년 이후 그는 이른바 새로운 풍요 시대를 언급했습니다. 불행하게도 이 풍요 시대라는 문구는 위대한 재능을 지닌 인간에게 가끔 일어나는 생명력의 재생을 뜻하는 것입니다. 그러나 야스퍼스와 관련하여 중요한 것은 그가 변치 않기 때문에 자기 자신을 재생시킨다는 사실입니다. 이것은 여전히 세계와 관련되며, 변치 않는 예리함과 관심능력으로 현재의 사건들을 이해하는 것과 연계됩니다.

『위대한 철학자들』(*The Great Philosophers*)[10]은 『원자폭탄과 인류의 미래』와 마찬가지로 아주 최근 우리의 경험영역에 위치해 있습니다. 먼 과거로 연결되는 바로 이 시대는 당연한 응보의 문제를 깨끗이 없애버리는 뜻밖의 행운과 같습니다. 야스퍼스는 이와 같은 행운 덕분

의 해명』(*The Illumination of Existence*), 그리고 『형이상학』(*Metaphysics*)이다. 이 책들은 각기 특징적인 존재 방식을 기술하고 있다. 정향, 실존, 형이상학적 초월은 인간적 삶의 세 가지 본질적인 실존 양태다. 이 책은 또한 존재 방식과 연계되는 세 가지 특이한 인식 방식을 기술하고 있다. 정향은 객관적으로 검증 가능한 지식에 의해서 인지적으로 결정되며, 실존은 주관적/실존적 자기성찰에 의해 결정되고, 초월은 형이상학적 내용의 상징적 해석에 의해 결정된다. 이 책은 인간적 실존과 지식이 하나의 존재 수준과 인식 수준에서 다른 수준으로 어떻게 필연적으로 진보하는가를 제시하는 데 역점을 두고 있다. 자세한 내용은 Karl Jaspers(Stanford Encyclopedia of Philosophy)를 참조할 것-옮긴이.

9) 야스퍼스는 헤겔 현상학에서 유래하는 인지적 모델을 지속적으로 부각시키고 있으며, 사유와 존재의 형이상적인 단계적 변화를 결정하는 포괄자(emcompassing, das Umgreifende) 개념을 제안하고 있다. 자세한 내용은 Karl Jaspers(Stanford Encyclopedia of Philosophy)를 참조할 것-옮긴이.

10) 이 저서에서는 인류 역사의 가장 영향력 있는 네 사람, 즉 소크라테스, 석가, 공자, 예수는 오늘날에도 거의 피할 수 없을 정도로 역사에 그림자를 드리웠다. 그들은 누구이며, 그들의 사상은 무엇이고, 그들의 영향은 무엇인가? 이러한 문제들은 20세기 철학자인 야스퍼스가 그의 방대한 책, 『위대한 철학자들』의 간단한 발췌본에서 탐구하고 있는 주제들 가운데 일부다. 아렌트는 영어판을 출간했다-옮긴이.

에 자신의 생애 중에 세계로부터 고립되어 있으면서도 고독에 빠지지 않을 수 있었습니다. 이 행운은 그의 청년기 이래 옆을 지켜준 한 여인과의 결혼에 의한 것이었습니다. 만약 이 두 사람이 자신들을 묶어준 끈이 자신들을 하나로 보이게 한다는 환상에 빠지지 않았다면 그들은 서로 새로운 세계를 만들어낼 수 있을 것입니다. 야스퍼스의 경우 이 결혼은 분명 단순하게 사사로운 일은 아니었습니다. 결혼은 다른 뿌리를 가진 두 사람(야스퍼스의 부인은 유대인임)이 그들만의 세계를 창조할 수 있었음을 입증했습니다. 그는 이 축소된 세계를 통해 무엇이 모든 인간사의 영역에 중요한 것인가를 하나의 모델로서 배우게 되었습니다. 그는 이 조그만 세계 속에서 자신의 탁월한 대화능력, 놀라울 정도로 정확한 청취능력, 자신을 솔직하게 표현하려는 일상적인 준비, 토의 중인 문제에 집착하는 인내력, 침묵 속으로 사라져버릴 것을 대화영역으로 되돌려 놓고서 그것을 가치 있는 것으로 바꾸어 놓는 능력 등을 드러내면서 실천했습니다. 그는 이처럼 말하고 듣는 가운데서 변화시키고 넓히고 빈틈없게 하는 데, 또는 그가 즐겨 쓰는 말로 표현한다면 조명하는 데 성공했습니다.

야스퍼스는 사려 깊게 말하고 들음으로써 영원히 새롭게 조명되는 이 공간 속에서 편안했습니다. 이곳은 그의 정신의 거처였습니다. 그의 철학이 가르치고 있는 사유의 길이란 본래적 의미의 길, 즉 미개의 황야를 키워준 좁은 길이듯이 이 공간은 글자 그대로의 공간이기 때문입니다. 야스퍼스의 사유가 공간적이라는 것은 그것이 언제나 공간 속에 있는 세계와 인간에 속박되어 있기 때문은 아닙니다. 사실은 그 반대입니다. 그의 마음속 깊이 내재된 목적은 인간이 지닌 후마니타스가 순수하고 뚜렷하게 나타날 수 있는 "공간을 창조하는" 것이기 때문입니다. 이런 유의 사유방식은 언제나 "다른 사람의 생각과 밀접하게 관련되어" 있는 것이어서 아무리 정치적인 것을 다루지 않는다 해도 정치적인 것이 되게 마련입니다. 그것은 특히 정치적 사유 방식인 칸트의 "확장된 사유방식"을 강화하고 있기 때문입니다.

야스퍼스는 자신이 편안하게 느꼈던 후마니타스의 공간을 탐구하기 위해서 위대한 철학자들을 필요로 했습니다. 그는 이 철학자들과 함께 '정신영역'을 확립함으로써 이들의 도움에 대해 훌륭하게 보상했습니다. 그들은 이 정신영역 속에서 다시 한 번 말하는 사람 — 어둠의 영역에서 말하는 — 으로 나타나지만, 시간적 제한에서 벗어나고 있기 때문에 정신행위에서 영원한 동반자가 될 수 있습니다. 저는 여기에서 그 정신영역을 확립하는 데 필요한 사유의 독립성, 즉 자유의 어떤 개념을 여러분에게 부여했으면 합니다. 한 철학자가 다음 철학자에게 진리를 넘겨주는 형식의 연속성 또는 일관된 지속성이 나타나는 전통에 의해서 성역화된 시간적 질서를 포기하는 것은 무엇보다도 필요하기 때문입니다. 이러한 전통은 우리에게서 그 내용의 유효성을 얼마 전에 상실했습니다. 그러나 진리를 건네주는 시간적 형식, 어떤 것이 다른 것으로 이어지는 시간적 형식은 우리에게 어쩔 수 없는 것 같습니다. 따라서 아리아드네(Ariadne)의 실타래[11]가 없다면 우리는 마치 과거 속에서 무기력하게 방황하면서 전적으로 방향감을 상실한 듯한 기분을 느낄 것입니다. 야스퍼스는 이러한 난관 속에서 현대인이 자신에게 중대한 과거와 전반적인 관계를 유지한 채 시간의 계기를 공간적 대체 개념으로 전환시켰습니다. 그 결과 멀

---

11) 크레타의 공주인 아리아드네는 테세우스에게 반하여 실타래를 주었다. 미노스 왕의 명령으로 만든 미궁은 인간을 먹는 미노타우르스가 살고 있는 곳이며, 이곳에 들어간 사람은 어느 누구도 살아나올 수 없었다. 제물이 된 테세우스는 미궁의 문설주에 실타래를 묶고 이를 풀어서 들어온 길을 다시 찾아 나올 수 있도록 표시를 해두었으며, 미노타우르스를 죽이고 선남선녀들을 구하여 실이 놓인 길을 따라 미궁을 벗어나게 되었다-옮긴이.

고 가까움의 관계는 우리와 철학자들 사이에 놓여 있는 세기의 길이에 달려 있지 않게 되며, 오히려 우리가 이 정도의 영역에 들어가 자유스럽게 선택하는 지점에 달려 있게 됩니다. 그리고 이 정신영역은 이 땅에 인간이 존재하는 한 영원히 확대되고 지속될 것입니다.

야스퍼스는 이 영역에서 안락함을 누렸으며 우리에게 이 영역에 이르는 길을 열어주었습니다만 이 영역은 결코 초월적인 것도 유토피아적인 것도 아니었습니다. 그것은 어제의 것도 내일의 것도 아니었습니다. 그것은 오늘과 오늘의 세계에 속하는 것이었습니다. 이성이 이러한 세계를 창조하며, 자유는 이 세계에서 널리 확산됩니다. 이 정신영역은 공간을 점유하고 유기적 형태를 제공하는 것은 아닙니다. 이 영역은 지구상의 모든 나라, 그리고 그들의 모든 과거로 확장됩니다. 이 영역은 현세적이면서도 보이지 않는 것이며, 모든 사람이 자신의 근본에서부터 벗어나 도달할 수 있는 후마니타스 영역입니다. 이 속에 들어간 사람은 서로를 인식하게 됩니다. 여기서 그들은 "섬광처럼 보다 밝게 빛나서 보이지 않게 사라지는 이 끊임없는 운동을 되풀이하기" 때문입니다. "섬광은 서로를 바라보며 각자의 불꽃은 다른 불꽃을 보기 때문에 더욱 밝아져서" 다른 불꽃을 보기를 기대하게 됩니다.

여기서 저는 한때 야스퍼스가 후마니타스 영역으로 인도했던 사람들을 대신하여 말하고 있습니다. 스티프터(Adalbert Stifter)[12]는 당시

---

12) 그는 1805년 보헤미아에서 태어나 오스트리아 출신 작가·시인·화가·교육자로 활동하다가 1868년 사망했다. 그는 자신의 작품에서 자연환경을 생생하게 묘사하는 능력을 발휘한 작가로 유명하다. 그는 작품에서 미를 추구하는 데 역점을 두었다. 그의 저서에서 악·잔인성·고통은 표면적으로 드러나지 않는다. 그러나 토마스 만은 "자연에 대한 조용하고 내면적인 서술 이면에는 과도하고 근본적이며 파국적이고 병리적인 것에 대한 애착이 특별히 존재한다고 지적했다. 토마스 만과 시인인 오든은 그를 존경했다―옮긴이.

그들의 마음속에 있던 것을 저보다도 더 아름답게 표현하고 있습니다. "이제 그 사람에 대한 놀라움이 터져 나왔으며 그 사람에 대한 위대한 찬사가 쏟아져 나왔습니다."13)

---

13) 이 문장은 1842년 처음 발표되었으며 그의 사후 출간된 최종판(letzte Fassung) 『고조 할아버지의 일기장』(*Die Mappe meines Urgroßvaters*)에서 인용한 것이다-옮긴이.

제5장 카를 야스퍼스: 세계시민[1]

과학 발전과 세계의 통합문제

세계국가 구상과 세계정치의 종말

어느 누구도 자기 나라의 시민이면서 세계시민이 될 수 없다. 야스
퍼스는 『역사의 기원과 목표』(*Origin and Goal of History*, 1953)에서 세
계국가와 세계제국의 의미를 폭넓게 논의하고 있다.[2] 지구 전체를
중앙집권적으로 통치하는 세계정부가 어떤 형태를 유지하든지 간에

---

1) 이 글은 1957년 실프(P.A. Schilpp)가 편집한 『칼 야스퍼스의 철학』(*The Philosophy
   of Karl Jaspers*)에 수록되었다. 『어두운 시대의 사람들』을 출간할 당시에는 Open
   Court Publishing Company(La Salle, Ill.) 출판사가 야스퍼스의 책에 대한 출판
   권을 가지고 있다.
2) 『역사의 기원과 목표』, 193쪽 이하.
   이 책은 인간주의 정치를 지향하는 1945년 이후 저작들 가운데 하나다. 그는 이
   때부터 인간의 고결성을 실현하는 사회적·집단적 조건들을 더 강조했으며, 반
   면에 인간의 자유의 위상으로서 내재성에 대한 초기의 입장을 완화시켰다. 따
   라서 실존이라는 개념은 공유된 인간성(shared humanity)으로 대체된다. 따라
   서 인간주의적 성찰로의 전환뿐만 아니라 인간주의 정치와 정치적 실존의 독
   특한 인간적 전제조건에 대한 탐구가 핵심을 이룬다-옮긴이.

지구 전체를 지배하고 다른 주권국가의 견제나 통제를 받지 않은 채 모든 폭력수단을 독점하고 있는 단일 주권의 세계국가는 가공할 만한 폭정 형태를 띨 수 있을 뿐만 아니라 우리가 알고 있는 모든 정치적 삶을 종식시킬 수도 있다. 정치의 개념은 다원성·다양성·상호 제한성에 기초를 둔다. 시민은 당연히 여러 국가들 가운데 한 국가에서 살고 시민들 가운데 한 사람이다. 한 시민의 권리와 의무는 동료 시민의 권리와 의무뿐만 아니라 영토의 경계에 의해 규정되고 제한되어야 한다. 철학은 지구를 인류의 고향으로 이해하고 모든 사람들에게 영구적이고 정당한 하나의 불문법을 상상할 수 있다. 정치는 복수의 사람들, 많은 국가의 시민들, 그리고 다양한 과거의 계승자들과 연관된다. 이렇듯 정치와 연관된 다양한 법은 단순한 개념이 아니라 살아 있는 정치적 실재인 자유가 존재하는 공간을 두르고 보호하며 제한하는, 확실히 정립된 울타리다.[3] 이 울타리는 명확하게 세워져 있다. 단일 주권을 보유한 세계국가의 형성은 세계시민권의 전제조건이라기보다 오히려 모든 시민권의 종언을 의미할 것이다. 즉 그것은 세계정치의 최고 정점이 아닌 글자 그대로 세계정치의 종말인 것이다.

그러나 주권적 국민국가들을 닮은 세계국가나 로마제국 같은 세계제국을 닮은 세계국가를 생각하는 게 위험하다(세계의 문명화된 지역이나 미개한 지역에 대한 로마제국의 지배는 지구상의 알려지지 않은 지역의 어둡고 전율스러운 배경에 기대어 추진되었기 때문에 그것은 다만 유지될 수 있었다)라고 말하는 것은 오늘날의 정치문제를 푸는 해결책은 아니다. 선행하는 모든 세대에는 한낱 개념이나 이상에 불과했던 인류는 그동안 현실적이고 중대한 문제가 되고 있다. 칸트가 예

---

3) 아렌트는 여기에서 '관계'를 의미하는 로마법(lex)이 아니라 '경계'를 의미하는 그리스 법(nomos) 개념을 언급하고 있다. 경계를 나타내는 구체적인 실체가 울타리 또는 담이기 때문이다-옮긴이.

견한 바대로 유럽은 자신의 법칙을 다른 모든 대륙에까지 적용시켜 왔다. 그러나 많은 국가들의 지속적인 존재와 병행하여 나타난 인류의 형성은 칸트가 "아주 먼 미래"에 인류의 통일을 예견했을 때 마음 속에 그렸던 것과는 전혀 다른 양상을 띠고 있다.[4] 인류는 인간주의자들의 희망이나 철학자들의 생각 덕택에 존재하는 것도 아니고 적어도 일차적으로 정치적 사건 덕택에 존재하는 것도 아니라 거의 전적으로 유럽세계의 기술 발전 덕택에 존재하게 된다. 유럽은 아주 본격적으로 자체의 '법칙'을 모든 다른 대륙에 적용시키기 시작했을 때 마침 그런 법칙에 대한 자신감을 잃어가고 있었다. 과학기술이 세계를 통합시켰다는 사실 못지않게 더 명백한 또 하나의 사실은 유럽이 세계 도처에 그 해체과정을 수출했다는 사실이다. 서양세계에서 전통적으로 받아들여져 왔던 형이상학적·종교적 믿음의 붕괴와 함께 시작되었던 해체과정은 자연과학의 장대한 발전과 다른 모든 정부형태에 대한 국민국가의 승리를 동반했다. 몇 세기에 걸쳐 고대의 신념과 정치적 삶의 양식을 침식시키며 오직 서양의 지속적 발전에서 역할을 담당한 추동력은 또한 단지 몇십 년 사이에 외부에서 작동하여 다른 모든 세계가 지켜왔던 신념과 삶의 방식도 붕괴시켰다.

과학기술 발전과 인류 연대의 두 갈래

전 세계의 모든 사람들은 진실로 역사상 처음 공통의 현재를 갖는다. 한 나라의 역사에서 가장 중요한 사건은 이제 다른 나라의 역사에서 별로 중요하지 않은 우연한 사건으로 존재할 수 없게 되었다. 모든 국가는 다른 모든 국가와 거의 인접한 국가가 되었으며, 모

---

4) 「코스모폴리탄적 의도를 담은 보편적 역사의 이념」(Idea for a Universal History with Cosmopolitan Intent, 1784).

든 사람들은 지구의 다른 쪽에서 일어난 사건의 충격을 느끼게 된다. 그러나 이러한 공통의 사실적 현재는 공통의 과거에 기반을 두고 있지 않으며 결코 공통의 미래도 보장하지 않는다. 세계의 통합에 기여해 왔던 과학기술은 쉽사리 세계의 통합을 파괴할 수 있으며, 전 세계적 통신수단은 동시에 전 세계를 파괴할 수 있는 수단으로 설계되었다. 한 나라가 몇몇 사람들의 정치적 지혜로 발사한 핵무기가 결국 지구에 살고 있는 모든 인간 생명을 절멸시킬 수 있는 만일의 가능성이 현재의 시점에서 인류를 통합시키는 가장 중요한 상징이라는 점을 부정하기란 어렵다. 이런 관점에서 인류의 연대는 매우 소극적이다. 인류의 연대는 핵무기 사용을 금지하는 협정에 대한 공통의 관심에 기반을 두고 있을 뿐만 아니라 또한 그러한 협정이 다른 모든 협정과 마찬가지로 선의의 믿음에 기원을 둔다는 불확실성을 공유하고 있기 때문에 좀 덜 통합된 세계에 대한 공통된 욕구에 기반을 두고 있다.

전 지구의 파멸이라는 공포에 기초를 둔 소극적 연대는 명료하지 않지만 적잖이 중요한 이해에 그 대응 방안을 지니고 있다. 즉 인류의 연대는 정치적 책임을 동반할 경우에만 그 적극적 의미를 가질 수 있다. 우리는 정치적 관념에 따라 개인적 '죄책'과 관계없이 우리가 행할 수 있는 모든 공적인 문제에 책임져야 한다. 왜냐하면 우리는 정부가 국가의 이름으로 행하여 우리를 감당하기 어려운 전 지구적 책임상황으로 끌어들일 수 있는 모든 것에 대해 시민으로서 책임지기 때문이다. 인류의 연대는 결국 감당하기 어려운 부담일 수 있다. 놀라운 일은 아니지만, 그런 부담에 대한 공통된 반발은 정치적 무감각과 고립주의적 민족주의, 즉 인간주의의 회복에 대한 열정이나 욕구라기보다 현존하는 모든 권력에 대한 필사적인 저항이다.[5] 계몽에 대한 인간주의적 전통을 주장하는 관념론과 인류 개념은 현존하는 실체의 측면에서 볼 때 무모한 낙관주의처럼 보인다. 다른 한편 이러한 것들은 공동의 과거를 지니지 않은 채 전 지구적 현재를 우리에게 요구하는 한 전통과 특정한 과거 역사를 모두 무의미하게 만들 위험성을 지니고 있다.[5]

우리는 야스퍼스가 우리 시대의 다른 어떤 철학자보다도 더 잘 알고 있는 정치적·정신적 실재들의 이러한 배경에 기초해 그의 새로운 인류 개념과 철학의 명제를 이해해야 한다. 칸트는 한때 동시대의 역사가들에게 "범세계주의 의도를 갖고" 역사를 쓰라고 요청했다. 우리는 『세계관 심리학』(*Psychology of World Views*, 1919)으로부터 시작하여 세계철학사[6]에 이르기까지 야스퍼스 철학 저작 전체가 "세계시민권의 실현에 기여할 목적으로" 구성되었다는 것을 쉽게 '증명할' 수 있었다. 만약 인류의 연대가 인간의 비범한 능력에 대한 정당화된 공포심보다 훨씬 더 견고한 어떤 것에 기반을 두고 있다면, 또한 모든 나라 사이의 새로운 보편적 선린관계가 상호 증오감과 만인의 만인에 대한 거의 보편적인 과민성의 놀랄 만한 증가보다 오히려 더 전도유망한 어떤 것을 초래한다면 거대한 규모의 상호 이해와 점진적 자기 해명과정은 반드시 나타난다. 야스퍼스의 견해에 따른다면 세계정부의 전제조건은 세계적 규모의 연방정치 조직 자체를 위해 주권을 포기하는 것과 마찬가지로 이러한 상호 이해의 전제조건은 자체의 전통과 민족적 과거를 포기하는 것이 아니라 전통과 과거가 끊임없이 요구해 왔던 구속력 있는 권위와 보편적 타당성을 포기

---

5) 독어본(102쪽)에서는 다음과 같이 기술하고 있다. "세계정치의 엄청난 위험과 견디기 어려운 부담에 대한 반발은 고립주의적 민족주의나 현대 기술에 대한 처절한 반발에서 표현될 수 있는 정치적 무감각이다."-옮긴이.

6) 『위대한 철학자들』(*The Great Philosophers*) 제1권(1962)과 제2권(1966)을 참조할 것.

하는 것이었다. 야스퍼스는 전통이 아니라 전통의 권위와 단절함으로써 철학에 참여했다. 그의 『세계관 심리학』은 어떤 교의의 절대적 특성을 부인하고 대신에 보편적 상대성을 상정한다. 여기서 각각의 특정한 철학적 내용은 개인이 철학적으로 사유하는 수단이 된다. 전통적 권위의 껍질은 강제로 열리고, 과거의 위대한 내용들은 이것들을 매개로 소통하는 현재의 활기 있는 철학적 사유를 통해 자유롭고 '유쾌하게' 상호 결합하게 된다. 모든 교조적·형이상학적 내용은 현대 철학자의 실존적 경험에 의해 결합된 이 보편적 소통에서 과정, 즉 일련의 사유 속으로 사라진다. 이 과정은 현재 나의 존재나 철학적 사유와 연계되어 있기 때문에 연대기의 고리 속의 고정된 역사적 위치를 떠나서 모든 것이 동시에 존재하는 정신영역으로 들어간다. 내가 사유하는 것은 무엇이든 이미 사유한 모든 것과 끊임없는 소통 상태에 있어야 한다. "철학에서 새로운 경험은 진리에 대한 반론이기" 때문일 뿐만 아니라 오늘날의 철학은 "오늘날까지 서양 사상의 자연스럽고 필연적인 결론을 벗어날 수 없기 때문에 한 원리에 의해 이루어진 솔직한 종합은 어떤 의미에서 진정한 것을 모두 포용할 만큼 방대하다. 이 원칙은 바로 소통이다. 결코 독단적 내용으로 파악될 수 없는 진리는 이성에 의해 명료화되고 자세하게 드러난 '실존적' 실체로서 나타난다. 이 과정에서 작동하는 이성은 스스로 소통하고, 다른 사람의 합당한 존재에 호소하며, 다른 모든 것을 이해하고 포괄할 수 있다. "실존"(*Existenz*)은 이성을 통해서만 조명되고, 이성은 실존을 통해서만 내용을 획득한다."[7]

---

7) 『이성과 실존』(*Reason and Existence*, 1955), 67쪽.

실존적 소통을 통한 통합

이러한 고찰은 인류 통합의 철학적 기초로서 분명히 타당성을 지닌다. 즉 그것은 "무한한 소통"[8]이다. 모든 진리의 이해 가능성에 대한 믿음뿐만 아니라 모든 인간적 접촉의 일차적 조건으로서 드러내고 말하겠다는 선의를 동시에 의미하는 무한한 소통은 야스퍼스 철학에서 핵심적이지는 않지만 하나의 이념이다. 요지는 이러하다. 즉 소통은 야스퍼스의 철학에서 처음으로 사유를 '표현하는' 것으로 이해되지 않으며, 이에 따라 사유 자체에 부차적인 것으로 이해된다. 진리 자체는 소통적이며, 소통영역 밖에서는 소멸되고 고려될 수 없다. '실존'영역에서 진리와 소통은 동일한 것이다. "진리는 우리를 결합시키는 것이다."[9] 동시대인들 사이의 소통뿐만 아니라 산 자와 죽은 자 사이의 소통에서도 진리는 저절로 나타난다.

진리와 소통을 동일한 것으로 보는 철학은 단순한 관조에만 머무는 악명 높은 상아탑을 탈피했다. 사유는 실용적 활동이 아니라 실천적 활동이다. 그것은 사람들 사이의 실천이지 스스로 선택한 고독 속에 이뤄지는 한 개인의 수행은 아니다. 내가 아는 한 야스퍼스는 고독에 대해서 반항한 최초의 유일한 철학자다. 그는 고독을 '유해한' 것이라고 보았으며, 이 한 가지 관점에서 감히 "모든 사유·체험·의미"에 의문을 제기해 왔다. "이것들은 소통과 어떠한 관계를 지니는 것인가? 이것들은 소통을 돕는 것인가 아니면 방해하는 것인가? 이것들은 고독으로 이끄는 것인가 아니면 소통으로 끌어올리는 것인

---

8) "무한한 소통"(Grenzenlose Kommunikation)이라는 용어는 야스퍼스의 모든 저작 속에 나타나고 있다.

9) 「대학의 생생한 정신에 관하여」(Vom lebendigen Geist der Universität, 1496), 『해명과 조망』(Rechenschaft und Ausblick), 1951, 185쪽을 참조할 것.

가?"[10] 철학은 신학 앞에서 겸허함과 인간의 공동생활을 향한 오만함 이 두 가지를 모두 상실했다. 철학은 오늘날 삶의 시녀(*ancilla vitae*)가 되어버렸다.[11]

이러한 태도는 독일 철학의 전통 내에서 특별히 타당성을 지닌다. 칸트는 근본적으로 의문시되는 진리를 이해할 인간의 이해능력을 완전히 확신했던 최후의 위대한 철학자였다.[12] 헤겔이 임종 자리에서 한 말(*se non è vero, è bene trovato*)은 유명해졌다. "단 한 사람을 제외하고는 아무도 나를 이해하지 못 했다. 그리고 그는 나를 오해했다." 세상 사람들이 과학에 완전히 매료되었기 때문에 철학에 관심을 갖지 않은 세계 속에서 철학자들의 고립은 더욱 심화되었다. 이러한 고립은 잘 알려져 있고 종종 비판받는 모호성과 난해성을 야기했다. 이것은 많은 사람들에게 독일 철학의 전형처럼 보였으며, 완전히 고립적이며 소통적이지 못 한 사유의 보증서가 되어버렸다. 일반적인 의견의 차원에서 보면 명쾌함과 위대함은 대립적인 것으로 보인다. 전후 야스퍼스의 수많은 발언과 논문 및 강의, 라디오 방송 등은 전문 용어를 사용하지 않은 채 철학에 대해 언급하려는, 즉 대중화를 꾀하

---

10) 「나의 철학에 대하여」(Über meine Philosophie, 1941), 『해명과 조망』, 350쪽, 352쪽을 참조할 것.

11) 야스퍼스는 이러한 용어를 사용하지 않았다. 그는 철학하기는 "내적 행동", 실천 등이라고 쓰고 있다. 사유와 삶의 관계를 여기서 논의할 수는 없다. 그러나 다음의 문장을 보면 내가 "삶의 시녀"라는 말을 해석적으로 쓰고 있는 것이 정당화될 수 있다. "철학하기는 사유의 삶에 있어서 불가피한 것, 즉 상기하고 예견되는 진실을 밝히는 데 봉사해야만 하는 것이다." 같은 책, 365쪽.

12) 이 문장은 독일어 번역본의 내용을 참조하여 옮긴이가 번역한 것이다. 영어 원문의 "confident of being understood and of being able to dispel misunderstandings"를 단순히 우리말로 옮길 경우 그 의미가 제대로 전달되지 않기 때문이다—옮긴이.

려는 심사숙고한 시도로 이루어졌으며, 사람들이 이성과 모든 사람에 내재된 '실존적' 관심에 호소할 수 있다는 확신에 따라 이루어졌다. 철학적으로 본다면 이것은 진리와 소통이 동일한 것이라는 확신 때문에 가능해졌다.

기술적 통합의 위험성과 그 대안

기술 발전과 전통의 파괴

철학적 관점에서 본다면 인류라는 새로운 실재에 내재된 위험성은 소통과 폭력의 기술적 수단을 바탕으로 한 이러한 통합이 모든 민족적 전통을 파괴하고 모든 인간 실존의 참된 기원을 파묻어버리는 것 같다는 점이다. 이러한 파괴과정은 모든 문화·문명·인종·민족에 속하는 사람들 사이의 궁극적 이해에 기여하기 위한 불가피한 전제가 된다고 생각될 수도 있다. 파괴과정의 결과는 인식의 범위를 넘어서 역사 이래 5천 년 동안 우리가 이해해 왔던 인간을 변형시키고자 했던 천박성이었을 것이다. 그것은 단순한 피상성 이상의 의미를 지니고 있을 것이다. 그것은 마치 심연의 전반적 차원이 단지 소멸하는 것 같다. 그러나 인간의 사유는 기술적 발명의 단순한 수준에서도 심연의 전반적 차원 없이는 존재할 수 없다. 이러한 하향적 평준화는 최소 공배수로의 평준화보다 훨씬 더 근본적인 것이며, 끝내는 우리가 오늘날 생각할 수 없는 공통요소에 이르게 된다.

우리가 진리를 그 표현된 것과는 분리되고 상이한 것으로 생각하고, 스스로 소통적이지 못하며 이성에 전달되지 못하거나 '실존적' 경험에 호소하지 않는 무엇인가로 생각하는 한, 이 파괴과정이 세계를 하나로 만들고 어떤 의미에서는 인류를 통합시키는 기술의 단순한 자동화를 통해 불가피하게 촉진될 것이라고 믿지 않기란 거의 불가능하다. 그것은 마치 여러 민족들의 역사적 과거가 전적으로 다양하고 불일치하며 혼돈스러울 정도로 서로 다양하고 당혹스러울 정도로 생소해서 몹시 피상적인 통합에 이르는 길에 놓인 장애물일 뿐인 것 같다. 물론 그것은 망상이다. 현대 과학기술을 발전시킨 심연의 차원이 파괴되어버린다면 기술적으로는 인류의 새로운 통합이 존재할 가능성은 없어진다. 따라서 모든 것은 지구의 전 표면을 덮고 있는 전 세계적 소통체계를 포착하는 유일한 방법으로서 본래 다양한 민족의 과거를 소통으로 끌어들일 가능성에 좌우되는 것 같다.

추축 시대의 문명과 통합의 원리

이러한 성찰의 관점에서 볼 때 야스퍼스는 자신의 역사철학의 초석으로 삼은 위대한 역사적 발견을 역사의 기원과 목표로 삼았다. 모든 인간이 아담의 자손으로서 같은 뿌리를 가지면서 모두 구원과 최후의 심판이라는 같은 목표를 향하여 나아간다는 성서의 관념은 지식과 증명을 초월한다. 아우구스티누스에서 헤겔에 이르는 기독교 역사철학은 그리스도의 출현을 세계역사의 전환점과 중심으로 본다. 이러한 관념은 기독교 신자에게만 유효성을 지니게 된다. 만약 이러한 관념이 만인에 대한 권위를 요구한다면 그것은 시작과 끝의 다원성을 가르치는 다른 신화와 마찬가지로 인류 통합의 길을 방해하게 된다.

야스퍼스는 한 민족 또는 세계의 특정 지역에 대한 역사체험을 기초로 한 단일한 세계역사라는 개념을 숨기고 있는 이런 유의 역사철학을 거부하고 모든 민족에게 "역사적 자각이라는 공통의 틀"을 부여하는 경험적으로 획득된 역사의 추축(樞軸, axis)을 발견해 왔다. "이 세계역사의 추축은 기원전 800년에서 200년 사이 5세기에 걸쳐 정신적 변화과정의 한가운데인 기원전 5세기를 관통하고 있는 것 같은데", 이 시기에 중국에서는 공자와 노자가, 인도에서는 우파니샤드와 부처가, 페르시아에서는 짜라투스트라가, 팔레스타인에서는 예언자가, 그리스에서는 호메로스와 철학자, 비극작가가 나타났다.[13] 이 시기에 발생한 사건들의 특징을 들자면 이러한 사건들은 전혀 연관되어 있지 않았으며, 위대한 역사적 세계문명의 기원이 되었고, 상당히 분화된 이러한 사건들의 기원은 공통적으로 독특한 요소를 지니고 있다. 우리는 이 특이한 동일성을 다양한 방식으로 추구하고 해명할 수 있다. 이 시대는 신화들이 유일한 초월적 신이라는 개념을 지닌 위대한 세계종교의 기초를 위해 방기되거나 선용되었던 시대다. 이 시대는 철학이 모든 곳에서 출현한 시대다. 따라서 인간은 전체로서 존재(Being)를 발견하고 자신이 다른 동물들과 전적으로 상이하다는 것을 알게 된다. 이 시대는 인간이 최초로 (아우구스티누스의 말을 빌리자면) 자신에게 문제가 되고, 의식의 존재를 자각하고, 사유의 의미를 생각하기 시작한 시대다. 이 시대에 도처에서 출현한 위대한 인물들은 소속 공동체의 단순한 구성원으로서 더 이상 순응하거나 수용되려고 하지 않고 오히려 자신들을 개개인으로 생각하거나 새로운 개인적 삶의 방식을 구상했다. 즉 그들은 현자의 삶, 예언자의 삶, 모든 사회로부터 물러나 새로운 내면성과 정신성에 몰입하는 은둔자의 삶을 구상했다. 사유와 관련된 범주들이나 신앙과 관련된 기본적 교의들은 모두 이 시기에 이루어진 것이었다. 인류는 이 시대에 처음으로 지구에서 인간조건을 발견했다. 따라서 이때부터 사건들의 단순한 시간적 계기는 이야기가 될 수 있었으며, 이야기들은 역사, 즉 성찰과 이해의 중요한 대상으로 만들어질 수 있었다. 따라서

---

13) 『역사의 기원과 목표』, 1쪽 이하.

인류 역사의 추축은 "기원전 최후 1천 년의 중기이며, 이 시기에 선행하는 모든 것은 이를 위한 준비기간이었다. 그리고 그 후 일어나는 모든 것은 사실상 그리고 이따금 명료한 의식 속에서 이 시대와 다시 연계된다. 인류의 세계역사는 그 구조를 이 시기로부터 물려받고 있다. 이 시대는 우리가 영원한 절대성과 독자성을 주장할 수 있는 그런 추축은 아니다. 그러나 이 시대는 오늘날까지 이른 짧은 세계역사의 추축이 되면서 모든 사람들의 의식 속에서 함께 의견의 일치를 본 역사적 통일성의 기반을 의미하는 것이 된다. 따라서 이 실제적 축은 활동상태의 인류를 끌어당기는 이상적인 추축 바로 그것일 것이다."[14]

이러한 관점에서 본다면 인류의 새로운 통합은 인류의 상이한 기원들이 동일함 속에서도 자신들을 드러내는 소통체계를 통해 그 자신의 과거를 획득할 수 있을지 모른다. 그러나 이 동일함은 획일성과는 전혀 다른 것이다. 마치 남성과 여성은 전적으로 다르면서도 인간으로서 동일하듯이 모든 나라의 국민은 그들의 존재에 고집스레 매달려 존속함으로써만이 인류의 세계역사에 참여할 수 있게 된다. 세계제국이라는 폭정 속에 살면서 일종의 미화된 에스페란토어로 말하고 생각하는 세계시민이란 양서류의 동물보다 못한 괴물에 지나지 않는 것이다. 사람들의 유대는 주관적으로는 "무한한 소통을 향한 의지"이며 객관적으로 보편적 이해 가능성이라는 사실이다. 인류의 통합과 유대는 하나의 종교, 철학, 또는 한 정부형태에 대한 보편적 동의에 있는 게 아니라 복수성이 다양성에 의해 동시에 은폐되면서도 노출되는 유일성을 지향한다는 신념 속에 존재한다.

---

14) 『역사의 기원과 목표』, 262쪽 이하.

인간의 철학과 인류의 철학

추상적 인간(Man)이 아닌 사람들(men)

우리가 통상적으로 말하는 세계역사를 동시에 구성하는 위대한 문명의 발전은 이 추축 시대에서 시작되었다. 이 시대 이후 발전은 지속되었기 때문에 역사 이전 시대는 이 추축 시대에서 종결되었다. 이러한 역사적 구상 속에서 우리 시대를 생각할 때 우리는 명확한 정치적 실재로서의 인류 출현이 이 추축 시대에서 시작된 세계역사 시대의 끝을 나타낸다는 결론에 이르게 될지도 모른다. 야스퍼스도 어떤 의미에서는 우리 시대가 아무튼 끝나고 있다는 일반적 의견에 동의하고는 있지만 그러한 진단에 뒤따르는 운명론의 강조에는 동의하지 않고 있다. "우리는 마치 여태껏 우리 앞에 닫혀 있는 문을 두드리듯 살고 있다."[15] 하나의 종결로 매우 명료하게 나타나는 것은 시작으로 더 잘 이해된다. 그러나 우리는 아직은 시작의 깊은 의미를 파악할 수 없다. 우리의 현재는 단연코 논리적으로 더 이상 존재하지 않는 것(과거)과 아직 존재하지 않는 것(미래) 사이에 있는 미정의 상태다. 세계역사의 종언과 함께 지금 계속되고 있는 것은 인류의 역사다. 우리는 이것이 결국 어떻게 될지 모른다. 우리는 야스퍼스의 소통 개념을 중심으로 하는 인류의 철학을 통해 이를 준비할 수 있다. 인류의 철학은 인도, 중국, 서양에서 형성된 과거의 위대한 철학체계를 폐기하거나 비판하지도 않을 것이다. 오히려 인류의 철학은 이러한 철학체계로부터 그 독단적이고 형이상학적인 주장을 제거하여 철학체계를 서로 만나고 연결시키고 소통하며 결국 보편적으로 소통적인 것만을 유지하는 사유의 연쇄로 용해시킬 수 있다. 인류

---

15) 「유럽 정신에 대하여」(Vom Europäischen Geist, 1946), 『해명과 조망』, 260쪽.

의 철학이 인간의 철학과 다른 점은 그것이 고독의 대화 속에서 자기 자신에게 말하는 추상화된 인간(Man)이 아니라 서로 말하고 의사를 전달하면서 함께 사는 사람들(men)이라는 사실을 강조하는 데 있다. 물론 이 인류의 철학은 어느 특정한 정치행위를 규정할 수 없으나 플라톤 이래의 정치적 삶(*bios politikos*)을 열등한 삶의 양식이라 생각하고 정치를 필요악 또는 매디슨의 주장대로 "인간성에 대한 모든 성찰들 가운데 가장 위대한 것"[16]으로 생각했던 이전의 모든 철학에 반대하면서 정치를 중요한 인간적 삶의 영역 가운데 하나로 이해하고자 한다.

인류와 세계시민권: 칸트, 헤겔, 야스퍼스의 차이

야스퍼스의 인류 개념과 세계시민권 개념의 철학적 연계성을 파악하기 위해서는 칸트의 인류 개념과 헤겔의 세계역사 개념을 상기하는 것이 좋을 것이다. 칸트와 헤겔의 개념은 야스퍼스의 개념에서 기저가 되는 전통적 배경이기 때문이다. 칸트는 인류를 역사가 만들 수 있는 최대의 성과라고 보았다. 그는 다음과 같이 말하고 있다. 서로 연계되지 않고 예측 불가능한 행위들이 결국 완전히 발전된 인간성뿐만 아니라 정치적으로 통합된 공동체로서 인류를 형성할 수 있다는 정당한 희망이 없는 한, 역사는 "우울한 우연성"(*trostloses Ungefähr*)만을 제공할 뿐이다. 우리가 목격하는 행위, 즉 "대체로…… 세계라는 거대한 무대 위에서 전개되는 사람들의 행위는 완전히 어리석음과 유치한 허영, 때로는 유치한 악의나 파괴욕이 함께 엮여 있는 것" 같다. 이러한 행위는 사람들의 등 뒤에서 작동하고 있는 "인간사의 무의미한 과정 속에 자연의 숨겨진 의도"가 존재할 때만 그 의미를 가

---

16) 『페더럴리스트』(*The Federalist*), No. 51.

질 수 있다.[17] 정치사상의 전통에서 특징적이기에 지적할 만큼 흥미로운 점이지만, 정치사 속에서 의미를 찾기 위해 숨겨진 교활한 힘을 처음으로 상정한 것은 헤겔이 아닌 칸트였다. 이 체험이 특별히 인간의 존엄성과 자율성을 중심으로 하는 철학에 굴욕적이었다는 것 말고는 정치사 이면에 존재하는 체험은 "우리의 생각은 우리의 것이지만 그 결과는 우리의 것이 아니다"[18]라는 햄릿(Hamlet)의 체험에 불과하다. 칸트의 경우 인류란 인간의 존엄성이 지구라는 인간조건과 일치하게 되는 "아주 먼 미래"의 이상적 상태였다. 그러나 우리가 알고 있는 역사가 그 절망적 운명에 대해 알려주고 있듯이 이러한 이상국가는 필연적으로 정치와 정치행위를 종식시킨다. 칸트는 과거의 역사가 진실로 레싱이 말한 바와 같이 "인류의 교육"이 될 수 있는 먼 미래를 예측하고 있다. 이때 인간의 역사는 우리가 모든 종족의 현재 상태를 이전의 모든 발전에 내재하는 목적(*telos*, 목표와 종결이라는 이중의 의미를 지님)으로서 자연의 역사 이상으로 관심을 끌 수는 없을 것이다.

헤겔의 경우 "세계정신"으로 나타나는 인류는 본질적으로 항상 역사의 발전단계들 가운데 하나에서 나타나지만 결코 정치적 실재가 될 수 없다. 그러나 이성의 간교한 지혜(간지)가 무의미하고 외견상 자의적인 사건들의 연쇄만 이해하는 철학자의 관조적 시선을 통해서만 인지되는 한, 이성의 간지는 칸트의 "자연의 계략"과 다르다. 세

---

17) 「보편사의 이념」, 『페더럴리스트』 서문.
18) 『햄릿』 제3막 2장에 나오는 대사다. 앞의 대사 내용은 이렇다. "우리의 의도와 운명은 반대로 가기 때문에 우리의 계획은 늘 뒤집히게 마련이다. 우리의 생각은 우리의 것이지만, 일이 되고 안 되고는 우리 것이 아니다." 이는 생각이 말과 행위로 세계에 노출될 때 그 결과는 통제되기 어렵다는 의미를 담고 있다. 햄릿은 이 장 마지막 부분에서 "우리의 결과를 형성하는 신성이 있다"고 말한다-옮긴이.

계역사의 정점은 인류의 사실적 출현이 아니라 세계정신이 철학 속에서 자기의식을 획득하고 드디어 절대자가 사유에 자신을 드러내는 순간이다. 세계사, 세계정신 그리고 인류는 청년 헤겔의 저작 속에서는 아무런 정치적 의의를 지닐 수 없었다. 그것들은 역사학 속에서는 지극히 당연하면서 즉각적인 지도 이념이 되었지만 정치학에서는 아무런 영향을 미치지 못했다. 이러한 개념들은 "헤겔을 전도시키기로", 즉 역사 해석을 역사 창조로 변경하기로 결정한 마르크스 사상에서 그 정치적 적실성을 보여주었다. 그러나 이것은 전혀 다른 문제다. 인류의 실재화가 아무리 요원한 것이든, 또는 손에 잡힐 듯 가까운 것이든 우리는 분명히 칸트의 범주의 틀 내에서만 세계시민이 될 수 있다. 세계정신의 역사적 현현을 주장한 헤겔 체계 속에서 개인에게 일어날 수 있는 최선의 것은 자신의 탄생이 특정 시점에서 세계정신의 현현과 일치할 수 있는 올바른 역사적 순간에 올바른 민족 속에서 생겨나는 행운을 지니는 것이다. 헤겔의 경우 역사적 인류의 일원이 된다는 것은 기원전 5세기에는 야만인이 아니라 그리스인이 되는 것을 의미했고 중세 시대에는 유대인이 아닌 기독교인이 되는 것을 의미했다.

야스퍼스의 인류와 세계시민권 개념은 칸트와 비교하면 역사적이며 헤겔과 비교하면 정치적이다. 야스퍼스의 이러한 경험은 헤겔의 역사적 경험의 심오함과 칸트의 위대한 정치적 지혜를 결합한 것이다. 그러나 야스퍼스와 이 두 사람과의 차이는 결정적이다. 야스퍼스는 정치행위의 "우울한 우연성"과 기록된 역사의 우매함을 믿지 않으며, 인간을 지혜롭게 만든다는 숨겨진 교활한 힘의 존재도 믿지 않는다. 그는 칸트의 "선한 의지"라는 개념을 버렸다. 선한 의지는 이성에 기반을 두고 있기 때문에 행위를 불가능하게 한다.[19] 그는 독일 관념철학의 절망이나 위안에서 탈피했다. 만약 철학이 삶의 시녀가 된다면 어떠한 기능을 이룰 것인가에 대해서 의문의 여지는 없다. 칸트의 말을 빌린다면 그것은 "귀부인의 드레스를 잡고 뒤따르는 것이라기보다는 오히려 횃불을 들고서 그녀를 앞서가는 것"이어야만 할 것이다.[20]

인류의 유대에 반하는 정치의 배제

야스퍼스가 예견한 인류의 역사는 세계정신이 그 점진적 현실화의 단계에서 나라들과 국민들을 차례로 이용하고 소멸시키는 헤겔의 세계역사가 아니다. 그리고 현존하는 실재 상태의 인류 통합은 결코 칸트가 희망한 바대로 과거의 모든 역사를 위로하거나 보상해 주지 못한다. 정치적으로 지구에 대한 기술적 지배에 의해 새롭게 이루어진 연약한 통합은 다만 결과적으로 전 세계적 연방구조로 발전하게 되는 보편적 상호 조약의 틀 속에서만 확보될 수 있다. 이 경우 정치철학은 다만 정치행위의 새로운 원칙을 기술하거나 처방할 수 있을 뿐이다. 칸트의 경우 미래의 평화와 화해를 불가능하게 만드는 전쟁에서는 어느 것도 불가능하다고 했다. 마찬가지로 야스퍼스 철학의 함의를 고려할 때 인류의 실제로 존재하는 유대에 거스르는 정치에서는 아무것도 이루어질 수 없다. 이 말은 결국 전쟁이 정치적 수단의 병기고에서 배제되어야 한다는 것을 의미한다. 핵전쟁의 가능성은 전 인류의 존재를 위협할 수 있기 때문이며, 모든 전쟁은 수단의 사용이나 영역에서 아무리 제한적이라고 하더라도 인류에게 즉시, 직접적으로 영향을 미치기 때문이다. 주권국가의 복수성을 포기하

---

19) "……이성에 기초를 두고 있으며 존경할 만하면서도 실천적으로는 무력한 일반 의지." 『영구 평화를 위하여』(1795), 프리드리히(Carl Joachim Friedrich)의 모던 라이브러리 번역판을 인용했다.
20) 『영구 평화를 위하여』.

는 것과 마찬가지로 전쟁의 폐기는 그 자체 특유의 위험성을 가질 수 있다. 각기 오랜 전통과 다소간 존경받는 명예를 지녔던 수많은 군대는 연방경찰로 대체될 것이며, 군대의 전통적 물리력이 경찰의 강해지는 무한한 물리력 때문에 빛을 잃어가는 경찰국가와 전체주의 정부를 체험하고 있는 우리로서는 그러한 전망에 대해서 지나친 낙관론을 펼 수가 없다. 그러나 이 모든 문제는 여전히 먼 미래에 나타날 것이다.

제6장 이자크 디네센[1]

격렬한 정열은
걸작처럼 드문 것이다. ─ 발자크(Balzac)[2]

작가로서 제2의 인생: 신은 농담을 좋아한다

50대 초반 확인한 자기정체성

카렌 블릭센 남작 부인, 결혼 이전의 이름인 카렌 크리스텐체 디네센은 흔치 않은 특징을 지닌 덴마크의 여류 작가였다. 가족은 그녀를 타네(Tanne)로 불렀고, 처음엔 연인이 그녀를 타니아(Tania)라 불렀으며, 나중엔 친구들이 그렇게 불렀다. 디네센은 죽은 연인의 언어에 충실한 나머지 영어로 글을 썼으며, 상당히 고풍스럽게 교태를 부리는 식으로 자신의 여성 이름에 웃는 사람이라는 뜻의 "이자크"(Isak)

---

1) 1968년 『뉴요커』(*The New Yorker*)에 게재한 미겔(Parmenia Miguel)의 저서 『티타니아, 이자크 디네센 전기』(*Titania, The Biography of Isak Dinesen*, 1967) 서평이다.
2) 『인간 희극』에 나오는 문구다-옮긴이.

라는 남성 필명을 붙임으로써 자신이 작가라는 것을 반쯤은 숨기고 반쯤은 드러냈다. 웃음은 오히려 골치 아픈 몇 가지 문제들을 제거하는 것으로 여겨졌다. 그러나 여성이 작가, 즉 공적 인물이 된다는 것은 적합하지 않으며 공공영역을 비추는 빛이 너무 강렬해서 적응할 수 없다는 그녀의 확고한 신념은 별로 심각한 문제는 아니었다. 디네센 (Isak Dinesen, 1885-1963)의 어머니는 여성 선거권 획득 투쟁에 참여한 여성 참정권자였으며, 아마도 남성의 눈길을 끌게 하는 짓 따위는 결코 하지 않을 것 같은 가장 탁월했던 여성들 가운데 한 사람이었으므로 디네센은 이런 문제를 경험할 수 있었다. 그녀는 스무 살이 되었을 때 몇 편의 단편소설을 써서 출판함으로써 문학에 정진하라고 격려를 받았지만 곧이어 이를 단념했다. 그녀는 "작가가 되려고 한 적은 한 번도 없었으며, 무엇에 빠져드는 것을 직관적으로 두려워했다."[3] 그리고 인생에서 한정된 역할을 무단히 부과하는 모든 직업은 그녀가 삶 자체의 무한한 가능성을 발현시키는 데 방해가 되는 올가미였을 것이다. 그녀는 40대 후반에 이르러서 직업적으로 글을 쓰기 시작해 거의 50세가 되어 최초의 작품인 『일곱 개의 고딕 이야기』(*Seven Gothic Tales*)[4]를 출간했다. 이때 그녀는 (「꿈꾸는 사람들」을 통해 알고 있듯이) 인생에서 최대의 올가미가 자신의 정체성 — "나는 두 번 다시 한 사람의 인간이 되지 않겠다. ……나는 결코 두 번 다시 내 마음과 삶을

---

3) Isak Dinesen, "Interview by E. Walker", *The Paris Review*, vol. 14(Autumn 1956)-옮긴이.

4) 디네센은 덴마크의 생활에 다시 어렵게 적응하던 1930년대 초반 이 소설의 출간을 준비했다. 1934년에 출간된 이 책은 7개의 단편에 가까운 작품인 「노르데르나이의 대홍수」(The Deluge at Norderney), 「피사로 가는 길」(The Roads Round Pisa), 「엘시노어의 저녁식사」(The Supper at Elsinore), 「시인」(The Poet), 「꿈꾸는 사람들」(The Dreamers), 「원숭이」(The Monkey), 「그 시대의 기사도」(The Old Chevalier)로 구성되어 있다-옮긴이.

한 여성으로 헌신하지 않을 것이다"──이라는 것을 발견했으며, (그 소설 속의 마르쿠스 코코자처럼) "마르쿠스 코코자에 대해 지나치게" 걱정하지 말라는 것이 친구들에게 주는 최대의 충고라는 것을 알았다.[5] 지나친 걱정은 "곧 자신이 코코자의 노예이며 죄수"라는 것을 뜻하기 때문이다. 따라서 올가미란 글을 쓰거나 또는 직업적으로 글을 쓰는 것이라기보다 자기 자신을 진지하게 생각하고 불가피하게 공개적으로 확인된 남성 정체성을 지닌 저자와 여성을 동일시하는 것이었다. 그녀는 아프리카에서 자신의 삶과 연인을 잃어버린 슬픔이 계기가 되어 작가가 되었고, 이를테면 제2의 인생을 일종의 농담으로 충분히 이해했다. 그래서 "신은 농담을 좋아한다"[6]라는 말은 그녀의 여생에서 좌우명이 되었다. (그녀는 이런 좌우명에 따라 살기를 좋아했으며, "항해하는 것은 필요하지만 생존하는 것은 필요 없다"[7]라는 좌우명으로 시작하여 나중에는 데니스 핀치-해턴Denys Finch-Hatton의 말 "나는 대담하고 설명하겠다"라는 말을 인용했다.)

---

5) 여행하는 동안 펠레그리나와 동행한 코코자는 사탄과 천사라는 이중적 표상으로서 해석될 수 있는 모호한 성격의 소유자, 부유한 유대인이다. 펠레그리나는 오페라 가수로서 정체성을 유지한 채 세속적인 천국을 경험한다. 그러나 비극은 그녀로 하여금 일련의 가면을 쓰게 했다. 그녀는 상상 속에 살면서 삶의 고통에 대한 책임을 회피한다. 그녀가 자신의 진정한 정체성을 직면해야 하는 이야기의 끝 부분에 이르자, 그는 죽는다-옮긴이.

6) 이러한 문구는 『일곱 개의 고딕 이야기』 가운데 「꿈꾸는 사람들」의 끝 부분에서도 언급되고 있다-옮긴이.

7) *Navigare necesse est, vivere non necesse est.* 거대한 폭풍이 바다에 불어왔을 때 폼페이우스는 고향으로 항해를 할 준비를 했다. 선장들은 항해하기를 꺼렸다. 그러나 폼페이우스는 앞장 서서 다음과 같이 외치며 닻을 올리라고 명령했다. "우리는 항해해야 하며, 우리는 살아야 할 필요가 없다"-옮긴이.

삶과 세계에 대한 관심: 상상력과 충실성

그러나 디네센은 함정에 빠진다는 두려움보다 더한 무엇인가 때문에 대담을 할 때마다 천부적 작가와 '창조적 예술가'라는 일반 통념에 대응하여 자신을 강렬하게 변호했다. 사실 그녀는 작가가 되려는 것은 말할 것도 없고 글을 쓰겠다는 어떤 야망이나 특별한 충동을 느끼지 못했다. 그녀가 아프리카에서 수행했던 약간의 저술활동에 대해서는 잊어도 될 만하다. 이러한 저술활동은 완전히 "가뭄이 들었을 때" 농장에 대한 온갖 걱정을 없애주는 역할만 했을 뿐이며, 다른 할 일이 없을 때 권태로움을 달래주는 역할을 했을 뿐이기 때문이다. 언젠가 한번쯤 그녀는 "돈을 마련하기 위해 소설을 창작했다"고 한다. 그녀는 『천사 같은 복수자들』(*The Angelic Avengers*)[8]로 약간의 돈을 벌기는 했지만 결과는 '처참했다.' 결국 그녀는 "생계비를 벌어야 했으며, 할 수 있는 일이라고는 요리하고…… 글 쓰는 일뿐이었으므로" 선택의 여지가 없었다. 그녀는 친구들을 기쁘게 하고자 파리에서, 그리고 나중에는 아프리카에서 요리를 배웠고, 친구들과 원주민들을 즐겁게 하기 위해 이야기하는 법을 혼자서 배웠다. "만약 그녀가 아프리카에서 계속 살았다면 결코 작가가 될 수 없었을 것이다." "나는 이야기꾼일 뿐이고, 나의 관심을 끄는 것은 이야기와 이야기 방식뿐이기"(*Moi, je suis une conteuse, et rien qu'une conteuse. C'est l'histoire elle-même qui m'intéresse, et la façon de la raconter*) 때문이다. 그녀가 가장 필요로 한 것은 인생과 세계, 온갖 종류의 세계나 환경이었다. 세계는 언급되기를 기다리는 이야기, 사건, 갑작스런 사고, 기묘한 사건들로 가득 차 있

---

8) 이 소설은 1944년 피에르 앙드레젤이라는 필명으로 쓴 그녀의 유일한 장편소설로서 겉으로는 인자한 척하지만 실제로는 사악한 포획자를 무찌르는 천진난만한 사람들의 멜로드라마적인 이야기다. 덴마크 독자들은 이 소설이 나치 점령하의 덴마크 상황을 교묘하게 풍자하고 있다고 이해한다-옮긴이.

기 때문이다. 디네센의 말을 빌린다면 그것들을 이야기하지 않는 까닭은 상상력의 결핍 때문이다. 부연하면 여러분은 어쨌든 우연히 발생한 것을 상상하고 그것을 상상 속에서 되풀이할 경우에만 이야기를 알 것이며, 여러분은 이야기를 계속할 인내력을 가질 경우에만("*Je me els raconte et reraconte*") 이야기를 잘 할 수 있을 것이기 때문이다. 물론 그녀는 생애를 통해 이야기하기를 행했다. 그러나 그녀는 예술가가 되고자 이러한 일을 행하지 않았으며, 더구나 자신의 소설에서 만나게 되는 현명하고 노련한 전문적인 작가들 가운데 한 사람이 되고자 이러한 일을 행하지도 않았다. 여러분은 상상력 속에서 삶을 반복하지 않은 채 결코 완전히 살아 있지는 못하며, '상상력 결핍'은 사람들의 '존재'를 방해한다. 그녀의 작품에 등장하는 이야기꾼들 가운데 한 사람이 젊은이에게 충고하는 바와 같이 "이야기에 충실하라", "변함없이 이야기에 충실하라"는 말은 인생에 충실하라는 것을 의미하며, 허구를 만들지 말고 인생이 당신에게 주는 것을 수용하면서 그것을 상기시키고 깊이 생각함으로써, 즉 그것을 상상 속에서 반복함으로써 무언가 그것이 가치 있는 것으로 보이게 하라는 의미를 지니고 있다. 완전히 살아 있다는 의미에서 산다는 것은 일찍이 그녀의 목적이고 욕구였으며, 끝까지 그러했다. "나의 삶이여! 그대가 나를 축복할 때까지 나는 그대를 놓지 않겠소. 나를 축복해 줄 때 그대를 놓아주리다." 이야기하기의 보상은 놓아줄 수 있다는 것이다. "이야기꾼이 이야기에 충실할 때 침묵은 결국 말을 하게 된다. 이야기가 배제되어 온 곳에서 침묵은 공허함일 뿐이다. 그러나 충실한 사람들인 우리는 결정적인 말을 해버렸을 때 침묵의 소리를 들을 것이다."

귀향 이후 작가의 삶

결정적인 말은 분명 기교를 필요로 한다. 이와 같은 의미에서 이야기는 삶의 일부일 뿐만 아니라 본래부터 예술이 될 수 있다. 예술가가 되기 위해서는 시간도 필요하며, 판단력을 흐리게 하는 천박한 삶으로부터 어느 정도 거리를 두어야 할 필요도 있다. 그러나 천부적인 예술가는 삶의 소용돌이 속에서 이러한 것을 잘 처리할 수 있다. 어쨌든 그녀의 경우에는 삶과 작가로서의 여생을 구별하는 명확한 선이 있다. 그녀가 자신의 삶을 이루었던 것, 즉 아프리카에서 꾸렸던 가정과 연인을 잃어버리고 비탄과 비애와 추억 이외에 수중에 아무것도 쥐지 못한 채 완전히 실패하여 룽스테드룬트[9]에 있는 집으로 돌아왔을 때 그녀는 이런 경우를 당하지 않았을 때 기대할 수 없었던 작가가 되었으며 '성공한 사람'이 되었다. "신은 농담을 좋아한다." 그리고 그리스인들이 잘 알고 있듯 신의 농담은 잔혹한 것이다. 그 후 그녀가 이룬 것은 당시 문학계에서 독특한 것이었으며, 19세기의 어떤 작가와도 비견할 만한 것들이었다 ─ 클라이스트(Heinrich Kleist)[10]의 일화와 단편소설, 헤벨(Johann Peter Hebel)의 몇 가지 이야기, 특히 『뜻밖의 재회』(Unverhofftes Wiedersehen)[11]가 떠오른다. 웰티

---

9) 덴마크의 코펜하겐 외곽에 있는 작은 도시로 디네센의 출생지다—옮긴이.

10) 독일 시인·극작가·소설가(1777-1811)다. 현대 생활과 문학의 문제들을 예견한 시인으로 프랑스와 독일 사실주의·실존주의·민족주의·표현주의 문학 운동의 모범이 되었다. 클라이스트의 『깨어진 항아리』는 레싱의 『민나 폰 바른헬름』, 그릴파르처의 『거짓말하는 자 벌 받을지어다』와 함께 독일 연극사에서 3대 희극으로 꼽히는 걸작이다. 크라이스트상은 문학 분야의 저명한 상이다—옮긴이.

11) 헤벨(1760-1826)은 독일어 방언의 단편소설 작가이며 시인이다. 이 소설의 장르는 우리에게 생소한 '달력화'(Kalendergeschichte)다. 15세기 인쇄술의 발달로 달력이 널리 퍼지게 되자 달력에 참고사항들을 적어놓게 되었는데, 재미있는 이야기들도 달력의 한 자리를 차지하게 되었다. 이것이 바로 달력화의 시초이며, 18세기 남서부 독일에서 발달했으며, 문학 장르로서 달력화는 19세기 중엽 이후 통용되기 시작했다. 이 장르의 특징은 우선 짧아야 하고, 대중을 독자로 삼아 교훈적인 내용을 담아야 한다—옮긴이.

(Eudora Welty)[12]는 아주 정확한 짧은 글 속에서 그것을 다음과 같이 명료하게 정의했다. "그녀는 이야기의 진수를 만들었고, 가장 중요한 만병통치약을 만들었으며, 만병통치약에 관한 이야기를 다시 한 번 구성하기 시작했다."[13]

자전적 소설: 『아프리카를 회상하며』

미겔의 디네센 전기

한 예술가의 생애와 작품을 연결시키려는 시도는 언제나 몇 가지 당혹스런 문제를 야기하게 마련이다. 한때 지극히 사적인 문제여서 누구의 관심도 끌지 못했던 것을 공개적으로 기록하고 발표하며 논의하려는 열망은 우리의 호기심이 인정하는 것보다 덜 합리적이다. 불행스럽게도 사람들이 미겔의 전기(『티타니아, 이자크 디네센 전기』, 1967)에 대해 제기해야만 하는 질문은 이런 유의 것은 아니다. 이 저술이 조잡하다고 말하는 것은 오히려 호의적인 입장이다. 자료를 조사하는 데 소요된 5년 동안 "기념비적 저작을 위한…… 충분한 재료가 어쩌면 축적되었겠지만, 이것은 앞서 간행된 디네센의 책과 인터뷰 또는 랜덤하우스 출판사의 『이자크 디네센: 회상』(*Isak Dinesen: A Memorial*, 1965)[14]과 같이 이미 출간된 자료에서 발췌한 인용문에 불

---

12) 웰티는 1909년 미시시피주의 잭슨에서 태어나 작가와 사진작가로 활동했으며, 첫 번째 단편소설인 『초록빛 커튼』(*A Curtain of Green*), 그리고 『황금사과』(*The Golden Apples*) 등 많은 단편소설을 출간했다-옮긴이.

13) *Isak Dinesen: A Memorial*, S.94. 이를 달리 번역하면 "그녀는 이야기에서 진수를 얻고, 진수에서 만병통치약을 얻었으며, 이것으로 이야기를 다시 한 번 구성하기 시작했다."-옮긴이.

14) 저자는 디네센의 비서였던 스벤센(Clara Svendsen, 1916-2008)이다-옮긴이.

과할 뿐이다. 서투른 기술을 지니고 있는 어떤 교정자라도 여기에서 처음 발표되는 몇 가지 사실을 다룰 수 있었다. (사람들은 자살을 기도했던 사람〔디네센의 아버지〕이 "다가오는 죽음을 어느 정도 예감했다"고 말할 수는 없을 것이다. 36쪽에서 그녀의 첫사랑은 "세상에 알려지지 않은 사람이라"고 쓰고 있지만, 210쪽에서 그 사람은 나타나지 않더라도 우리는 그가 누구인가를 알 수 있다. 우리는 그녀의 아버지가 "파리 코뮌 지지자였으며 좌파적 성향을 지녔다는 것을 알고 있지만, 그가 파리 코뮌을 통해서 보았던 공포 때문에 크게 슬퍼했다"는 내용을 숙모의 입을 통해 듣게 된다. 우리는 앞에서 말한 회상의 책을 통해 과오를 뉘우친 사람을 알지 못했다면 그가 코뮌 지지자들의 애국심과 이상주의를 정당화했던…… 회고록을 이후 집필했다고 결론을 내렸을 것이다. 그의 아들은 아버지가 코뮌 동조자였다는 것을 확인했고 "의회에서 그의 당은 좌파였다"고 덧붙이고 있다.) 이 책에 포함된 아주 타당한 새로운 사실인 성병 감염을 묘사하는 과정에서 드러낸 그릇된 정교함(*délicatesse*)은 교정 작업의 서투름보다 훨씬 나쁘다. 성병 감염과 관련된 묘사는 다음과 같다. 그녀는 "자신에게 성병이라는 유산을 남긴" 남편과 이혼한 이후에도 (전기 작가가 제안한 바와 같이 남작 부인으로 불리는 것에 대한 만족감 때문에) 남편의 이름과 작위를 계속 유지했다. 이 때문에 그녀는 평생 후유증으로 고생했다. 그녀의 병력은 실제로 상당한 관심을 끌 만하다. 디네센의 비서는 "디네센이 눈사태를 저지하려고 노력하는 사람처럼…… 병이라는 무서운 강적에 대해 장렬하게 투쟁하느라고 얼마나 여생을 소진했는가"에 대해 술회하고 있다. 그리고 저명인사들 주변의 직업적인 숭배자들에게 아주 전형적으로 빈번히 나타나는 악의 없는 무례함은 무엇보다도 나쁘다. 헤밍웨이는 노벨상 수락연설에서 이 상을 "그 아름다운 작가 이자크 디네센"에게 수여해야 한다고 너그럽게 말했지만, "(타니아의) 균형감과 세련미를 부러워하지 않을 수 없었으며, 실제로는 자신의 남자다움을 과시하고자 극복할 수 없었던 자신의 불안감을 떨쳐버릴 필요가 있었다.” 이 전기를 의뢰했던 사람이 바로 이자크 디네센(또는 카렌 블릭센 남작 부인?)이었다는 불행한 사실만 없었더라면 이런 말은 전혀 필요하지 않았을 것이며, 모든 시도는 침묵 속에서 가장 훌륭하게 진행되었을 것이다. 디네센은 미겔 부인과 오랜 시간을 보내면서 자신을 알려 주었으며 죽기 직전에는 다시 한 번 “나의 책”을 미겔에게 상기시키면서 “내가 죽으면 곧” 그 책을 끝내달라는 약속을 요구했다. 허영심과 숭배의 요구──사랑, 즉 서로의 사랑만이 제공할 수 있는 인간 실존에 대한 최상의 확증을 슬프게 대신하는 것──는 지옥에 떨어질 대죄에 포함되지 않는다. 그러나 우리가 바보짓을 하여 웃음거리가 되겠다는 생각을 필요로 할 때 허영심이나 숭배의 요구는 더할 나위 없는 촉진제다.

세헤라자데의 숭고한 열정

디네센이 자신의 삶에 대해 이야기하듯이 어느 누구도 분명히 그녀의 삶을 제대로 이야기할 수 없었다. 그리고 그녀가 왜 자서전을 쓰지 않았는가라는 질문은 답변하지 않은 만큼 흥미롭다. (애석하게도 그녀의 전기 작가는 이 당연한 질문을 한 번도 한 적이 없다.) 종종 자서전으로 간주되는 『아프리카를 회상하며』(*Out of Africa*)[15]는 그

---

15) 이 소설은 디네센이 당시 영국령 케냐에서 1913년 말부터 1931년까지 17년 동안 생활하면서 겪은 사건들을 소개하고 있으며, 1937년 출간되었다. 책의 제목은 그녀가 1915년에 쓴 시 “Ex Africa”에서 따온 것이다. 소설의 주요 등장인물은 카렌이라는 이름의 해설자(사실, 디네센), 해설자와 가장 가까우며 하인들의 우두머리인 파라(Farah), 요리사인 카만테(Kamante), 해설자의 친구인 데니스 핀치-해턴과 버클리 콜 등이다─옮긴이.

녀의 전기 작가가 꼭 제기했을 거의 모든 쟁점들에 대해 묘하게도 침묵하고 있다. 이 책은 불행한 결혼과 이혼에 대해 아무것도 말하고 있지 않다. 오직 주의 깊은 독자는 이 책을 통해 핀치-해턴이 정기적인 방문자나 친구 이상의 존재였다는 것을 알아낼 수 있다. 현재까지 그녀에 관한 가장 훌륭한 비평가였던 랭바움(Robert Langbaum)[16]이 지적하고 있듯이 이 책은 "진정한 목가, 우리 시대의 가장 훌륭한 산문적 목가"다. 이 책은 목가이지만 비행기 사고로 인한 핀치-해턴의 죽음에 대해서나 짐을 싼 채 텅 빈 방에서 보낸 절망적이었던 마지막 몇 주에 대해서도 극적으로 언급하고 있지는 않다. 따라서 이 책은 많은 이야기들을 담을 수 있지만 빈약하고 난해한 언급을 통해 **숭고한 열정**(*grande passion*)을 담은 근원적인 이야기를 암시할 뿐이다. 이 열정은 당시 그녀의 이야기하기의 근원이었고, 분명히 끝까지 그러한 근원이 되었다. 디네센은 아프리카에서 생활했을 때나 생애 중 다른 때에나 어떤 것도 숨긴 적이 없다. 사람들이 생각하듯이 그녀는 자신의 묘사에서 묘하게도 죽은 듯이 드러나지 않는 이 남자의 애인이 된다는 것을 자랑스러워했음이 틀림없다. 그러나 그녀는 『아프리카를 회상하며』에서 암시를 통해서만 핀치-해턴과의 관계를 인정하고 있다. 그는 "아프리카에서 농장 이외는 잠잘 곳이 없었으므로 수렵여행(safari)을 하는 중간에 나의 집에서 살았다." 그리고 그가 돌아오면 집은 활짝 열려 활기를 띠었다. "우기에 접어들어 첫 소나기가 내려서 커피 꽃이 피었을 때 커피 농장이 재재거리듯 집 안은 수런거리고 있었다." 게다가 "농장의 사물들은 실제로 모습 그대로 제각기 수런거리고 있었다." 그녀는 "핀치-해턴이 외출해 있는 동안

---

16) 그의 주요 저작으로 『근대의 정신: 19-20세기 문학의 연속성에 관한 에세이』, 『정체성의 신비: 근대 문학의 주제』, 『경험의 시작(詩作): 근대 문학 전통의 드라마적 독백』 등이 있다-옮긴이.

세헤라자데[17]처럼 다리를 꼰 채 마루에 앉아 많은 이야기들을 지어내려고 했다."

그녀는 이러한 환경에 있는 자신을 세헤라자데라고 불렀을 때 훗날 자신을 따르는 문예비평가들보다 더 중요한 것을 생각했고, "나는 다만 이야기를 할 뿐이다"(*Moi, je suis une conteuse, et rien qu'une conteuse*)라는 단순한 이야기하기보다 더 중요한 것을 생각했다. 디네센은 다른 어느 것보다도 『천일야화』를 높이 평가했는데, 『천일야화』는 단순한 이야기로만 그치는 게 아니라 세 명의 사내아이를 낳았다. "농장에 찾아와 '이야기가 있느냐'고 묻는" 그녀의 애인은 "밤새 이야기를 듣고 싶어하는 취미를 즐겼던" 아리비아 왕과 조금도 다르지 않았다. 핀치-해턴과 그의 친구 콜(Berkeley Cole)은 제1차 세계대전이 만들어낸 젊은 세대에 속했다.[18] 그들은 인습을 준수하면서 일상 업무를 수행하거나 자신들을 비굴하게 만드는 사회 속에서 출세를 쫓거나 자신의 역할을 수행하는 그런 일들을 하기에는 영원히 어울리

---

17) 'Scheherazade'는 도시를 의미하는 'shahr'와 사람을 의미하는 'zad'라는 단어의 복합어다. 따라서 세헤라자데는 도시에 사는 여성이라는 뜻이다. 고대 페르시아어에서는 고귀한 인종이란 의미를, 오늘날 페르시아어에서는 '도시에서 태어난'이라는 의미를 가지고 있다. 또한 이것은 『천일야화』에서 가상적인 이야기꾼의 이름을 의미한다-옮긴이.

18) 이 내용은 소설의 시대적 배경에 대한 이해를 필요로 한다. 이 책은 1914-31년 사이에 영국령 동아프라카 케냐의 부시맨 지역에 거주하고 있는 유럽 정착민들과 관련된 사건들을 기술하고 있다. 작가가 유럽 식민주의의 여명기 케냐의 나이로비 근처에 소유하고 있는 농장에 관한 이야기로 시작된다. 주요 인물 가운데 한 사람인 데니스 핀치-해턴은 귀족적 품위를 유지하고 있고, 음악, 포도주, 문학예술 애호가이며, 문화적 경계를 넘어서 원주민으로부터 깊은 존경을 받을 만큼 품위와 순수한 고귀성을 지닌 사람으로 묘사된다. 버클리 콜은 데니스와 좋은 친구로서 문화적 차이를 넘어서는 일정한 수준의 귀족적 품위를 유지하고 있는 사람이며, 마사이 말을 할 줄 알고 대부분의 원주민과 좋은 관계를 유지하고 있는 사람으로 등장한다-옮긴이.

지 않는 사람들이었다. 이 세대에 속하는 사람들 가운데 일부는 혁명가가 되어 미래의 꿈나라 속에서 살았으며, 또 다른 일부는 반대로 지난날의 꿈나라를 선택해서 "그들의 세계가…… 더 이상 존재하지 않는 세계"인 양 생활했다. 그들은 모두 "자신들이 이 세기에 속해 있지 않다"는 기본적인 확신을 공유하고 있었다. (정치 언어로 표현하자면 자유주의가 세계의 '진보'에 대한 희망과 더불어 세계 자체의 수용을 의미하는 한, 우리는 그들이 반자유주의자라고 말하게 된다. 역사가들은 부르주아지의 세계에 대한 보수적 비판과 혁명적 비판이 어느 정도까지 일치하고 있는가를 알고 있다.) 어쨌든 그들은 정착하여 가정을 갖기보다 오히려 자의적 행위에 대가를 지불하려는 '추방자'나 '도망자'가 되기를 바랐다. 핀치-해턴은 자신이 하고 싶은 대로 왔다 가는 떠나버렸으며, 결혼 따위에 묶여 지낸다는 것을 추호도 생각해 보지 않았다. 정열의 불꽃 말고는 어느 것도 그를 묶어두거나 유혹할 수 없었다. 시간의 경과와 불가피한 반복 때문에, 그리고 서로 너무나 잘 알아서 모든 이야기를 이미 들었기 때문에 정열의 불꽃이 꺼지는 것을 막는 가장 확실한 방법은 새로운 불꽃을 만드는 데 진력하는 것이었다. 확실히 그녀는 세헤라자데 못지않게 즐거움거리를 열심히 찾았고, 즐거움의 중단이 자신의 죽음과 다를 바 없다고 강하게 의식했다.

따라서 숭고한 열정은 여전히 야성적이고 아직도 길들여지지 않은 아프리카의 완벽한 환경과 비례하여 살아났다. 이곳에서 사람들은 원칙에 따라 "존경할 만한 것과 품위 있는 것"을 구별할 수 있으며, 우리가 알고 있는 인간적인 것과 동물적인 것을 구분할 수 있었다. 우리는 가축을 존중할 만한 존재로, 야생동물을 품위 있는 존재로 간주했다. 그리고 우리는 가축의 존재 이유와 진가가 가축과 공동체의 관계에 의해 결정되지만 야생동물은 신과 직접 연관된다고 주장했다. 우리는 다음과 같은 점에 동의했다. "사람들은 돼지와 가금을 사육하느라고 투자하는데 돼지와 가금은 그에 상응하는 보답을 하거나 기대한 바대로 활동하는 한…… 우리로부터 존중받을 만한 가치를 가지고 있다. ……우리는 야생동물과 함께 우리 자신을 명부에 등록했는데 공동체—그리고 우리의 저당물—에 적절하게 보답하지 못함을 슬프게 인정하면서 주위 사람들로부터 최상의 칭찬을 받을 목적도 없는 우리가 하마나 플라멩코와 공유하고 있는 신과 직접 접촉하는 것을 단념할 수 없음을 깨달았다." 추방자나 도망자는 그들을 탄생시킨 문명사회를 멸시하듯이 감정들 가운데 숭고한 **열정**도 사회적으로 수용할 수 있는 것을 파괴하며 "우리로부터 존경을 받을 만한 가치가 있는 것"을 경멸한다. 그러나 우리는 역사와 문학에서 완전히 실패로 끝난 그 유명한 연인들의 예를 통해 사랑이 삶을 파괴한다는 사실을 알고 있듯이 삶은 사회 속에서 영위되며, 사랑—여기서 말하는 사랑은 결혼의 축복을 말하는 낭만적 사랑은 아님—은 역시 삶을 파괴한다. 사회를 벗어난 것은 열정뿐만 아니라 열정적 삶이 인정된다는 것을 의미할 수 없는가? 그것은 디네센이 덴마크를 떠나 사회로부터 보호받지 못하는 삶에 자신을 드러낸 이유가 아니었나? 그녀는 "나는 아프리카에서 무슨 일을 해야만 했는가"라고 질문했다. 그 대답은 "나의 갈 길을 비춰 주고 나의 발밑에 빛을 던져 주었던 문호"의 시 속에 나와 있다.[19]

야심을 피하여
햇빛 속의 삶을 사랑하는 사람,

---

19) 셰익스피어의 희곡 『뜻대로 하세요』(*As You Like It*)의 제2막 5장 숲 속에서 자크(Jaques)가 부르는 노래다. 잠시 후 자크는 '덕대미'를 이렇게 표현한다. 이것은 바보를 원으로 끌어들일 때 부르는 그리스의 주문이라고 표현한다―옮긴이.

자신이 먹을 양식을 찾고
자신이 얻은 것으로 즐거워하며,
이리로 오라, 이리로 오라, 이리로 오라,
여기서 어떤 적도 없고
겨울과 거친 날씨만 보리라.

누구든 멍청이를 피해
자기 재산과 안락을 버리고
쾌락을 향한 굽히지 않는 의지를
이겨내 버린다면
덕대미(Ducdame)[20], 덕대미, 덕대미
여기서 그대를 보리라
자기 같은 터무니없는 바보를,
그가 내게로 온다면.

이름이 함축하고 있듯이 세헤라자데는 야망을 멀리하며 걱정 없이 살기를 좋아하는 셰익스피어어의 "무식한 바보들" 사이에서 삶을 영위하고, 아프리카 대륙을 훌륭한 곳으로 만들겠다는 전도사, 사업가, 정부관료 등 새로운 정착민들의 야심을 내려다보며 비웃을 만한 "9천 피트 높이"의 장소를 발견했다. 그런데 세헤라자데는 원주민과 야생동물, 유럽에서 온 추방자들이나 도망자들, 그리고 "몰락 이전의 시대를 알지 못한 채" 안내인이나 사파리 사냥꾼으로 변신한 탐험가들을 보호하는 것 이외에는 관심이 없었다. 이것은 곧 그녀가 원했던 존재방식이고 삶의 방식이었으며 표현방식이었다. 그녀의 삶

---

20) '모여라' 또는 '나에게 오라'라는 의미를 지니고 있다-옮긴이.

의 방식은 다른 사람, 특히 연인에게 어떤 모습으로 보이는가의 문제와 아무런 연관이 없었다. 데니스는 그녀를 타니아, 때로는 티타니아라고도 불렀다. (그녀는 "이곳의 땅과 사람들에게는 신비감이 있다"고 데니스에게 말한 적이 있다. 데니스는 "애정 어린 겸손의 태도로 그녀에게 미소를 보내면서 다음과 같이 말했다. 신비로움은 사람이나 땅에 있는 것이 아니라 그것을 보는 사람의 눈에 달려 있어요, 타니아…… 티타니아, 당신은 자신의 신비로움을 이곳에 가지고 온 것입니다.") 미겔은 세헤라자데라는 이름을 그녀 전기의 제목으로 택했다. 미겔이 이 이름이 요정의 여왕과 그녀의 "신비로움"보다 더 중요한 것을 의미한다는 사실을 기억하고 있었다면 그 제목은 별로 잘못된 것이 아니었을 것이다. 언제나 셰익스피어를 서로 인용하면서 이 이름을 먼저 사용했던 두 연인은 물론 더 잘 알았다. 그들은 요정의 여왕이 버텀(Bottom)과 사랑에 푹 빠질 수 있으며 자신의 마력에 대해서는 오히려 비현실적으로 평가했다는 것을 알았다.[21]

"그리고 내가 그대 죽어 없어질 멍청함을 몰아내
공기의 정령처럼 그대 가리라."[22]

---

21) 『한여름 밤의 꿈』에서 오베른은 요정의 왕으로, **티타니아는 요정의 여왕**으로 등장한다. 그러나 두 사람은 서로 사이가 좋지 않았기 때문에 오베른은 퍽을 시켜 사랑의 꽃을 꺾어 오게 하고 그 즙을 티타니아의 눈꺼풀에 바르게 한다. 그런데 눈꺼풀에 꽃의 즙을 붙이면 누구나 눈을 뜨는 즉시 보이는 것에 정신없이 반하게 된다. 그래서 티타니아는 눈을 떠 맨 처음 버텀을 보게 되어 그에게 반하게 된다. 아렌트는 여기에서 디네센이 남편과 불편한 결혼생활을 하던 중 핀치-해턴을 좋아하게 된 상황을 간접적으로 설명하고 있다. 이러한 상황은 아렌트에게도 해당된다. 그녀는 파리 망명 시절 첫 번째 남편인 귄터 안더스와 원만한 생활을 하지 못하여 남편과 이혼하게 되고 이후 블뤼허에 관심을 갖게 되었고 그와 결혼했다—옮긴이.
22) 셰익스피어의 『한여름 밤의 꿈』 제3막 1장에서 티타니아의 대사다—옮긴이.

버텀은 공기의 정령으로 변하지 않았고, 퍽(Puck)은 우리에게 무엇이 모든 실천적 목적을 위한 문제의 진실인가를 이야기한다.

"내 애인은 괴물과 사랑에 빠지고……
티타니아는 잠이 깨자 곧바로 바보를 사랑했다."[23]

곤란한 것은 마력의 무력함이 다시 한 번 입증되었다는 것이었다. 디네센은 "상당히 높은 고지에서" 성장한 커피가 "아무런 이득을 제공하지 못한다"는 것을 알았음에도 불구하고 농장에 계속 머물기로 결정했을 때 스스로 자초한 파멸을 맞게 되었다. 그녀는 사태를 더욱 악화시킬 정도로 "커피에 대해 배운 적도 아는 것도 없으면서 다만 직관력이 수행할 것을 자신에게 알려줄 것이라는 집요한 확신을 유지했을 뿐이다." 디네센의 언니는 디네센의 사망 이후 분별 있고 따뜻한 회상록에서 이 사실을 기록하고 있다. 디네센은 17년이라는 오랜 세월 동안 가족의 재정지원을 받으면서 자신을 여왕, 요정의 여왕으로 만들어 주었던 그 땅으로부터 추방당하고서야 비로소 진실을 깨닫게 되었다. 뒷날 그녀는 아프리카의 요리사 카만테를 회상하며 이렇게 적고 있다. "뛰어난 요리사가 아는 것에 몰두해 깊은 생각에 빠져 길을 걷고 있는 곳에서는 어느 누구도 그가 납작하고 묵묵한 표정의 얼굴을 가진 안짱다리의 난쟁이 키쿠유족(Kikuyu)이라는 것 이외에는 그에 대해 아무것도 알지 못했다." 그렇다. 어느 누구도 그녀가 이야기들을 꽃피우는 상상력의 신비 속에서 모든 것을 계속해서 되풀이했다는 것 이외에는 그녀에 대해 알지 못했다. 그러나 이러한 불균형이 발견되면 그것도 이야기의 자료가 될 수 있다는 점은 문제

---

23) 셰익스피어의 『한여름 밤의 꿈』 제3막 2장에서 퍽의 대사다—옮긴이.

의 핵심이다. 우리는 또한 「꿈꾸는 사람들」에서 다시 한 번 티타니아를 만나게 되는데, 그녀를 여기서만 "도냐 키호타"(Donna Quixota de la Mancha)[24]라고 부르며, 늙은 유대인 현자를 연상시킨다. 이 노인은 이야기 속에서 퍽(Puck)의 역할을 하는, 비유적으로 표현하면 자신이 인도에서 보았던 "춤추는 뱀", "독이 없으나 동물을 죽일 경우 몸으로 조이는 강력한 힘을 가진 뱀"의 역할을 한다. "사실, 들쥐 주위를 빙빙 돌며 들쥐를 억누르고 마침내 힘껏 껴안는 거대한 휘감긴 몸체를 풀어헤치는 당신의 모습은 포복절도하기에 충분하다." 우리는 이러한 분위기를 다소간 발견하게 된다. 우리는 생애 후반 그녀의 '성공'에 대해 자세히 읽게 될 때, 또는 그녀가 모든 균형을 파괴하고 자신의 성공을 과장하면서 어떻게 그것을 즐겼는지 알게 될 때 다소간 이러한 분위기를 느낄 수 있게 된다. 이를테면 이 달의 책 클럽(Book-of-the-Month-Club)에 적절한 작품을 제공하고 명문 사교 단체의 명예회원직을 유지하는 데 모험적인 열정을 쏟아내야 하며, 고통이 없는 것보다 낫다는—"슬픔과 무 가운데 나는 슬픔을 택하오"(포크너)[25]—초기의 냉철한 통찰력이 결국 상, 수상, 명예의 조그마한 변화에 의해 보상받아야 하지만, 돌이켜보면 명예란 슬픈 것일 수도 있다. 이러한 광경 자체는 거의 희극에 가까운 것임이 분명하다.

---

24) 돈키호테(Don Quixote)에 해당하는 여성 표기다. 따라서 우리말로 옮기면 '돈키호테 부인'으로 표기해야 할 것이다. 그러나 돈키호테는 결혼을 하지 않았기 때문에 '돈키호테와 같은 여성'으로 번역하는 것이 더 적합할 것이다-옮긴이.

25) 윌리엄 포크너의 책 『야생 종려나무』(*The Wild Palsm*, 1939)의 마지막 구절이다. 미셸은 이러한 파트리샤의 질문에 대해 "나는 무를 택하네. 슬픔에는 이것저것 딸린 게 많아"라고 답변한다-옮긴이.

'이야기하기'의 철학

운명의 일화

그녀는 이야기 덕분에 사랑을 하게 되었고, 불행이 몰아닥친 이후 자신의 삶을 유지할 수 있었다.[26] "모든 슬픔을 이야기로 만들거나 이에 대한 이야기를 말로 할 수 있을 경우 여러분은 모든 고통을 참을 수 있다."[27] 이야기는 일련의 견디기 어려운 사건 자체의 의미를 드러낸다. 진정한 믿음의 분위기이기도 한 "소리 없이 완전히 포용하는 동의의 분위기"—장례식에서 가장 가까운 친척이 드리는 히브리어 기도(Kaddish)가 단지 "그분의 이름을 거룩하게 하소서"라고 표현하듯이 디네센의 하인이 핀치-해턴의 사망 소식을 들었을 때 "신은 거룩하다"고 응답했다—는 이야기에서 나타난다. 사건은 상상력의 반복을 통해 그녀의 표현대로 "운명"이 되어 왔기 때문이다. 어느 누구도 무용을 연계시키지 않은 채 무용수에 대해 말할 수 없을 것이며, 당신은 어떤 누구인가라는 질문에 대한 답변이 "저에게 고전적 방식으로 당신에게 답변하고 당신에게 이야기를 하도록 허

---

26) 디네센은 남편과 이혼한 후 자신을 찾아온 영국인 핀치-해턴에게 세헤라자데와 같이 끊임없이 이야기를 들려주었고 이를 통해 그를 사랑하게 되었으며, 아프리카에서 농장 경영에 실패한 이후 귀국하여 소설을 쓰게 되어 생계비를 벌게 되었다-옮긴이.

27) 이 문구는 『인간의 조건』 제5장 「행위」에 소개되어 있다. 그러나 이 문장은 출처를 언급하고 있지는 않다. 또한 아렌트는 이 장에서 다음과 같은 문장을 인용하고 있다. "높은 사람의 집에서 일하는 의사와 과자 굽는 자와 하인들은 그네들이 한 일, 심지어 하려고 한 일로 평가받소. 하지만 높은 사람은 그의 신분으로 평가되오." 아렌트는 이 문장의 각주에서 이 문구를 『일곱 개의 고딕 이야기』 중 「꿈꾸는 사람들」에서 인용하고 있다고 밝히고 있다. 이러한 측면에서 보면 디네센의 철학은 아렌트의 주제에 영향을 미쳤다고 할 수 있다-옮긴이.

락해 주십시오"라는 추기경의 답변이 되도록 자신과 자기 운명을 일치시키는 것은 삶이 우리에게 부여되었다는 사실을 가치 있게 해주는 유일한 열망이다. 우리는 이것을 자존심이라고 부르는데, 사람들을 구분하는 진정한 경계선은 "자신의 운명을 사랑할" 줄 아는가 또는 "사람들이 오늘의 명언에서…… 그렇게 인정하는 것을 성공으로 받아들일 수 있는가에 달려 있다. 사람들이 자신들의 운명 앞에서 떨고 있음은 무리가 아니다." 그녀의 모든 이야기들은 사실 "운명의 일화들"[28]이어서 우리가 결국 어떻게 판단을 내릴 특권을 가지게 되는가를 반복적으로 언급하고 있다. 달리 표현한다면 이것들은 "지성을 갖춘 사람에게 이르는 두 가지 사유과정 가운데 어떤 한 가지를 어떻게 추구할 것인가…… 언급하고 있다. 신은 세계와 바다 그리고 사막, 말, 바람, 여자, 호박(琥珀), 물고기, 술을 창조한다는 것을 무슨 의미라고 생각했는가?"

---

28) 디네센의 소설 『바베트의 만찬』(일명 『운명의 일화』)의 제목이다. 노르웨이 피오르 지방의 조그만 마을에 살고 있는 두 자매는 마르티네와 필리파다. 이들은 목사로서 마을사람들의 정신적 지도자였던 아버지의 타계 이후 그의 자리를 대신하면서 평생 조용하고 금욕적인 삶을 살아가고 있다. 젊은 시절, 언니 마르티네는 잘생긴 청년 장교의 사랑을 받았으며, 아름다운 목소리를 가진 동생 필리파는 유명한 가수 아실 파팽과의 추억을 갖고 있다. 노년을 맞은 두 자매에게 어느 날 바베트라는 낯선 프랑스 여인이 아실 파팽의 편지를 갖고 찾아온다. 자매는 혁명의 와중에 오갈 데 없는 신세가 된 바베트를 받아들이고, 바베트는 자매의 집안일을 도우며 함께 지낸다. 어느 날 바베트는 만 프랑짜리 복권에 당첨되고, 돌아가신 자매의 아버지 탄생 기념일에 있을 만찬을 자기 돈으로, 완벽한 프랑스식으로 차리게 해달라고 청한다. 사치스럽고 이국적인 프랑스식 만찬에 대한 두려움을 갖고 있는 자매는 바베트의 간청을 마지못해 받아들이고, 젊은 시절 마르티네를 짝사랑했던 장교를 비롯하여 바베트의 만찬에 초대받은 사람들은 만찬 음식을 맛보며 놀라운 축복과 사랑을 경험한다. 추미옥의 역서에 관한 편집자 노트에서 인용함-옮긴이.

충실한 삶에 대한 이야기

이야기하기는 진정 자신을 정의하는 과오를 범하지 않은 채 의미를 드러내며, 실제로 존재하는 사물에 대한 동의와 화해를 가져온다. 그리고 우리는 결국 '심판의 날'에 기대되는 최후의 말을 포함시킬 정도로 이야기하기를 신뢰한다. 그렇지만 우리가 디네센의 이야기하기의 '철학'에 귀를 기울이면서 이 입장에서 그녀의 삶을 생각한다면 우리는 잘못된 방향으로 강조점을 미세하게 변경하는 것이 어떻게 불가피하게 모든 것을 파멸시키는가를 의식하지 않을 수 없다. 그녀의 '철학'이 시사하듯 자신의 생애를 이야기할 수 없는 사람이 사실 생각할 만한 가치를 지닌 인생을 가지지 못한다면 그러한 인생은 이야기로서 영위될 수 없으며 영위될 필요도 없지 않은가? 아울러 사람이 인생에서 해야만 할 일은 이야기를 진실되게끔 하는 것도 아닌가? 그녀는 자신의 비망록에 이렇게 기록한 적이 있었다. "자존심은 신이 우리를 창조할 때 가졌던 생각에 대한 믿음이다. 자존심이 있는 사람은 이런 생각을 의식하면서 그것의 실현을 열망한다." 그녀의 초기 생활에 대한 우리의 이해에 비추어 볼 때 아주 명료하게 나타나는 것 같은데, 그녀는 소녀 시절부터 그 믿음을 행하려고 노력했으며, '생각'을 실현시키고 오래된 이야기를 진실되게 함으로써 인생의 운명을 예견하려고 노력했다. 이러한 생각은 그녀가 가장 사랑했던 아버지로부터 물려받은 유산이었다. 열 살 때 맞은 아버지의 죽음은 그녀가 경험한 첫 번째 슬픔이었다. 그녀는 그 후 아버지가 자살했다는 사실을 알게 되었으며, 이 사실은 그녀가 잊을 수 없었던 첫 번째 충격이었다. 그녀가 자신의 인생에서 연출하려 했던 이야기는 사실상 아버지에 관한 이야기의 속편이었음을 의미한다. 아버지의 이야기는 "누구에게나 사랑받는 요정 이야기의 공주"(*une princesse de conte de fées*)에 대한 것이었는데, 그는 이 공주를 결혼 전부터 알아왔지만 그 공주는 20세에 갑자기 죽는다. 아버지는 딸에게 이 이야기를 전해 주었고, 그녀의 숙모는 훗날 아버지가 이 잃어버린 슬픔으로부터 결코 벗어날 수 없었고 그 슬픔 때문에 결국 자살했다고 이후 언급했다. 뒷날 그 소녀는 바로 아버지의 사촌형제였음이 밝혀졌다. 그 결과 딸의 가장 큰 열망은 아버지의 친척 가운데 이 사촌 집안의 일원이 되는 것이었다. 이 집안은 덴마크에서 상류 귀족이었으며, 게다가 그녀의 언니가 진술한 대로 그녀 자신의 주변과는 "전혀 다른 부류"의 사람들이었다. 그 가문의 한 사람, 죽은 소녀의 사촌이 그녀 친구가 되었으며, "그녀가 흔히 쓰는 처음으로 영원히 사랑에 빠졌을 때"도 그 상대는 그녀의 또 다른 조카인 한스 브릭센이었다. 그러나 그 청년은 그녀에게 관심을 보여주지 않았는데, 그녀는 그때 이미 27세의 나이로 모든 것을 충분히 잘 알 수 있는 나이가 되었음에도 불구하고 그 청년의 쌍둥이 형제와 결혼을 결정했으며 — 이 사건은 주위 모든 사람들에게 고뇌와 경악을 불러일으켰다 — 그와 함께 아프리카로 떠나기로 결정했다. 그때는 제1차 세계대전이 일어나기 직전이었다. 그 후 일어난 일들은 자질구레한 것들이어서 그것을 소재로 해서 이야기를 구성하거나 말로 할 수는 없다.[29] (그녀는 전쟁 직후에 별거해서 1923년에 이혼하게 된다.)

젊은 시절 체험과 상상력의 구체화

그렇다면 이게 이야기가 되겠는가? 내가 아는 한 그녀는 이 이해하기 어려운 결혼 사건에 대해 한 번도 쓴 적이 없다. 그러나 그녀는 자신에게 명백한 교훈이 되었던 젊은 시절의 어리석은 행동, 즉 이야

---

29) 이 부분의 이야기 전개는 디네센의 『바베트의 만찬』 가운데 「진주조개잡이」에서 사우페가 쉬라즈를 떠나 진주조개잡이가 된 이후 그를 찾아온 시인에게 자신의 인생 여정을 말하는 방식과 유사하다-옮긴이.

기를 현실화하고 이야기가 알려지기를 끈기 있게 기다리는 대신 미리 생각한 양식에 따라 삶에 개입하며, 허구를 만들고, 이에 따라 삶을 영위하는 것과 달리 상상 속에서 반복하는 "과오들"에 대한 몇 가지 꾸민 이야기를 쓰고 있다. 이들 가운데 맨 처음 이야기는 「시인」(『일곱 개의 고딕 이야기』 수록)이며, 다른 두 개는 거의 25년 뒤에 씌어진(미켈의 전기에는 불행히도 여기에 관한 연보가 없다) 「불멸의 이야기」(『운명의 일화』 수록)와 「메아리」(『최후의 단편집』 수록)이다. 첫 번째 이야기는 농민 출신의 젊은 시인과 신분 높은 그의 후원자 사이의 만남에 대해 언급하고 있다.[30] 이 늙은 신사는 젊은 시절에 바이마르 공화국과 대추밀고문관 시절 괴테[31]에 매료되어 "시 이외에는 그의 인생의 참된 이상"은 없다고 믿었다. 그러나 슬프게도 그러한 높은 야망이 한 인간을 시인으로 만들지는 못한다. 그는 "자기 인생의 시는 어딘가 다른 곳으로부터 나올 수 있다"고 깨닫게 되었을 때 마에케나스[32]의 역할을 맡기로 결심하고, 보호할 만할 가치가 있다

---

30) 디네센은 운명을 지배한다고 믿는 사람들을 풍자한다. 이야기 속의 '시인'은 덴마크의 부르주아적인 도시의 고문관(councilor)이다. 연인들은 고문관의 중매로 인하여 그를 살해하게 된다. 부주의하여 발생한 살인은 연인들의 운명을 결정한다. 대단원에서 여성은 자신의 삶에 고문관이 개입한 것을 빈정투로 "당신 시인이여!"라고 외친다. 고문관은 죽을 때 운명이 자신의 예상보다 큰 이야기를 만들어낼 수 있다는 것을 깨닫는다. 디네센은 괴테-이 이야기에서 고문관의 가장 이상적인 시인-에 베트를 가한다. 괴테의 낭만주의 철학은 아렌트의 것과 다르다. 괴테의 영웅들은 비극적 운명을 초래했지만, 디네센의 희생자는 이 이야기에서 등장하는 연인들과 같이 순진하며 운명의 의지에 무기력한 사람이다-옮긴이.

31) 괴테는 27세에 작센-바이마르-아이제나하 공국의 추밀참사관(1776)으로 공직생활을 시작하여 국가의 조림 행정 감독관, 도로 건설과 군사위원회를 맡았으며 30세에 추밀고문관(1779)이 되었고 국가 재정업무를 관장하면서 33세에는 바이마르 공화국의 내각 수반(1782)이 되었다. 이와 같이 유명한 학자들은 추밀고문관이라는 칭호가 주어졌다-옮긴이.

고 생각되는 "위대한 시인"을 찾기 시작했으며, 다행스럽게도 자신이 살고 있는 마을 근처에서 그를 찾게 되었다. 그러나 마에케나스와 같은 일종의 실존하는 인물은 시에 대해서는 많은 지식을 지니고 있지만 돈을 쓰는 데는 그렇게 만족할 수는 없었다. 그는 또한 위대한 시란 그 최고의 영감을 극심한 비극과 슬픔에서 얻게 된다고 믿으면서 그 비극과 슬픔도 마련해야만 했다. 따라서 늙은 신사인 마에케나스는 젊은 아내를 불법으로 자기 사람으로 삼고 자신의 비호 아래 젊은 두 사람이 결혼은 할 수 없다는 전제 아래 사랑에 빠지게끔 만든다. 그 결말은 피로 얼룩졌다. 젊은 시인은 그의 후원자를 총으로 쏘았고, 노인이 죽음의 고통 속에서 괴테와 바이마르 공화국을 꿈꾸고 있을 때, "목에 오랏줄이 묶이는" 애인을 환상 속에 보고 있는 젊은 여인은 그 노인을 해치운다. 젊은 여인은 혼자 말한다. "세상이 아름다워져야 한다는 바로 그 이유 때문에 그는 마법을 써서 이를 실현하려 했다." 그녀는 노인에게 "당신, 당신이야말로 시인이에요"라고 소리쳤다.

작가인 그녀 자신이 알고 있듯이 독일식 교양(Bildung), 그리고 괴테와 교양의 불행한 관계를 알고 있는 사람들은 아마도 「시인」이라는 작품의 아이러니를 가장 잘 이해하고 있다. (이 이야기에는 괴테와 하이네의 독일 시뿐만 아니라 보스Voss의 호메로스 작품 번역에 대한 비유를 담고 있다. 그것은 교양의 해악에 대한 이야기로도 읽힐 수 있었다.) 반면에 「불멸의 이야기」(The Immortal Story)는 민화형식으로 구성되어 쓰인 것이다. 그 주인공은 광동에 살고 있는 "차무역을 하는

---

32) 마에케나스(기원전 70년-기원전 8년)는 로마의 첫 번째 황제인 옥타비아누스의 충실한 정치고문이었으며 아우구스투스 시대 시인들의 중요한 후원자이기도 했다. 따라서 그의 이름은 부유한 예술 후원자들의 본보기가 되고 있다-옮긴이.

굉장한 부자"로서 "자신의 만능을 믿는 신념"을 지녔다는 실제적 이유만으로 죽음에 이르러서야 책과 관계를 맺는다. 그 결과 그는 책이 지금까지 일어난 적이 없는 이야기를 들려주는 것에 당황했으며, 그가 알고 있었던 유일한 이야기 — 항구에 내린 선원이 마을의 "가장 돈 많은 부자"인 노신사를 만나서 아들을 얻으려면 젊은 아내와 함께 하는 침실에서 "최선을 다하라"고 충고하고 여기에 대한 보수로 5기니를 받는다는 이야기 — 는 "지금까지도 일어나지 않았으며……앞으로도 일어나지 않을 것이고 이 이야기를 들려주는 이유는 바로 여기에 있다"는 것을 읽었을 때 그의 분노는 절정에 이르렀다. 그래서 노인은 모든 항구 도시에서 듣고 있는 이 낡은 이야기가 진실임을 밝히기 위해 선원을 찾아 나선다. 그리고 모든 것은 순조롭게 진행되었다 — 다만 젊은 선원은 아침이 되어 바로 그 이야기와 밤 동안에 일어났던 이야기 사이에는 아무런 유사점이 없다고 하면서 5기니마저 거부하고 상대방의 여성에게 그의 유일한 재산인 "분홍빛의 커다란 조개껍질"을 남겼다. 그는 그 재산이 "세계에서 단 하나밖에 없는 것"이라고 믿고 있었다.

이러한 범주에 포함되는 것 가운데 마지막 작품인 「메아리」(Echoes)는 『일곱 개의 고딕 이야기』 속의 「꿈꾸는 사람들」에서 레오니(Pellegrina Leoni)의 이야기에 관한 속편이다. 방랑하는 도중에 "목소리를 잃어버린 프리마돈나"[33]는 에마누엘 소년으로부터 그 소리를 다시 듣고 자신의 꿈, 가장 훌륭하면서도 이기적이지 않은 꿈 — 그렇게 큰 즐거움을 주는 목소리는 다시 부활되어야 한다는 꿈 — 을 실현시키기 위해 소년을 자신의 이미지로 전환하기 시작한다. 내가

---

33) 디네센은 이후 프리마돈나의 목소리 상실이 자신의 농장 경영 실패를 재현했다고 말했으며, 이 이야기에서 살아가는 방법을 평가하고 있다-옮긴이.

앞에서 언급한 랭바움은 여기서 "이자크 디네센이 비난의 화살을 자신에게 돌렸다"고 지적했고, 첫 쪽 어디에선가 식인풍습을 소개하고 있지만 그 가수가 자신의 젊은 시절을 복구하고 "12년 전 밀란에서 매장했던 레오니를 부활시키기 위해 그 소년을 길렀다"는 내용을 확인할 만한 아무런 이야기도 없다고 지적했다. (남자 후계자를 선택한다는 것 자체가 이러한 해석을 배제한다.) 가수 자신의 결론은 이러하다. "레오니의 목소리는 이제 다시 들을 수 없을 것이다."[34] 그 소년은 그녀에게 돌을 던지기에 앞서 이렇게 비난한다. "당신은 마녀이고 흡혈귀이다. ……당신한테로 돌아만 가면(다음 노래 연습 때문에) 나는 죽게 되고 말 것이다." 젊은 시인은 똑같은 비난을 그의 마에케나스에게 던지고 있는데, 이는 젊은 선원이 그의 후원자에게 던진 비난과 같다. 일반적으로 도움이라는 구실로 타인에게서 꿈을 실현시키려는 사람은 모두 이런 비난을 받게 마련이다. (이처럼 그녀 자신은 "사촌이 그녀를 필요로 했고 사실 그녀를 필요로 했던 유일한 사람이라는 이유로 애정도 없이 결혼할 수 있다고 생각했다. 그러나 사실은 동아프리카에서의 새 생활을 시작하고 그녀 아버지가 치프와Chippeway 인디언들 사이에서 은둔자처럼 살았던 것과 같이 그녀도 원주민들 사이에서 생활하는 데 그를 이용했을 뿐이다. "인디언들은 유럽의 우리 문명인들보다 훌륭하다"라고 그녀는 어린 딸에게 말했는데 머리 좋은 딸은 이 말을 잊지 않고 있었다. "그들의 눈은 우리보다 훨씬 많은 것을 보며 우리보다 훨씬 현명하다.")

따라서 젊은 시절의 인생이 그녀에게 가르쳐 준 것은 다음과 같다. 사람들은 인생에 대해 이야기하고 시를 쓰면서도 인생을 시적으로 영위할 수 없고, (괴테가 한 것처럼) 인생을 예술작품인 듯이 영위할

---

34) 「꿈꾸는 사람들」에서 코코자가 한 말이다-옮긴이.

수 없으며, '생각'의 현실화를 위해 인생을 사용할 수 없다. 인생은 '본질'을 품고 있다(그 밖에 무엇을 포함시킬 것인가?). 회상과 상상을 통한 반복은 이 본질을 해독하여 "만능의 비약"을 여러분에게 전달할 수도 있다. 그래서 결국 여러분은 여기서 무언가를 '만들어내고' 이야기를 구성해내는 특권을 지니게 된다. 그러나 삶 그 자체는 본질도 아니고 만능의 비약도 아니다. 만약 여러분이 인생을 그런 것으로 생각한다면 인생은 여러분을 희롱할 뿐이다. 걸작처럼 드문 숭고한 열정에 몸을 던질 각오를 했던 것(비록 늦기는 했지만 그녀가 핀치-해턴을 만난 것은 그녀 나이 30대 중반이었다)은 삶의 쓰라린 희롱이라는 체험이었다. 이야기하기는 결국 그녀를 현명하게 만들었지만 그녀는 주변의 많은 사람들이 생각했던 '마녀'나 '요정' 또는 '예언자'는 결코 아니었다. 지혜는 노년의 미덕이며, 그것은 어린 시절 현명하지도 신중하지도 않았던 사람들에게만 나타나는 것 같다.

제7장 헤르만 브로흐[1]

마지못한 시인[2]

브로흐의 기본 성품: 포괄에 대한 욕구

헤르만 브로흐(Hermann Broch, 1886-1951)는 마지못한[3] 시인이었다. 그가 시인으로 태어났으면서도 시인이 되길 원하지 않았다는 사실은 그의 성품을 형성하는 기본 특징이었으며, 그의 가장 위대한 저작의 극적인 전개를 촉진시켰고, 삶에서 근본적으로 갈등을 야기하는 요인이 되었다. 이러한 갈등은 삶에서 나타나는 것이지 영혼에서 나타나는 것은 아니었다. 왜냐하면 이러한 갈등은 영혼의 투쟁 속

---

1) 『전집』(*Gesammelte Werke*)에세이 2권에 수록된 서문이다. 라인베르크 출판사(취리히)가 1955년에 출간했으며 현재는 주르캄프 출판사(프랑크푸르트)가 출간한 것이다. 클라라와 윈스턴이 영어로 번역했다.

2) 이 글에서 쓰고 있는 '시인'(poet)이라는 말은 독일어 '시인 작가'(Dichter)라는 의미로 쓰이고 있다.

3) '마지못하다'는 마음이 내키지 않지만 사정에 따라 그렇게 하지 않을 수 없다란 뜻이다. 영역본에서는 'reluctant'로 표현했고, 독일어본에서는 'wider Willen'으로 표현했다–옮긴이.

에서 나타날 수 있었던 심리적 갈등은 아니었기 때문이다. 브로흐 자신은 이 심리적 갈등을 반쯤은 역설적으로 반쯤은 체념적으로 "영혼의 외침"이라고 불렀다. 이러한 갈등은 과학과 수학에 필요한 재능과 상상력이나 시적 재능 사이의 갈등은 아니었다. 이러한 갈등은 해소될 수 있었으며, 만일 해소될 수 없더라도 기껏해야 순수 문학작품(belles-lettres)을 만드는 데 기여할 수 있지만 결코 진정한 창작작품을 만드는 데 기여할 수는 없었다. 더욱이 심리적 갈등이나 다양한 재능 사이의 갈등은 결코 한 인간의 성품을 형성하는 기본 특징이 될 수는 없다. 왜냐하면 한 사람의 성품이 지닌 기본 특징은 모든 천부적 재능이나 심리학적으로 기술할 수 있는 모든 특징과 자질보다도 언제나 보다 깊은 곳에 자리 잡고 있기 때문이다. 사람의 특징과 자질은 그의 성품에서 생겨나며, 그것의 법칙에 따라 발전하거나 파괴된다. 브로흐의 삶과 창조성 범위, 그의 작품이 작동되는 지평은 실제로는 원형이 아닌 삼각형과 유사했다. 그 각 변은 '창작'[4], 지식, 행위로 이름 붙일 수 있다. 독특성을 지닌 이 사람만이 그 삼각형의 공간을 채울 수 있었다.

우리는 근본적으로 상이한 세 인간활동, 즉 예술활동·과학활동·정치활동의 원인을 완전히 상이한 재능에 돌린다. 그러나 브로흐는 결코 공개적으로 드러내지 않지만 항상 끈질기게 이 세상의 삶에서 인간이 세 활동을 하나로 일치시키고 하나가 되게 해야 한다고 주장하면서 세계에 접근했다. 그는 예술에 대해서는 과학과 같은 강한 설득

---

4) 아렌트는 이 글에서 '창작'을 'literature'라고 표기하고 있는데, 독일어본에서는 이를 'Dichtung'이라고 표기하고 있다. 따라서 지식, 행위에 조응하는 의미로 사용할 때는 '창작'으로, 사상이나 감정을 언어로 표현한 예술이라는 의미로 사용할 때는 '문학'으로 표기한다. 물론 아렌트는 창작활동이란 낱말에서는 'creative'라는 용어를 사용한다-옮긴이.

력을, 과학에 대해서는 "세계의 끊임없는 재창조"[5]를 임무로 하는 예술과 마찬가지로 "세계의 전체성"[6]을 창출하라고 요구했으며, 아울러 지식으로 충만한 예술과 통찰력을 확보한 지식이 함께 일상의 실천적인 인간활동을 모두 포함시키고 포괄해야 한다고 요구했다.

이러한 요구는 그의 성품을 형성하는 기본 특징이었으며, 그 자체로 갈등은 없었다. 그러나 삶 속에서는, 무엇보다도 인간의 삶이라는 제한된 시간 속에서는 그러한 요구는 필히 갈등을 초래한다. 현대의 사고방식 및 직업 구조 내에서 이러한 요구는 예술, 과학, 정치에 커다란 짐을 부과하기 때문이다. 그리고 이러한 갈등은 브로흐가 시인이었다는 사실에 대한 그의 태도 속에서 명백하게 드러난다. 다시 말해서 브로흐는 자신도 모르는 사이에 시인이 되었으며, 자신의 성품을 형성하는 기본 특징과 인생의 근본적 갈등을 마지못해 개인적으로 정당하고 적절하게 표현했다.

브로흐의 전기라는 관점에서 볼 때 인생의 갈등을 포함하고 있는 "마지못한 시인"이라는 표현은 무엇보다도 『베르길리우스의 죽음』(The Death of Virgil)[7]을 출간한 이후의 시기에 해당된다. 이 작품 속

---

5) 「음악에서 인식문제에 대한 고찰」(Gedanken zum Problem der Erkenntnis in der Musik), 『에세이 전집』(Essays) 제2권, 취리히, 1955, 100쪽.
아렌트는 브로흐의 『에세이 전집』을 출간했다. 그는 이 전집의 서문을 썼다. 제1권은 『시작(詩作)과 사유』(Dichten und Erkennen)로 출간되었고, 제2권은 『사유와 행위』(Erkennen und Handeln)로 출간되었다―옮긴이.

6) 「호프만슈탈과 그의 시대」(Hofmannsthal und seine Zeit), 앞의 책 제1권, 140쪽.

7) 오스트리아 작가인 브로흐는 집단수용소에 수용되어 있던 1938년 집필하기 시작하여 1945년 영어와 독일어로 출간했다. 실재와 환상, 시와 산문이 뒤섞여 있는 이 난해한 대작은 브론디시 항에 머물고 있던 로마 시인 베르길리우스의 생애 마지막 몇 시간을 재연하고 있으며, 『아이네이스』를 태우려는 그의 결정, 그리고 자기 운명과의 최종적 조화를 재연하고 있다. 베르길리우스는 역사가 변화의 정점에 있다는 것을 인식했을 뿐만 아니라 자신이 미를 창조하려는 시

에서 예술 일반의 모호성은 예술작품 자체의 주제적 내용이 되었다. 그러나 이 작품의 완성은 집단수용소의 대량학살 발각이라는 이 시대 최대의 충격적인 사건과 시간적으로 일치하고 있기 때문에 그 이후 브로흐는 더 이상의 창작활동을 단념하고 모든 갈등을 해결하려는 자신의 습관적인 방식을 포기했다. 그는 삶에 관한 한 행위를 절대적 우위에 놓고 창조성에 관한 한 지식을 우위에 놓았다. 창작, 지식, 행위 사이의 긴장은 끊임없이 그를 엄습하여 일상의 삶과 작업에 영구적으로 영향을 미쳤다. (우리는 이러한 긴장관계의 객관적 기반에 대해서는 다음에 언급할 것이다. 이 긴장관계는 브로흐가 목표 지향적인 작업의 관점에서 행위를 이해하고 결과생산적인 지식의 관점에서 사유를 이해한 데서 발생한다.)

이것은 매우 주목할 만한 몇 가지 실제적 결과를 낳았다. 정말 아직도 지겨울 정도로 자주 보는 한정된 무리에 속하는 친구든 단지 알고 지내는 사람이든 누구나 고통상태, 즉 아프거나 돈이 없거나 죽어가고 있을 때마다 브로흐는 언제나 이들에게 모든 것을 배려했다. (물론 주로 망명자로 이뤄졌던 친구들이나 지인들의 집단 내에서 절망이란 당연한 것이었다.) 모든 도움은 돈이나 시간적 여유도 없던 브로흐로부터 나올 것이라 기대되었다. 그는 병원에 입원하여 (일종의 짓궂은 기쁨이 없는 것은 아니었지만) 그곳에서 쇠약해진 팔다리도 회복시킬 수 있는 약간의 휴식을 취했을 때만 그러한 책임에서 면제되었다. 물론 그는 그러한 책임을 맡음으로써 지인들을 더 많이 갖게 되었으며, 이로 인해 개인적 시간을 별도로 더 할애했다.

그러나 이 시기는 물론 미국에서 브로흐의 삶을 결정했던 갈등을 드러낸 가장 순수한 국면이었을 뿐이었다. 그를 따라다니는 시인이

도 속에서 실재를 왜곡시킬 수도 있다는 것을 인식한다─옮긴이.

자 소설가로서의 과거 경력은 그에게 더할 나위 없이 부담스러웠다. 그는 사실상 시인이며 소설가였기 때문에 그러한 의무로부터 벗어날 수 없었다. 그 의무는 『죄 없는 사람들』(*Die Schuldlosen*)에서 시작되었다. 브로흐는 전쟁이 끝난 뒤 한 독일 출판업자의 제의에 따라 오래전에 써놓고 반쯤은 잊어버린 소설을 다시 출판하기 위해서 이 작품을 집필해야만 했다. 그는 이 출판기획을 앞지르기 위해 한 권의 책을 써버렸다. 즉 그는 이야기의 뼈대를 구성할 수 있게끔 이야기들을 수정했고 몇 가지 새로운 이야기들을 추가했다. 이 이야기들 가운데 독일 문학에서 가장 훌륭한 사랑의 이야기라 할 수 있는 하녀 체를리네(Zerline)의 이야기가 포함되어 있다. 물론 그 작품은 훌륭한 것이었지만 그는 자유의지에 따라 이 작품을 쓰지는 않았다.

그가 임종 무렵에 집필하던 소설은 이와 같은 범주에 속한다. 이 소설은 현재 『유혹자』(*Der Versucher*)라는 제목으로 그의 저작집에 수록되어 있다.[8] 이 경우 미국의 알프레드 크노프 사장은 브로흐의 책을 출판하고자 했는데, 브로흐는 돈이 필요했다는 이유만으로도 그 제안을 거절할 수 없었다. 그가 사실상 집필을 마친 소설을 오스트리아에서 가져와 자신의 서랍 속에 두고 있었던 사실은 잘 알려져 있었다. 그는 이 원고를 번역하기 위해서 미국 출판사에 넘겨주어야만 했다. 그러나 그는 대신 세 번째 수정작업에 착수했다. 이 경우 그는 문학사에서 독특한 일을 했다. 이 소설은 그의 생애에서 매우 특이한 시기에 속하는 작품이며, 아마도 가장 어려웠던 시기인 히틀러 지배

---

8) 불행하게도 브로흐가 죽은 뒤 발견된 원고 중에서 그는 이 글을 『방랑자』(*Der Wanderer*)라고 붙이려 했다고 밝히고 있는데, 그것은 너무 늦은 일이 되었다. 그렇다고 해서 그것이 무의미한 사실은 아니다. 최후의 개정판에서 브로흐는 라티(Marius Ratti)가 아닌 의사를 이 책의 주인공으로 생각했음을 이 글에서 또 밝히고 있기 때문이다.

의 초기에 출간되었다. 소설의 내용은 많은 점에서 그의 집필 의도에서 벗어나는 것이었다. 그러나 그는 「신화시대의 양식」이라는 에세이에서 설명하고 수용했던 (예술가의) "만년의 양식"을 빌려 그 작품을 수정했다.[9] 타자기로 친 2백 쪽 분량의 최종 원고를 두 번째 원고의 장(章)들과 비교해 볼 때 우리는 그의 노력이 단지 삭제하는 일, 달리 표현하면 만년의 양식에 특유한 '추상화' 과정일 뿐이라는 것을 알게 된다.[10] 이러한 추상화는 결국 침범하기 어려운 아름다움과 활력을 지닌 단순하고 순수한 산문을 낳았으며, 인간과 풍경의 완벽한 조화를 가능하게 하고 있다. 이러한 결실은 노숙한 거장의 손을 통해서만 이뤄질 수 있다.

역사적 통찰과 현세적 절대자

브로흐는 분명 시인 겸 소설가이기를 바라지 않았지만 결국은 그랬다. 그러나 우리는 이를 확인하기 위해 그가 만년에 쓴 미완의 문학작품을 검토할 필요는 없을 것이다. 출판된 그의 에세이들은 모두 본질적으로 한 작가의 진술이다. 이것은 특히 호프만슈탈(Hofmannsthal)[11]의 연구에서 드러난다. 이 탁월한 에세이는 역사

---

9) 이 재구성의 기적은 현재 판으로는 더 이상 추적할 수 없다. 제2판과 제3판(제3판이 마지막 판임)이 읽기 좋게끔 통합되었기 때문이다. 이 논문은 라셸 베스팔로프의 『일리아스에 대해서』(1943)에 대한 서문으로 영어로 씌어져 출판된 것이다.

10) 브로흐는 만년의 양식을 원숙기의 산물이 아니라 새로운 표현 수준으로의 도달로 표현하고 있다. 예를 들면 만년의 티치아노(Titian)가 투명한 빛을 발견한 것이나 ……만년의 바흐가 마음속에 구체적인 도구를 상정하지 않은 채 작곡한 「푸가의 예술」 등을 들 수 있다. 브로흐는 이것을 일종의 추상화(abstractism)로 정의한다. 상징화에서 표현은 몇 가지 주요한 상징으로 환원되는 어휘에 의존하지 않는 대신 구문론에 더 많이 의존한다-옮긴이.

11) 1874년 오스트리아 빈에서 태어난 유대인으로서 일찍이 시와 희극을 쓰기

적 통찰로 가득 차 있다. 여기서 브로흐는 자신의 문학적 존재 형식을 드러내는 전제들을 다루고 있다. 유대인의 기원과 동화, 몰락하는 오스트리아의 영광과 고난, 그가 혐오해 마지않았던 중간계급의 환경, 그리고 보다 더 혐오스러운 "윤리적 진공의 거대도시"인 빈 문단에 관한 글들이 여기에 수록되어 있다.[12] 여기에는 또한 바로크 양식과 연극의 조화, 그리고 형식 없는 시대에 장중한 형식의 최후 피난처인 극장에 대한 분석[13], 이어서 "사후의 명성이 현재의 명성보다도 중요하다는 예술사의 새로운 현상"에 대한 발견과 이러한 현상이 부르주아지 시대와 관련을 갖는다는 발견[14], 끝으로 마지막 황제와 그의 고독에 대한 잊을 수 없는 묘사[15] 등 그의 훌륭한 역사적 견해가 모두 포함되어 있다. 물론 그가 작가이기 때문에 이 모든 것은 감동적으로 묘사되었다. 그리고 이 모든 것은 (특히 황제의 묘사에 관해서는) 호프만슈탈의 눈을 통해 보이고 있지만 또한 브로흐의 눈, 시인의 눈을 통해 보였다.

브로흐의 마지막 소설은—완성되었다면 서정적이라기보다 완전

시작했으며, 17세에 독일 시인 게오르게(Stefan George)를 만났으며 관련 학술지에 시를 몇 편 게재했다. 그는 이후 빈에서 법학과 문헌학을 공부했으며 1901년 졸업 이후 집필하는 데 헌신했다. 제1차 세계대전 중 정부의 직을 맡았고, 전쟁을 지지하는 연설과 글을 집필했으며, 오스트리아-헝가리제국의 문화적 전통을 강조했다. 그는 영국 문화에서 예술가들을 위한 이상적 환경을 발견했다. 그에 따르면 영국인들은 전쟁 영웅이면서 시인일 뿐만 아니라 확고한 민족 정체성을 유지하고 있는 넬슨 제독과 밀턴(John Milton)을 존경했다. 그의 견해에 따르면 예술가와 행위자(정치인, 탐험가, 군인) 사이의 구분은 영국에 존재하지 않는다-옮긴이.

12) 「호프만슈탈과 그의 시대」, 앞의 책 제1권, 105쪽.
13) 같은 책, 49쪽.
14) 같은 책, 55쪽.
15) 같은 책, 96쪽 이하.

히 다른 서사적인 형식으로 쓰였다고 하더라도 ─『베르길리우스의 죽음』에 필적할 만한 작품이 되었을 것이다. 그러나 이 작품 또한 그의 의사와는 달리 의식적으로 쓰였다. 그는 삶에서 어느 정도 행위의 우위성을 거부하면서도 반쯤은 진심으로 용인했지만, 생애 최후의 몇 년간 창조성과 작업이 문제되었을 경우 문학에 대한 지식의 우위성과 예술에 대한 과학의 우위성을 완전히 확신했기 때문이다. 그는 만년에 일반 인식론이 과학과 정치보다 탁월한 정도는 아니지만 우위에 있다는 점을 인정했다. (그는 과학과 정치에 새로운 기초를 부여할 만한 이론에 대한 견해를 가지고 있었다. 그는 마음속으로는『군중심리학』이라는 제목 아래 그러한 이론을 구상했다.) 그리하여 외적 환경과 내적 환경의 혼합은 독특한 광란상태를 초래했다. 그런데 실제로 갈등을 보이지 않았던 그의 존재양식의 근본적 특성은 이 광란상태에서 갈등만 초래했다. 그가 집필하고 있으면서 완전히 피상적이라고 생각했던(확실히 잘못된 것이지만 무슨 관계가 있는가?) 소설의 배후에는『군중심리학』이라는 미완성 작품, 즉 그 작품에 이미 부과된 작업의 부담, 아직 시작되지도 않은 더 큰 작업의 부담이 존재했다. 그러나 이러한 부담 배후에는 인식론에 대한 고뇌가 더 절박하고 낙담스럽게 깔려 있었다. 그는 애초 군중심리학의 토론 연장선상에서 인식론에 관한 생각을 전개하려는 의도를 가지고 있었다. 그러나 그는 작업과정에서 인식론이 자신의 본래 주제, 사실 유일한 본질적 주제라는 것을 알게 되었다.

브로흐가 자신의 의지와 달리 옛 시대의 양식에 도달하는 작가로서 발전과정을 완성한 소설의 배후, 그리고 심리학과 역사학에서의 학문적 탐구로 얻은 성과의 배후에는 절대자를 끝까지 끈질기게 찾으려는 의지가 내재되어 있었다. 브로흐는 그러한 탐구를 통해 우선 인생항로를 시작했고, 결국 자신의 생각을 만족시키고 마음을 위로 하는 해결책으로서 "현세적 절대자"라는 개념을 찾았다.

창작 · 지식 · 행위의 역할: 『베르길리우스의 죽음』

브로흐가 자신도 모르는 사이에 시인이 된 운명에 대해서 객관적으로 언급해야만 했는데, 이러한 것들은 그의 에세이 어디서든 거의 찾을 수 있다. 그러나 그를 궁극적으로 이해하는 데 결정적인 문제는 그가 자신의 소설에서 결과적으로 나타나는 갈등과 문제점을 어떻게 풀고 있으며 창작과 지식과 행위에 대해서 어떤 역할을 부여하고 있는가라는 문제다. 우리는 이런 목적을 달성하기 위해서는 『베르길리우스의 죽음』으로 다시 돌아가야만 한다. 이 작품에서 베르길리우스는 지식을 위해 자신의 저서 『아이네이스』(*Aeneis*)를 불사르려고 한다. 베르길리우스는 자신과 황제의 우정, 그리고 이 특수한 우정이 내포하고 있는 당시의 고도로 실제적인 정치적 요청을 고려하여 이러한 지식을 제물로 삼았기 때문이다. "창작이란 지식의 측면에서 보자면 오직 성급한 것이다"[16]라는 것, 그리고 "고백이란 아무것도 아니며 지식은 모든 것이다"[17]라는 격언이 특히 시에 타당하다는 것, 그러나 예술이 그 인식기능 때문에 "시대정신"[18], 적어도 과학과 관계를 끊을 수 없다고 하더라도 시대가 지식이 아닌 행위를, "과학적인" 것이 아닌 "윤리적인 예술작품"을 요구한다는 것[19], 끝으로

---

16) 「문학작품의 신화적 유산」(Die mythische Erbschaft der Dichtung), 앞의 책 제 1권, 237쪽.

17) "모든 나의 작품은 커다란 고백의 조각에 지나지 않는다"라는 괴테의 주장에 대해 언급한 것. 호프만슈탈, 호팅거 · 타니아 · 스턴 옮김, 「헤르만 브로흐 서문」, 『산문 선집』(*Selected Prose*), 뉴욕, 1952, xi쪽 참조.

18) 「제임스 조이스와 현대」(James Joyce und die Gegenwart), 『에세이 전집』 제1권, 207쪽.

19) 「문학작품의 신화적 유산」, 같은 책, 246쪽.

"예술을 위한 예술(*l'art pour l'art*)의 마굴을 벗어나" "모든 미적인 것을 윤리적인 것의 힘에 맡기는 것"이 현대 문학의 특별한 사명이라는 것[20], 이러한 주장은 모두 브로흐가 창작활동을 시작하던 처음부터 끝까지 한 번도 흔들린 적이 없는 원칙이었다. 그는 윤리의 절대적이며 신성한 탁월성과 행위의 탁월성에 결코 의문을 제기하지 않았으며, 특이한 근대성을 결코 의심하지 않았다. 명명하자면 우리는 그것을 동시대성의 한계라고 부를 수 있다. 그는 이 근대성 때문에 갈등과 어려운 문제에 의해 결정된 삶 속에서만 근본적 태도와 자기 품성의 근본적 요구조건을 표현해야만 했다.

확실히 그는 이 마지막 것(자기 품성의 근본적 요구조건—옮긴이)에 대해서 한 번도 직접적으로 말한 적이 없다. 이는 아마도 그가 명백하게 개인적 영역에 속하는 모든 것에 대해서 독특하면서도 지극히 특징적으로 유보하는 태도를 가졌기 때문일 것이다. "인간 자체는 우리 시대의 문제다. 그러나 개개인의 문제들에 대한 논의는 사라지고 있고, 심지어 거의 허용되지 않으며 도덕적으로 허용되지도 않는다. 개인의 사적인 관심사는 신들에게 웃음거리의 주제가 되고 있으며, 신들은 연민의 감정을 가지고 있지 않다고 말하는 것이 정당하다."[21] 브로흐는 일기를 쓴 적이 없으며, 그의 유품에도 필기장은 존재하지 않는다. 대단히 감동적인 일이지만 그는 자신의 가장 개인적인 문제들을 시적인 형태로 변형시켜 직접 언급했을 때에도 자신이 아니라 카프카에 대해 언급했다. 이때 그는 『베르길리우스의 죽음』에서 말하고 싶었으나 언급할 수 없었던 것을 변장하여 다시 한 번 언급했다. 그 단순한 이유란 책의 문학적 위력은 문학 자체에 대

---

20) 「제임스 조이스와 현대」, 같은 책, 208쪽.
21) 「문학작품의 신화적 유산」, 같은 책, 263쪽.

한 공격이라는 메시지를 전달하는 데 너무나 강력하여 영향을 충분하게 미칠 수 없다는 것이었다. 따라서 그는 카프카에 대해서 영어로 쓰긴 했지만 실제로 은밀한 자기 해석에 관여했는데, 여기서 어느 누구도 언급하지 않았지만 그 자신에 대해 훨씬 더 정당하게 밝힐 수 있는 것을 언급했다. "그는 선택의 지점에 이르렀다. 시는 신화로 나갈 수 있는가 아니면 실패를 설명해야 하는가 하는 점이다. 문학에 대한 **사랑과 혐오로 고심하며 어떠한 예술적 방법도 궁극적으로는 불충분하다고 느끼면서** 자신이 얻어내야만 했던 신통기(神統記), 즉 새로운 우주론을 예감한 카프카는 문학 영역을 떠나기로 결정하고(톨스토이가 같은 상황에서 그러했듯) 자신의 작품을 파기해야 한다고 요구했다. 그는 자신에게 새로운 신화적 개념을 부여했던 우주를 위하여 이것을 요구했다."[22](강조는 아렌트)

브로흐가 이 에세이(「문학작품의 신화적 유산」—옮긴이)에서 언급하고 있는 것은 문학적 정신상태와 그 값싼 탐미주의에 대한 혐오의 수준을 훨씬 넘어서고, 심지어 예술을 위한 예술에 대한 그의 격렬한 비판을 넘어선다. 이러한 비판은 예술에 대한 철학적 사유, 윤리와 가치이론에 대한 성찰과 더불어 시사평론에서도 중심적 위치를 차지하고 있다. 그리고 예술작품 자체는 문제가 되는 것으로 여겨진다. 문학 자체는 "근본적으로 불충분하다." 일종의 영문 모를 침묵은 겸손과 혼돈되어서는 안 되는데, 브로흐는 침묵을 유지함으로써 자신의 작품을 자신이 언급했던 것의 모델로 제의하지 못했다. 그러나 그는 여기에서(앞의 에세이—옮긴이) 물론 『베르길리우스의 죽음』에 대해 언급하고 있으며, 일찍이 10년 전 조이스(James Augustine Aloysius Joyce)에 관한 에세이에서 "소설이 정신분석학적 또는 그 밖

---

22) 같은 책.

의 과학적 일탈을 위한 목적으로 이용될"[23) 때 근대성을 실현하기 어렵다는 취지로 『몽유병자들』(*The Sleepwalkers*)에 대한 비판을 지드 (André Paul Guillaume Gide)에 관한 언급으로 숨겼다. 그러나 브로흐는 당시 초기 자기비판에서와 같이 초기의 에세이에서도 다만 소설을 '문학성'으로부터 해방시키는데, 부르주아 사회에 종속된 상태로부터 해방시키는 데 관심을 가지고 있었다. 부르주아 사회의 여가와 문화에 대한 갈망은 "오락과 교양"으로 충족되어야만 했기 때문이다.[24) 의심할 나위 없이 그는 『베르길리우스의 죽음』에서 본질적으로 문학적이거나 자연주의적 경향에도 불구하고 소설형식을 진정한 시로 변용시키는 데 성공했으며, 이 본보기를 통해 시 자체의 불충분성을 입증했다.

미토스에서 로고스로

톨스토이에 대한 언급은 브로흐가 문학을 왜 불충분한 것으로 생각했는가를 암시하고 있다. 문학은 구속력을 갖지 않는다. 문학의 통찰은 완전한 종교적 세계관 속에서 문학이 봉사하는 미토스(*mythos*, 신화) ─ 이 봉사가 곧 예술의 진정한 정당화다 ─ 와 같은 강제적 성격을 지닌 것도 아니다. (브로흐의 경우 이러한 봉사의 가장 큰 전형과 실례는 중세 가톨릭 시대에 성행했던 삶과 사고의 위계적 질서체계였다.) 예술도 그러하지만 특히 문학은 논리적 표현이 지닌 강제력과 명료성을 갖추지 못하고 있다. 문학은 언어로 스스로를 표현하지만 로고스(*logos*)의 설득력을 결여하고 있다. 브로흐는 제1차 세계대전과 관련하여 처음으로 "우리는 무엇을 할 것인가"라는 질문에 직면했다.

---

23)「제임스 조이스와 현대」, 같은 책, 193쪽.
24)「호프만슈탈과 그의 시대」, 같은 책, 206쪽.

이후 그는 우리 시대의 한층 더한 모든 재앙으로 인해 이 문제를 더욱더 집요하게 제기했다. 이 질문은 잇달아 그에게 "마치 천둥처럼" 압도해 왔다. 그리고 그는 전적으로 유효한 해답이 한편 **미토스**에, 다른 한편 **로고스**에 유지되는 것과 동일한 강제력을 지녀야 한다고 결론을 내렸다.[25]

이 질문은 "가장 어두운 무정부상태, 가장 어두운 격세유전(隔世遺傳), 가장 비열한 만행"의 세기인 20세기의 맥락 속에서 그에게 제기되었는데,[26] 그것은 또한 살아 있으면서 죽어야 할 운명에 있는 인간의 기본적인 의문이었기 때문이다. 그러므로 이 질문에 대한 해답은 그 시대뿐만 아니라 죽음이라는 현상 그 자체와 양립해야만 한다. 무엇을 할 것인가라는 질문은 그 시대의 과제에 의해서 밝혀질 수 있지만, 브로흐의 경우 그것은 죽음을 지상에서 정복하는 가능성에 대한 탐구이기도 했다. 따라서 그 해답은 죽음 그 자체와 똑같은 불가피한 필연성을 지녀야 한다.

브로흐가 평생 고수했던 이 과제는 이미 젊은 시절 명백히 확립되었는데, 이러한 입장은 **미토스**와 **로고스**의 양자택일에 의해서 지배되었다. 그러나 그는 만년에 이르러 『몽유병자들』에서 『베르길리우스의 죽음』에 이르기까지 자신의 모든 희망이었던 "새로운 **미토스**"에 대한 믿음을 포기했다.[27] 어쨌든 그는 『군중심리학』을 쓰는 과정에서 결론의 무게를 점차 **미토스**를 떠나 **로고스**로, 문학을 떠나 과학으로 옮겼다. 그는 더욱더 엄밀하게 논리적으로 입증할 수 있는 지식을 탐구했다.

---

25) 「예술의 가치체계에서의 악」(Das Böse in Wertsystem der Kunst), 같은 책, 313쪽.
26) 「호프만슈탈과 그의 시대」, 같은 책, 59쪽.
27) 「제임스 조이스와 현대」, 같은 책, 210쪽.

그러나 그가 비록 이러한 신념을 잃지 않았다고 하더라도『베르길리우스의 죽음』이후의 문학에 대한 그의 태도는 물론 시인으로서 자기 자신에 대한 태도를 의미하는 것이지만, 그것은 다른 어떤 형태를 지닐 수 없었다. 브로흐 사유에서 미토스에서 로고스로의 이동이 아무리 적절했고 그 이동이 인식론에 미치는 영향이 아무리 생산적이었다 할지라도(그것은 사실상 인식론의 기초였다) 이 상황은 그가 시인이면서 시인이 되기를 바라지 않는 기본적 문제에 아무런 영향을 미치지 않았기 때문이다. 오히려 그것은 사회비평의 문제이며, 예술가의 위치문제이고, 그가 여러 국면에서 제기했지만 언제나 거의 부정적으로 대답했던 문제이기도 하다. 브로흐의 예술철학은 예술작품의 참된 인식적 기능이 다른 방법으로서 얻을 수 없는 시대의 전체성을 표현하는 것이어야 한다고 주장하고 있다. 따라서 우리는 "가치 붕괴" 상태에 있는 세계가 하나의 전체성으로 표현될 수 있는가라는 질문을 제기할 수 있다. 그러한 질문은 예를 들면 조이스에 관한 연구에서 제기되고 있다. 그러나 이 에세이에서 문학은 아직도 "신화적 과제이며 신화적 행위"로 인정되고 있는 데 비해[28] 12년 전에 쓰인 호프만슈탈에 관한 연구에서는 단테의 시조차 "더 이상 완전히 신화적인 것으로 특징화할 수 없다."[29]『베르길리우스의 죽음』에서 보이는 서정적인 리듬에서 강력하게 솟구치는 분위기는 그 시대의 문학적 노력의 종합적 극치로서의 "새로운 미토스", "새로운 질서를 형성하는 세계"와 긴밀하게 연결된 것이며, 조이스 연구도 이와 같은 분위기에서 쓰여진 것이다. 그러나 우리가 호프만슈탈 연구에서 듣는 것은 "모든 예술, 모든 위대한 예술은 다시 한 번 더 미토스

---

28) 같은 책, 184쪽.
29)「호프만슈탈과 그의 시대」, 같은 책, 65쪽.

가 되어…… 다시 한 번 우주의 전체성을 표현하려는 충동"[30]일 뿐이다. 그리고 이 충동은 이미 위험스럽게도 환상에 가까워지고 있다.

브로흐의 경우 글을 쓴다는 것 자체가 일종의 환희였기 때문에 환상으로부터 벗어나는 것은 작가로서 그의 발전에 결정적이었다. 그러나 그는 환상으로부터 벗어난다는 것을 차치하더라도 다음의 한 가지만은 항상 알고 있었다. 즉 어떠한 시(詩)도 종교의 토대가 될 수 없으며 어떤 시인이라도 그것을 시험해 볼 권리는 없다는 것이었다. 그가 호프만슈탈을 높이 평가한 이유가 바로 여기에 있다(릴케가 시인으로서는 위대했음을 알면서도 릴케의 "시에 의한 종교적 서술"[31]이 그에게 극도로 회의적이었던 이유도 바로 여기에 있었다). 호프만슈탈은 종교와 문학을 결코 혼동하지 않았으며, "신앙심의 빛"[32]으로 아름다움을 감싸지도 않았다. 호프만슈탈을 계승하면서도 호프만슈탈을 능가했던 브로흐는 예술이 "결코 절대적인 것으로 승화될 수 없으며, 따라서 인식적으로 침묵을 지켜야 한다"[33]고 말했다. 이때 그는 젊었을 때는 엄격하고 명확하게 정식화하지는 않았지만 자신의 사유에서 항상 자리 잡고 있던 입장을 언급하고 있었다.

가치이론

가치체계의 붕괴와 키치(Kitsch)

브로흐는 일찍이 처음으로 작가로서 그럴듯하면서도 상당히 낮은

---

30) 같은 책, 60쪽.
31) 같은 책, 125쪽.
32) 호프만슈탈, 앞의 책, xv쪽.
33) 같은 책.

수준의 비판단계에서 작가로서 자기 자신과 문학 자체에 대한 자신의 비판을 예술을 위한 예술에 대한 비판으로 시작했다. 이 비판은 또한 그의 가치이론의 출발점이었다. (브로흐는 무해하면서 무의미한 학계의 "가치이론 철학자들"과는 달리 자신의 가치 개념—니체에 대한 그의 언급에서도 잘 나타나 있듯이—이 니체에 힘입고 있음을 자각하고 있었다).[34] 브로흐에 따르면 세계의 해체와 가치의 붕괴는 서구세계의 세속화에 따른 결과였다. 이 세속화 과정에서 신에 대한 믿음은 상실되었다. 더욱이 세속화는 가치의 위계질서 속에 정해진 상대적 '가치'를 주장했던 플라톤적 세계관을 붕괴시켰다. 종교적·플라톤적 세계관의 잔재는 모두 오늘날 절대성에 대한 권리를 제기했다. 그 결과 누구나 하나의 폐쇄적이며 모순되지 않는 가치체계에서 다른 가치체계로 마음대로 이동할 수 있는 "가치의 무정부상태"가 발생했다. 더욱이 이러한 체계들은 각기 필연적으로 다른 모든 체계들과 철저하게 대립하게 되었다. 각각의 가치체계는 절대성을 주장했고, 이제 이러한 주장을 측정할 수 있는 진정한 절대자도 더 이상 존재하지 않기 때문이다. 다른 말로 표현한다면 세계의 무정부상태, 그리고 그 속에서 인간의 처절한 방황은 무엇보다도 측정기준의 상실과 결과적으로 발생하는 기준의 과잉상태, 따라서 독립적이라고 이해되는 모든 영역의 암세포 같은 성장에 기인한다. 예를 들면 예술을 위한 예술을 주장하는 철학은 논리적 결론에 이를 때까지 그 교의를 추구할 용기를 유지할 경우 아름다움을 우상화하는 결과를 초래한다. 우연히 타오르는 횃불의 모습에서 아름다움을 생각한다면 우리는 마치 네로처럼 살아 있는 사람을 불태우게 될 것이다.

브로흐는 저속한(키치kitsch)이라는 용어(그전에 누가 이 단어가 요

---

34) 「예술 가치체계에서의 악」, 『에세이 전집』 제1권, 313쪽(1933년에 초판 발행).

구하는 예리함과 깊이를 가지고 문제를 검토했는가?)를 단순히 타락의 문제로 결코 이해하지 않았다. 또한 그는 저속한 예술과 참된 예술의 관계를 종교시대 미신과 종교의 관계, 또는 현대의 대중시대 유사과학과 과학의 관계와 유사하다고 생각하지 않았다. 오히려 그의 경우 저속한 것은 예술이며, 예술은 그 가치체계의 통제를 벗어나면서 곧 저속한 것이 된다. 마치 상업영역에서 "사업은 사업이다"라는 슬로건이 그 자체 속에 무절제한 부당 이득자의 불성실을 포함하고 있듯이, 또한 제1차 세계대전 중 "전쟁은 전쟁이다"라는 눈에 거슬리는 격언이 전쟁을 대량학살로 변질시켰듯이 귀족적이면서 거만한 모습으로 우리 앞에 나타나—브로흐도 물론 이것을 알고 있다—우리에게 설득력 있는 그러한 문학작품을 제공한다는 예술을 위한 예술은 사실상 이미 저속한 것이다.

가치와 비가치 문제

브로흐의 이러한 가치철학에는 몇 가지 특징적 요소가 있다. 그는 저속한 작품을 "예술의 가치체계에 존재하는 악"으로 정의했을 뿐만 아니라, 또한 범죄자의 모습과 근본적 악의 원형이 미학적으로 형상화된 문인(브로흐의 해석에서 이 인물은 네로이며, 그는 히틀러도 네로의 한 부류로 이해하고 있다)과 순수예술(곧 저급예술)의 형태에서 특히 두드러지게 나타났다는 것을 알았다.[35] 악이 무엇보다도 작가의

---

35) 영역 문장에서 일부의 표현이 정확하게 표기되지 않아서 독일어 원문을 여기에 소개한다. "Das Eigentümliche dieser Wertphilosophie ist nun, dass Kitsch nicht nur 'das Böse iim Wertsystem der Kunst' ist, sondern dass die Gestalt des Verbrechers wie das Modell des Radika-Bösen überhaupt sich für Broch primär in Gestalt des ästhetisierenden Literaten(denn dies war Nero in der Brochschen Interpretation, und er hat selbst Hitler als eine Art Nero gesehen) und **des Kunst-kitsches** kundgibt."-옮긴이.

가치체계에서 당연히 작가에게 노출되기 때문에 브로흐가 이러한 입장을 취한 것은 아니다. 오히려 그는 예술의 고유한 특성, 그리고 예술이 인간에게 주는 엄청난 매력을 통찰했기에 이러한 입장을 취했다. 그가 알고 있듯이 악의 참된 매력, 즉 악의 형상 속에 존재하는 매력의 특성은 두드러진 미학적 현상이다. 여기서 미적이라는 말은 가장 넓은 뜻으로 쓰인다. "사업은 사업이다"라는 신조를 가진 사업가나 "전쟁은 전쟁이다"라는 신조를 가진 정치가도 "가치 진공" 상태에 빠진 심미주의적 문인이다. 자신들의 체계의 조화에 매료되는 한 그들은 심미주의자다. 그리고 그들은 이러한 조화, 즉 '아름다운' 일관성을 위해 모든 것을 희생시킬 준비가 되어 있기 때문에 살인자가 된다. 이러한 일련의 사유는 브로흐의 초기 연구논문들에서 여러 가지 모습으로 나타나 있지만 그는 매우 자연스럽게, 또는 아무런 단절 없이 "열린 체계와 닫힌 체계"를 구별하고 교조주의와 악 자체를 동일시하는 입장을 발전시켰다.

우리는 앞에서 브로흐의 플라톤주의에 대해 말한 적이 있다. 브로흐는 『몽유병자들』에서 『베르길리우스의 죽음』에 이르는 시기, 즉 1920년대 후반부터 1940년대 초중반까지 창작활동의 초기 단계에서 자신을 종종 플라톤주의자라고 불렀다. 그러나 그가 이후 현세적 절대자와 논리실증주의 인식론으로 전환하게 된 의미와 동기를 이해하려면 우리는 브로흐가 결코 무조건적인 플라톤주의자가 아니었음을 알아야만 한다. 그가 플라톤의 이데아론을 기준 이론의 의미로 이해했다는 것은 결정적으로 중요하지는 않다. 즉 그는 본래 결코 절대적이지 않고 오히려 지상에 구속된 이데아의 초월성(『국가』의 동굴의 비유에서 나타나듯이 이데아의 국가는 지상에 아치를 세우고 결코 지상을 넘어서지 않는다)을 논리적으로 필연적이며 절대적인 기준의 초월성으로 전환시킨 것은 결정적으로 중요하지 않다. 판단 척도와 같은 기준이 전혀 다른 등급으로 이루어져 있고 측정대상과 관계없이 적용된다면 그 기준은 아무것도 측정할 수 없게 된다. 이와 같이 이데아를 인간의 행위를 '측정하는' 기준이나 판단 척도로 변형시키는 것이 이미 플라톤에서 발견될 수 있다는 것만으로도 그러한 기준은 중요하지 않을 것이다. 따라서 우리는 그러한 오해를 플라톤의 자신에 대한 오해의 탓으로 돌릴 수 있을 것이다. 결정적인 것은 브로흐의 경우 어떤 종류이든 모든 '가치영역'에 적용되는 절대적 판단 척도도 언제나 윤리적 기준이라는 점이다. 단지 그것은 모든 가치영역이 왜 기준의 소멸과 더불어 한꺼번에 비가치영역으로 바뀌고 모든 선이 악으로 바뀌었는지 설명한다. 절대적이며 전적으로 초월적인 기준은 다양한 측면에서 인간의 삶에서 '가치'를 부여하는 윤리적 절대자다. 우리가 브로흐로부터 찾을 수 있는 윤리관이 기독교와 뗄 수 없는 관계라도 이것은 단순히 플라톤에게 단순하게 적용될 수 없다.

브로흐 자신의 예들에 맞추어 보자. 그에 따르면 사업가의 소명에 고유한 '가치', 모든 것을 측정할 수 있으며 상업활동의 유일한 목표여야 하는 가치는 정직이다. '아름다운' 작품은 아니지만 '좋은' 작품을 창조하려는 예술가에게는 아름다움이 부산물이듯이 상업활동으로 벌 수 있는 부는 그 자체로 의도되지 않은 부산물이다. 부나 아름다움을 바라는 것은 도덕적으로 말하자면 대중에 영합하는 것이며, 미학적으로 말하자면 속물적인 것이고, 가치이론의 측면에서 본다면 특수영역의 독단적인 절대화다.[36] 만약 플라톤이 이러한 예를 선택했다면(그는 그리스인들의 견해를 유지하는 과정에서 상업을 획득성의 관점에서만 간주하고, 따라서 상업을 전적으로 무의미한 직업으로

---

36) 「로마인의 세계상」(Das Weltbild des Romans), 같은 책, 216쪽.

생각했기 때문에 이러한 예를 선택할 수 없었다) 그는 이 직업의 본질적인 목표를 사람들 사이의 재화 교환과 국가들 사이의 재화 교환이라고 보았을 것이다. 이러한 맥락에서 정직이라는 개념은 아마도 그에게 결코 일어나지 않았을 것이다. 예를 거꾸로 들어서 브로흐의 작품 속에서 암시만 되고 있는 플라톤의 예를 뽑아보자. 플라톤은 모든 의술의 참된 목적을 건강의 유지 또는 회복이라고 정의한다. 브로흐는 건강 대신 구제(救濟, help)를 선택했을 것이다. 건강에 관심을 갖는 사람인 의사와 구제자인 의사라는 두 입장은 양립할 수 없다. 플라톤 자신은 그 문제에 대해 어떠한 의심도 허용하지 않는다. 그는 자명한 진리라도 되듯이 의사의 의무 가운데 하나가 치료할 수 없는 사람에게 죽음을 허락하는 것이며, 보증할 수 없는 의술로 환자의 생명을 연장하는 것은 아니라고 설명하고 있기 때문이다. 결정적으로 중요한 것은 인간의 생명이 아니다. 인간의 문제는 인간 밖의 기준에 종속된다. 인간은 "만물의 척도가 아니며", 생명 그 자체도 모든 인간사의 척도가 될 수 없다. 이런 교의는 플라톤 정치철학의 중심에 놓여 있다. 그러나 기독교 철학과 기독교 이후의 철학은 모두 최초에는 암묵적으로, 17세기 이후에는 점차 명료하게 삶이 최고선이고 가치 그 자체이지만 절대적 비가치는 죽음이라는 것을 주장한다. 브로흐도 같은 생각이었다.

삶과 죽음 문제

삶과 죽음에 대한 이러한 기본적인 평가는 처음부터 끝까지 브로흐의 작품세계 속에서 불변하는 상수였다. 이러한 평가는 또한 그의 사회비판, 예술철학, 인식론, 윤리학, 정치학을 모두 주요 주제로 다루는 축을 형성한다. 그는 생애에 걸쳐 이러한 견해를 유지함으로써 어떤 교파에 참여하지 않는 전적으로 비교조적 방식으로 기독교를 아주 가까이했다. 결국 빈사상태의 고대 세계에 죽음의 극복이라는 "기쁜 소식"을 가져다준 것은 기독교였기 때문이다. 나자렛 예수의 설교가 원래 무엇을 의미하는 것이었든, 원시 기독교가 예수의 말씀을 어떻게 이해했든 이교도 세계 속에서 그러한 기쁜 소식이 의미하는 것은 다만 한 가지뿐이었다. 영원하다고 생각한 세계에 대한 공포, 죽음도 감내할 수 있을 만큼 헌신할 수 있는 세계에 대한 여러분의 공포는 정당화된다. 세계는 멸망할 것이며, 그 종말은 여러분이 생각하는 것보다 훨씬 빨리 온다. 그러나 우리가 모든 것 가운데 가장 덧없는 것이라고 생각했던 것, 개별적·개인적 특수성 형태의 인간의 생명은 보상할 경우 소멸되지 않을 것이다. 세계는 소멸될 것이지만 여러분은 살아남을 것이다. 이러한 말은 "기쁜 소식"이 죽음으로 위협을 받고 있는 고대 세계에 어떻게 들렸는가를 보여주고 있으며, 시적 통찰로 예민해진 귀를 가진 브로흐가 20세기 죽어가는 세계에서 그 "기쁜 소식"을 어떻게 듣게 되었는지 보여주고 있다. 그가 한때 언급했던 르네상스 시대의 "범죄", 그가 반복하여 진단했던 세속화 과정의 특이한 흉악성, "안정된 가톨릭 세계관의 붕괴"[37]는 인간의 삶이 현대에 세계를 위해, 달리 표현하면 어떠한 경우든 소멸될 운명에 있는 현세적인 것을 위해 희생된다는 의미를 담고 있다. 그가 이해한 바에 따르면 인간의 삶을 희생시킨다는 것은 삶 자체의 영원성에 대한 절대적 확신의 상실을 의미한다.

기독교와 세속화에 관한 이러한 입장은 브로흐의 후기 저작을 이해하는 데 별로 중요하지 않다. 그러나 브로흐의 주장 가운데 가장 추상적이면서 표면상, 그러나 표면상으로만 가장 전문화된 주장을

---

37) 「정치학, 응축물」(Politik. Ein Kondensat[Fragment]), 『에세이 전집』 제2권, 227쪽을 참조할 것.

이해하는 길을 오직 열어놓은 중요한 것은 삶과 죽음에 관한 그의 독창적인 견해다. 그는 일생을 통해서 "죽음 그 자체는 무의미한 것이라는 생각, 즉 우리는 가치의 의미를 다만 양극단의 부정적 측면, 즉 죽음의 관점에서만 체험한다는 생각을 고집했다. 가치란 죽음의 극복, 보다 정확하게 말한다면 의식에서 죽음을 쫓아내는 구원에 대한 환상을 의미한다."[38] 여기에서는 앞서 열거한 반대 의견을 제시하는 것은 불필요하다. 즉 이것은 서양 도덕의 역사에서 아주 중요한 혼동, 즉 사악함과 악의 혼동, 그리고 근본적 악과 최고악(*summum malum*)의 혼동을 드러내는 새로운 형태일 뿐이다. 이들의 근본적인 동일성은 오히려 브로흐에게 절대적인 윤리규범의 존재를 보증하는 것이었다. 우리는 죽음이 절대적 악, 최고악이라는 것을 알고 있기 때문에 살인을 절대적 악이라고 말할 수 있다. 사악함이 악에 뿌리를 내리지 않고 있다면 그것을 잴 수 있는 기준은 존재하지 않을 것이다.

이러한 명제는 분명히 인간이 인간에 대해 할 수 있는 가장 나쁜 것이 살인이라는 확신, 따라서 사형 이상의 가혹한 형벌은 존재하지 않는다는 확신에 바탕을 두고 있다.[39] (여기서 우리는 브로흐의 『정치학』*Politics* 가운데 유작인 두 장에 제시한 절대성의 한계를 위한 구체적 기초를 확보하고 있다.) 죽음과 살인에 대한 이러한 입장은 브로흐뿐만 아니라 그와 같은 세대에 특유한 경험상의 한계를 상기시킨다. 죽음의 체험이 지금까지 알려지지 않았던 철학적 품위를 획득하게 된 것은 독일 전쟁세대와 1920년대 철학의 특색이었다. 죽음의 체험은 다시 한 번 홉스 정치철학에서 중심적인 역할을 하지만, 그것은 불

---

38) 같은 책, 232쪽 이하.
39) 같은 책, 248쪽.

가피한 사멸성에 대한 공포가 아니라 "횡사"에 대한 공포이기 때문이다. 전쟁체험은 확실히 횡사에 대한 공포와 연결되었다. 그러나 이러한 공포가 죽음에 대한 일반적 불안으로 환치되는 것, 또는 이 공포가 보다 일반적이며 보다 중심적인 불안현상을 드러내는 구실로 환치되는 것은 분명히 전쟁세대의 특징이었다. 그러나 우리가 죽음의 체험에 대한 철학적 품위에 대해서 어떤 생각을 가진다 할지라도 브로흐는 명백히 자기 세대의 이러한 체험이 지니는 지평에 제한을 받게 되었다. 전쟁이 아닌 전체주의적 지배형태라는 기본적이고 중대한 체험을 겪었던 세대가 이러한 지평을 타파했다는 것은 결정적이다. 오늘날 우리는 한편 살해가 인간이 인간에 가할 수 있는 최악의 것이 아니라는 것을, 다른 한편 인간이 가장 두려워하는 것은 결코 죽음이 아니라는 것을 알고 있기 때문이다. 죽음이란 "가공할 만한 모든 것의 전형"이 아니다. 불행스럽게도 사형보다도 더욱 가혹한 공포도 존재할 수 있다. 죽음과 맞먹는 견딜 수 없는 고통이 존재할 여지가 있으므로 "죽음이 존재하지 않는다면 지상에는 어떤 공포도 존재하지 않는다"[40]라는 문장은 수정되어야 한다. 더구나 죽음이 존재하지 않는다면 인간은 그러한 고통을 더욱 견딜 수 없을 것이다. 사형보다 더욱 가혹한 공포는 정확히 지옥의 영원한 처벌에 대해 느끼는 무서움과 같다. 지옥의 영원한 처벌이 영원한 죽음보다 더 큰 위협이 아니었다면 사람들은 영원한 처벌의 무서움을 생각해내지 못했을 것이다. 우리의 체험에 비춰본다면 고통체험의 철학적 품위를 탐구해야 할 시기가 왔을 것이다. 그러나 현대 철학은 30년 또는 40년 전의 강단철학이 죽음의 체험을 멸시했던 것과 마찬가지로 고통체험을 은밀하게 멸시하고 있다.

---

40) 같은 책, 243쪽.

그러나 브로흐는 자신의 지평 속에서 죽음의 체험으로부터 가장 포괄적이고 급진적인 결론을 끌어낸다. 이러한 주장은 확실히 죽음이 최고악으로 나타나거나 또는 현세적 절대자에 대한 기대 속에서 형이상학적 실재로만 나타나고 초기의 가치이론에는 제시되지 않았다. "그것의 본질적인 의미로 측정한다면 죽음보다 더 멀리 떨어져 있는 현상, 죽음 이상으로 형이상학적인 현상"은 존재하지 않는다.[41] 이러한 급진적인 결론은 "모든 참된 지식은 죽음을 향해 나가지"[42] 세계를 지향하지 않는다는 인식론에서 나타난다. 따라서 지식의 가치는 모든 인간 행위가 지닌 가치와 마찬가지로 그것이 죽음을 극복할 수 있는가, 할 수 있다면 어느 정도인가에 따라 측정된다. 마지막으로 창작생활의 마지막 시기에 그는 지식의 절대적 탁월성에 도달하게 되었다. 그는 이미 『군중심리학』에서 이 원칙의 윤곽을 세워두었다. "모든 것을 아는 데 성공한 사람은 시간을 지양하고 죽음마저 지양한다."

인식론

동시성과 경험론의 확립

지식은 어떤 방법으로 죽음을 지양하는 데 성공할 수 있었는가? 인간은 어떤 방법으로 "모든 것을 인식하는 데" 성공할 수 있었는가? 우리는 이 두 질문을 제기하면서 브로흐 인식론의 한가운데로 들어가게 된다. 우리는 인식론을 구성하는 두 주제 범위의 윤곽을 간단

---

41) 「로마인의 세계상」, 같은 책, 231쪽을 참조할 것.
42) 「음악에서 인식문제에 대한 고찰」, 같은 책, 100쪽을 참조할 것.

히 서술하고자 이 두 질문에 대한 브로흐의 예정된 대답을 언급해야 한다. 그는 첫 번째 질문에 이렇게 대답한다. 시간의 계기성, 동시에 죽음의 계기성은 전포괄적 인식에서 필연적으로 발생하는 동시성(Simultaneität)을 통해 지양된다. 따라서 일종의 영원성, 즉 영원성의 이미지는 인간의 삶 속에서 확립된다. 두 번째 질문에 대한 해답은 다음 문장 속에 들어 있다. "질문의 해답을 찾는 데(옮긴이 첨가) 필요한 것은 경험주의의 일반이론"[43], 즉 장래의 모든 가능한 경험을 고려할 하나의 체계다. (브로흐는 "모든 인간적 가능성의 총계를 현실적으로 측정할 수 있다면 그러한 모델이 미래의 모든 가능한 경험의 윤곽을 제시할 것"이라고 『군중심리학』의 "예비적 목차"에서 밝히고 있다.) 인간은 자신을 표상하는 근거인 신이 없다 할지라도 이러한 이론을 통해 "자기 내면에서 작동하는 절대자, 즉 자신에게 부여된 사유의 논리 덕택에"[44] "모사성(模寫性) 자체"[45]로 존재할 모사성을 확인한다. 브로흐 자신의 말을 빌리자면 이러한 확인은 인식론이 "말하자면 신을 등 뒤에서 관찰하고자 신의 등 뒤로 움직이는 데 어느 정도"[46] 성공할 수 있는가를 알아내려는 시도일 것이다. 그리고 인식의 동시성에서 시간을 지양하는 것, 그리고 개인의 경험과 경험 자료의 엄청난 우연성이 논리적 명제의 자명하고 공리적인(항상 동어반복적인) 확실성과 필연성으로 변형되는, 전포괄적인 경험이론

---

43) 「구문론적·인식적 통일성에 대하여」(Über syntaktische und Kognitive Einheiten), 같은 책, 194쪽.

44) 「정치학」, 같은 책, 204쪽.

45) 같은 책, 217쪽.
　　원문에서는 'imageness'로 표기되어 있으며, 독일어본에서는 'Ebenbildhaftigkeit'로 표기하고 있다. 비슷한 모습 또는 초상, 꼭 닮은 사람으로 번역이 되나 여기서는 '복제'로 표기하지 않고 '모사'(模寫)로 표현한다―옮긴이.

46) 같은 책, 255쪽.

을 정립하는 것은 모두 마치 관찰영역의 과학적 주체와 같이 "가장 극단적인 추상화 상태의 인간적 개성"을 나타내는 "인식론적 주체"를 발견함으로써 획득된다.[47] 그러나 관찰영역의 과학적 주체가 다만 "보는 행위 그 자체, 관찰행위 그 자체"를 표상하지만, "인식론적 주체"는 전반적인 인간, 일반적으로 인간의 개성을 표상할 수 있을 것이다.[48] 인식함은 인간의 모든 기능 가운데 최고의 기능이기 때문이다.

사유와 인식의 차이: 의미(가치)와 진리

이제 가장 가능성이 있는 착오에 대해서 생각해 보자. 우리가 곧 좀더 상세하게 논의할 이러한 인식론은 진정한 의미의 철학이 아니며, 또한 '인식'이라는 말과 '사유'라는 말은 다른 곳에서 쓰이듯이 여기서 똑같은 의미로 쓰일 수 없다.[49] 엄밀하게 말한다면 인식만이 목적을 지닐 수 있는데, 브로흐는 언제나 논리적이든 종교적이든 또는 정치적이든 매우 실천적인 목표에 언제나 먼저 관심을 기울였다. 사유는 실질적인 목적을 지니지 않는다. 사유가 자체의 활동에서 의미를 찾지 못한다면 그것은 결국 아무런 의미를 지니지 못한다. (이것은 물론 사유활동 자체에는 적용되지만 사유를 기록하는 작업에는 통용되지 않는다. 기록하는 작업은 단순한 사유라기보다는 예술적·창조적 과정과 밀접한 연관을 지니기 때문이다. 사유활동의 기록은 사실상 목표나 목적을 지니고 있으며, 모든 생산활동과 마찬가지로 처음과 끝을 가진다.) 사유활동은 시작도 끝도 없다. 우리는 살아 있는 한 사유

---

47) 같은 책, 248쪽.
48) 「제임스 조이스와 현대」, 『에세이 전집』 제1권, 197쪽.
49) 지식과 진리, 사유와 의미의 관계에 대한 아렌트의 심층적 설명은 『정신의 삶 1: 사유』(푸른숲, 2004), 89-107쪽을 참조할 것-옮긴이.

한다. 왜냐하면 우리는 다른 방법을 택할 수 없기 때문이다. 이러한 주장은 궁극적으로 칸트의 "나는 사유한다"가 왜 모든 '이념'뿐만 아니라 모든 인간의 활동과 비활동을 동반해야만 하는가를 나타내고 있다.[50)]

브로흐가 사유의 "인식적 가치"라 부르는 바로 그것은 상당히 애매한 성격을 띠고 있으며, 철학이 진리로 규정하고 있는 것은 세계 속에서 객관적으로 부여된 사실 또는 의식 자료의 올바른 결정과 전적으로 다르다. 뿐만 아니라 개연적으로나 논증적으로 올바른 명제들이 아리스토텔레스의 비모순율에 의해 지배되든 헤겔 변증법에 의해 지배되든, 또는 브로흐의 논리처럼 그 명제들이 어쩔 수 없이 필연적이고, 즉 자명하며 전적으로 정당한 것으로 보이든 그것들은 진리를 구성하지는 않는다. 브로흐가 반복하여 강조했듯이 그러한 자명성이 동어반복적인 명제에서 표현될 수 있다는 것은 결코 자명성을 부정하는 것은 아니다. 동어반복의 "인식적 가치"는 동어반복이 직접 정당한 모든 명제의 속성인 강제적 특성을 직접 나타내고 있다는 사실에 있다. 문제는 다만 동어반복이 어떻게 그 형식성으로부터, 또는 그것이 빠지는 순환론으로부터 벗어날 것인가 하는 점일 뿐이다. 브로흐는 동어반복적으로 자명한 힘과 논증적으로 부여된 내용을 모두 구비하고 있는 현세적 절대자를 발견함으로써 이 문제를 해결했다고 생각했다. 그러나 인식은 발견의 형태이든 논리형태이든 (문학과 철학에서 명시적인) 사유와 상이하다. 인식만이 강제성을

---

50) 이 문장은 "우리는 아무것도 하지 않을 때 가장 바쁘다"는 카토의 말을 연상시킨다. 사유활동은 노동·작업·행위인 활동적 삶과 달리 내면에서 진행되기 때문에 우리의 시선에 드러나지 않지만 활동적 삶(activities)과 마찬가지로 긴장상태다. 따라서 사유는 신체의 눈으로 볼 때는 비활동(passivity) 상태이지만 정신의 눈으로 볼 때는 움직이는 상태다-옮긴이.

지니고, 필연성과 강제력을 지닌 절대자에 이를 수 있으며, 따라서 그것만이 인간행위의 예측 가능성과 예견 가능성을 초월하려는 (정치 또는 윤리) 행위론을 결과적으로 형성할 수 있다.

브로흐는 철학과 인식 사이에 있는 이러한 차이를 항상 의식하고 있었다. 그는 초기 저작들에서 지식에 이를 가능성을 철학보다 예술에 더 많이 부여함으로써 이러한 의식을 드러냈다. 그의 말에 따르면 철학은 "신학과의 관계를 단절한 이후 전체성을 포괄하는 지식"을 제시할 수 없었으므로 그 역할을 이제 예술에 맡겨야 했다.[51] 브로흐는 호프만슈탈이 괴테로부터 다음과 같은 사실을 배웠다고 그에 관한 연구에서 밝혔다. "시는 인간의 정화(淨化)와 자기 동일화에 기여할 수 있으려면 심연의 언저리에 머물러 있어서 도약을 감행하지 못한 채 현상에 대한 단순한 분석에 의존하는 철학과 달리 인간적 자기모순의 심연으로 천착해 들어가야 한다."[52] 그는 초기 저작들에서 지식의 가치나 내용과 관련해 철학뿐만 아니라 과학의 위치를 문학 밑으로 끌어내렸다. 당시 브로흐는 이렇게 주장했다. "과학의 인식체계도 결국 중요한 것인 세계 총체성의 (예술이 달성한) 절대성을 결코 획득하지 못하고 있지만" 반면에 모든 "개별적 예술작품은 총체성의 거울이다"[53]라고 주장했다. 그러나 이 주장은 그가 가치와 진리를 아주 뚜렷하게 대립시키고 있는 후기 저작들에서 변경된 바로 그 견해다. 사상이 일단 신학과의 연계를 벗어나게 되었을 때 진리는 "참됨을 입증할 기반을 잃게 되었다."[54] 따라서 진리는 지식으로 변형되어야만 했으며, 이때에만 가치가 형성될 수 있었다. 사실 가치

---

51) 같은 책, 203-204쪽.

52) 호프만슈탈, 앞의 책, xl쪽.

53) 「예술의 가치체계에서 악」, 『에세이 전집』 제1권, 330쪽.

54) 「제임스 조이스와 현대」, 같은 책, 203쪽.

란 "지식으로 변형된 진리"에 지나지 않는다.[55] 철학에 대한 근원적인 항변은 이러하다. 즉 "(인도형의 초논리적·신비적 접근을 거부하면서) 자기 자신과 인식논리로부터 완전히 벗어나는 사유는 어떠한 최종적 결과도 생산할 수 없으며", 이를 시도하더라도 "내용 없는 언어적 환상"[56]이 될 뿐이다. 그러나 이제 브로흐는 문학이 더 이상 철학의 무능한 수중에서 그 과제를 구원할 수 없다고 생각한다. 오히려 과학이 구원자의 역할을 맡아왔다. 따라서 "허용할 수 없는 동어반복의 문제는 확실히 철학적인 문제이지만 문제의 해결 가능성에 대한 결정은 수학적인 실천에 달려 있으며", 상대성이론은 철학에서 인정했던 해결할 수 없는 이율배반이 "해결할 수 있는 방정식"으로 바뀔 수 있다는 것을 보여주고 있다.[57]

인식론의 기능: 강제적 필연성과 무정부상태의 극복

브로흐의 입장에서 볼 때 이러한 항변들은 완전히 정당하다. 가톨릭 세계관이 인간의 아들이며 하느님 아들의 죽음과 부활이라는 신화를 통해 자아의 사멸성, 우연성, 세계 "무정부성"을 극복했다는 브로흐의 주장을 전제할 때 철학은 그 부적절성을 단지 논증할 수 있었다. 철학은 한때 미토스가 종교와 시 속에서 답변했던 문제, 오늘날은 과학이 탐구와 인식론에서 답변해야만 하는 문제를 제기할 뿐이다. 미토스와 로고스, 더 일반적인 말로 바꾼다면 종교와 논리는 "인간의 기본적 구조에서 생겨난 것"인 한 이것들은 함께 전체를 이룬다. 이것들은 우주의 외재성을 "지배하며", 인간에게는 "무시간성 자

---

55) 「정신분석에 대한 가치이론적 논평」(Werttheoretische Bemerkungen zur Psychoanalyse), 『에세이 전집』 제2권, 70쪽.

56) 「구문론적·인식적 통일성에 대하여」, 같은 책, 168쪽.

57) 같은 책, 201쪽 이하.

체"(timelessness itself)를 의미한다.[58] 그러나 죽음의 극복이라는 이 임무는 인간이 동물과 함께 나눠 가진 적나라한 삶의 충동에서 우리 나는 살아남겠다는 열정적인 욕구를 통해서만 인간의 인식에 부여 되거나 양도되지 않는다. 오히려 그것은 인식적 자아, 이를테면 실체 없는 자아 그 자체의 근거에서 나타난다. 자아가 인식의 주체인 한 그것은 "자기 자신의 죽음을 전혀 상상할 수 없다."[59]

자아는 자신의 시작이나 끝을 상상할 수 없기 때문에 인간이 경험 적으로 주어진 세계로부터 전적으로 도출한 최초의 근본적 경험은 시간, 잠정성, 죽음에 대한 경험이다. 따라서 외부 세계는 "자아 핵" (ego nucleus)에 완전히 생소하며 위협적인 것으로 나타난다. 자아는 실제로 외부 세계를 '세계'로 인식하지 않고 '비자아'(non-ego)로 인식한다. "인식론적 자아 핵"은 잠성성에 대해 알지 못하기 때문에 외부 세계에 대해서도 알지 못하며, 그 생소한 세계에서 "시간처럼 완전히 생소한 것"은 없다.[60] 이와 같이 브로흐는 특유한 시간관에 도달하고 있다. 내가 아는 한 그의 시간관은 매우 독창적이다. 아우 구스티누스의 『고백록』에서부터 칸트의 『순수이성비판』에 이르기까 지 시간에 대한 서양인의 사유는 모두 시간을 내적 감각(inner sense) 으로 이해하고 있다. 이와 반대로 브로흐는 시간이 일반적으로 공간 에 귀속되는 기능을 담당한다고 생각한다. 시간이란 "내면 깊숙하 게 존재하는 외부 세계"[61], 달리 표현하여 우리에게 외부 세계를 내 적으로 제공하는 감각이다. 그러나 죽음은 삶 내부에 위치해 삶을 안 에서 파내면서 삶 자체에 귀속된다고 하더라도 삶이 아니듯이 내부

---

58) 「문학작품의 신화적 유산」, 『에세이 전집』 제1권, 239쪽.
59) 「정신분석에 대한 가치이론적 논평」, 『에세이 전집』 제2권, 74쪽.
60) 같은 책, 73쪽.
61) 같은 책, 74쪽.

에 드러나는 외재성은 죽음과 마찬가지로 자아 핵의 실질적 구조에 속하지는 않는다. 다른 한편 브로흐의 경우 공간이라는 범주는 외부 세계의 범주가 아니다. 공간은 인간의 "자아 핵"에 직접 나타나기 때문이다. 인간은 미토스를 통해서든 로고스를 통해서든 적대적인 "비자아"를 지배하고 싶을 때 시간을 "폐기하고" 지양함으로써만 이를 행할 수 있는데, "이러한 지양은 공간이라 불린다."[62] 따라서 브로흐의 경우 예술 가운데 시간적 제약을 가장 많이 받는 분야로 일반적으로 인정되고 있는 음악은 오히려 "시간의 공간으로의 전환"이다. 음악은 "시간의 지양"이다. 그것은 물론 언제나 "죽음을 향해 줄달음치는 시간의 지양", 즉 계기(繼起)의 공존으로의 전환을 의미한다. 브로흐는 이것을 "시간경과의 구조화"(architecturization of the passage of time)라고 부른다. "인류 의식에서 죽음의 직접적 지양"[63]은 시간의 경과 속에서 실현된다.

여기서 중요한 것은 분명히 모든 계기를 공존으로 전환시키는 동시성을 달성하는 것이다. 이 동시성 속에서 시간적으로 구조화된 세계의 과정은 자체의 풍부한 경험과 함께 모든 것을 동시성으로 파악하는 신의 눈에 드러나는 것처럼 나타난다. 인간의 자아는 세계와 시간(브로흐의 경우 양자는 동일하다)으로부터 소외되었기 때문에 인간은 이 신과 유사하다고 느낄 수밖에 없다. 무시간적인 자아 핵의 구조는 인간이 실제로 그러한 절대성 속에서 살게끔 되어 있다는 것을 보여주고 있다. 이러한 것은 특별히 인간적인 모든 행태 양식에 분명하게 드러나며, 특히 언어구조 속에서 잘 나타난다. 브로흐의 경우 언어구조는 결코 의사소통 수단이 아니며, 또한 추상적인 인간(Man)

---

62) 「가치의 와해, 담론, 여론 그리고 결론」(Der Zerfall der Werte. Diskurse, Exkurse und ein Epilog), 같은 책, 10쪽.

63) 「음악에서 인식문제에 대한 고찰」, 같은 책, 99쪽.

이 아닌 수많은 사람들이 지상에 살면서 서로 소통해야 한다는 사실과 아무런 관련이 없다. 그는 꼭 그렇게 말하지 않지만 마치 인간 사이의 의사소통만을 위한 것이라면 한낱 동물의 소리만으로 충분하다고 주장한 것 같다. 그가 생각하는 언어의 본질이란 언어가 '문장 속에서' 시간의 지양을 구문론적으로 보여주는 것이다. 그것은 필연적으로 "주체와 객체를 동시성의 관계 속에 두기" 때문이다.[64] 말하는 사람에게 부여된 "역할"은 "인지단위를 듣고 볼 수 있게 하는 것인데", 이것은 곧 "언어의 유일한 과제"[65]다. 문장의 동시성으로 응축된 것 —즉 "일순간 거대한 규모의 전체를 파악할 수 있는" 사유—은 시간의 경과에서 빠져나오게 된다. 확실히 이러한 고찰들이 브로흐의 서정적 양식에 대한 논평, 그중에서도 이상하리만큼 긴 문장들과 이 문장들 내에서 이상하리만큼 정확한 반복에 대한 논평을 특히 제공한다고 여기서 말할 필요는 없다.

이러한 언어학적 고찰은 브로흐의 생애에서 마지막 몇 년 사이에 나타난다. 당시 그는 동시성의 문제를 로고스의 영역에서 해결하려 했다. 그러나 언어학적 표현의 동시성이 영원성을 얼핏 보여준다는 확신, "로고스와 삶"이 언어적 표현에서 "다시 한 번 일체"[66]가 된다는 확신, 그리고 진실로 "동시성의 요구가 모든 서사시와 모든 시가의 참된 목표"[67]라는 확신은 모두 조이스에 관한 초기 연구에 이미 나타난다. 따라서 그는 이후에도 "계기 인상과 체험을 통일시키고, 연속성을 동시성의 통일체로 다시 끌어들이며, 시간에 제약되는 것을 단자(monad)의 무시간성으로 이전시키는 일"에 관심을 쏟았

---

64) 「구문론적·인식적 통일성에 대하여」, 같은 책, 158쪽.

65) 같은 책, 153쪽.

66) 「제임스 조이스와 현대」, 『에세이 전집』 제1권, 209쪽.

67) 같은 책, 192쪽.

다. 여기서 단자의 무시간성이란 뒷날 "자아 핵"이라고 불리는 것이다.[68] 그러나 시간이 지나면서 그는 "예술작품 속에 초시간성을 확립하는 것"에 만족하지 않고 이 동시성의 초시간성을 삶 그 자체에도 각인시키려 했다. 브로흐는 조이스에 관한 논문을 집필했을 당시 "이러한 동시성을 확보하려는 투쟁이…… 계기를 통해 공존과 연쇄를 표현하고, 반복을 통해 특이한 것을 표현해야만 하는 필연성을 극복할 수 없다"는 점을 여전히 인정했다. 그러나 그 뒤 그는 다만 문학과 문학적 표현이 더 훌륭하게 성공할 수 없는 범위 내에서만 이러한 점을 인정했다. 방정식을 만드는 데 수학, 그리고 수학의 기초가 되는 절대적 논리(구체적이지는 않지만 모든 가능한 인식의 모델)는 시간적인 계기의 모든 것을 공간적인 공존으로 전환시키려는 기능을 완전하게 수행할 수 있기 때문이다.

인상적이게도 브로흐는 '강제' '필연성' '강제적 필연성'이란 단어를 이러한 문맥 속에서 빈번하게 쓰고 있으며, 논리적 증명의 강제적 성격에 크게 의존하고 있다. 그의 인식론은 미토스에서 로고스로의 근본적 전환을 출발점으로 삼고 있는데, 그는 이 전환에서 의식적으로 신화적 세계관의 강제성을 논리적 주장의 강제적 필연성으로 치환시키려 했다. 강제적 필연성은 신화적 세계관과 논리적 세계관의 공통분모다. 필연적이며 인간에게 강제적인 것으로 보이는 것만 절대적 정당성의 자격을 제기할 수 있다. 브로흐가 인간의 자유라는 문제에 대해 취했던 특이한 이중적 태도는 필연성과 절대자의 이러한 동일화에서 나타난다. 사실상 그는 자유보다 철학을 훨씬 더 좋게 생각했다. 어쨌든 그는 오직 심리학 영역에서 자유를 기대했을 뿐 자신이 항상 당연히 필연성에 부여했던 형이상학적이고 과학에 기초한 존

---

68) 같은 책, 193쪽.

엄성을 결코 자유에 부여하지는 않았다.

　브로흐의 경우 자유는 모든 자아에 잠들어 있으며 동료들로부터 "격리되고자" 벌이는 무정부적 분투다. "외톨이"(loner)는 이미 동물계에서 그러한 노력을 전형적으로 나타낸다. 인간은 자유를 획득하려는 자아의 투쟁만을 따를 경우 "무정부적 동물"이 된다.[69] 그러나 인간은 "동료 없이는 살 수 없으며, 따라서 무정부적 성향만으로는 살 수 없기" 때문에 그는 다른 인간들을 정복하거나 노예로 만들려고 한다. 다른 사람들에게 의존하더라도 독립을 위해 다른 사람들과 내적으로 전혀 관계를 유지하지 않은 채 활동하고 싶어하는 자아의 반항적인 무정부적 측면은 이미 초기 저작들에서 근본적 악의 근원들 가운데 하나로 나타난다. 그러나 그러한 초기 저작들에서 자아의 무정부적 측면은 실질적인 악의 순수한 미학적 성향의 분석에 가려 부각되지 않는다. 인식론의 관점에 완전히 집중되어 있는 후기 저작에서 상황은 바뀐다. 동료들과 관계를 유지하고 있는 사람이 자신의 인식, 달리 표현하면 자신과의 상호작용 속에서 자신을 필연적으로 종속시키는 것과 동일한 강제력에 예속되어야 한다는 정치적 결과는 바로 나타난다. 브로흐는 사람이 외부적으로 행동하고 외부 세계의 조직을 통해 관여하고 있는 이러한 정치영역이 본래 정치적이었던 범주에 의해 질서를 유지할 수 있었다는 점을 결코 믿지 않았다. "세계의 야단법석은 무정부상태 이외의 아무것도 초래할 수 없으며……" "정치는 외적인 소란의 역학"이기 때문이다.[70] 이러한 세계의 야단법석은 자아 그 자체와 똑같이 어쩔 수 없이 명백한 필연성에 따라야 한다. 그리고 우리는 이 필연성을 정당화하기 위해 강제가

---

69) 「정치학」, 『에세이 전집』 제2권, 209쪽.

70) 같은 책, 210쪽.

실제로 인간적인 것이라는 점과 강제가 인간성에서 실제로 나타난다는 점을 증명해야 한다. 인식론의 정치적-윤리적 임무는 이를 논증하는 것이다. 인식론은 인간의 인간성이 강제적 필연성이며 무정부상태로부터 인간을 구원한다는 점을 보여주어야 한다.

기억과 예언의 통일성 논증: 주관주의 극복과 동시성 확보

우리가 여기서 실제로 하나의 체계를 확보하고 있다는 사실은 이러한 관점에서 분명할 것이다. 이 체계의 일반적 윤곽은 우리가 물려받고 있는 단편적 자료들에 기초해 별 어려움 없이 묘사될 수 있다. 브로흐의 체계가 지닌 기본적 측면들은 그 체계가 오랜 세월 동안 겪었던 특징의 변화에도 불구하고 처음부터 고정되어 있었기 때문에 체계의 윤곽을 파악하는 과제는 더욱 매력적이다. 이 체계 내에서 인식의 시간 지양 기능과 동시성은 인식을 두 가지 구체적인 문제에 적용시킴으로써 증명될 수 있어야만 했다. 즉 인식은 세계의 무정부성을 폐기할 수 있어야만 했으며, 완전히 무세계적인 자아와 완전히 바자아적인 세계를 조정할 수 있어야만 했다. 그리고 기억이 과거를 현재로 끌어들여 그것을 소멸로부터 구제한다는 확신을 가지고 미래를 현재와의 동시성으로 끌어들이도록 하기 위해 인식은 "신화적 예언"을 "논리적 예언"으로 대체해야만 했다. 인식은 "기억과 예언의 통일성을"[71] 논증해야만 하는데, 『베르길리우스의 죽음』은 이것을 단지 시적으로 불러냈다.

첫 번째 문제에 관한 한 자아와 세계를 조화시키는 것은 자아를 극단적인 주관주의로부터 구원하는 것이다. 이 극단적인 주관주의에서 "인간이 모든 것 '이다'"라고 할 때 "모든 것은 자아에 속하게 되

---

71) 「문학작품의 신화적 유산」, 『에세이 전집』 제1권, 245쪽.

고, 인간이 모든 것을 '소유한다'라고 할 때 모든 것은 자아에 가깝게 존재하지만 그 외의 다른 모든 것, 세계의 나머지 전체는…… 자아에 대해 이질적이고 적대적이며 죽음을 내포하고 있다."[72] 이 문제에 관한 한 브로흐는 그전의 모든 진지한 주관주의가 걸었던 길을 답습해 온 듯하다. 그 길을 개척한 가장 위대한 선구자는 라이프니츠(Gottfried Wilhelm von Leibniz)였다. 그 길은 "예정조화"의 길이며, "설계나 기초가 똑같은 두 개의 집"을 짓는 길이다. "그러나 그 집들은 사전에 완성되기 어려울 만큼 무한히 크며, 그 가시적인 건축작업은 다른 지역에서 시작되기 때문에 무한하게 진행되는 건축 기간에 이 집들은 점점 더 비슷해지지만 실제로 결코 완전히 동일해질 수 없다. 인간은 굳이 바란다면 이들을 교체할 수는 있다."[73]

인간은 어떻게 "자기 본연과 외부 세계의 본연 사이에 존재하는 가장 내밀한 유사성을 직관적으로 파악할 수 있는가?"[74] 브로흐는 이 질문에 다음과 같이 답변했다. "예정조화는 논리적 필연성이다."[75] 그는 확실히 이 대답을 통해서 라이프니츠뿐만 아니라 모든 단자론의 통상적인 이론들을 결정적으로 뛰어넘었다. 예정조화의 논리적 필연성은 다음과 같은 사실에서 나타난다. "나는 사유한다"는 말은 모두 "나는 무엇을 사유한다"는 것이기 때문에 (다른 중요한 제안들을 제공한 후설Edmund Husserl의 입장을 따르고 있는) 브로흐는 대상(세계의 모델)이 사유활동에 이미 존재한다는 것을 알고 있다. 그러므로 자아는 그 자체 속에서 비자아의 윤곽을 찾으며, "비록 사유가 확고하게 자아의 부분이기는 하지만 사유는 자아의 주체와 구별되

---

72) 「정치학」, 『에세이 전집』 제2권, 234쪽.

73) 「구문론적·인식적 통일성에 대하여」, 같은 책, 169쪽.

74) 같은 책, 151쪽.

75) 「세계 극복으로서의 체계」(Das System als Welt-Bewaltigung), 같은 책, 121쪽.

며, 따라서 비자아에 속한다."[76]

이러한 점에서 볼 때 자아는 환희에서 그 정점에 이르는 "자아의 확대"나 공포에서 그 밑바닥에 이르는 "자아의 박탈"과 다른 형태로 세계에 속한다. 자아는 환희나 공포와 관계없이 세계에 귀속된다. 세계 역시 외부에서 경험될 뿐만 아니라 그러한 경험 이전에 "무의식" 속에서 이미 주어진다. 이러한 무의식은 비논리적이거나 비합리적이지 않다. 오히려 모든 진정한 논리는 필연적으로 "무의식적인 것의 논리"를 포함해야 하며 "인식론적 무의식영역"의 지식을 배경으로 자신을 검증해야 한다.[77] 구체적인 경험이 아니라 모든 경험을 선행하는 경험 일반의 인식, 달리 표현하면 "경험 자체"는 무의식영역에서 발견된다.

두 번째 문제는 동시성을 극복하는 문제, 즉 연속성에 예속된 상태로부터 과거뿐만 아니라 미래를 해방시키는 문제다. 이 문제의 해답은 인식에 완전히 접근할 수 있는 바로 그 무의식영역에 있다. 그러나 여기에서 미래뿐만 아니라 과거의 공존은 무의식에 특유한 속성인 꿈의 양태를 통해 실현될 수 있다. "인간만이 특이하게 미래로 돌진함으로써 미래를 현재의 일부로 만든다." 아리스토텔레스의 논리를 뛰어넘는 논리는 미래의 새로운 것을 이루는 "영감"을 예견할 수 있어야 한다. 언젠가 "논리가 실현될 것이라고 가정하는 이러한 분야에 대한 공식적인 정확한 주장"[78]은 다소간 믿을 만한 "예언이론"을 제공할 것이다. 이러한 주장은 우리에게 "가능한 모든 미래 경험의 윤곽"을 제시할 것이기 때문이다. 이 "논리적 예언"의 대상은 모든 새로운 것을 위한 자극과 영감을 불러일으키는 무의식적

---

76) 「정신분석에 대한 가치이론적 논평」, 같은 책, 67쪽.
77) 「구문론적·인식적 통일성에 대하여」, 같은 책, 166쪽.
78) 「문학작품의 신화적 유산」, 『에세이 전집』 제1권, 244쪽.

인 것인데, 이 "논리적 예언"은 그 자체가 "기초 연구의 발전과 심화에서…… 지극히 자연스럽게 나타나는"[79] 완전히 합리적이고 논리적인 훈련이다. 이 "새로움을 강조하는 이론"(theory of newness) ─ "논리적 예언"의 다른 명칭 ─ 의 전제는 이러하다. 시간 자체는 "내면 깊숙이 존재하는 외부 세계"로 간주되지만, "세계에서 진정 새로운 것은 모두 비록 경험적인 모습으로 나타난다 할지라도 ─ 그것은 결코 실제적인 경험에서 나오지 않고 항상 자아의 영역·혼·심정, 정신에서만 나온다."[80] 다른 말로 표현한다면 인식의 주체, "완전히 추상화된 존재로서 인간"[81]은 세계를 자신의 내부에 옮기는 성격을 지니며, 인식의 기적은 이 내적 세계와 경험적으로 주어진 세계 사이의 조화, 즉 예정조화로부터 발생한다.

특히 이러한 조화과정은 "체계"에 의해 달성된다. 그런데 이 체계는 "초극의 체계"로서 단순히 세계와 무한한 "세계의 경험적 내용"을 수용할 뿐만 아니라 "세계를 초극함으로써 세계를 새롭게 창조해낸다."[82] 이러한 창조적인 "로고스의 체계화 기능"은 "로고스의 본질적이며 유일한 표명이다."[83] 로고스는 이러한 표명을 통해 "처음으로 세계를 되풀이해서 창조한다." **본원적 직관**(칸트)의 신성한 행위에서 인식과 창조는 동일하다. 아울러 이 동일성은 모든 계시와 무관하며 인간의 "창조의무"에 존재하는 논증 가능한 사실이다. 이 의무속에서 인간은 논리실증주의 논의에서 증명될 수 있는 임무, 즉 "우

79) 같은 책, 245-246쪽.
80) 「구문론적·인식적 통일성에 대하여」, 『에세이 전집』 제2권, 187쪽.
81) 「정치학」, 같은 책, 247쪽.
82) 「세계 극복으로서의 체계」, 같은 책, 111쪽 이하.
83) 「구문론적·인식적 통일성에 대하여」, 같은 책, 200쪽.

주의 창조를 끝없이 반복해야 한다."[84] 이러한 동일성은 "미래의 통합된 과학"으로서 미토스의 위치를 차지하게 될 로고스이고,[85] 혼란된 세계를 "체계"의 상태로 복귀시킬 로고스이며, 무정부상태에 빠진 인간을 다시 필연성의 제약으로 인도할 로고스다.

1930년대 중반 브로흐는 로고스가 과학이라는 길을 통하여 인간을 구제할 수 있다는 생각을 예감과 희망의 형식으로 표현했다. 그의 생애 말기에 이 관념은 다음과 같은 확신으로 바뀌었다. "세계의 내용이 모두 실제로 균형상태를 이룰 수 있었다면 세계가 하나의 전체적인 체계, 즉 모든 부분이 서로 다른 부분을 조건으로 의지하는 체계가 형성되고 재형성될 수 있었다면, 이러한 상태 ── 과학이 엄격하고 합리적인 영역에서 추구하는 상태 ── 가 현실적으로 존재할 수 있었다면 인류의 형이상학적으로 종교적인 열망이 모두 흘러들어갈 세계의 구원, 존재(Being)의 궁극적인 화해는 이루어졌을 것이다."[86]

이 글을 읽으면서 우리는 「요한복음」 제1절이 생각난다. "태초에 말씀이 있었다. ……그리고 그 말씀은 육신이 되었다"(제1장 1-14절). 그러나 로고스가 변하여 된 육신은 이제 상상의 하느님 아들이 아니라 "극도로 추상화된 인간"이다. 브로흐는 사변적으로 형이상학적이지 않은 실증주의적 관점에서 다음과 같이 생각했다. 육신이 된 말씀이 인간 자신이라는 것을 증명할 수 있다면, 지구영역 내에서, 어떠한 초월적 비상 없이도 "모상(模像) 그 자체"에 대한 증명은 제공되어 왔다. 그리고 인간 또한 "모상 자체 속에서" 자신의 본질인 그분(하느님)과 관계없이 존재했기 때문에 시간과 죽음은 지양되어 왔다. 이것은 지구상에 살고 있는 인간의 구원일 것이다.

---

84) 「정치학」, 같은 책, 208쪽.
85) 「구문론적·인식적 통일성에 대하여」, 같은 책, 169쪽.
86) 「음악에서 인식문제에 대한 고찰」, 같은 책, 98쪽.

현세적 절대자

죽음의 절대성 극복: 자아의 불멸성과 영원성

브로흐가 이러한 방향에서 또 단편적인 형태로 남긴 것은 모두 "현세적 절대자"라는 개념, 오히려 현세적 절대자의 발견 속에 본질적으로 포함되어 있다. 우리는 실제로 현세적 절대자가 무엇을 의미하는가를 이해하려면 지구상의 인간 실존을 위한 절대자로서 죽음에 대한 브로흐의 초기 주장─후기 저작에서도 종종 발견될 수 있는 주장─과 후기의 실질적 발견을 동일시하지 않도록 주의해야 한다. 두 견해를 연결하는 것은 분명 상당히 중요한 일이지만, 두 견해가 죽음과 연계되어 있으며 기본적으로 죽음의 체험에 의해 결정된다는 점일 뿐이다. 그런데도 양자의 차이점은 명백하다. 죽음이 삶의 절대적이고 움직일 수 없는 한계로 이해될 때 우리는 "아마도 현세로부터 더 멀리 떨어질 수 있으며 의미상 죽음보다 삶에 더 형이상학적일 수 있는 현상은 없다"라고 언급할 수 있다.[87] 인간의 입장에서 볼 때 영원의 상 아래서(*sub specie aeternitas*)는 항상 유한의 상 아래에서(*sub specie mortis*)를 의미한다.[88] 절대적 가치의 추구는 "무가치 자체"인 죽음에 의해 활성화되며, 실재와 자연의 유일한 절대성인 죽음의 절대성은 인간의 의지에 따라 정신의 절대성과 문화의 절대성을 창조하는 절대성에 의해 저지되어야 한다.[89] 그리고 브로흐는 분명하게 "죽음에 대한 진정한 관계가 존재하지 않고 현재 여기서 죽음의 절대적인 특질이 영속적으로 인정되지 않는 곳에서는 참된 윤리는

---

87) 「로마인의 세계상」, 『에세이 전집』 제1권, 231쪽.
88) 「제임스 조이스와 현대」, 같은 책, 186쪽.
89) 「예술의 가치체계에서 악」, 같은 책, 317쪽.

존재하지 않는다"[90]라는 자신의 기본적 확신을 결코 버리지 않았다. 이 기본적 확신은 사실상 강력하기 때문에 그는 자신의 인식론을 무질서한 사물영역에 적용시킨 『정치학』에서 현세적 영역에 나타나는 하나의 절대자로서 죽음에 다시 호소했다. 즉 그는 사형이 처벌에 절대적 한계를 부여하는 자연적 최대점이라는 사실에 입각해 자신의 완전한 법적·정치적 체계를 확립했다. 그런데도 브로흐의 현세적 절대자 개념은 죽음과 관련되지 않는다. 죽음에 내재된 절대자는 결국 본질적으로 지구적인 것이 아니다. 그것은 명백하게도 죽음 이후에만 시작될 뿐이다. 절대자는 죽음을 통해서만 자신을 지상영역에 드러내지만 죽음을 넘어서는 존재다. 내세적이고 초월적인 이 절대자를 유한하고 현세적이게 하는 것은 사실상 세속주의가 지닌 치명적인 원죄다. 이 원죄는 가치의 붕괴와 세계의 해체를 유도한다.

현세적 절대자와 죽음의 관계는 다른 성격을 띠고 있다. 연관되는 것은 삶에서 죽음의식을 지양하는 것이며, 삶이 영위되는 한 죽음으로부터 삶을 해방시키는 것이다. 따라서 삶은 마치 영원하기라도 한 듯이 지속된다. 인식이 "가장 내적인 외부세계로서 시간"을 극복하는 데 기여하고, 그래서 시간이 자아와 가장 가까이 있으며, 그런 까닭에 동시에 자아에 가장 멀고 가장 위협적인 곳에서 세계를 극복하는 데 기여해야 하듯이 현세적 절대자도 삶에서 죽음을 극복하고 아울러 자아 핵, 자아의 인식적 핵에서 자신을 불멸적인 것으로 인식하는 자아와 함께 죽음에 대항함으로써 "죽음으로 충만한 세계"에 대항하는 데 기여한다. 마침 브로흐가 논리실증주의(매우 특이하면서 독자적인 논리실증주의이기는 하지만)에 눈을 돌렸을 때 그는 젊은 시절부터 기본적으로 믿고 있었던 기독교적 확신을 유지한다. 즉 죽음

---

90) 「호프만슈탈과 그의 시대」, 같은 책, 123쪽.

과 소멸성은 세계 속에 뿌리박고 있지만 불멸성과 영원성이 자아에 고정되어 있기 때문에 우리에게 유한한 것 같은 삶은 사실 불멸적이고 우리에게 영원한 것 같은 세계가 사실 죽음의 희생물이라는 확신을 유지했다.

현세적 절대자라는 개념에 가장 명백하게 나타나는 논리실증주의로의 전환은 물론 세속화 과정에 대한 불만의 입장에서 원래 제기된 브로흐의 시대비판(Zeitkritik)에 대한 무언의 수정을 암시했다. 이러한 수정은 결국 "새로운 신화"에 대한 희망으로부터 "실증주의적 탈신격화"가 필연성이 되어 있다는 신념으로의 전환에서 가장 명료하게 표현된다. 그러나 이러한 전환을 초래한 문제, 또한 브로흐가 인식론에 관한 유작 두 편(「체계의 개념」「구문적·인식적 단위」)에서 논리실증주의 용어로 대답하고 있는 문제는 다음과 같이 명백히 표현될 수 있다. 자아는 자신의 불멸성에 대한 확신을 무엇으로부터 얻어내는가? 이러한 확신의 근거 자체가 이 불멸성의 근거가 아닌가?

형식논리와 두 가지 유형의 지식

우리는 죽음의 관점에 전적으로 초점을 두고 있는 초기의 가치이론을 앞에서 제기한 질문과 연계시킬 경우 다음과 같은 방식으로 명백히 표현할 수 있다. 죽음은 절대적인 무세계성 속에서 자신을 불멸하다고 이해하고 있는 사람에게 갑작스런 공포감을 불어넣는 자아핵에 의해 결코 예견될 수 없기 때문에 완전히 부정적 체험으로 이해되는데, 완전히 부정적인 이러한 체험은 불멸성과 절대자가 죽음과 같이 가시적이고 사실적으로 명료하게 나타나는 적극적 체험에 의해 보완될 수 있지 않는가? 그 해답은 다음 문장 속에 요약되어 있다. 그는 이 글을 초창기에 썼지만 만년에 이르기까지 그 의미를 충분히 이해하지 못했던 것 같다. "형식논리의 구조는 물질적 토대에 기초를 두고 있다."[91]

브로흐의 사유 궤적을 신중하게 단순화한 형식으로 요약해 보면 인식은 근본적으로 상이한 두 가지 유형의 과학에 조응하는 두 가지 유형의 지식에서 명백히 나타난다. 첫째, 사실에서 사실로, 그리고 조사에서 조사로 더듬어나가며 발전하기 위해서는 원칙적으로 비한정적이고 완결 불가능하며 새로운 사실과 결과의 끊임없는 연속을 필요로 하는 귀납적 경험 과학이 있다. 둘째, 연역적 형식 과학이 있다. 형식 과학은 사실 자신과 관계없이 자신의 공리적 결과에 도달하며, 모든 경험적 사실과 분명히 독립되어 있다. 브로흐의 경우 가장 중요한 귀납적 형태의 과학은 물리학이다. (그는 이것을 설명하기 위해 고고학을 예로 들고 있다. 고고학에서 유적의 "발굴"은 모든 경험 과학의 발전에 필수적인 새로운 "발견"과 일치하기 때문이다.) 반면 고전적인 연역적 과학은 수학이다. 그는 사실들에 대한 단순한 지식을 넘어서는 실질적 인식이 체계를 형성하는 연역적 과학에서만 실현될 수 있다고 주장했다. 수학이 물리학자에 의해 관찰된 경험적 사실에 적합한 정식을 연역한 다음에야 물리적 사실의 과학적 이해를 언급하는 것이 허용될 수 있다.

귀납적 과학과 연역적 과학 사이의 이러한 관계는 "근원체계" (proto-system)와 "절대적 체계"에 관한 브로흐의 구별과 대응된다.[92] 근원체계는 세계의 직접적인 지배, 즉 동물을 포함한 모든 생명의 생존을 위한 필수요건인 세계의 동화에 기여하며, 반면에 절대적 체계는 인간이 그것의 완성에 도달할 수는 없지만 그 자체 속에 "언젠가 일어났고 앞으로 일어날 수 있는 모든 문제에 대한 해결"을

91) 「가치의 와해」, 『에세이 전집』 제2권, 14쪽.
92) 「세계 극복으로서의 체계」, 같은 책, 122쪽 이하.

포함하는 체계로서…… 한마디로 표현하면 신의 인식체계다."[93] 얼핏 보면 인간의 인식체계는 이러한 두 형태의 체계, 즉 모든 생명의 체계와 신의 체계 사이에 존재할 수도 있지만, 그런데도 이 두 체계는 귀납적 방법과 연역적 방법과 마찬가지로 서로 대립하고 있다.

추론의 다음 단계는 이러한 대립의 소거, 달리 표현하면 이러한 대립이 피상적일 뿐이라는 증거와 연관된다. 이것은 첫째로 근원체계와 절대적 체계를 연결하는 다리, 모든 인식과정의 특유한 반복에 입각해 형성된 다리가 존재한다는 증명에 의해 달성되며, 둘째로 절대적 연역체계란 존재하지 않는다는 증명에 의해 달성된다. 오히려 모든 형식체계의 기반은 언제나 경험적이다. 이 말은 모든 체계가 자기를 초월하는 기반에 의존한다는 것을 의미한다. 모든 체계는 이러한 기반을 절대적인 것으로 상정해야 한다. 그렇지 않을 경우 모든 체계는 일련의 다양한 연역을 시작조차 할 수 없기 때문이다.

근원체계와 절대적 체계를 연결하는 다리는 한편 완전한 귀납적 과학과 연역적 인식을 연결하는 다리를, 다른 한편 동물, 인간, 신을 연결하는 다리를 나타내며 다음과 같은 형태로 나타난다. 즉 근원체계는 '알고는' 있지만 '이해되지' 않은 '경험들'로 구성된 체계다. 모든 경험 속에 내재되어 있으며 경험 없이 형성되지 못하는 이러한 지식은 실제로 이미 "앎에 대한 앎"(knowing about knowing)이며, 이러한 형태의 첫 번째 반복 없이 기억은 존재할 수 없으며, 기억은 모든 경험에 속한다. 브로흐는 기억과 의식을 동일시하며 동물에게도 기억능력이 있다고 한다.[94]

앎에 대한 이러한 앎은 세계와 직접 연계된다. 이러한 앎은 구체적

---

93) 같은 책.
94) 같은 책, 134쪽.

인 사실성을 띤 세계의 사물들에 대한 직접적인 지배에 대비한다. 이러한 앎이 지배하지 않는 것은 세계의 세계성이다. 브로흐는 세계성을 세계의 원시적 "비합리성"(정치적 표현을 쓴다면 "무정부성") 속에서 주어진 것이라고 보고 있다. '인식체계'는 이제 이 세계성의 지배를 실현하기로 작정한다. 인식체계는 세계의 구체적 사물로부터 자신을 이미 해방시켰기 때문에 성공할 수 있고, 그 결과 세계의 세계성과 "비합리성"을 파악할 수 있다. 따라서 인식체계는 절대적 체계의 예비적 형태가 된다. 직접 체험, 그리고 이에 필요한 "앎에 대한 앎"은 이제 더 이상 문제되지 않고 오히려 "앎에 대한 앎을 앎", 다른 말로 표현한다면 "앎에 대한 앎"의 첫 번째 반복으로부터 자연스럽게 흘러나오는 또 다른 반복이 문제가 된다.

앎에 대한 앎의 근원체계에서 실질적인 지식은 아직 실현되지 않았고, 살아 있는 존재는 단지 그 경험을 의식한다. 그러나 이러한 근원체계와 신의 절대적 체계 사이에 실증적으로 논증될 수 있는 일련의 연속적인 반복적인 단계들이 존재한다. 브로흐는 "'경험적 내용'이 감소되고 이들의 '인식적 내용'이 증대하는 비율에 따라 체계들이 겹쳐지는―근원체계에서 출발해서 내내 절대적 체계를 향해 오르는―일종의 층화된 체계의 배열을 생각하는 것"에 대해 우리에게 경고하고 있다. 그런데도 "방향이…… 언제나 그렇지는 않지만 대부분 인식적 내용을 증대시키고 표현 가능성을 감소시키는 방향으로 정해져 있다고……" 생각했다.[95] 현세적 절대자의 실재성을 입증하기 위한 이러한 논증의 의미는 그 존재를 전제하는 인식활동과 단순한 경험 사이의 밀접한 관계에 존재한다. 그 의미는 어떤 절대자가 지구상의 모든 생명의 조건에서 나오기라도 하듯이 경험과 인식

---

95) 같은 책, 123쪽.

적 앎을 연계시키는 연속적인 계기에 있다.

이러한 연구는 두 가지 목적을 지닌다. 그 목적은 절대자의 현세적 기원을 제시하고, 절대자가 유기적 생명의 진화에서 객관적으로 발생한다는 것을 제시하며, 동시에 모든 연역체계가 체계 자체로부터 도출될 수 없는 절대적인 경험적 기초에 의존한다는 것을 논증하는 것이며, 반대로 표현하면 모든 형식이 내용을 침해한다는 것을 제시하는 것이다.[96] 달리 표현하면 현세적인 것이 본질적으로 절대자에 이르게 되고, 절대자로 성장한다는 논증은 말하자면 절대적인 모든 것이 현세성에 첨가된다는 반증과 같은 의미를 지닌다. 이것은 수학의 경우 매우 명백하다. 수학의 경우 수학적인 것은 명백하게도 수학적으로 증명되지도 논증되지도 않는다. 그것은 수학의 경우 "양(陽)의 미지의 것"(plus unknown)이며 수학 밖의 영역에 존재한다. 이것은 모든 수학의 정립과 관련된 현실적 기반, 브로흐가 "수(數) 자체"와 동일시했던 현실적 기반에도 타당하며, 수학적 이해를 발전시키는 "의문충동"(problem impulses)에도 타당하다. 사실 수학의 발전은 물리학에 의존하고 있다.[97] 그러나 이러한 상황은 또한 인식론, 즉 논리 자체에도 타당하다. 이 논리는 수학에 "수 자체"를 최초로 제공하고 수학적 연산을 위한 기초를 우선적으로 마련했다고 생각될 수 있다. "수학자와 마찬가지로 논리학자는 자신의 연구에 대해 소박한 현실주의적 관계를 유지하기 때문이다. 한편으로 그는 적어도 자신의 연구를 보다 높은 단계로, 즉 메타-논리(meta-logic)의 단계로 올라가지 않는 한 논리적 체계 전반에 관한 지식과 특별한 고려를 필요로 하지 않는 연구의 자명한 부속물로서의 논리적 조작 가능성에 관

---

96) 「정치학」, 같은 책, 247쪽.
97) 「구문론적·인식적 통일성에 대하여」, 같은 책, 178쪽 이하.

한 지식을 무시할 것이며, 다른 한편으로 이러한 지식의 주체 또는 담당자에 대해 수학자보다도 관심을 덜 기울이게 될 것이다."[98]

따라서 연역적 학문인 논리학과 수학은 두 가지를 언제나 필히 간과한다. 첫째, 마치 사람은 자신이 서 있는 땅을 보지 못하듯이 연역적 학문은 논리학이나 수학을 정확하게 그것이게 하는 것, 즉 자체의 논리성이나 수학성을 볼 수 없다. 둘째, 연역적 학문은 논리적·수학적 조작의 주체를 관찰할 수 없다. 말하자면 연역적 학문은 언제나 자기 자신이 아니라 자신의 그림자를 볼 뿐이다. 수학성, 달리 표현하면 "수 그 자체"는 수학에서 "절대자"여야 한다는 것은 당연하다. 바로 이 절대자는 외부에서 수학에 부여되며, 수학 자체의 체계 밖에 존재하는 것으로 논증된다. 이 절대자가 수학체계 밖에서 추구되었다고 하더라도 이 절대자는 절대적으로 초월적이지 않고 경험적으로 주어진다. 과학은 언제나 자기 자신에게 절대적인 것을 "한 단계 높은" 과학으로부터 받아들이며, 그 결과 과학의 위계질서가 생겨나지만 이 위계질서의 원칙은 모든 것을 포함하는 통일적이고 체계적인 방법으로 파악할 수 있다. 물리학은 그 절대자를 수학으로부터 받고, 수학은 인식론으로부터, 인식론은 논리학으로부터 절대자를 수용하고, 논리학은 메타-논리에 의존하게 된다.

그러나 절대자가 여러 가지 다른 모양으로 학문에서 학문으로, 인식체계에서 인식체계로 계승되는 이러한 고리는 각기 과학과 인식을 전적으로 가능케 하지만 무한히 연속적이거나 반복적이지는 않다. 모든 경우 절대자, 절대적 기준으로 기능하면서 그것을 사용하고 있기 때문에 그것을 사용하는 사람에 의해 관찰되지 않는 것은 그 기준을 사용하는 주체다. 그것은 "보는 행위 그 자체", 물리학에서 "수

---

98) 같은 책, 183쪽.

학적 인간"과 조응하는 "물리학적 인간", "수 그 자체"의 담당자, "논리적 조작성" 그 자체의 주체다. 따라서 이러한 과학에서 절대자는 "내용적으로" 부여된다. ─어떤 과학도 그 내용이 외부에서 주어지지 않듯이 기능할 수 없다. 그러나 절대자의 기원은 또한 현세적이고 실증적이며 인식론적 관점에서 말한다면 논리실증주의의 기초 위에서 증명 가능하며, "극도로 추상화된 인간적 형상"이다. 이 추상의 내용은 "보는 행위 그 자체"에서부터 셈하는 행위 그 자체와 논리적 조작 그 자체로 바뀔 수 있다. 이 말은 육체, 영혼, 정신이라는 속성을 모두 갖춘 인간이 모든 사물의 척도가 되고 있다는 것을 의미하지 않는다. 또한 인간이 단지 인식의 주체, 즉 인식행위의 담지자인 한 그가 절대자라는 것을 의미하지 않는다. 절대적이며 필연적이고 강제적인 정당성을 지닌 절대자의 기원은 이 세계에 있다.

정치행위와 절대적 정의

브로흐는 자신의 현세적 절대자 이론이 정치에 직접적으로 적용될 수 있다고 믿었다. 그는 『군중심리학』 '축약판'의 두 장에서 단편적이나마 실제로 자신의 인식론을 실천적 정치의 관념으로 변용시켰다. 그는 이것이 변용될 수 있다고 생각했다. 그는 자신의 인식론에서 중심적인 역할을 하며 그 자체로 무세계적이고 자신의 표현대로 "암실 속에 있다"고 생각되는 그러한 행위의 관점에서 모든 정치행위를 해석했기 때문이다.[99] 다른 말로 표현한다면 그는 실제로는 정치행위 또는 어떤 행위에도 전혀 관심을 갖지 않았다. 그는 다만 청년 시절 "그렇다면 우리는 무엇을 해야 하는가"라고 제기했던 질문에 해답을 제시하고 싶어했다.

---

99) 「정신분석에 대한 가치이론적 논평」, 같은 책, 71쪽.

사유하는 것과 아는 것이 서로 다르듯이 행위와 도구적 활동은 다르다.[100] 사유와 반대되는 안다는 것은 인식이나 인식 업무라는 목표를 가지고 있듯이 도구적 활동은 특정한 목적을 가지고 있으며, 그 목적을 실현하기 위해 특정한 기준에 의해 지배되어야 하지만, 행위는 획득되어야 할 것이 없다고 하더라도 인간이 존재하는 곳이면 어디서나 항상 나타날 수 있다. 모든 도구적 활동과 모든 생산활동에 필히 제약적인 목적-수단 범주는 행위에 적용될 때 항상 파멸적인 것이라는 것을 보여준다. 생산활동과 마찬가지로 도구적 활동은 '활동' 주체가 획득 목적과 생산대상을 완전히 인식할 수 있다는 전제에서 시작되기 때문에 유일한 문제는 그러한 목적들을 성취할 적절한 수단을 발견하는 것이다. 그러한 전제는 단일한 의지만이 존재하는 세계, 즉 목적이나 목표의 상호 개입이 존재하지 않을 정도로 세계 속에서 활동적 자아 주체들이 충분히 서로 고립될 수 있도록 정리된 세계를 전제하고 있다. 행위의 경우 그 반대가 옳다. 인간 개개인이 자신의 행위를 펼치는 세계에서 목적이나 의도가 원래 의도한 바대로 성취되지 않았다고 하더라도 이 세계를 표상하는 엇갈리고 충돌되는 수많은 의도와 목적은 존재한다. 심지어 이러한 기술(記述), 그리고 모든 활동의 결과적인 실패 속성, 행위의 외면적 무용성은 도

---

100) 영어로는 'acting'과 'doing'으로 표기되며, 독일어로는 'Handeln'과 'Tun'으로 표기된다. 우리말로는 모두 '행위' 또는 '활동'으로 옮길 수 있지만, 이러한 표현에서 양자의 차이는 드러나지 않는다. 'Handeln'을 '행위함'으로, 'Tun'을 '행함'으로 표기하는 경우도 있지만, 이 역시 양자의 차이를 드러내지 못한다. 전자는 목적에 제약되지 않고 자체로 자유로운 활동이며, 후자는 그 목적에 제약을 받는 (도구적) 활동을 의미한다. 'doing'이 'producing'과 같은 속성을 지니고 있다고 표현하고 있다는 점에서 'doing'은 노동이나 작업을 포괄적으로 표현하는 용어로 이해할 수 있다. 이와 관련해서는 아렌트의 『인간의 조건』을 참조할 것. 따라서 여기서는 그 의미를 정확하게 구분하기 위해 'doing'을 **도구적 활동**으로 표현한다-옮긴이.

구적 활동의 관점에서 실제로 고려되고 목적-수단 범주에서 이해되기 때문에 부적절하게 왜곡된다. 우리는 이러한 범주 내에서 다음과 같은 복음서의 문구에 동의할 수 있을 뿐이다. "그들은 자신들이 행하는 것을 알지 못하기 때문이다." 이러한 의미에서 행위를 하는 사람은 누구나 자신이 도구적으로 활동하고 있는 것을 알지 못한다. 그는 알 수 없으며 인간의 자유를 위한 활동은 인식을 허용하지 않는다. 자유는 인간행위의 절대적인 예측 불가능성에 의존하고 있기 때문이다. 우리가 그것을 역설적으로 설명한다면 ─그리고 우리는 도구적 활동의 기준으로 행위를 판단하는 순간 예외 없이 역설에 빠지게 된다─다음과 같이 설명할 수 있다. 악한 목적을 위한 모든 선한 행위는 실제로는 세계에 선의 일부를 추가하며, 선한 목적을 위한 모든 악한 행위는 세계에 악의 일부를 실제로 추가한다. 달리 표현하면 도구적 활동과 생산활동은 전적으로 수단보다 우세하지만 반대의 경우는 행위에 타당하다. 수단은 항상 결정적 요소다.

브로흐는 인식론적으로 자아를 "암실" 속에 무세계적으로 위치시켰기 때문에 그는 당연히 도구적 활동의 측면에서 행위를 해석하고 생산하는 고립된 자아, 즉 특정한 활동의 주체라는 관점에서 행위자를 이해했다. 그러나 그는 결정적으로 예술가이기 때문에 도구적 활동을 일종의 세계 창조로 해석하고, 원래 예술작품에서 요구되는 일종의 세계 재창조를 도구적 활동에도 부과했다는 것이 훨씬 더 결정적으로 중요하다. 만약 정치가 그가 요구한 바대로 될 수 있었다면 그것은 사실 "윤리적 예술작품"이 되었을 것이다. 도구적 활동에서 인간의 두 가지 기본적 능력은 일치한다. 그 하나는 문학에 포함된 창조적 능력이며, 다른 하나는 과학에 포함된 인식적 세계 지배의 능력이다. 따라서 브로흐의 경우 정치는 진실로 예술이며, 세계 창조는 과학이 되며, 동시에 과학은 예술이 된다. 사실상 그는 이와 같은 방식으로 이를 결코 설명하지 않았지만, 우리는 그의 기본적 개념에 대한 윤곽을 추측하기 위해 적어도 그의 단편적 자료를 수용해 왔다.

어쨌든 이것은 인식이 결과적으로 목표로 하는 것이다. 즉 인식은 행위를 바란다. 문학은 아무것도 수행하지 못했기 때문에 브로흐는 문학에 등을 돌렸고, 철학은 단순한 관념과 사변에 국한되어 있는 것이기 때문에 그는 그것을 거부했으며, 결과적으로 모든 희망을 정치에 맡겼다. 브로흐의 중심적인 관심은 언제나 구원, 죽음으로부터의 구원이었다. 그는 인식론이나 소설에서처럼 정치학에서도 구원에 많은 관심을 쏟았다. 여기서 구원을 향해 나가는 정치학의 유토피아적 요소를 간과할 수는 없다. 그런데도 우리는 브로흐의 구체적 사유 속에서 그를 주도했던 현실주의를 과소평가하는 데 경계를 늦춰서는 안 된다. 그는 이러한 현실주의를 유지했기 때문에 인식론에서 찾아낸 현세적 절대자를 정치에 무분별하게 적용시키지 않았다.

브로흐는 현세적 절대자에 대한 궁극적 믿음을 가졌다. 그는 지상에서 절대적인 무언가가 발견되고 논증될 수 있다는 통찰력, 그리고 정치영역 ― 즉 지상의 생활조건 속에 있는 인간의 내재된 무정부적 집합체 ― 도 제한된 절대성을 포함한다는 통찰력으로 위로받고 있었다. 이 말은 "인간의 권리"에 대한 새로운 선언의 원천이 되며, 따라서 수학과 물리학의 관계와 마찬가지로 정치적 현실태와 연관되는 "절대적 정의"가 존재해야 한다는 의미를 담고 있다. 이 "절대적 정의"의 지배 아래서 권리를 낳고 "권리를 창조하는 (따라서 권리를 지향하는) 주체"는 정확하게 "물리적 인간" 또는 "보는 행위 그 자체"[101]에 대응한다. 이러한 통찰은 더욱더 "가장 추상화된 인간"으로 집중화하는 경향이 있는데, 브로흐는 마치 수학자가 물리적 공간

---

101) 「정치학」, 같은 책, 219쪽, 247쪽 이하 참조할 것.

의 사실에 만족하듯 정치영역의 사실에 스스로 만족할 수 있었다. 따라서 그가 정치적 삶의 사실과 가능성을 정식화하기 위해 사용한 아름답고도 시적인 우화는 분명히 그에게 수학 공식처럼 보였을 것이다. 그것은 나침반에 그려진 도표다. "나침반의 기능은 세계의 어느 방향에서 역사의 바람이 불고 있는가를 보여준다. 이 도표에 따르면 '올바름은 힘을 만든다'는 좌표는 천국을 가리키고, '힘은 악을 만든다'는 좌표는 연옥을 가리키며, '악은 힘을 만든다'는 좌표는 지옥을 가리키고 있지만, '힘이 힘을 만든다'는 좌표는 지구상의 일상적 삶을 가리킨다. 그리고 인간성을 압도하며 들끓게 위협하는 것은 언제나 악마의 폭풍이기 때문에 천국의 미풍──지상의 어느 곳에서나 사형이 존재하지 않을 때──을 바라기는 하지만, 기적이란 오게 되어 있지 않는 한 오지 않는다는 것을 알고 있기 때문에 인간은 '힘이 권리를 만든다'는 현세적 좌표에 겸손하게 만족한다. '올바름이 힘을 만든다'는 기적은 무엇보다도 '올바름은 힘을 지녀야 한다'는 것을 요구하고 있다."[102]

우리는 이들 문장의 뒷면에 브로흐가 말하지 않으며 또한 이 문맥 속에서 말하고 싶어하지 않았던 것을 분명히 느낄 수 있다. 우리는 『베르길리우스의 죽음』과 『유혹자들』에 나오는 의사의 인물묘사를 통해 브로흐의 경우 다른 사람들과의 모든 관계가 궁극적으로는 '도움'이라는 이념, 도움을 찾는 고리에 의해 지배된다는 것을 알게 된다. "윤리적 요구"의 절대성("개념의 통일성은 여전히 신성하며, 윤리적 요구도 신성하다")[103]을 당연한 것으로 받아들이고 있기 때문에 그는 그것을 논증할 필요는 없다고 생각했다. "윤리적 요구의 목

---

102) 같은 책, 253쪽.
103) 「가치의 와해」, 같은 책, 40쪽.

표는 절대자와 무한자에 있다"[104]는 주장은 모든 윤리적 행위가 절대자의 영역에서 수행되며, 서로 도와야 한다는 사람들의 요구가 결코 끝나지 않고 소진될 수 없다는 의미를 담고 있다. 브로흐는 도움이 필요할 때 도움을 주기 위해서는 자신이 어떤 작업이나 활동도 즉각 포기해야 한다는 것을 당연한 것으로 인정했듯이 그는 문학이 "인식의 절대성에 대한 문학의 의무"를 만족시킬 수 있는 것인가를 의심하기 시작했기 때문에 문학을 포기하는 것이 당연하다고 생각했다.[105] 특히 그는 문학과 인식이 필요하게 되는 것의 지식으로부터 도움을 필요로 하는 사람들을 위한 도움으로 비약할 수 있는지 의심하기 시작했다. 브로흐가 자주 인용했던 "사명", 그가 어디서나 보았던 "피할 수 없이 부과된 과제"는 그가 논리와 인식론이 있는 곳마다 찾아가 그 존재를 논증했다 할지라도 궁극적으로는 논리적이지도 인식론적이지도 못했다. 그 사명은 윤리적 명령이었으며, 피할 수 없는 과제는 사람들의 도움을 청하는 소리였다.

---

104) 「로마인의 세계상」, 『에세이 전집』 제1권, 212쪽.
105) 「제임스 조이스와 현대」, 같은 책, 204쪽.

제8장 발터 베냐민

곱사등이

베냐민 사후 명성과 문단 내의 위상

  사람들의 부러움을 많이 사는 소문의 여신 파마(Fama)[1]는 여러 얼굴을 지니고 있다. 명성은 잡지의 표지 인물과 관련된 특집 기사의 평판에서부터 빛나는 불후의 명성에 이르기까지 종류와 규모 면에서 다양하다. 사후의 명성은 다른 종류의 명성보다 훨씬 더 지속적이고 견고하더라도 좀처럼 단순한 상품에 부여되는 것이 아니기 때문에 파마가 별로 바라지 않았던 진귀한 품목들 가운데 하나다. 이득을

---

[1] 그리스어로는 'Pheme'이다. 비록 아테네에 제단이 있지만 신격화된 추상적 개념이라기보다는 시적인 화신이다. 그리스의 시인 헤시오도스는 그녀를 쉽게 흥분하고 진정시키기 불가능하며 악을 행하는 존재로 묘사했다. 아테네의 웅변가 아이스키네스는 대중적인 소문(pheme)을 비방(sycophanitia) 및 악의(diabole)와 구별했다. 로마 문학은 풍부한 상상력을 가지고 파마를 표현했다. 베르길리우스는 『아이네이스』 제4권에서 파마를 머리를 구름 속에 두고 땅 위를 여행하는 많은 눈, 입술, 혀, 귀를 가진 재빠르고 새처럼 생긴 괴물로 묘사했다—옮긴이.

가장 많이 얻은 사람은 죽었기 때문에 사후의 명성은 거래 품목이 아니다. 이처럼 상업적이지도 않고 실리적이지도 못한 사후의 명성이 오늘날 독일에서 발터 베냐민(Walter Benjamin, 1892-1940)의 이름과 저작에 붙여지고 있다. 유대계 독일인인 베냐민은 히틀러의 집권과 자신의 망명 이전 10년 못 되는 기간에 그렇게 유명하지는 않았지만 잡지와 신문의 문예란 기고자로 알려져 있었다. 베냐민의 동족과 동시대 사람들 가운데 다수는 1940년 초가을을 가장 암담했던 전쟁 국면으로 생각했다. 죽음을 선택했던 이때 그의 이름을 여전히 알고 있는 사람은 소수였다. 프랑스는 항복했고 영국은 위협을 받고 있었으며, 독일과 소련은 가장 두려운 결과를 초래한 히틀러-스탈린 비밀협정으로 유럽 최강의 비밀경찰 협조체제를 여전히 유지하고 있었다. 베냐민의 저작집 두 권이 15년 후 독일에서 출간되었다. 그는 이를 계기로 곧 생전에 알았던 몇몇 사람들로부터 인정의 차원을 훨씬 넘어서 **호평**을 받게 되었다. 천문학적 규모일 필요는 없는 다수의 증언으로 얻은 명성만 작가들과 예술가들에게 생계를 보장해줄 수 있지만, 장점의 판단에 좌우되는 단순한 평판은 비록 높은 편이라 하더라도 이들에게 생계를 보장해 주기에는 충분하지 않다. 따라서 사람들은 (키케로를 따라) 다음과 같이 더욱 말하고 싶어한다. **사후에 승리했던 사람이 생전에 승리했다면**(*Si vivi vicissent qui morte vicerunt*)[2] 모든 것은 얼마나 달라졌을까.

---

2) 키케로의 「필립프스」(Philippics)라는 연설 가운데 안토니우스를 비난하는 연설 끝 부분에 언급된 내용이다. 'philippic'은 특정 정치행위자를 비난하고자 행한 공격 연설로서, 어원은 데모스테네스가 마케도니아의 필립 2세를 고발한 데서 유래한다. 키케로는 카이사르의 후계자인 옥타비아누스를 찬양하면서 젊은 이가 단지 명예만을 바라며 자신의 양아버지와 같은 실수를 범하지 않을 것이라고 말한다-옮긴이.

사후의 명성은 세상사람들의 무분별이나 문단의 부패 탓으로 돌리기에는 너무나 기묘한 것이다. 역사는 마치 경주자들이 관중의 시선에서 신속하게 사라질 정도로 재빠르게 달리는 경주용 트랙인 것처럼 우리는 사후의 명성을 시대를 앞서간 사람들에 대한 쓰라린 보상이라고 말할 수는 없다. 그렇기는커녕 사후의 명성은 일반적으로 동료들 가운데 가장 높은 평가에 따라 이뤄진다. 1924년 카프카가 죽었을 때 출판된 몇 권의 책들은 몇백 부 정도밖에 팔리지 않았지만, 그의 짧은 산문 몇 편(소설은 그때까지 단 한 권도 출판되지 않았다)을 우연히 읽은 소수의 독자들과 동료 문인들은 그가 바로 현대 산문의 대가들 가운데 한 사람이라는 것을 분명히 알고 있었다. 발터 베냐민은 일찍이 그러한 명성을 얻었을 뿐만 아니라 그 당시 아직 이름이 알려지지 않은 사람들로부터 명성을 얻었다. 발터 베냐민의 청년 시절 친구인 숄렘(Gerhard Scholem)과 유일한 제자인 아도르노(Theodor Wiesengrund Adorno)가 바로 그들이다. 그들은 베냐민의 저작과 서한을 사후 출판하는 책임을 공동으로 맡았다.[3] 사람들은 그 명성이 호프만슈탈과 브레히트의 기여에서 비롯되었다고 즉시 본능적으로 말하고 싶어한다. 왜냐하면 호프만슈탈은 1924년 「괴테의 『선택적 친화력』[4]에 관한 연구」라는 베냐민의 논문을 발간했으

---

3) 베냐민, 『저작집』(*Schriften*, Frankfurt a. M., Suhrkamp Verlag, 1955) 2권, 『서간집』(*Briefe*, Frankfurt a. M., 1966), 2권. 이하의 인용은 이 판의 것임.

4) 1809년에 출판된 비극적 장편이다. 여기서는 'Elective Affinity'로 표기하고 있으나 원제목 'Wahlverwandtschaften'을 고려하여 '친화력'으로 표기한다. 책 제목은 다른 실체보다 우선하여 어떤 실체를 결합시키려는 화학적 요소의 성향을 기술하기 위해 한때 사용되었던 과학 용어에서 차용된다. 이 소설은 화학적 친화성의 법칙에 의해 규제되는 인간적 열정이란 은유에 기반을 두고 있으며, 과학이나 화학 법칙이 인간의 다른 사회관계뿐만 아니라 결혼제도를 침해하는가 또는 지지하는가를 검토하고 있다-옮긴이.

며, 베냐민의 사망 소식을 들은 브레히트(Bertolt Brecht)는 그의 사망을 히틀러로 인해 발생한 독일 문학의 첫 번째 실질적인 손실로 언급한 것으로 알려졌기 때문이다. 우리는 아무도 인식하지 못한 천재성과 같은 그런 것이 있는지, 또는 그런 것이 천재가 아닌 사람들의 백일몽인지 알 수 없다. 그러나 우리는 사후의 명성이 천재들의 몫이 아닐 것이라는 점을 합리적으로 확신할 수 있다.

명성은 사회적 현상이다. 우정이나 사랑은 한 사람의 의견으로 충분하지만 (세네카가 현명하고 현학적이게 말한 바와 같이) "명성은 한 사람의 의견으로는 충분하지 않다"(*ad gloriam non est satis unius opinio*).[5] 그리고 어느 사회도 분류기준을 갖지 않을 경우, 즉 등급과 일정한 유형에 따라 사물이나 사람을 배열하지 않을 경우 제대로 기능할 수 없다. 이러한 불가피한 분류기준은 모든 사회적 구별의 기초다. 그리고 평등이 정치적인 것의 구성요소이듯 구별은 오늘날의 견해와 배치됨에도 불구하고 사회영역의 구성요소다. 요지는 이러하다. 즉 사회의 모든 구성원은 어떤 역할과 기능을 맡고 있는 사람인가, 본성이 **무엇**인가라는 질문(어떤 **본성**을 지닌 존재인가를 묻는 질문은 **누구**인가라는 질문과는 다르다)에 대답해야 하지만 나는 독특한 존재라는 답변은 물론 성립될 수 없다. 이러한 답변은 잠재적인 오만 때문이 아니라 무의미하기 때문이다. 우리는 베냐민의 경우와 연관되는 문제를 (그것이 지금 말한 것과 같은 것이라면) 다음과 같이 성찰적으로 정확히 진단할 수 있다. 호프만슈탈은 전혀 알려지지 않은 저자가 집필한, 괴테에 관한 많은 분량의 에세이를 읽었을 때 이 작품을 "전적으로 비교할 수 없는 것"이라고 말했다. 문제는 호프만슈탈의 지적

---

5) 루킬리움(Lucilium)에게 보낸 124개의 편지를 모은 『서간집』에 있는 문구다-
   옮긴이.

이 완전히 옳다는 점이다. 즉 사람들은 베냐민의 에세이를 현존 문학 분야의 어느 다른 것과 비교할 수 없었기 때문이다. 베냐민이 집필한 모든 것과 관련하여 제기되는 문제는 그것들이 언제나 **독특하다**는 것이었다.

따라서 사후의 명성은 분류할 수 없는 것들의 운명인 것 같다. 이런 것들을 지니고 있는 저작은 현존하는 질서에도 맞지 않으며 미래의 분류에 기여하는 새로운 장르를 소개하지도 않는다. 카프카식 (à la Kafka)으로 글을 쓰려는 수많은 시도들은 모두 카프카의 독특성을 강조하는 데 기여했을 뿐이지 결과적으로 참담한 실패였다. 그의 독특성은 어떤 선구자에게서도 찾아볼 수 없으며 어떤 추종자들도 감당할 수 없는 절대적인 독창성이었다. 이 때문에 사회는 그의 독특성과 타협할 수 없었으며, 이것을 인정하는 확인표를 부여하지 않으려고 했다. 솔직히 말하자면 1924년 카프카를 단편작가이자 소설가로 추천하는 것이 오해를 야기했듯이 오늘날 발터 베냐민을 문학 비평가이자 수필가로 추천하는 것도 오해를 야기할 수 있다. 우리는 통상적인 준거 틀에서 저자로서 베냐민과 그의 저작을 적절히 기술하기 위해서는 다음과 같이 상당히 많이 부정적인 어법으로 언급해야 할 것이다. 그는 상당히 박학다식하지만 학자가 아니었다. 그의 주요 주제는 원전과 원전 해석이지만 그는 문헌학자가 아니었다. 그는 종교에 매력을 느끼지 못했으나 신학, 그리고 원전의 신성함을 항상 전제하는 신학적 해석형식에는 매력을 느꼈다. 그렇다고 해서 그는 신학자가 아니었으며, 특별히 성서에 관심을 갖지도 않았다. 그는 타고난 작가였지만 저서를 모두 인용문으로 집필하겠다는 최대의 야망을 가졌다.[6] 그는 (프란츠 헤셀Franz Hessel과 공동으로) 프루

---

6) 이 부분의 영어 번역 내용은 정확하지 않다. 따라서 독일어 원본의 내용을 중심

스트(Proust)의 저작을 번역했고 생-종 페르스(Saint-John Perse)의 저작을 번역했으며, 그전에는 보들레르(Baudelaire)의 『파리의 풍경』 (*Tableaux Parisiens*)[7]을 번역한 최초의 독일인지만 번역가는 아니었다. 그는 서평을 썼고 생존 작가나 작고한 작가에 관한 숱한 평론을 썼지만 문학 비평가는 아니었다. 그는 독일의 바로크에 관한 책을 썼고 19세기 프랑스에 관한 방대한 미완의 연구를 남겼지만 문학이나 다른 분야의 역사가는 아니었다. 나는 베냐민이 "시적으로 사유했다"[8]는 것을 제시하려고 하겠지만 그는 시인도 철학자도 아니었다.

그래도 드문 경우이기는 하지만 베냐민은 자신이 무엇을 하고 있는가를 정의하려고 노력했는데, 이때 그는 자신을 문학 비평가로 생각했다. 그가 사회의 유용한 구성원이 된다는 바로 그 생각에 싫증이 났다는 것 말고는 그가 생전에 하나의 지위를 확보하려고 전적으로 열망했다면 그 지위란 (숄렘이 친구에게 보낸 매우 아름다운 편지 몇 편 가운데 하나에서 밝히고 있는데, 이 편지는 출판되었음) "독일 문학계에서 유일하게 진정한 비평가"라는 지위였을 것이다. 보들레르는 "나는 유용한 인간이 된다는 것을 언제나 매우 끔찍한 일이라고 생각한다" (*Être un homme utile m'a paru toujours quelque chose de bien hideux*)[9]고 말했는

으로 번역했다-옮긴이.

7) 「파리 풍경」(1921)은 『악의 꽃』(*Les Fleurs du Mal*) 중에서 제2부에 해당된다. 게오르게는 이미 1891년부터 1900년 사이 『악의 꽃』(*Die Blumen des Bösen*)을 번역했다. 그런데도 베냐민이 「파리 풍경」을 집중적으로 분석한 것은 게오르게와 달리 브들레르의 시에서 19세기의 겉으로 드러나는 발전상의 이면에 숨겨진 개별적이고 구체적인 현상들, 몰락의 징후를 읽어내고자 했던 것이다. 안미현, 「게오르게의 『악의 꽃』과 베냐민의 『악의 꽃』-번역사적 맥락을 중심으로」, 『독일어문학』 제57집(2012.9)에서 참조했다-옮긴이.

8) 시적 사유에 대해서는 아래 각주 136을 참조할 것-옮긴이.

9) 보들레르는 자신의 시론(theory of poetry)을 통해 다양한 시인의 이미지를 제시하고 있다. 그는 이 문장에서 시인을 멋쟁이로 생각하고 있다. 19세기 후반

데, 베냐민은 분명히 이 말에 동의했다. 베냐민은 『선택적 친화력』에 관한 에세이의 서두에서 자신이 이해한 문학 비평가의 임무가 무엇인가를 설명했다. 그는 우선 주해(Kommentar, Commentary)와 비평(Kritik, critique)을 구별하고 있다. (칸트가 『순수이성비판』에 대해 언급했을 때 **비판**이란 용어를 사용했듯이 베냐민은 비판을 언급하지도 않고 심지어 그것을 의식하지 않은 채 통상적인 용례에서 의미하는 비판(*Kritik*)이라는 용어를 사용했다.

〔그가 쓴〕비평은 예술작품의 진리내용과 연관되며, 주해는 그 주제(사실내용)와 연관된다. 둘 사이의 관계는 문학의 기본 법칙에 의해 결정된다. 이 법칙에 따르면 한 작품의 진리내용은 이 진리내용이 의미심장하면 할수록 주제와 훨씬 더 은밀하고 긴밀하게 결속된다. 따라서 주제(사실내용) 속에 진리를 아주 깊이 간직하고 있는 바로 그 작품들이 오래 지속되는 작품으로 입증된다면, 관찰자는 **사실자료들**(*realia*)이 세월의 흐름으로 세계 속에서 사멸해가면 갈수록 이것들을 작품 속에서 더 명료하게 볼 수 있을 것이다. 이 말은 작품이 등장한 초기에는 통합되어 있던 진리내용과 사실내용이 시간의 경과와 더불어 서로 분리된다는 것을 의미한다. 진리내용은 그 본래적 은밀함을 유지하는 동안 사실내용은 보다 명료해

<hr>

부르주아지는 프랑스에서 점차 지배적인 위치를 차지하게 되었다. 보들레르의 저작은 반부르주아적 입장과 근본적으로 엘리트적이고 귀족적인 이상에 대한 추구를 특징으로 하고 있다. 이러한 반부르주아적 성향을 그의 댄디즘(dandyism)에서 수렴된다. 그의 댄디즘은 삶에서 어떠한 유용성이나 악착같이 돈을 모으려는 생각과 대립된다. 미국 작가 포(Edgar Allan Poe)의 저작과 이미지를 존경하는 보들레르는 『에드거 포에 관한 새로운 해석』(*Notes nouvelles sur Edgar Poe*)에서 미국을 신랄하게 비판했으며 미국의 속물적 물질주의와 천재성에 대한 경멸을 비난했다-옮긴이.

진다. 따라서 시간이 흐를수록 점점 더 눈에 띄면서도 이상하게 나타나는 사실내용에 대한 해석은 후세의 어떤 비평가에게나 필요조건이 된다. 우리는 비평가를 양피지를 앞에 두고 있는 고문서학자로 비유할 수 있다. 양피지로 만들어진 빛바랜 텍스트(원본)는 이 텍스트와 연관된 서체의 강력한 필체에 덮여 있다. 고문서학자가 원본의 서체를 해독하는 것으로 시작해야 하듯이 비평가는 원본을 주해하는 것으로 시작해야 한다. 그리고 비판적 판단을 위한 귀중한 척도는 바로 이러한 활동에서 생겨난다. 즉 비평가는 이제 모든 비평의 근본적 질문을 다음과 같이 제기할 수 있다. 작품의 빛나는 진리내용은 그 사실내용에 기인하는가 아니면 사실내용의 생존은 진리내용에 기인하는가. 진리내용과 사실내용이 작품 속에서 분리될 때 이것들은 작품의 불멸성을 결정하기 때문이다. 이러한 의미에서 예술작품의 역사는 이들에 대한 비평을 준비하게 되며, 이러한 이유 때문에 역사적 거리감은 예술작품의 힘을 증대시킨다. 비유로 표현하면 다음과 같다. 우리가 발전하는 작품을 화장용 장작더미로 본다면 주해자는 화학자로, 비평가는 연금술사로 비유될 수 있다. 화학자는 그 분석의 유일한 대상으로 나무와 재를 사용하지만 연금술사는 다만 불꽃 자체의 수수께끼, 즉 작품 생존의 수수께끼에만 관심을 둔다. 따라서 비평가는 과거라는 무거운 통나무와 지나가버린 삶의 가벼운 재 위에서 타오르고 있는 불꽃 속에서 그 작품의 진리를 탐구한다.

비평가는 연금술사와 같다. 그는 실물의 무익한 요소들을 빛나며 영구적인 진리의 황금으로 전환하는 모호한 기술을 실행하는, 더 정확히 표현하여 그러한 신비스러운 변신을 불러일으키는 역사과정을 주시하고 해석한다. 우리가 이러한 인물상에 대해 어떠한 생각을 하든 이러한 인물상은 저술가를 문학 비평가로 분류할 때 통상적으로 생각하고 있는 것과 거의 유사점을 갖지 못한다.

첫 번째 행운과 불운: 호프만슈탈과 교수자격 논문

그러나 "사후에 승리한" 사람들의 삶과 연관되지만 분류할 수 없는 것이란 단순한 사실과 달리 객관적이지 못한 다른 요소도 있다. 그것은 불운이란 요소다. 우리는 베냐민의 삶에서 뚜렷하게 드러난 이 요소를 여기에서 무시할 수는 없다. 아마도 사후의 명성에 대해 결코 생각하거나 꿈꾸지도 않았던 그 자신은 이 점에 대해서 지나치리만큼 잘 알고 있었기 때문이다. 그는 자신의 저술이나 대화 속에서도 유명한 독일 민속시 모음집인 『소년의 마술피리』(*Des Knaben Wunderhorn*)에 나오는 독일 동화의 인물인 "작은 곱사등이"에 대해서 곧잘 언급했다.

포도주를 따르러
지하실에 내려갔더니,
그곳에 있는 작은 곱사등이가
내 단지를 움켜쥐네.

수프를 만들러
부엌에 갔더니,
그곳에 있는 작은 곱사등이가
내 조그만 그릇을 깨뜨리네.

베냐민은 작은 곱사등이를 일찍부터 알고 있었다. 베냐민은 어린 시절 동화책에서 그 시를 읽으면서 작은 곱사등이를 처음 만나게 되었는데, 그 후 한 번도 잊어본 적이 없었다. 그러나 베냐민은 『1900년 경 베를린의 어린 시절』(A Berlin Childhood around 1900)[10] 끝 부분에서 죽음을 예상했을 때 단 한 번 "죽음이 주마등처럼 눈앞을 지나간다 고 할 때와 같이 자신의 '전 생애'"를 이해하려고 노력했으며, 인생 초기에 그를 공포로 몰아넣었고 죽을 때까지 함께 따라다녔던 것이 무엇이며 누구인가를 분명히 말하고 있다. 다른 수많은 독일 어머니 들과 마찬가지로 그의 어머니도 유년 시절에 일어나는 수없이 많은 작은 실수들을 볼 때마다 "말썽꾸러기야, 정신 차려"라고 말했다. 아 들은 물론 이 기묘한 말이 무엇을 뜻하는지 알고 있었다. 어머니들은 아이들을 재미있게 골려주려고 못된 짓을 꾸미는 "작은 곱사등이" 이야기를 자주 들려주었다. 네가 넘어질 때 네 다리를 걸은 사람이 곱사등이였으며, 네가 물건을 깨뜨렸을 때 손에서 그것을 떨어뜨리 게 한 것도 곱사등이였다. 베냐민은 성인이 된 이후 어린 시절 아직 알지 못했던 사실, 즉 어린 자신이 곱사등이를 주시한 게 아니라—— 비록 그가 공포를 배우려는 어린이기는 하지만——곱사등이가 어린 자신을 주시했다는 사실과 경솔한 행동(말썽)이 불행이라는 사실을 비로소 알았다. "난쟁이가 주시했던 어느 누구도 자신과 난쟁이에게 관심을 갖지 않았기 때문이다. 당황한 그는 부스러기 더미 앞에 서 있다."[11]

우리는 이제 두 권 분량의 서간집에 기초해 대략 윤곽만 나타내어

---

10) 이 책은 1930년대 초반 집필되었으나 베냐민의 사망 10년 후인 1950년까지 출판되지 않았으며, 2006년 하버드 대학 출판사에서 출판되었다. 이 책은 망 명자인 베냐민의 회고록이다. 그는 다음과 같이 시작하고 있다. "내가 외국에 있던 1932년, 나는 오랫동안 아마도 지속적으로 태어난 도시와 곧 이별하게 되는 것이 점점 더 분명해졌다."-옮긴이.

11) 베냐민, 『저작집』 제1권, 650-652쪽.

조망할 수 있는 베냐민의 생애를 어려움 없이 그러한 부스러기 더미의 결과로 설명할 수 있는데, 그가 자신을 그렇게 본 것은 거의 문제가 되지 않는다.[12] 그러나 문제의 핵심은 그가 인간의 약점과 천재성이 일치하는 지점인 신비한 상호작용을 잘 알고 있었다는 것이며, 그는 프루스트에 관한 연구에서 이 점을 명쾌하게 진단했다. 베냐민은 다음과 같이 프루스트에 대한 리비에르(Jacques Rivière)의 주장을 인용했을 때 이 주장에 완전히 동의하면서 물론 자신에 대해 언급했기 때문이다. 프루스트는 "작품을 집필하느라고 세상을 제대로 경험하지도 못한 채 죽었다. 그는 무지로 죽었다. ……그는 불을 붙일 줄도 창문을 열 줄도 몰랐기 때문이다."[13] 베냐민도 프루스트처럼 "삶의 조건이 그를 내리누를 때까지도" 그것을 전혀 바꿀 수 없었다. (몽유병자라고 해도 좋을 만큼 그의 서투름은 그를 불운의 한가운데 또는 그런 유의 무엇이 도사리고 있는 곳으로 몰아갔다. 따라서 베냐민은 1939-40년 겨울에 공습의 위험이 다가옴에 따라 보다 안전한 곳을 찾아 파리를 떠나기로 결심했다. 물론 파리에 폭탄이 떨어진 적은 없었지만 베냐민이 피신한 모Meaux는 군대 집결지로서 당시 수개월 동안 전투 없는 전쟁으로 프랑스에서 심각한 위험에 처했던 몇몇 장소들 가운데 하나였다.) 그러나 그는 프루스트처럼 재앙을 축복할 만한 충분한 이유와 어린 시절의 회고를 마무리하는, 민속시 끝 부분의 기묘한 기도 문구를 반복할 만한 충분한 이유를 가지고 있었다.

오 사랑스런 아이여, 나는 네게 바라노라,
작은 곱사등이를 위하여 기도하기를.

---

12) 영역본과 독일어본의 내용은 약간 상이하다. 여기서는 독일어본의 문장을 우리말로 옮겼다-옮긴이.
13) 베냐민, 「프루스트의 이미지」, 『저작집』제2권 1부, 322쪽.

돌이켜보면 베냐민의 생애는 업적과 위대한 재능, 서투름과 불운으로 짜인 풀기 어려운 그물에 잡혀 있는데, 이 그물은 작가로서 그의 삶을 열어준 최초의 순수한 행운에서도 발견된다. 베냐민은 「괴테의 『선택적 친화력』에 관한 연구」라는 에세이를 호프만슈탈의 잡지 『신독일논문』(Neue Deutsche Beiträge, 1924-25)에 게재할 수 있었다. 이 연구는 독일 산문에서 걸작이며 독일 문학비평의 일반분야와 괴테 연구의 전문분야에서도 독특한 지위를 차지하고 있지만 여러 차례에 걸쳐 출판을 거절당했었다. 베냐민이 "이 작품을 받아줄 사람을 찾는 일을" 거의 포기했을 때 호프만슈탈은 이 작품을 열렬하게 지지했다.[14] 그러나 특정한 상황에서 이러한 행운과 필연적으로 연계된 결정적인 불운이 있었는데, 이러한 불운은 결코 외견상 충분히 이해되지 못했다. 이러한 공식적인 진전이 제공할 수 있었던 유일한 구체적인 보증은 당시 베냐민이 준비하고 있었던 대학교수직의 첫째 단계인 교수자격증(Habilitation) 취득이었다. 그는 교수자격 취득으로 아직은 생계를 유지할 수는 없었을 것이다. 이른바 대학 강사(Privatdozent)는 봉급을 받지 못했다. 이러한 관례는 당시 일반적이었기 때문에 그는 정교수직을 받을 때까지 지원해달라고 아버지에게 요청했을 것이다. 베냐민과 그의 친구들이 평범한 대학교수의 지도 아래 교수자격증을 취득하지 못할 것이라고 늘 의심할 수 있었는지는 오늘날의 입장에서 이해하기란 어렵다. 논문 심사에 참여한 교수들이 이후 자신들은 베냐민이 제출했던 논문 「독일 비애극의 원천」(The Origin of German Tragedy)을 글자 한 자도 이해하지 못했다고 진술했다면 우리는 그 교수들의 진술을 확실히 인정할 수 있다. 그들은 "대부분 인용문으로 이뤄진 작품을 쓰는 것"—거의 상상할

---

14) 베냐민, 『서간집』 제1권, 300쪽.

수 없을 만큼 가장 세밀하게 모자이크하는 수법 ─ 을 최대의 긍지로 생각하고 논문의 첫머리에 다음과 같은 여섯 개의 인용문을 가장 강조한 저자를 어떻게 이해할 수 있었는가? "어느 누구도…… 가장 희귀하면서 가장 정확한 인용구를 모을 수는 없다."[15] 그것은 마치 진정한 장인이 단지 가까운 상점에서 팔 물건을 제공하기 위해 좀 특이한 상품을 만드는 것과 같다. 진실로 우리는 반유대인주의나 국외자에 대한 악의 ─ 베냐민은 전시 중 스위스에서 학위를 취득했는데 누구의 제자도 아니었다 ─ 또는 평범하다고 인정되지 않은 것에 대한 대학의 습관적인 의심을 연계시킬 필요는 없다.

게오르게 학파, 변증법적 유물론자들과의 갈등

그러나 말썽과 불운이 발생한 이곳, 즉 당시 독일에서는 다른 가능성이 있었다. 베냐민이 대학교수가 될 수 있는 유일한 기회를 망쳐놓은 것은 바로 그의 괴테에 관한 논문이었다. 베냐민은 저작들이 대개 그러하듯 이 논문도 논쟁에 고무되어 집필했으며, 공격의 대상은 군돌프(Friedrich Gundolf)의 괴테에 관한 저서였다. 베냐민의 비판은 결정적이었지만 그런데도 그는 "기성단체"보다 군돌프와 게오르게(Stefan George) 동아리의 다른 회원들로부터 더 많은 이해를 기대할 수 있었다. 베냐민은 청년 시절 이 단체의 지적 세계에 상당한 친근감을 가지고 있었다. 그는 당시 학계에서 안정된 기반을 쌓기 시작하고 있던 이 동아리의 한 사람으로부터 대학교수의 자격을 얻기 위해서 반드시 이 동아리의 회원이 될 필요는 없었다. 그러나 그는 이 동아리의 가장 탁월하고 유능했던 학자에 대해 그렇듯 격렬하게 공격을 퍼붓지 않았어야 했다. 그가 훗날 돌이켜 설명하고 있듯이 모든

---

15) 베냐민, 『서간집』 제1권, 366쪽.

사람들은 그가 "군돌프나 베르트람(Ernst Bertram)이 세운 업적뿐만 아니라…… 학자연하는 사람들에게 전혀 관심을 갖지 않았다"는 것을 알게 되었다.[16] 사실 그것은 실제로 그대로 되었다. 베냐민이 대학교수로 임용되기 이전에 이러한 사실을 공개한 것은 그의 서툰 행동이거나 불운의 원인이었다.

그러나 어느 누구도 이 일로 베냐민이 당연한 경고를 의식적으로 무시했다고 말할 수는 없다. 오히려 그는 "말썽꾸러기란 으레 그런 것"이라고 느꼈으며, 내가 아는 한 어느 누구보다도 조심스럽게 처신했다. 그러나 베냐민은 숄렘이 지적한 "중국식 예의"도 지키면서 늘 기묘하고도 이해할 수 없는 방식으로 있음직한 위험에 대응하는 대비체계를 갖추고 있으나 실질적 위험을 무시했다. 베냐민은 전쟁 초기에 안전한 파리에서 위험지역인 모(Meaux)—사실 전선—로 피신했듯이 그는 괴테에 관한 논문 때문에 호프만슈탈이 그의 잡지에 기고하는 주요한 집필자들 가운데 한 사람인 보르샤르트(Rudolf Borchardt)에 관한 매우 신중한 비판을 악의로 받아들일 수도 있다는 전혀 불필요한 걱정을 하게 되었다. 그러나 베냐민은 "게오르게 학파의 이데올로기에 대한 이러한 공격 때문에…… 비난을 무시하기 어렵다는 것을 깨달을 한 지점을 발견했다는 사실에서" 단지 좋은 결과만을 기대했다.[17] 사실 그들은 아무런 어려움도 느끼지 않았다. 어느 누구도 베냐민보다 더 고립되고 철저하게 외로운 사람은 없었기 때문이다. 호프만슈탈의 권위도—베냐민은 처음으로 행복에 도취한 순간에 그를 "새로운 후원자"라고 불렀다[18]—이런 상황을 바꾸어 놓을 수는 없었다. 다른 모든 단체의 경우가 그러하듯 이 영

16) 베냐민, 『서간집』 제2권, 523쪽.
17) 베냐민, 『서간집』 제1권, 341쪽.
18) 베냐민, 『서간집』 제1권, 327쪽.

향력 있는 단체 내부에서는 이데올로기적 충성만이 중요했다. 지위나 내용이 아닌 이데올로기만이 단체를 결속시킬 수 있기 때문이다. 대학교수들이 교내 정치의 기본 원칙에 정통하거나 또는 언론인이나 이와 비슷한 사람들이 "음덕이 있으면 보답이 있다"라는 격언의 ABC에 정통한 것과 마찬가지로 게오르게의 제자들은 정치를 초월한다는 그들의 자세에도 불구하고 문단 내 정치의 기본 원칙을 충분히 알았다.

그러나 베냐민은 사정을 전혀 알지 못했다. 그는 이러한 세상사에 어떻게 대처해야 하는지 몰랐으며, 이런 사람들 속에서 어떻게 처신해야 할지도 전혀 몰랐다. "이리들처럼 때로는 도처에서 나타나는 외면적 생활의 역경"[19]이 그에게 이 세상의 관습에 대한 얼마간의 통찰력을 제공했던 때도 그는 여전히 그랬다. 그가 어떻게든 확고한 기반을 쌓기 위하여 조율하고 협력하려고 할 때마다 사태는 당연히 악화되었다.

베냐민이 공산당에 입당하려고 했던 1920년대 중반, 마르크스주의의 관점에서 본 괴테에 관한 주요한 연구는 포함시킬 예정이었던 러시아 대백과사전에서도 오늘의 독일에서도 결코 출판되지 않았다. 만(Klaus Mann)은 자신이 책임 편집을 맡은 문학잡지 『회합』(Sammlung)에 브레히트의 『서푼짜리 소설』에 대한 서평을 기고해 달라고 베냐민에게 요청했다. 그러나 만은 250프랑(당시 약 10달러)의 원고료를 요청한 베냐민에게 150프랑 이상을 지불할 수 없으므로 원고를 반려했다. 브레히트의 시집에 대한 베냐민의 주해는 그의 생전에는 출간되지 않았다. 가장 심각한 문제는 원래 (그리고 지금도 마찬가지로) 프랑크푸르트 대학 소속의 사회과학연구소가 미국으

---

19) 베냐민, 『서간집』 제1권, 298쪽.

로 옮겨가면서 발생했다. 베냐민은 재정적으로 이 연구소에 의존하고 있었다. 이 연구소의 지도적 인물이었던 아도르노와 호르크하이머(Max Horkheimer)는 "변증법적 유물론자"였다. 이들의 의견에 따르면 베냐민은 "마르크스주의의 범주에 전혀 일치하지 않는 유물론적 범주"에서 "비변증법적으로" 사유했다. 베냐민이 보들레르에 관한 에세이에서 "상부구조의 몇 가지 뚜렷한 요소들을 하부구조의 대응하는 요소들과…… 직접적으로, 아마도 인과적으로" 연관시키고 있는 한 그들은 베냐민의 사유가 "매개능력을 결여하고" 있다고 생각했다. 그 결과 베냐민의 에세이 「보들레르 작품들에 나타난 제2제정 시대의 파리」는 당시 연구소 잡지나 사후에 발간된 2권의 저작집에도 수록되지 못했다. (그 가운데 두 부분은 출간되었다. 『새 평론』 *Die Neue Rundschau* 1967년 12월호에 실린 「산책하는 사람」flâneur과 『논쟁』*Das Argument* 1968년 3월호에 실린 「현대」Die Moderne가 바로 그것이다.)

베냐민은 아마도 마르크스주의 운동이 지금까지 만들어낸 가장 특이한 마르크스주의자였을 것이다. 어느 누구도 이 운동이 완전히 기이한 측면을 지니고 있다는 것을 모르고 있었다. 그를 매료시킨 이론적 측면은 상부구조론이었다. 마르크스가 단지 간단하게 밝혔던 상부구조론은 이후 과도할 정도로 수많은 지식인들, 즉 상부구조에만 관심을 가졌던 사람들이 참여한 운동에서 과도할 정도로 중대한 역할을 했다. 베냐민은 상부구조론을 발견적·방법론적 자극으로만 사용하고 그 역사적 배경이나 철학적 배경에 대해서는 거의 관심을 갖지 않았다. 상부구조론과 관련하여 그를 매료시켰던 이유는 다음과 같다. 즉 정신과 그 물질적 표현은 아주 긴밀하게 연계되어 있기 때문에 적절하게 상호 연계되어 있을 경우 서로 명료하게 밝혀주고 조명해주는 보들레르의 시 「교감」(correspondences)[20]의 의미를 어디서나 발견한다는 것은 용인될 수 있는 것 같았다. 결국 우리는 그의 교감에 대해서 어떠한 해석적 또는 설명적 주해를 더 이상 필요로 하지 않는다. 베냐민은 거리 풍경, 주식거래에 관한 추측, 시와 사유 사이의 상관관계에 관심을 가졌으며, 이러한 것들을 결합시킬 뿐만 아니라 이러한 것들이 모두 같은 시대에 설정되어야 한다는 것을 역사가나 언어학자들이 인식할 수 있도록 도와주는 숨겨진 끈에 관심을 가졌다. 아도르노는 베냐민의 "실정(實情)에 대한 천진난만한 설명"[21]을 핵심적으로 비판했다. 베냐민은 정곡을 찌르는 비판을 실천하고 있었으며 또 실천하고 싶었다. 초현실주의에 강한 영향을 받은 그는 이를 통해 "사실 실재에 대한 가장 무의미한 진술에서 역사의 생생한 모습, 역사의 편린들을 포착하려고 시도했다."[22] 베냐민은 조그마한 것, 심지어 미세한 것에 열중했다. 숄렘은 보통 지면의 공책 한 면에 백 줄의 글을 써보겠다는 베냐민의 야망에 대해 말하고, 클뤼니 박물관(Musée Cluny)의 유대인 전시관에 소장되어 있는, "동포 가운데 위대한 사람이 신앙고백(*Shema Israel*)의 모든 내용을 새긴" 두 알의 콩을 칭찬한 베냐민에 대해 말하고 있다.[23] 베냐민의 경

---

20) 보들레르는 「교감」을 다음과 같이 노래하고 있다, "자연은 하나의 신전, 거기 살아 있는 기둥은/ 이따금 어렴풋한 말소리를 내고/ 인간이 거기 상징의 숲을 지나면/ 숲은 정다운 눈으로 그를 지켜본다./ 밤처럼 그리고 빛처럼 아득한/ 어둡고 그윽한 통합 속에/ 긴 메아리 멀리서 어울리듯/ 향기와 빛깔과 소리가 상통한다-옮긴이.

21) 베냐민, 『서간집』 제2권, 793쪽.

22) 베냐민, 『서간집』 제2권, 685쪽.

23) 같은 책.
「신명기」 6장 4절의 첫 단어로 "이스라엘아 들어라"라는 명령이다. "이스라엘아 들어라 우리 하나님 여호와는 오직 유일한 여호와이시니(4절) 너는 마음을 다하고 뜻을 다하고 힘을 다하여 네 하나님 여호와를 사랑하라(5절) ……

우 대상의 크기는 그것의 중요함에 반비례하는 것이었다. 이러한 열정은 일시적 기분과는 거리가 먼 것이었으며, 그에게 결정적인 영향을 미쳤던 유일한 세계관, 즉 **근원현상**(*Urphänomen*)의 사실적 실존에 대한 괴테의 확신에서 직접 나온 것이다. 괴테의 근원현상은 현상세계에서 발견된 구체적 사물이며, 현상세계에서 "의미"(가장 괴테적인 어휘인 *의미Bedeutung*는 베냐민의 저술 속에 여러 차례 되풀이되고 있다)와 현상, 말과 사물, 관념과 경험은 일치하고 있다. 대상이 적으면 적을수록 그것은 가장 집약된 형태로 다른 모든 것을 포함할 수 있는 가능성은 더 큰 것 같다. 따라서 두 알의 콩알이 유대인의 신앙고백 전체, 유대주의의 본질 자체를 포함하고 있다고 보는 것은 베냐민의 커다란 기쁨이었다. 다른 것들은 모두 의미상 그 근원과 비유될 수 없는데, 이것들은 극소한 실체에 나타나는 극소한 본질에서 유래한다. 다른 말로 표현한다면 처음부터 베냐민의 관심을 깊이 불러일으킨 것은 결코 관념이 아니라 언제나 현상이었다. "정확히 아름답다고 불리는 모든 것과 관련하여 역설적인 것같이 보이는 것은 그것이 그렇게 나타나 있다는 사실에 있다."[24] 이러한 역설 — 또는 더욱 단순하게 말한다면 현상의 경이로움 — 은 언제나 그의 경우 모든 관심의 중심에 있었다.

이러한 연구가 마르크주의나 변증법적 유물론과 얼마나 먼 거리를 두고 있었는가는 이러한 연구의 중심인물인 **산책하는 사람**[25]에

또 네 집 문설주와 바깥문에 기록할지니라(9절)."-옮긴이.

24) 베냐민, 『저작집』 제1권, 349쪽.

25) "산책하는 사람"에 대한 고전적 기술은 콩스탕탱 기스(Constantin Guys)에 관한 보들레르의 유명한 논문 「근대적 삶의 작가」(Le Peintre de la vie moderne)에 나타나 있다. 플레이아드판(Pléiade), 877-883쪽을 참조할 것. 베냐민은 간접적으로 자주 이 부분을 언급하면서 보들레르에 관한 연구에서 인용을 하고 있다.

의해 확인된다. 큰 도시에서 활동하는 대중 사이를 목적 없이 배회하는 산책하는 사람은 목적에 따라 분주하게 움직이는 대중과 부자연스럽게 대조를 보이는데, 사물들은 산책하는 사람의 눈에 은밀한 방식으로 자신들을 드러낸다. "과거의 참된 모습은 **신속하게** 지나가고"(「역사철학」),[26] 한가롭게 걸어가는 **산책하는 사람**만 의도를 수용한다. 아도르노는 베냐민에게 나타나는 정적인 요소를 대단히 예리하게 지적하고 있다. "우리는 베냐민을 올바르게 이해하기 위해서는 극심한 동요로부터 정적인 것으로의 전환, 즉 운동 자체의 정적인 관념을 그의 모든 문장 이면에서 느껴야만 한다."[27] 당연하게도 이러한 태도만큼 "비변증법적"인 것은 있을 수 없다. 여기서는 (「역사철학 테제」 IX에서 언급한) "역사의 천사"는 미래를 향해 변증법적으로 전진하지 않고 자신의 얼굴을 "과거로 돌린다." "일련의 사건들이 우리에게 나타나는 곳에서 천사는 하나의 유일한 파국을 본다. 이 파국은 잔해 위에 잔해를 쌓으며 이것을 천사의 발아래에 던진다. 천사는 여기에 머물며 죽은 자를 깨우고 조각조각 깨진 것을 하나로 맞춘다."(이것은 역사의 종말을 의미하는지도 모른다). "그러나 강한 바람은 낙원으로부터 불어와서 등을 마주하고 있는 미래로 천사를 부단히 밀어낸다. 한편 천사의 발아래에 쌓여 있는 폐허 더미는 하늘 쪽

---

26) 이 문장을 이해하기 위해 이어지는 문장을 소개한다. "과거의 진정한 모습은 급속히 지나간다. 과거는 그것이 인식될 수 있는 순간 번쩍 빛나는 이미지로서만 포착될 수 있으며 결코 다시 보이지 않는다. 진실은 우리로부터 도망가지 않을 것이다. 역사주의에 대한 역사적 조망에서 켈러의 이러한 말들은 역사적 유물론이 역사주의를 가로지르는 정확한 지점을 지정한다. 현대에 의해 그의 주요 관심사들 가운데 하나로 인식되지 않은 과거의 이미지는 되돌아갈 수 없게 소멸될 수 있기 때문이다." 베냐민, 한나 아렌트 엮음, 『조명』 (*Illumination*) New York: Harcourt Brace & World, 1968, 255쪽-옮긴이.

27) 베냐민, 『저작집』 제1권, 14쪽.

으로 자란다. 우리가 진보라고 부르는 것은 바로 이 강한 바람이다."
베냐민은 클레(Paul Klee)의 그림 「새로운 천사」(Angelus Novus)에
서 이 천사를 보고 있는데, **산책하는 사람**은 이 천사에게서 자신의 마
지막 변신을 체험한다. **산책하는 사람**은 군중에 의해 떠밀려 휩쓸리
더라도 이 목적 없는 산책의 걸음걸이(*gestus*)를 통해 군중들에게 등을
돌리는 것과 똑같이 과거의 폐허 더미만 보고 있는 "역사의 천사"는
진보라는 강풍에 의해 미래로 밀려가기 때문이다. 이러한 사유가 일
관성 있고 변증법적으로 민감하며 합리적으로 설명할 수 있는 과정
으로 여전히 방해받는다는 것은 불합리한 것 같다.

그러한 사유는 또한 분명히 구속력 있고 일반적으로 정당한 진술
을 목표로 삼지 않았고, 이러한 진술에 도달할 수 없었으나 아도르
노가 비판적으로 언급한 바 있듯이 이러한 진술이 분명히 "은유적인
명제로" 대체되었다는 것 또한 명백하다.[28] 베냐민은 실제로 직접
증명 가능한 구체적 사실들뿐만 아니라 '의미'를 뚜렷하게 드러내는
개별적 사건들에 대한 관심에서 상상할 있는 가장 정확한 외적 행태
를 직접 상정하지 않는 이론이나 '관념'에는 별로 관심을 갖지 않았
다. 매우 복잡하지만 상당히 현실주의적인 이러한 사유양태에서 상
부구조와 하부구조 사이의 마르크스적 관계는 정확한 의미에서 은
유적인 관계가 되었다. 이러한 관계는 베냐민의 사유정신에 확실히
존재한다. 예컨대 추상적 개념인 이성(*Vernunft*)이 지각하다 또는 듣다
(*vernehmen*)라는 동사에서 파생된 것이라면 상부구조에 속하는 말은
그것의 감각적 하부구조에 대응하는 것이라고 볼 수 있으며, 또는 반
대로 '은유'(metaphor)가 전달하다(*metapherein*)는 그 본래의 비우의적
인 의미로 이해된다면 개념은 은유로 바뀌고 있다고 볼 수 있다. 은

---

28) 베냐민, 『서간집』 제2권, 785쪽.

유는 자신의 직접성에서 감각적으로 인식되는 관계를 확립하고 해석을 필요로 하지 않지만, 알레고리(allegory, 우의)[29]는 언제나 추상적인 관념에서 생겨나 이것을 자유롭게 표상할 수 있는 무언가를 찾아내기 때문이다. 우의는 그것이 의미를 띠기 전에 설명되어야 하며, 우리는 우리가 표현하는 수수께끼의 해답을 찾아야 한다. 따라서 우의적 상징에 대한 흔히 어려운 해석은 해골을 통한 죽음의 의미를 전달하는 우의적 표현만큼 독창력을 더 요구하지 않더라도 공교롭게도 수수께끼 풀기를 상기시킨다. 호메로스 이후 은유는 본래 시적인 것의 인식을 전달하는 요소다. 은유의 도움으로 호메로스의 서사시 『일리아스』에서 감각적으로 거리가 가장 먼 것들 사이에 **교감**이 완벽하게 이루어진다. 이를테면 아카이아 사람들의 가슴속에 깔려 있는 공포의 격정은 어두운 바다에서 동시에 휘몰아치는 북풍과 서풍의 소용돌이와 유사하며,[30] 군대가 대오를 갖추어 싸움터로 진격하는 모습은 바람에 밀려 물 위로 높이 머리를 쳐들어 차례로 바닷가로 밀려와 뇌성벽력으로 땅 위에 부서지는 긴 파도 물결의 모습과 유사하다.[31] 은유는 세계의 조화를 시적으로 실현하는 수단이다. 베냐민에 대한 이해를 어렵게 하는 것은 그가 시인이 아니면서 **시적으로 사유했으며** 은유를 언어의 최대 선물로 생각한 것에 있었다. 우리는 언어적 '변형'을 통해서 비가시적인 것에 구체적인 형태를 부여하며 ─ "견고한 요새는 우리의 신이다" ─ 아울러 비가시적인 것을 체

---

29) 어원에도 나타나듯이 이것을 표현하고자 하지만 실제로 저것을 표현하는 것을 지칭한다. 은유적으로 의미를 전하는 표현 양식으로 우리말로 우의(寓意)로 번역되기도 하고, 허구적으로 표현된다는 점에서 풍유(諷諭)로 번역되기도 한다 ─ 옮긴이.

30) 호메로스, 『일리아스』, IX, 198.

31) 호메로스, 『일리아스』, IV, 422~428.

험 가능한 것으로 바꾼다. 그는 상부구조론을 형이상학적인 사유의 궁극적인 교의로 이해하는 데 아무런 어려움이 없었다. 그는 큰 어려움 없이 모든 '매개'를 피해서 상부구조를 직접적으로 '물질적' 하부구조와 관련시켰기 때문이다. 물론 그의 경우 하부구조는 감각적으로 경험한 자료의 전체성을 의미했다. 그는 분명 다른 사람들이 "속류 마르크스주의적" 또는 "비변증법적" 사유라는 딱지를 붙였던 바로 그것에 매료되었다.

두 번째 행운과 불운: 브레히트와 아도르노

베냐민은 철학자가 아닌 시인 괴테를 통해서 정신적 존재양식을 형성하고 고쳐시켰으며, 비록 철학을 연구하기는 했지만 오로지 시인들이나 소설가들이 제기한 문제에 관심을 가졌다. 따라서 그는 변증법적 이론가나 형이상학적 이론가보다 시인들과 소통하는 것을 더 편하게 생각했을 것이다. 그리고 이러한 지적은 타당한 것 같다. 당시 살아 있는 가장 위대한 시인인 브레히트는 당대 가장 중요한 비평가인 베냐민을 만났으며, 두 사람은 이 사실을 충분히 인식했다. 이러한 측면에서 두 사람의 특별한 우정은 베냐민의 생애에서 두 번째이면서도 더할 나위 없이 중요한 행운이었다는 것은 실제로 의문의 여지가 없다. 그러나 두 사람의 우정은 급격히 정반대의 결과를 초래했다. 즉 두 사람의 우정은 베냐민의 친구 몇 사람의 반감을 샀으며, 사회조사연구소와의 관계를 악화시켰다. 베냐민은 사회조사연구소의 '제안'에 대해 '순응해야' 할 이유가 있었다.[32] 그는 브레히트와의 우정 때문에 숄렘과의 우정을 희생시킬 수 없었다. 그 이유는 숄렘은 자기 친구와 관련된 모든 문제에서 변치 않는 성실성과 감탄

---

32) 베냐민, 『서간집』 제2권, 683쪽.

할 만한 관용을 유지했기 때문이다. 베냐민은 마르크스의 범주를 명백히 비변증법적으로 사용했으며 모든 형이상학과 단호하게 결별했는데, 아도르노와 숄렘은 그 책임이 모두 브레히트의 "해로운 영향"(숄렘)[33]에 있다고 비난했다. 다음과 같은 점이 문제였다. 대체로 불필요하지만 항상 타협하는 성향을 지녔던 베냐민은 브레히트와 자신의 우정이 다른 사람들에 대한 유순함과 외교력에 대해서도 절대적 한계를 형성했다는 점을 이해했고 이를 주장했다. "내가 브레히트의 작품에 공감하는 것은 나의 전반적인 입장에서 가장 중요하면서도 가장 전략적인 입장들 가운데 하나"이기 때문이다.[34] 베냐민은 브레히트가 귀중한 지적 능력을 지닌 시인이라는 것을 알았으며, 당시 자신에게도 중요한 일이지만 변증법에 대한 많은 대화에도 불구하고 변증법적 사상가가 아니지만 특별히 현실과 밀착된 지성을 지닌 좌파 인사였다는 것을 알았다. 베냐민은 브레히트 자신의 표현인

---

33) 두 사람은 최근 이 점에 대해 다시금 되풀이하고 있다. 1965년 레오 바에크 기념강연에서 숄렘은 다음과 같이 말하고 있다. "나는 브레히트가 1930년대의 베냐민 작품에 미쳤던 영향은 해로운 것, 어떤 점에서는 파괴적인 것이었다고 생각한다." 또한 아도르노는 제자 롤프 티데만과의 대화 속에서 베냐민은 "그가 두려워하고 있었던 브레히트의 급진주의를 극복하기 위해 예술작품에 관한 논문"을 썼다고 아도르노에게 고백했다고 진술했다. 티데만, 『발터 베냐민의 철학 연구』(*Studien Zur Philosophie Walter Benjamins*, Frankfurt a. M., 1965), 89쪽에서 인용. 베냐민이 브레히트에 대해 두려움을 표시했다는 사실은 믿을 수 없으며 아도르노도 그 점을 주장한 것 같지는 않다. 베냐민은 아도르노를 두려워했기 때문에 불행스럽게도 그런 말을 한 것 같다. 베냐민은 청년 시절부터 모르는 사람과의 관계에서 매우 부끄러움을 탔다. 그러나 그가 의지하고 있는 사람한테는 두려움을 느끼고 있었다. 만약 그가 파리에서 생활비가 싼 덴마크의 브레히트 집 근처로 옮기라는 브레히트의 권유를 따랐다면 브레히트에 대한 그러한 의존관계는 생겨났을 것이다. 결국 베냐민은 "전혀 익숙하지 않은 언어"가 쓰이고 있는 이상한 나라에서 "한 사람에게 의존한다"는 것에 커다란 의문을 느꼈다.(『서간집』 제2권, 596쪽, 599쪽)
34) 베냐민, 『서간집』 제2권, 594쪽.

"서투른 사유"(*das plumpe Denken*)를 브레히트와 함께 실행에 옮겼다. 브레히트는 다음과 같이 말했다. "중요한 것은 서투르게 사유하는 법을 배우는 일이다. 서투른 사유, 그것은 위대한 것의 사유다." 그는 설명을 통해 다음과 같은 내용을 덧붙였다. "미세한 것의 애호가를 변증가로 생각하는 사람들이 많다. ……서투른 사유가 오히려 변증법적 사유의 중요한 부분을 이룬다. 이들은 이론을 실천으로 전환하는 데 기여하기 때문이다. ……사유는 행위로 존재하기 위해서는 서툴러야 한다."[35] 그러나 베냐민이 서투른 사유에 매력을 느낀 이유는 사유가 실천으로 전환되기보다 실재로 전환되기 때문이다. 그의 경우 이러한 실재는 일상 언어의 관용어구 속에서 가장 직접적으로 나타난다. 그는 동일한 맥락에서 "속담은 서투른 사유의 학교였다"[36]라고 적고 있다. 그는 속담과 관용어구의 말을 문자 그대로 의미 있게 만드는 기술 덕택에 아주 독특하게 매혹적이고 현혹될 정도로 실재에 근접한 산문을 쓸 수 있었다. 마찬가지이지만 카프카의 경우 말의 형태는 영감의 근원으로 종종 명료하게 식별될 수 있었고, 많은 '수수께끼'를 풀 수 있는 열쇠를 제공했다.

---

35) 『서푼짜리 소설』 서평, 『브레히트 연구』(*Versuche über Brecht*, Frankfurt, 1966), 90쪽을 참조할 것.

36) Walter Benjamin, "Brechts Dreigroschenroman", *Versuche über Brecht*, ed. Rolf Tiedemann(Frankfurt; Suhrkamp, 1971), p.60; Gerhard Richter, *Afterness: Figures of Following in Modern Thought and Aesthetics*(New York: Columbia University Press, 2011), 182쪽에서 재인용했다. "조야한 사유의 형태는 천천히 변한다. 이들은 대중에 의해 형성되었기 때문이다. 우리는 소멸된 형태로부터도 배울 수 있다. 우리는 이들 중 하나를 속담에서 만나며, 속담은 서투른 사유의 학교다."—옮긴이.

빛을 보지 못한 출판물들

우리는 베냐민의 생애를 어디서 들여다보든 언제나 작은 곱사등이를 만날 것이다. 제3제국이 등장하기 훨씬 이전부터 작은 곱사등이는 사악한 술책을 부렸으며, 아울러 원고를 읽고 잡지를 편집하는 대가로 베냐민에게 연봉 지불을 약속했던 출판사를 잡지 첫 호도 내지 못한 채 파산케 했다. 그 후 작은 곱사등이는 많은 노력을 들여 매우 진기한 주해를 첨가한 방대한 독일인 편지 모음집의 출판을 허락했다. 『독일인』이라는 제목 아래 **"명성 없는 명예, 허식 없는 위대성, 그리고 보수 없는 존엄에 대해서"**라는 구절이 있다. 베냐민은 나치 독일에서 데어레트 홀츠(Derlet Holz)라는 익명으로 서명한 선집의 출간을 기대했으나 파산한 스위스 출판사의 지하실에 책이 배포되지 못한 채 사장되어 있다는 것을 알게 되었다. 1962년 이 지하실 속에서 출판본이 발견되었지만 신판은 이때 이미 독일에서 출판되었다. (사람들은 역시 잘 되어 갈 일들이 처음에 불쾌한 모습으로 나타나는 것을 작은 곱사등이 탓으로 돌리려고 했다. 그 좋은 예는 알렉시스 생-레제〔생-존 페르스〕의 『원정』*Anabase*의 번역이다. 베냐민은 이 작품을 "별로 중요하지 않은 것"이라고 생각했지만[37] 프루스트의 작품과 마찬가지로 호프만슈탈이 맡긴 일이었기 때문에 이 책의 번역을 마쳤다. 이 번역서는 전후까지 독일에서 출판되지 않았다. 그러나 베냐민은 출판문제 때문에 레제와 접촉했다. 외교관이었던 레제는 전쟁 중 프랑스에서 베냐민의 두 번째 억류를 면제토록 프랑스 정부와 교섭하고 설득할 수 있었다. 이런 일은 극소수의 망명자만이 누릴 수 있는 특권이었다.) 그런 이후에 "수많은 불길한 여파"가 불운의 뒤를 이었다. 그가 스페인 국경에서 비극적 결말을 당하기 이전에 1938년 이후 줄곧 느꼈던 위협은

---

37) 베냐민, 『서간집』 제1권, 381쪽.

마지막 불길한 여파였다. 그는 파리에서 생활하는 동안 유일한 "물질적 · 정신적 지지자"[38]였던 뉴욕의 사회조사연구소가 그를 버릴 것이라고 생각했던 것이다. 그는 1939년 4월 날짜의 서신에서 다음과 같이 쓰고 있다. "유럽에 있는 동안 내 입장을 크게 위협했던 상황 때문에 나의 미국 이민은 아마도 불가능할 것 같다."[39] 1938년 11월, 보들레르 연구논문의 첫 번째 출간을 거절하는 아도르노의 편지가 그에게 가한 '타격'의 여파는 그때까지도 여전히 남아 있었다.[40]

숄렘은 베냐민이 프루스트 다음으로 카프카에 개인적으로 강한 친근감을 느꼈다고 주장했다. 이러한 주장은 분명히 옳다. 그리고 베냐민은 "[카프카의] 작품을 이해하면서 그 가운데 특히 자신이 실패자라고 소박하게 인정했다"[41]고 썼을 때 그는 자신의 작품 가운데 "폐허의 영역과 재앙의 영역"을 분명히 생각했다. 베냐민이 특이한 재능을 지닌 카프카에 대해 말한 것은 모두 그 자신에게도 적용된다. "이러한 실패의 상황은 다양하다. 누구나 다음과 같이 말하고 싶어한다. 일단 결과적인 실패를 확신했다면 모든 일들은 꿈속에서처럼 **도중에** 그에게 잘 풀렸을 것이다."[42] 그는 카프카처럼 생각하기 위해서 카프카의 작품을 읽을 필요는 없었다. 그가 읽은 유일한 카프카의 작품은 「화부」(Stoker)[43]였지만 그는 『친화력』에 관한 에세이에서

---

38) 베냐민, 『서간집』 제2권, 839쪽.

39) 베냐민, 『서간집』 제2권, 810쪽.

40) 베냐민, 『서간집』 제2권, 790쪽.

41) 베냐민, 『서간집』 제2권, 614쪽.

42) 베냐민, 『서간집』 제2권, 764쪽.

43) 카프카의 소설 『실종자』(이후 '아메리카'로 개명) 제1부다. 16세인 카알 로스만은 하녀가 그를 유혹하여 아이를 갖게 되는 바람에 양친에 의해 미국으로 보내진다. 그는 뉴욕 항에 내리기 전 우산을 배에 놓고 내린 것을 알고 다시 배안으로 들어갔을 때 길을 헤매던 중 화부를 만나게 되었다. 화부와 기관사 사이에 문제가 발생했을 때 카알은 화부를 지지한다—옮긴이.

희망에 관한 괴테의 말을 인용하고 있다. "희망은 하늘에서 떨어지는 별처럼 머리 위를 스쳐 지나간다." 그리고 이 연구의 끝을 맺는 문장은 마치 카프카가 쓴 것처럼 되어 있다. "우리는 희망 없는 사람들을 위해서만 희망을 갖게 된다."[44]

스페인 국경 앞에서의 비극적 자살

미국으로 이민을 떠나려 했던 베냐민은 1940년 9월 26일 프랑스와 스페인의 국경에서 삶을 마감한다. 여기에는 숱한 까닭이 있다. 독일 비밀경찰이 파리에 있는 그의 아파트를 수색했다. 이곳 서재에는 장서(그 가운데 "절반 이상"은 독일에서 반출한 것이다)와 많은 원고가 보관되어 있었다. 그는 파리에서 비점령지역이었던 프랑스의 루르드로 가기 전 바타유(George Bataille)의 호의로 다른 원고를 국립도서관에 보관할 정도로 많은 신경을 썼다.[45] 베냐민은 장서 없이 어떻게 살아갈 수 있었을까? 그는 자신의 노트 속에 수록된 방대한 인용문과 발췌문을 활용하지 못한 채 어떻게 생계를 유지할 수 있었을까? 더구나 미국도 그에게는 매력 있는 땅은 아니었다. 그가 자주 말했듯이 이 나라 사람들은 그를 "최후의 유럽인"으로 구경시키기 위해서 이쪽저쪽으로 그를 몰고 다니는 것 이외의 아무런 효용이 없다

---

44) 베냐민, 『저작집』 제1권, 140쪽.
45) 지금은 거의 모두가 구제되었다고 본다. 파리에 숨겨졌던 원고는 베냐민의 지시에 따라 테오도르 아도르노에게 보내졌다. 티데만에 따르면(앞의 책, 212쪽), 지금 그 원고들은 프랑크푸르트에 있는 아도르노의 "개인 수집품" 속에 있다고 한다. 또한 대부분 원전의 복사물이나 인쇄물이 예루살렘이 있는 숄렘의 개인 소장품 속에 들어 있다. 비밀경찰에 압수되었던 물건들도 독일 민주공화국에 되돌려졌다. 로제마리 하이제(Rosemarie Heise), 「포츠담의 베냐민 유산」(Der Benjamin-Nachlass in Potsdam), 『대안』(*Alternative*, 1967년 10월호-12월호) 참조.

는 것을 알았을 것이다. 그러나 베냐민이 자살하게 된 직접적 이유는 흔치 않은 악운의 연속에서 온 것이었다. 프랑스의 비시 정부와 제3제국의 휴전협정에 의하면 히틀러 독일체제로부터 망명한 사람들—프랑스에서는 공식적으로 독일 망명자라고 불렀다—은 그들이 정치적 적대자였을 경우에만 독일로 송환될 위험이 있었다. 미국은 이러한 범주에 속하는 망명자들을 구하기 위해 비점령지역에 있는 자국 영사관을 통해 많은 긴급비자를 발급했다. 물론 우리는 이 범주에 결코 포함되지 않았던 비정치적인 유대인들이 결국 가장 많이 절멸의 위협에 직면했던 사람들이었다는 사실을 유념해야 할 것이다. 베냐민은 뉴욕에 있는 연구소의 노력에 힘입어 마르세유에서 첫 번째로 긴급비자를 발급받았다. 또한 그는 리스본으로 이동하여 그곳에서 배를 타는 데 필요한 스페인 통과여권도 얻었다. 그러나 그는 당시 꼭 필요했던 프랑스 출국비자를 얻지 못했다. 독일 비밀경찰을 즐겁게 해주는 데 열심이었던 프랑스 정부는 독일 망명자들에게는 긴급비자 발급을 거부하고 있었다. 일반적으로 본다면 그것은 커다란 난관은 아니었다. 포르 부(Port Bou)로 가는 산길은 비교적 짧으면서 널리 알려져 있었지만 프랑스 국경 경찰의 감시도 없었기 때문이다. 그러나 심장병을 앓고 있는 베냐민에게는[46] 짧은 거리의 여행도 커다란 부담이었고, 그가 국경에 도착했을 때는 탈진한 상태에 있었다. 그를 포함한 적은 규모의 망명자들이 스페인 국경의 한 마을에 도착했을 때 그들은 스페인이 국경을 폐쇄하고 경비병들이 마르세유에서 작성된 비자를 인정하지 않는다는 것을 알게 되었다. 망명자들은 그 다음 날 같은 길을 거쳐서 프랑스로 돌아가야만 했다. 그 날 밤 베냐민은 목숨을 끊었다. 베냐민의 자살에 큰 충격을 받은 국

---

46) 베냐민, 『서간집』 제2권, 841쪽.

경 경비병들은 이 망명자들을 포르투갈로 가도록 허락했다. 수주일이 지난 뒤에 비자에 대한 금령은 다시 해제되었다. 하루만 빨랐어도 베냐민은 무사히 국경을 넘어갔을 것이다. 또 하루만 늦었더라도 마르세유 사람들은 당분간 스페인 국경 통과가 어렵다는 것을 알게 되었을 것이다. 비극은 이 특별한 단 하루 때문에 일어난 것이다.

어두운 시대

"살아 있으면서도 삶에 맞설 수 없는 사람은 자신의 운명에 드리워진 절망을 다소나마 피하기 위해 한쪽 손을 필요로 하지만 ……그러나 그는 폐허 속에 본 것을 다른 손으로 적을 수 있다. 그는 타인과는 다른 것, 타인보다 더 많은 것을 보기 때문이다. 결국 그는 생존 시기에는 죽은 것과 같지만 참된 생존자다."
─프란츠 카프카, 『일기』(1921년 10월 19일자)

"이미 가라앉고 있는 돛대의 꼭대기에 기어 올라가 난파선에 몸을 의지하고 있는 사람처럼. 그러나 그곳에서도 그는 구조신호를 보낼 기회를 갖는다."
─베냐민이 숄렘에게 보낸 편지(1931년 4월 17일자)

'19세기 수도', 파리의 경험

시대에 영향을 가장 덜 받고 시대와 먼 거리를 두고 있어서 심각한 고통을 받고 있는 사람들이 흔히 있다. 시대는 이들에게 그 특징을 아주 명료하게 각인시킨다. 프루스트, 카프카, 크라우스(Karl Krauss), 그리고 베냐민이 그런 사람들이다. 베냐민의 경우 몸짓, 말하고 들을 때 머리를 세우는 습관, 예의범절, 특히 용어를 선택하고 문장을 구성하는 것을 포함한 표현방식, 대단히 독특한 취향 등은 고풍스러워 보였다. 사람들이 이상한 나라의 해안으로 표류하듯이 그는 19세기에서 20세기로 표류한 사람처럼 보였다. 그는 과연 20세기의 독일에서 편안함을 느낄 수 있었을까? 이것을 의심할 만한 단서가 있다. 베냐민이 젊은 나이에 프랑스를 방문한 1913년 파리의 거리는 며칠을 보낸 그에게는 익숙한 베를린 거리보다 "훨씬 더 친숙한 것 같았다."[47] 그는 베를린에서 파리로의 여행이 시간여행과 얼마나 흡사한가를 당시에나 20년 후에나 확실히 똑같이 느꼈을 것이다. 그의 파리 방문은 한 나라에서 다른 나라로의 여행이 아니라 20세기에서 19세기로의 여행이었다. 19세기 유럽 문화의 형태를 마련했던 **탁월한 국가**가 있었다. 오스만(Haussmann)[48]은 그 국가를 위해 베냐민의 표현대로 "19세기의 수도"인 파리를 재건했다. 이곳 파리는 분명히 세계 각지의 사람들이 아직 살고 있지는 않지만 참으로 유럽적이었다. 따라서 파리는 19세기 중엽 이후 조국 없는 사람들에게 자연스럽게 제2의 조국이 되었다. 파리 시민들의 현저한 외국인 혐오나 파리 경찰의 세련된 괴롭힘도 이런 모든 것을 바꾸어 놓을 수는 없다. 베냐민은 파리로 옮겨가기 훨씬 전부터 "프랑스 사람과 만나는 경우 15분 이상 그와 대화를 나눈다는 게 얼마나 드문 일인지" 잘 알

---

47) 베냐민, 『서간집』 제1권, 56쪽.

48) 1809년에 태어나 1891년에 사망한 그는 나폴레옹 3세에 의해 파리 근대화를 추진하라는 임무를 위임받았다. 나폴레옹 3세는 파리를 더 안전한 도로, 더 좋은 주택, 더 많은 위생시설, 병원, 상점, 우호적인 공동체들로 구성된 도시로 만들기를 바랐다. 오스만의 파리 구상은 미국의 '아름다운 도시 만들기 운동'(City Beautiful Movement)을 포함해 많은 건축운동에 영감을 주었다. 미국 건축가 번햄(Daniel Burnham)도 그의 구상을 차용했으며, 런던이나 모스크바와 같은 도시도 도시계획에서 그의 영향을 많이 받았다—옮긴이.

고 있었다.[49] 그는 망명자로 파리에 살게 된 이후에 천성적인 고결함 때문에 가벼운 만남—대표적인 사람은 지드(Gide)다—을 친분관계로 발전시키지 못했으며, 사람들을 새롭게 접촉하지 못했다. (최근에 알려진 것이지만 크라프트Werner Kraft는 뒤 보스Charles Du Bos와 만날 수 있는 기회를 베냐민에게 마련해 주었다. 뒤 보스는 "독일 문학에 대한 열정"으로 독일 이주민에게는 일종의 중심인물이었다. 크라프트가 더 좋은 관계를 유지하고 있으니 얼마나 역설적인가.[50]) 베냐민의 작품이나 편지뿐만 아니라 그에 관한 논문에 대해서도 예리한 비판을 내리고 있는 미삭(Pierre Missac)은 베냐민이 프랑스에서 마땅히 받을 만한 '환영'을 받지 못했음에 얼마나 상심했는가를 지적하고 있다.[51] 물론 이러한 지적은 옳기는 하지만 놀라운 문제는 아니다.

이런 모든 것이 그를 불쾌하게 만들긴 했지만 도시 그 자체는 이 모든 것을 보상해 주었다. 일찍이 1913년, 베냐민은 파리의 대로들이 거처하도록 만들어진 것 같지 않고 산책하도록 사이사이 깔아놓은 포석 같아 보이는 집들을 따라 형성되었다는 것을 알게 되었다.[52] 사람들은 오늘날도 옛 성문들을 지나 원형으로 도시를 여행할 수 있는데, 이 도시는 한때 성으로 둘러싸여 외부와 안전히 차단되었던 중세 도시와 같은 상태로 존재하고 있었다. 도시 내부는 중세 시대 협소한 거리 형태를 보이지 않으며 웅장한 천정처럼 하늘을 아치 삼아 설계되고 건축되었다. "이곳에서 온갖 예술이나 활동과 관련하여 가장

---

49) 베냐민, 『서간집』 제1권, 445쪽.

50) 「편지에 드러난 발터 베냐민」(Walter Benjamin hinter seinen Briefen), 『수은』 (*Merkur*, 1967년 3월) 참조.

51) 미삭(Pierre Missac), 「신선함과 비밀: 발터 베냐민」(L'Eclat et le Secret: Walter Benjamin), 『비평』(*Critique*), 제231~232호(1966) 참조.

52) 베냐민, 『서간집』 제1권, 56쪽.

훌륭한 점을 지적하자면 온갖 예술과 활동은 독창적이거나 자연적인 유적들 일부에 그 찬란함을 부여하고 있다."[53] 사실 온갖 예술과 활동은 유적들이 새로운 광택을 얻도록 도와주고 있다. 길가에 나란히 선 건물의 앞면이 똑같이 내부의 벽과 같은 모습을 하고 있기 때문에 사람들은 다른 도시보다 이 도시에서 한층 더 물리적으로 보호를 받고 있다고 느낀다. 베냐민은 대로를 연결하면서 악천후를 대비해 주는 아케이드에 굉장한 매력을 느끼게 되어서 자신이 계획 중이던, 19세기와 그 도시에 관한 주요 연구의 제목을 "아케이드 프로젝트"(Passagenarbeit)라고 붙였다. 이러한 통로들은 사실 파리의 상징과 같다. 이러한 통로들은 동시에 내부이면서 외부여서 파리의 참된 성격을 보여주고 있기 때문이다. 파리에 온 외국인은 자신의 방 속에 있는 것처럼 도시에서 살아갈 수 있기 때문에 아늑함을 느낀다. 사람들은 단순히 잠자고 먹고 일하고자 아파트를 이용하기보다 그곳에서 삶을 영위함으로써 거주하는 그곳을 안락한 공간으로 만든다. 마찬가지로 사람들은 큰마음을 먹고 길을 따라 무수히 많은 카페에 머물면서 —도시의 생명인 보행자들의 흐름이 이 카페를 스쳐간다— 목표나 의도 없이 도시를 산책하기 때문에 그들은 도시에 거주하며 그곳을 안락한 공간으로 만든다. 오늘날까지도 파리는 사람들이 안락하게 산책할 수 있는 유일한 대도시이며, 거리를 왕래하는 행인들 덕분에 다른 도시보다도 훨씬 더 활기를 띠고 있다. 따라서 파리는 기술적인 근거에서 볼 때 자동차 교통으로 위협을 받지는 않는다. 미국의 경우 교외의 황무지나 많은 읍들의 거주지역에서는 거리에서의 삶은 차도 위에서 이루어지며, 사람들은 수마일 계속해서 걷는 동안 한 사람도 만나지 못한 채 이제는 좁은 길로 축소된 인도에서만

---

53) 베냐민, 『서간집』 제1권, 421쪽.

걸을 수 있다. 따라서 이러한 지역과 파리에서의 삶은 완전히 정반대다. 다른 모든 도시들에서는 사회의 최하층에 속하는 사람들만 어쩔수 없이 **산책**을 할 수 있지만 파리의 거리는 실제로 모든 사람들에게 산책의 기회를 제공한다. 따라서 제2제정 이후 파리는 생계비를 쫓거나 출세를 추구하며 목적을 달성할 필요가 없는 모든 사람들의 천국이었다. 즉 파리는 당시 자유분방한 사람들(bohemians)[54]의 천국이고, 아울러 예술가들과 작가들뿐만 아니라 이들의 주위에 모여들었던 모든 사람들(가정이나 국가가 없어서 정치적·사회적으로 통합될수도 없었던 사람들)의 천국이었다.

청년 베냐민에게 결정적 체험이 되었던 이 도시의 배경을 고려하지 않고는 그의 저작에서 **산책하는 사람**이 왜 중심인물이 되었는지 이해하기 어렵다. 이러한 산책이 어느 정도로 그의 사유의 폭을 결정지었는가는 그의 걸음걸이의 특수성에서 가장 잘 나타난다. 리히너(Max Rychner)는 이것을 "나아감과 머무름의 기묘한 혼합"이라고 기술했다.[55] 이러한 거동 모양은 **산책하는 사람들**의 걸음걸이로서 아주 인상적이다. **산책하는 사람**은 멋쟁이나 속물처럼 안정의 시대인 19세기에 자신의 가정을 가지고 있어서 생계비를 벌기 위해 바쁘게 생활할 필요가 없었기 때문이다. 이 시기에 상류층이나 중류층의 자제들은 노동을 하지 않고도 충분한 수입을 확보했다. 베냐민은 파리의 경험을 통해 산보하며 사유하는 **산책**, 즉 19세기식의 은밀한 거동

---

54) 이 용어는 고유명사가 아니라 일반명사로 사용되고 있다–옮긴이.

55) 『새로운 스위스 전망』(*Neue Schweizer Rundschau*)의 편집자로 최근에 사망한 막스 리히너는 시대의 지식인 중에서 가장 교양 있고 가장 세련된 인물 중의 한 사람이었다. 그는 아도르노, 에른스트 블로흐, 숄렘처럼 「발터 베냐민에 대한 회상」(*Erinnerungen an Walter Benjamin*)을 『월간』(*Der Monat*) 1960년 9월호에 발표했다.

의 의미를 알게 되었을 때 프랑스 문학에 대한 취향에 자연스럽게 자극을 받았으며, 이로 말미암아 독일의 정상적인 지적 삶으로부터 거의 영원히 멀어지게 되었다. 그는 1927년 호프만슈탈에게 보낸 편지에서 다음과 같이 쓰고 있다. "나는 독일에서는 업무를 수행하고 관심사를 쫓느라고 내 세대에 속하는 사람들로부터 완전히 고립되었다는 감정을 느꼈지만 프랑스에서는 지로두(Giraudoux), 특별히 아라공과 같이 영향력을 지닌 작가들이 있는데, 내가 창작활동에서 찾는 초현실주의 운동은 나의 관심을 끄는 것이다."[56] 베냐민은 "모스크바 여행"[57]에서 돌아와 공산주의 깃발 아래 문학활동을 추진하기 어렵다는 것을 확신하고 "파리에서의 지위"를 굳히기 시작했다.[58] (8년 전 베냐민은 페기Charles Péguy가 자신을 고무시켰던 "놀랄 만한 친근감"을 다음과 같이 언급했다. "어떤 책도 나를 그렇게나 강하게 감동시키지 못했으며 동료의식을 주지는 못했다."[59]) 사실 그는 무엇인가를 굳히는 데 성공하지 못했으며, 성공이 가능한 상황은 아니었다. 전후 파리에서만 외국인들—아마도 프랑스에서 태어나지 않은 모든 사람들을 오늘날까지 파리에서 부르는 명칭—은 지금까지 '직장'을 얻을 수 없었다. 다른 한편 베냐민은 실제로 어디에도 존재하지 않았던 위치, 사실 이후까지 있는 그대로 확인되고 분류될 수 없었던 위치로 몰렸다. 비록 폭풍우 치는 바다에 결코 맞선 적이 없는 사람이나 폭풍우 속에서도 헤엄칠 수 있는 사람도 파도를 타고 헤엄

---

56) 베냐민, 『서간집』 제1권, 446쪽.
57) 그는 1926년 말부터 1927년 초까지 모스크바를 방문하여 러시아 혁명의 실상을 보고자 했다. 『모스크바 일기』(*Moscow Diary*)는 두 달간 모스크바 방문을 기록하고 있으며 베냐민의 자서전적 저술에 해당된다-옮긴이.
58) 베냐민, 『서간집』 제1권, 444-445쪽.
59) 베냐민, 『서간집』 제1권, 217쪽.

치거나 이에 대응하여 헤엄치는 법을 배우지 못한 이 한 사람의 재난 신호, 즉 '난파' 신호를 거의 포착할 수 없었지만, 베냐민은 폭풍우 치는 시기에 안전한 항구에서보다 훨씬 더 잘 확인할 수 있는 선박의 돛대 꼭대기에 있었다.

자유기고 작가 시절의 궁핍한 삶

외부의 관점에서 본다면 그러한 입장은 글로 생계를 유지하는 자유기고 작가의 입장이었다. 그러나 리히너가 유일하게 지적했듯이 베냐민은 '독특한 방식'으로 생계를 유지했다. "그의 저술이 자주 출간된 것도 아니었고, 그가 어느 정도 다른 수입에 의존할 수 있었는가도…… 확실하지 않았기"[60] 때문이다. 리히너의 의심쩍은 생각은 모든 측면에서 정당했다. 그는 이민을 떠나기 전에 "다른 생계수단"을 뜻대로 확보할 수 있었을 뿐만 아니라 비록 지속적으로 위협을 받으면서도 자유기고 작가라는 직함으로 문필가(*homme de lettres*)의 자유로운 삶을 영위했다. 그는 대단한 열정으로 주도면밀하게 책들을 모아서 자신의 주택을 서고로 만들었으나 이를 결코 작업도구로 생각하지는 않았다. 베냐민이 종종 반복하여 주장했듯이 그 서고에는 그가 책들을 읽지 않았다는 사실을 통해 그 진가를 입증할 수 있는 귀중한 책들이 진열되어 있었다. 따라서 그러한 서재는 유용하지도 않으며 어떤 직업에 도움이 되지 않는 것으로 확인되었다. 그러한 형태의 서재는 독일에서는 존재하지 않았으며, 베냐민이 단지 생계를 유지해야 했기 때문에 서재의 존재 덕택에 확보한 직업도 거의 알려지지 않았다. 그러한 직업은 명예를 얻는 데 필요한 묵직한 책을 저술하는 문학사가나 문학자와 같은 직업이 아니라 수필형식도 상당히

---

60) 막스 리히너의 같은 글.

통속적으로 확산되었다고 생각하면서 원고의 분량에 따라 원고료를 받지 못하더라도 경구의 사용을 선호했던 비평가나 수필가의 직업이었다. 그는 자신의 직업적 야망이 독일에서는 존재하지 않는 어떤 것을 향하고 있다는 사실을 확실히 알고 있었다. 독일에서는 리히텐베르크, 레싱, 슐레겔, 하이네, 니체 등이 경구를 사용했음에도 불구하고 사람들은 경구를 결코 높이 평가하지 않았으며, 비평을 통상 신문의 문화면만 장식하는 것, 평판이 좋지 않을 정도로 공격적인 무엇인가로 생각했다. 베냐민이 자신의 직업적 야망을 나타내기 위해 프랑스어를 선택한 것은 우연한 일이 아니었다. "내가 나 자신을 위해 설정한 목표는…… 독일문학 비평의 제일인자가 되는 것이다. 문제는 독일의 문학비평이 50년 이상 중요한 장르로 취급되지 않았다는 점이다. 비평 속에서 자기 자신의 자리를 창조한다는 것은 비평을 하나의 장르로 재생시키는 것을 의미한다."[61]

베냐민은 분명 이러한 직업 선택의 동기를 젊은 시절 프랑스로부터 받은 영향으로 돌렸으며, 자신에게 강한 친근감을 불어넣은 라인강 저편 위대한 이웃 국가의 인접성으로 돌렸다. 그러나 이러한 직업 선택도 실제로 궁핍한 시기와 재정적 고통에 의해 촉진된다는 사실은 훨씬 더 특징적이다. 그가 비록 신중하지는 않지만 자발적으로 준비했던 '직업'을 사회적 범주에서 표현하고 싶다면 우리는 그가 성장하면서 장래에 대한 최초의 계획을 구체화시켰던 빌헬름 시대의 독일로 돌아가야 한다. 따라서 우리는 베냐민이 개인수집가 겸 재야학자(Privatgelehrter)라는 직업 이외에 어떤 것도 준비하지 않았다고 말할 수 있었다. 제1차 세계대전 이전 시작했던 그의 연구는 당시 상황에서 대학교수직에 이르러 단지 끝날 수 있었지만, 기독교로 개종하

---

61) 베냐민, 『서간집』 제2권, 505쪽.

지 않은 유대인은 공직뿐만 아니라 대학교수직을 얻을 수 없었다. 이러한 유대인은 대학교수 자격증을 획득하더라도 기껏해야 무보수의 정원 외 교수직(*Extraordinarius*)을 얻을 수 있었다. 그것은 일정액의 보수를 보증하기보다는 오히려 그러한 수입을 전제로 하는 직위였다. 베냐민이 단지 "내 가족에 대한 고려에서"[62] 취득하기로 결정한 박사 학위와 이후 대학교수 자격증을 획득하려는 노력은 이러한 수입을 마음대로 사용해도 좋다는 가족의 흔쾌한 수락을 얻기 위한 근거로 고려되었다.

이러한 상황은 전쟁 이후 갑자기 바뀌었다. 부르주아 계급의 대다수가 인플레이션으로 궁핍해지고 심지어 파산하기도 했으며, 바이마르 공화국에서 대학교수직은 기독교로 개종하지 않은 유대인들에게도 개방되었다. 대학교수 자격증 획득을 둘러싼 불행한 이야기는 베냐민이 이러한 변화된 상황에 얼마나 신경을 쓰지 않았는가를, 그리고 그가 모든 재정문제에 대해서 전쟁 이전의 관념에 얼마나 강하게 지배되었는가를 명백하게 보여주고 있다. 베냐민은 처음부터 "공식적인 인정의 증명서"[63]를 통해…… 아버지에게 언동을 신중히 하도록 공식적으로 알리려는 의도로, 그리고 아버지가 사회적 지위에 부응하는 충분한 생계비를 당시 이미 30대에 들어선 아들에게 지급해 주기를 바라는 의도로 대학교수 자격증 획득을 고려했기 때문이다. 그는 이미 공산주의자들과 친밀해졌을 때에도 부모와의 오랜 마찰에도 불구하고 자신이 이러한 지원을 받을 자격이 있으며 "생계비를 벌기 위해 일하라"는 가족의 요구가 "말이 되지 않는다"는 것을 결코 의심한 적이 없었다.[64] 아버지는 아들이 대학교수 자격증을 획득하

---

62) 베냐민, 『서간집』 제1권, 216쪽.
63) 베냐민, 『서간집』 제1권, 193쪽.
64) 베냐민, 『서간집』 제1권, 292쪽.

더라도 매달 보내고 있는 지원금을 늘릴 수도 없고 그럴 생각도 없다고 이후 밝혔을 때 베냐민의 모든 계획은 당연하게도 그 기반을 잃어버리게 되었다. 베냐민은 1930년 부모가 사망할 때까지 부모의 집으로 이사함으로써 생계문제를 해결할 수 있었으며, 이곳에서 처음으로 가족(아내와 외아들)과 함께 생활하다가 곧 별거하여 혼자 살았다. (그는 1930년까지 이혼하지 않았다). 분명 그는 이러한 상황에 대해 매우 고통스러워했지만 모든 가능성 속에서 이외의 다른 해결책을 결코 진지하게 고려하지도 않았다. 특이하게도 그는 이러한 만성적인 재정적 어려움에도 불구하고 이 몇 년 동안 자신의 장서를 계속 확장하려고 노력했다. 이러한 사치스러운 열정을 끊으려는 한 번의 시도—다른 사람들이 도박장을 출입하는 것과 마찬가지로 그는 커다란 경매장을 찾았다—와 "긴급한 경우" 장서의 일부를 팔겠다는 결의는 책들을 새롭게 구입함으로써 이러한 결의에 따르는 고통을 없애야 한다는 감정에 압도되어 버렸다.[65] 집안에 재정적으로 의존하는 상황으로부터 벗어나려는 베냐민의 증명 가능한 한 번의 시도도 결국 아버지가 "고서점에서 이득을 얻을 수 있는 자금"을 그에게 즉시 제공하겠다는 제안으로 곧바로 무산되어 버렸다.[66] 베냐민은 이 일을 유일한 돈벌이로 생각했지만 이로부터 아무런 이득도 얻지 못했다.

1920년대의 독일 현실뿐만 아니라 펜으로는 결코 생계를 꾸려나갈 수 없다는 베냐민의 자각이라는 관점에서 볼 때 "최소한으로 벌수 있는 길과 최소한으로 살 수 있는 길은 있지만 양자를 함께 할 수 있는 길은 없다."[67] 따라서 사람들은 베냐민의 전반적인 태도를 용

65) 베냐민, 『서간집』 제1권, 340쪽.
66) 베냐민, 『서간집』 제1권, 292쪽.
67) 베냐민, 『서간집』 제2권, 563쪽.

서할 수 없을 정도로 무책임하다고 생각했을지도 모른다. 그러나 그것은 결코 무책임의 문제만은 아니었다. 부자가 가난해지면 자신의 가난을 믿지 못하고 가난한 사람이 부자가 되면 자신의 부를 믿지 못한다고 가정하는 것이 합당하다. 전자는 자신이 전혀 깨닫지 못한 무모함 때문에 넋을 잃는 것 같으며, 후자는 장차 어떻게 될지 모른다는 오랫동안 머리에 각인된 두려움에 불과한 상처에 사로잡히는 것 같다.

더욱이 베냐민은 재정문제에 대한 태도에서 결코 고립된 입장을 갖고 있지는 않았다. 어떻게 보면 다른 사람들은 그렇게 악화되지는 않았겠지만, 그의 입장은 독일계 유대인들 가운데 지식인의 세대 전체에게 전형적으로 나타나는 것이었다. 그러한 견해의 밑바탕에는 자신들의 성공을 너무 높게 생각하지 않으면서도 자식들이 훨씬 고귀한 것을 지향하기를 바라는 꿈을 가진 성공한 사업가들, 즉 아버지들의 생각이 깔려 있다. 율법이나 탈무드 같은 신의 계율을 "배우는" 사람들이 민중의 참된 엘리트로서 돈을 벌거나 돈벌이를 위해 일하는 그런 비속한 직업에 얽매여서는 안 된다는 주장은 고대 유대 신앙의 세속화된 견해였다. 이와 같은 주장이 이러한 세대에서 부모와 자식 간의 갈등이 없었다고 말하는 것은 아니다. 오히려 이 시대의 문학에는 그러한 갈등으로 가득 차 있으며, 만약 프로이트가 그에게 환자를 제공했던 독일계 유대인 사회와 다른 나라와 언어 속에서 생활하며 연구를 계속했다면 우리는 외디푸스 콤플렉스라는 개념을 접하지 못했을 것이다.[68] 그러나 이러한 갈등은 대개 자식들이 천부적

---

68) 이 문제에 대해 동시대의 어느 누구보다도 현실주의적 입장을 취했던 카프카는 "많은 사람들의 지적 자양물인 아버지 콤플렉스는…… 아버지들의 유대교와 관련된다……." 그들의 아들들이 유대인 지역을 떠나는 것에 대해 "아버지의 막연한 동의(이 막연성은 모욕이었다)와 관련이 있다. 아이들은 뒷발

재능을 지녔다는 주장을 통해 해결되거나 부유한 가정 출신의 수많
은 공산주의자들의 경우 인류의 복지에 기여한다는—어떤 경우 돈
을 버는 것보다 차원 높은 것을 열망한다는—자식들의 주장을 통
해서 해결되는데, 아버지들은 이러한 주장이 생계비를 벌지 않은 데
대한 정당한 변명이라는 것을 더욱 인정하려고 했다. 이러한 주장이
이뤄지지 않거나 인정되지 않는 곳에서 파국은 바로 모퉁이 주변에
서 생겨났다. 베냐민은 대표적인 경우였다. 베냐민의 아버지는 그의
주장을 결코 인정하지 않았고, 부자관계는 더욱 악화되었다. 또 다
른 경우는 카프카였다. 카프카는—그가 정말 천재였기 때문에 그럴
수가 있었다—천재에 대한 주변 환경의 열광적 성벽으로부터 해방
되었고, 결코 천재임을 주장하지도 않았으며, 프라하의 노동자 재해
보험협회에서 평범한 직무를 수행함으로써 재정적으로는 자립했다.
(카프카와 아버지의 관계도 물론 나빴는데, 그것은 다른 이유 때문이었
다.) 카프카는 이러한 지위를 확보하자마자 "자신의 묘지를 만들기
위해 일해야 한다"라고 말하는 명령에 복종하기라도 하듯이 이 지위
에서 "자살을 향한 도움닫기"를 생각했다.[69]

어쨌든 베냐민의 경우에 매달 받는 지원금이 유일한 형태의 수입
이었으며, 그는 부모가 돌아가신 다음에도 이 수당을 받기 위해 많은
일을 준비하고 노력했다. 즉 그는 시온주의자들이 자신들에게 좋은
도움이 된다고 생각할 경우 매달 300마르크를 벌고자 히브리어를 연
구하려고 준비했고, 온갖 매개적 수사를 사용하여 마르크스주의자
들과 거래할 다른 방법이 없을 경우 1,000프랑을 벌고자 변증법적으
로 생각하려고 준비했다. 궁핍했음에도 불구하고 그가 이후 어느 쪽

로는 아버지의 유대교에 아직도 발을 붙였지만, 앞발은 새로운 땅을 찾고 있
다."(카프카, 『서간집』*Briefe*, 337쪽)
69) 같은 책, 35쪽.

도 선택하지 않았다는 사실은 존경할 만한 가치가 있다. 예루살렘 대학에 요청하여 베냐민에게 히브리어 연구기금을 마련해 주려고 열심히 노력한 숄렘이 몇 년간 기다렸던 무한한 인내 역시 그러하다. 물론 어느 누구도 자신이 태어난 유일한 '위치', 문필가의 위치, 시온주의자나 마르크스주의자도 의식하지 못했고 그럴 수 없었던 독특한 전망을 가진 사람들의 입장에서 그를 지원할 마음을 갖지 못했다.

실제로 문필가는 항상 희극 배우의 감정을 가지고 있는 재야학자와 동일하게 인정되기라도 하듯이 그는 오늘날 악의 없는 주변적인 인물이라는 인상을 준다. 언어가 자기 존재에 대한 "일종의 부재 증명"[70]이 될 만큼 프랑스에 친근감을 느꼈던 베냐민은 프랑스 혁명에서 문필가의 예외적인 경력뿐만 아니라 혁명 이후 그의 가문에 대해서도 아마도 알았다. 라루스(Pierre Athanase Larousse)도 문필가로 정의하고 있는 후세의 작가나 문학자(ecriains et litterateurs)와는 달리 이들은 비록 글을 쓰고 출판하는 세계 속에서 살고 있고 무엇보다도 책 속에 묻혀 살고 있었지만 생계유지를 위해 직업적으로 글을 쓰거나 읽으려 하지는 않았다. 전문가나 공무원으로 국가에 봉사하거나 오락이나 교육을 위해 사회에 봉사하는 지식인 계급과 달리 문필가들은 항상 국가와 사회로부터 모두 거리를 유지하려고 했다. 그들의 물질생활은 집필작업을 통해 얻지 않은 수입에 의하여 보장되며, 그들의 지적 태도는 정치적·사회적으로도 통합되는 것에 대한 단호한 거부에 기반을 두고 있었다. 그들은 이러한 이중적 독립에 입각해 우월적인 거드름의 태도를 보였다. 이러한 태도는 인간의 행태에 대한 라 로슈푸코(La Rochefoucauld)의 경멸적인 통찰, 몽테뉴(Michel Eyquem de Montaigne)의 세속적인 지혜, 파스칼 사상의 경구적 성향,

---

70) 베냐민, 『서간집』 제2권, 505쪽.

몽테스키외(Charles Louis de Secondat Montesquieu)의 정치적 성찰의 대담성과 공평성 등을 낳게 했다. 여기에서 18세기의 **문필가들**이 혁명가들이 된 배경의 동기나 19세기와 20세기에 그 후계자들이 한편으로 '교양 있는' 계급, 다른 한편으로 직업 혁명가로 분열된 과정을 논의하는 것은 나의 과제는 아니므로 이러한 역사적 배경만 언급한다. 베냐민의 경우 문화의 요소는 특이한 방식으로 혁명적이고 반동적인 것의 요소와 연결되기 때문이다. 문필가는 이렇게 불운한 형태로 그 물질적 기반을 잃었다고 하더라도 —또는 그렇기 때문에— 마치 이러한 유형의 인물은 추측건대 최종적으로 사라지기 직전에 그 가능성을 다시 한 번 완전한 형태로 보여줄 운명에 있는 것 같았다. 따라서 이러한 인물을 매력 있게 해주는 순수한 정신적 열정은 가능한 한 가장 효과적이며 인상적인 형태로 열리고 확증될 수 있다.

베를린 유대인들의 삶의 방식: 완고함과 자신감

베냐민은 자신이 성장했던 독일제국 시절 독일계 유대인 사회의 환경, 그리고 자신의 가문에 반항할 이유가 분명히 있었으며, **바이마르 공화국** 시절 직업선택을 거부하면서 **바이마르 공화국**에 대한 반항을 정당화할 만한 이유도 갖고 있었다. 베냐민은 『1900년경 베를린의 어린 시절』에서 자신이 살았던 집을 "오랫동안 나를 가두었던 거대한 묘지"로 그리고 있다.[71] 아주 독특하게도 그의 아버지는 미술품 거래상 겸 골동품 애호가였으며, 가정은 부유하고 평범한 동화된 가정이었고, 조부모 가운데 한쪽 가정은 정통파 유대교를 믿었고 다른 쪽 가정은 개혁파 유대교를 믿었다. "어린 시절 나는 베를린 서부 신시가와 구시가 밖을 벗어나지 못했다. 당시 나의 동족은 완고함과

---

71) 베냐민, 『저작집』 제1권, 643쪽.

자신감이 뒤섞인 태도로 이 두 지역에서 살았으며, 이 지역을 유대인 생활권으로 생각하는 일종의 게토로 바꾸었다."[72] 완고함이란 유대인 자신들의 유대인성과 연관되며, 그들은 오직 완고함 때문에 유대인성을 고수했다. 자신감이란 그들이 결국 비유대적 환경에서 조금씩 성취했던 지위 때문에 강화되었다. 이러한 완고함과 강한 자신감은 손님이 오기로 되어 있는 날이면 얼마나 유감없이 발휘되었던가? 이때 집안의 중심인 것 같으며 "그런 의미에서는 신전과 비견되는" 식기 진열장의 내부가 열렸고, "둘러싸여 있는 신상들과 같은 보물들을 전시하는 것이" 가능했다. 이어서 "집의 비장품인 은식기들"이 등장하고, 펼쳐진 식기들은 필요한 수의 10배가 아니라 20배 또는 30배에 달했다. "내가 커피 수저나 식탁용 칼통, 과도용 칼이나 굴을 여는 포크 등의 길고 긴 행렬을 보았을 때 이러한 풍족함의 즐거움은 모든 칼붙이가 그러하듯 초대받은 사람들이 모두 비슷해 보일 수도 있다는 두려움과 대조를 이루었다."[73] 비록 어릴망정 나는 무엇인가가 근본적으로 잘못되었다는 것을 알았다. 가난한 사람들이 있었기 때문일 뿐만 아니라 — ("가난한 사람들, 그들은 내 또래의 부잣집 아이들에게는 거지였다. 가난이 보수를 적게 받는 노동이라는 부끄러운 모습으로 형편없이 내 앞에 처음 나타났을 때 가난에 대한 나의 인식은 크게 진전되었다."[74]) — 내면의 완고함과 외면의 자신감은 어린아이의 발육에 부적당하다는 불안과 자의식으로 가득한 분위기를 만들어내고 있기 때문이다. 이러한 분위기는 베냐민이나 베를린 서부 지역[75] 또는 독일 전역만 그런 것은 아니었다. 카프카는 누이동생의 열

---

72) 베냐민, 『저작집』 제1권, 643쪽.

73) 베냐민, 『저작집』 제1권, 632쪽.

74) 베냐민, 『저작집』 제1권, 632쪽.

75) 베를린의 현대적인 거주 지역.

살 된 아들을 기숙학교로 보내 "부유한 프라하의 유대인들 사이에 특별히 만연되어 어린아이들로부터 떼어놓을 수 없는 특수한 정신상태…… 가련하고 더럽고 음험한 정신상태"로부터 그 아들을 구하라고 누이동생을 설득하는 데 얼마나 열정적으로 노력했는가.[76]

유대계 지식인과 유대인 문제

따라서 연관된 문제는 1870년대 또는 1880년대 이후 제기됐던 이른바 유대인 문제였으며, 당시 독일어권 중유럽에서만 그러한 형태로 존재했다. 오늘날 이러한 문제는 사실상 유럽 유대인의 수난으로 소멸되어 왔고, 이제 망각되고 있다. 물론 우리는 20세기 전반 10년 동안 형성된 사유습관을 지닌 구세대 독일 시온주의자들의 언어에서 종종 이러한 문제를 대면하게 된다. 이를 제외하면 유대인 문제는 유대계 지식인들의 관심사항이었을 뿐 중유럽 유대인들 대부분에게는 관심 밖의 일이었다. 그러나 그것은 지식인들에게는 큰 문제였다. 지식인들의 정신세계에서 어떠한 역할도 하지 않았던 유대인성은 특별할 정도로 그들의 사회생활을 결정했으며, 그들에게 제일순위의 도덕적인 문제로 등장했기 때문이다. 유대인 문제는 이러한 도덕형식에서 카프카의 말로 표현하여 "이러한 세대의 놀랄 만한 내면상태"를 결정했다.[77] 이 문제가 이후 실제로 발생한 것의 정면에 있는 우리에게 아무리 중요하지 않게 보이더라도 여기서 이 문제를 무시할 수 없다. 우리는 이 문제를 무시하고 베냐민, 카프카, 그리고 크라우스를 이해할 수 없기 때문이다. 나는 문제를 단순화하기 위해 당시 언급되고 지속적으로 논의되었던 바로 그 문제 ─ 골드슈타인(Moritz Goldstein)이 저

---

76) 앞의 책, 339쪽.
77) 같은 책, 337쪽.

명한 잡지인 『예술 지킴이』(*Der Kunstwart*)에 게재했을 때 엄청난 선풍을 일으켰던 논문 「독일계 유대인 문단」(Deutsch-jüdischer Parnass)에서 제기된 문제─를 언급할 것이다.

골드슈타인에 따르면 유대계 지식인들에게 나타나는 이 문제는 비유대적 환경과 동화된 유대인 사회라는 이중의 측면을 지닌다. 이 문제는 그의 입장에서 볼 때 해결될 수 없었다. 비유대적 환경과 연관시켜 보면 "유대인들은 우리의 권리와 그 실천능력을 인정하지 않는 국민의 지적 재산을 관리하고 있다." 더 나아가 "우리 반대자들의 논의의 불합리성을 제시하고 그들의 적의가 근거 없음을 증명하기란 쉽다. 그러나 우리가 이것으로 무엇을 얻을 것인가? 그들의 증오가 **순수하다**는 것뿐이다. 모든 중상이 사라지고 모든 곡해가 밝혀지며 우리에 대한 모든 잘못된 판단이 거부될 때도 반감은 반박할 수 없는 어떤 것으로 남아 있을 것이다. 이런 사실을 깨닫지 못하는 사람은 어느 누구도 구원받지 못한다." 이를 깨닫지 못하는 것은 유대인 사회를 참기 어렵다고 느끼게 하는 원인이다. 따라서 유대인 사회의 대표자들은 한편으로는 유대인으로 남기를 원하지만 다른 일부는 자신들의 유대인성을 인정하고 싶어하지 않는다. "우리는 그들이 피하고 있는 문제를 공개적으로 되풀이하여 그들에게 주입시킬 것이다. 우리는 그들에게 자신들의 유대인성을 고백하게 하거나 그들을 세례 받도록 해야 한다." 그러나 이런 일이 성공하더라도, 또는 이러한 환경의 허위성이 폭로되고 이를 피한다고 하더라도 우리는 이를 통해 무엇을 얻을 수 있겠는가? "현대 히브리 문학의 도약"은 당대의 세대에는 불가능한 일이었다. "우리와 독일의 관계는 짝사랑의 관계다. 우리 가슴에서 사랑이 우러나오게끔 사나이답자……. 나는 우리가 분명히 하고 싶은 것을 언급하고 있다. 나는 또한 우리가 왜 그 것을 바랄 수 없는가를 말해왔다. 내 의도는 문제를 지적하는 데 있다. 내가 그 해결책을 알지 못한다는 것은 나의 책임은 아니다." (골드슈타인 씨는 6년 후 『포시쉐 신문』*Vossische Zeitung*[78])의 문화면 편집자가 되었을 때 이 문제를 해결했다. 그밖에 그가 할 수 있는 것은 무엇인가?)

사람들은 다음과 같은 발언을 통해 골드슈타인을 무시할 수 있었다. 만약 사람들은 훨씬 더 진지한 수준에서 유대인 문제에 관한 비슷한 공식적 표현과 그 문제의 해결 불가능성에 관한 동일한 고백을 카프카의 작품에서 대면하지 못했다면 골드슈타인은 베냐민이 다른 맥락에서 언급한 "시온주의 이데올로기뿐만 아니라 **저속한** 반유대주의 이데올로기의 중요한 부분"[79]을 단순히 재생산했을 것이다. 카프카는 독일계 유대인 작가들에 관한 내용을 담고 있는 브로트(Max Brod)[80]에게 보낸 편지에서 다음과 같이 말하고 있다. 유대인 문제 또는 "그것으로 인한 절망은 유대인 작가들의 영감이었다. 그 영감은 어느 다른 것과 마찬가지로 존중할 만하지만 자세히 검토해 보면 낙담스러운 독특성으로 가득 차 있다. 하나는 그들의 절망이 발산한 결과가 외적으로 나타나는 독일 문학일 수는 없었다. 유대인 문제는 실제로 독일 문제가 아니었기 때문이다. 따라서 유대인 작가들은 "세 가지 불가능성 속에서" 살았다. 그들은 글을 씀으로서만 자신들의 영감으로부터 벗어날 수 있었으므로 "글을 쓰지 않는 것은 불가

---

78) 1721년 창간되어 1934년 폐간된 자유주의 색채의 독일 신문이다. 뤼디거(Rüdiger)가 신문을 창간했고, 그의 사후 보스(C.F. Voss)가 인수했으며, 이 신문의 명칭은 그 이름에서 비롯되었다. 레싱도 '보스 아주머니'라는 면의 편집을 맡은 적이 있다.

79) 베냐민, 『저작집』 제1권, 152-153쪽.

80) 1884년 프라하에서 태어나 1968년 사망한 이스라엘 작가이며 작곡가이다. 그는 역사소설로 유명하며 카프카의 평생 친구였고 탁월한 카프카 전기를 집필했다.

능했다." 카프카는 그들의 독일어 사용을 외국 재산의 명시적이거나 묵시적인 탈취 또는 자학적 탈취로 생각했기 때문에 "독일어로 글을 쓸 수 없었다." 이러한 외국 재산은 획득되는 게 아니라 도용되고, (상대적으로) 신속히 습득되는 것으로서, 단 한 개의 언어적 오류가 지적되지 않는다고 하더라도 어느 누군가의 소유물로 존재할 뿐이다. 끝으로 다른 언어는 이용할 수 없기 때문에 "다르게 쓰는 것은 불가능하다." 카프카는 결론적으로 말한다. "우리는 제4의 불가능성으로 쓰기의 불가능성을 덧붙일 수도 있다. 이런 절망은 쓰는 것을 통해 완화될 수 있는 것은 아니었기 때문이다."—그것은 인간들이 감내하는 것을 말하도록 신이 보낸 시인에게 정상적인 것이다. 오히려 절망은 여기서 "삶과 글쓰기의 적이다. 여기서 쓴다는 것은 다만 문제 해결을 늦추는 데 지나지 않는다. 그것은 마치 스스로 목을 매달려는 사람이 마지막 유언을 쓰는 것과 같기 때문이다."[81]

카프카의 입장이 잘못되었다는 주장, 그리고 금세기에 가장 순수한 독일어 산문으로 쓰인 그 자신의 작품이 그의 견해에 대한 최선의 반박임을 논증한다는 것은 쉬운 일이다. 그러나 그러한 논증은 멋없는 것은 차치하더라도 카프카 자신이 충분히 알고 있었던 것보다 훨씬 더 피상적인 것에 지나지 않는다. —그는 한때 일기에 다음과 같이 기록하고 있다. "내가 무심결에 한 문장을 쓰더라도 그것은 이미 완벽한 문장이다."[82] —그는 이디시어식의 독일어로 말하는 마우셸른(Mauscheln)[83]이 유대인이든 비유대인이든 독일어를 쓰는 모든 사람들에 의해 경멸당하고 있지만, 많은 독일 방언들 가운데 하나라는

81) 같은 책, 336-338쪽.
82) 카프카, 『일기』(Tagebücher), 42쪽.
83) 이 용어는 히브리어 'Moscheh'(Moses)에서 유래되며 유대인(Jude)의 별칭이다-옮긴이.

점에서 독일어에서 정당한 위치를 차지하고 있다는 사실을 알고 있는 유일한 사람이었다. 그는 "독일어 속에는 방언들과 그밖의 고도로 개인적인 고지(高地) 독일어만이 실제로 살아 있는 말이다"라고 올바르게 생각했기 때문에 **마우셸른** 또는 이디시 말[84]에서 고지 독일어로 옮겨진 것은 저지 독일어 또는 서남 독일어에서 고지 독일어로 옮겨진 것과 마찬가지로 당연히 정통적인 것이었다. 우리가 카프카를 그렇게 매료시켰던 유대인 배우들에 관한 그의 발언을 읽어보면 그를 매혹시킨 것은 특수한 유대적 요소라기보다는 오히려 언어와 몸놀림의 생동감이었다.

우리는 오늘날 이러한 문제들을 이해하거나 진지하게 고려하는 데 약간의 어려움을 겪는다. 특히 이러한 문제들을 반유대적 환경에 대한 단순한 반발, 따라서 자기혐오에 대한 하나의 표현으로 잘못 해석하거나 무시하는 것은 아주 매력적이기 때문이다. 그러나 카프카, 크라우스, 베냐민과 같이 높은 도덕성과 지성을 갖춘 사람들을 대우할 경우 더 이상의 잘못을 저지를 수는 없다. 그들의 비판에 통렬한 날카로움을 제공한 것은 반유대주의 그 자체가 아니라 유대인 중간계급의 반유대주의에 대한 반발이었다. 지식인들은 이 중간계급과 결코 일체감을 갖고 있지 않았다. 여기서는 지식인들이 거의 접촉하지 않는 유대인 관리의 종종 품위 없는 변명적 태도가 문제가 아니라 오히려 넓게 퍼져 있는 반유대주의에 대한 거짓된 부정, 유대계 부르주아지가 온갖 자기기만 장치로 극화시킨 실재로부터의 고립이 문제였다. 이러한 고립에는 적어도 카프카의 경우 유대인 주민들, 이른바 **오스트유덴**(*Ostjuden*, 동유럽 출신 유대인)을 종종 적대적으로 항상 오

---

84) 독일어에 슬라브어와 히브리 말이 섞인 말이며, 히브리 문자로 쓴다. 유럽 유대인 사이에 통용되고 있다–옮긴이.

만하게 분리하는 것이 포함되었다. 사람들은 잘 알고 있음에도 불구하고 반유대주의를 동유럽 유대인의 탓으로 돌렸다. 이런 모든 것의 결정적인 요소는 이러한 계급의 부(富)가 초래한 현실감 상실이었다. 카프카는 이렇게 쓰고 있다. "가난한 사람들 사이에서 세계는 노동생활을 어떤 의미에서 불가피하게 움막에 들어가게 하고…… 잘 꾸며진 가정방을 답답하게 하며 더럽히고 어린아이를 불편하게 하도록 허용하지 않는다."[85] 현실세계 속에서 살기 위한 투쟁, 예컨대 (1922년에) 라테나우(Walter Rathenau)의 살해에 대비하기 위한 투쟁은 진행되었다. 카프카는 사람들이 그렇게 오랫동안 그를 살아 있게 한 것에 대해 이해할 수 없었다."[86] 문제가 단순히 또는 일차적으로 가정으로부터 탈피함으로써 극복할 수 있었던 세대 갈등으로 결코 드러나지 않았다는 사실은 결국 문제를 악화시키는 데 결정적인 요인으로 작용했다. 극소수의 독일계 유대인 작가들에게만 이러한 방식으로 나타났다. 이들은 이미 잊혔지만 그 외의 다른 모든 사람들에 의해 한때 포위되었거나 후손들이 누가 누구인지의 문제를 해결한 오늘날에 이르러 오로지 자신들과 다른 사람을 명료하게 구분할 수 있다. (베냐민은 이렇게 쓰고 있다. "그들의 정치적 기능은 당이 아닌 파벌을 세우는 것이며, 그들의 문학적 기능은 유파가 아닌 유행을 만들어 내는 것이고, 그들의 경제적 기능은 생산자가 아닌 중개인을 배출하는 것이다. 중개인이나 숙련자는 자신들의 빈곤문제를 해결하는 데 엄청난 낭비를 하며 텅 빈 공간에서 야단법석을 떤다. 사람들은 불편한 상황 속에서 보다 편안하게 지낼 수는 없다."[87]) 앞서 언급한 편지에서 이러한

---

85) 카프카, 『서간집』, 347쪽.

86) 같은 책, 378쪽.

87) 베냐민은 1934년 파리에서 행한 강연, 즉 「제작자로서의 작가」(Der Autor als Produzent)에서 좌파 지식인에 관한 초기의 논문을 인용하고 있다. 『브레히트

상황을 "언어적 불가능성"을 통해 증명했던 카프카는 이러한 불가능성이 "전혀 다른 형태로 불리고 있다"고 지적하면서 사실상 고지 독일어(표준 독일어)에서 프롤레타리아의 방언과 상류계급의 타당한 산문 사이에 존재하는 "언어적 중간계급"을 언급하고 있다. 그것은 부지런히 뒤적이는 분주한 유대인 손을 통해서만 생명과 비슷한 것을 얻을 수 있는 타고 남은 재일 뿐이다. 우리는 유대계 지식인의 압도적 다수가 이 "중간계급"에 속한다고 덧붙여 말할 필요는 거의 없다. 카프카에 따르면 그들은 "독일계 유대인 문학의 지옥"을 구성했으며, 크라우스는 "자신이 징벌을 받는 사람들 가운데 지옥에 얼마나 많이 속하고 있는가"를 깨닫지 못한 채 이 지옥에서 "위대한 감독관과 교사"[88]로서 영향력을 행사했다. 이런 일도 비유대적 입장에서 본다면 전혀 다르게 보일 수 있다는 점은 브레히트가 크라우스에 관해 언급한 것을 베냐민의 에세이들 가운데 하나에서 읽게 될 때 명료해진다. 브레히트는 이렇게 말했다. "시대는 자신의 손으로 스스로 파멸했을 때 그것은 바로 그 손이었다."[89]

그 세대에 속하는 유대인들의 경우(카프카나 골드슈타인은 베냐민보다 열 살쯤 더 나이가 많았을 뿐이다) 유효한 반역형태는 시온주의와 공산주의였다. 그들의 아버지들이 종종 공산주의 반역보다 시온주의 반역을 더 신랄하게 비난했음은 주목할 만한 일이다. 공산주의와 시온주의는 모두 환상에서 현실로, 허위와 자기기만에서 성실한

에 관한 시론』(*Versuche über Brecht*) 109쪽 참조.

88) 브로트(Max Brod), 『프란츠 카프카의 종교와 교육』(*Franz Kafka Glauben und Lehre*, Winterthur, 1948)에서 인용.

89) 베냐민, 『저작집』 제2권, 174쪽.
　　독일어 원문은 다음과 같다. "*Als das Zeitalter Hand an sich legte, war er diese Hand.*" 'Hand an sich legen'은 '자살하다'를 의미한다―옮긴이.

생활로 이동하는 도피수단이었다. 그러나 이것은 회고해보면 그렇게 보일 뿐이다. 베냐민이 먼저 시온주의를 반쯤 수용하고 나서 기본적으로 똑같이 공산주의를 반쯤 수용했을 때 두 이데올로기는 최대한의 적의를 품고서 대립하게 되었다. 공산주의자들은 시온주의자들을 유대적 파시스트들이라고 비난했으며,[90] 시온주의자들은 젊은 유대인 공산주의자들을 "붉은 암살자들"이라고 불렀다. 베냐민은 뚜렷하고도 독특한 방식으로 오랫동안 양쪽 길을 열어놓고 있었다. 그는 마르크스주의자가 된 이후에도 팔레스타인으로 향하는 길을 계속해서 염두에 두었으며, 마르크스주의로 기울어진 친구들, 특히 이러한 유대인들의 의견에 조금도 동요되지 않았다. 이것은 두 이데올로기의 어떤 긍정적 측면도 그의 관심을 별로 끌지 못했다는 것을 명백히 보여주고 있으며, 두 경우에 그에게 문제가 되었던 것이 현존하는 조건들, 즉 부르주아적 환상이나 비진정성, 학계뿐만 아니라 문단 밖의 입장에 대한 비판의 "부정적" 요소였다는 것을 분명히 보여주고 있다. 그는 아주 젊은 시절에 이와 같이 근본적으로 비판적인 태도를 취했는데, 이때 이러한 태도가 자신을 어떠한 고독과 고립상태로 가게 할 것인가에 대해서는 아마도 의심하지 않았던 것 같다. 따라서 우리는 외교문제에서 독일을 대표한다고 주장하는 라테나우, 그리고 독일의 정신문제와 관련하여 비슷한 주장을 한 보르샤르트(Rudolf Borchardt)가 공통으로 "속이려는 마음", 즉 "객관적인 허위"를 지니고 있었다는 점을 1918년 쓰인 편지로 확인했다.[91] 어느 쪽도 자신들의 저작을 통해 대의 — 보르샤르트의 경우 국민의 정신적 · 언어적 자산, 라테나우의 경우 국민 — 에 봉사하는 것을 원하지 않

---

90) 이를테면 브레히트는 베냐민에게 그의 카프카론이 유대적 파시즘에 도움과 위안을 주었다고 말했다. 『브레히트에 관한 시론』, 123쪽 참조.

91) 베냐민, 『서간집』 제1권, 189쪽 이하.

고 오히려 자신들의 저작과 재능을 "힘에의 절대적 의지에 봉사하는 최상의 수단"으로 사용했다. 이밖에도 출세와 사회적 지위를 위해 자신의 재능을 쓰고 있는 문학자도 있다. "매춘이 단순한 섹스의 지시에 따라 생활하는 것이듯이 문학자가 된다는 것은 마치 다만 지성의 지시에 따라 생활하는 것이다.[92] 마치 매춘부가 성애(性愛)를 배신하듯 문학자도 정신을 배신한다. 유대인 가운데 가장 훌륭했던 사람들이 문학계의 동료들을 용서할 수 없었던 것은 이러한 정신에 대한 배반이었다. 베냐민은 5년 뒤 ─ 라테나우 암살 1년 뒤 ─ 같은 어조로 그의 가까운 독일 친구에게 다음과 같은 내용의 편지를 보냈다. "……오늘날 유대인들은 자신들이 공식적으로 옹호하는 최선의 독일적 대의마저 파괴하고 있다. 그들의 공식적인 진술은 필연적으로 (깊은 의미에서) 타산적이며 자체의 진정성을 입증시킬 수 없기 때문이다."[93] 이어서 그는 다음과 같이 언급하고 있다. "공개적으로 작동되는 독일인과 유대인의 관계와 관련한 모든 것이 해악을 야기하지만" "독일인과 유대인 사이의 사적인, 거의 은밀한 관계"만 정당화되었다. 이러한 말 속에는 많은 진리가 포함되어 있다. 당시 유대인 문제라는 관점에서 쓰였던 이러한 말들은 한 시대의 어두움을 알려주는 증거다. 사람들은 이러한 시대 "공적인 빛이 모든 것을 어둡게 한다"(하이데거)라는 주장을 정당하게 말할 수 있었다.

일찍이 1913년에 베냐민은 양친의 가정과 독일계 유대인의 문학 생활에 대한 이중의 반역이라는 의미에서 시온주의 입장을 "하나의 가능성으로, 그래서 아마도 필요한 약속으로" 생각했다.[94] 2년 후 베냐민은 숄렘을 만나게 되는데, 그에게서 처음으로 그리고 유일하게

---

92) 베냐민, 『저작집』 제2권, 179쪽.
93) 베냐민, 『서간집』 제1권, 310쪽.
94) 베냐민, 『서간집』 제1권, 44쪽.

"살아 있는 유대주의"를 발견했다. 거의 20년에 걸쳐 지속되었던 기묘하고도 끝없는 팔레스타인 이주에 관한 생각은 숄렘과의 만남 직후부터 시작되었다. 1919년 베냐민은 다음과 같이 기록하고 있다. "나는 결코 불가능하지 않은 여러 조건 아래서 결코 결정하지는 않았지만〔팔레스타인으로 갈〕준비를 하고 있다. 이곳 오스트리아의 유대인들(돈벌이를 하지 않는 훌륭한 유대인들)은 그 이외의 것에 대해 이야기하지 않는다."[95] 동시에 그는 그런 계획을 일종의 "폭력 행위"[96]로 간주했다. 그것은 결국 필연적이지 않을 경우 실현 불가능하기 때문이다. 그러한 경제적·정치적 필요성이 생겨날 때마다 그는 그 계획을 재고하면서도 실행하지는 않았다. 그가 시온주의 환경에서 성장한 아내와 헤어진 다음에도 계속해서 이 문제를 진지하게 생각했다고 말하기는 어렵다. 그러나 그는 분명히 파리 망명 시절에도 "내 연구에서 다소나마 명확한 결론을 내린 다음 조만간 10월 또는 11월 예루살렘으로" 갈지도 모른다고 밝혔다.[97] 그가 시온주의와 마르크스주의를 오락가락 왔다갔다 했듯이 편지에서 우유부단함을 보인 것은 진실로 그의 통렬한 통찰에 기인하는 것 같다. 그는 모든 해결책이 객관적으로 허구적이며, 실재와 어울리지 않을 뿐만 아니라 자신을 개인적으로 구원의 거짓말(모스크바의 구원이든 예루살렘의 구원이든)로 인도할 것이라고 예리하게 파악했다. 베냐민은 자신이 자기 입장에 대한 적극적인 인식 기회를 스스로 자제한다고 생각했다. 그의 입장은 "이미 가라앉은 돛대 꼭대기에 있거나 생전에는 죽었지만 폐허 가운데 진정한 생존자"와 같다. 그는 현실과 일치하는 절망적 상황 속에서 이미 자리를 잡았다. 그는 당시 살아 있는 사람들이 "변

---

95) 베냐민, 『서간집』 제1권, 222쪽.
96) 베냐민, 『서간집』 제1권, 208쪽.
97) 베냐민, 『서간집』 제2권, 655쪽.

성 알코올같이…… 섭취하기 부적합할 수도 있는데 이러한 위험을 무릅쓰고" 자기 작품의 성질을 "바꾸려고" 하지만 훗날을 위해 더욱더 믿을 수 있게 보존할 기회를 얻고자 이 상황 속에 있기를 원했다.

그 세대에서 유대인 문제의 해결을 불가능하게 만드는 것은 그들이 독일어를 쓰고 말하는 데 있는 것도 아니었으며, 그들의 생산공장이 유럽에 있다는 사실 — 베냐민의 경우 베를린 서지구와 파리에서 "환상을 가질 만한 아무런 것"도 없었다[98] — 에 있는 것도 아니었다. 결정적인 것은 이들이 유대민족의 지위나 유대교로 "복귀하려는" 의사를 갖지 않았다는 데 있으며, 또 그렇게 되기를 바랄 수도 없었다는 데 있다. 그들이 '진보'와 반유대주의의 자동적 소멸을 믿고 있었기 때문이 아니며, 또한 그들이 지나치게 '동화'되거나 유대인 유산으로부터 지나치게 소외되었기 때문도 아니었다. 그 이유는 모든 전통과 문화뿐만 아니라 모든 '소유물'이 그들에게는 회의적이었기 때문이다. 시온주의자들이 제안한 유대교회로의 '복귀'를 잘못 생각한 것도 그런 이유에서였다. 그들은 모두 한때 카프카가 유대민족의 일원이었음에 대해 말했을 것이다. "……나의 민족, 만약 내가 그 한 사람이었다면."[99]

확실히 유대인 문제가 이 세대의 유대인 작가들에게는 매우 중요한 것이었으며, 그들이 쓴 거의 모든 글 속에 아주 뚜렷하게 드러나는 개인적 절망의 상당부분을 설명하고 있다. 그러나 유대인 작가들 가운데 가장 탁월한 사람들은 자신들의 개인적 갈등으로 훨씬 더 일반적이고 근본적인 문제, 즉 서양 전통 전체의 적실성에 대한 회의에 관심을 갖게 되었다. 하나의 교의로서 마르크스주의뿐만 아니라 공

---

98) 베냐민, 『서간집』 제2권, 531쪽.
99) 카프카, 『서간집』, 183쪽.

산주의 혁명운동도 그들에게 강한 영향을 미쳤다. 마르크스주의는 현재의 사회적·정치적 상황에 대한 비판 이상의 의미를 담고 있으며 정치적·정신적 전통의 전체를 고려하고 있기 때문이었다. 숄렘이 비록 전통문제를 정확히 의식하지 못한 채 친구인 베냐민에게 보낸 편지에서 정확히 언급한 바와 같이 이 문제는 베냐민의 경우 하여튼 결정적이었다. 숄렘은 이 편지에서 마르크스주의에 기초한 베냐민의 사유방식이 초래할 위험에 대해 베냐민에게 환기시키면서 베냐민이 "하만(Hamann)이나 훔볼트(Humboldt) 같은 사람들의 가장 풍부하고 가장 순수한 전통을 정당하게 계승하려는 사람"이 될 수 있는 기회를 잃어버릴 위험에 처해 있다고 쓰고 있다.[100] 숄렘은 "베냐민이 지닌 통찰력의 도덕성"에 호소하면서도 과거로의 복귀나 과거의 계승이 베냐민에게는 배제될 수밖에 없는 바로 그것이라는 것을 이해하지 못했다.[101]

위험을 무릅쓰고 이 시대에 가장 많이 공격받기 쉬운 위치로 뛰어들어 고립이라는 충분한 대가를 치른 소수의 사람들이 적어도 자신을 새로운 시대의 선구자로 생각한다고 믿는 것은 매력적인 것 같으며, 실제로 위안을 주는 생각일 것이다. 그러나 사실은 그렇지 않았다. 베냐민은 크라우스에 관한 연구에서 이 문제를 다루고 있다. 크라우스는 "새로운 시대의 입구에" 서 있는가? "슬프지만 결코 그렇지 않다. 그는 최후의 심판 입구에 서 있다."[102] 사실 뒷날 "새로운 시대"의 거장이 된 사람들은 모두 이 입구에 서 있었다. 그들은 새로운

---

100) 베냐민, 『저작집』 제2권, 526쪽.

101) 피에르 미삭은 앞에서 언급한 논문에서 다음과 같이 쓰고 있다. "〔하만이나 훔볼트의 계승자가 되는〕 성공의 가치를 과소평가하지 않은 채 베냐민이 마르크스주의에서 탈출하는 수단을 찾고 있었다고 볼 수 있다."

102) 베냐민, 『서간집』 제2권, 174쪽.

시대의 여명을 기본적으로 쇠퇴하는 것으로 보았으며, 이 쇠퇴로 이끌어 가는 전통과 더불어 역사를 폐허의 장소로 보았다.[103] 이런 생각을 가장 명확하게 밝힌 사람은 「역사철학 테제」를 쓴 베냐민이었다. 특히 그는 1935년 파리에서 보낸 편지에서 이 점을 다음과 같이 가장 솔직하게 밝히고 있다. "나는 세계의 이러한 현상을 억지로 알려 하지 않는다. 이 지구상에는 지금까지 수없는 문명이 유혈과 공포 속에서 멸망하고 있다. 당연하게도 우리는 언젠가 유혈과 공포가 사라진 문명을 갖게 될 날을 이 지구를 위해 기도하지 않으면 안 된다. 사실 나는…… 우리의 지구가 그것을 기다리고 있다고 믿고 싶다. 그러나 **우리**가 100만 번째 또는 400만 번째의 생일잔치까지 이러한 선물을 가져올 수 있을지는 매우 의심스럽다. 그리고 만약 우리가 그렇

---

103) 브레히트의 시 「불쌍한 B. B.에 대하여」를 즉시 연상시킨다. "이들 도시 중 남는 것은 도시로부터 불어오는 바람/ 집안은 잔치의 기쁨. 그는 깨끗이 치워 버린다./ 우리는 안다. 우리는 흘러가 버리는 자이고 우리를 따를 자가 있음을/ 여기에 대해 말할 가치는 없는 것." *The Manual of Piety*(New York, 1966). "그대"(He)라는 제목 아래 "1920년 노트"에 수록되어 있는 카프카의 두드러진 경구는 역시 지적할 만한 가치가 있다. "그에게 나타나는 모든 것은 특별히 새로운 것이고, 새로운 것은 풍족할 수 없는 것이기 때문에 풋냄새가 나며, 사실상 찾을 수 없는 것이고, 역사적인 것이 되지 못하며, 세대를 잇는 사슬을 뿔뿔이 깨버려서 지금까지 그 모든 심연 속에서 적어도 신성화될 수 있었던 세계의 조화를 처음 부숴 버리는 것처럼 보인다. 때로는 자부심 속에서 그 자신보다는 세계에 대해 고민한다." 또한 이러한 분위기의 선각자는 보들레르였다. "세계는 끝나가고 있다. 세계가 존속할 수 있는" 유일한 이유는 그 이유가 존재하고 있기 때문이다. 이 이유는 그 반대를 보여주는 모든 이유들과 비교해 볼 때 얼마나 약한가. 특히 세계는 금후 어떤 일을 해야 하는가라는 이유에 비춰볼 때…… 나는 자신 속에서 때때로 예언자의 장난기가 있음을 느끼지만, 의사의 자비심 따위는 전혀 갖고 있지 않음을 알고 있다. 나는 피로에 지친 사람처럼 이 더러운 세상에 버려져서 대중에 밀침을 당하며 눈은 등 뒤의 깊은 과거 속에서 실망과 고뇌를 바라보며, 눈앞에는 아무런 신선함도 없고 교훈도 고통도 없는 폭풍을 바라볼 뿐이다." 『내면의 일기』(*Pléiade edition*), 1195-97쪽.

게 하지 못한다면 지구는 마침내 우리에게 최후의 심판[104]을 내림으로써 생각이 깊지 못한 우리를 벌 줄 것이다."[105]

그런데 이런 점에서 지난 30년 동안 새로운 것이라고 부를 만한 것은 거의 나타나지 않았다.

진주조개 채취 잠수부

다섯 길 물 속에 그대의 아버님이 누워 계셨다네.
당신의 뼈들은 산호가 되고
당신의 눈은 진주가 되었다네.
당신의 육신은 사라지지 않고
귀중하고 신비한 것으로
완전히 변했다네.
─『템페스트』, 제1막 2장

전통 붕괴의 시대 과거의 전달 가능성

과거가 전통으로 전해지는 한 그것은 권위를 지닌다. 권위가 역사적으로 나타나는 한 그것은 전통이 된다. 발터 베냐민은 그의 생애 속에서 일어난 전통의 파산과 권위의 상실이 회복 불가능하다는 것을 알고 과거를 다루는 새로운 방법을 찾아내야 한다고 결론지었다. 그는 과거의 전달 가능성이 인용 가능성에 의해 대체되었으며 과거의 권위 대신 서서히 현재에 정착하면서 현재로부터 "마음의 평화",

---

104) Weltgericht(최후의 심판)는 Gericht(심판; 접시)의 이중 의미로 사용된다. (번역자 각주). 여기에서 번역자는 아렌트 자신이다─옮긴이.
105) 베냐민, 『서간집』 제2권, 698쪽.

즉 현상에 만족하는 무심한 평화를 빼앗아 내는 이상한 힘이 일어나고 있음을 발견했다. 이때 그는 과거를 다루는 새로운 방법의 거장이 되었다. "내 작품 속의 인용문은 무기를 들고 공격해서 게으른 자의 확신을 뺏는 노상강도와 같다."[106] 베냐민은 인용문의 현대적 기능을 크라우스를 통해 증명했는데, 이러한 기능의 발견은 절망에서 이루어졌다. 그 절망은 토크빌(Tocqueville)의 경우처럼 "미래에 빛을 밝혀주기를" 거부하고 사람들의 정신을 "어둠 속에서 방황하게" 하는 과거에 대한 절망이 아니라 현재에 대한 절망과 현재를 파괴하려는 욕망에서 나온다. 따라서 인용문의 힘은 보존하려는 것이 아니라 정화하는 힘이며, 맥락에서 벗어나고 파괴하는 힘이다.[107] 그러나 이러한 파괴력을 발견하고 사랑하는 사람들도 원래는 전혀 다른 의도, 보존하려는 의도에 의해 영감을 받았다. 그들은 자신들 주변의 전문적인 "보존가들"에 의해 바보가 되는 것을 방관하지 않았기 때문에 그들은 "인용문의 파괴력이 이 시대부터 무엇인가 생존할 것이라는 희망——사람들이 인용문의 파괴력을 이 시대에서 제거했기 때문에——을 여전히 담고 있는 유일한 것이었다"는 것을 결국 발견했다. 이러한 형태의 "사유의 편린"에서 인용문은 "초월적 힘"으로 표현의 흐름에 개입하고[108] 동시에 표현된 것을 자체 내에 집중시키는 이중적 역할을 담당하고 있다. 베냐민의 저작에서 중요한 비중을 차지하는 인용문은 중세 시대의 논문에서 논쟁의 내재적 일관성을 종종 대체하는 매우 상이한 성서의 인용문과 오직 비교될 수 있었다.

나는 수집(하기)이 베냐민의 중요한 열정이었다고 이미 말해왔다. 수집 취미는 처음에 자신의 표현대로 "장서벽"(藏書癖, bibliomania)

---

106) 베냐민, 『저작집』 제1권, 571쪽.

107) 베냐민, 『저작집』 제2권, 192쪽.

108) 베냐민, 『저작집』 제1권, 142-143쪽.

으로 시작하여 이후 곧 훨씬 더 특징적인 것으로 확대되었다. (그는 책 수집을 결코 중단하지 않았다. 그는 프랑스의 항복 직전 자신의 편집으로 당시 5권으로 출간되었던 카프카 저작집을 카프카의 초기 작품의 초판본 몇 권과 바꾸려고 진지하게 고려했다. 이러한 일은 장서가가 아닌 사람에게는 이해하기 힘들었다.) "서재를 마련하려는 내적인 요구"[109]는 베냐민이 "다시 한 번 전통을 구하려는 최후의 운동"[110]으로서 낭만주의 연구를 착수했을 때인 1916년경에 나타났다. 베냐민은 훨씬 이후 전통에 대한 신념과 세계의 파괴 불가능성에 대한 신념을 이미 상실했던 때까지 어떠한 파괴력이 후계자들과 후손들에게 아주 특징적인 과거에 대한 열정에 여전히 작동하고 있다는 것을 알지 못했다. (이 문제에 관해서는 곧 논의할 것이다.) 숄렘으로부터 영향을 받았던 당시에 베냐민은 전통과의 소외가 아마도 자신의 유대인성에 기인한다고 여전히 믿었으며, 예루살렘으로 이주하려는 친구들뿐만 아니라 자신에게도 복귀하는 길이 존재할 수 있다고 여전히 믿었다. (그는 재정적 곤란으로 괴로움을 겪지 않았던 1920년에 이미 히브리어를 배우려고 했다.) 그는 카프카처럼 이러한 길을 멀리 가지는 않았다. 그런데 카프카는 온갖 노력을 기울인 이후 부버(Buber)[111]가 현대적 사용을 위해 마련한 "하시드 유대주의"[112]식의

---

109) 베냐민, 『서간집』 제1권, 193쪽.

110) 베냐민, 『서간집』 제1권, 138쪽.

111) 오스트리아계 유대 철학자(1878-1965)이며, 그의 저작들은 종교의식, 개인 상호간의 관계, 그리고 공동체의 일신론적 이상에 초점을 두고 있다. 그의 환기적이고 시적인 저술 양식은 그의 저작에서 주요 주제들을 부각시키고 있다. 예컨대 경건주의적 이야기들, 성서적 논평, 그리고 형이상학적 대화 등이다-옮긴이.

112) 히브리어 'Hasidus'는 '경건'을 의미한다. 경건주의적 유대주의는 18세기 동유럽(현재 벨라루스와 우크라이나)에서 발생했으며, 신의 정신적 연결자로서 랍비의 역할을 강조하는 경향이 있는 정통 유대종교운동의 한 유형이다.

이야기 —나는 부지중에 다른 모든 것에 빠졌으며, 틈으로 불어오는 다른 바람은 나를 다시 멀리 보낸다—를 제외하고 유대적인 것이 자신에게 쓸모없다고 과감하게 말했다.[113] 그렇다면 베냐민은 모든 의문에도 불구하고 독일 또는 유럽의 과거로 돌아가서 그 문학의 전통을 구제하려 한 것인가?

베냐민이 마르크스주의로 전향하기 전인 1920년대 초 자신에게 제시된 문제는 이러한 형태로 나타났다. 이 무렵 그는 독일 바로크 시대를 대학교수 자격 논문의 주제로 선택했다. 이 선택은 전체적으로 미해결된 이러한 문제들의 이중성을 매우 특징적으로 드러내고 있다. 독일 문학과 시의 전통에서 바로크는 그 시대의 위대한 교회 합창곡을 제외할 경우 사실상 아무것도 남아 있지 않았기 때문이다. 괴테는 18세였을 때 독일 문학이 조금도 시대에 뒤지지 않았다고 정확히 말했다. 그리고 베냐민이 이중적 의미에서 선택한 "바로크"는 카발라(Cabala)[114]를 통해 유대주의에 접근하려는 숄렘의 특이한 결정과 정면으로 대응된다. 카발라는 유대적 전통의 관점에서 전달되지 않고 전달될 수 없는 히브리 문학의 일부이면서 항상 아주 초라한 무엇인가의 기미를 지니고 있었다. 이러한 연구분야의 선택만큼 독일적·유럽적 전통이나 유대적 전통으로의 "복귀"와 같은 것은 존재하지 않는다는 것을 훨씬 더 명료하게 보인 것은 없으며, 따라서 오늘날 사람들은 그렇게 말하는 경향이 있다. 과거는 후세에 전해지지 않았던 것들을 통해서만 직접 변호한다는 주장은 암묵적으로 인정되었으며, 따라서 이러한 것이 외견상 현재와 밀접해 있다는 것

---

113) 카프카, 『서간집』, 173쪽.

114) 'Cabala'는 전통에 해당되는 히브리어다. 그러나 카발라는 신비적이고 윤리적인 유대 저술들의 집합체를 지칭한다. 이것은 상당 부분 사변적·상징적 해석으로 구성되어 있다-옮긴이.

은 강력한 권위에 대한 모든 주장을 배제한 그 외재적 성격에 기인했다. 절대적 진리는 어떤 의미에서 중요하고도 흥미 있는 것에 의해 대체되었으며, 이것은 물론—베냐민이 어느 누구보다도 잘 알고 있지만—"진리의 일관성이 상실되었다"는 것을 의미했다.[115] 적어도 일찍이 신학적으로 자극을 받아 철학에 관심을 가졌던 베냐민의 경우 진리가 비밀과 연관되며 이러한 비밀의 노출이 권위를 갖는다는 주장은 이러한 "진리의 일관성"을 구성한 요소들 가운데 두드러진 것이었다. 베냐민은 전통의 돌이킬 수 없는 단절과 권위의 상실을 충분히 깨닫기 바로 직전에 진리가 "비밀을 파괴하는 폭로가 아니라 그것을 실물대로 나타내는 노출"이라고 말했다.[116] 이러한 진리가 역사상 적절한 순간에 세상에 일단 존재하게 되자 진리에 독특한 이러한 "일관성"은 진리를 사실상 명백하게 해주며, 따라서 그 진리는 전통에 의해 후세에 전해질 수 있었다. 그리스어 *a-letheia*(노출)로서의 진리는 정신의 눈에 시각적으로 감지될 수 있으며 우리가 "은폐하지 않은 것"("*Unverborgenheit*"—하이데거)으로 이해될 수 있다. 또한 진리는 우리가 유럽의 계시종교를 통해 알고 있는 청각적으로 들을 수 있는 신의 말씀으로 이해될 수 있다. 전통은 진리를 지혜로 바꾸고, 지혜는 전달할 수 있는 진리의 일관적 체계가 된다. 다른 말로 표현한다면 진리가 우리의 세계에 나타난다 할지라도 그것은 지혜가 될 수 없다. 진리는 보편적 인식을 통해서만 그 타당성을 얻을 수 있는 특징을 이젠 더 이상 갖고 있지 않기 때문이다. 베냐민은 이 문제를 카프카와 관련시켜 논하면서 이렇게 말하고 있다. 물론 "카프카가 이러한 상황에 직면한 첫 번째 사람은 결코 아니었다. 많은 사

---

115) 베냐민, 『서간집』 제2권, 763쪽.
116) 베냐민, 『저작집』 제1권, 146쪽.

람들은 이러한 상황에 적응하면서 진리 또는 특정 시점에 진리로 생
각되는 것을 고수하고 다소간 무거운 마음으로 그 전달 가능성을 유
보했다. 카프카의 진정한 천재성은 그가 완전히 새로운 것을 시도했
다는 점이었다. 즉 그는 전달 가능성을 고수하기 위해 진리를 희생
시켰다."[117] 그는 전통적인 우화에서 결정적인 변화를 꾀하거나 전
통적인 양식으로 새로운 우화를 만들어냄으로써 이러한 시도를 했
다.[118] 그러나 이러한 우화는 탈무드 속의 비율법적인 교훈적 이야기
(Haggadah)처럼 "교의의 발아래 점잖게 누워 있지" 않고 오히려 교
의에 대해 "의외로 무거운 손을 들어올린다." 카프카는 과거라는 해
저에 내려갔을 때도 보존하려는 욕망과 파괴하려는 욕망의 특별한
이중성을 고려했다. 그는 다만 "소멸하려는 것에 존재하는 이 새로
운 아름다움"을 위해 그것이 진리가 아니라고 해도 그것을 보존하려
했다(베냐민의 레스코프[119]에 관한 에세이를 참조할 것). 다른 한편,
그는 전통의 마력을 파괴하는 가장 유효한 방법이 없듯이 하나의 단
단한 조각으로 물려받았던 것에서 "귀중하고 신비한 것", 즉 산호와
진주를 캐내는 효율적인 방법도 없다는 것을 알았다.

수집가의 열정과 천공방식

베냐민은 자기 자신이 지녔던 수집가의 열정을 분석함으로써 과거

---

117) 베냐민, 『서간집』 제2권, 763쪽.

118) 『우화와 역설』(*Parables and Paradoxes*, New York: Schocken Books, 1961)이라
는 제목으로 발췌본이 2개 국어판으로 출판되었다.

119) 러시아 출신 언론인·소설가·단편작가(1831~95)로서 『요술에 걸린 방랑
인』(1873), 『맥베스 부인』(1865) 등의 저작이 있으며, 러시아 작가들 가운데
가장 러시아적 색채를 띤 작가로 평가받고 있다. 막심 고리키는 레스코프가
민중에 가장 깊이 뿌리를 두고 있으며 외국의 영향을 받지 않은 작가로 평가
하고 있다-옮긴이.

에 대한 태도의 이러한 애매성을 예증했다. 수집이란 쉽게 이해할 수 없는 다양한 동기에서 비롯된다. 베냐민이 아마도 처음으로 강조했듯이 수집이란 어린아이들의 열정이다. 사물은 이들에게 아직 상품도 아니며 그 효용성에 따라 평가되는 것도 아니기 때문이다. 그것은 또한 부자들의 취미다. 부자란 유용한 것을 필요로 하지 않을 만큼 충분히 소유하며, 따라서 "대상의 변형"[120]을 그들의 일로 만들 수 있기 때문이다. 이러한 측면에서 그들은 필연적으로 "사심 없는 기쁨"(칸트)으로 인정될 필요가 있는 아름다움을 발견해야 한다. 어쨌든 수집대상은 애호가적 가치를 지닐 뿐이지 어떠한 사용가치도 지니지 못한다. (베냐민은 수집도 매우 건실하고 때로는 높은 이윤을 창출하는 투자형태일 수 있다는 사실을 아직 깨닫지 못하고 있었다.) 수집이 대상들(어떤 경우 사용대상으로 구성된 일상세계에서 벗어난 예술품은 아니다. 이것들은 거저 "좋은 것"이기 때문이다)의 어떠한 범주에 집착하고, 따라서 대상이 더 이상 목적에 대한 수단이 아니고 본질적 가치를 지니고 있기 때문에 사물로서 대상을 교환하는 한 베냐민은 혁명가의 열정과 유사한 태도로서 수집가의 열정을 이해할 수 있었다. 수집가도 혁명가와 마찬가지로 "먼 미래의 또는 과거의 세계로 통하는 길뿐만 아니라 동시에 보다 좋은 세계에 이르는 길을 꿈꾼다. 물론 이 세계에서 사람들은 분명 자신들이 일상세계에서 필요한 것보다 훨씬 더 많은 것을 제공받지는 못하지만 사물은 유용성의 부담으로부터 해방된다."[121] 수집이란 인간의 구원을 보완할 수 있는 사물의 구원이다. 진정한 애장가가 책을 읽었는가는 살펴볼 만하다. 프랑스(Anatole France)는 그의 장서를 찬미하는 사람으로부터 다음과

---

120) 베냐민, 『저작집』 제1권, 415쪽.
121) 베냐민, 『저작집』 제1권, 416쪽.

같은 질문을 받았다고 한다. "당신은 이 책을 전부 읽었습니까?" "아닙니다. 그 가운데 10분의 1정도도 안 됩니다. 당신도 소중하게 보관하고 있는 세브르(Sèvres) 도자기를 매일 사용하지는 않겠죠?"[122] (베냐민의 장서 중에는 진기한 어린이 책들이나 정신병자가 쓴 책들도 수집되어 있다. 그가 아동심리학이나 정신의학에 관심을 둔 바가 없으므로 이러한 책들은 그의 다른 모든 보물과 마찬가지로 글자 그대로 천만금을 다 준대도 좋은 것은 아니어서 소일거리나 교육용으로 도움이 되지 않는다.) 베냐민이 수집대상에 대해 명백하게 주장하고 있는 배물(拜物) 심리는 이것과 밀접하게 연계되어 있다. 수집가에 결정적이거나 그에 의해 좌우되는 시장에 결정적인 진품가격은 "숭배가격"(cult value)으로 대체되어 왔으며 숭배가격의 세속화다.

베냐민의 경우 종종 나타나듯이 이러한 성찰은 독창적으로 탁월한 요소를 지니고 있다. 이러한 요소는 대부분 아주 철저한 그의 본질적 통찰력에 어울리지 않고 오히려 그에게 특유한 정신의 **산책**에 어울린다. 그는 도시의 **산책하는 사람**과 마찬가지로 정신의 산책에서 자신의 지적 탐구여행의 안내자로서 우연을 인정한다. 과거라는 보고를 산책하는 것은 상속자의 사치스러운 특권이며 "수집가의 태도는 가장 높은 의미에서 상속인의 태도다."[123] 상속인은 사물을 소유함으로써 ― "소유는 인간이 대상에 대해 지니는 관계 중에서 가장 깊은 관계다."[124] ― 현재에 의해 방해를 받지 않은 채 "과거 세계의 재생"을 실현하기 위해 과거에 정착한다. 수집가의 이러한 "깊은 충동"은 어떠한 공적 의미도 지니지 않지만 엄격히 개인적인 취미로 그치기 때문에 "진정한 수집가의 입장에서 언급되는" 모든 것은 가난해

---

122) 베냐민, 「나의 장서를 풀면서」, 『조명』(1968), 62쪽.

123) 베냐민, 「나의 장서를 풀면서」, 66쪽.

124) 베냐민, 「나의 장서를 풀면서」, 67쪽.

서가 아니라 책을 살 수는 있으나 좋아하지 않는 책에 불만스럽다는 이유로 책을 쓴다는 그러한 작가들 가운데 한 사람이라는 전형적인 장 바울(Jean Paulian)의 상상력과 같이 "유별나" 보일 수 있다.[125] 그러나 좀더 자세히 관찰한다면 이러한 유별남은 어느 정도 주목할 만한 가치가 있으며 그렇게 유해한 것이 아닌 특성을 지니고 있다. 첫째, 이러한 태도는 공적 어둠의 시대에 아주 중요하다. 수집가는 이러한 태도로 공적인 것에서 네 벽면으로 둘러싸인 사적 영역으로 이탈할 뿐만 아니라 벽면을 장식하고자 한때 공적 재산이었던 온갖 보물을 휴대한다. (물론 이러한 수집가는 시장가치를 갖거나 사회적 신분을 높일 수 있는 모든 것을 입수하는 오늘날의 수집가가 아니라 무가치하다고 생각되는 모든 것을 찾는 수집가다.) 또한 현재 자체에 대한 멸시에서 형성되고, 따라서 대상의 질에는 오히려 신경을 쓰지 않는 과거 자체를 위한 수집가의 열정에는 전통이 자신을 인도할 마지막 대상이 될 수 있으며, 전통적 가치가 얼핏 보면 자신이 지닐 수 있듯이 자신의 수중에서도 결코 안전하지 않을 수 있다고 선언하려는 충격적인 요소가 이미 나타난다.

전통은 연대기적일 뿐만 아니라 무엇보다도 체계적으로도 과거를 정돈하기 때문이다. 그 이유를 들자면 전통은 긍정적인 것과 부정적인 것을, 정통과 이단을, 의무적이고 연관된 것과 무관하거나 단지 흥미로운 의견이나 자료의 집합을 분리한다. 한편 수집가의 열정은 비체계적이며 거의 무질서에 가깝다. 수집가의 열정은 그것이 하나의 열정이기 때문이 아니라 일차적으로 분류 가능한 것, 대상의 질에 의해 촉진되기보다 오히려 열정의 순수성과 특이성, 즉 어떠한 체계적 분류도 거부하는 무엇인가에 의해 촉진되기 때문이다. 따라서 전통은

---

125) 베냐민, 「나의 장서를 풀면서」, 61쪽.

모든 것을 구별하지만 수집가는 모든 차이를 평준화한다. 이러한 평준화로 "긍정적인 것과 부정적인 것 ……편애와 거절은 여기에는 거의 비슷하다."[126] 따라서 수집가가 전통 자체를 자신의 특별영역으로 삼고 전통에 의해 인식되지 못한 것을 조심스럽게 제거하더라도 이러한 평준화는 발생하게 된다. 수집가는 진실성의 기준으로 전통에 맞서며 기원의 징후와 권위 있는 것을 대립시킨다. 이론적 관점에서 이러한 사유방법을 다음과 같이 표현할 수 있다. 수집가는 내용을 순수한 독창성이나 진정성으로 대체하는데, 이것은 오직 프랑스 실존주의가 모든 특수한 성질과 분리된 성질 **자체로** 확인한 것이다. 우리가 이러한 사유방법을 논리적 결론으로 연결시킨다면 독창적인 수집가의 동기는 결과적으로 이상하게 전도된다. "진품인 그림은 오래될 수 있지만 참된 사유는 항상 새롭다. 사유는 현재에 진행된다. 이 현재는 연약하지만 승인된다. 그러나 현재가 어떠한 형태로 존재하든 우리는 과거를 탐색할 수 있기 위해 현재의 뿌리를 확고하게 잡아야 한다. 죽은 사람의 유령이 묘지의 언저리에 나타나려면 황소의 피가 묘혈에 채워져야 하는데, 현재는 제물이 되는 황소다."[127] 게다가 "사유의 치명적 타격"은 과거를 불러내기 위해 제물로 희생되는 이 현재로부터 발생하며, 전통과 과거의 권위에 가해진다.

이처럼 계승자와 보존자는 갑자기 파괴자로 바뀐다. "수집가의 크게 오해를 받는 진정한 열정은 항상 무정부적이고 파괴적이다. 전형적인 것, 분류 가능한 것에 대한 완강한 전복적 저항을 하나의 사물, 개별적 항목들, 수집가의 보호를 받는 것에 대한 충실성과 연계시키는 것이 바로 열정의 변증법이기 때문이다."[128] 수집가는 자신의 대

---

126) 베냐민, 『저작집』 제2권, 313쪽.
127) 베냐민, 『저작집』 제2권, 314쪽.
128) 베냐민, 「인형의 찬사」(Lob der Puppe), 『문학세계』(*Literarische Welt*), 1930년

상이 한때 단지 훨씬 큰 살아 있는 실체의 일부였던 맥락을 파괴한다. 그리고 오직 진정한 것만 수집가에게 문제될 것이기 때문에 그는 자신에게 전형적인 모든 것으로부터 선택대상을 제외시켰다. 역사 자체—20세기 초에 발생한 전통의 붕괴—가 베냐민에게서 전통 해체라는 업무를 덜어주었으며, 따라서 그는 파편 더미에서 자신의 귀중한 편린들을 선택하기 위해 단지 몸을 굽히기만 해도 되었기 때문에 **산책하는 사람**이라는 인간상과 마찬가지로 고풍스러운 수집가의 인간상은 베냐민에게서 이처럼 두드러진 현대적 특징이 될 수 있었다. 다른 말로 표현한다면 사물 그 자체는 현재를 확고하게 대면한 인간에게 수집가의 변덕스러운 안목에서만 이전에 발견되었던 모습을 특별히 제시했다.

베냐민은 자신의 고풍스러운 성향과 그 시대의 현실이 놀라울 만큼 일치한다는 것을 발견했는데, 나는 그때가 언제인가를 알지는 못한다. 그때는 1920년대였음이 틀림없다. 이때 그는 카프카에 대한 진지한 연구를 시작했고, 곧 이어 브레히트에게서 20세기에 가장 정통한 시인의 모습을 발견하기 시작했다. 관심대상의 의식적인 변화에 관한 몇 가지 증거는 편지에 나타나지만, 나는 베냐민이 하룻밤 또는 1년 사이에 자신의 관심대상을 책의 수집에서 인용문의 수집으로 옮겨갔다고 주장하고 싶지는 않다. 어쨌든 검은 표지의 작은 필기장들만큼 1930년대 그의 특징을 드러내는 것은 없었다. 그는 언제나 이 필기장들을 가지고 다니면서 "산호"와 "진주"를 캐듯이 자신이 읽고 생활하는 것을 인용문의 형식으로 끊임없이 적어 넣었다. 그는 기록한 내용들을 큰 소리로 읽으면서 엄선하여 귀중하게 수집한 것에 포함되어 있는 항목들처럼 이것들을 주변의 사람들에게 보여주었다.

1월 10일.

그리고 우리는 당시 결코 기발하지 않았던 이러한 수집내용들 가운데 18세기 무명 시인의 사랑시, 당시 신문 기사, 괴킹(Göcking)의 「첫눈」, 1939년 여름 빈(Wien)발 기사가 순서대로 있었다. 기사내용은 이러하다. 가스 회사는 "유대인에게 가스 공급을 중단했다. 유대인의 가스 소비는 가스 회사에 손실을 주고 있다. 이 가장 큰 소비자들이 가스 대금을 지불하지 않고 있기 때문이다. 특히 유대인들은 가스를 자살용으로 쓰기도 한다."[129] 여기서 죽은 자의 유령은 현재라는 묘혈로부터 불려 나온다.

　수집가는 과거의 쓰레기 더미에서 편린들과 조각들을 모으는데, 전통의 붕괴와 수집가의 외견상 별난 모습 사이에 나타나는 밀접한 친화성은 얼핏 보면 놀랍게도 다음과 같은 사실에 의해 가장 훌륭하게 증명된다. 즉 전통에 의해 오랫동안 망각되었던 수많은 오래된 고전적인 자료들이 수백만 부의 복사본으로 제작되어 도처의 학생들에게 일반 교육자료로 배부된 적은 우리 시대 이전에는 없었다. 이러한 고전문화의 놀라운 부활은 비교적 전통이 약한 미국에서는 1940년대 이후 두드러지지만 유럽에서는 1920년대에 시작되었다. 문화의 부활은 전통 붕괴의 회복 불가능성을 가장 잘 아는 사람들에 의해 독일뿐만 아니라 다른 곳에서 진행되었다. 하이데거가 이를 선도했으며, 1920년대 초반 하이데거의 특별한 성공은 본질적으로 "과거에 열중하는 것이 아니라 현재를 생각하는 전통에" 주목한 데 기인했다.[130] 베냐민은 그것을 의식하지 않은 채 마르크스주의를 수용하는 자기 동료들의 정교한 변증법보다 살아 있는 눈과 뼈에 대한 하이데거의 특출한 감각에 더 많은 공통점을 지니고 있다. 살아 있는 눈과 뼈는

---

129) 베냐민, 『서간집』 제2권, 820쪽.
130) 하이데거, 『칸트의 존재에 대한 테제』(*Kants These über das Sein*, Frankfurt 1962), 8쪽을 참조할 것.

진주와 산호로 완전히 바뀌었으며, 그 자체로는 "새로운 사유의 치명적인 타격"으로 그들을 해석하는 과정에서 그들의 맥락을 해체시킴으로써만 구원되고 현재로 비약할 수 있었다. 앞서 인용한 괴테에 관한 연구의 끝 문장이 마치 카프카가 쓴 것같이 보이듯이 1924년에 호프만슈탈에게 보낸 편지에 담긴 다음 글들은 1930년대 또는 1940년대의 하이데거 논문을 연상시킨다. "나의 문학활동을 인도하는 확신은…… 어떤 진리도 언어 속에 그 본거지, 선조의 궁전을 가지고 있다는 확신, 그리고 이 궁전이 가장 **오래된 언어**(*logoi*)로 구축되어 있다는 확신이며, 과학적 통찰력이 이렇게 확립된 진리보다 열등할 것이라는 확신이다. 이 가운데 마지막 확신은 과학적 통찰력이 유목민 같이 언어영역에서 사실상 용어의 무책임한 자의성을 생산하는 언어의 기호 속성에 대한 확신에서 이리저리 활동할 경우를 전제한다.[131] 언어철학에 관한 베냐민의 초기 저작의 정신에서 볼 때 진리가 "의도의 죽음"이듯이 언어는 "외부를 지향하는 모든 소통의 대립물"이다. 진리를 찾는 사람은 실러(Schiller)의 시 「베일로 가리워진 사이스상(Saïs)」에 관한 우화에 등장하는 젊은이같이 살아간다.[132] "이러한 상황을 야기하는 것은 베일에 감춰진 내용이 지니는 어떤 신비스러운 기묘함이 아니라 진리의 본질 때문이다. 가장 순수한 탐구의 불꽃조

---

131) 베냐민, 『서간집』 제1권, 329쪽.
132) 다음 인용문은 실러의 시를 부분적으로 재구성한 것이다. "알고자 하는 강렬한 욕구로 이집트의 사이스에 온 한 젊은이(A youth, impelled by a burning thirst for knowledge/ To roam to Sais, in fair Egypt's land)는 베일에 가려진 게 진리라는 것(What form is that concealed beneath yon veil?/ Truth was the answer)을 알고 장막을 제거하고(I'll raise the veil) 진리를 보게 된다. 그러나 죄로 진리를 얻는 그 사람에게 재난이 따른다. 그렇게 얻은 진리는 결코 그 사람에게 보상을 하지 않는다(Woe to that man win the truth by guilt,/ For truth so gained will ne'er reward its owner)-옮긴이.

차도 진리의 본질 앞에서는 마치 물 밑에 있는 것같이 꺼진다."[133]

베냐민은 괴테에 관한 에세이를 집필한 이후 모든 저작에서 인용문을 중심에 배치했다. 바로 이 사실 때문에 그의 저술은 온갖 종류의 학술적 저술과 구별된다. 학술적 저술에서 인용문의 기능은 의견을 증명하고 증거 문헌을 제시하는 것이지만, 그러한 이유 때문에 인용문은 때로는 분명히 주석의 위치로 밀려날 수 있다. 이런 점은 베냐민에게 아무런 문제가 되지 않는다. 그는 독일의 비애극에 관한 연구를 시작했을 때 "매우 체계적으로 깨끗이 정리된 600개 이상의 인용문"의 수집을 자랑했다.[134] 후기의 필기장처럼 이 인용문의 수집도 집필의 부담을 가볍게 해주는 발췌문의 축적이 아니라 이차적인 성격의 집필과 더불어 주요 저작을 구성했다. 주요 저작의 진가는 단편들을 그 맥락에서 분리시키는 것이며, 단편들이 서로를 설명하고 사실상 자유롭게 떠도는 상태에서 그들의 존재 이유를 증명할 수 있는 방식으로 이들을 새롭게 배열하는 것이다. 모든 면에서 초현실주의적 짜맞춤 기술이 중요하다. 인용문만으로 구성되는 저작을 부각시키려는 베냐민의 이상은 또한 아주 대가답게 구성되었다. 따라서 그 저작은 모든 부수적인 내용을 달지 않을 수 있으며 지극히 별나고 게다가 자기 파괴적이라는 인상을 줄 수 있지만, 비슷한 충동에서 발생한 당대의 초현실주의적 실험 이상의 것은 아니었다. 저자 자신의 부수적인 원문을 피할 수 없는 한, "언어적·사유적 심연에 접근하기 위해…… 파헤치기보다 구멍을 뚫는 그러한 연구의도"가 여전히 인식되고, 아울러 인과적 또는 체계적 관계를 제공하려는 설명을 통해 손상되지 않는 방식으로 원문을 구성하는 것이 그에게 중요하다.[135]

---

133) 베냐민, 『저작집』 제1권, 131쪽, 152쪽.

134) 베냐민, 『서간집』 제1권, 339쪽.

135) 베냐민, 『서간집』 제1권, 329쪽.

베냐민은 이를 실행하는 과정에서 이 새로운 천공방식이 결과적으로 "이해의 강요"를 초래한다는 사실을 명백히 파악했는데, "……그러나 이러한 이해의 세련되지 못한 현학성은 오늘날 이해의 허위를 입증하는 거의 보편적인 습관보다 오히려 바람직하다. 즉 그는 또한 이러한 방법이 어떤 암흑의 동기를 야기하게 되어 있다"는 것을 명백히 알았다.[136] 어떤 주어진 연구주제가 독자나 관객에게 쉽게 전달되거나 전달될 수 있는 의도를 갖추고 있다고 하더라도 감정이입을 암시하는 것을 피하는 일이 무엇보다도 그에게 중요한 것이었다. **"어떤 시도 독자를 위해 쓰인 것은 아니며, 어떤 그림도 감상자를 위해 그려진 것은 아니며, 어떤 교향곡도 청중을 위해 작곡되는 것은 아니다"**.(「번역자의 사명」, 강조는 아렌트)

아주 초기에 쓰인 이 문장은 베냐민의 모든 문학비평의 좌우명이 될 수 있었다. 그것은 이후에도 단순히 모든 형태의 기발한 충격 효과나 "겉치레"에 이미 익숙한 청중의 또 다른 무례한 행동으로 오해되어서는 안 된다. 여기서 베냐민은 사상의 문제, 특히 언어학적 성격의 문제를 논하고 있다. 그에 따르면 이러한 문제는 "다만 인간에게만 **선험적으로** 적용되지 않을 경우 문제의 의미를, 가능한 한 최선의 함의를 지니게 된다. 예를 들면 모든 사람이 망각할 수 없는 생활이나 순간을 망각하더라도 어떤 사람은 이들에 대해 언급할 수 있다. 그러한 생활이나 순간의 본질이 망각되어서는 안 된다는 것을 필요로 한다면 이 진술은 허위를 포함하고 있는 것이 아니라 인간에 의하여 달성되지 않은 주장을 포함하고 있는 것일 뿐이며, 또한 그것이 달성된 영역, 즉 신의 기억에 대한 언급을 포함하고 있는 것이다"(같은 책). 베냐민은 이후 이러한 신학적 배경을 포기했지만 인용문의

---

136) 베냐민, 『서간집』 제1권, 330쪽.

형태로 본질적인 것을 획득하는 천공(穿孔) 방법이나 이론을 포기하지는 않았다. 이 방법은 천공으로 지하에 숨겨져 있는 수원에서 물을 뽑아내는 것과 같은 것이다. 천공은 의례적 주문(呪文)과 같은 것이다. 오늘날에도 계승되어 마력을 발휘하는 것은 살아 있는 눈에서 진주로, 살아 있는 뼈에서 산호로 바뀌듯 셰익스피어의 표현대로 "현저한 변화"에도 항상 견뎌온 것이다. 베냐민의 경우 인용하기는 이름붙이기이며, 말하기보다 이름붙이기, 문장보다 언어가 오히려 진리를 밝혀준다. 우리가 『독일 비애극의 원천』 서문에서 알 수 있듯이 베냐민은 진리를 청각적 현상으로 간주했다. 베냐민의 경우에 "철학의 아버지"는 "플라톤이 아니라" 사물에 이름을 붙여준 "아담"이었다. 따라서 전통은 이름을 제공하는 이러한 언어들이 전달되는 형식이며, 또한 본질적으로 청각적 현상이었다. 그는 자신이 카프카와 비슷하다고 느꼈다. 카프카는 오늘날의 잘못된 해석에도 불구하고 "선견지명이나 예언자적 시야"를 지니지 않았으나 전통에 귀를 기울였기 때문이며, "열심히 귀를 기울이는 자는 앞을 보지 않기" 때문이다.(「막스 브로트의 카프카에 대한 저서」)

언어철학과 '시적 사유'[137]

베냐민의 철학적 관심이 왜 처음부터 언어철학에 집중되어 있었으며, 인용을 통해 최종적으로 이름을 명명하는 것이 왜 그에게 전통

---

137) 아렌트는 사유의 유형을 변증법적 사유, 대리적 사유, 시적 사유로 구분한다. 변증법적 사유는 나와 나 자신 사이의 소리 없는 고독한 대화다. 대리적 사유는 확장된 사유방식과 연계되며 공공영역에 존재하는 수많은 시각을 드러내려는 정신활동이다. 사유는 언어로 수행되며 기본적으로 은유적이라는 인식과 연관된다. 우리는 현상세계 내에 있는 가시적 경험을 파악하기 위해 사용하는 용어를 정신의 내부 세계에 있는 비가시적 개념으로 전환함으로써 우리 자신과 세계 사이의 어떤 조응 형태를 확립할 수 있다-옮긴이.

의 힘을 빌리지 않은 채 과거를 논하는 유일하면서 타당한 방법이 되었는가에 대한 충분한 이유가 있다. 과거가 우리 시대와 마찬가지로 문제되는 시대는 결과적으로 언어현상에 부딪쳐야 한다. 과거는 언어 속에 뿌리 깊이 담겨 있기 때문에 과거를 완전히 제거하려는 모든 시도는 언어현상으로 좌초된다. 우리가 "정치"라는 말을 사용하는 한, 그리스의 **폴리스**는 우리의 정치적 실존의 근저 ―즉 바다의 밑바닥―에 계속 존재할 것이다. 어의론 학자들은 이것을 이해하지 못한다. 어의론 학자들은 충분한 이유를 가지고 언어를 과거가 숨는 배후 장벽이라고 공격한다. ―그들은 이것을 언어의 혼란이라고 부른다. 그들의 의견은 절대적으로 정당하다. 최종적으로 분석한다면 모든 문제는 언어문제다. 그들은 다만 그들이 말하고 있는 것의 함의를 알지 못할 뿐이다.

그러나 비트겐슈타인(Wittgenstein)의 후계자는 차치하더라도 비트겐슈타인의 저서를 아직 읽을 수 없었던 베냐민은 바로 이러한 일에 대해서는 충분히 알고 있었다. 진리의 문제는 처음부터 그에게 "……들려야 하는, 즉 형이상학적으로 청각적인 영역에 있는 계시"로 나타났기 때문이다. 따라서 그에게는 언어가 일차적으로 인간과 다른 생물을 구분하는 담화능력이 결코 아니라 오히려 "담화가 발생하는…… 세계의 본질이다."[138] 이러한 그의 입장은 우연하게도 "사람이란 말하는 존재인 한에서만 말할 수 있다"는 하이데거의 입장과 아주 유사하다. 따라서 "모든 사상이 연관되는 궁극적 비밀의 갈등 없고 심지어 고요한 보관소, 즉 진리의 언어"가 존재하며(「번역자의 사명」), 이것이 "참된 언어"다. 우리는 하나의 언어에서 다른 언어로 번역하는 경우에는 그 "참된 언어"의 존재를 무의식적으로 상정하

---

138) 베냐민, 『서간집』 제1권, 197쪽.

게 된다. 그것은 베냐민이 「번역자의 사명」이라는 자신의 논문 중심에 말라르메(Mallarmé)의 놀라울 만한 인용문을 적어 넣은 이유다. 이 인용문에서 다양한 형태의 구어들(spoken language)은 사실상 바벨적 소란 때문에 사유될 수도 없는 "불멸적인 말"(*immortelle parole*)을 질식시킨다. "사유활동은 도구 사용이나 속삭임 없는 조용한 글쓰기이며, 따라서 진리의 소리를 구체적이고 유형적인 증거의 강력한 힘으로 지상에서 들리지 않게 하기 때문이다. 베냐민이 그의 신학적·형이상학적 확신에서 이후 어떤 이론적 수정을 했다고 하더라도 그의 문학연구에 결정적인 기본적인 접근방법은 그대로 남아 있었다. 그는 언어적 창조물의 공리적 또는 소통적 기능을 연구한 것이 아니라 결정화되고, 따라서 궁극적으로 단편화된 형태의 언어적 창조물을 "세계의 본질"의 비의도적·비소통적 발언으로 이해했다. 이것은 그가 언어를 본질적으로 시적인 현상으로 이해하는 것 이외에 다른 무엇을 의미하는가? 이것은 베냐민이 인용하지 않은 말라르메의 경구 가운데 마지막 문장이 다음과 같이 명료하게 밝힌 것이다. "시가 존재하지 않는다면 이 모든 것은 사실이다. 언어의 결점을 철학적으로 보완해주는 시작품은 언어의 탁월한 보족이다"(*Seulement, sachons n'existerait pas le vers: lui, philosophiquement remunère le défaut des langues, complément supérieur*).[139] 이 모든 것은 좀더 복잡한 방식이기는 하지만 내가 전에 언급한 것 이상은 아니다. 즉 우리는 여기서 독특하지 않을 수 있으나 확실히 흔치 않은 것, **시적으로 사유하는** 재능을 다루고 있다.

현재에 의해 촉발되는 시적 사유는 "사유의 단편"을 자신의 대상으로 삼고 과거에서 사유의 단편을 얻으며 자신의 주변에 사유의 단

---

139) 말라르메의 경구를 이해하기 위해서는 "운문의 위기"(Crise des vers)라는 부제를 달고 있는 「한 주제에 관한 변주곡」(Variation sur un sujet, 플레이아드 문고판), 363-364쪽을 참조할 것.

편을 모은다. 바닥을 파헤치고 그것을 드러내는 것이 아니라 귀중하고 신기한 것, 즉 심연의 진주와 산호를 들어 올려서 그것을 수면으로 운반하고자 바다의 밑바닥으로 내려가는 진주조개 채취 잠수부처럼 시적 사유는 과거의 심연으로 파고 들어간다. 이러한 활동은 과거를 있는 그대로 부활시키는 것이 아니라 사라진 시대의 재생에 기여하는 것이다. 시적 사유를 인도하는 것은 비록 생존이 시대의 폐허에 영향을 받는다고 하더라도 쇠퇴과정이 동시에 결정화 과정이라는 확신, 한때 살아 있는 것도 가라앉고 용해되어 버리는 바닷속 깊은 곳에서 어떤 것이 "현저한 변화"에도 견뎌내고, 언젠가 그것들에게로 내려와 삶의 세계—"사유의 단편", 귀중하고 신기한 것, 아마도 영원한 근원현상들로서—까지 운반할 진주조개 채취 잠수부만을 기다리기라도 하듯이 새롭게 결정화된 형태나 유형으로 존재할 것이라는 확신이다.

제9장 베르톨트 브레히트

그대가 바라는 것은 그렇지
그대의 책이 그대를 변호해 줄 것이며,
지옥에서 그대를 구해 줄 터이니까
그러나 신은
슬픈 내색도 없이
비난의 기색도 없이
(그는 그럴 필요가 없이
그대 같은 예술 애호가가 온갖 정신을 쏟고 있음을
신은 잘 알고 있으니까)
그대에게 부끄러움의 눈물을
최후의 심판 날에 흘리게 할 터이니
만약 그대의 인생이 착한 것이었다 할지라도
쓰고 있던 시를 암송하게 할 터이니.
-W.H. 오든[1]

---

1) 이 시는 오든 시집 『집에 대하여』(*About the House*, 1965)에 수록된 것으로서

망명생활과 원하지 않은 귀국

시인과 정치의 관계: 경계를 넘어

1941년 브레히트(Bertolt Brecht, 1898-1956)가 미국에 피난처를 찾아왔을 때 그는 "거짓말을 파는 시장"에 "파는 사람 입장"으로 할리우드에 갔었는데 그가 가는 곳마다 "**당신 이름의 철자는?**"이라는 질문을 받았다.[2] 그는 1920년대 초부터 독일어권에서는 유명해 있던 터라 다시 이름 없고 가난한 사람이 되어 버렸음을 특별히 좋아할 리 없었다. 1947년 하원 반미활동조사위원회에 소환되었던 그는 주머니 속에 취리히행 항공권을 지닌 채 출두하여 아주 '협력적'이었다는 대단한 찬사를 받으면서 미국을 떠났다. 그러나 브레히트가 서독에 정착하려 했을 때 점령군 당국은 필요한 허가를 내주지 않았다.[3]

1963년 사망한 아일랜드 시인 맥나이스(Louis MacNeice)에 대한 찬사의 발문이다. 시 제목은 'The Cave of Making'이다. 오든은 이 시를 통해 자신의 친구가 선하고 하느님에 복종하는 삶을 영위했다면 그가 얼마나 더 좋은 시작을 했겠는가에 대해 성찰하고 있다. 아렌트는 이 제사(題辭)를 통해 브레히트에 대한 성찰의 의도를 보여주고 있다―옮긴이.

2) 브레히트 시의 거의 대부분은 몇 가지 판에 수록되어 있다. 이 글 속에서도 특별히 기록하지 않은 것은 1950년대 말부터 서독 주르캄프 출판사와 동베를린 아우프바우 출판사에서 간행된 작품집에서 인용한 것들이다. 처음 두 개의 인용은 「할리우드」와 「이민(移民) 소네트」에서 인용한 것이다.(『시집』*Gedichte* 1941-47, 제6권) 「이민 소네트」의 처음 두 연은 브레히트의 시 속에서는 드물게 보는 개인적 불만이 보이고 있어서 주목할 만하다. "내 나라에서 쫓겨나 나는 지금 새로운/ 상점을 열어야 할 집을 찾아야만 한다./ 나의 생각을 팔 수 있는 장소를/ 나는 옛길을 다시 걷지 않으면 안 된다!// 희망 없는 자들이 걸어갔던 길을,/ 이미 내친걸음, 그러나 누구를 향해 가고 있는지를 나는 모른다./ 어디를 가나 나는 듣는다. 당신 이름의 철자를!/ 아, 이 '이름'도 한때는 위대했는데!

3) 『브레히트: 인간과 그의 작품』(*Brecht: The Man and His Work*, Anchor Books, 1961)의 저자 에슬린(Martin Esslin)이 최근 언급한 바에 따르면 브레히트는 "언

348

이것은 독일뿐만 아니라 브레히트 자신을 위해서도 똑같이 불행한 일이었다. 그는 1949년 동베를린에 정착하여 한 극장의 감독직을 맡았고, 생애 처음으로 공산주의의 전체적 지배를 가까이서 지켜볼 기회를 가졌다. 그는 1956년 8월에 죽었다.

브레히트의 명성은 죽은 뒤 유럽 전역 ─ 러시아까지도 ─ 과 영어권 국가들에게까지 퍼졌다. 오든과 칼먼(Chester Kallman)이 번역한 소품『프티 부르주아의 일곱 가지 대죄(大罪)』(그들의 우수한 공동번역 작품『마하고니시의 흥망』*The Rise and Fall of the City Mahagony*은 출판되지 않았다), 그리고 로턴(Charles Laughton)과 브레히트 자신이 번역한『갈릴레오의 생애』(*Life of Galileo*)를 제외한다면 이 위대한 시인이며 극작가에게 알맞은 희극 영역본은 출간되지 않았으며, 애석하게도 약간의 시만 출간되었다. 그의 희곡도 ─ 1940년대 후반 뉴욕에서 6회 공연된 로턴 연출의『갈릴레오의 생애』와 1966년 링컨센터에서 공연된『코카서스의 백묵원』을 제외한다면 ─ 격에 맞는 영어 공연의 기회를 얻지 못했다. 브레히트의 최초 시집 ─ 1927년에 출판된『가정용 설교집』(*Die Hauspostille*) ─ 은『신앙기도서』(*Manual of Piety*)라는 제목으로 그로브 출판사에서 출간되었는데, 에릭 벤틀리가 탁월하지는 않지만 적절하게 번역하고 후고 슈미트가 훌륭한 해설을 붙였다. (나는 이후 몇 군데에서 이 번역본을 인용할 것이다.) 그러나 명성은 그 자체의 관성을 가지고 있다. 독일어를 잘 모르는 사람이 영어로 쓴 브레히트의 시에 흥분하고 열광하는 이유를 이해하기란 때때로 어려운 것이긴 해도 그 흥분과 열광은 그럴 만한 이유가 있기

───────────

제든 그가 원하기만 하면 독일로 돌아갈 수 있었다. 그 당시 어려웠던 것은 독일인이 독일을 "떠나서" 독일로 들어오지 않는 것이었다."("Brecht at Seventy", in *tdr*, Fall 1967) 이것은 잘못된 사실이다. 그러나 브레히트가 "자신의 퇴로를 열기 위해 독일이 아닌 다른 나라의 여행 서류를 바랐던 것"은 사실이다.

때문에 환영받게 된다. 명성은 또한 브레히트가 동베를린으로 갈 수밖에 없었던 상황을 모조리 덮어버리지만, 이것 역시 이류 비평가들이나 삼류 작가들이 그를 무난히 비난할 수 있었던 시절을 회상하는 사람에게는 환영받는 일이다.[4]

게다가 브레히트의 정치적 전기, 시와 정치의 애매한 관계에 대한 일종의 사례사(史)는 쉽게 보아 넘길 문제가 아니다. 그의 명성이 확실해진 오늘날 오해 없이 여러 가지 의문들을 제기할 수 있는 때가 되었다. 확실하게도 공산주의 이데올로기 자체에 대한 브레히트의 교조적이면서 때로는 장난스러운 집착은 심각한 관심을 끌 일이 못 된다. 브레히트 자신은 전쟁 중 미국에서 썼으나 최근에서야 발간된 한 편의 시에서 유일하게 중요한 점을 밝히고 있다. 그는 히틀러 치하의 동료 시인들에게 다음과 같이 말했다. "경계하라, 그대들이 노래하는 히틀러라는 이 인간을. 나는…… 그가 곧 죽을 것이고, 죽었을 때 명성을 잃을 것임을 알고 있다. 그러나 그가 비록 지구를 정복함으로써 거주할 땅을 없게 했더라도 그를 찬양하는 시는 남아 있을 수 없었을 것이다. 진실로 전 세계의 비탄의 소리는 괴롭히는 사람에 대한 찬사를 들리지 않게 할 정도로 일찌감치 사라져버린다. 진실로 격분을 찬양하는 자들은 또한 아름답게 들리는 목소리를 지니고

---

4) 오해를 피하기 위해 추가할 것은 브레히트가 공산주의 문학평론가들과도 친숙하지 않았으며 그가 1938년 그들에게 언급한 것은 "반공산주의자들"에게도 똑같이 적용되는 것이다. "루카치(Lukács), 가보르(Gabor), 쿠렐라(Kurella)…… 등은 창작활동의 적이다. 창작활동이 그들을 불안하게 만든다. 그것은 믿을 수 없는 것, 예측할 수 없는 것이다. 창작활동으로 일어나는 것이 무엇인가를 당신들은 모른다. 그들 스스로 창작하려 하지 않는다. 그들은 유지(有志)처럼 행세하면서 남을 지배하려 든다. 이들의 비평은 모두 위협을 담고 있다." 베냐민, 「브레히트와의 대화」(Gespräche mit Brecht), 『브레히트에 관한 연구』(Versuche über Brecht, Frankfurt, 1966) 참조.

있다. 게다가 죽어가는 백조의 노래는 가장 아름답다고 한다. 백조는 아무런 공포 없이 노래를 부르기 때문이다."[5] 브레히트는 옳았으면서 틀렸다. 히틀러나 히틀러의 전쟁을 찬양한 시는 그가 죽은 뒤에는 하나도 남아 있지 않다. 어느 찬미 작가도 "아름답게 들리는 목소리"를 갖고 있지 않기 때문이다. (마지막 전쟁에 관한 유일한 독일 시는 브레히트 자신의 「소년 십자군 1939」Children's Crusade 1939다. 앞으로도 읽힐 이 시는 민요의 비통한 색조를 띠고 있는 발라드〔담시譚詩〕로서 "평화로웠던 땅"*ein Land, wo Frieden war*을 찾아 나섰으나 가는 길을 알지 못하고 있는 55명의 폴란드 전쟁고아와 한 마리의 개에 관한 이야기다.)[6] 그러나 브레히트의 목소리는 단시(短詩)에서 동료 시인들에게 아주 아름답게 들리는데, 사람들은 단순히 이름을 바꾸어 쓴 시가 자신에게 자업자득이 될 수 있다는 것을 브레히트가 알 수 있었을 것이라는 점을 제외하고 그가 왜 그 시를 출판하지 않았는지 그 이유를 확실히 알지 못한다. 그가 동베를린에 사는 동안 집필하여 출판했던 스탈린 송시(頌詩)나 스탈린 범죄에 대한 찬가는 그의 저작집에 빠져 있는데 이것은 어떻게 된 일인가? 그는 자신이 한 일을 알지 못했는가? 그는 잘 알고 있었다. "지난 밤 꿈에서 나를 가리키는 손가락을 보았다. 마치 문둥이를 가리키듯. 그 손가락들 헤어지고 부러졌

---

5) 「읽기에 관한 서한」(Briefe uber Gelesenes), 『시집』 제6권.
6) 다음 몇 개의 연은 다음과 같다. "천구백삼십구년/ 혈전을 치른 폴란드 숱한 도시와 마을은/ 황무지가 되었더라…… 눈으로 깊이 파묻히는 길을 걸어/ 폴란드의 남동쪽을 향하던 아이들/ 마지막으로 목격된 그들의 수는 오십오 명이었더라…… 그들은 전쟁의 참화가 없는 곳/ 평화가 군림하는 곳/ 그들이 떠나온 곳과는 다른 곳을 찾으니/ 그 수가 너무 커 셀 수가 없노라…… 그해 1월에 폴란드인들이/ 굶주린 개 한 마리를 잡고 보니/ 개의 목에 달린 꼬리표에/ 이렇게 쓰여 있더라…… 구조대를 보내주세요!/ 우리는 여기가 어디인지 몰라요/ 우리는 모두 오십오 명이에요/ 개가 길을 안내해줄 거예요."-옮긴이.

더라. '너희들은 아무것도 몰라!' 나는 죄의식에 사로잡혀서 소리쳤다."[7]

시인에 대해 말하기란 거북한 일이다. 시인은 인용되는 존재이지 말할 상대는 아니기 때문이다. 문학을 전공으로 하는 사람들—그들 가운데 지금은 "브레히트 연구자"가 있다—은 불안을 어떻게 극복하는지를 알겠지만, 나는 그렇지 못하다. 그러나 시인들의 목소리는 비평가나 학자뿐만 아니라 우리 모두의 관심대상이다. 그것은 사적 삶에서나 시민으로서의 삶에서나 우리의 관심대상이다. 우리는 정치적 관점에서 시민으로서 그들에 대해 언급하는 것을 정당하다고 느끼기 위해 **참여** 시인들을 언급할 필요는 없다. 브레히트의 경우처럼 정치적 태도와 신념이 저자의 생애와 작품에서 아주 중요한 역할을 한다면 비문학계 인사가 이러한 활동에 참여하는 것은 훨씬 용이한 것처럼 보인다.

가장 먼저 지적할 사항은 시인들이 이따금 선량하고 믿을 만한 시민이 되지는 못한다는 점이다. 철학자의 모습을 한 위대한 시인인 플라톤은 시인들에 의해 호되게 괴롭힘을 당했던 첫 번째 사람은 아니었다. 시인들과의 사이에 항상 말썽이 있었다. 그들은 자주 잘못을 범하는 통탄할 경향을 보여 왔으며, 20세기에 그들의 잘못은 종종 시민들에게 이전보다 훨씬 더 심각한 관심대상이 되었다. 우리는 단지 에즈라 파운드(Ezra Pound)의 경우를 기억해 둘 필요가 있다. 미국

---

7) 「기분 나쁜 아침」(Böser Morgen), 『시집 1948-56』 제7권. 브레히트의 스탈린 찬미는 그의 『저작집』 속에는 빠져 있다. 유일한 흔적은 그가 죽은 뒤 출판된 『메-티』(Me-ti) 비망록(각주 33[이 책 43-옮긴이] 참조), 『산문집』(Prosa) 제5권에 나타나 있다. 여기서 스탈린은 "유용한 인간"으로 찬미되고 그의 범죄는 정당화되고 있다.(60쪽 이하와 100쪽 이하) 스탈린 사망 직후 브레히트는 그가 "5대륙의 억압받는 사람들"의 "희망의 화신"이었다고 쓰고 있다.(Sinn und Form, vol. 2, 1953. p. 10) 또 앞의 책 제2권(1950), 128쪽의 시를 또한 참조할 것.

정부는 제2차 세계대전 중 그의 반역행위를 불문에 부치기로 결정했다. 그는 정신이상을 이유로 내세웠기 때문이다. 시인위원회는 보기에 따라서는 정부가 하지 않기로 선택한 것 ─ 그를 재판하는 일 ─을 수행했다. 시인위원회는 그의 시를 1948년 최우수 시로 선정하여그에게 상을 수여했다. 시인들은 그의 잘못이나 정신이상 따위는 개의치 않고 그에게 명예를 부여했다. 그들은 시인을 재판했다. 시민을재판하는 것은 그들의 업무가 아니었다. 그리고 그들 자신은 시인이었기 때문에 그들은 괴테의 관점에서 다음과 같이 생각했을 수도 있다. "시인은 무거운 짐을 지지 않는다"(*Dichter sündgen nicht schwer*).[8] 즉 시인들은 잘못을 저질러도 죄의 무거운 무게를 어깨에 지지 않으며 자신들의 죄를 심각하게 여기지 않는다. 그러나 괴테의 시행은 다른종류의 잘못, 즉 가벼운 잘못, 브레히트가 언급한 그러한 것과 관련이 있다. 브레히트는 별로 환영받지 못하는 진리 ─ 실제로 그의 가장 훌륭한 미덕들 가운데 하나 ─ 를 언급하려는 억누를 수 없는 욕구로 자기 집안의 여자들에게 "여러분은 나의 내면에서 여러분이 신뢰할 수 없는 남성의 모습을 발견한다"[9]고 말했으며, 아울러 여성들이 자기 집안의 남자들에게서 신뢰성 ─ 시인이 거의 제공할 수 없는것 ─ 을 가장 많이 원한다는 것을 아주 잘 알고 있었다. 시인들은 신뢰성을 제공할 수 없다. 높이 날아오르는 임무를 맡은 자들은 중력을피해야 하기 때문이다. 그들은 묶여서는 안 되며 다른 사람들처럼 많은 책임을 등에 져서도 안 된다.

　오늘날 알려진 사실인데 브레히트는 이런 사실을 공식적으로 인

---

8) 괴테, 「풍자시(Epigramme): 베니스 1790(Verneidig 1790)」 5─옮긴이.

9) "*In mir habt ihr einen, auf den k?nnt ihr nicht bauen.*" 이 시행은 『가정용 설교집』과
　『시집 1918-29』 제1권의 마지막 시 「불쌍한 B.B.에 대하여」(Vom armen B.B.)
　에 있다.

정하지 않았지만 충분히 알고 있었다. 그는 1934년 어느 대화에서 자신은 다음과 같은 점을 생각했다고 언급했다. "나는 어쩌면 법정에서 조사를 받았을지도 모른다. '어떤가? 당신은 정말 심각한가?' 그때 나는 전혀 심각하지 않다는 점을 인정했어야 했다. 내가 전적으로 중대하다고 생각한, 예술적인 문제, 극장과 관련된 문제들이 너무 많다. 그러나 나는 이 중대한 질문에 아니라고 말했기 때문에 훨씬 더 중요한 진술, 즉 나의 태도가 **정당하다**는 점을 첨가하고 싶다."[10] 그는 자신의 의도를 명확하게 밝히고자 다음과 같이 제안했다. "당신이 탁월한 정치소설을 읽었는데 이후에 그 저자가 레닌이라는 것을 알았다고 가정합시다. 그렇다면 당신은 책과 그 저자에 대한 당신의 견해를 나쁜 방향으로 바꾸었을 것입니다."[11] 그러나 여기에는 잘못만 있을 뿐이다. 확실히 에즈라 파운드의 잘못은 훨씬 더 심각했다. 파운드는 연설에서 무솔리니의 의식(儀式)에 어리석게 압도당했을 뿐만 아니라 자신의 악명 높은 라디오 방송에서 무솔리니의 최악의 연설을 훨씬 넘어서 히틀러의 역할을 연출했고 대서양 양쪽에 살고 있는 지식인들 사이에서 유대인을 가장 혹독하게 박해하는 사람들 가운데 한 사람이라는 것을 보여주었다. 그는 전쟁 이전이나 이후에도 유대인들을 싫어했다. 이러한 혐오감은 정치적 의미를 거의 지니지 않은 개인적인 문제다. 수백만의 유대인들이 살해되고 있는 순간 이러한 종류의 혐오감을 세계에 퍼트리는 것은 완전히 다른 문제다. 그러나 파운드는 정신이상 상태였다고 변명해 온전한 정신이며 지극히 지성적이었던 브레히트가 벗어날 수 없었던 것을 교묘히 벗어날 수 있었다. 브레히트의 잘못은 파운드의 잘못에 비해 훨씬 하찮

---

10) 베냐민은 덴마크의 스벤보르에 있는 브레히트를 만났고 7월 6일 대담에서 브레히트의 주장을 환기시키면서 질문했다-옮긴이.
11) 발터 베냐민, 앞의 책, 118-119쪽.

았다. 그럼에도 브레히트는 더 큰 잘못을 저질렀다. 그는 정신이상자가 아니라 다만 시인이었기 때문이다.

시인들은 침착성·신뢰성·책임감을 결여했음에도 불구하고 이 모든 것으로부터 벗어날 수 없기 때문이다. 그러나 동료 시민인 우리는 어디에 선을 그어야 할지를 거의 결정할 수 없다. 비용(Villon)[12]은 교수대에서 "하느님이 아주 정확하게 알고 계시다"라고 끝으로 말했다. 그러나 그의 노래들은 여전히 우리의 마음을 즐겁게 하며, 우리는 그 때문에 그를 존경한다. 진지하고 존경받을 만한 많은 사람들이 '대응'(behavior) 규칙을 만들어 왔지만, 시인들을 위한 그러한 규칙을 만드는 것만큼 자신을 바보스럽게 만드는 더 확실한 방법은 없다. 다행스럽게도 우리나 시인들은 이러한 우매한 일을 할 필요가 없고 일상적인 판단기준에 의존할 필요도 없다. 시인은 자신의 시를 통해 평가를 받을 수 있다. 그리고 많은 것이 시인에게 허용되지만, "격분을 찬양하는 사람들이 아름답게 들리는 목소리를 가지고 있다"는 것은 참이 아니다. 적어도 브레히트의 경우 이것은 진실이 아니다. 인민들의 위대한 아버지이며 살육자인 스탈린을 위한 브레히트의 송시들이 있는데, 당시 가장 무능한 브레히트의 아류 작가가 그러한 송시들을 조작했던 것 같다. 시인에게 일어날 수 있는 최악의 사태는 그가 시인이라는 것을 포기해야 하는 것이다. 그러나 그러한 사태는 생애 마지막 몇 년 사이에 브레히트에게 일어났던 일이다. 그는 스

---

12) 프랑스 시인(1431-63)이며 도둑이다. 그는 옥중에서 집필한 『증언』(*Testaments*)과 『교수형을 받는 사람의 담시』(*Ballade des Pendus*)로 가장 많이 알려졌다. 비용은 시 주제의 측면에서 훌륭한 개혁자였다. 그는 중세의 우아한 이상을 완전히 이해했으나 이러한 흐름을 거부해 가치를 전도하고 교수대로 갈 수밖에 없는 비천한 삶을 찬양하기도 했다. 일부의 시는 파리 도둑들의 비속어를 많이 사용하고 있다-옮긴이.

탈린을 위한 송시들이 큰 문제가 되지 않을 것이라고 생각했을 것이다. 송시들은 공포 때문에 쓰인 것이 아닌가? 그는 거의 모든 것이 폭력 앞에서 정당화된다고 항상 믿지 않았던가? 이것은 브레히트가 언급한 "코이너 씨"[13]의 지혜였지만, 1930년경의 코이너 씨는 20년 이후 수단의 선택에서 브레히트보다 여전히 좀더 괴팍스러웠다. 그 이야기들 가운데 하나는 다음과 같이 진행된다. 어두운 시대의 어느 날 "아니오라고 말하는 법을 배운" 사람의 집에 지배자의 앞잡이가 찾아왔다. 앞잡이는 그 사람의 집과 음식을 자신의 것이라고 주장하면서 "너는 나를 섬기라"라고 그 사람에게 요구했다. 그 사람은 앞잡이를 침실로 데려가 담요를 덮어주며 그의 침실을 지켰고, 그렇게 7년 동안 봉사했다. 그러나 그 사람은 어떤 일이 있어도 결코 한마디 말도 하지 않았다. 7년이 지나자 그 앞잡이는 먹고 자고 명령하면서 생활하다가 살이 쪄서 죽어버렸다. 그 사람은 시체를 썩은 담요에 싸서 집 밖으로 던져버리고 침실을 닦고 벽을 칠하면서 안도의 숨을 쉰 뒤 "아니오"라고 대답했다.[14] 브레히트는 "예"라고 말하지 않은 코이너 씨의 지혜를 잊고 있었는가? 하여튼 여기서 우리에게 관계가 있는 것은 사후 출판된 브레히트 만년의 시들이 약하고 가냘프다는 슬픈 사실이다. 1953년 노동자 봉기 이후 많이 인용되는 재담(才談)이

---

13) 『코이너 씨의 이야기』(*Stories of Mr. Keuner*)는 86개의 산문 단편으로 구성된 모음집이다. 여기서 생각하는 사람인 코이너 씨는 양차 세계대전 사이 독일 사회의 유동적인 성격을 요약한 다양한 주제를 성찰한다. 빈곤, 종교, 어리석음의 성격, 편협한 민족주의, 자애의 자살적 성격 등 다양한 주제에 대한 생각이 담겨 있다. 브레히트는 코이너 씨의 지혜를 "어색하게" 걸으며 "대화로 아무런 빛"도 제시하지 못하는 전형적인 철학 교수의 지혜와 대비시키고 있다-옮긴이.

14) 「코이너 씨의 이야기」(Geschichten vom Herrn Keuner), 『문학 작품』(*Versuche*) 제1-3권, Berlin, 1930.

있다. "6월 17일 인민봉기가 일어난 뒤…… 그 전단에는 인민들이 정부의 신뢰를 잃었으니 단지 노동량을 배가함으로써 이것을 회복할 수 있다고 씌어 있었다. 그렇다면 차라리 정부가 인민을 해산시키고 다른 인민을 선출하는 것이 더욱 간단하지 않을까?"[15] 연애시와 동요에는 감동을 울리는 시행들이 많다. 그리고 매우 중요하지만 목적 없이 찬양하는 말이 있다. 이들 가운데 가장 훌륭한 것은 질레지우스 (Angelus Silesius)의 유명한 시 「아무런 이유도 없이」(Ohne Warum)를 반쯤 의식적으로 변용한 시구다. ("장미꽃에 '왜'는 없다; 장미는 피기 때문에 핀다, 자기에 대해서는 초연하다, 사람들이 그게 보이는가 하고 묻지 않는다.")[16] 브레히트는 이렇게 쓰고 있다.

아, 우리가 어떻게 이 작은 장미를 기록할 수 있을까?
갑자기 검붉어 신선하고 가까이에 보이네?
아, 우리가 그 장미를 찾아온 게 아니라
우리가 왔을 때, 그 장미는 그곳에 있었네.

---

15) 「해결」(Die Losung), 『시집』 제7권.
　　「해결」은 동독의 1953년 봉기에 관한 브레히트의 유명한 시로서 정부를 비판하고 있으며 1959년 서독 신문 『디 벨트』(*Die Welt*)에 처음 게재되었다―옮긴이.

16) 질레지우스(Angelus Silesius), 명상시집 『케루빔의 방랑자』(*herubinischer Wandersmann*) 제1권, 1657, 289쪽; 『전집』(*Werke*) 제3권, München, 1949.
　　1624년 폴란드 브레스라우에서 태어난 신비주의자이며, 본명은 셰플러 (Johannes Scheffler)다. 시집으로 『케루빔의 방랑자』와 『영혼의 정신적 환희』가 있다. '케루빔'은 지품천사를 의미한다. 이 시집에 실린 「장미」에 포함된 두 번째 연은 다음과 같다. "이승에서의 네 눈이/ 오늘 처음으로 장미를 보았다/그러나 장미는 영원 전부터 이처럼 가련하게/ 항상 신의 품에 피어 있었다"―옮긴이.

하여튼 그 장미는 거기 있었지, 아무도 기대하지 않았다.
장미는 거기 있을 때, 아무도 믿지 않으려 했다.
아, 결코 출발하지 않은 것이 목적지에 이르렀다.
그러나 모든 일이 언제나 그렇지 않았나?[17]

브레히트가 이러한 시행을 쓸 수 있었다는 것은 그 시인의 분위기에서 예기치 않게 발생한 결정적 변화를 암시하고 있다. 『신앙기도서』에 수록된 그의 초기 시는 단지 세속적 목적이나 배려에서 벗어나 있다는 것을 보여주고 있으며, 이제 초기 작품의 환희와 도전적 색조에서 벗어나 경이와 감사의 독특한 고요함이 나타난다. 4행 2연의 연애시로 구성된 만년의 가장 완벽한 작품 하나는 독일 동요의 시적 변형이어서 번역하기 어렵다.[18]

Sieben Rosen hat der Strauch

Sechs gehör'n dem Wind

Aber eine bleibt, dass such

Ich noch eine find.

---

17) "How, oh how can we account for the little rose? Suddenly dark red and young and mear? Oh, we didn't come to visit her, but when we came she was there." "Before she was, she wasn't expected; when she appeared she was hard to believe in. Oh, something arrived that had never been started. But is that not the way it has always been?" 『시집』 제7권.

18) 앞의 책, 84쪽.
아렌트는 번역하기 어렵다는 전제 아래 원문을 그대로 수록하고 있다. 독자들의 이해를 돕고자 우리말로 옮겼다. "덤불에 일곱 송이 장미가 있네/ 여섯 송이는 바람의 것이니/ 한 송이는 남았네, 그것 역시/ 나는 여전히 한 송이를 찾네/ 나는 너를 일곱 번이나 부르네/여섯 번 떠나 있네/ 그러나 여섯 번 말하네/ 온다네, 한 마디 말에"-옮긴이.

Sieben Male ruf ich dich

Sechsmal bleibe fort

Doch beim siebten Mal, versprich

Komme auf ein Wort.

모든 것이 보여주었듯이 그 시인은 새로운 목소리 ─아마도 죽어 가는 백조가 부른다는 가장 아름다운 노래─를 발견했으나 그 목소 리는 들리는 순간에 이르러 힘을 잃어버린 것 같았다. 이것은 우리가 알고 있는 유일하게 객관적이고 명백한 징표다. 그는 시인을 위해 만 들어 놓은 오히려 넓은 한계를 뛰어넘고 자신에게 허용된 것을 구분 하는 경계를 넘어섰다. 이러한 경계들은 슬프게도 외부에서 제시될 수 없는 것이며 짐작할 수도 없는 것이기 때문이다. 이러한 경계들은 희미한 융기와 같으며, 사람이 일단 넘으면─실제로 넘지 않고 지 나치기만 해도─갑자기 벽으로 변해버리기 때문에 맨눈에 거의 드 러나지 않는다. 되돌아갈 길은 없다. 그는 어떻게 하더라도 자신의 등 뒤에 벽이 있다는 것을 알게 된다. 그리고 지금까지도 그 원인을 밝히기란 어렵다. 시는 그 조치가 취해졌다는 유일한 증거를 제공한 다. 그리고 시가 우리에게 알려주는 것은 모두 조치가 발생한 순간, 즉 처벌이 그에게 내려진 순간이다. 죽음을 제외하고 시인이 감내할 수 있는 유일한 의미 있는 형벌은 물론 인간의 생애를 통해 천부적 재능이라고 생각했던 것을 갑자기 잃어버리는 일이기 때문이다.

동베를린 정착과 때늦은 상실감
브레히트는 확실히 상실감을 오히려 늦게 깨달았다. 그리고 이러 한 이유로 그 상실감은 아폴로의 법칙에 따라 살고 있는 사람들이 누 리는 엄청난 관대함에 관한 교훈을 우리에게 가르쳐줄 수 있다. 그가 공산주의자가 되었을 때 그러한 상실감은 나타나지 않았다. 1920년대 그리고 심지어 1930년대 초까지만 해도 유럽에서 공산주의자가 된다는 것은 (적어도 사태의 핵심에 있지 않고, 스탈린이 공산당을 혁명에 대한 부정을 포함해 모든 범죄와 모든 배신을 저지를 전체주의 운동으로 어느 정도 변질시킬 것인가를 알 수 없었던 사람에게) 잘못이라기보다는 단순한 실수였다. 브레히트는 친구들 가운데 일부가 피고가 되었던 모스크바 재판 기간에 공산당과 결별하지 못했다. 그리고 그는 또한 스페인 내란 기간에 러시아인들이 심지어 공산당 내외부의 반스탈린주의자들을 제거하고자 스페인의 불행을 이용하면서 스페인 공화국에 불리한 모든 일을 자행하고 있다는 사실을 분명히 알았다. 이때에도 그러한 상실감은 나타나지 않았다. (그는 1938년 다음과 같이 말했다. "사실 나는 그곳〔모스크바〕에 친구가 없다. 모스크바 사람들은 마치 죽은 사람처럼 친구가 없다."[19]) 그리고 히틀러와 스탈린의 비밀협정이 체결되던 시기에 브레히트는 공산당과의 관계 단절은 차치하더라도 이를 언급하지 못했는데, 이때에도 그러한 상실감은 찾아오지 않았다. 오히려 그가 처음에는 덴마크의 스벤보르에서, 이어서 미국의 산타 모니카에서 망명생활을 했던 몇 년은 순수한 창작의 측면에서 단지 젊은 시절과 비교할 수 있을 정도로 생애 중 가장 창조적으로 활동한 시기였다. 물론 그는 젊은 시절에 아직은 이데올로기에 영향을 받지 않았으며, 어떠한 정치연구에도 종속되지는 않았다. 그가 동베를린에 정착하면서 공산주의 체제 아래 산다는 것이 사람에게 무엇을 의미하는가를 매일매일 볼 수 있게 되었을 때 그러한 상실감은 비로소 찾아왔다.

브레히트는 동베를린에 살기를 원하지 않았다. 따라서 그는 1947

---

19) 베냐민, 앞의 책, 133쪽.

년 10월부터 1949년 가을까지 뮌헨 정착 허가서를 얻으려고 취리히에서 기다리고 있었다.[20] 그는 뮌헨 정착 허가서를 얻으리라는 온갖 희망을 포기해야만 했을 때 비로소 오스트리아 여권으로 곧 교체할 체코 여권, 스위스 은행 예금, 서독 출판사 증서를 갖춘 채 모든 위험에 충분히 대비하면서 최대한 고향으로 돌아가기로 결정했다. 그는 불행한 시기가 닥칠 때까지 동독에 있는 자신의 친구들과 가까이 하지 않으려고 아주 조심스럽게 행동했다. 그는 많은 친구들이 바보스럽게도 소비에트 러시아에서 은신처를 구할 수 있다고 믿고 있던 1933년에 덴마크로 갔다. 그리고 그는 비록 블라디보스토크를 경유하여 미국으로 갔지만 전쟁 초기 유럽을 떠났을 때 모스크바에는 한 발자국도 딛지를 않았으며, 러시아를 가능한 도피처로는—이때 히틀러·스탈린 비밀협정이 체결됨—생각지도 않았다. 서유럽의 자유로운 청중들만 시종일관 브레히트를 인정했다. 따라서 러시아 공산당에 결코 호감을 갖지 못했다는 사실을 제외하더라도 그는 불길한 예감을 가졌음이 틀림없다. 즉 그는 (공산당원은 결코 아니었던 것 같은데) '운동'에 아주 깊이 관여했을 때에도 공산주의 정치와 시작(詩作)활동을 분리시킬 수 있었다고 하더라고 이러한 태도로 소비에트 현실의 맹공격에 저항하지 못했을 것이라고 생각했다. 물론 그는 이러한 태도로 울브리히트(Ulbricht) 동독체제의 훨씬 덜 끔찍스러운 맹공격에도 견뎌내지 못했다. 브레히트의 작품에서 매우 중요한 농담조의 요소는 어쩌면 그가 즐겨 활용했던 바로 그 공포와 근접

---

20) 에슬린의 앞의 책에서 다음과 같이 언급하고 있다. "동독의 공식 문서에서는 브레히트의 동베를린 귀국을 1948년 10월로 적고 있다. 그때 브레히트는 사실 동베를린을 방문했지만 곧 다시 취리히로 돌아갔다." "브레히트가 동베를린행을 동의한 것은 1949년 말경"이었다. 그해 10월 아직도 그는 "나는 어떤 종류의 공식 임무나 의무를 동베를린에서 갖고 있지 않다"라고 쓰고 있다.

해 있음에도 불구하고 유지될 수 없었다. 당신의 견해에 동의하지 않는 친구들이나 지인들에게 "우리가 권력을 잡으면 너희들을 총살하겠다"라고 말하는 의미는 실제로 권력을 장악한 자들과 견해를 달리하는 사람에게 총살보다 더 혹독한 일들이 일어나고 있는 곳에서 산다는 사실은 전혀 다른 문제다. 브레히트 자신은 결코 괴롭지 않았다. 스탈린의 사망 이전 몇 년 동안조차도 그는 그랬다. 그러나 그는 바보가 아니었다. 그는 자신의 개인적 안전은 동베를린이 1950년대 동유럽의 견본인 예외적 장소로서 지하철 두 정거장 거리에 있는 서베를린과 필사적인 경쟁상태에 있었다는 사실에서 보장되고 있다는 것을 분명히 알았다. 이러한 경쟁 속에서 베를리너 앙상블은 동독 정권의 최대 자산, 사실 전후 독일의 유일하게 훌륭한 문화적 성과였으며 오늘날까지도 그렇다. 베를리너 앙상블은 브레히트가 동독 정부의 후원 아래 조직하고 주도했으며 작품을 쓰고 연출을 맡았던 극단이다. 따라서 브레히트는 7년 동안 서유럽 관객들로부터 주목을 받으며—실제로 그들의 보호 아래—평화롭게 살면서 활동했지만, 이제는 일찍이 자신이 체험했던 것보다 더 가까이서 지속적으로 전체주의 국가와 접촉하면서 자신의 눈으로 인민들의 고통을 목격했다. 결과는 브레히트가 이 7년 동안 한 편의 희곡도 쓰지 못했고 한 편의 훌륭한 시도 쓰지 못했다는 점이다. 그리고 그는 취리히에서 집필을 시작해 아마도 위대한 걸작 희곡들 가운데 하나가 되었을—에릭 벤틀리의 영역본으로 그 편린을 판단할 수밖에 없지만—『잘츠부르크의 죽음의 춤』(*Salzburger Totentanz*)을 완성하지도 못했다.[21] 브레히트는 자신의 처지를 알았으며 동베를린에서 글을 쓸 수 없다는 것도 알고 있었다. 보도에 따르면 그는 죽기 얼마 전 덴마크에 집을

---

21) *The Jewish Wife and Other Short Plays*, Evergreen Paperbacks.

샀으며 또한 스위스로 이사할 것을 고려했다.[22] 고국으로 돌아가기를 그보다 더 열망했던 사람은 없었을 것이다. ─ "벽에 못을 박지 마라. 웃옷을 의자에 놓아라…… 왜 외국어 문법책을 뒤적이는가? 고국에서 들리는 소식은 모국어로 쓰여 있는데" ─ 그가 병석에 누워 있을 때 계획했던 것은 모두 망명이었다.

따라서 베르톨트 브레히트의 사례는 위대한 시인이면서 극작가와 병행해 존재한다. 그리고 이러한 사례는 시인들과 세계를 공유하려는 모든 시민에 중요하다. 우리는 이 문제를 문학 분야에만 맡길 수 없다. 이 문제는 정치학자들의 연구대상이기도 하다. 시인과 예술가의 잘못된 행동은 고대 이래로 정치문제였으며, 때로는 도덕문제였다. 나는 이러한 사례에 대한 다음 논의에서 두 가지의 가정을 고수할 것이다. 첫째, 괴테는 일반적으로 옳았으며 평범한 사람들보다 시인들로부터 더 많이 인정을 받았다고 하더라도 시인들도 중대한 죄를 범할 수 있으므로 죄책감과 책임감이라는 부담을 완전히 짊어져야 한다. 둘째, 그들의 잘못이 얼마나 심각한지 분명하게 측정할 수 있는 유일한 길은 그들의 시에 귀를 기울이는 것이다. 내 생각에 이러한 주장은 다음과 같은 의미를 지닌다. 즉 좋은 시행을 쓰는 능력은 시인들의 의지에 달려 있을 뿐만 아니라 다른 사람들의 도움도 필요로 한다. 그리고 그들은 능력을 부여받아도 그 능력을 상실할 수 있다.

---

22) 케스팅(Marianne Kesting), 『베르톨트 브레히트』(*Bertold Brecht*), Hamburg, 1959, 155쪽 참조.

어두운 시대 브레히트의 자화상

잃어버린 세대의 삶과 고뇌

우선 나는 여기에서 아주 작은 몇 가지 전기적 상황을 언급해야 한다. 우리는 브레히트의 개인적 삶을 들출 필요는 없지만 그의 시에 나타난 몇 가지 섬세한 단서를 추적해야 한다. 그는 20세기의 다른 작가들에 비해서 자신의 사생활에 대해 말을 더 삼갔으며, 말을 하지 않으려고 했다. 1898년에 태어난 브레히트는 이를테면 잃어버린 세 세대 가운데 첫 번째 세대에 속한다. 제1차 세계대전 당시 참호와 전쟁터를 통해 세계에 처음으로 참여한 브레히트 세대의 사람들, 즉 잃어버린 제1세대는 정상적인 삶을 영위하는 데 어울리지 못한다고 생각했기 때문에 잃어버린 세대라는 용어를 만들거나 채택했다. 이 세대를 인간으로 만들어준 정상심리는 공포에 대한 모든 경험의 포기이고, 공포 속에서도 발현되는 동지애였다. 그들은 자신들의 것을 포기하기보다 이제는 세계뿐만 아니라 자신들에게도 영향을 받지 않는 쪽을 선택했다. 이후 등장한 "잃어버린 두 세대"가 결국 첫째 세대를 잇게 되었을 때 모든 나라의 전쟁 참전 용사들에게 공통된 태도는 일종의 시대 흐름이 되었다. 제1세대보다 10년 늦은 1910년경에 태어난 제2세대는 인플레이션, 대량실업, 혁명적 불안에 대한 오히려 인상적인 교훈을 통해서 4년 이상의 살육 이후 남아 있던 모든 것의 불안정을 깨닫게 되었다. 그리고 10년 후 1920년대 태어난 제3세대는 나치 강제수용소, 스페인 내란, 또는 모스크바 재판[23]을 통해 세계와 접촉할 기회를 가졌다. 대략 1890년부터 1920년 사이에 태어

---

23) 대량 숙청 기간 중 스탈린의 정적에 대한 일련의 재판이다. 이 재판은 1950년 흐루쇼프의 폭로로 오늘날 일반적으로 여론 조작을 통한 공개재판으로 알려지고 있다. 세 차례의 재판에 회부된 피고들은 대부분 사형되었다-옮긴이.

난 이들 세 그룹은 병사·망명자·추방자로서, 또는 저항운동의 일원이자 집단수용소와 학살수용소의 포로로서, 또는 폭탄의 우박 속에 노출되어 있던 시민으로서, 도시의 생존자로서 제2차 세계대전 중 단일집단을 형성할 정도로 상당히 가까운 연령대에 있었다. 브레히트는 몇십 년 전에 시에서 이들에 대해 언급했다.

> 파괴할 수 없다고 생각된 집들에서,
> 살아온 우리는, 가벼운 세대.
> (맨해튼 섬의 키다리 빌딩과 훌륭한 안테나
> 대서양을 즐겁게 해주는 우리의 건축물.)

> 도시에 불어오는 바람은 이 도시 속에 머무를 것이다.
> 집안의 저녁 손님은 즐겁다. 손님은 집을 깨끗이 청소한다.
> 우리가 아는 것은 다만 우리가 잠시 머무를 뿐이니
> 우리 뒤에 따라올 것은 말할 가치도 없다네.

『신앙기도서』에 수록되어 있는 「불쌍한 B.B.에 대하여」라는 제목의 이 시는 그가 잃어버린 세대를 주제로 해서 쓴 유일한 것이다. 제목은 물론 반어적인 것이다. 브레히트는 시의 마지막 연에서 "닥쳐올 대변화 속에서도 나의 여송연이 비참하게 꺼지지 않기를 바란다"고 말하고 있다. 그는 사실상 자신의 태도 전반에 특징적인 방식으로 다음과 같이 형세를 역전시키고 있다. 잃어버린 것은 이 쓸모없는 인간집단뿐만 아니라 그들을 수용하고 있는 세계다. 브레히트는 가장 높은 차원은 아니지만 자기 연민의 입장에서 결코 생각하지 않았기 때문에 그는 자기 동시대 사람들 가운데 오히려 고독한 사람과 관계를 끊었다. 그들은 자신들을 관찰하고 있었다. 그들은 헤벨[24]이 한

때 언급한 모든 능력의 "은근하고 순수한 성장"(*die ruhige reine Entwicklung*)을 거부했으며 격렬하게 반대했다. 그들은 세계가 개인으로서 발전에 필요한 은밀한 장소와 담보물을 제공하지 않는다는 사실에 분개했으며, 기묘한 종류의 문학, 주로 소설을 출판하기 시작했다. 이 소설들에서는 심리적 기형, 사회적 고뇌, 개인적 좌절, 일반적 환멸 이외에 어느 것도 관심의 대상이 아닌 것 같다. 이것은 허무주의가 아니다. 사실 이 작가들을 허무주의자로 부른다는 것은 그들에게 전적으로 과분한 칭찬을 하는 것이다. 그들은 자신들에 대해 지나치게 관심을 가진 나머지 현실 문제를 볼 수 있을 정도로 깊이 파내려 가지 않았고, 모든 것을 기억했지만 중요한 것은 잊었다. 『신앙기도서』에 수록된 다른 시 속에는 다음과 같은 두 시행이 보인다. 그는 자신의 청년기와 어떻게 관련지을 것인가를 생각해서 쓴 것이라고 말하고 있다.

그는 젊음을 다 잊었지만 꿈은 잊지 않았다.
지붕을 잊어버린 지는 오래지만 그 위에 있던 하늘은 결코 잊지 않았다.[25]

브레히트가 결코 스스로 미안한 감정을 결코 느끼지 않았으며 심지어 자신에 대해서도 관심을 갖지 않았다. 이 점은 그의 커다란 미덕 가운데 하나지만, 그 미덕은 다른 어떤 것에 기반을 둔 것이었

---

24) 헤벨(Friedrich Hebbel, 1813-63)은 독일 시인이며 극작가다. 비극 작품으로 『제노베바』(*Genoveva*), 『기게스 반지』(*Gyges and His Ring*), 『니벨룽겐』(*Nibelungen*) 3부작, 그리고 희극 작품으로는 『다이아몬드』(*Der Diamant*) 등이 있다-옮긴이.

25) "Forgotten his whole youth but not its dreams, long forgotten the roof but never the sky above it." 「모험의 담시」(Ballade von den Abenteueren), 『시집』 제1권, 79쪽 참조할 것.

다. 그 미덕은 재능이었으며, 부분적으로는 축복이고 부분적으로는 재앙이었다. 그는 유일하게 지극히 개인적인 시로 이것에 대해서 쓰고 있다. 이 시는 『신앙기도서』 무렵의 작품이지만 그는 이 작품을 발표하지 않았다. 그는 이 작품이 알려지는 것을 바라지 않았다. 그의 최우수 작품에 속하는 이 시의 제목은 「어부」(Der Herr der Fische)[26] ─물고기 나라, 즉 침묵의 나라의 주인─다. 이 시는 주인이 모든 사람에게 이방인이면서 친구인 달의 주기에 따라 부침하는 사람들, 즉 어부들의 섬에 어떻게 오게 되었고, 어부들과 어떻게 마주앉게 되었으며, 그들의 이름을 기억할 수는 없지만 그들의 일, 그물의 값, 고기잡이로 얻는 이익, 부인네들, 그리고 세리를 속이는 수법 등에 어떻게 관심을 갖는가에 대해 언급하고 있다.

그는 그들의 걱정거리에 대해 말한다.
그들은 또한 그에게 질문한다. 그런데 당신 사정은 어떤가?
그리고 그는 웃으면서 사방을 바라보네
잠시 주저하다, 아무 일도 없소.

잠시 동안 매사는 순조롭게 진행된다. 어부들이 그에게 "당신 자신의 일은 어떻습니까"라고 물었을 때 그는 머뭇거리며 웃다가 "아무것도 없다"라고 말했다. 어부들이 다음과 같이 말하는 날이 닥쳐왔다.

어느 날 그들 중 누가 그에게 묻기를,
왜 당신은 우리에게 왔는가?

---

26) 같은 책, 42쪽.

분위기가 바뀌었음을 알아채자
그는 서둘러 일어날 것이다.[27]

그리고 그는 어부들의 분위기가 왜 바뀌었는지를 알게 된다. 그가
줄 것은 아무것도 없다. 그는 처음 왔을 때는 환영받았지만 결코 초
대를 받지 않았다. 그가 한 일은 그들의 일상 대화를 풍부하게 한 게
다였기 때문이다.

이렇게, 설득하고 반박하면서
그는 그들과 함께 교제했으며
그는 언제나 초대받지 않고 왔지만
역시 존재의 가치가 있었다.

그들이 그에게 더 많은 것을 바랄 때 "그는 쫓겨난 하인처럼 얌전
하게 길을 떠날 것이다. 그에게는 아무것도 남아 있지 않을 것이다.
그림자도, 흔적도 남아 있지 않을 것이다. 그러나 그의 동의와 승낙으
로 그보다 빼어난 누군가가 그의 자리를 물려받을 것이다. 진실로 그
는 자신이 침묵하는 곳에서 누군가가 말하는 것을 막지는 않는다."

제공할 아무것도 갖지 않은 자, 정중하게
문으로 나갈 것이다: 해고된 젊은이.
그리고 그의 앞에는 작은 그림자도 있지 않고
의자덮개에는 오목하게 파인 자리도 없다.

---

27) "One day one of them will ask him, 'And why, please, do you come to us?'
He will get up in a hurry, knowing that their mood has changed."

그러나 그는 허락하네, 자신의 자리에서
다른 사람이 풍부하게 표현하는 것을.
실제로 그는 아무것도 거절하지 않고
그가 침묵하는 곳에서 읽는 것을.

이 자화상, 젊은 시인에 대한 브레히트의 생생한 묘사 —물론 이 것이 참모습이기 때문에— 는 후일의 시인을 보여주고 있다. 시인은 오만과 겸손을 모두 가지고 있으며, "모두에게 이방인이자 친구이고", 따라서 거부당하고 환영받으며, **"대화와 반론"**에만 응할 힘이 있고, 마치 이야기할 것이 없기라도 한 듯 자신에 대해 침묵을 지키며, 호기심이 많고 자신이 얻을 수 있는 모든 실재를 철저하게 필요로 한다. 이 자화상은 젊은 브레히트가 자기 동료들의 세계 속에서 편안함을 누리는 데 겪었음이 틀림없는 엄청난 어려움을 적어도 우리에게 넌지시 알려주고 있다. (또 다른 자기 진술, 즉 만년에 쓴 일종의 산문 시가 있다. "나는 유복한 집의 아들로 성장했다. 부모님은 목걸이를 걸어주셨으며, 시중 받는 습관을 가르치셨고, 명령하는 법을 가르치셨다. 그러나 내가 커서 주위를 둘러보았을 때 나는 내 또래 사람들을 싫어했으며, 명령을 내리지도 않았고, 시중을 받지도 않았다. 나는 나의 신분을 떠나서 낮은 계층의 무리들과 어울렸다."[28] 약간은 계획된 것같이 보이지만 이것은 사실이다. 그것이 자화상이라고 할 수는 없지만 자신에 대해 말하는 멋진 방식이다.) 우리는 초기의 시 가운데 몇몇 시행을 통해 이러한 매우 개인적인 방식으로 그의 사람 됨됨이에 대해 짐작할 수 있을 뿐이다. 그러나 이 초기의 시행은 널리 알려져 있는 만년의

---

28) 「그럴듯한 이유로 쫓겨나」(Verjagt mit gutem Grund), 『100편의 시』(Hundert Gedichte, Berlin, 1951).

그의 행동을 이해하는 데도 우리에게 도움을 준다.

젊은 시절 브레히트의 기질과 시적 정향

브레히트는 처음부터 익명성을 좋아하는 성향을 지녔으며, 온갖 야단법석을 특별히 혐오했다. 이러한 야단법석에는 상아탑의 마음가짐뿐만 아니라 "민중의 예언자들"의 심지어 더 자극적인 잘못된 믿음, 즉 세계사의 '소리'가 포함되며, 그리고 1920년대 일종의 슬로건이 되었던 "가치의 염가 판매"(der Ausverkauf der Werte)가 고객들에게 제공한 다른 모든 것들이 포함된다. 그러나 그러한 혐오에는 그의 주변의 잘못된 지적 태도에 대해 매우 지적이고 상당한 교양을 지닌 사람이 나타내는 자연스러운 반감 이상의 것이 있었다. 브레히트는 자신이 보통의 인간이 되기를 강력히 원했다(또는 어쨌든 그렇게 보이기를 원했다). 그는 특별한 재능을 지님으로써 남달리 보이기를 원하지 않고 다른 모든 사람들과 같은 사람이 되기를 원했다. 그리고 그는 이러한 긴밀하게 연계된 두 가지 개인적 기질, 즉 익명성과 평범성을 마음가짐으로 채택하기 오래전에 이러한 기질을 완전히 습득했다. 그는 이러한 기질 때문에 훗날 작품에서 중요한 역할을 하는 외형상 대립되는 두 가지 태도에 기울어지게 되었다. 그 하나는 비합법적인 활동에 대한 그의 위험스러운 편애(偏愛)다. 이러한 편애는 자신의 흔적을 지우며 얼굴을 숨기고 신분을 감추며 이름을 잊어버리고 "말을 하되 말하는 사람도 숨기며 정복하되 정복자를 숨기며 죽되 죽음을 숨기라"[29]고 요구한다. 그는 어떠한 "비합법적 활동에 대한 칭송"[30]에 대한 작품을 구상하기 오래전 아주 젊었을 때 죽은

---

29) 「도시민들을 위한 책」(Aus einem Lesebuch für Städtebewohner), 『시집 1930』 제1권.

30) 『시집 1930-33』 제3권.

동생에 대해 다음과 같이 시 한 편을 쓰고 있다. 동생은 "남몰래 죽어서 재빠르게 사라졌다. 아무도 그를 본 사람이 없었다고 생각했기 때문이다."[31] 그리고 다른 하나는 특징이 없는 평범한 사람들, 이른바 동조자들을 자기 주변에 모으겠다는 그의 특이한 주장이다. 그는 마치 되풀이하여 강조하듯이 다음과 같이 주장한다. 모든 사람은 내가 할 수 있는 것을 행할 수 있다. 행하는 것은 배움의 문제이지 특별한 재능이 필요하거나 요구되는 것도 아니다. 그는 사후에 간행된 젊은 시절의 작품 「자살에 관한 서간」에서 사람들이 행위에 부여할 수 있었던 이유들에 대해 논의하고 있는데, 그 이유들이 너무나 "거대하게" 보이기 때문에 진정한 것이 될 수 없다고 말한다. "어쨌든 지나치게 자신을 높이 평가해서는 안 된다."[32] 정확하다. 이러한 주장은 명성이나 아부가 아니라 사람들이 무시할 수 없는 재능의 객관적 표출을 통해 브레히트처럼 자기 자신을 높이 평가하고 싶어하는 사람들에게 아마도 두 배로 적용될 수 있다. 만약 그가 이러한 태도를 부조리한 극단——이를테면 공산당의 비합법기구의 과대평가나 주위의 '협력자들'에게 배움 이상의 것을 무리하게 요구하는 것——으로까지 밀고 나아간다면 1920년대 독일의 문학적·지적 환경이 브레히트의 특별한 기질과는 무관하더라도 저지하기 어려운 거만한 언동을 강조하고 싶은 유혹을 제공했다는 점은 인정되어야 한다. 『서푼짜리 오페라』(*The Three Penny Opera*)에서 동료 시인들의 행동을 조롱하는 시행들이 핵심을 찌르고 있다.

나 자신 위대하고 고독해 보임을

---

31) 「내 동생의 죽음」(Meines Bruders Tod)은 1920년 이전에 쓰인 시 같다. 『시집 1913-29』 제2권.
32) 「자살에 관한 서간」(Epistel über den Selbstmord), 같은 책.

나 역시 스스로 납득할 수 있다.

그러나 나는 그런 사람을 가까이서 보면서

내 스스로에게 말한다. 이것은 당신을 위한 것이 아니라고.[33]

어두운 시대를 알리는 전령

브레히트가 자신을 명료하게 밝히고 있는 한 편의 시가 더 있다. 이 시는 아마 가장 유명한 시일 것이다. 이 시는 1930년대 덴마크 망명 중에 쓴 일련의 시들을 수록한 『스벤보르의 시집』(*Svendborger Gedichte*)에 들어 있는데, 「후손들에게」라는 제목이 붙여져 있다.[34] 초기의 시 「불쌍한 B.B.에 대하여」에서 강조하고 있듯이 「후손들에게」라는 시는 세계에서 시대의 대재앙뿐만 아니라 우연히 자신에게 일어나고 있는 모든 것과 관련해 냉정을 유지할 필요성을 강조하고 있다. 그러나 "닥쳐올 대변동"이 내습하니까 엄격한 전기 형식의 암시적인 말은 모두 사라졌다. (「불쌍한 B.B.에 대하여」는 처음부터 끝까지 그의 출생을 진솔하게 언급하고 있다. "나 베르톨트 브레히트는 산림지대black forests에서 태어나다. 어머니는 나를 잉태하고 있는 동안 도시를 옮겨 다녔다. 그러나 숲의 냉기는 내가 죽을 때까지 남아 있었다." 브레히트의 어머니는 슈바르츠발트 출신이었으며, 우리는 그 어머니의 죽음에 대한 브레히트의 유고 시를 통해 어머니가 아들과 아주 친밀했

---

33) "I too could understand myself quite well if I preferred to look great and solitary; but I saw such people rather close by and said to myself: This is not for you."

34) 「후손들에게」(An die Nachgeborenen)를 포함한 일련의 시 전체, 『시집 1934-41』제4권.
이 시집에는 「노자가 망명길에 도덕경을 쓰게 된 경위에 대한 성담」이 포함되어 있다-옮긴이.

는 것을 알 수 있다.[35]) 그 시는 "어두운 시대에 살고 있는" 사람들에 관한 시이며, 그 주요 시행들은 다음과 같다.[36]

도시에서 나는 굶주림이 휩쓴
혼돈 시대를 알게 되었다.
사람들 사이에서 나는 격변의 시대를 알았고,
아울러 그들과 함께 분노했다.
그래서 이 세상에서 나에게 주어진
시간은 그렇게 흘러갔다.

싸움터에서 밥을 먹고,
살인자들 틈에 끼어 잠을 자고,
사랑하는 것에 개의치 않았으며,
인내심 없이 자연을 주시했다.
그래서 이 세상에서 나에게 주어진
시간은 그렇게 흘러갔다.

내가 살던 시대에 길은 늪으로 이어졌다.
말 때문에 내 의도가 살육자에게 드러났다.
내가 할 수 있는 일은 거의 없었다.
그러나 지배자들은 내가 없어서 더 편안했고,
그러기를 나도 바랐다.
이 세상에서 나에게 주어진

---

35) 두 편의 시 「나의 어머니에 대하여」(Von meiner Mutter)와 「나의 어머니」 (Meiner Mutter), 『시집』 제2권 참조할 것.
36) 아래 시는 「후손들에게」의 연작시 가운데 두 번째와 세 번째의 시다-옮긴이.

시간은 그렇게 흘러갔다.

우리를 익사시킬 홍수로부터
벗어날 너희들,
우리의 허약함을 말할 때
너희들이 겪지 않은 어두운 시대를
기억하라.
......

아, 친절함의 기반을 마련하고자 했던 우리는
그럴 수 없었다.
......

기억하라 우리를, 참을성 있게.

그렇다. 정말 그렇게 기억하자. 그가 자신과 연관된 어떤 것보다도
그 시대 세계의 파멸로 더 강한 자극을 받았다는 이유 하나 때문이
라면 그를 참을성 있게 기억하도록 하자. 그리고 성공이 그를 외면하
지 않았다는 것을 잊지 말자. 그는 "나의 행운이 다하면 나도 그만이다"
(*wenn mein Glück aussetzt, bin ich verloren*)[37]는 것을 알았다. 그래서 자신
의 재능보다는 행운에 자신을 의지했으며, 비범함보다는 자신의 행
운을 믿는 것이 그의 자랑이었다. 그는 몇 년 후 전쟁 기간 중에 죽은
친구들—그 자신이 직접 언급한 친구들만 몇 사람 들자면, 그가 사
랑했고 덴마크까지 동행한 "노동계급 출신의 작은 선생"인 슈테핀,
양차 대전 기간 중 가장 중요한 문학비평가이며 '박해로 지쳐' 자살

---

37) 「후손들에게」 연작시 1, 제2연의 마지막 행이다—옮긴이.

한 베냐민, 그리고 코흐(Karl Koch)[38] — 의 관점에서 자신의 손실을 고려하면서 시를 지었다. 그는 이 시에 함축되어 있던 것을 다음과 같이 분명히 밝히고 있다. "물론 나는 알고 있다. 다행스럽게도 나는 많은 친구들을 사귀었다. 그런데 나는 오늘밤 꿈속에서 이러한 친구들이 '더 강한 자들은 생존한다'라고 나에 대해 말하는 소리를 들었다. 그리고 나는 나 자신을 증오했다."[39] 이때는 그의 신념이 흔들렸던 유일한 시간인 것 같다. 여기서 그는 자신을 다른 사람과 비교했다. 자기 신뢰란 언제나 그 결과가 좋든 나쁘든 그런 비교에 탐닉하는 것을 거부하는 데 있다. 그러나 그것은 꿈일 뿐이었다.

그래서 브레히트는 어떤 의미에서 역시 어찌할 바를 몰랐다. 그의 개인적 능력이 의당 그럴 수 있는데 충분히 성숙하지 못했다거나 세계가 실제로 그를 손상시켰기 때문이 아니라 과제가 아주 과중했기 때문에 그는 당황했다. 따라서 그는 사람들이 기대한 것과 수행한 것을 평가할 수 있는 기준을 기대했을 때 (어느 누구도 후기 저작의 릴케보다 더 아름답게 보지 않았던 것처럼) 동경하는 눈으로 과거를 돌이켜 보지 않았지만, 홍수 범람(파랑)에서 빠져나올 사람들에 대한 호소, 그리고 미래 세대인 후손들에 대한 이런 호소는 '진보'와는 아무런 관계가 없다. 그는 이를테면 국제적 실업 대란을 성공하려는 욕구 또는 성공과 실패에 대한 생각으로 대응하거나, 전쟁이라는 파국을 원만한 인격이라는 이상으로 맞서거나, 또는 자신의 많은 친구들이 그러했듯 잃어버린 명성과 파탄 난 인생에 대한 불만으로 망명하려는 개인적 열망의 척도로 사건의 흐름을 측정하는 것이 얼마나 어리석은가를 알고 있었다. 이러한 까닭으로 그는 달리 보였다. 브레히

---

38) 「사상자 명단」(Die Verlustliste), 『시집』 제6권.
39) 「살아남은 나」(Ich, der Überlebende), 같은 책.

트는 망명자를 "불운의 전령"(*Ein Bote des Unglücks*)이라고 아름답게 그리고 솜씨 있게 정확하게 정의하고 있는데, 이러한 정의에는 아무런 감상도 남아 있지 않다.[40] 전령의 전언은 물론 그와 연관되지 않는다. 망명자들은 나라에서 나라로, 그리고 대륙에서 대륙으로—"구두를 바꾸어 신는 것보다 더 자주 나라를 바꾸면서"—자신들의 불행뿐만 아니라 온 누리의 엄청난 불행을 전달했다. 그들은 어느 누구도 비보의 전령을 사랑하지 않는다는 것을 배우기 이전에도 그들 대부분은 전령의 비보를 망각하는 경향이 있었다면 그것은 항상 전령에 연관되는 문제가 아니었는가?

망명자와 방랑자를 "비보의 전령"이라고 표현한 기발하고, 그 이상 기발한 이 문구는 브레히트의 위대한 시적 총명함, 모든 시작(詩作)의 전제를 이루는 응축능력을 반영하고 있다. 그가 지니고 있는, 완전히 응축된 미묘한 사유방식을 보여주는 예는 몇 가지 더 있다. 1933년에 쓰인 아래의 시는 그가 독일인이라는 사실을 부끄러워하는 내용을 담고 있다.

당신의 집에서 울리는 연설을 들으면 온 세계가 웃는다.
그러나 당신을 아는 누구든 자신의 칼을 잡으려 손을 뻗는다.[41]

또한 그가 1950년대 초에 동·서독의 예술가와 작가에게 보낸 반전선언서는 이러한 내용을 담고 있다. "위대한 카르타고는 세 번의 전쟁을 치렀다. 카르타고는 첫 번째 전쟁을 치른 뒤에도 강대국이었으며, 두 번째 전쟁을 치른 뒤에도 살 만한 나라였다. 카르타고는 세 번

---

40) 「망명의 정경」(Die Landschaft des Exils), 『시집』 제6권.

41) "Hearing the speeches that ring from your house, the whole world laughs. But whoever sees you reaches for his knife." 「독일」(Deutschland), 『시집』 제3권.

째 전쟁 뒤에는 흔적도 없이 사라졌다."[42] 이상의 두 가지 간결한 글에는 1930년대와 1950년대의 전반적인 분위기가 아주 정확하게 묘사되어 있다. 그리고 똑같은 계몽적인 교묘함은 몇 년 전 뉴욕의 잡지에 게재된 다음의 이야기에 한층 더 강하게 드러난다. 브레히트는 모스크바 재판 당시 미국에 있었다. 우리가 들은 바에 따르면 브레히트는 여전히 좌파에 속하지만 지독하게 반스탈린주의적이고 트로츠키의 후원 아래 공개재판(counter-trials)에 깊이 관여했던 한 사람을 방문했다. 그 사람은 모스크바 재판의 피고들이 무죄라는 쪽으로 대화를 이끌어갔다. 그런데 브레히트는 오랜 침묵을 지키다가 이렇게 말했다. "그들이 무죄일수록 그들은 마땅히 죽어야 할 것이다." 이런 선고는 부당한 것 같다. 그렇다면 브레히트는 실제로 무엇을 말하려고 했는가? 그들은 무엇에 대해 더 무죄인가? 물론 그들은 무슨 죄로 고발되었다. 무엇 때문에 그들은 고발됐는가? 그들은 스탈린에 대해 음모를 꾀한 혐의를 받았다. 정확히 말하자면 그들은 스탈린에 대해 음모를 꾀한 적이 없으며 그 "혐의"에 대해 무죄다. 따라서 이러한 불법행위에는 약간의 정의는 있었다. '근위대'(old guard)는 스탈린이란 한 인간이 혁명을 거대한 범죄로 바꾸는 것을 저지하는 명백한 의무를 수행해야 하지 않았는가? 브레히트를 초청한 주인은 물론 이런 내용을 알지 못했다. 그는 화가 나서 브레히트에게 집을 나가라고 요구했다. 따라서 브레히트는 집요하게 진지한 방식으로 스탈린을 공개적으로 비판할 드문 기회들 가운데 하나를 상실했다. 유감이지만 나는 브레히트가 거리로 나왔을 때 아마도 안도의 한숨을 쉬었을 것이라고 생각한다. 그의 행운은 아직 그를 떠나지 않았다.[43]

---

42) 케스팅(M. Kesting), 앞의 책, 139쪽을 참조할 것.

43) Sidney Hook, "A Recollection of Bertholt Brecht", in *The New Leader*, October 10, 1960 참조할 것. 베냐민에 따르면(앞의 책, 131쪽) 브레히트는 트

제1차 세계대전과 삶의 찬미

휘몰아치는 강철의 폭풍

다시 말하자면 그는 이런 사람으로 보였다. 그는 문제의 핵심을 포착하는 날카롭고, 비이론적이며, 비관조적인 지성을 천부적으로 지녔고, 과묵하며, 자신을 드러내기를 싫어하고, 거리를 유지하면서 부끄러움이 많았으며, 하여튼 자신의 일에는 관심이 없으면서 놀라울 정도로 호기심이 강했다(『서푼짜리 오페라』의 「솔로몬의 노래」에서 자신을 "현명하기를 열망하는 브레히트"라고 스스로 표현하고 있다[44]). 그리고 그는 무엇보다도 말할 수 없는 것을 말해야만 하고, 모든 사람이 침묵할 때 침묵할 수 없으며, 모든 사람들이 말하는 것에 대해서는 너무 많이 이야기하지 않으려고 했던 시인이었다. 그는 제1차 세계대전이 발생하던 해에 16세였으며 전쟁이 끝나는 해에 위생병으로 징집되었다. 그때 세계는 그에게 무의미한 살육의 장면으로 비

로츠키가 1930년대에 쓴 모든 것에 대해 알고 있었다고 한다. 그는 이들 저작이 러시아의 발전에 대해 회의적인 입장을 요구하는 정당한 의혹의 존재를 증명하는 것이라고 말했다. 그러한 의혹이 진실이라면 러시아 체제에 대해 공공연하게 공격을 가할 수 있었을 것이다. 그러나 "다행인지 불행인지" 그 의혹은 지금까지 확실하지 않은 것으로 되어 있다. 스탈린의 지배와 브레히트의 절망적인 노력에 관한 흥미 있는 비망록은 오늘날 아포리즘의 형태로 조그마한 책 속에서 발견된다. 그것은 대체로 1930년대에 쓰인 것으로 그가 죽은 뒤 유고 속에서 발견된 것이다. 그것을 우베 욘손이 편집해서 1965년에 『메티, 전환의 서』(*Me-ti, Buch der Wendungen*)라는 제목으로 출판했다. 에슬린은 이 책의 제목을 "우여곡절의 책"(Book of Twists and Turns)이라고 적당하게 번역했다.

44) 제3막 제7장 가운데 제니가 부르는 노래다. 현명한 솔로몬, 아름다운 클레오파트라, 용감한 카이사르, 그리고 인색하지 않은 매키스를 소개한다. 여기서 브레히트는 제니의 입을 통해 자신이 현명하기를 열망한다는 의도를 밝힌다-옮긴이.

쳤으며 언어는 연설의 성낸 목소리로 울렸다. (초기의 시「죽은 병사의 전설」—의무부대 군의관이 묘지에서 끌어내 복무하라고 판정을 내린 죽은 병사에 관한 전설 — 은 전쟁 말기의 징병제에 대한 대중적 논평인 「사람들은 시체를 파고 있다」Man gräbt die Toten aus는 기사에 영향을 받아 지은 시이며, 제1차 세계대전을 소재로 하고 있는 기억할 만한 유일한 시다.)45) 그러나 초기의 시작(詩作)에 결정적으로 영향을 미친 것은 전쟁 그 자체라기보다는 윙거(Ernst Jünger)의 『강철의 폭풍』(Stahlgewitter)46)에서도 묘사하고 있듯이 전쟁으로 나타난 세계였다. 이 세계는 하나의 특성을 갖추고 있었는데 아무도 그것을 거론하지 않았다. 다만 사르트르(Sartre)만이 제2차 세계대전 이후 이를 다음과 같이 정확하게 묘사하고 있다. "도구가 부서져 사용할 수 없고, 계획은 중단되고 노력은 무의미하게 되었을 때 세계는 공허 속에서 궤도 없이 멈추고 어린아이처럼 무섭게 새로운 모습으로 나타난다."47) (독일의 1920년대는 프랑스의 1940-50년대와 많은 공통점을 지니고 있다. 제1차 세계대전 후 독일에서 일어난 현상은 전통 붕괴, 즉 기정의 사실이고 정치적 현실이며 반환점 없는 지점으로 인정되어야 하는 붕괴다. 전통 붕괴는 25년 뒤 프랑스에서 일어난 현상이다. 전통 붕괴는 정치적으로 국민국가의 쇠퇴와 몰락이고, 사회적으로는 계급제도에서 대중사회로의 변혁이며, 정신적으로는 허무주의의 대두였다. 오랜 세월 동안 몇몇 사람의 관심사에 지나지 않던 허무주의가 어느 날 갑자기 대중현상이 되어버린 것이다.) 브레히트의 눈에 비치듯이 4년간의 파괴

---

45) 「죽은 병사에 관한 전설」(Die Legende vom toten Soldaten), 『시집』 제1권.
46) 윙거(1895-1998)는 독일 작가다. 『강철의 폭풍』은 제1차 세계대전 당시 자신의 경험을 기록한 회고록이다. 그는 외견상 제약을 가하지 않고 자신의 경험을 설명하고 있을 뿐만 아니라 진지전을 도식적으로 설명하고 있다-옮긴이.
47) 사르트르의 『문학이란 무엇인가?』에서 인용한 문구다-옮긴이.

는 세계를 말끔히 씻어버렸으며, 그 폭풍은 모든 인간의 흔적, 즉 문화적 대상과 도덕적 가치 — 확고한 평가기준 및 도덕적 행위를 위한 견고한 안내 표지뿐만 아니라 확고한 일상적 사유의 표준 등 — 를 포함하여 사람들이 지킬 수 있었던 모든 것을 휩쓸어 갔다. 세계는 어느덧 창조의 날처럼 순수하고 새롭게 보였다. 요소들의 순수성, 하늘과 땅, 인간과 동물, 생명 자체의 간결성 이외는 아무것도 남아 있는 것 같지 않게 보였다. 따라서 젊은 시인이 사랑했던 것은 생명 그 자체였으며, 사랑은 존재하기 때문에 대지가 부여해야 하는 모든 것이었다. 그리고 전후 세계의 순진하고 소름 끼치는 신선함은 브레히트의 초기 시에 등장하는 주인공들의 끔찍한 결백에 반영되고 있다. 그 주인공들은 바로 해적, 모험가, 영아 살해범, "사랑받는 돼지 말쿠스(Malchus)", 부모를 쳐 죽이고 "야생 백합"처럼 살아가는 야콥 아펠뵈크다.[48]

생명에 대한 환희와 감사

브레히트는 깨끗이 청소되어 새로워진 이 세계 속에서 우선 안주했다. 그를 분류한다면, 그는 기질이나 성향 면에서는 무정부주의자라고 말할 수 있다. 그러나 동세대 사람들 가운데 독일의 벤(Gottfried Benn), 프랑스의 셀린(Louis-Ferdinand Céline)으로 대표되는, 죽음에 대한 병적인 매력과 퇴폐를 강조하는 학파의 모습을 그에게서 찾는다는 것은 완전히 잘못된 것이다. 브레히트의 작중인물들, 예컨대 모든 것을 평화로 감싸는 자연의 거대한 황야로 끌려 들어가기까지 강을 서서히 떠내려가는 자신의 익사하는 여자 자식들, 자신의 발에 묶

---

48) 이 모든 것은 『가정용 설교집』에 있으며, 현재는 『시집』 제1권에 수록되어 있다.

여서 죽음에까지 끌려가는 마쩨파(Mazeppa)는 죽음과 파괴를 기꺼이 받아들일 정도로 생명을 사랑하고 하늘과 땅이 마련해준 것을 사랑한다. 「마쩨파의 담시」[49]의 마지막 두 연은 독일 시 가운데서 진정 불멸의 시행들에 속한다.

Drei Tage, dann musste alles sich zeigen:
Erde gibt Schweigen und Himmel gibt Ruh.
Einer ritt aus mit dem, was ihm zu eigen:
Mit Erde und Pferd, mit Langmut und Schweigen
Dann kamen noch Himmel und Geier dazu.

Drei Tage lang ritt er durch Abend und Morgen
Bis er alt genug war, dass er nicht mehr litt
Als er gerettet ins grosse Geborgen
Todmüd in die ewige Ruhe einritt.

이러한 시행들에 대한 벤틀리의 번역은 나로서는 부적당하다고 생각되지만, 나도 이 시행들을 정확하게 번역할 수는 없다. 이 시행들은 3일간 말을 타다가 죽음으로 끝나는, 즉 대지의 선물인 침묵으로, 하늘의 선물인 안식으로 끝난다는 것을 들려주고 있다. "한 사람은 자신의 것을 대부분 지닌 채 견뎌냈다. 그는 대지와 말[馬]과 함께 인내와 침묵으로 견뎌내고 이후 독수리와 하늘에 합류했다. 그는 사흘 동안 밤낮으로 말을 달려 더 이상 고통을 받지 않을 만큼 늙게 되었다. 그때 그는 구원받고 죽음을 맞으면서 일류의 주거지인 영원의 안식

---

49) 같은 책.

처로 들어갔다." 이 죽음의 노래에는 장엄하고 의기양양한 생명력이
보인다. 이 생명력은 『서푼짜리 오페라』가 지닌 서정적 냉소주의와
풍자 속에서 사람을 즐겁게 해주는 감정이며, 살아 있다는 것이 즐거
움이라는 감정이고, 모든 것을 재미있게 하는 것이 살아 있다는 표시
라는 감정이다. 브레히트가 비용(Villon)의 시를 멋대로 독일어로 번
역했던 것도 전혀 이것과 무관한 일은 아니었다. 독일법에 따르면 불
행히도 그것은 표절이었다. 그는 세계사랑, 하늘과 땅에 대한 감사의
마음, 그리고 태어나서 산다는 단순한 사실에 대한 감사의 마음을 똑
같이 찬양하고 있다. 나는 비용도 표절에 신경 쓰지 않았을 것이라고
확신한다.

우리의 전통에 따르면 하늘과 땅을 이처럼 부주의하고 느긋하며
무모하게 사랑하는 신은 페니키아인의 위대한 우상인 바알(Baal)이
다. 그는 대주가들·대식가들·간음자들의 신이다. 젊은 브레히트는
『바알』의 서곡 「위대한(Grosse, the Man) 바알의 찬가」에서 "그렇다.
이 행성은 바알을 즐겁게 해준다. 다른 행성이 없기 때문이라면 말이
다"라고 말한다. 이 서곡의 첫 연과 끝 연을 하나로 합쳐 생각하면 이
연들은 아주 훌륭하다.

바알이 하얀 어머니의 몸속에서 자라날 때
하늘은 그토록 공활하고 조용하며 희미하게 빛나고
어리고 발가벗어 끔찍하게 경이로웠다.
바알은 하늘을 사랑했다. 그가 이 세상에 왔을 때.

바알이 대지의 어두운 품에서 썩어갈 때
하늘은 여전히 공활하고 조용하며 희미하게 빛나고
어리고 발가벗어 끔찍하게 아름다웠다.

바알은 언젠가 그 모습을 사랑했다. 그가 이 세상에 있었을 때.[50]

여기서 다시 중요한 것은 하늘이다. 이 하늘은 인간이 존재하기 이전에 존재했고 인간이 사라진 이후에도 존재할 하늘이다. 따라서 인간이 할 수 있는 최상의 것은 잠시나마 자신의 것이 되어 있는 것을 사랑하는 일이다. 내가 만약 문학평론가라면 나는 브레히트의 시들, 특히 매우 아름다운 몇 편의 연애시에서 하늘이 차지하는 중요한 역할에 대해 언급하기 위해 이곳에서 좀더 나가야 한다. 「마리 A에 대한 회상」[51]에서 표현되는 사랑은 여름 하늘의 순결하기까지 한 푸른 빛을 배경으로 잠시 피어오르다가 바람과 함께 사라지는 순백의 작은 구름이다. 『마하고니시의 홍망』에서 사랑은 구름과 함께 하늘을 선회하는 두루미들의 비행이며, 잠시 떠도는 동안 두루미와 구름은 아름다운 하늘을 함께 한다.[52] 확실히 이 세계에는 영원한 사랑도 없고, 일상적 성실함마저 존재하지 않는다. 다만 순간의 강렬함, 즉 인간 그 자체보다 약간 더 사라지기 쉬운 열정만 존재할 뿐이다.

바알은 어떤 사회 질서의 신이 될 수는 없다. 그가 지배하는 왕국에는 사회에서 쫓겨난 사람들이 살고 있다. 그들은 문명 밖에 살고 있기 때문에 장엄한 무관심으로 떠올랐다가 가라앉으며 모든 살아 있는 창조물을 비추는 태양과 훨씬 더 강하고 진정한 관계를 유지하고 있는 국외자들(pariahs)이다. 예컨대 「해적들의 담시」(Ballade von den Seeräubern)가 있다.[53] 거칠고 술에 취하며 죄를 짓고 욕지거리

---

50) 「위대한 바알의 찬가」(Der Choral vom Grossen Baal), 같은 책.

51) 「마리 A에 대한 회상」(Erinnerung an die Marie A), 『시집』 제1권.

52) 「연인들」(Die Liebenden), 『시집』 제2권.

53) 「해적들의 담시」(Ballade von den Seeräubern), 『가정용 설교집』과 『시집』 제1권.

하며 파괴에 광분하는 사람들이 배 안에 있다. 그들은 난파된 배 위에서 독한 화주, 어둠, 일찍이 없었던 억수에 미쳐 날뛰며, 더위와 추위로 병들고, 모든 비바람 앞에서 속수무책인 채 파멸로 돌진하고 있다. 이어서 후렴이 뒤따른다. "아아 하늘, 밝게 빛나는 창공이여! 돛에 몰아치는 거대한 바람이여! 바람과 하늘을 날아가게 하라! 세인트메리호의 주변 바다만 남겨두라!"

Von Branntwein toll und Finsternissen!

Von unerhörten Güssen naß!

Vom Frost eisweisser Nacht zerrissen!

Im Mastkorb, von Gesichten blaß!

Von Sonne nackt gebrannt und krank!

(Die hatten sie im Winter lieb)

Aus Hunger, Fieber und Gestank

Sang alles, was noch übrig blieb:

O Himmel, strahlender Azur!

Enormer Wind, die Segel bläh!

Laßt Wind und Himmel fahren! Nur

Laßt uns um Sankt Marie die See!

나는 이 담시의 첫 번째 연─브레히트가 곡을 붙인 일종의 단조로운 가락의 시가로 낭송하고자 했다─을 선정했다. 이 연은 생명의 찬가에 매우 뚜렷한 하나의 요소, 즉 브레히트의 작품에 등장하는 모험가들과 쫓겨난 사람들 모두에게 중요한 소름 끼치는 자존심, 전적으로 태평스러운 사람들의 자존심을 분명히 보여주고 있기 때문이다. 이들은 자연의 파멸적인 힘에만 굴복하겠지만 존경할 만한 영혼의 더 중요한 고뇌는 차치하더라도 존경할 만한 삶의 일상적 고뇌에는 결코 굴복하지 않는다. 브레히트가 태어날 때부터 지녔을 철학은 그가 훗날 마르크스나 레닌으로부터 차용한 교의와는 대조적으로 모두『신앙기도서』에 잘 나타나 있다. 그의 철학이 명백히 소개된 두 편의 시는 「추수감사절의 대찬가」, 그리고 뒷날『마하고니시의 흥망』에 수록한 「유혹에 대하여」다. 「대찬가」는 독일의 어린아이라면 누구나 외우는 네안더(Joachim Neander)의 바로크조의 장엄한 교회 찬가 「주를 찬미하소서」(Lobe den Herren)의 정확한 모작이다. 브레히트 작품의 제5연과 마지막 연은 다음과 같다.

찬양하라. 그 추위와 어둠과 파멸을!
하늘을 쳐다보라.
문제될 것은 없으니
고통 없이 죽을 것이다.[54]

「유혹에 대하여」는 죽음을 대신한 삶이 아니고 죽음 때문에 삶을 찬미한 5행 4연의 시다.

너희들 그들을 유혹하지 마라.
삶의 회귀는 없는 것
낮은 문가에 와 있고
밤바람은 창가에 분다.

---

[54] 「추수감사절의 대찬가」(Grosser Dankchoral), 같은 책. 영역본『신앙기도서』라는 제목 아래 에릭 벤틀리의『가정용 설교집』번역본에 대한 휴고 슈미트의 주석에 따르면 "찬미하라, 전능하신 창조주를"이라는 영어 번역은 장로파 교회의 찬미가로 알려져 있다.

아침은 다시 오지 않는다.

어떤 공포가 당신을 엄습할 것인가
너희들은 모든 동물들과 함께 죽으며
그리고 남은 것은 아무것도 없다.[55]

니체가 말하는 "신의 죽음"이 필연적으로 절망으로 바뀌지 않고 오히려 반대로 그것이 지옥의 공포를 해소시키기 때문에 순수한 환희, 삶에 대한 새로운 "긍정"으로 귀결된다는 그러한 명료한 이해는 현대 문학 어디서도 나타나지 않는 것 같다. 어느 정도 비교할 만한 두 구절이 머리에 떠오른다. 도스토옙스키가 쓴 구절에서 악마는 거의 똑같은 의미로 이반 카라마조프에게 말한다. "모든 인간은 자신이 부활하지 못한 채 완전히 죽으리라는 것을 알 것이다. 그래서 그들은 신처럼 죽음을 자랑스럽고 조용하게 받아들일 것이다." 또 다른 구절은 스윈번(Algernon Swinburne)이 표시한 감사의 글이다.[56]

---

55) 「유혹에 대하여」(Gegen Verführung), 같은 책. "Do not let them tempt you! There is no recurrence of life. Day stands in the doors; the night wind blows through them; there will be no morrow. ... How can fear still touch you? You die together with all animals, and there will be nothing thereafter."

56) 스윈번(1837-1909)의 시 「프로세르핀의 정원」(The Garden of Proserpine)의 일부 구절이다. 『시와 발라드』(Poems and Ballads) 제1권(London: Heinemann, 1917)에 수록되어 있다. 앞의 세 구절은 다음과 같다. "삶을 너무나 사랑하기에(From too much love of living)/ 희망과 공포에서 해방되었기에(From hope and fear set free)/ 우리는 잠깐의 추수감사로 감사한다(We thank with brief thanksgiving). 그의 주요 작품으로는 그리스풍의 시극 『캘리던의 애틀랜타』(Atlanta in Calydon), 영국의 속물주의에 대한 반항을 표시한 『시와 발라드』, 그리고 이탈리아 독립운동에 자극을 받아 쓴 『일출 전의 노래』(Songs before Sunrise) 등이 있다.

신들이 아무리 존재하더라도
어떤 생명도 영원히 살 수 없으며
죽은 사람은 결코 일어나지 않으며
아주 기진맥진 흐르는 강이라 해도
조용히 흘러 안전하게 바다에 이른다.

그러나 도스토옙스키의 경우 사유란 악마의 영감이며, 스윈번의 경우 사유란 피로, 즉 누구나 두 번 다시 체험하고 싶지 않을 것인 인생의 거부로 고취된다. 브레히트의 경우 신과 내세의 부재에 대한 생각은 불안이 아닌 공포로부터의 해방을 의미한다. 그리고 브레히트는 가톨릭 환경에서 자랐기 때문에 문제의 이러한 측면을 아주 순조롭게 파악했을 것이다. 그는 어떤 것이 천국에 대한 희망과 지옥에 대한 두려움을 갖고 지구에서 삶을 영위하는 것보다 더 좋은가를 분명히 생각했다. 그 자신의 내면에서 종교에 반항하는 것은 의혹도 아니고 욕구도 아니고 자존심이었다. 종교를 격렬하게 부정하고 지구의 신인 바알을 찬미하는 그의 내면에는 거의 격정적인 감사의 마음이 존재한다. 그가 말하는 바와 같이 생명보다 위대한 것은 존재하지 않으며 그 이상의 어떤 것도 우리에게는 주어지지 않는다. 사람들은 허무주의를 지향하는 당시의 풍조나 그에 대한 반발에서 그러한 감사의 마음을 거의 마주치지 못할 것이다.

그러나 브레히트의 초기 시에는 허무주의적 요소들이 나타난다. 어느 누구도 브레히트 자신보다 그러한 요소들을 더 잘 알고 있지 못했다. 사후에 출간된 시들 가운데 「후손들에게」(Der Nachgeborene 또는 The Latecomer)라는 제목의 시 몇 행은 논의 전체가 보여줄 수 있는 것보다 훨씬 더 훌륭하게 허무주의의 요점을 말하고 있다. "나에게는 확실히 희망이 없다. 맹인들은 탈출구에 대해 이야기하고 있다. 나는 안다. 모든 잘못이 비판받게 되면 책상 저편의 마지막 동료인 무(無)만 우리에게 남을 것이다."[57] 브레히트의 유일한 허무주의적 희곡『마하고니시의 흥망』은 그 자신의 궁극적인 잘못, 즉 인생이 부여한 것 ─ 먹고 마시고 간음하며 구타하는 것과 같은 커다란 즐거움 ─ 이 충분할 수 있다는 잘못을 다루고 있다. 이 도시는 금광꾼들이 모여서 다만 즐거움을 찾기 위한 목적, 인간의 행복을 만족시키려고 세운 도시다. "무엇보다도 이곳에서는 모든 게 허용된다는 것을 알라" (*Vor allem aber achtet scharf/Daß man hier alles dürfen darf*)는 말이 이 도시의 슬로건이다. 이 도시가 몰락한 두 가지 이유가 있다. 더 명백한 이유는 모든 것이 허용되는 이 도시에서도 자신의 빚을 갚을 돈을 갖고 있지 않는 게 허용되지 않는다는 사실이다. 이 평범한 슬로건 배후에는 두 번째 이유가 있다. 즉 이 환락의 도시는 상상할 수 있는 가장 지루한 권태를 만들어냄으로써 종말을 고한다는 통찰이다. 이 도시는 "아무것도 일어나지 않는" 곳이며, 아무 일도 할 것이 없다면 "왜 나는 내 목을 내놓지 않겠는가?"라는 노래를 부를 수 있는 곳이기 때문이다.[58]

따라서 권태는 시인이 세계와 첫 번째 대면에서 발생한 결과, 즉 생명을 찬미하고 환희에 취한 신비로운 시대의 종말이었다. 그 시인은 그때까지 땅과 하늘과 나무만 사랑하면서 모든 도시, 즉 정글들[59]

---

57)『시집』제2권.

58) 출처는 「마하고니시의 흥망」이다. 현재 이 글은『저작집』(*Stücke*, 1927-33) 제3권에 수록되어 있다.

59) 브레히트는 1921년 겨울에서 1922년 사이에『정글 속에서』(*Im Dickicht*)라는 극작품을 완성했다. 1927년에『도시의 정글 속에서』(*Im Dickicht der Stadte*)로 개작했다. 현대사회에서 소외되고 고립된 개개인은 소통수단으로 '투쟁'을 한다. 이렇듯 브레히트는 투쟁이 벌어지는 비인간적 현대도시를 '정글'이라고 부른다. 브레히트, 정초왕 옮김,『도시의 정글 속에서』, 성균관대출판부,

에 대해 몽상하고, 모든 대륙과 일곱 개의 바다에 대해 몽상하고 한때 유럽의 대도시들 가운데 한 도시라는 정글을 무중력상태(즉 가뿐한 마음)로 떠돌아다녔다. 1920년대가 끝나갈 무렵 그는 시적이지 않고 인간적으로 표현해 이러한 무중력상태(가뿐한 행동) 때문에 자신이 무관심하다는 비난을 받고 있다는 사실 — 즉 세계는 은유적으로만 정글이지만 실제로는 전쟁터였다는 것 — 을 깨닫기 시작했음이 틀림없다.

작품의 모티브: 동정심과 개종

가난한 사람들에 대한 동정심

브레히트가 현실에 다시 관심을 갖고 시작(詩作)을 거의 중단한 계기는 동정심이었다. 굶주림이 만연했을 때 그는 굶주리는 자들과 함께 반항했다. "나는 듣고 있다. 당신들은 먹고 마신다 — 당신들은 얼마나 즐거운가! 그러나 나는 굶주리는 사람으로부터 음식을 훔치고, 목말라 죽어가는 사람이 나의 물 한 잔을 필요로 할 때 어떻게 먹고 마실 수 있는가?"[60] 동정심은 분명히 브레히트의 정념 가운데 가장 격렬하고 가장 근원적인 것이었다. 그는 동정심을 애써 숨기려 했지만 숨기는 데 별로 성공하지는 못했다. 동정심은 그가 쓴 모든 희곡

1999를 참조할 것. 책 서언은 다음과 같은 말로 시작된다. "여러분은 1912년 시카고라는 도시에 계십니다. 여러분은 두 인간의 수수께끼 같은 격투를 보시게 되며, 사바나에서 대도시의 정글 속으로 온 한 가족의 몰락에 동참하시게 됩니다. 투쟁의 동기들이 뭘까 골머리를 썩히실 건 없습니다. 그저 신명을 다 바치는 이 싸움을 함께 하시면서, 맞수들의 투쟁방식을 공정하게 평가해 보시기 바랍니다. 그리고 끝마무리에 관심을 기울여주십시오."-옮긴이.

60) 「후손들에게」, 앞의 책.

작품에 빛나고 있다. 『서푼짜리 오페라』의 구절에 드러나는 냉소적인 우스갯소리 가운데에도 강렬하고 비난하는 소리가 들린다.

우선 가난한 사람이 먼저 삶이라는 큰 빵에서
자신들의 조각을 자르는 것은 가능할 것이다.[61]

그리고 조롱조로 부른 노래 속에도 그의 중심 주제는 끝까지 유지됐다.

착한 사람이여! 그대, 누가 그것을 바라지 않겠는가?
그대 재산을 가난한 사람들에게 줄지어다. 왜 그러지 않겠는가?
모두가 착해질 때 주님의 나라도 멀지 않을지니
누가 주님의 빛을 기쁜 마음으로 받지 않겠는가?[62]

중심 주제는 세계 속에서, 그리고 선 자체(the goodness)를 불가능하고 자멸적이게 만드는 환경 아래서 선해지려는 격렬한 유혹이었다. 브레히트의 희곡 속에서 극적인 갈등은 거의 비슷하다. 동정심 때문에 유발되어 세계를 변화시키려는 사람들은 선해질 수 없다. 브레히트는 본능적으로 혁명사가들이 일관되게 보지 못했던 것을 발견했다. 즉 로베스피에르(Robespierre)로부터 레닌에 이르기까지 근

---

61) "First it must be possible even for poor people to cut their slice from the great bread of life." 『시집』제2권.

62) "To be good I Yes, who wouldn't want that? To give your possessions to the poor, why not? When all are good His kingdom is not far. Who wouldn't sit with pleasure in His light?" 「인간관계의 불확실성에 대하여」(Über die Unsicherheit menschlicher Verhältnisse), 같은 책.

대의 혁명가들은 동정이란 정념, 로베스피에르의 동정적인 열정(le zèle compatissant)에 사로잡혔다. 로베스피에르는 "약한 자"(les hommes faibles)와 "가난한 자"(les malheureux)에 대한 이러한 강력한 유인을 공개적으로 인정할 정도로 여전히 아주 순수했다. 브레히트의 암호화된 언어적 표현인 "고전적 대가", 즉 마르크스·엥겔스·레닌은 "모든 사람들 가운데 동정심이 가장 강한 사람들이었다." 이들은 다른 "무지한 사람들"과 달리 동정이라는 감정을 분노의 감정으로 "전환시키는" 법을 알았다. 그들이 이해했듯이 "연민은 사람들이 도우려 하지 않는 사람들을 그들이 거부하지 않는 것이다."[63] 따라서 브레히트는 아마도 그것을 알지 못한 채 마키아벨리(Machiavelli)가 "선하지 않는 방법"을 배워야 하는 군주와 정치가에게 제시한 교훈에 담긴 지혜를 확신하게 되었다. 그리고 로베스피에르는 선 자체에 대해 세련되면서도 외견상 애매한 태도를 마키아벨리와 함께 공유한다. 이러한 태도는 브레히트 자신이나 선구자의 경우에도 단순하면서도 학구적인 수많은 오해를 불러일으켜 왔다.

"선하지 않는 법"은 시카고 구세군의 소녀를 소재로 한 초기의 놀랄 만한 희곡『도살장의 성녀 요한나』(St. Joan of the Stockyards)의 주제다. 이 소녀는 사람들이 세계를 떠나가 버리는 날 자기 자신이 선해지는 것보다도 자기 자신 뒤에 보다 좋은 세계를 남기는 쪽이 더 의미 있는 일임을 배워야만 했다. 정결함·대담함·순수함이라는 측면에서 볼 때 브레히트 희곡의 요한나는『시몬 마샤르의 꿈』(The Visions of Simone Machard)의 시몬, 즉 독일 점령 아래서 잔다르크(Jeanne d'Arc)를 꿈꾸는 소녀,『코카서스의 백묵원』(The Caucasian Chalk Circle)의 소녀 그루셰(Grusche)와 같은 위치를 차지한다.『코카서스의 백

---

63)『메티, 전환의 서』에서 인용.

묵원』에서 자비의 전반적인 난관은 다음과 같이 묘사되고 있다. "선해지려는 유혹은 무시무시하다." 그 유혹은 유인에서 거의 저지할 수 없고, 결과에서 위험스럽고 의심스러우나(누가 갑자기 행해진 것으로부터 발생하는 일련의 사건을 알 것인가! 단순한 몸짓이 보다 중요한 과업에서 그를 손 떼게 할 수 있을 것인가?) 또한 생존문제나 세계를 구원하는 데 너무나 바쁘기에 그 유혹을 거부하는 사람에게도 돌이킬 수 없을 정도로 무시무시하다. "도움 요청에 귀를 기울이지 않지만 귀를 다른 데로 돌린 채 지나가는 소녀는 연인의 부드러운 소리, 새벽녘 흑조의 소리, 안젤루스의 종소리가 울릴 때 피곤한 포도주 양주 업자의 행복한 한숨 소리를 결코 다시 듣지 못할 것이다."[64] 이러한 유혹에 굴복해야 하는가 아닌가의 문제, 그리고 선해지는 것이 불가피하게 야기할 갈등을 어떻게 해결해야 하는가의 문제는 브레히트 희곡에서 되풀이되는 주제다.『코카서스의 백묵원』에서 소녀 그루셰는 이 유혹에 넘어가고, 매사는 잘 끝나 버린다.『쓰촨의 선인』(*The Good Woman of Setzuan*)에서 문제는 두 개의 역할을 설정함으로써 해결된다. 즉 선해질 수 없을 만큼 가난하고 정말로 연민의 정을 보여줄 수 없는 여자는 한때 억척스러운 사업가가 되어서 사람들을 부리고 착취해서 많은 돈을 모으지만 만년에 한때 번 돈을 바로 같은 사람들에게 주어버린다. 이것은 실천적인 해결이었고, 브레히트는 매우 실천적인 사람이었다. 이러한 주제는 (브레히트 자신의 해석에도 불구하고)『억척스런 어멈』(*Mother Courage*)에서도『갈릴레오의 생애』에서도 나타난다. 그리고 우리는 영화 대본『서푼짜리 오페라』의 마지막 노래의 마지막 연을 읽게 될 때 이러한 열정적인 동정의 진정성에 대한 마지막 의혹은 사라지게 된다.

---

64) 1944-45년에 쓰였으며,『저작집』제10권에 수록된『코카서스의 백묵원』.

어떤 사람들은 어둠 속에 있는 반면
다른 사람들은 빛 속에 있다.
그리고 당신은 빛 속에 있는 사람들을 볼 수 있지만
어둠 속에 있는 사람들은 보이지 않는다.[65]

가난한 사람들의 거대한 흐름이 노도처럼 처음으로 유럽의 거리에 흘러넘쳤던 프랑스 혁명 이후에도 브레히트처럼 동정심에서 행동했거나 수치심 때문에 과학적 이론이나 냉철한 웅변술로 자신들의 동정심을 숨겼던 혁명가들이 많다. 그러나 가난한 사람들의 고통이 어둠 속에 남아 있고 인류의 기억 속에 기록되지도 않았다는 사실 때문에 가난한 사람들의 상처받은 삶에 덧붙여진 모욕을 이해했던 혁명가들은 소수였다.

민중의 위대한 파산의 교사는 투쟁에 참가해서
피지배계급의 역사를 지배계급의 역사에 덧붙인다.[66]

이 시는 브레히트가 「공산당 선언」을 기묘한 바로크풍의 시적 형태로 어떻게 표현하고 있는가를 보여주고 있다. 그는 이 시를 루크레티우스(Titus Lucretius Carus)의 『사물의 본성에 관하여』(On the Nature of Things)[67]를 모델로 한 긴 교훈시 「인간의 본성에 관하여」의

---

65) "For some are in darkness, and others stand in the light. And you see those in the light, those in darkness are not seen." 『시집』 제2권.

66) "The great subversive teachers of the people, participating in its struggle, add the history of the ruled class to that of the ruling classes." 「선언」(Das Manifest), 『시집』 제6권.

67) 로마 시대 유물론 철학자 루크레티우스(BC 94?-BC 55?)가 에피쿠르스를 찬미하고 원자론적 합리주의를 운문으로 쓴 6권의 철학시다-옮긴이.

일부로 계획한 것이지만, 이 시는 거의 실패작이다. 어쨌든 그는 가난한 사람들의 고통뿐만 아니라 미천한 신세를 이해했고 이에 대해 분개했다. 그는 애덤스(John Adams)처럼 가난한 사람을 보이지 않는 사람이라고 생각했다. 그리고 그는 아마도 연민이나 수치심보다 더한 분노 때문에 사태가 바뀌는 날을 기대하기 시작했다. "가난한 사람은 대지의 힘이다"(*Les malheureux sont la puissance de la terre*)[68]라는 생-쥐스트(Saint-Just)의 말은 이때에 진실이 되었을 것이다.

더욱이 브레히트는 학대받고 억압받는 사람들과의 유대감 때문에 담시 형식의 시를 아주 많이 썼다. (그는 20세기의 다른 거장들, 예컨대 오든과 마찬가지로 과거의 시 장르에서 신진 시인의 능력을 지녔으며, 따라서 자유롭게 선택했다.) 민요와 거리의 노래에서 발전하고, 부엌의 하녀가 부정한 연인들과 본의 아닌 영아 살해자들 ─ "슬픔으로 단지 고통받는 살인자들"(*Die Mörder, denen viel Leides geschah*) ─ 을 탄식한 끊임없는 시연에서 발전한 흑인 영가와 다르지 않은 담시는 항상 기록되지 않은 시의 기질, 예술형식이었기 때문이다. 무명과 망각의 신세인 사람들은 이러한 예술형식으로 자신들의 경력을 기록하고 자신들의 시적 불멸성을 창조하고자 시도했다. 말할 필요도 없이 민요는 브레히트 이전의 독일어로 쓰인 위대한 시작(詩作)에 커다란 자극을 주었다. 하녀들의 목소리는 뫼리케(Mörike)에서부터 청년 시절 호프만슈탈에 이르기까지 가장 아름다운 독일 노래들의 일부를 통해 울려 퍼졌으며, 브레히트 이전 장타령 노래(Moritat)[69]의 거장

---

68) 아렌트는 자신의 저서 『혁명론』 제2장 「사회문제」의 제사로 사용하고 있다-옮긴이.

69) Moritat('mori'는 '따분한'이란 뜻이고, 'tat'는 행위란 뜻의 합성어이며, 장타령 노래임). 모리타트는 방랑하는 음유시인이 부르는 살인 담시의 중세적 변형이다. 『서푼짜리 오페라』에서 메키 메서의 거리 발라드(Moritat Mackie

은 베데킨트(Frank Wedekind)였다. 시인이 이야기꾼이 되는 담시는 실러(Schiller)와 그 전후의 시인들을 포함한 위대한 선구자들을 갖고 있으며 이들에 힘입어 그 본래적 미숙함과 함께 통속성을 많이 상실 했다. 그러나 브레히트 이전의 어떤 시인들도 이러한 통속적 형식에 그처럼 일관되게 집착하지 못했으며 그러한 작품에 위대한 시작이 라는 지위를 성공적으로 부여하지 못했다.

브레히트의 개종과 '조치'

우리가 이러한 것들 — 무중력성, 중력보다는 현대 세계의 환경 내 에서 적합한 중심(重心)에 대한 열망, 아울러 동정심, 즉 다른 사람 의 고통을 보고 견디지 못하는 자연스러운 능력, 또는 브레히트의 표 현대로 그러한 동물적 능력 — 을 함께 모을 때 공산당에 동조하겠 다는 그의 결정은 당시 상황 아래서 이해하기 쉽다. 브레히트에 관한 한 이러한 결정의 주요 요인은 공산당이 불행한 사람들의 주장을 자 신의 것으로 삼을 뿐만 아니라 모든 생활에 맞추어 참고할 수 있으 며 성서처럼 인용할 수 있는 저술 체계를 갖추고 있다는 것이었다. 이것은 브레히트에게 가장 큰 기쁨이었다. 그는 이런 유의 책들을 읽 기 오래전에 — 그의 새로운 동지의 참여와 함께 — "고전"으로서 마 르크스, 엥겔스 그리고 레닌의 저작에 대해 언급하기 시작했다.[70] 그 러나 그는 동정심이 현실로서 자신에게 미리 보여주었던 것을 공산

Messer)로 드라마를 시작하고 끝을 맺는다. 이것은 쿠르트 바일이 브레히트 의 서정시를 노래로 작곡한 것이다-옮긴이.

70) 베냐민, 앞의 책. 사람들은 브레히트가 의문을 지니고 있었다는 것을 기쁘게 읽고 있다. 그는 마르크주의 이론가를 성직자(Pfaffen)와 비교하고 있는데, 자 신의 할머니로부터 물려받은 마음속 깊이 뿌리박힌 증오감을 갖고 성직자를 싫어했다. 마르크스주의자들은 성직자들과 마찬가지로 언제나 도당을 짓는 다. "마르크스주의는 너무나 많은 해석의 기회를 제공한다."

당 때문에 매일 마주치게 되었다. 이것이 그에게는 중요한 것이었다. 그 현실이란 바로 이 눈물의 계곡에서 나타나는 어둠과 매서운 추위였다.

울음소리가 울리는 이 계곡의 어둠과 매서운 추위를 생각하라.[71]

이때부터 그는 자신의 목을 내놓을 필요가 없었다. 무언가 할 일이 있었기 때문이다.

이것은 물론 그의 말썽과 우리와 그 사이의 말썽이 시작되는 곳이다. 그는 나쁜 세계를 좋은 세계로 바꾸기 위해서는 "선하지 않은 것"만으로 충분치 않고 스스로 악해져야 된다는 사실, 천한 것을 근절하기 위해서는 스스로 천해야 한다는 사실을 알기 전에는 공산당에 거의 가담하지 않았다. "당신은 누구인가? 오물에 빠져라, 도살자를 포용하라, 그러나 세계를 변화시켜라, 세계는 변화를 필요로 한다." 트로츠키(Trotsky)는 망명 중에도 이렇게 선언했다. "우리는 다만 당과 함께, 그리고 당을 통해서만 정당하다. 역사는 다른 정당한 방법도 제공하지 않았기 때문이다." 브레히트는 이 말을 보다 세련되게 고쳐 놓았다. "한 사람은 두 개의 눈, 당은 1천 개의 눈을 가졌다. 당은 일곱 나라를 보고 한 사람은 하나의 도시를 본다. ……한 사람은 사라지지만 당은 사라지지 않는다. 왜냐하면 ……당은 현실의 지식에서 도출된 고전의 방법을 가지고 투쟁을 인도하기 때문이

---

71) "Think of the darkness and the great cold in this valley that rings with wails." 『서푼짜리 오페라』의 「마지막 합창」(Schlusschoral), 『시집』 제2권.
노래의 전문은 다음과 같다. 불의를 그렇게 박해하지 말아요. 곧/ 저절로 얼어 죽을 테니, 날씨가 너무 춥거든요./ 어둠과 지독한 추위를 생각해 봐요./ 비탄의 소리가 울려 퍼지는 골짜기에서—옮긴이.

다."[72] 브레히트의 개종은 성찰에서 나타나는 것과 같이 단순하지 않았다. 심지어 그의 가장 전투적인 시구 속에 슬며시 끼어드는 모순과 이설(異說)이 엉켜 있었다. "어느 누구도 당신을 무언가로 설득시키게 하지 말고, 스스로 찾아라. 당신은 당신 자신이 알지 못하는 것을 알지 못한다. 영수증을 조사하라, 당신은 그것을 지불해야 할 것이다."[73] (당은 내가 볼 수 없는 것을 볼 수 있는 1천 개의 눈을 가지지 않았던가? 나는 다만 내가 살고 있는 이 도시만 알 수 있지만 당은 일곱 개의 도시를 알고 있지 않는가?) 그렇지만 이런 것은 예외에 지나지 않았다. 공산당이 당원의 숙청을 시작했을 때—스탈린이 제16차 전당대회에서 좌우 반대파의 숙청을 천명한 후인 1929년—브레히트는 공산당이 당시 직접 필요로 하는 것은 자신들의 동지와 무고한 사람들의 살해에 대한 변명이었다고 생각했다. 그는 『조치』(*Measure Taken*)[74]에서 불의에 격분해 구원을 요청한 사람들, 무고한 사람, 선한 사람, 인간적인 사람이 어떻게 그리고 어떤 이유로 살해되는가를 보여주고 있다. 조치란 당원을 동지의 손으로 살해하는 것이기 때문이다. 이 희곡은 인간적으로 말해서 그가 이런 사람들 가운데서 가장 선한 사람이라는 것을 확실히 밝히고 있다. 정확히 말하자면 그는 결국 자신의 선량함 때문에 혁명의 장애 요인이 되었다.

이 희곡은 1930년대 초 베를린에서 초연되었을 때 많은 분노를 불러일으켰다. 오늘날 우리는 브레히트가 그의 희곡에서 말하고 있는 것이 무서운 진실의 극히 적은 부분에 지나지 않음을 알고 있다. 그

---

72) 브레히트의 유일한 공산주의 희곡 『조치』(*Die Maβnahme, Measure Taken*)의 노래에서 인용. 『시집』 제3권에 수록된 「세계를 바꾸라」(Ändere die Welt: sie braucht es)와 「당의 찬양」(Lob der Partei)을 참조할 것.

73) 「학습의 찬양」(Lob des Lernens), 같은 책.

74) 이 작품은 "교육극 시절"(1928-31)에 쓰인 작품이다-옮긴이.

러나 그 당시로서는—모스크바 재판 수년 전—이런 사실들이 알려져 있지 않았다. 당시에도 공산당 내외에 있었던 격렬한 스탈린 반대주의자들은 브레히트가 모스크바를 옹호하는 희곡을 썼다는 사실에 격분했으며, 스탈린주의자들은 이 '지식인'이 본 것이 러시아 공산주의의 현실과 일치한다는 것을 강력하게 부정했다. 브레히트는 이 희곡의 경우 친구나 동지들로부터 불평을 얻은 것만은 아니다. 이유는 명백하다. 그는 시인들이 홀로 남게 되었을 경우 항상 하려는 것을 했다. 그는 이러한 진실이 보일 수 있었던 범위 내에서 진실을 밝혔다. 무고한 사람들이 살해**되었다**는 사실과 공산주의자들이 그들의 적과의 투쟁을 그치지 않은 채(이런 일은 나중에 나타남) 자신들의 친구들을 살해하기 시작했다는 사실은 이 문제의 단순한 진실이었기 때문이다. 그것은 시작일 뿐이었다. 대부분의 사람들은 이러한 시작을 혁명적 열정의 과잉으로만 여전히 변호했으나, 브레히트는 보기처럼 무모하지 않을 만큼 상당히 지적이었다. 물론 브레히트는 낙원을 건설하는 체하는 자들이 지상에 지옥을 바로 만들었다는 사실, 그들이 저지를 준비가 되어 있지 않은 비열한 행위나 배신행위가 없다는 것을 확실히 예견하지는 못했다. 브레히트는 비인간적인 게임을 연출했던 법칙을 이미 알려주었으며 또한 갈채를 기대했다. 애석하게도 그는 미세한 것들을 간과했다. 즉 진리를 요란하게 천명하는 동조자들 가운데 어느 한 사람도 언급하지 않은 진리를 갖고 있다는 것은 결코 공산당의 의도가 아니고, 즉 공산당에 도움이 되지 않았다. 반대로 당의 입장에서 본다면 핵심은 세계를 기만하는 것이었다.

한때 그런 소동을 불러일으킨 이 희곡을 다시 읽어보면 우리는 브레히트가 이 작품을 집필하여 초연했던 시절과 우리를 가르는 끔찍한 시절을 의식하게 된다. (브레히트는 이후 동베를린에서도 이 작품을 다시 공연하지 않았으며, 내가 아는 한 다른 어느 극장에서도 공연하지 않았다. 다만 이 희곡은 몇 년 전 미국의 대학들에서는 기묘한 인기를 얻었다.) 스탈린이 볼셰비키당의 옛 동지들을 숙청하려 했을 때 볼셰비키당의 최정예 요원들이 이후 10년 동안 살해될 것이라는 사실을 깨달았다면 한 시인의 통찰력은 상실되었을 것이다. 그러나 진짜 태풍이 찻잔의 태풍과 비교되듯이 그때 실제로 발생했던 것 ─ 오늘날에는 이미 반쯤은 망각되고 심지어 더 암울한 공포로 빛을 잃었기 때문에 ─ 은 브레히트의 통찰과 비교되었다.

시인의 죄과와 부담

망명 시절 나치 관련 시

시신(詩神)은 시인의 진짜 잘못을 보복한다는 명제를 제기하는 것이 나의 목적이다. 이 점에서 『조치』는 중요한 희곡이다. 예술적 입장에서 볼 때 이 작품은 결코 나쁜 희곡이 아니기 때문이다. 여기에 포함되어 있는 훌륭한 서정시, 그 가운데서도 「쌀의 노래」(Rice Song)는 특히 유명해서 그 짧고 힘차며 탕탕 치는 리듬은 오늘까지도 상당히 잘 울린다.

쌀이 무엇인지 나는 아는가?
누가 그것을 아는지 나는 아는가!
쌀이 무엇인지 나는 모른다.
다만 그 값을 알 뿐.

인간이 무엇인지 나는 아는가?
누가 그것을 아는지 나는 아는가!

인간이 무엇인지 나는 모른다.

다만 그 값을 알 뿐.[75)]

　확실히 이 희곡은 도덕적으로 악할 뿐만 아니라 극도로 불쾌한 것
들을 진지하게 — 단지 흥미를 끌려고 진지한 게 아니라 스위프트식
의 풍자로 진지하게 — 옹호하고 있다. 그러나 시인으로서 브레히트
의 행운은 이때에도 그를 떠나지 않았다. 그는 자신이 그릇되게 타협
하려 했던 추악한 진리를 여전히 말하고 있었기 때문이다.

　나치주의자들이 권력을 장악하고 브레히트가 외부에서 제3제국의
현실을 직면해야만 한 이후 처음으로 그의 잘못이 드러났다. 1933년
2월 28일 의사당 방화사건 다음 날 그는 망명길에 올랐다. 그는 "고
전"을 통해 자신의 위치를 확인하려고 끊임없이 노력했지만, 고전은
히틀러가 실제로 행한 것을 이해하는 데 도움을 주지 못했다. 그는
거짓말을 하기 시작했으며, 신문 논조의 말투가 운문형식으로 바뀐,
이후 이른바 시들을 예견케 하는 『제3제국의 공포와 참상』[76)]에서 서

---

75) 「상품에 관한 노래」(Song von der Ware), 같은 책.
　　 "Do I know what rice is? Do I know who knows it! I don't know what rice is,
　　 I only know its price.
　　 "Do I know what man is? Do I know who knows it! I don't know what man
　　 is, I only his price."

76) 망명길에 오른 브레히트는 직접 체험할 수 없는 독일 현실을 알기 위해 신문,
　　 잡지, 방송, 보고서 등에서 나치 독일의 실상을 보여주는 많은 자료들을 수집
　　 했다. 이 작품은 1937년 다섯 장면이 쓰였고, 1938년 스무 장면이 추가되어 원
　　 제 『공포: 나치 치하 독일 민족의 정신적 고양』에서 『제3제국의 공포와 참상』
　　 으로 바뀐다. 이 작품에 수록된 총 스물일곱 장면은 다른 대부분의 희곡들과
　　 달리 그 자체 완결된 별도의 장면으로서 각 장면은 독립적으로 상연이 가능
　　 하다. 이승진 옮김, 『제3제국의 공포와 참상』(Fear and Misery of the Third Reich),
　　 성균관대출판부, 1999, "작품해설", 183-184쪽에서 인용함-옮긴이.

투른 산문형식의 대화를 썼다. 히틀러는 1935년 또는 1936년에 기근과 실업을 해소했다. 따라서 "고전"으로 훈련을 받은 브레히트의 경우 히틀러를 찬양하지 않을 어떠한 구실은 더 이상 없었다. 그는 이 구실을 찾는 과정에서 모든 사람에게 명백한 것, 즉 실제로 박해받는 사람들은 노동자들이 아니고 유대인들이라는 사실, 중요한 것은 계급이 아니라 인종이라는 사실을 단지 인정하지 않으려고 했다. 마르크스와 엥겔스 또는 레닌의 저작에는 이러한 문제를 취급한 부분은 없었다. 공산주의자들은 이것을 부정하고, 이것을 지배계급의 구실이라고만 말했다. 그리고 "스스로 탐색하는 것"을 완고하게 거부했던 브레히트도 같은 입장에 빠졌다. 그는 나치 독일의 상황에 대해서 몇 편의 시를 썼다. 모두 형편없는 작품이었지만 그 대표적 시는 「아연관에 봉인한 선동가의 매장」이다.[77] 이 작품은 강제수용소에서 타살된 사람들의 유해를 봉인한 관 속에 넣어 송환하는 나치의 습관을 소재로 하고 있다. 브레히트 작품 속의 선동가는 "배불리 먹고 살 집이 있으며 아이들을 기르는" 것을 전도했기 때문에 그는 이 운명을 감수했다. 간단히 말해서 당시 독일에서 굶어 죽은 사람은 단 한 사람도 없었으며 민족공동체(*Volksgemeinschaft*)라는 나치의 슬로건은 단순한 선전에 지나지 않았기 때문에 그는 정신 나간 사람이었다. 누가 그를 그 길에서 빼려고 애썼겠는가? 지적해야 할 유일한 사항인 진정한 공포는 이 사람이 죽은 방식이며, 그가 아연관에 숨겨져야만 했다는 사실이다. 아연관도 실제로 중요했지만, 브레히트는 제목의 의미를 철저하게 추적하지 않았다. 그의 견해에 따르면 선동가의 운명은 자본주의 정부의 적대자가 짊어졌던 운명보다 더 나쁜 것이 아니

---

77) 「아연관에 봉인한 선동가의 매장」(Begräbnis des Hetzers im Zinksarg), 『시집』 제3권.

었다. 그리고 이것은 거짓이었다. 브레히트가 말하려고 한 바는 자본주의가 지배하는 국가들 사이에 정도만의 차이가 있다는 것이었다. 이것은 이중의 거짓이다. 자본주의 국가의 적대자들은 타살되지도 않았고 봉인된 관으로 송환된 적도 없고, 그리고 샤흐트 씨와 티센 씨가 슬프게도 알게 되었듯이 독일은 더 이상 자본주의 국가는 아니었기 때문이다. 브레히트 자신은 어떠했는가? 그는 누구나 배불리 먹을 수 있고 살 집이 있으며 아이들을 기를 수 있는 나라에서 도망쳤다. 이것이 사실이었지만, 그는 이에 감히 맞서지 않았다. 이 몇 년 간에 쓰인 반전시(反戰詩)들도 별로 뚜렷한 것이 없었다.[78]

스벤보르 시절 시작활동

이 시기 전체의 작품들이 대체로 나빴지만, 그것이 전부는 아니었다. 그는 지속되는 망명 시절 전후 독일의 혼란으로부터 점점 더 거리를 두게 되었는데, 이 시절은 그의 작품활동에 매우 유익한 영향을 미쳤다. 1930년대에 스칸디나비아 국가들보다 더 평화스러웠던 곳이 있었을까? 그가 옳게 또는 그르게 로스앤젤레스에 대해 어떻게 말했든 그곳은 실직 노동자들이나 굶주린 어린아이들로 유명한 장소는 아니었다. 그가 임종 자리에서 이를 부정했다고 하더라도 그가

---

78) 이 문제에 대해 브레히트는 제2의 생각을 지닌 듯하다. CAW(SDS의 출판물)에서 출전을 제시하지 않은 채 1968년 2월에 간행된 「또 다른 독일: 1943년」이라는 논문에서 그는 왜 독일에 노동자 계급이 히틀러를 지지했는가를 설명하고 있다. 그 이유는 이렇다. "실업이 〔제3제국에 의해〕 보다 빨리 해결되었다. 사실 실업 해결의 속도와 규모는 너무나 신속해서 마치 혁명 같았다." 브레히트에 따르면 이 설명의 열쇠는 군수공업이었는데, "그 진상은 노동자들이 살고 있는 체제를 뒤흔들지 않는 범위 내에서 전쟁은 〔노동자의〕 이익과 합치하고 있었다." "체제는 모든 사람들이 이 체제 아래서만 전쟁을 필요로 하고 있기 때문에 전쟁을 선택해야 했으며 따라서 전쟁을 삶의 또 다른 양식으로 탐구해야만 했다."

"고전"을 서서히 망각하기 시작했다는 사실, 그리고 그의 마음이 자본주의나 계급투쟁과 관련 없는 주제로 옮겨가고 있었다는 사실은 시적인 증거다. 「노자가 망명길에 도덕경을 쓰게 된 경위에 대한 성담」이라는 시는 스벤보르에서 나왔다. 이야기 형식을 취하고 있으면서 언어나 사유 실험을 시도하지 않은 이 시는 우리 세기에 쓰인 시들 가운데 가장 조용하고 ─ 이상한 말이기는 하지만 ─ 위안을 가장 많이 주는 작품에 해당된다.[79] 브레히트의 시가 대부분 그렇듯이 이 시도 교육을 목적으로 하지만(그의 세계에서 시인과 교사는 함께 살고 있다), 이때의 교훈은 비폭력과 지혜에 관한 것이다.

Daß das weiche Wasser in Bewegung
Mit der Zeit den mächtigen Stein besiegt.
Du verstehst, das Harte unterliegt.

"흐르는 부드러운 물이 시간이 지나면 힘 있는 돌을 이긴다오. 그대는 단단한 것이 굴복한다는 뜻을 아시겠소."[80] 사실 그렇다. 전쟁 초기 프랑스 정부가 독일에서 온 망명자들을 강제수용소로 보내기로 결정했을 때 이 시는 아직 출간되지 않았다. 그러나 1939년 봄 발터 베냐민은 덴마크에 있는 브레히트를 방문한 후 그의 시를 갖고 파리로 돌아왔으며, 좋은 소문이 다 그러하듯이 그러한 지혜가 매우 필요한 곳에서 그 시는 위안과 인내의 근원으로서 빠른 속도로 입에서 입으로 전해졌다. 『스벤보르 시집』 속에서 노자의 시 다음 「추방된

---

79) 「노자가 망명길에 도덕경을 쓰게 된 경위에 대한 성담」(Legende von der Entstehung des Buches Taoteking auf dem Weg des Laotse in die Emigration), 『시집』 제4권.
80) 다섯 번째 연의 시행들이다-옮긴이.

시인들의 방문」이라는 시가 실려 있음은 어떤 의미를 주고 있다. 단테처럼 한 시인이 명부(冥府)로 내려가서 한때 지상의 권력과 싸웠던 죽은 그의 친구를 만난다. 오비드와 비용, 단테와 볼테르, 하이네, 셰익스피어, 그리고 에우리피데스가 즐겁게 앉아서 조롱조의 충고를 건네고 있다. 그때 "아주 어두운 모퉁이에서 한 소리가 들려왔다. '여기 있는 그대들, 누가 그의 시를 외우고 있는가? 외울 수 있는 자라면 박해를 견딜 수 있는가?' 단테가 조용히 설명한다. '이 사람들은 이름이 잊힌 시인들입니다. 그들의 육체뿐만 아니라 그들의 시마저 사라져 버렸습니다.' 웃음소리가 터져 나온다. 어느 누구도 새로 온 손님을 쳐다보려 하지 않았다. 그의 얼굴은 창백해졌다."[81] 그렇다. 브레히트는 걱정할 필요는 없었다.

망명 시절 희곡들

시보다 더 주목해야 할 것은 그가 이 망명 기간에 쓴 희곡이다. 전후 베를리너 앙상블이 공연한 것 중에서 『갈릴레오의 생애』가 동베를린에서 상연될 때마다 그 한 행 한 행이 체제에 대한 적의의 명백한 선언처럼 들렸으며 또한 그렇게 이해되었다. 이 시기까지 브레히트는—이른바 서사적 연극이라는 방법으로—무언가 개성을 지닌 역할을 창조한다는 것을 의식적으로 피했다. 그러나 오늘날 갑자기 그의 희곡은 진실한 인간으로 가득했다. 그들은 옛날 의미에서는 개성을 지닌 것이 아니라고 하더라도 분명하게 독특하며 개성적인 인물이어서 여기에는 시몬 마샤르, 쓰촨의 선량한 여인, 용감한 어머니, 『코카서스의 백묵원』에 나오는 소녀 그루셰와 아츠다크 판사 그리고 갈릴레오, 푼틸라, 그의 하인 마티 등이 포함된다. 이 그룹의 모

---

81) 「추방된 시인의 방문」(Besuch bei verbannten Dichtern), 같은 책.

든 작품은 그것이 쓰였을 때는 별다른 주목을 받지 않았지만, 오늘날 독일 안팎의 일류 극장에서는 중요한 목록의 일부를 이루고 있다. 확실히 이 뒤늦은 명성은 브레히트 자신의 재능과 시인 극작가로서의 재능뿐만 아니라 극장 감독으로서의 특출한 재능에 기인되는 것이다. 그는 이 극장 감독으로서의 직위 외에 아내이며 독일 최고의 여배우인 헬레네 바이겔을 자유롭게 움직일 수 있었다. 그러나 이것은 그가 동베를린에서 상연한 것이 모두 독일 밖에서 쓰인 것들이라는 사실을 바꿀 수는 없다. 한때 그가 그곳에 돌아간 적이 있지만 그날부터 그의 시적 능력은 고갈되었다. 그는 마침내 "고전"의 명언으로 어느 것도 설명하거나 정당화할 수 없는 상황에 직면했음을 깨달았다. 그는 자신의 침묵—자신의 예외적인 학살자의 찬미를 젖혀두고서—이 곧 범죄라는 상황에 마주치게 되었다.

브레히트의 고뇌는 그의 정치 참여(*engagé*)와 함께 시작되었다. (오늘날 우리가 사용하고 있는 이 개념은 당시에는 존재하지 않았다.) 단지 시인이 되는 것, 즉 세계와 현실이 말하고 노래하는 소리를 단지 들리게 하는 것은 그를 만족시키지 못했다. 그가 생각한 바로 그 현실과 그가 체험한 시대의 현실 사이에는 거리가 있었다. 그는 자신이 가장 원했던 민중의 시인이 아니라 자신이 바라지 않았던 존재, 즉 독일 전통을 따르는 고독한 대시인이 되어가고 있지 않았는가? 그런데도 그가 이른바 사물의 핵심으로 들어갔을 때 그는 거리감을 유지함으로써 예리하고 미묘한 지성에도 불구하고 새롭게 발견한 현실을 거의 핵심으로 끌어들였다. 그는 용기가 부족했기 때문이 아니라 현실과 거리를 유지했기 때문에 자신의 친구들을 살해하고, 자신의 적과 연대한 당과 절연하지 않았으며, 자신의 조국에서 실제로 일어나고 있었던 것—그의 보다 산문적인 작품 속에서 그가 더할 나위 없이 잘 이해하고 있는 것—을 자신의 우매함(또는 고전에 의존하기) 때문에 완강하게 주장하지는 않았다. 그는 『아르투르 우이의 저지 가능한 상승』(*The Resistible Rise of the Man Arturo Ui*) ─ 히틀러의 "억제할 수 없는" 권력 장악을 풍자한 것이지만 위대한 작품에 속하지는 않는다 ─ 의 마지막 부분에서 다음과 같이 쓰고 있다. "우리는 모든 수단을 동원해서, 특히 조소를 통해서 중대한 정치적 범죄자들을 폭로해야 한다. 그들은 특히 중대한 정치적 범죄자들이 아니라 중대한 정치적 범죄의 하수인들이기 때문이다. 이들은 전혀 똑같지 않다. ……히틀러 범죄행위의 좌절은 그가 바보였음을 의미하는 게 아니다. 그의 범죄행위의 규모는 그가 위대한 인간이었다는 것을 의미하지는 않는다."[82] 이것은 1941년 당시 대부분의 지식인들이 이해하고 있던 범위를 훨씬 넘어선 것이다. 착한 사람들이 브레히트의 죄를 용서해 주기 어렵고, 그도 죄를 지을 수 **있으면서** 좋은 시를 쓸 수 있다는 사실을 받아들이기가 어려운 것은 진부한 마르크스주의자의 소음을 번개처럼 끊을 수 있는 바로 그의 특별한 지성 때문이다. 그러나 동독 정부가 그에게 극장을 제공한 이유는 본질적으로는 예술적인 이유였으므로 ─ 그가 30여 년에 걸쳐 격렬하게 비난했던 "예술을 위한 예술" 때문에 ─ 그가 동독에 돌아왔을 때는 그의 죄에 대한 벌은 내려진 것이다. 이제 현실은 그가 더 이상의 소리를 지닐 수 없을 정도로 그를 압도해 버렸다. 그가 현실의 핵심에 들어갔다는 점은 성공적이다. 그리고 동시에 그곳은 시인이 있기에 좋지 않은 장소임을 증명해 주고 있다.

시인의 부담과 책임에 대한 판단

이것은 브레히트의 사례가 우리를 가르칠 수 있는 것이며, 오늘날

---

82) 「Zu Der Aufhaltsame Aufstieg des Arturo Ui」, Stücke, Vol. IX의 결론.

그를 평가할 때 우리가 의당 고려해야 하는 것이고, 우리가 그에게 진 빚에 대한 존경을 그에게 표시해야 하는 것이다. 시인과 현실의 관계는 괴테가 말한 바대로 이러하다. 즉 시인들은 보통사람들과 똑같은 책임의 부담을 질 수는 없다. 그들은 어느 정도의 거리를 지킬 필요가 있다. 그러나 만약 그들이 다른 사람들과 똑같이 부담을 지기 때문에 이러한 거리를 없애라는 부단한 유혹이 없었다면 그들은 보통사람들의 귀감이 될 가치를 갖지 못할 것이다. 브레히트는 소수의 시인들만 행했듯이 이러한 시도를 통해 자신의 생애와 예술을 걸고 모험을 했으며, 결과적으로 승리하면서도 재앙을 맞게 되었다.

이 연구의 앞부분에서 나는 시인에 대해서는 어떤 유의 행동과 자유를, 일상의 사태에서 우리가 서로 인정해 줄 수 없는 범위에까지 인정해 줄 것을 제안한 바 있다. 나는 이런 일이 많은 사람들의 정의감을 다치게 하는 것임을 부정하지 않는다. 만약 브레히트가 오늘날까지 우리와 함께 살아 있다면 그가 이러한 예외에 대해 격렬하게 항의했을 것임은 분명하다(내가 앞서 언급한 그의 사후에 간행된 책『메티: 전환의 서』에서 그는 악에 빠져버린 "착한 사람"에 대한 심판을 제시하고 있다. 즉 그는 심문을 끝낸 뒤 다음과 같이 말한다. "들으라. 우리는 네가 우리의 적이라는 것을 알고 있다. 따라서 우리는 이제 너를 벽 앞에 세울 것이다. 그러나 너의 공적과 덕행을 감안할 경우 그 벽은 좋은 벽이 될 것이며, 그리고 우리는 훌륭한 총에서 발사되는 훌륭한 총탄으로 너를 사살할 것이다. 그리고 우리는 좋은 삽으로 좋은 땅에 너를 묻어줄 것이다.") 그러나 우리의 도덕적 판단에서도 기준으로 삼고 있는 법 앞의 평등은 절대적인 기준이 아니다. 모든 판단은 용서로 통한다. 모든 판단의 행위는 용서의 행위로 바뀔 수 있다. 판단과 용서는 같은 동전의 다른 양면이다. 그러나 양면은 다른 규칙을 따른다. 법의 존엄성은 우리가 평등하다는 것을 요구한다. 즉 행위를 수행하는 사람이 아니라 행위만이 중요하다. 반대로 용서행위는 사람을 고려한다. 어떤 용서도 살인이나 절도 자체를 용서하지는 않고 단지 살인자나 절도범을 용서한다. 우리는 언제나 어떤 **사람**을 용서하는 것이지 결코 어떤 **소행**을 용서하지는 않는다. 이러한 주장은 우리가 사랑만이 용서할 수 있다고 생각하는 이유다. 우리는 사랑을 하든 하지 않든 사람 자체를 위해 용서를 한다. 그런데 정의는 모든 사람이 평등하다는 것을 요구하며, 자비는 불평등을 주장한다. 불평등은 모든 사람이 행하고 성취한 것보다 더 귀중하거나 그러해야 한다는 것을 함축하고 있다. 브레히트는 젊은 시절 인간을 판단하는 기준으로 "유용성"을 채택하기 이전에 다른 누구보다도 이런 사실을 잘 알고 있었다. 『신앙기도서』 속에 「모든 남자의 비밀에 관한 담시」라는 시가 있는데, 첫 번째 연은 벤틀리 번역에 따르면 다음과 같다.

남자란 무엇인지 누구나 안다. 그는 이름이 있다.
그는 길을 걷는다. 그는 바에 앉는다.
당신은 그의 얼굴을 볼 수 있다. 당신은 그의 목소리를 들을 수
있다.
여인이 그의 셔츠를 빨고 여인이 그의 머리를 빗긴다.
그러나 그를 격살하라! 왜 안 되는 거야 정말
그가 그저 좋은 행위를 하는 행위자나
나쁜 행위를 하는 행위자가
결코 되지 못한다면

이 불평등의 영역을 지배하는 기준은 고대 로마의 격언 속에 들어 있다. "주피터에게 허락된 것은 소에게는 허락되지 않는다"(*Quod licet Iovi non licet bovi*). 그러나 우리의 위안을 주는 경우 이 불평등은 양쪽으로

작동된다. 한 시인이 내가 여기서 브레히트를 위해 요구했던 특권을 누릴 자격이 있음을 보여주는 것 중의 하나는 그가 할 수 없는 어떤 일이 있으며 그가 누구인가라는 의문이 남는다라는 점이다. 그러나 브레히트가 스탈린을 칭송한 말에 따라서 살아가려는 사람은 확실히 아무도 없다. 그처럼 나쁜 시, 같은 죄를 지었으면서도 유죄가 되는 5등급의 시인이 쓴 시보다도 못한 시를 썼다는 단순한 사실은 "소에게 허락되어 있는 것은 주피터에게 허락되지 않는다"(*Quod licet bovi non licet Iovi*)는 사실을 보여주고 있다. "아름다운 목소리"로 전제정치를 찬양했든 그렇지 않든 한낱 지식인들이나 문인들은 재능의 상실 때문에 자신들의 죄로 처벌을 받을 수는 없기 때문이다. 어떤 신도 이들의 요람 위에 기대지 않으며, 어떤 신도 복수하지 않을 것이다. 소에게는 허락되었으면서 주피터에게는 허락되지 않은 것, 즉 주피터를 닮은 사람들—또는 오히려 아폴로의 축복을 받은 사람들—에게는 허락되어 있지 않은 것이 수많다. 따라서 옛 격언의 통렬함은 양쪽의 의미를 자르며 한줌의 연민도 자기 자신에 대해서 쓰지 않았던 「불쌍한 B.B.에 대하여」와 같은 예는 우리 세기 또는 다른 어떤 시대에서나 시인이 된다는 것이 얼마나 어려운 일인가를 우리에게 가르쳐주고 있다.

제10장 발데마르 구리안

러시아 태생 독일계 유대인

구리안(Waldemar Gurian, 1903-54)[1]은 친구가 많았으며 그 많은 사람들의 친구였다. 그들 가운데 남자도 여자도 성직자도 평신도도 있었으며 많은 나라의 사람들, 실제로 각계각층의 사람들이 포함되어 있었다. 우정은 이 세상에서 그를 안락하게 해준 것이었으며, 그는 나라와 언어, 사회적 배경과 무관하게 친구가 존재하는 곳이면 어디서든 편안함을 느꼈다. 그는 자신의 병세가 깊어짐을 알고 마지막 유럽 여행길에 오르는데, 그의 말대로 그것은 "죽기 전 친구들한

---

1) 구리안은 러시아 상트페테르부르크에서 태어나 1911년 독일로 이주했고, 본
대학에서 카를 슈미트와 함께 연구했으며, 가톨릭으로 개종했다. 그는 1939년
미국으로 망명하여 노트르담대학 교수로 재직하면서 독일의 가톨릭 학술지
를 모델로 하여 『정치평론』(*The Review of Politics*)을 창간하고 운영했다. 그는 아
렌트가 『전체주의의 기원』을 출간하자 루이지애나 주립대 정치학 교수인 에릭
보에글린(Eric Voegelin)에게 서평을 요청함으로써 전체주의에 대한 학문적 논
쟁의 기회를 제공했다. 그의 저서로 『프랑스 가톨릭주의의 정치사회적 이념』,
『볼셰비즘: 이론과 실제』, 『히틀러와 기독교인들』 등이 있다-옮긴이.

테 고별인사를 하러 가기 위한" 것이었다. 그는 유럽에서 돌아와 뉴욕에서 며칠 머물면서도 같은 일을 되풀이했으며, 공포나 자기 연민, 감상의 흔적도 없이 의식적이고도 체계적으로 고별을 하였다. 일생을 통해서 극도로 당혹감을 느낀 경우를 제외하고는 결코 개인적 감정을 표현하지 않았던 구리안은 당혹감을 느끼거나 드러내지 않은 채 일종의 비인격적인 방법으로 개인적 감정을 표현했다. 죽음은 그에게 매우 친숙했던 것임이 틀림없다.

그는 뛰어나고 유별나게 이상한 사람이었다. 그의 지적 능력의 폭과 깊이를 강조함으로써 이러한 판단을 설명하고 젊은 시절의 그에 대한 약간의 자료를 열거함으로써 그가 출신 지역이 없는 사람이란 기묘한 감정을 누구나 느꼈음을 설명하고 싶은 유혹이 크다. 그러나 그러한 모든 시도는 이 사람을 이해하는 데 아무런 도움이 되지 못했다. 그의 정신이 아닌 인격은 특별했다. 그가 모든 개인적 사실, 자신의 사생활과 직업적 삶에 대해 보였던 과묵한 무관심으로—마치 이러한 것들이 따분할 수 있기라도 한 듯이—젊은 시절의 삶을 취급하지 않았다면 이런 삶은 이상해 보이지 않았을 것이다.

그는 무엇을 숨기려든 적이 없기 때문에 자신에게 직접 제기된 모든 질문에 대해서는 언제나 흔쾌히 대답했다. 그는 상트페테르부르크 출신의 유대인이었다(구리안Gurian이라는 성은 일반적으로는 루리Lurie라고 부르는 성이 러시아어화된 것이다). 그는 20세기 초 제정 러시아에서 태어났기 때문에 그 탄생지 자체는 그가 동화된 부유한 가정의 출신임을 보여주고 있다. 이러한 유대인들—보통 상인이나 의사—만이 대도시의 교외에 살 수 있었기 때문이다. 제1차 세계대전이 일어나기 몇 년 전 구리안의 어머니는 그와 딸을 데리고 독일로 가서 가톨릭으로 개종했는데, 그때 그의 나이 아홉 살쯤 되었을 것이다. 내가 1930년대 초 독일에서 그를 처음으로 만났을 때 그가 러시아적 배경을 지니고 있으며 유대계라는 것을 알 수 있었다. 당시 그는 이미 독일 가톨릭계 평론가 및 작가로서 알려져 있었으며 철학자 셸러(Max Scheler)와 훗날 나치 당원이 된 유명한 헌법 및 국제법 교수인 슈미트(Carl Schmitt)의 제자였다.

1933년 사건은 그의 출신을 재확인했다는 점에서 그를 변화시켜 놓았다고 말할 수는 없다. 문제는 구리안이 자신의 유대인 혈통을 의식하게 되었다는 데 있는 것이 아니고, 유대인 혈통이 사생활 문제가 아니기 때문에 이에 대해 공적으로 말해야 할 필요가 있다고 이제야 생각했다는 데 있다. 유대인 혈통은 정치문제가 되었다. 그가 박해받는 사람들과 자신을 결속시키는 것은 당연한 문제였다. 제1차 세계대전 직후까지 그는 이러한 연대감과 유대인의 운명에 대한 끊임없는 관심을 유지했다. 『반유대주의에 대한 에세이』(*Essays on Antisemitism*, 1946)는 독일의 반유대주의 역사에 관한 탁월한 소론이며 또한 이러한 관심사를 입증할 뿐만 아니라 그의 관심을 불러일으키는 문제에 대해서는 언제나 "전문가"가 될 수 있다는 희귀한 재능을 입증하고 있다. 그러나 박해의 시대가 끝나고 반유대주의가 정치의 중심문제가 되지 않게 되자 그의 관심도 서서히 사라졌다.

러시아적 배경에 대한 관심은 그렇지 않다. 이 문제는 그의 모든 삶에서 완전히 다르며 진정 결정적인 역할을 해왔다. 그는 막연히 '러시아인'처럼 보였을(그것이 어떤 것이라 해도) 뿐만 아니라 주변 환경의 완전히 급격한 변화로 인해 독일어를 사용하는 환경에서 성인 시절 전체를 보냈지만 어린 시절의 언어를 결코 잃어버리지 않았다. 그의 아내는 독일인이었으며 노트르담의 집에서 사용한 언어는 여전히 독일어였다. 모든 러시아적인 것이 그의 취미·상상력·지성을 강하게 지배하고 있었기 때문에 그는 영어·프랑스어를 말할 때도 독일어 억양이 아니라 두드러지게 러시아어 억양으로 말했다. 내가 듣기로 그는 러시아어를 유창하게 구사했지만 모국어를 쓰는 사람처럼 구사하지는 못했다. 어떤 시나 문학도——만년의 릴케를 예외로 한다면——러시아 작가들에 대한 그의 애정과 친숙함에는 미칠 수가 없었다. (그의 서재에서 적지만 중요한 러시아 관련 서적들 가운데 20세기 초 양식의 삽화를 담은 아동판 『전쟁과 평화』가 꽂혀 있었는데, 일생을 통해 돌려 봐서 닳은 이 책은 그의 임종 시에 그의 침상 위에 놓여 있었다.) 그는 러시아인들과 함께 있을 때면 그들이 비록 낯선 사람들일지라도 마치 가정에 있는 듯 다른 어떤 환경에서보다 편안함을 느꼈다. 그는 외견상 다방면에 걸쳐 대단한 지적·정치적 관심을 쏟았다. 이러한 관심은 실제 러시아를 중심으로 이루어졌다. 즉 러시아의 지성사와 정치사, 유럽에 미친 러시아의 영향, 러시아의 특별한 정신적 유산, 러시아의 종교적 감정(처음에는 러시아 국민의 이상한 분파주의에, 이후에는 러시아의 위대한 문학에 표현된 감정)이 그의 주요 관심사였다. 온갖 갈래의 러시아 정신만큼 그를 깊이 매료시키고 그의 관심을 끈 것은 없었기 때문에 그는 볼셰비즘(Bolshevism)의 탁월한 전문가가 되었다.[2]

독특한 외모와 고결한 품성

나는 구리안이 어린 시절에 겪었던 세 가지 단절, 즉 가정의 해체, 모국 및 모국어와의 단절, 가톨릭으로의 개종을 포함한 사회 환경의

---

2) 대표적인 저작으로 『볼셰비즘: 이론과 실제』(*Bolshevism: Theory and Practice*, 1932), 『볼셰비즘의 미래』(*The Future of Bolshevism*, 1936), 『볼셰비즘: 소련 공산주의 입문』(*Bolshevism: An Introduction to Soviet Communism*, 1952), 『소련 제국주의: 기원과 전술』(*Soviet Imperialism: Its Origins and Tactics*, 1953) 등이 있다—옮긴이.

완전한 변화(그는 종교적 갈등을 경험하기에는 아직 어렸을 뿐만 아니라 개종 전에 다른 종교 교육을 거의 받지 않았다)가 과연 그의 인격 형성에 얼마나 깊은 상처를 남겼는지를 자세히 모른다. 또한, 나는 이러한 단절이 그의 인격의 별스러움을 설명하는 데는 아무런 도움이 되지 않는다고 확신할 수 있다. 그러나 나는 앞서 설명한 몇 가지 사항을 통해 그가 그러한 상처를 입었다고 하더라도 성실함을 통해 어린 시절의 기억 속에 있는 본질적 요소에 충실함으로써 상처를 분명히 치유할 수 있었다고 생각한다. 어쨌든 친구들뿐만 아니라 그가 지금까지 알고 있던 모든 사람과 좋아했던 모든 일들에 대한 성실함은 자신의 삶을 조율하는 지배적인 기조가 되었기 때문이다. 사람들은 그에게 가장 낯선 죄가 망각의 죄, 아마도 인간관계에서 가장 기본적인 범죄들 가운데 하나라고 말하고 싶을 것이다. 그의 기억은 어떤 사물이나 어떤 사람도 방치하도록 허용하지 않기라도 하듯이 잊히지 않고 무엇인가에 사로잡힌 듯한 특성을 지녔다. 그의 기억은 객관적 성공을 위한 주요 수단들 가운데 하나가 된 곳에서 학문이나 학식에 필요한 능력보다 더 큰 의미를 지녔다. 그의 학식은 오히려 다른 형태로 나타난 충실성의 거대한 능력일 뿐이었다. 그는 이러한 충실성 때문에 도움을 필요로 하는 친구들뿐만 아니라 결코 만나 보지 못했으며 보고 싶지도 않았다 하더라도 친구들이 죽은 뒤 그 자식들을 무조건적으로 도와주었다. 마찬가지로 그는 이러한 충실성 때문에 모든 작가들을 만날 수 없다고 하더라도 지금까지 자신의 관심을 불러일으켰거나 자신에게 충족감을 주는 모든 저자들의 저작들을 읽었다. 점점 더 늙어감에 따라 죽는 친구의 수가 늘어난 것은 당연한 일이었다. 나는 그가 비탄에 젖어 슬퍼하는 것을 본 적이 없었다. 그렇다고 하더라도 나는 그가 마치 자신의 잘못으로 인해 살아 있는 자들의 무리에서 친구들이 빠져 나가고 있는 게 아닌가라고 걱정하듯이 친구들의 이름을 계속 언급하는 그의 거의 계산된 세심함을 의식했다.

사람들이 그를 알게 되었을 때 이 모든 것은 상당히 실질적이었고 주목할 만했다. 그러나 이것은 한결 큰 머리에 놀랍게도 작으며 약간 위를 향한 코를 중심으로 나뉜 넓은 뺨에 몸집이 큰 사람에게 나타나는 이상야릇한 분위기라는 생각을 제공하지는 않는다. 그의 코는 얼굴에서 유일하게 해학적인 특징을 보여주고 있다. 왜냐하면 그의 눈은 맑았으나 상당히 우울한 빛을 띠고 있으며, 뺨과 턱의 근육을 순식간에 부드럽게 해주는 미소는 환희에 사로잡힌 소년의 웃음과 너무 똑같아서 상당히 성인다운 기질들 가운데 하나인 해학을 포함하고 있다는 것을 눈치 챌 수 없는 웃음이었기 때문이다. 모든 사람은 그가 별스러운 사람이라는 것을 즉시 알았음이 틀림없다. 그리고 공적 지위와 대중들의 인정이라는 부담 때문에 사실상 별스러움과 부끄러움―소심한 것도 아니며 결코 어떤 의미에서는 열등감도 아니면서 이 세계로부터 피하려는 영혼과 육체의 본능적 운동―을 이미 해소하고 극복했던 만년의 그를 아는 사람들도 이러한 인상을 받았을 것이다. 내 생각에 처음에는 생소하다는 느낌이 들었던 것은 그가 사물세계 속에서 완전히 생소한 사람이었다는 사실이다. 우리는 이러한 사물세계를 끊임없이 이용하고 다루면서 사물세계에서 사물을 의식하지 않은 채 움직인다. 따라서 우리는 모든 생명이 그 운동의 각 국면에서 움직이지도 살아 있지도 않은 사물에 뿌리를 두고, 사물에 둘러싸이며 이끌리고 제약을 받는다는 사실을 거의 알지 못한다. 우리가 이에 대한 생각을 멈춘다면 우리는 살아 있는 생명체와 움직이지 않는 대상 사이의 불일치, 생명이 없는 사물세계를 이용하고 다루며 지배함으로써 끊임없이 좁히는 불일치에 대해 의식할 수도 있다. 그러나 여기서 이 불일치는 인간의 인간성과 사물들의 **사물성**(reity, *Dinglichkeit*) 사이의 명백한 불일치 같은 것으로 확대되었다. 그리고 그의 어색한 몸짓은 그런 감동적이고 확고한 인간적 특성을 지녔다. 왜냐하면 그러한 몸짓은 모든 사물을 한낱 물체, 가장 문자 그대로의 의미에서 대상으로, 즉 인간에게 내던져졌고 이런 이유로 그의 인간성에 대해 반항적이며 반항하는 대—상(*ob-jecta*)[3]으로 보이게 했기 때문이다. 이것은 마치 투쟁이 이 사람과 대상 자체 사이에서 끊임없이 지속되고 있는 것과 같았다. 이 사람은 사물의 존재를 허용하지 않으려는 진정한 인간성을 지니고 있으며 사물의 잠재적 제작자와 습관적 지배자를 인정하지 않았다. 그는 이 투쟁에서 정말 기묘하고 실제로 이해할 수 없게도 결코 승리하지도 못했고 패배로 분쇄되지도 않았다. 사물은 우리의 기대 이상으로 존속하곤 했으며, 인간은 명백한 파국에 이를 때까지 이 투쟁에 잡혀 있지는 않았다. 그리고 그의 거대한 몸체는 세계의 못마땅한 **사물**의 속성을 처음으로 체현했던 최초의 원시적 '사물'과 유사하기 때문에 이상하고 스스로 작동하는 이러한 갈등은 더욱더 전형적이게 되었다.

사물을 조작하고 대상이 가득 찬 세계에서 이동하는 능력은 우리 현대인에게 생활양식의 중요한 부분이 되어 왔다. 따라서 우리는 스스로 '정상적'이라고 상정하는 열등의식에서 서투름과 부끄러움의 원인을 찾을 수 없다면 어색함과 부끄러움을 준(準, semi)정신병리현상으로 오해하기 쉽다. 그러나 근대 이전의 시대에 사람들은 아마도 공통적이지는 않지만 잘 알려진 유형에 속할 정도로 이상하게 우리에게 충격을 준 여러 가지 인간적 특성의 결합을 알았음이 틀림없다. 뚱뚱한 사람에 대한 수많은 진지하고도 해학적인 중세의 이야기들,

---

3) 'objecto'는 '앞에 내던지다' '노출시키다' '맞세우다'라는 의미를 가지고 있다—옮긴이.

대식(폭식)이 주요한 범죄에 속했다는 사실(우리로서는 이해하기 어렵지만)은 이러한 것들의 증거가 된다. 왜냐하면 사물을 만들고 이용하며 다루고 지배하는 것의 명백한 대안은 장애물을 삼켜버림으로써 그것을 극복하려는 시도이기 때문이다. 그리고 그는 현대 세계의 한가운데서 이러한 반쯤 중세적인 해결책의 완벽한 본보기였다. (체스터턴Chesterton도 또 다른 본보기였던 것 같다. 내 생각에 철학에 대해서라기보다는 오히려 성 토마스St. Thomas와 같은 사람에 대한 그의 위대한 통찰력은 대부분 매우 어색해 하는 뚱뚱한 사람이 다른 사람에 대해 갖는 순수한 동정에서 생겨났다.) 앞에서 제시한 이 경우에도 그런 통찰은 진짜라면 당연한 것이듯 먹고 마시는 것으로 시작했다. 그는 건강 상태를 유지하는 동안 먹고 마시는 것에 대한 엄청난 능력을 지녔고 또한 여기서 일종의 의기양양한 기쁨을 느꼈다. 그러나 정신의 양식에 대한 그의 능력은 더욱 증대되었으며, 엄청난 차원의 기억력에 의해 촉발된 그의 호기심은 마찬가지로 열광적이고 만족할 줄 모르는 측면을 띠고 있었다. 그는 걸어 다니는 참고도서관이었는데, 이러한 표현은 그의 육체적 거대함과 깊이 관련된다. 그의 몸놀림의 느림과 어색함은 정보를 흡수하고 소화하며 전달하고 보관할 때의 신속함과 조화를 이루었다. 나는 이처럼 신속한 사람을 지금껏 본 적이 없다. 그의 호기심은 식욕과 비슷했다. 그의 호기심은 학자나 전문가의 흔히 생명력 없는 그런 것은 결코 아니었다. 그의 호기심을 자극한 것은 엄격히 말해 인간세계 속에서 일어나는 모든 것, 즉 평범한 소문, 하잘것없는 이야기, 매일매일 읽어야 하는 수많은 신문뿐만 아니라 정치·문학·철학과 신학이었다. 인간사와 관련된 모든 것을 정신적으로 탐식하고 소화하는 것, 이와 더불어 자연영역에 존재하는 모든 것 —자연과학의 문제이거나 벽에 못을 박는 방법에 대한 '지식'—을 숭고한 무관심으로 무시하는 것은 공통의 인간적 현실에 대한 그 사람 특유의 보복인 것 같았다. 인간적 현실은 영혼이 육체 속에서 살며 살아있는 육체가 "죽은" 사물로 구성된 환경에서 움직일 것을 요구한다.

구리안을 매우 인간적이고 때론 유혹에 쉽게 넘어가게 하는 것은 바로 세계에 대한 이러한 태도였다. 우리가 어떤 사람을 인간적이라고 말할 경우 우리는 특별한 친절함이나 점잖음 또는 이와 비슷한 어떤 것을 일반적으로 생각하게 된다. 우리가 인위적인 사물세계에서 그렇게 편안하게 이동하는 데 익숙하다는 그러한 이유 때문에 우리는 만들고 활동하는 것을 우리 자신과 동일시하는 경향이 있으며, 모든 사람들이 생산하거나 성취할 수 있는 어떤 것보다 훨씬 더 본질적으로 항구적으로 존재하는 것, 즉 매번 작업하고 성취한 이후에도 지속적인 성과의 여전히 소진되지 않으며 소진될 수 없는 근원으로 존재할 뿐만 아니라 모든 성과를 넘어 그 자체의 본질을 유지하고 그 성과에 의해 영향을 받지 않으며 제한되지 않는 상태로 있다는 것이 모든 사람들의 가장 위대한 특권이라는 것을 종종 잊고 있다. 우리는 어떻게 사람들은 일상적으로 즐겁게 이러한 특권을 잃어버리고 있으며 자신들이 행한 것을 자신들과 완전히 동일시하고 있으며 자신들의 지성이나 일 또는 재능을 과시하고 있는가를 알고 있다. 그러한 주목할 만한 결과는 진정 그러한 동일화의 산물일 수 있다. 그러나 그러한 결과가 아무리 인상적이라고 하더라도 이러한 태도는 불가피하게 위대성의 특별한 인간적 특성, 수행된 어떤 것보다 더 위대함을 상실한다. 재능의 위대성과 인간의 더 큰 위대성 사이의 투쟁이 매우 격렬한 예술작품에서도 진정한 위대성은 우리가 접촉할 수 있고 이해할 수 있는 산물의 배후에서 더 위대하고 신비스럽게 있는 존재를 감지하는 곳에서만 나타난다. 작품 자체가 그 배후에 있는 인간을 지시하는 것이며 그 인간의 본질은 그가 어떤 힘을 지니고 있다

할지라도 그것에 따라 고갈되어 버리거나 완전히 표현되는 것은 아니기 때문이다.

이렇듯 위대성의 특별한 인간적 특성, 즉 실존 자체의 수준·강도·깊이·열정성은 예의적일 정도로 그에게 알려졌다. 구리안은 자기 자신을 세계에서 가장 자연스러운 것으로 소유하려 했기에 어떤 지위나 업적에 관계없이 그것을 다른 사람에서 탐색할 수 있는 전문가였다. 그는 이러한 일을 하는 데 한 번도 실패한 적이 없었다. 또한 이것은 그의 궁극적 판단기준이 되었으며, 그는 이러한 기준을 선호하여 세속적 성공의 매우 피상적인 척도뿐만 아니라 다른 한편 완전히 알려져 있는 정당한 객관적 기준도 무시했다. 한 사람이 성질과 적합성에 관해 잘못되지 않은 감각을 지녔다고 말할 때 그것은 예사롭게 들리는 말 같기도 하고 아무것도 아닌 것처럼 들리기도 한다. 그러나 사람들이 그러한 감각을 소유하고 그것을 보다 쉽게 인식할 수 있고 받아들일 수 있는 가치로 바꾸지 않겠다고 선택한 흔치 않은 경우에도 그러한 감각은 확실히 그들을 멀리 —사회의 인습과 기존의 기준을 훨씬 넘어서— 끌고 가서 그들을 물체의 벽이나 객관적 평가의 지지로도 막을 수 없는 위험한 인생으로 곧장 몰고 가버린다. 그것은 한 번 보고 두 번 봐도 공통점이 없는 사람과 친구가 되는 것을 의미하며, 다만 운이 나빴거나 별난 재주 때문에 자신을 충분히 발휘하지 못한 사람들을 끊임없이 발견하는 것을 의미하고, 가장 존경할 만한 존경심의 기준마저 반드시 의식적이지는 않지만 체계적으로 버리는 것을 의미한다. 그것은 많은 사람들의 감정을 상하게 하고 많은 반대 때문에 다치기 쉬우며 잦은 오해를 부르기 쉬운 일종의 삶으로 이끌어 간다. 여기에는 항상 권력자와의 갈등이 있을 것이다. 또한 공격자 측의 의도적인 고의나 피공격자 측의 악의도 없을 것이다. 다만 권력은 객관적 기준에 따라 행사되어야만 하기 때문이다.

언제나 혼란으로부터 구리안을 구원했던 것은 다만 그의 엄청난 지적 능력이나 업적의 탁월성은 아니다. 그것은 아마도 일차적으로 중요하지는 않다. 그것은 오히려 이상한 소년처럼 때로는 약간 장난기 있는 순진함이다. 이 순진함은 이처럼 복잡하고 난해한 인물에게는 기대하기 어렵겠지만 그의 미소가 우울한 그의 얼굴 전면에 퍼질 때면 믿을 수 없는 순결로 빛났다. 그가 어느 정도 불같은 성미 때문에 적대감을 가졌던 사람들도 결국 설득했던 것은 그가 결코 어떤 실질적인 악의를 갖지 않았다는 점이다. 그에게는 도발하는 것 못지않게 도발당하는 것, 즉 도발은 본질적으로 우리가 상류사회에서 아주 조심스럽게 억누르려는 현실적이고 연관된 갈등을 공개하는 수단이며, 우리의 표현대로 "누구의 감정도 다치지 않는다"는 명목적인 의사 표시(sham-considerations), 즉 무의미한 예의바름으로 은폐하는 수단이었다. 그는 이른바 문명사회의 이러한 장벽을 타파할 수 있었을 때 기뻐했다. 구리안은 이러한 장벽에서 인간의 영혼들 사이의 장벽을 보았기 때문이다. 이러한 기쁨의 근원에는 순수함과 용기가 있었다. 구리안은 자기 본래의 순수함을 지속시키고 손상시키지 않기 위해 세상의 이치를 아주 훌륭하게 깨닫고 이로 인해 용기를 필요로 했던 사람들에게 나타났을 때 더욱더 마음을 사로잡는 순수함으로 최대한 발휘할 수 있었다. 그는 매우 용감한 사람이었다.

영혼과 이념의 투쟁

고대인들은 용기를 *빼어난* 정치적 미덕으로 보았다. 구리안은 어쩌면 많은 의미를 갖고 있지만 가장 완전한 의미의 용기 때문에 정치에 참여했다. 그러나 정치는 분명히 이념에 대한 본래의 정념을 가지고 있었고 분명히 인간 마음의 갈등을 가장 몰두하는 관심사로 삼았던 사람에게 당혹스러운 것같이 보일 수 있다. 구리안의 생각에 정치는 육체의 전장이 아니라 영혼과 이념의 전장이며, 이념이 서로 투쟁하려고 할 때까지 형식과 형태를 취할 수 있으며 이 투쟁에서 인간조건의 참된 현실로 또는 인간 마음의 내밀한 지배자로 출현하는 유일한 영역이었다. 이러한 의미에서 정치는 그에게는 일종의 철학의 구체화였으며, 보다 정확히 말하자면 인간의 공존을 위한 물질적 조건인 한낱 육체가 이념의 정념에 의해 소비되는 영역이다. 따라서 그의 정치적 감각은 본질적으로 역사에서, 정치에서, 인간과 인간 사이, 영혼과 영혼 사이, 이념과 이념 사이의 모든 접촉에서 극적인 것을 위한 감각이 되었다. 그는 학문활동에서 모든 껍질이 불타버리고, 이념과 사람들이 일종의 비물질적인 무방비상태(즉 물질적 상황이 존재하지 않는 상황——이러한 상황이 없을 경우, 우리는 구름 없는 하늘의 태양이 비추는 빛을 견딜 수 없듯이 정신의 빛을 견딜 수 없다)에서 충돌하는 드라마의 가장 중요한 부분들을 찾으려 했듯이, 그는 때때로 친구들과의 교제에서도 드라마에 필요한 잠재적인 것, 격렬한 큰 이념 투쟁의 기회, 모든 것이 밝혀질 거대한 영혼 투쟁의 기회를 찾아내려는 충동에 거의 사로잡혔다.

그는 이러한 투쟁을 자주 행하지 않았다. 그는 용기가 부족했기 때문에 그것을 행하지 않은 것은 아니다. 그는 용기가 부족하기보다 오히려 지나치게 많았다. 그는 정중함을 훨씬 넘어서는 고도로 세련된 심사숙고의 분별력을 지녔다. 이러한 분별력은 그가 결코 완전히 잃어버리지 않았던 어린 시절의 부끄러움과 연결되어 있었다. 그가 가장 두려워했던 것은 당혹감, 즉 누구를 당혹하게 만들거나 누구 때문에 당혹스러워진 상황이었다. 도스토옙스키만이 아마도 당혹스러운 상황의 심연 전체를 탐구했을 것이다. 그런데 이러한 상황은 어느 정도 영혼과 이념의 격렬한 승리전의 뒷면이다. 이 전투에서 인간 정신은 스스로를 모든 조건과 계약으로부터 해방시킬 수 있다. 사람들은 자신들이 **누구인가**를 변호하지 않고 전적으로 방어수단을 지니지 않은 채 확인하면서 이념 투쟁, 대결의 적나라함 속에서 주권에 홀려 자신들의 상황과 보호의 장벽을 자유롭게 날아다니지만, 당혹스러운 상황은 그들이 자신들을 보여줄 준비가 되어 있지 않은 순간에, 즉 사물과 상황이 영혼에서 그 자연적 방어수단을 박탈하고자 예기치 않게 음모를 하는 순간에 자신들을 노출시키며 자신들을 지목한다. 문제는 당혹스러운 상황이 최상의 용기 있는 노력으로 인간이 자유롭게 보여줄 수 있는 무방비상태의 자아를 각광 속으로 끌어들인다는 점이다. 당혹은 그의 인생에서 커다란 역할을 했다(그는 이것을 두려워했을 뿐만 아니라 이것에 매력을 느끼기도 했다). 그 이유는 그가 인간관계의 차원에서, 항상 모든 점에서 인식하려 했던 인간관계의 차원에서 인간이 사물세계에서 소외되는 것을 반복하고 있었기 때문이다. 사물이 그에게는 죽은 대상이었고, 그를 사물의 무기력한 희생물로 만드는 지점까지 인간의 살아 있는 실존에 적대적이었던 것과 같이 인간들은 당혹스러운 상황에서 환경의 희생물이다. 이것 자체가 굴욕적이며, 각광을 받는 것이 부끄러운가 아니면 영광스러운가는 거의 문제되지 않는다. 당혹이 지니고 있는 측면을 단일한 상황 속에 요약한 것은 도스토옙스키의 재능의 위대성이었다. 즉 『백치』의 유명한 연회 장면에 등장하는 공작은 귀중한 꽃병을 깨뜨렸다. 이때 그 공작은 자신의 어색함, 인위적인 사물세계에 적응하지 못함을 드러냈다. 동시에 이러한 노출은 가장 확실하게 그의 '선량함'을, 즉 그가 이 세계에서는 '너무나 선량'하다는 것을 보여준다. 굴욕이란 그가 선량한 인간으로 보이고 서투를 수밖에 없을 만큼 선량하지 않을 수 없다는 사실에 있다.

굴욕은 당혹의 극단적인 것이다. 빼앗긴 사람들, 학대받는 사람들, 또는 삶이나 세상 사람들이 심하게 대우했던 사람들, 부당하게 취급된 사람들에 대한 진정한 열정은 구리안의 내면에 사실 인습과 권력에 대한 반항의 충동과 결합되고 밀접하게 연계되었다. 일상적으로는 지성과 정신적 창조를 보는 일에 매력을 느꼈던 구리안은 이런 경우에서는 자신의 다른 모든 기반을 잊어버리고 자신의 게으름에 대한 공포에도 불구하고 자신의 방식을 벗어나 이들을 만났다. 구리안은 언제나 그들의 친구가 되었으며 그들을 인생의 끝까지 무분별하고 천박한 동정심과는 다른 열정으로 쫓아갔다. 그를 매료시킨 것은 사람이 아니라 사람들의 이야기이고 드라마 그 자체였으며 무언가 새로운 정보를 듣는 것이었으며, 그는 끊임없이 되풀이해서 그런 게 삶이고, 그런 게 삶이라고 자신에게 되뇌었다. 그는 삶이 그 자체의 이야기, 일상적 슬픈 결과를 지니면서도 나쁜 결말의 연속처럼 보이는 이야기를 뽑아서 쓰는 사람들에게 깊고 성실한 존경의 마음을 보였다. 그리고 그는 이 사람들에게 연민의 정을 보내려 하지 않았듯 아무런 연민의 정도 보이지 않았다. 그가 행한 유일한 것(물론 그가 할 수 있었던 도움을 별도로 하고)은 그의 힘이 미치는 한 사회가 불행이라는 상처에 덧붙이는 굴욕의 모욕을 벗기기 위해서 그들을 의도적으로 사회에 나가게끔 했고 그의 다른 친구들과 사귀게 되었다. 그에 의하면 삶과 세계의 극적인 현실은 빼앗긴 사람들, 쫓겨난 사람들의 무리 밖에서는 완성될 수도 없고 전개될 수도 없는 것이다.

굴욕의 본질에 대한 이러한 관찰과 학대받는 것에 대한 이러한 열정은 러시아의 위대한 작가를 통해 우리에게 너무나 잘 알려져 있기 때문에 우리는 그가 기독교도이면서 어떻게 "러시아적"일 수 있는가를 쉽게 알아챌 수 있다. 그러나 인간적 상황의 본질이 무엇인가에 대한 이러한 러시아적 감각은 그에게 완전히 서구화된 실제 감각과 밀접히 혼합되어 있다. 그가 기독교도이며 가톨릭교도였다는 것은 바로 이런 점에서였다. 그의 타협할 줄 모르는 현실주의는 그의 역사학과 정치학에 대한 뚜렷한 공헌의 특성을 이루는 것인데, 그에게서 이러한 것은 기독교 가르침과 가톨릭 수련의 자연스런 결과였다. (그는 온갖 형태의 완벽주의를 깊이 경멸했으며 완벽주의자들이 현실에 직면하는 용기를 갖고 있지 못한 점을 지속적으로 비난했다.) 그는 기독교와 가톨릭의 가르침 덕택에 세계 속에서 편안함을 느끼지 못하는 세계 속의 이방인으로서, 동시에 현실주의자로서 자신의 정체성을 유지했다는 것을 충분히 알았다. 그는 세계를 잘 알고 있었기 때문에 순종하는 것은 그의 경우 쉬웠을 것이다. 모든 가능성 속에서 보다 큰 유혹, 어떤 이상주의로 도피하려는 것은 그에게서 더욱 쉬운 일이었을 것이다. 그의 정신적 실존 전체는 결코 맹종하거나 도피하지 않는 결단 위에 수립된 것이었다. 이것은 용기 위에 수립된 것이라는 것과 같은 말일 뿐이다. 그는 언제나 이방인이었으며 그가 올 때마다 그는 마치 지금 어딘지 모르는 곳에서 도착한 것 같았다. 그러나 그가 세상을 떠나자 그의 친구들은 자신의 가족 한 사람이 떠나가 버린 듯 슬퍼했다. 그는 우리 모두가 해야 할 일을 달성했다. 그는 자신의 집을 이 세계 속에 세웠으며 우정을 통해 이 지상에서 편안함을 누렸다.

제11장 랜달 자렐

아렌트와 만난 인연

랜달(Randall Jarrell, 1914-65)[1]은 전쟁 직후 마거릿 마셜이 부재한 기간 동안 『네이션』(*Nation*)의 서평란 편집을 담당하기 위해 뉴욕에 왔다. 이때 나는 그를 만났다. 당시 나는 쇼켄 총서의 편집을 맡고 있었다. 우리가 만나게 된 것은 '업무' 때문이었다. 나는 그의 전쟁시(戰爭詩) 몇 편에 크게 감명을 받았는데, 그에게 독일 시 몇 편을 출판사를 위해 (영어로) 번역해달라고 요청했다. 그는 『네이션』에 기

---

1) 테네시주 내슈빌 출신으로 벤더빌트 대학을 졸업했다. 그는 이 대학에서 석사 학위를 받았으며 텍사스 대학에서 교수로 재임 중 공군에 입대했다. 그의 초기 시작(詩作)은 공군 시절 전시경험에 관한 주제와 연관된다. 그는 제대 후 사라 로렌스 대학의 교수로 활동했다. 그의 첫 번째 시집은 『한 이방인의 동정』(*Blood from a Stranger*, 1942)이며 오든에 많은 영향을 받았다. 이후 출간된 시집 『작은 친구, 작은 친구』(*Little Friend, Little Friend*, 1948)와 『사망자』(*Losses*, 1948)는 자신의 군경험을 반영하고 있다. 그는 『워싱턴 동물원의 여성』(*The Woman at the Washington Zoo*, 1960)을 출간한 이후 시인으로서 확고한 평판을 얻었다. 그의 가장 훌륭한 저서로 평가되는 『잃어버린 세계』(*The Lost World*, 1965)는 자신의 어린 시절을 주제로 하고 있다-옮긴이.

고한 나의 서평 몇 편을 (영어로 번역하여) 편집했다. 우리는 마치 사업하는 사람들처럼 함께 점심을 하곤 했는데, 나는 우리의 고용주들이 점심값을 번갈아 지불한 것으로 생각이 들지만 정확하게 기억하지는 못하겠다. 그것은 당시 우리 두 사람 모두 가난했기 때문이었다. 그가 내게 준 첫 번째 책은 시집 『사망자』(Losses)였는데, 여기에는 "역자 랜달 자렐(Randall Jarell)이 한나(아렌트)에게"라고 씌어 있었다. 이 문구는 내게 그의 이름을 재미있게 연상시켜주었다. 이러한 연상은 그의 이름에 대한 어떤 유럽식의 혐오감 때문에 생긴 것은 아니다. 랜달이라는 이름은 영어에 익숙지 않은 나에게는 자렐이라는 표현보다 좀더 친숙한 것 같지는 않았다. 사실 이 두 이름은 비슷하게 들렸다.

나는 얼마나 많은 시간이 지나서 그를 우리 집에 초대했는가를 알지는 못한다. 그의 편지에는 모두 날짜가 적혀 있지 않았기 때문에 그는 그 날짜를 확인하는 데 도움이 되지 못한다. 그러나 그는 몇 년 동안 나를 정기적으로 방문했다. 그는 다음 방문 날짜를 알릴 때는 "당신은 10월 6일 토요일과 7일 일요일, 미국 시 낭송회 주말모임을 당신의 약속일지에 기록할 수 있습니다"라고 적곤 했다. 그리고 이 날짜는 정확히 항상 있던 날짜다. 그는 몇 시간 동안 나에게 영어시를 읽어 주었다. 그 가운데는 옛날 시도 있었고 요즘 시도 있었지만 그 자신의 시는 별로 없었다. 그러나 그는 한때 시를 타자로 정리하자마자 우편으로 보내곤 했다. 그는 나에게 음운의 새로운 세계를 열어주었고 영어가 지니는 독특한 무게를 가르쳐 주었다. 영어의 상대적 무게는 모든 언어와 마찬가지로 궁극적으로는 시적 용법과 시적 기준에 따라 결정된다. 내가 영시와 언어의 본질에 대해 알고 있는 모든 것은 그의 덕분이다.

원래 그가 매력을 느낀 것은 나도 아니고, 우리 부부도 아니며, 우리 집에서 독일어를 쓴다는 단순한 사실 때문이었다.

나는 믿는다. ─ 나는 믿는다. 나는 믿는다. ─
내가 가장 좋아하는 나라는 독일인 것을.[2]

여기서 분명하게도 "나라"는 독일이 아니라 독일어다. 그러나 그는 독일어를 잘 모르고 배우는 것을 고집스럽게 거절했다. "아아, 나의 독일어 실력은 조금도 나아지지 않는다. 번역을 하면 독일어를 배울 시간이 없고 번역을 하지 않으면 독일어를 잊어버리게 된다." 이것은 내가 그에게 문법책과 사전을 사용하게끔 권했던 마지막이면서 설득력 없는 기도가 끝난 뒤 그가 쓴 글이다.

신뢰와 사랑으로, 그리고 **사전 없이**
릴케를 읽음으로써, 우리는 독일어를 배운다.[3]

모든 것을 고려해보면 이러한 것은 그에게 진실이었다. 그는 이런 방법으로 그림(Grimm)의 동화와 『소년의 마술피리』(*Des Knaben Wunderhorn*)를 읽었기 때문이다. 그는 마치 『이상한 나라의 앨리스』(*Alice in Wonderland*)가 번역하기 어려울 정도로 영어의 특징을 지니고 있듯이 번역하기 어려울 정도로 독일어의 특성을 지니고 있는 독일 민화와 민요의 이상하고도 강력한 시작에서 완전히 편안함을 느낀 것 같았다. 번역 불능의 영어인 것처럼 번역 불능의 독일 민화

---

2) 랜달 자렐, 『시 전집』(*The Complete Poems*, London: Faber & Faber, 1971), 266쪽이하. 여기서 첫 번째 문장은 "나는 내가 좋아하는 나라 독일을 믿는다"라고 씌어 있다.
3) 앞의 책, 267쪽.

나 민요의 이상하고도 격렬한 시 속에서 편안함을 느꼈다. 하여튼 그는 독일 시에 담긴 민속적 요소를 좋아했고 괴테, 심지어 휠덜린(Hölderlin)과 릴케의 시에 담긴 이러한 요소를 인정했다. 나는 독일어가 그에게 드러내는 나라가 곧 그의 본래 나라였다고 종종 생각하기도 했다. 그는 요정의 나라에서 온 인물같이 신체적 외양의 세세한 면을 물려받았기 때문이다. 마치 마법의 바람을 타고 인간의 도시로 불려온 것 같고 우리의 어린 시절을 보냈던 마법의 숲 속에서 출현한 듯 그는 마법의 피리를 들고 모든 사람, 모든 것이 한밤의 무도회에 참여하기를 바라고 **기대하는 것** 같았다. 나는 랜달 자렐이 단 한 편의 시를 쓰지 않았다 할지라도 그가 시인이라고 말하고 싶었다. 유명한 라파엘(Raphael)이 마치 손을 갖지 않고 태어났더라도 위대한 화가가 되었을 것임과 마찬가지로 말이다.

나는 랜달이 프린스턴 대학에 머물고 있던 1950년대 겨울, 몇 달 동안 그를 깊이 알게 되었다. 여기서 그는 "프린스턴 대학이 알고 있는 것보다 **훨씬** 더 프린스턴다운 점을 보았다. 그는 사용하지 않는 방들과 접시, 그리고 친하게 지내는 수많은 고양이들을 남겨둔 채 주말이면 뉴욕으로 왔다. 그가 우리의 아파트에 들어간 순간 나는 모든 것이 마법에 걸렸다는 감정을 갖게 되었다. 나는 그가 실제로 그것을 어떻게 했는지 결코 알지 못했다. 그러나 섬세한 변화를 겪지 않은 단단한 물체, 즉 도구나 가구는 없었으며, 이 과정에서 단단한 물체는 그 일상적인 단조로운 기능을 상실했다. 그는 내가 부엌에서 저녁을 짓고 있는 동안 가끔 그런 적도 있지만 나를 기쁘게 해주기 위해 부엌에 들어오기로 결정했을 때 이 시적 변용은 현실적인 것이 되었다. 그는 나의 남편을 찾아와 시인과 작가의 업적과 지위에 대해 오랜 시간 격렬한 논쟁을 벌이기도 했다. 그때마다 그들은 서로 상대를 이겼다고 외치는 소리가 크게 들렸다. 두 사람은 누가 『킴』(Kim)⁴⁾을 더 잘 이해했으며, 예이츠(Yeats)와 릴케 가운데 누가 더 위대한 시인인가를 두고 몇 시간 동안 토론을 계속했다. (물론 랜달은 릴케를 지지했고 나의 남편은 예이츠를 지지했다.) 랜달은 뒤에 이러한 시합에 대해 다음과 같이 쓰고 있다. "(열광자가) 자신보다 더 열광적인 사람을 보는 것은 경이로운 것이다. 뚱뚱이 시합에서 2등을 한 뚱뚱이처럼."

랜달은 그림(Grimm)의 동화에 관한 자신의 시「동화」(Märchen)에서 자신의 나라를 이렇게 묘사하고 있다.[5]

들으라, 들으라. 이곳은 결코 조용하지 않다.
여기는 숲……

이곳에는

태양은 우리의 소망에 따라 모두에게 비추고
그리고 우리는 밤이 될 때까지 그 소망을 믿는다.
그리고 우리는 밤이 될 때까지 우리의 운명을 믿는다.

---

4) 키플링(Rudyard Kipling)의 소설로 1901년에 출간되었다. 이야기는 중앙아시아에서 영국과 러시아의 정치적 갈등, 대게임을 배경으로 하고 있다. 소설은 인도 국민, 문화, 다양한 종교에 대한 묘사로 유명하다. 비평가들은 이 소설이 키플링의 가장 훌륭한 장편소설이라고 일반적으로 평가하고 있다–옮긴이.
5) 앞의 책, 82쪽.

시인과 독자의 관계

그는 세계를 도피함으로써 꿈의 성을 쌓는 그런 사람이 아니었다. 오히려 그는 세계를 정면으로 맞았다. 그리고 세계가 그에게는 영원히 놀랍지만 사실 존재했다. 그 세계는 동일한 인종에 속하는 시인들이나 시집의 독자들이 살고 있는 것이 아니라 텔레비전 시청자들, 『리더스 다이제스트』의 독자들, 그리고 최악의 경우 이 새로운 족속, '현대 비평가'가 살고 있다. 현대 비평가는 "자신이 비평하는 시나 소설이나 희곡을 위해" 존재하지 않고 "시나 소설이 어떻게 구성하는가"를 알고 있는 자신들을 위해 존재한다. 형편없는 작가는 "그것들을 바로 구성했다. 이를테면 베이컨 품평회장에 돼지 한 마리가 어슬렁거린다면 "당신은 '돼지는 저리 가라! 네가 베이컨에 대해 무얼 아는가'라고 소리쳤을 것이다." 다른 말로 표현자면 세상사람들은 시인을 환영하지 않고, 그의 탁월함에 대해 감사하지도 않으며, "이 세계의 사물을 언어 속에서 보고 느끼고 생기 있게 만드는 태초부터의 힘"을 필요로 하지 않는 것처럼 보인다. 따라서 "시인은 결국 당신들은 나의 시를 읽지 않기 때문에 당신들이 나를 이해할 수 없다는 것을 확신한다"라고 말할 때까지 세상사람들은 시인을 '애매하다'고 비난하고 '애매해서' 이해할 수 없다고 불평을 늘어놓는다. 이런 불만들은 모두 일상적인 것이어서 나는 처음에는 그가 왜 이런 문제로 고민하는지 이해할 수 없었다. 나는 다만 그가 "나날이 소수가 되고 불행하게 되는 행복한 소수자"가 되기를 원치 않았던 것을 오직 조금씩 알게 되었다. 그 이유는 다만 그가 "과학적 교육과 급진적 청년 시대"를 경험했던 민주주의자이며 "괴테의 급진주의 같은 것을 믿은 고풍스런" 사람이었기 때문이다. 나는 오랜 시간이 지나서야 비로소 그의 신비롭기조차 한 기지가 어디서 나오는지 알게 되었다는 것을 여기서 고백하지 않을 수 없다. 여기서 그의 신비로운 기지란 그의 웃음의 정확성을 뜻하는 것이다. 그것은 모든 종류의 안일함과 저속함에 대한 그의 불신에서 유래되는 것이 아니며, 또는 그와 접촉했던 모든 사람들이 질적인 것에 대한 자신의 절대적 감각(절대적인 위치 같은 것)을, 즉 모든 인간적인 사건과 예술적인 사건에 대한 이러한 무오류의 판단을 지니고 있다는 그의 신념에 유래되는 것도 아니다. 그것은 그 자신이 "시인의 애매성" 속에서 지적했듯이 "무력함에도 익숙한 사람의" 조소적이며 자조적인 것에서 유래되었다는 신념에서 유래한 것이다. 나는 그의 유쾌함을 믿고 그의 웃음이 정당하다는 것을 알기 때문에 그가 지닌 유쾌함이 그가 맞게 되는 모든 위험을 충분히 피할 수 있다고 생각했고 그러기를 바랐다. 결국 '적응'에 관한 학문적이거나 세련된 쓸모없는 말은 어떻게 (『어느 대학에 대한 풍자』*Pictures from an Institution*[6]에서 언급한) 그의 이 한 문장(즉 "로빈스 학장은 그의 환경에 잘 적응했기 때문에 어느 쪽이 환경이고 어느 쪽이 로빈스 학장인지 때로는 말할 수 없었다")보다 더 생생하게 남기를 희망할 수 있었는가? 만약 당신이 이런 이야기를 일소에 부쳐 버리지 않는다면 어떤 길이 남아 있는가? 우리 세기가 만들어낸 모든 허튼소리를 한꺼번에 논박하는 것은 10배의 인생을 필요로 하며, 결국

---

6) 이른바 대학을 풍자하는 랜달의 소설로서 대학생활의 괴벽스러운 상황, 특히 등장인물들의 인간관계와 그들의 사생활을 묘사하는 데 초점을 맞추고 있다. 이름 없는 해설자는 벤턴여자대학(Benton Women's College)에서 가르치고 있는 자렐 같은 인물로서 학생들, 동료 교수들, 메리 매카시(Mary McCarthy)를 모델로 한 소설가 게르트루드에 대해 재미있게 관찰하고 있다. 게르트루드는 사실 소설의 옹호자로 간주될 수 있다. 일부의 사람들은 벤턴여자대학이 사라 로렌스 대학(Sara Lawrence College)을 모델로 하고 있다고 믿고 있다. 영-브륄, 『한나 아렌트: 세계 사랑을 위하여』, 인간사랑, 2007, 443-445쪽을 참조할 것-옮긴이.

이 반박하는 사람들은 대학 학장과 그의 환경이 구분될 수 없듯이 반박하는 사람들의 희생자들과 거의 구분될 수 없을 것이다. 어쨌든 랜달은 그의 빛나는 웃음과 그 배후에 있는 무한한 벌거벗은 용기 이외에는 세계에 대해 자신을 보호할 아무런 것도 지니지 못하고 있었다.

그가 세상을 떠나기 얼마 전 나는 그를 마지막으로 만났다. 이때 웃는 사람은 거의 사라졌으며, 그는 패배를 거의 인정하는 듯했다. 그는 일찍이 10년 훨씬 이전에 「악마와의 대화」라는 시에서 이러한 패배를 예견했다.[7]

관대하거나 솔직하거나 특이한 독자
나에게도 몇 사람이 있다. 아내, 수녀, 하나 또는 둘의 유령 —
내가 누군가를 위해 글을 쓴다면 당신을 위해 쓴다.
내가 죽을 때 속삭이듯, 우리는 너무나 수가 적어
나에 대해 써라 (당신이 쓸 수 있을지 나는 알 수 없으나)
나는 — 나는 — 그러나 나는 아무래도 좋다.
나는 만족한다 ……그런데
그런데 너희들은 너무 수가 적어
오히려 나는 당신들 형제를 위해서 글을 써야 하는가?
저 교활하고 평범하며 속 좁은 무리들을 위하여.

---

7) 앞의 책, 20쪽.

제12장 팔순의 마르틴 하이데거[1]

하이데거의 명성과 변화의 충격

하이데거의 강의 명성

하이데거(Martin Heidegger, 1889-1976)가 80회 생일을 맞이하는 해는 또한 그가 공적 삶을 시작한 지 50년이 되는 해이기도 하다. 그는 '둔스 스코투스에 관한 저서'[2]를 출간하기는 했지만 저자로서보다 대학교 선생으로서 공적인 삶을 시작했다. 그는 알차고 흥미롭

---

1) 아렌트가 하이데거(1889년 9월 26일-1976년 5월 26일) 탄생 80주년을 기념하여 바이에른 라디오 방송에서 행한 강연 원고로서 『수성』(*Merkur*) 제23호(1969년 10월 10일)에 게재했다. 이 원고는 의회도서관에 보관되어 있으며, 한나 아렌트가 타자로 친 원고를 토대로 각주를 새로이 첨가했다. 원본은 Hannah Arendt, *Menschen in finstern Zeiten*(München: Piper, 1989)에 수록되어 있으며, 영어 번역본은 알베르트 호프슈타터(Albert Hofstadter)가 번역해 게재한 『뉴욕 서평』(*The New York Review of Books*, 1971. 10)에 수록되어 있고, 『하이데거와 현대 철학』(*Heidegger & Modern Philosophy*, New Haven and London: Yale University Press, 1978)에 다시 게재했다. 여기서는 마지막 원고를 우리말로 옮겼다-옮긴이.

2) 하이데거는 1915년 교수 자격 논문으로 신칸트학파 철학자인 하인리히 리케르트의 지도 아래 『둔스 스코투스의 범주론과 의미론』을 제출했다-옮긴이.

지만 여전히 전통적인 연구를 시작한 지 겨우 3년 내지 4년이 흐르는 사이에 그 책의 저자와 아주 다르게 변했기 때문에 그의 제자들도 그런 변화를 거의 알아채지 못했다. 플라톤이 한때 언급했듯이 "시작은 또한 신과도 같다. 신은 인간들 사이에서 거주하는 한 모든 것을 구제한다"[3]는 주장이 참이라면 하이데거의 경우 그 시작은 출생 날짜(메스키르히, 1889년 9월 26일)나 첫 번째 저서의 출간이 아니라 그가 1919년 프라이부르크에서 후설(Edmund Husserl)의 조교이며 단순한 사강사로서 맡았던 첫 번째 강좌와 세미나였다. 하이데거의 '명성'은 1927년 『존재와 시간』의 출간보다 거의 8년을 앞서기 때문이다. 선생에 대한 학생들의 평판이 『존재와 시간』의 성공적 출판보다 앞서지 않았다면 이 책의 흔치 않은 성공——학계 내외에 미쳤던 직접적인 충격뿐만 아니라 20세기 출간된 소수의 저작만이 견줄 수 있는 이례적으로 지속된 영향——이 가능했을까는 의심의 여지가 있다. 하여튼 이 책의 성공은 학생들의 의견으로는 그들이 수년 동안 알고 있었던 것을 확인시켜 주었을 뿐이었다.

이러한 초기의 명성에는 뭔가 이상한 것이 있었다. 그것은 아마도 1920년대 초반 카프카의 명성이나 10년 전의 브라크(George Braque)[4]와 피카소(Pablo Picasso)의 명성보다 좀 더 이상한 것이었다. 브라크와 피카소는 또한 우리가 보통 생각하는 공중에게는 알려

---

3) 『법률』 775.
　원문의 내용은 다음과 같다. "사람들에게 확고히 기반이 잡힌 시작은 신과도 같이 모든 걸 구해 주기 때문입니다. 그걸 선용하는 사람들 각각에게서 그것에 마땅한 명예를 누리게 될 경우에는 말입니다." 박종현 역주, 『법률』, 서광사, 2009, 451쪽-옮긴이.
4) 프랑스의 화가(1882-1963)이며 처음에는 야수파의 그림을 그렸으나 세잔의 영향으로 인상파에 접근했다. 1907년 피카소와 친구가 되면서 피카소와 함께 입체파로서 프랑스 화단의 중요한 위치를 차지했다-옮긴이.

지지 않았지만 그런데도 대단한 영향을 미쳤다. 왜냐하면 하이데거의 경우 그의 명성에 기반이 될 수 있었던 가시적인, 즉 쓰인 출판물은 도처의 학생들 사이에서 유포되었던 강의 노트를 제외하고 없었기 때문이다. 하이데거는 이러한 강의에서 일반적으로 친숙한 저서들을 다루었다. 그러나 이러한 강의에는 학습하여 재생하고 전승할 수 있는 교의를 담고 있지 않았다. 이름만 존재했을 뿐이나 그 이름은 숨은 왕의 소문과 같이 독일 전역으로 전해졌다. 이것은 한 '대가'가 중심이 되어 이끄는 '동아리'(즉 슈테판 게오르게파)와는 완전히 다른 것이었다. 게오르게학파는 공중에 잘 알려져 있었지만 추정컨대 동아리의 회원만 접근할 수 있는 비밀(arcana imperii)로 공중과 여전히 분리되었다. 비밀이나 회원은 없었다. 소문을 들었던 사람들은 확실히 서로 알았다. 그들은 모두 학생들이었기 때문이다. 그리고 그들 사이에도 종종 우정이 형성되었다. 이후 일부의 분파가 여기저기서 형성되었다. 그러나 동아리는 결코 존재하지 않았고 그의 추정과 관련해 은밀한 것도 없었다.

소문은 누구에게 확산되고 무엇을 전달했는가? 제1차 세계대전 이후 당시 독일 대학에서 저항은 없었으나 직업학교 이상의 단과 대학(학부)에서 진행되는 교수 학습활동에 대한 전반적인 불만이 팽배했고, 연구가 생계 준비를 위해 대비하는 것 이상을 의미하는 학생들 사이에 확산되었던 불안감이 존재했다. 철학은 생계비를 버는 사람의 연구가 아니라 오히려 바로 그러한 이유 때문에 오히려 어려우나 결의에 찬 굶주린 사람들의 연구였다. 그들은 결코 삶이나 세계의 지혜에 관심을 갖지 않았다. 모든 수수께끼의 해답에 관심을 갖는 사람들의 경우 세계관과 그 지지자들의 풍부한 선택은 유용했다. 그것들을 선택하기 위해 철학을 연구하는 게 필요하지 않았다.

그러나 그들은 자신들이 원하는 것을 알지 못했다. 대학은 보통 그들에게 학파—신칸트주의, 신헤겔주의, 신플라톤주의 등—나 전통적인 학문 분야를 제공했다. 철학은 이 학문 분야에서 특별 영역—인식론, 미학, 윤리학, 논리학 등—으로 깔끔히 나뉘었으며 소통되기보다 오히려 따분함의 대양에 익사했다. 하이데거의 출현 이전에도 이러한 안락하고 그 나름대로 견실한 연구에 대한 약간의 저항은 있었다. 연대기적으로 고찰하면 후설과 "사물 자체로"라는 외침이 있었다. 그리고 이러한 외침은 "이론으로부터 벗어나고 교과서에서 벗어나" 다른 학문 분야와 함께 자신의 위치를 잡는 엄격한 학문으로서 철학의 확립을 지향했다. 이것은 여전히 순수하고 비저항적인 외침이었으나 처음에는 실러(Johann Schiller)가 이후에는 하이데거가 호소할 수 있었던 중요한 것이었다. 이외에도 철학적인 것 이외의 다른 전통을 형성하며 의식적으로 저항적인, 하이델베르크 대학의 카를 야스퍼스가 있었다. 그는 잘 알려진 바와 같이 오랫동안 하이데거와 우호적인 관계를 유지했다. 하이데거의 연구에서 저항적인 요소는 철학에 대한 학계의 대화 속에서 독창적이고 근본적으로 철학적인 중요한 존재로서 야스퍼스에게 매력을 주었기 때문이다.

이러한 소수 학자들이 공유했던 것은 하이데거의 말을 빌리자면 그들이 "학문의 대상과 사유의 대상"(『사유의 경험으로』*Aus der Erfahrung des Denken*, 1947)[5]을 구별할 수 있었다는 것이다. 그 당시 하이데거의 사상에 대한 소문은 전통의 붕괴, 그리고 나타나기 시작한

---

5) 호프슈타터 옮김, 「시인으로서 사상가」, 『시, 언어, 사유』(*Poetry, Language, Thought*), New York, 1975.

"어두운 시대"(브레히트)에 대해 다소간 명료하게 인식했으며, 이에 따라 "사유문제" 또는 오늘날 하이데거가 말하듯이 "사유의 사태"[6]에 관심을 갖고 있었기 때문에 대학의 학문을 준수할 대비를 했던 사람에 도달했다. 얼마 후 그들이 마르부르크 대학의 젊은 교수에게 이끌렸던 바와 같이 그들을 프라이부르크 대학, 그리고 거기서 가르쳤던 사강사로 이끌었던 소문이 전하는 바에 따르면 후설이 선언했던 "사물"을 실제로 획득하고 있는 어떤 사람, 즉 이러한 사물이 대학의 문제가 아니고 사유하는 사람의 관심사—어제 오늘의 관심사가 아니고 먼 과거로부터 있었던 관심사—였다는 것을 알았던 사람, 그리고 전통의 실타래가 끊겼다는 것을 알았다는 정확한 이유 때문에 과거를 새로이 발견하고 있는 어떤 사람이 있었다. 예컨대 플라톤에 대해서는 논의하지 않고 그의 이데아론을 설명한다는 것은 기술적으로 결정적이었다. 직접적으로 중대한 연계성을 지닌 일련의 문제를 위해 자리를 마련하는 전통적인 교의가 소멸될 때까지 오히려 한 학기 동안 단 한 편의 대화편만 연구하면서 이를 질문의 대상으로 삼았다. 오늘날 이러한 강의는 친숙해 보인다. 오늘날 많은 사람들은 이러한 식으로 강의를 진행하기 때문이다. 그러나 하이데거 이전에 어느 누구도 이러한 식으로 강의를 진행하지 않았다. 하이데거에 대한 소문은 이러한 상황을 아주 명료하게 설명하고 있다. 사유에 대한 논의는 다시 활력을 얻게 되었다. 사멸되었다고 생각되는 과거의 문화적 보고는 언급되고 있다. 결국 이 과정에서 문화적 보고는 결국 과거에 전달한다고 추정되었던 친숙하고 진부한 사소한 것들과 완전히 상이한 것들을 제안한다. 여기에는 선생 한 분이 있다. 사람들은 사유하는 법을 아마도 배울 수 있다.

---

6) 『사유의 사태로』(*Zur Sache des Denkens*), 1969.

하이데거의 사유와 형이상학의 종말

사유의 길: 오솔길과 숲길

그러므로 숨은 왕은 사유영역에서 군림했다. 사유영역은 완전히 현실 세계를 구성하더라도 그 세계에 은폐되어 있다. 따라서 사람들은 그 세계가 전적으로 존재하는지 결코 완전히 확신할 수 없다. 그럼에도 사유영역에 머무는 사람들은 통상적으로 믿었던 것보다 수적으로 훨씬 더 많다. 왜냐하면 그렇지 않을 경우 하이데거의 사유와 사려 깊은 독해의 전례 없는 종종 숨겨진 영향력을 어떻게 설명하고, 그것이 학생이나 제자들의 동아리를 넘어 어떻게 확장되며, 철학을 통해 통상적으로 이해되는 것을 넘어 어떻게 확장될 수 있는가?

왜냐하면 이 세기의 정신적 외관(physiognomy)을 아주 결정적으로 공유하는 것은 (장 보프레Jean Beaufret가 했듯이)[7] 우리가 정당하게 문제를 제기할 수 있는 실존과 관련한 하이데거의 철학이 아니라 하이데거의 사유이기 때문이다. 이러한 사유는 자기 자신에게 특유한 천착하기의 특성을 지니고 있다. 우리가 언어학적 형태로 설명하고 싶다면 그 특성은 "사유하다"라는 동사의 잠정적 사용에 있다. 하이데거는 무엇인가에 "대하여" 결코 사유하지 않는다. 그는 무엇인가를 사유한다. 그는 이러한 전적으로 비관조적인 활동에서 이러한 방식으로 일찍이 발견될 수 없었던 어떤 궁극적이고 안전한 기초를 밝히기커녕 발견하지도 않고 심연으로 천착한다. 그는 오히려 오솔길을 놓고 "이정표"를 고정하기 위해 지속적으로 그곳에 남아 숨

---

7) 보프레(1907-1982)는 프랑스에 하이데거의 저작을 소개한 영향력 있는 철학자이며 독일학자이다. 그의 주요 철학적 관심은 19세기 독일철학, 특히 헤겔, 피히테, 마르크스다. 저작으로 『하이데거와의 대화: 그리스철학』(*Dialogue with Heidegger: Greek Philosophy*)이 있다-옮긴이.

어 있다(1929년부터 1962년까지 텍스트 모음집은 『이정표』Wegmarken 였다).[8] 이러한 사유는 단독으로 임무를 설정할 수 있으며 '문제'를 취급할 수 있고, 자연스럽게 실제로 항상 자신이 특별히 점유한 특별한 무엇, 더 정확히 표현하여 자신을 특별하게 분기시킨 무엇을 지니고 있다. 그러나 우리는 이러한 사유가 목표를 가지고 있다고 말할 수 없다. 이러한 사유는 부단히 활동적이고, 심지어 오솔길 자체를 놓는 것도 이전에 드러났으며, 그것으로 인도된 목표에 도달하기보다 오히려 사유의 새로운 차원을 개방하는 데 기여한다. 그 오솔길은 (1935년부터 1946년 사이에 집필한 논문들의 모음집 제목으로 달린 이후) 숲길(Holzwege)이라고 틀림없이 불릴 수 있다.[9] 그 숲길은 숲 외부 어디로 연결되지 않고 "미답의 땅에서 갑자기 중단되기" 때문에 숲길은 철학적 전문가와 시상사가들의 탐구가 재빠르게 오가는, 조심스럽게 설계된 문제의 길보다 숲을 사랑하고 그곳에서 편안함을 느끼는 사람들에게 비교할 수 없을 정도로 훨씬 더 어울린다. "숲길"이라는 은유는 본질적인 중요한 것을 생각나게 한다. 사람들이 처음에 생각할 수 있듯이 그것은 어떤 사람이 막다른 오솔길로 이르는 것이 아니라 오히려 숲에 점유물이 있는 벌목꾼과 같이 어떤 사람이 스스로 밟았던 길을 밟는 것이다. 길을 만드는 것은 작업 도로 못지않

---

8) 신상희 옮김, 『이정표 1』, 한길사, 2005; 이선일 옮김, 『이정표 2』, 한길사, 2005 를 참조할 것-옮긴이.

9) 하이데거는 『숲길』 제사(題詞)에서 숲길을 다음과 같이 밝히고 있다. "수풀(林, Holz)은 숲(Wald)을 지칭하던 옛 이름이다. 숲에는 대개 풀이 무성히 자라나 더 이상 걸어갈 수 없는 곳에서 갑자기 끝나버리는 길들이 있다. 그런 길들이 숲길(Holzwege)이라고 부른다. 길들은 저마다 뿔뿔이 흩어져 있지만 같은 숲 속에 있다. 종종 하나의 길은 다른 길과 같은 것처럼 보인다. 그러나 그렇게 보일 뿐이다. 나무꾼과 산지기는 그 길들을 잘 알고 있다. 그들은 숲길을 걷는다는 것이 무엇을 뜻하는지 알고 있다." 신상희 옮김, 『숲길』, 나남, 2010, 13쪽을 참조할 것-옮긴이.

게 나무를 쓰러뜨리는 것에 해당한다.

형이상학 전통의 종말

하이데거는 사실 깊이 천착한 자신의 사유로 개척한 이 심층 공간 (Tiefendimension)에 사유의 오솔길로 구성된 거대한 연결망을 설치해 왔다. 물론 고려되고 때론 많은 지지를 얻었던 유일한 직접적인 결과는 지하 터널과 파괴적인 파 뒤집기가 아주 깊이 확보되지 않은 기초를 가진 구조의 붕괴를 초래하듯이 그가 전통 형이상학의 체계—어느 누구도 한동안 어떤 경우나 아주 편안함을 느끼지 않았던—를 붕괴시켰다는 사실이다. 전통 형이상학 체계의 붕괴는 역사적인 문제이고, 아마도 일차적인 문제이기도 하다. 그러나 역사적인 것을 포함해 모든 길드 밖에 서 있는 우리는 그러한 것에 관심을 가질 필요는 없다. 칸트가 특정한 시각에서 "모든 것을 붕괴시키는 사람"으로 공평하게 불릴 수 있었던 것은 그가 누구였는가—그의 역사적 역할과 구별해—와 아무런 관계가 없다. 그래도 임박했던 형이상학의 붕괴에 대한 하이데거의 관여와 관련해 우리가 오직 그의 덕택으로 돌리는 것은 이러한 붕괴가 그것을 선행했던 것의 가치가 있는 방식으로 발생했다는 것이다. 즉 형이상학은 그 종말에 이르렀으며 사실 그것에 뒤따라온 것에 의해 전혀 유린되지 않았다. 하이데거가 『사유의 사태로』(*Zur Sache des Denkens*)에서 언급하듯이 "철학의 종말"[10]은 철학의 명예이고, 철학에 명예를 부여하는 완성이었으며,

---

10) 하이데거가 생전에 출간한 마지막 저서인 「철학의 종말과 사유의 사태」라는 글에서 철학의 종말에 대해 다음과 같이 밝히고 있다. "철학의 종말이라는 말은 무엇을 의미하는가? 우리는 어떤 것의 종말을—퇴락이라든지 또는 더 이상 할 수 없음이라고 이해하지 않는다고 하더라도—너무도 쉽게 부정적인 의미에서 단순한 중지로서, 또는 진행의 부재로서 이해한다. 이와는 반대로

철학과 철학의 전통에 아주 깊이 연관되어 있었던 사람은 종말을 대비한다. 하이데거는 평생 철학 텍스트에 기초해 세미나와 강의를 마련했다. 『사유의 사태로』는 책의 첫 부분인 "강연「시간과 존재」에 대한 세미나 기록"을 담고 있다.

나는 사람들이 사유를 배우기 위해 하이데거에 관한 소문을 추적했다고 말해 왔다. 경험한 바이지만, 순수한 활동으로서 사유——이것은 앎에 대한 갈증이나 인지에 대한 노력으로 촉진되지 않는다는 것을 의미한다——는 다른 모든 능력이나 재능을 지배하고 억압한다기보다 모든 능력이나 재능을 명령하고 압도하는 정념이 될 수 있다. 우리는 이성 대 정념, 정신 대 삶이란 오래된 대립구도, 즉 사유와 생존해 있음이 하나가 되는 열정적 사유가 우리를 다소가 어리둥절하게 한다는 것에 아주 익숙해 있다. 하이데거 자신은 한때 아리스토텔레스 강의 초두에 통상적으로 전기를 소개하지 않고 "아리스토텔레스는 태어나 연구하다가 죽었다"[11]라고 언급했을 때 한 문장으로 이러한 통합——입증된 일화로——을 표현했다.

철학의 종말이라는 말은 형이상학의 완성(Vollendung)을 의미한다. 여기서 완성은 철학이 자신의 종말과 더불어 최고의 완전성에 도달했어야 마땅하다는 그런 의미에서의 완전성을 뜻하지 않는다." 문동규·신상희 옮김, 『사유의 사태로』, 도서출판 길, 2008, 143쪽 참조할 것-옮긴이.

11) 하이데거는 1924년 마르부르크 대학에서 아리스토텔레스의 다양한 저작을 강의하면서 주요 개념을 설명하고 이 개념들이 어떻게 세계에 대한 그리스인의 경험에 뿌리를 두고 있는가를 탐구했는데, 이때 전기를 고찰하면서 "한 철학자의 인격과 관련해 우리의 유일한 관심사는 그가 어떤 시기에 태어나서 연구하다가 죽었다"는 것이다. 아렌트는 이 글에서 하이데거의 주장을 소개했다. 아렌트 덕택에 이 문장은 많이 인용되고 있다. 하이데거의 강의는 『아리스토텔레스 철학의 기본 개념』(Basic Concepts of Aristotelian Philosophy)으로 출간되었다-옮긴이.

사유의 특이성

하이데거의 열정적인 사유와 같은 중요한 것이 존재한다는 것은 우리가 이후 인지할 수 있듯이 어떤 철학이 전적으로 존재할 가능성의 조건이다. 그러나 우리는 하이데거의 사유가 존재하지 않았을 경우 이것을 발견했겠는가의 여부는 특별히 우리 세기에 훨씬 더 미심쩍다. 세계 속에 태어났다는 단순한 사실에서 발생하며 이제 "있는 모든 것에 그득한 의미를 회상하듯이 반응적으로 사유하는"[12] 이러한 열정적 사유는 삶과 마찬가지로 최종 목적 ─ 인지 또는 지식 ─ 을 가질 수 없다. 삶의 끝은 죽음이지만, 인간은 죽음 자체를 위해 살지는 않는다. 그는 살아 있는 존재이기 때문이다. 그리고 그는 어떤 결과 자체를 위해 사유하지 않는다. 그는 "사유하는, 즉 사색하는 존재"[13]이기 때문이다.

이것의 결과는 사유가 자체의 결과에 대해 특히 파괴적이거나 비판적인 방식으로 활동한다는 것이다. 확실히 고대 철학학파 이후 철학자들은 체계 구축에 대해 짜증스러운 성향을 보여 왔으며, 우리는 그들이 실제로 사유했던 것을 노출시키고자 노력할 때 그들이 쌓아 온 구성물을 분해하느라고 종종 애를 먹는다. 이러한 성향은 사유 자체에서 발생하지 않고 자체로 완전히 정당한 아주 다른 필요에서 발생한다. 우리가 직접적이고 열정적인 활기 속에서 그 결과로 사유를 측정하고 싶다면 우리는 페넬로페의 장막에서와 마찬가지로 ─ 낮에 짠 것을 밤에는 가차없이 풀어서 그 다음 날에는 짜기를 새로이 해야 한다 ─ 살게 될 것이다. 하이데거의 저작들은 각기 이미 출판된 것을 종종 인용함에도 불구하고 마치 그가 자신에 의해 만들어

---

12) *Gelassenheit*, 1959, p.12; *Discourse on Thinking*, trans. J. M. Anderson and E.H. Freund, Harper & Row, 1966, p.46.

13) 같은 곳.

진 언어 ── 이 언어에서 개념들은 단지 새로운 사유과정이 지향하는 "길표지" ── 를 단지 때때로 대체하듯이 읽힌다.

하이데거가 "사유의 사태"[14]란 무엇인가라는 비판적 물음이 필히 그리고 영구적으로 사유에 속한다는 것을 강조할 때, 그가 니체에 대한 언급에 즈음해 "사유의 무모함, 여전히 새로운 시작"에 대해 언급할 때, 그가 사유란 "돌아감(Rückgang)이란 특성을 지닌다"[15]고 말할 때, 그는 사유의 이러한 특이성을 언급한다. 그리고 그는 『존재와 시간』을 "내재적 비판"에 부쳤을 때 돌아감을 실천하거나, 플라톤의 진리에 대한 자기 자신의 초기 해석이 "유지될 수 없다"고 주장하거나, 실제로 철회가 아니라 오히려 이미 사유된 것에 대한 참신한 사유인 "항상 돌아감이 되는", 자신의 저작에 대한 사상가의 "되돌아보기"에 대해 일반적으로 말한다.[16]

모든 사상가는 충분히 나이가 들었다면 좋을 텐데 자기사유의 결과로서 실제로 드러나고 있는 것을 풀어야 하며, 그들을 다시 사유함으로써 그것을 풀어야 한다. (그는 야스퍼스에 찬동해 "그리고 이제 당신이 정녕 실제로 시작하고 싶다면 당신은 죽어야 한다"고 말할 것이다.) 사유하는 '나'는 늙지 않는다. 그리고 사상가들이 늙지 않으면서

---

14) "이 강연에서 다양하게 나타나는 '사태' '사유의 사태'라는 표현은 옛 어의 (사태 = 소송사건, 법률사건)에 따르면 논쟁문제, 논쟁거리, 즉 문제가 되고 있는 것을 의미한다. 그래서 사태는 아직 규정되지 않은 사유에게는 '거기'로부터 '자신'이 자신의 규정을 받아들이게 되는, 사유되어야 할 것이다. '거기'는 사유되어야 할 것을 가리키며, 자신은 아직 규정되지 않은 사유를 가리킨다. 문동규·신상희 옮김, 앞의 책, 102쪽 참조할 것-옮긴이.

15) "그것은 뒤로 물러섬"(der Schritt zurück)이다. 주목해야 할 점은 명칭의 다의성이다. '뒤로'(zurück)라는 말에서 어디로(Wohin) 물러서고 또 어떻게(Wie) 물러서는지 이에 대한 논의는 꼭 필요하다." 문동규·신상희 옮김, 앞의 책, 82쪽-옮긴이.

16) 같은 책, 30쪽, 61쪽, 78쪽.

나이를 먹는 것은 그들이 사유에서만 존재하는 한 그들의 저주이며 축복이다. 또한 다른 정념과 마찬가지로 사유의 정념은 인격을 장악하고—개인의 특성을 장악하는데, 이것의 총합은 의지에 의해 명령을 받을 때 통상적으로 '품성'이 된다—그를 장악하며, 사실상 이러한 맹공격에 대해 자신을 지탱할 수 없는 '품성'을 절멸시킨다. 하이데거가 말하듯이 몰아치는 폭풍우 '속에 서 있는' 사유하는 '나'에게 시간은 글자 그래도 정지되어 있는데, 그런 나는 정녕 늙지 않는다. 사유하는 나는 또한 항상 특별하게 타자이지만 특성을 갖지 않는다. 사유하는 '나'는 의식의 자기 자신을 빼고 모든 것이다.

게다가 헤겔이 1807년 질만(Zillmann)에게 보낸 서한에서 철학에 대해 언급했듯이 사유란 "고독한 것"이다. 플라톤이 나 자신과의 소리 없는 대화로 언급한 것에서 나타나듯이 나는 고독하기 때문이고, 언어를 통해 완전히 들릴 수 없으며, 대화에서 명백히 드러나지 않고, 그에 따라 다른 사람들과 사상가 자신에게도 소통될 수 없는 "말로 표현할 수 없는" 무엇이 울리기 때문이다. 플라톤이 제7의 서한에서 언급한 이 "말할 수 없음"은 아마도 사유를 그러한 고독한 업무로 만들며, 그렇다 하더라도 여전히 다양한 비옥한 토양을 형성하고, 사유는 이 토양에 세워지며 스스로 재생한다. 사람들은 어쩌면—하이데거의 경우에는 흔히 있는 일이 아니지만—사유의 정념이 가장 사교적인 사람을 갑자기 에워싸서 자신이 요구하는 고독의 결과로 자신을 파멸시킨다고 상상할지도 모른다.

사유와 의지 사이에서: 경이와 존재문제

플라톤과 하이데거의 연관성[17]

내가 알고 있는 한 사유를 파토스라고, 즉 그것을 견뎌냄으로써 형성되는 무엇이라고 지금까지 언급해왔던 첫 번째 유일한 사람은 플라톤이었다. 그는 『테아이티터스』(Theaetetus)에서 경이를 철학의 시작이라고 밝혔다(155d). 그는 확실히 경이를 우리가 생소한 것을 마주쳤을 때 우리 내면에서 발생하는 단순한 놀람이나 경악으로 생각하지 않았다. 사유의 시작인 경이 —놀람이나 경악은 학문의 시작일 수도 있다— 는 일상적인 것, 당연한 것, 즉 우리가 완전히 알고 친숙한 것에 적용되기 때문이다. 이것은 또한 경이가 어떠한 지식에 의해서도 진정될 수 없는 이유다. 하이데거는 한때 플라톤적 의미로 "단순한 것에 대한 경이의 능력"에 대해 언급했으나 플라톤과 달리 "그리고 이러한 경이를 자신의 거처로 택하고 수용하는 것에 대해서"를 첨언했다.[18]

이러한 첨언은 하이데거가 누구인가에 대한 성찰에서 내게는 결정적인 것 같다. 많은 사람들은 —우리는 그렇게 희망한다— 사유 그리고 그와 밀접하게 관련 있는 고독을 알고 있기 때문이다. 단순한 것에 대한 경이가 그들에게 불시에 엄습하고, 그들이 경이를 따를 때 그들은 사유에 참여하며, 인간사가 발생하는 직업의 연속체 속의 거주 장소에서 벗어나 갈피를 잡지 못한다는 것을 알고 있고, 잠시 후 다시 그 장소로 복귀할 것이다. 그러므로 하이데거가 말하는 거처란 은유적인 의미로 인간들의 거주지 밖에 있다. 그리고 (크세노파네스

---

17) 이 부분의 내용은 『정신의 삶: 사유』 제3장 무엇이 우리를 사유하게 하는가? 가운데 '플라톤의 답변과 그 반향'에 자세하게 소개되고 있다-옮긴이.

18) 『강연과 논문』(Vorträge und Aufsätze), 1954, Part Ⅲ, p.259.

에 따르면) 소크라테스가 아마도 "사유는 바람과 같다"(the winds of thought)를 언급한 첫 번째 사람인데, 그 바람이 실제로 강렬할 수 있다고 하더라도 이러한 폭풍은 여전히 "시대의 폭풍"이라는 은유보다 어느 정도 훨씬 은유적이다.

인간사의 거주지, 사상가의 거주지는 세계 속의 다른 장소에 비교할 때 "정적의 장소"[19]다. 원래 경이는 정적을 생산하며 확산시킨다. 모든 소리, 심지어 자신의 목소리로부터 차단되는 것은 이러한 정적 때문에 사유가 경이로부터 발전하는 필수불가결한 조건이 된다. 이러한 정적에 에워싸여 있을 때 하이데거의 의미로 사유의 차원 내에 속하는 모든 것에 영향을 미치는 특이한 변신이 발생한다. 사유는 세계로부터의 본질적인 고립 속에서 부재하는 것, 즉 직접적인 지각으로부터 이탈된 사태와 사실, 즉 사건과 오직 항상 연관된다. 당신이 한 사람과 대면해 서 있다면 당신은 확실히 신체적 현전상태에서 그를 지각하지만 그에 대해 사유하고 있지 않다. 그리고 당신이 그가 눈앞에 있는 동안 그에 대해 사유한다면 당신은 직접적인 대면에서 은밀하게 이탈하고 있다. 사유에서 하나의 사물이나 인간에게 가까이 가기 위해 그것이나 그 사람은 직접적으로 지각하는 동안 멀리 있어야 한다. 하이데거는 사유가 "먼 곳으로 다가감"이라고 주장한다.[20]

사람들은 친숙한 경험을 통해 용이하게 이 지점을 깨달을 수 있다. 우리는 멀리 떨어진 장소에서 사물을 보기 위해 여행을 한다. 우리가 직접적인 인상능력을 더 이상 지니고 있지 않을 때 —마치 사물들이 더 이상 현존하지 않을 때에만 의미를 드러내려는 듯이 —이 과정에서 우리가 본 사물들은 종종 우연히 회고나 회상 속에서만 우리에게

---

19) 문동규·신상희 옮김, 앞의 책, 75쪽-옮긴이.
20) *Gelassenheit*, p.45; *Discourse on Thinking*, p.68.

다가온다. 우리가 사유할 때 어디에 있는가라는 질문에 대한 답을 발견하고 싶다면 이런 관계의 전도—사유는 가까이 있는 것을 제거하고, 즉 가까운 것에서 이탈하고 먼 것을 가까이 끌어들이는—는 결정적이다. 사유 속에서 기억이 되는 회상은 사유에 관한 사유의 역사에서 정신 능력으로서 아주 탁월한 역할을 해왔다. 회상은 감각·지각에서 주어진 가까움과 멂이 그러한 전도를 실제로 지각할 수 있다는 것을 우리에게 보장한다.

하이데거는 자신이 편안함을 느끼는 "거처", 사유의 장소—그는 사유의 물음이 "일상적 삶의 일부가" 아니라고 말할 때와 같이…… 그것은 긴급하거나 일반적인 필요를 충족시키지 않는다. 물음 자체는 "질서를 벗어나 있다."[21]—에 대해 대부분 부정적으로, 단지 종종 암시를 통해 언급해 왔다. 그러나 이런 가까움-멂의 관계와 사유에서 그 관계의 전도는 모든 것에 조응하는 열쇠와 같이 하이데거의 저작 전반에 확산된다. 현전과 부재, 은폐와 노출, 가까움과 멂—이들의 연결과 이들 사이에 놓인 연계—은 부재를 경험하지 않을 경우 현전이 있을 수 없고 멂을 경험하지 않을 경우 가까움이 없고 은폐가 없을 경우 발견이 있을 수 없다는 진리와 거의 아무런 관계가 없다.

사유의 거처라는 시각에서 볼 때 "존재 이탈" 또는 "존재 망각"은 사상가의 거주지, "일상적 삶의 …… 친숙한 영역", 즉 사유가—자연이 부재하는 것에 집착하는—관계하는 것의 상실을 둘러싸고 있는 일반 세계에서 군림한다. 다른 한편, 이러한 '이탈'의 소멸은 인간사가 전개되는 세계로부터의 이탈을 통해 항상 보상을 받는다. 사유가 이러한 문제를 정확히 숙고하고 이들을 자체의 격리된 침묵으로

---

21) *An Introduction to Metaphysics*, Anchor Books, 1961, pp.10-11.

끌어들일 때 거리감이 가장 명료하게 드러난다. 아리스토텔레스는 플라톤의 위대한 예를 여전히 생생하게 마음에 둔 채 인간사 영역(*ta ton anthroppon pragmata*)을 지배할 철인왕을 상상하는 것에 대해 반대하라고 철학자들에게 이미 강렬하게 조언했다.

"단순한 것에 놀라는 능력"은 최소한 가끔 추정컨대 모든 인간에게 내재되어 있으며, 과거부터 그리고 오늘날에도 우리에게 잘 알려진 사상가들은 이러한 경이로부터 사유하고 각각의 경우 그들에게 적합한 사유의 연쇄를 펼치는 능력을 발전시킴으로써 구별되어야 한다. 그러나 "이러한 놀람을 자신의 항구적인 거처로 선택하는" 능력은 다른 문제다. 이것은 대단히 진귀하다. 우리는 『테아이티터스』(173d~176)에서 그러한 거주지의 위험성에 대해 한 번 이상 가장 극적으로 표현한 플라톤에서 어느 정도 확실하게 기록된 것을 발견한다.

그는 이 작품에서 역시 명백히 처음 탈레스와 트라키아 처녀 농부에 관한 이야기를 한다. 처녀 농부는 별을 관찰하고자 위쪽을 쳐다보다가 우물에 빠진 '현자'를 주시하고 하늘을 알고 싶어하는 그 사람이 자신의 발아래 있는 것에 대해서는 아무것도 알지 못했다고 웃는다. 우리가 아리스토텔레스를 신뢰할 수 있다면 탈레스는 상당히 불쾌했을 것이다─그런 만큼 동료들은 그가 가난하다고 조롱했다. 그리고 그는 올리브유 짜는 기구들을 대량으로 임차함으로써 '현자들'이 마음만 먹으면 쉽게 부자가 될 수 있다는 것을 입증했다.[22]

---

22) Aristotle, *Politics*, 1259a ff.
아리스토텔레스에 따르면 독점의 발생에 관한 사례로서 천문학에 조예가 깊은 탈레스가 올리브 농사 대풍을 예견하고 올리브유 짜는 기계를 대량으로 임차했고 원하는 값에 임대함으로써 많은 돈을 벌었다고 한다. 이러한 계책

『국가』에서 시작(詩作)을 중단시키고 싶어했을 뿐만 아니라 적어도 수호자 계급에게 웃음을 중단시키고 싶었던 플라톤은 절대적 진리에 대한 철학자의 주장에 반대 의견을 제기하는 사람들의 적대감보다 동료 시민들의 조롱을 두려워했다. 아마도 플라톤 자신은 외부에서 볼 때 사상가의 거처가 얼마나 아리스토파네스의 공상세계(Cloud-cuckoo-land)와 같이 보일 가능성이 있는가를 알았다. 하여튼 그는 철학자의 난관을 의식했다. 그가 자신의 사상을 시장으로 가지고 가기를 원한다면 그는 공개적인 웃음거리가 될 가능성이 있다. 그는 무엇보다도 이러한 이유로 철학 교육에 이어 철인왕의 통치술 교육에 이르는 필수 입문으로서 수학을 시라큐스의 참주에게 가르치고 그를 올바로 잡으려고 노년에 시칠리아를 세 번 방문했을 수도 있다.

그는 처녀 농부의 시각에서 볼 경우 이런 환상적인 계획이 탈레스의 작은 사고보다 훨씬 더 희극적인 것같이 보인다는 것을 지적하지 않았다. 그리고 그가 어느 정도 지적하지 않은 것은 옳았다. 내가 알고 있는 한 어떤 철학도도 지금까지 감히 비웃지 않았으며 이런 일화를 기술한 어떤 작가도 지금까지 미소를 짓지 않았다. 사람들은 웃음이 무엇에 좋은지 아직 발견하지 못했다. 사상가들 가운데 소수가 무엇이 우리를 웃게 만드는가라는 물음으로 자신들의 두뇌를 괴롭힌다고 하더라도 웃음에 대해 항상 호감을 갖지 않았던 사상가들은 이러한 측면에서 사람들의 기대를 저버렸기 때문이다.

이제 우리는 모두 하이데거 역시 자신의 '거처'를 변경시키고 인간사가 전개되는 세계에 관여하려는 유혹에 굴복했다는 것을 알고 있

이 바로 독점과 연계되지만, 탈레스는 자신의 관심사가 돈 버는 문제가 아니라는 것을 시민들에게 알려주었다-옮긴이.

다. 하이데거는 세계와 관련해 플라톤보다 대접을 더 못 받았다. 참
주와 그의 희생자들은 바다 저쪽에 위치해 있지 않고 자기 자신의 나
라에 있기 때문이다.[23] 나는 하이데거 자신과 관련해 문제의 상황은

---

23) 격분은 냉각되고 무엇보다도 수많은 유언비어는 다소가 제대로 자리 잡히고
있기 때문에 오늘날 통상 "오류"라고 불리는 이러한 일화는 여러 가지 측면,
그 가운데서도 바이마르 공화국의 측면을 지니고 있다. 이 측면은 이후 발생
한 것의 공포와 반대로 오늘날 종종 보이는 장밋빛 속에서 살고 있는 사람들
에게는 전혀 드러나지 않았다.

게다가 하이데거의 "오류"의 내용은 그 시기에 유행한 오류와는 상당히 달랐
다. 물론 히틀러의 『나의 투쟁』 대신 국가사회주의와 아주 다르며 실제로 파
시즘과 어느 정도 연계성을 가진 어떤 사람을 제외하고 누가 나치 독일의 한
가운데에서 "이 운동의…… 내면적 진리가 전 세계적 기술과 현대인의 만남
이 되었다"는 것, 방대한 나치 문학이 전적으로 침묵을 지키고 있는 것을 아
마도 생각할 수 있었는가.(Introduction to Metaphysics, p.166)

이러한 저작들은 분명히 훨씬 더 흥미로운 읽을거리가 되지만, 문제의 핵심
은 나치든 반나치든 수많은 다른 독일 지식인들이 자기 세대에서 『나의 투쟁』
을 읽지 않았다는 점이다. 그것이 어떠했는가에 대한 이러한 오해는 대부분
연계된 "문학"을 무시할 뿐만 아니라 초기 집단수용소의 비밀경찰 취조실이
나 고문실이라는 현실로부터 외견상 더 의미 있는 영역으로 회피하는 데서
나타나는 훨씬 더 결정적인 오류와 비교할 때 중요하지 않다.

(다소간 하이네의 전통을 따르는) 독일 민속시인이자 대중음악 작사가인 로베
르트 길벗은 당시에도 잊을 수 없는 운문 4연 속에서 1933년 실제로 발생한
것을 다음과 같이 기술했다.

어느 누구도 문을 두드릴 필요가 없다.
도끼로 모든 문을
벌컥 열어젖히고, 국가는 상처 난 종기의 농같이
그 문제를 내뿜는다.

현실로부터 이러한 도피는 결국 그러한 초기 몇 년의 전반적인 내맡김
(Gelassenheit)보다 훨씬 더 특징적이고 더 오래 지속되었다. (하이데거 자신은
자신에 대해 판단하며 이후 앉아 있었던 수많은 사람들보다 훨씬 더 신속하고 더
급진적으로 자신의 "오류"를 교정했다. 그는 그 기간에 독일 문단과 대학생활에서
통상적인 것보다 훨씬 더 중대한 모험을 했다. 우리는 항구적인 인구감소 정책으

다르다고 믿는다. 그는 37년 전 짧은 열정적인 10개월을 보낸 후 자신을 자신의 거처로 되몰았던 충돌의 충격으로부터 터득해 자신이 경험한 것을 자신의 사유에 정착시킬 만큼 아직은 젊었다.

의지에서 사유로[24]

이것으로부터 나타난 것은 그가 "의지에의 의지" 그리고 "힘에의 의지"로서 의지를 발견했다는 것이었다. 현대에 의지에 관한 많은 저술이 있지만 칸트도 모르게 심지어 니체도 모르게 의지의 본질에 대해 많은 것은 발견되지 않았다. 하이데거 이전 어느 누구도 의지의 본질이 사유와 얼마나 많이 대립되고 사유에 파괴적으로 영향을 미치는가에 대해 알지 못했다. "내맡김"—침착, 평정, 해방, 휴식, 간단히 말하면 내버려두는 성향—은 사유에 속한다. 의지의 관점에서 볼 때 사상가들은 단지 외형상 역설로 "나는 비의지를 의지한다"라고 말해야 한다. 우리는 단지 "이를 통해서" 그리고 "우리가 의지를

로 히틀러, 아우슈비츠, 대학살, "절멸"을 언급하는 대신 인문학과 사상사의 언어로 무시무시한 밑바닥에서 발생한 현상을 변장시키고자 자신들의 영감과 취향에 따라 플라톤, 루터, 헤겔, 니체, 하이데거, 윙어, 슈테판, 게오르게를 언급하는 독일 내 지식인과 이른바 학자들에 여전히 에워싸여 있다.

사람들은 실제로 현실로부터의 도피가 그 사이에 히틀러와 스탈린 시대의 직업으로 꽃을 피웠다고 말할 수 있다. 우리는 후자에서 스탈린의 범죄가 러시아의 산업화—이러한 "산업화"도 아주 명백히 거대한 실패였지만—가 필요하다는 생각을 발견하고 전자에서 우리는 여전히 과장되면서도 세련된 이론을 발견한다. 밑바닥은 그러나 이론의 정신성과 결코 어떤 관계도 없다. 우리는 모든 사상, 심지어 위대한 사상가의 사상이 그 연대성을 상실하는, 문서화되고 체험된 모든 현실로부터 지금까지 떨어진 가상적인 운동영역, 구름형성과 같은 이념이 용이하고 편하게 다른 것으로 변하고 뒤섞이는 영역에서 움직이고 있다.

24) 아렌트는 이 부분과 관련한 하이데거의 입장에 대해서는 『정신의 삶: 의지』 제4장 결론에서 자세하게 밝히고 있다-옮긴이.

중단할 때에만" 우리 자신을 "의지가 아닌, 탐구된 사유의 본질에 풀어줄 수 있기 때문이다.[25]

우리 자신의 거처가 세계 속에 있다고 하더라도 사상가를 존중하고 싶어하는 우리는 플라톤과 하이데거가 인간사에 참여했을 때 참주와 지도자에 관심을 가졌다는 사실이 얼마나 충격적이고 분노케 한다는 것을 거의 금치 못한다. 이것은 시대의 상황과 심지어 수행된 인품뿐만 아니라 프랑스어에서 언급하듯이 직업의 관점에서 사물을 바라보는 성향(*déformation professionelle*)에 전가되어야 한다. 전제적인 것에 대한 매력은 위대한 사상가들 다수(칸트는 훌륭한 예외다)에서 이론적으로 증명될 수 있기 때문이다. 그리고 이러한 성향이 그들이 수행한 것에서 증명될 수 없다면 그것은 그들 가운데 아주 소수만 "단순한 것에 놀라는 능력"을 넘어서거나 "이러한 놀람을 그들의 거처로 수용할 준비"가 되어 있기 때문이다.

이들의 세기에 몰아치는 폭풍이 그들을 어디로 몰아갈 수 있는가는 이들 소수의 경우 결과적으로 문제가 되지 않는다. 하이데거의 사유로 몰아치는 바람 — 플라톤의 저작 이후 몇천 년이 지나서 우리를 향해 여전히 휘몰아치는 바람과 같이 — 은 그가 우연히 살고 있는 세계로부터 불어오지 않기 때문이다. 그것은 원시적인 것에서 오며, 그것이 남긴 것은 완벽한 것, 즉 (릴케의 말로) 완벽한 모든 것은 그것이 온 곳으로 다시 되돌아가는 것이다.

---

25) *Gelassenheit*, pp.32f.; *Discourse on Thinking*, pp.59-60.

제13장 로베르트 길벗[1]

유명한 것들을 주시하라
꽃 속에 우연히 놓여 있다가 영원히 덮여
꽃 상자에 하나하나씩

그러나 명예 없는 우리는
서 있는 동안, 영원해야 하니
조각상같이 보이지 않게 신 앞에!

---

1) 『당나귀는 질주하는 동안 나를 떨어뜨리지 않는다』(*No Donkey Has Lost Me While Galloping*)의 발문(跋文)으로 집필한 원고다. 길벗은 유대계 독일인으로서 1933년 독일에서 빈, 파리를 거쳐 1939년 미국으로 망명하여 미국 시민이 되었다. 그가 작곡한 「발을 구르며 부르는 노래」(Stempellied)는 독일 노동운동의 아이콘이 되었으며 작곡가 아이슬러(Hans Eisler)와 함께 활동하면서 '신음악' (New Music) 페스티벌에 참여하던 1927년 블뤼허를 만나 우정을 나누었다. 그는 파리 망명 시절에도 아렌트의 남편인 하인리히 블뤼허와 아렌트를 만났고 미국에서 재회했다. 『마이 페어 레이디』의 작곡가인 뢰위(Löwe)는 길벗에게 이 뮤지컬의 독일어 번역을 요청했다. 길벗은 1951년 유럽으로 돌아와 미국의 대중음악을 유럽에 소개하는 데 기여했다-옮긴이.

하이네의 후계자: 길벗

우리는 모두 명예 없이 태어난다. 우리는 명예 없이 성장했다. 우리는 행운이 있었다면 어린아이로서 모든 문학 작품(*Dichtung*)의 근본을 이루는 시적인 것(*das Poetiche*)과 같은 중요한 것을 발견했다. 우리는 전적으로 축복받지는 않았으나 적어도 의무교육에 예속되지 않은 그때부터 몇 가지를 구원하려고 노력해 왔다. 이런 것이 무엇인가는 물론 우리의 배경에 좌우된다. 우리가 다른 어떤 것을 유지했을지라도 동시는 항상 그것들에 포함된다. 이 경우와 같이 사람들이 베를린 출신이었다면 동요를 다음과 같이 불렀을 것이다. "에네 메네 밍 맹./ 오오겐 플레쉬 운트 베네 .... 오제 포제 파케 디히./ 에이아 베이아 베크! [에니, 메니, 미니 모에])(*Eene meene ming mang,/ Oogen Fleesch und Beene ... Ose pose packe dich,/ eia weia weg! [Eeny, meeny, miny, moe ...]*)[2] (또한 아름다운 도시인 쾨니히스베르크[3]에서 "어린아이들의 '가락넣어 말하기'는 약간 다르게 들렸다.") 첫 번째 정교한 시들은 이러한 음운으로 바로 이어졌다. "어두웠다. 달은 밝게 빛나고/ 푸른 풀밭에 눈이 덮이고/ 차 한 대가 매우 빠르게 달리고/ 그리고 모서리를 천천히 돌고 있다."[4] "그림 동화집"이라 불리는 그림 형제의 동화집으로 이미 사람들의 상상력이 형성된 직후 『소년의 마술피리』나 「두 명의 척탄병」에서 기적이 나타났다. 길벗(Robert Gilbert, 1899-1978)은 자신의 「기상나팔」(Réveil)에서 두 명의 척탄병 저자를 아주 명예롭게 회상했다.[5] 그리

---

2) 이 번역본에서는 길벗의 시에 상응하는 영어 운문으로 번역하려고 시도하지 않았다.
3) 아렌트는 동프러시아 옛 수도인 쾨니히스베르크에서 성장했는데, 지금은 격리된 러시아 항구 도시 칼리닌그라드로 불린다-옮긴이.
4) 작자 미상의 시다-옮긴이.

고 명예 없는 전체 사회를 우연히 만났어야 하는 사람이 바로 하이네 (Heinrich Heine)라는 것이 이유가 없는 것은 아니다. 전체 사회는 때론 "국민"이라 불리며 역대의 지식인들은 항상 그런 사회가 약간은 문제가 된다는 것을 알고 있었다. 하이네는 유명할(berühmt) 수 있으나 거의 존경(gerühmt)조차 받지 못했으며 그래서 오늘날까지 그의 기념비도 없다. 이 독일계 유대인의 「로렐라이」는 민족에게 비밀로 부쳐질 수 없었고 천년제국의 12년 집권 시기에도 그랬다. 하이네는 당연히 명예를 박탈당할 수 있었으며, 익명의 작가는 작사를 했다고 할 수 있다. 그러나 우리의 경우 위대한 찬사는 그에게 부여되었다. 그 찬사는 아마도 한 시인에게 부여된 가장 위대한 찬사였을 것이다. 마치 사람들은 명예를 상실한 국민이 언급했던 익명의 시인들 가운데 유대인을 부득이 포함시켜야 했던 것처럼 보인다. 글쓰기의 산물인 그의 시는 실제로 『소년의 마술피리』에 속했던 것처럼 보인다.

　모든 시작품의 기원으로서 소년기의 시에 대해 알고 있는 사람들—명예와 같은 그런 것이 없던 원시 시대에 대한 그들의 회상이 일상적 삶의 혼돈과 경력 경로의 헛됨으로 증발하도록 허용하지 않는 사람들—은 길벗을 하이네의 후계자로 인정하는 데 어려움을 갖고 있지 않았다. 그렇지 않다면 길벗은 결코 실제로 하이네의 후계자가 되지 못했을 것이다. 하이네 자신은 자신의 '자리'가 '공석으로' 남았을 것이라는 것을 알았다. 그리고 사람들은 그 자신의 글에서 "그러나 그것은 실제로 어떤 자리인가?"라는 질문에 대한 답변을 해독할 수 있다. 훌륭한 드럼 연주자의 지위와 그의 '교의'는 살롱에 관한 대화에 어울리지 않는다.

---

5) 하이네의 「척탄병」은 『노래책』(*Buch der Lieder*)에서 발견되며 (로베르트 슈만에 의해) 종종 음악에 맞추어 구성되고 있다.

드럼을 치며 두려움을 갖지 마라
그리고 시장 여인에게 입맞춤을!
그것은 학문에 있는 모든 것이다,
책들 속에 있는 가장 심오한 의미다.
....

나는 이것을 이해한다. 나는 명민하기 때문에
그리고 나는 훌륭한 드럼 연주자이기 때문이다.[6]

대중음악과 민속노래

익명은 아마도 이러한 자리를 차지한 누구에게나 속할 것이다. 그
러나 자리가 불멸성에 대한 하이네식의 태평함을 요구한다는 것은
의심의 여지가 없다. 길벗 자신은 일찍이 실질적인 인기로 지불하는
대가가 '인지도'의 전반적인 결핍일 수 있다는 것을 배웠다. 독일 전
역의 사람들은 1920년대와 1930년대 그의 대중적인 인기곡들을 불
렀다. 그러나 이 노래들의 작가는 연예계의 전문가들에게만 알려졌
다. 연예계는 적어도 제2차 세계대전 이후 「마이 페어 레이디」(My
Fair Lady)의 성공적인 상연 직후 그에게 미국 뮤지컬의 번역 독점권
을 제공했다. 그러므로 사람들은 길벗의 작품을 기존 문학 장르에 포
함시킬 수 없다. 문학적 관점에서 그는 어디에도 속하지 않는다. 즉
그는 케스트너(Kästner)나 투콜스키(Tucholsky)류의 경쾌한 시가에
축복받은 사람들에 속하지 않는다.[7] 길벗은 생애 가운데 일찍이 문

---

6) 하이네의 시 「교의」(Doktrin), 『신시집』(Neue Gedicht)에 최초로 수록함.
7) 케스트너(1899-1974)는 어린이를 위한 책 『에밀과 탐정』(Emile und die Detektive,
   1928)으로 가장 많이 알려진 독일의 시인이며 소설가이고 언론인이다. 투콜스키

단에서 아주 사랑받는 중요한 것, 즉 비교(결국 학자들은 달리 어떠한 방법으로 비중 있는 두꺼운 책을 쓰고 사회적으로 필수불가결한 학문 기능을 수행할 수 있었는가?)에 대해 언급될 필요가 있는 모든 것을 언급했다.

아니오. 하인히리 질레, 결코 아니
그는 도미에(Domier)가 아니었다.
그것은 결코 그의 의지가 아니었다.
그는 바로 하인리히 질레였다.

물론 그의 아버지인 장 길벗은 대중음악(「베이비, 너는 내 눈 속에 있는 별이야」), 오페레타, 비슷한 영감을 주는 패러디 작품에 기초해 이미 일확천금을 하여 악극단 공연의 하찮은 음악가의 지위에서 하겐벡(Hagenbeck) 곡마단에서 뽐내며 행동하고 '우아한 반제(Wannsee) 호숫가의 대저택'에서 사는 곡마단 단장의 지위까지 승진했다.[8] 그의 인기는 이러한 화려함에 오히려 갑자기 종지부를 예비한 1933년까지 지속되었다. 그러나 그러한 유산에서 발생한 것은 하이네식의 인기는 아니었다. 다듬어지지 않은 재능, 압운을 지니고 상당한 정도의 음악성을 지닌 묘한 능력만 그러한 인기를 가능케 했다.
지난날의 대중음악에는 이후 독일 언어의 일부가 된 순수한 여러 민속노래가 포함된다. 『임 바이센 뢰슬 호텔』(*Im Weißen Rößl; White*

(1890-1935)는 여흥 서정시로 잘 알려진 독일 언론인이자 풍자작가다–옮긴이.

8) 반제 호수는 포츠담 근처에 있는 베를린 남서부 지역에 위치해 있으며, 1942년 나치 고위 관료들이 반제 별장에서 유대인 문제의 '최종 해결책'이라는 정책을 결정했다. 김선욱 옮김, 『예루살렘의 아이히만』, 한길사, 2006 참조할 것-옮긴이.

Horse Inn)[9)]의 「선원들의 사랑」은 이러하다. "나는 차를 갖고 있지 않고 부동산을 갖고 있지 않다/ 나는 한 가지만 가지고 있다/ 그것은 당신의 사랑이다"/ "당신의 사랑을 받는 것/ 그것은 경이로운 것임이 틀림없다/ 그것은 단 한 번만 생긴다. 그것은 다시 생기지 않는다/ 참된 것은 역시 좋다." 마지막으로 1920년대의 장송곡, 아이헨도르프[10)] ─ 베를린풍의 실업자 대중 선율이다.

내 주머니에 10전도 없고
도장을 찍은 카드만
내 옷에 난 구멍을 통해
햇빛은 들어오고
……
당신은 도장을 찍고자 줄지어 서서
그것은 당신의 빈곤에 도움이 되지 않고
불쌍한 친구, 누가 그것을 샀나
그곳 높은 곳에 있는 당신을 위해?

그리고 베를린 출신 유대인들은 몇 년 후 타국으로 집단이주를 할 수 없었다면, 그리고 그들은 여전히 노래 부르고 싶었다면 ─ 아우슈비츠가 여전히 멀리 있었기 때문에 전혀 생각할 수 없지 않은 ─ 모

---

9) 랄프 베나츠키(Ralph Benatzky)의 3막 오페레타다. 각본(Libretto)은 뮐러-아이니겐과 카렐이 맡았고, 음악 삽입 프로그램은 길벗과 스톨츠(Robert Stolz)가 맡았다. 이 오페레타는 1930년 11월 8일 베를린 대극장에서 공연되었다-옮긴이.

10) 요제프 프라이헤르 폰 아이헨도르프(Joseph Freiherr von Eichendorff, 1788-1854)는 낭만주의 제2세대에 속하는 독일의 시인이자 소설가다-옮긴이.

든 사람이 기꺼이 받아들였을 노래는 이미 여행을 위해 마련되었다.

베를린, 안녕. 우리는 떠나야 한다.
릭스도르프, 나는 작별을 고해야 한다.
안할트 역. 응, 그곳은 내가 성공한 곳이다.
나의 길을 잊고 가기 위해서

세관. 현금. 여권 확인. 그래,
그것들은 나를 간과했다. 나는 성공했다.
마지막 독일 시내물이 아직도 소곤거리는 동안
활짝 핀 장미 한 송이가 있다.

물론 외국 도로에서 그리고 외국의 골목길에서 이러한 이별 노래는 대중적 선율이 될 기회를 잃을 가능성은 없다. 아마도 대중적 선율은 위에서 인용된 발을 구르며 부르는 노래(Stamping Song)와 질레의 운문과 더불어 시문집 『스프레강은 항상 베를린을 통과해 흐른다』(The Spree Always Still Flows Through Berlin)[11]에 포함됨으로써 존중되는 이유다. 훌륭한 대중음악에 관한 한, 모든 사람은 무엇이든 생각하기 위해 실제로 머리를 쥐어짜야 한다. 독일 사람들은 대중음악이나 샹송이 언제 작곡되었는가에 관계없이 여전히 자신들이 이것들에 아주 세련되어 있고 교양있다고 생각한다. 같은 사항은 길베르와 에디트 피아프에 대해서도 타당하다.[12] 시를 쓰는 데 타고난 재주

---

11) Robert Gilbert, *Durch Berlin fließt immer noch die Spree*, Berlin-Wannsee: Blanvalet, 1971 참조할 것.
12) 이베트 길베르(1867-1944)는 프랑스 대중가수이며 여배우다. 에디트 피아프 (1915-63)는 자신의 시대에 우상인 프랑스 가수였다.

를 지닌 일부 젊은 침입자들—그리고 누가 다른 시대에 시인이 많은 독일에서 브렌타노(Clemens Brentano)보다 시에 대한 재능을 더 많이 지니고 있는가?—이 노래를 수집하고 『소년의 마술피리』 제2권에서 후손들에게 이 노래를 부여할 때까지 이러한 노래들은 거의 망각된 채로 존재해야 할 것이다.

통속적 시가(詩歌: poesy)는 독일어에서 그 본질을 유지한 채 중요한 문학 작품에 매끄럽고 자유롭게 수용된다. 다른 언어에는 이런 경우가 거의 없다. 이것은 여기에 실린 모든 운문에서 입증된다. 휠더린에서 카프카까지 시구들은 부담 없이—인용부호 없이 당연히 인용문으로—모든 운문에 삽입될 수 있었다. 인용문은 익명적이고 명예도 없으며 따라서 결코 조금도 아류적인 것같이 보이지 않기 때문이다. 이러한 것들은 독일어 사용자에게는 자연스럽게 나타나는 많은 멜로디의 변칙적인 소리와 반향이다.

당신은 모든 것을 묻기로 되어 있다! 첫째, 신발 뒤꿈치를 땅 속에. 둘째, 세계. 마지막으로 손에 당신의 얼굴을.

아마도 좋지 않은 때(Unzeit)라 불려야 할 시대의 공포 때문에 그가 후손들의 종종 매력적으로 아름다운 길, 즉 호프만슈탈, 청년 게오르게와 루돌프 보르샤르트가 여전히 걸을 수 있는 길, 시들이 특별히 노래하기 쉽게 하는 것을 가능케 하는 옛 방식으로 연결되는 길을 밟는 것을 영원히 불가능하게 할 때에도 모방자의 위상은 독일어를 아주 완벽하게 구사하는 사람, 즉 그에게 매우 매력적임이 틀림없다.[13] 이

---

13) 「거리의 풍각쟁이의 오디세이」(Leierkastenodysse)는 길벗이 자신의 삶을 이야기하고 있는 39연의 시다. 여기에는 「당나귀는 전속력으로 질주하는 동안 나를 놓치지 않는다」가 포함되어 있다.

길의 차단은 최종적이었다. 왜냐하면 "아, 살인자들의 살인도/ 어두운 일은 남는다." 따라서

뒤늦게 뿌려진 기쁨으로부터 우리를 꺼내라.
최근 묻힌 사람들의
무성하게 더럽혀진 묘비 앞에서
숭고한 너.

나는 이 길을 더 이상 걸을 수 없다
적절히 근엄한 걸음걸이로 ─
듣기 좋은 노래들 사이에
독수리가 나를 놀라게 한다.

이 모든 것은 충분히 타당하다. 그러나 또한 타당한 것은 이러한 공포가 현존재(Da-sein)의 원초적이고 믿기 어려운 경이를 말소하기에 충분치 않다는 점이다.

파악하기 불가능하며
저 위에 있는 나무
새들이 여전히 지저귀고 있는.

물론 달, 모든 노력에도 불구하고, 별, 숲, 사슴과 같이, 나무와 새들은 적어도 한동안 여전히 거기에 있다.

소들은 자신들의 벨이 계곡 전체에 울리게 한다.
그리고 모든 것은 그것이 결코 노래로 불리지 않은 듯이,

다시 울리지 않은 듯이, 이번이 한 번이 아니다.

우리가 어린 시절 배웠던 경이가 여전히 존재하는 동안에 시가 (poesy)는 소멸될 수 없다. 그리고 누가 실제로 시인인가라는 질문과 관련해 이러니저러니 말할 것 없이 격의 없는 베를린 형식으로 이에 대한 해답을 제시할 수 있다.

나는 방금 지나가고 있기 때문이다
하나에서 백까지 세듯이
......
그리고 다른 사람들은 이후 오랫동안 집에 머무는 동안
사정에 따라 일부는 인간, 일부는 쥐가
나는 영원히 놀랍다
문잡이를 손에 쥐고.

길벗과 베를린

베를린 말의 억양은 의식적으로 이유가 있어서 이러한 음량을 고려하지 않는다. 베를린의 독일어는 북부 또는 남부 저지 독일어 (Plattdeutsch 또는 Alemannisch)와 달리 결코 실제적인 방언은 아니었다. 그것은 도시인들의 대화 또는 사유 방식이었으며, 길벗이 그 시를 위한 장소와 위치를 형성하기 이전에 소수만이 그것이 어떤 운율적인 것을 보일 수 있다고 생각했을 것이다. 그러나 베를린의 독일어는 그러한 고급 독일어에서 결코 소멸되지 않았다. 그것은 단지 어떠한 의미에서 정화되었다. 그래서 베를린 독일어는 자체의 지역적 매력을 상실한 베를린의 사유 방식이 마치 이제 할 수 있는 것을 검증하고 보여주어야 하듯이 고급 독일어로 부상할 수 있다. 한 베를린 사람만이 자신의 전기를 「거리의 풍각쟁이의 오디세이」로서 경험하고 기술할 수 있었다. 그렇다 하더라도 하이네는 비록 이상하게 변경되었지만 완전하게 무장한 채 무덤에서 보호를 받으며 다른 어디서도 그렇게 명료하게 부상하지 않았다. 그런데 한 유대인은 확실히 항상 여전히 "우직하게" 글을 쓰면서 이제는 "우주로/ 마구간 너머 바르샤바 길로" 들어서고 있다. 영원히 글을 쓰는 동안 우리의 유일한 삶은 이 모든 순간 기록되기를 요구하기 때문이지만, 기록이 운문으로 이루어질 때에만 그렇다. 그렇지 않다면 운문의 시적 본질은 상실될 것이다.

신과 노자 사이에서
그렇게 무조건적으로
한 자 한 자 읽힐 가치가 없는 것

그러나 이것은 이제 대도시를 특징짓는 사유 양태, 이러한 지극히 빠른(길벗의 「오디세이」는 빠른 가락 넣어 말하기 형태로 가장 잘 읽힌다) 사유 방식, 이러한 지적이지는 않지만 오히려 재치 있는 사유 방식 ─자신이 풍자적으로나 해학적으로나 냉소적으로나 감상적으로 기만당하지 않게 하는─그리고 자신이 말해야 하는 것을 항상 말하는 이러한 사유 방식으로 행해져야 한다. 이러한 사유 및 대화 방식 ─나무에서 살고 있는 새의 노랫소리 못지않게 자연스러우며 새가 자신의 집으로 삼은 아스팔트 때문에 매우 불공평하게 비난받는─은 "도시 공기가 자유를 인정하는" 시대로 거슬러 올라간다. 이러한 사유 방식은 특별한 방언이 아니라도 이민들과 함께 서구 세계의 거대한 도시로 이동할 수 있었으며 심지어 빈의 생소한 방언의 형태를 띨 수 있고 다른 독일 대도시, 일종의 프랑크푸르트나 라이프치히에서 거의 발생할 수 없었던 무엇의 형태를 띨 수도 있었다. 「오디세이」는 이러한 이동에 대해 말한다. 다른 관용구들이 그랬듯이 이러한 이주 동안 베를린의 관용구는 고지 독일어에 적응했다. 그러나 그것의 사유 양태와 타고난 지혜는 과거와 같이 남아 있다. 사람들은 이러한 사유 양태가 아직도 베를린에 존재하기를 희망할 것이다. 그것의 타고난 지혜는 파리와 런던에서, 그리고 뉴욕에서 아직도 약간의 유사성을 지니고 있다. 그러나 누가 그것이 현재는 소멸과정에 있다는 것 ─ 온갖 종류의 지식인들과 아방가르드 작가들의 "고지식한 정신"(esprit sérieux)이 그것을 완전히 파괴할 수 있었기 때문이 아니라 도시들 자체가 대도시라는 바로 그 실체에 충격을 가한 이중적 위협 ─ 광포한 소비사회와 해결할 수 없는 교통문제 ─ 에 대해 무방비 상태였다는 것을 부정할 수 있었는가? 길벗의 시 가운데 이러한 시행들을 통해 고동치는 근심걱정 없는 활기와 순수한 실존의 환희는 이러한 실체에 속한다. 그러나 모든 동전은 양면을 가지고 있다고 항상 인식되고 우리의 인간 희극이 결코 모두 비극이거나 모든 희극이 아니라 항상 모든 순간에 동시에 양자의 모습을 가지고 있다고 인식되는 사유 방식도 그렇다. 비희극만이 이러한 급속한 민첩성에 버틸 수 있다. 이러한 민첩성은 항상 자신에 대해서도 빙글빙글 돈다. 여기서 신성한 것으로 간주되는 것은 모두 동시에 웃다가 울다가 한다.

독자 여러분, 이 글은 칭찬하는 서언을 필요로 하지 않는 무엇에 대한 발문이며, 여러분과 같은 독자에 의해 쓰였다. 여러분이 기억하는 글귀들과 그들이 일으키는 사유는 다른 것일 수 있다. 여러 가지 가능성이 있다. 아마도 시인은 그가 나에게 하듯이 여러분을 부끄럼 없이 말을 많이 하게 만든다. 이후 여러분은 자신을 위해 당신 자신의 후기를 쓸 것이고 그것을 저자에게 보낼 것이기 때문이다.

제14장 나탈리 사로트

신소설의 창시자

나탈리 사로트(Nathalie Sarraute, 1900-99)의 모든 작품은 초기 저작인 『트로피즘』(*Tropismes*, 1938)[1]을 제외하고 이제 영어로 번역되어 있다. 이는 출판업자와 마리아 졸라스의 덕택이다. 졸라스는 『뉴요커』의 자넷 플라너의 말을 인용하자면 사로트의 작품을 "단지 다른 조성으로 연주되는 것 같은 그러한 박진감을 지닌 영어로 번역했다." 소설이 좀처럼 대작이 되기는 어려우며, 이것 역시 그래야 하듯

---

[1] 이 작품은 "사로트가 1932년에 집필하기 시작하여 1939년에 출판한 작가의 첫 작품으로 작가의 평생 주제인 트로피즘이 무엇인가를 독자들에게 처음 소개해 주는 작품이다." "트로피즘은 식물이 외부의 자극에 반응해 일정한 방향으로 구부러지는 지향성 굴곡운동이나 그와 같은 반응을 나타내는 성질을 의미하는 식물학 용어다. 인간 존재도 본질적으로 끊임없이 서로 상대방에 가 닿으려고 자극하고, 또 외부로부터 받은 자극에 대해 반응해 내면에서 보이지 않는 움직임을 일으켜 발산한다고 보았던 사로트는 그 개념을 인간의 삶에 적용해 이러한 인간 내면에서 일어나는 보이지 않는 작용을 지칭하기 위해 사용했다." 황혜영, 「나탈리 사로트의 『트로피즘*Tropismes*』 연구」, 『프랑스어문교육』 제27집, 480쪽 참조할 것-옮긴이.

이 실제로 그렇다. 완벽한 번역본을 찾기란 더 어려우며, 이것은 아마도 훌륭하지 않거나 그럴 수 없다.

나탈리 사로트가 1948년 첫 번째 소설인 『미지인의 초상』(*Portrait d'un Inconnu, Portrait of Man Unknown*, 1949)을 출판했을 때 그녀는 서문에서 자신을 "전적으로 부정적인 작품"을 쓴 작가인 블라디미르 나보코프나 이블린 워, 『사전(私錢)꾼들』(*Les Faux-Monnayeurs*)의 앙드레 지드와 같은 작가로 평가하고 장르 전체를 "반소설"(anti-novel)이라고 명명했다.[2] 1950년대 반소설이 신소설(New Novel)이 되었으며 사로트는 이 소설의 창시자다. 이러한 모든 분류는 다소간 인위적이며 사로트 부인에게 적용시킬 경우 설명하기 어렵다. 그녀 자신은 자신의 선구자들, 도스토옙스키(특히 『지하생활자의 수기』*Notes from Underground*)와 카프카를 지적해 왔는데, 그녀는 카프카에서 도스토옙스키의 정통 후계자라는 것을 알았다. 그러나 이것만은 사실이다. 그녀는 19세기 고전소설의 가정에 대항해 적어도 첫 번째 두 편의 소설, 『초상화』와 『마르트로』(*Martereau*, 1954)를 출간했다. 고전소설에서 저자와 독자는 잘 알려진 실체로 구성된 공동세계에서 이동하며, 쉽게 확인할 수 있는 등장인물은 그들에게 부여된 특성과 생각을 통해 이해될 수 있다. 그녀는 '그런 이후' 자신의 에세이집 『의혹의 시대』(*L'ère du soupçon, The Age of Suspicion*)[3]에서 다음과 같이 밝

---

2) 나보코프(Vladimir Nabokov, 1899-1977)는 자신의 가장 유명한 소설을 영어로 쓴 러시아 소설가였다. 이블린 워(Evelyn Waugh, 1903-66)는 영국 소설가다. 지드(André Gide, 1869-1951)는 1926년에 출간한 『사전꾼』을 쓴 프랑스 작가다.

3) "이 작품은 사로트가 자신보다 앞선 시기 또는 동시대 작가들의 작품을 읽고 현대소설의 새로운 경향을 진단하고 소설의 본질과 앞으로의 작가와 소설의 사명을 정리해 발표한 문학비평서다." 여기에는 「도스토옙스키에서 카프카까지」「의혹의 시대」「담화와 심층담화」「새들이 보는 것」등 4편의 비평이 실려 있다. 황혜영, 「『의혹의 시대』(*L'ère du soupçon*) 연구 1: 사로트의 현대소설 진단」,

히고 있다. "〔이 인물은〕 자신의 선조들, 아주 미세한 겉만 번드르르한 것에 이르는 다양한 물건들로 지하실에서 다락방까지 가득 차 있는 세심하게 설계한 집, 수입 및 부동산 명세서, 자신의 옷, 자신의 신체, 자신의 얼굴…… 자신의 개성, 심지어 자신의 이름 등 모든 것을 잃었다." 보통 말하는 그러한 사람은 알려지지 않았기 때문에 그가 누구를 자신의 '주인공'으로 선정하거나 그를 어떠한 형태의 환경에 위치시키는가는 소설가에게 별 문제가 되지 않는다. 그리고 "등장인물은 독자와 소설가 사이에서 명예의 위치를 차지하기" 때문에 이런 선택의 자의성은 소통에서 중대한 붕괴를 암시한다.

사로트는 이런 상실된 공통 기반의 일부를 회복하기 위해 19세기 소설, 추정컨대 저자와 독자의 공통 문화유산을 자신의 출발점으로 매우 재치 있게 채택했고 이런 주민이 많은 세계에서 등장인물을 선정하기 시작했다. 그녀는 등장인물들을 바로 발자크(Jean Louis Guez de Balzac)와 스탕달(Stendhal)에서 찾아내고 기원을 확인할 수 있으나 기억하고 있는 그러한 텅 빈 본질만 유지하고 있는 그러한 두 번째 특성들―습관, 도덕, 생각―을 모두 제거했다. 그것들은 탐욕―『초상화』에서와 같이 가정적이고 돈 한푼에도 벌벌 떠는 노처녀 딸과 함께 살고 있는 구두쇠 아버지, 가상적이거나 실제적인 온갖 질병을 중심으로 전개되는 줄거리―이고, 증오와 나태함―소득세 징수원으로부터 면제받고 싶은 돈을 아버지에게 사취하는 '이방인'을 중심으로 줄거리가 전개되는 『마르트로』에서 여전히 프랑스에 살고 있는 가깝게 지내는 가족, 어머니, 아버지, 딸, 조카로 구성된 "어두운 전적으로 폐쇄된 세계"―이며, 심지어 후기 작품인 『플라네타륨』(Planetarium)의 등장인물, 즉 의인화된 야망(줄거리는 그의 냉정한

『프랑스어문교육』 제48집, 225-248쪽 참조할 것-옮긴이.

"사회적 공간에서의 출세"를 기술하는 유사한 줄거리다)이다.

내면의 삶과 심리적 운동

사로트는 외부 세계의 대우주에서 거의 지각할 수 없다고 하더라도 자신의 소우주에서 일련의 끝나지 않은 지진의 떨림과 같은 분위기와 감성의 지속적인 진동을 발견하기 위해 이러한 전통적 인물("단지 잘 만들어진 인형")의 "부드럽고 딱딱한 표피"를 깨서 보여주고 있다. 이러한 내면의 삶—그녀는 "심리적"이라고 말함—은 현상이란 "표면 세계"에서 그렇듯이 신체적 현상의 표피 이면에 내면 기관으로 들어가는 생리적 삶의 과정에서도 적잖게 은폐되어 있다. 어느 것도 자신을 자연히 드러내지 않는다. 그리고 생리적 과정이 질병의 징후(전염병의 징후, 그녀 자신의 용어를 빌리자면 작은 여드름)를 통해서만 자신을 자연스럽게 드러내는 데 보이게 하는 특별한 도구—외과용 칼이나 엑스레이—를 필요로 하듯이 이러한 심리적 움직임은 큰 규모의 재앙의 경우에만 징후의 발생을 야기하고 소설가의 탐구될 의혹의 확대경을 필요로 한다. 가족의 삶의 친밀성, 스트린드베리(Strindberg)류의 의미를 지닌 닫힌 장막 이면에 나타나는 "반쯤의 어둠"을 정신분석을 위한 침상 대신 일종의 심리적 생체 해부 실험실로 선정한 것은 천재의 순수한 필치다. 왜냐하면 여기서 "담화와 심층담화를 [일반적으로] 구분하는 유동적인 경계"가 빈번하게 무너져서 자신의 내면의 삶은 통상 '막'에서 표면으로 분출되기 때문이다. 분명히 이러한 막은 전적으로 자신에게 쏠리는 세계의 무한한 지루함에서 유일한 오락거리이며 그렇다 하더라도 "영구적으로 동그랗게 돌게" 운명지어진 지옥의 삶의 고동을 형성한다. 여기서 모든 현상은 침투되지만 확고한 기반에는 도달하지 못한다. 거짓과 겉치레 이면에는 항상 존재하는 짜증의 진동 —"수많은 가능성이 충돌하는 혼돈", 모든 걸음걸이가 당신을 더 깊이 지옥으로 빠지게 하는 늪— 이 존재할 뿐이다.[4]

나탈리 사로트는 기법과 표현법의 유사성에도 불구하고 두 번째 일련의 소설인『플라네타륨』(1959)과『황금열매』(1963)를 집필하기 이전에 "전능한 나"의 이러한 격동적이고 폭발적인 내면의 삶의 달인이 되었다. 그녀는 첫 번째 시기에 집필해 1956년에 출간한 에세이, 그리고 소설 자체에 담긴 수많은 문장과 대담에서도 상당히 명쾌하게 자신의 의도를 설명했다. 평론가는 그녀 자신의 통찰력을 실제로 반향하는 게 매력적이라는 것을 발견한다. 따라서 그녀는 대단히 흥에 겨워 "사실 자신의 연구에서 주요 요소를 형성하는 심리적 움직임"에 대해 언급해 왔다. 그녀는 또한 훨씬 더 신중하기는 하지만 진정 사실적인 것(real)의 영역, 즉 괴테의 "아름다움·좋음·참됨"이 아니라 아주 작으며 희석되지 않고 왜곡되지 않은 사실적인 문제까지 돌진하려는 희망을 언급해 왔다. 아마도 그것은 "하찮은 것, 거의 하찮은 것" — 첫째 풀잎, 아직 피지 않은 크로커스 꽃, 나에게 완전히 예속되어 자리잡고 있는 어린아이의 손 — 이 될 것이다. 끝으로 그녀는 자신의 작품 전체에 걸쳐 모토로 충분히 설정할 수 있는 유명한 문구를『카라마조프의 형제들』에서 인용한다. "'선생님, 나는 영원한 삶을 얻기 위해 무엇을 해야 하나요?' 교리 강사는 더 가까이 다가온다. '무엇보다도 너 자신에게 거짓말을 하지 마라.'"(다른 측면에서도 마찬가지로 이 측면에서 그녀는 생존해 있는 어느 다른 작가들

---

4) 스트린드베리(Johan August Strindberg, 1849-1912)는 근대론적 극장 개념을 창출하는 데 기여한 스웨덴의 소설가이며 극작가다. 아렌트는 이후 에세이에서 『꿈연극』(A Dream Play, 1902)의 문구 "오, 사람들 연민을 위하여"를 인용한다.

보다 메리 매카시와 더 많은 공통점을 가지고 있다.)[5]

자신이 행하고 있는 것을 설명하고자 그렇게 애써온 저자이지만, 그녀가 언급하지 않은 명백한 요소는 더욱 지적할 만한 가치가 있을 수 있다. 첫째, 사로트가 굉장히 매력적이라고 생각한 발견 사실들은 전적으로 부정적인 요소를 지니고 있다. 그녀의 저작에서 제기되는 어떠한 방법이나 주제도 내면의 삶의 파국적 성질, 즉 사랑·관대· 아량 등의 완벽한 거의 완벽한 부재를 설명하지 않는다. 모든 단어는 기만할 의도로 고려되지 않았다면 "무기"이며, "모든 사상은 현수막 뒤에서 앞으로 나가려는 대규모 강력한 군대와 같이 모아진다." 전투의 이미지가 편만하다. 그녀 자신이 지적했듯이 ─ 내면적 독백의 초기 대가들인 도스토옙스키, 프루스트, 조이스는 더 말할 것도 없고 ─ 카프카에서도 그녀 자신의 저작에는 없는 이러한 "성실의 계기, 즉 이러한 품위상태"는 여전히 존재한다. 두 번째로 더 놀랍지만 그녀의 작품을 논평하거나 존경하는 사람들 다수에 의해 강조되는 "그들" ─ "그들이 말하는" 것, 상투적인 표현, 진부한 표현, 문구의 단순한 관용구적 전환 ─ 의 대단히 효과적인 사용에 대해 결코 정교하게 설명하지 않았다는 점이 있다. "그들"은 『미지인의 초상』에서 처음 나타나고, 『플라네타륨』에서 플롯의 중심으로 이동하며 『황금 열매』에서 "영웅"이 된다.

---

5) 메리 매카시(Mary McCarthy, 1912-89)는 아렌트의 절친한 친구이고 미국 작가 이며 비평가이고 정치행동가였다.-옮긴이

『미지인의 초상』: 아버지, 딸, 관찰자

『미지인의 초상』에서는 그리스 비극과 같이 세 명의 주인공이 등장한다. 아버지, 딸 그리고 관찰자, 즉 이야기를 하는 늙은 전령이 등장하고, "그들"은 코러스를 형성한다. 아버지와 딸은 모두 외부 세계의 보호 집단에 둘러싸여 있으며 지원을 받는다. 아버지는 여관에서 정규적으로 만나는 오랜 친구들에 의해서, 그리고 딸은 요람에 누워 있을 때부터 여전히 자신의 주위에 모여든 큰 아파트 건물의 문 입구에서 끊임없이 수다를 떨고 "동화 속의 사악한 대모와 같이 머리를 흔드는 나이 든 여자들에 의해 둘러싸여 지원을 받았다. 코러스는 여전히 판에 박힌 말을 큰 소리로 노래하며 주요 인물을 지원하고("어린아이들은 어떠한 감사도 보이지 않고 나를 믿지 않는다) 등장인물들이 "밀도, 무게, 끈기"를 다시 획득하고 다시 중요한 인물이 되기 위해 향하는 전선의 배후에서 평상상태의 확고한 성벽을 형성한다. 그리고 평범한 남편을 찾은 딸이 코러스에 참여하기를 기대할 때 평화는 찾아온다. "경건하게, 나는 내 목소리와 그들의 목소리를 섞을 것이다."

"나"와 "그들"의 이러한 관계는 후기 소설에서 종종 반전된다. "그들"은 『플라네타륨』과 『황금열매』에서 적의 화신, 즉 내가 겪는 모든 재앙의 원인으로 나타난다. "그들"은 첫 번째 무관심의 순간에 연민 없이 당신을 "체포해 강탈할 것이며", 그들은 "이로 물어서 운반할 먹이를 발견하고자 구석구석 냄새를 맡으며" 잠시 동안 그 특정한 순간에 우연히 인정하게 된 사람들의 "발아래 누워 완전히 따뜻하게 몸을 떨고 있는 개들과 같다."

마지막으로 진실이 드러나는 순간, 즉 변신이 있다. 그리스 비극에서 인식의 계기가 중심을 이루듯이 모든 소설에서 결정적 순간이 중심을 이룬다. 이것은 내 생각에 현대소설에서 특이한 극적 특성을 나탈리 사로트의 저술에 부여하는 것이다. (그녀는 아마도 카프카의 유명한 소설에서 그 용어를 차용했을 것이다―그녀는 『미지인의 초상』에서 원래의 이미지도 사용한다. 아버지와 딸은 "두 마리 거대한 곤충, 두 마리 쇠똥구리같이" 서로를 대면한다.)[6] 변신은 "심층담화"와 "심층담화"가 서로 대면하는 진귀한 순간, 즉 겉모양의 빛의 세계에서 "우물 밑바닥"으로의 하강 순간에 발생한다. 벌거벗고, "서로 꼭 껴안은 채" 지하세계에서 미끄러져 싸우며, 꿈과 백일몽의 세계와 같이 사적이고 소통할 수 없는 우물 밑바닥에서 등장인물들은 아무것도 은폐하지 않을 끔찍할 정도로 허물없이 만난다.

첫 번째 두 소설은 진리에 대한 맹렬한 탐구(이것은 원래 이러하다, 당신 자신에게 거짓말을 하지 마라)에서 독자에게 인류 전체에 대한 스트린드베리의 동정, "오, 사람들의 연민을 위하여"를 맡긴다. 결국 가정은 가장 자연적인 인간 공동체이며, 그 환경에서 노출되는 것은 "인간본성"에 관한 무엇인가를 지칭하는 것 같다. 후기 두 소설의 환경은 가정과 비교할 때 "인위적인" 결사이다. 문학 동아리인 경우 그 결사는 훨씬 더 인위적이다. (사로트 부인이 1963년 『모나트』*Monat*에 소개한 프랑스와 본디와의 대담에서 설명했듯이 플라네타륨은 "실제의 하늘이 아닌 인위적인 하늘이다.") 아주 이상하지만, 다른 환경의 결과는 한편 담화와 심층담화가 더 긴밀하게 상호연계되어 있고, 다른 한편 초기 작품에서 그렇게 처절하게 슬프고 거의 비극적인 모든 것이 이제 순수하고 아주 우스운 희극으로 바뀐다. 여기 사회적인 것의 영역에서 "성스러운 것은 없고······ 성스러운 장소도 없다. 금기도 없

---

6) 어느 날 깨어보니 자신이 갑충이 된 젊은이에 관한 이야기인 프란츠 카프카의 『변신』 참조할 것-옮긴이.

다." 금기는 침해될 수 있다. 여기서 "우리는 모두 같고, 모든 인간은 거의 같으며" 다른 사람의 패를 공개할 어떠한 친밀성도 필요하지 않다. 모든 구별 심지어 한낱 차이도 "우연, 신기한 병적 생성물, 질병이다." 구별이나 차이는 결과적으로 "설명될 수 없는" 어떤 예술 작품, 즉 대상으로 구체화될 경우 어쩌면 "작은 기적"이기도 하지만 …… "그 외에는 닮음이다."(『황금열매』에서)

『플라네타륨』: 소렐과 레날 부인

『플라네타륨』은 여전히 가정에서 선발한, 결코 '모두 같지는 않은' 수많은 인물─아버지, 숙모 그리고 인척─을 등장시키고 있으며 주요한 두 인물, 현대인으로 변장한 쥘리엥 소렐과 레날(Rênal) 부인이 있다. 젊은 야심가(ambitieux)는 일반적인 입신 출세주의자, 조그만 악당이 되었다……. 그가 무엇인가를 원할 때 아무것도 그를 중단시킬 수 없으며, 그가 하지 않으려는 것은 아무것도 없고, 상류사회의 **열정적인 여성**(*femme passionée*)은 문학계 유명 인사가 되었다. 그들은 서로 긴밀한 관계를 갖고 있지 않으며, 상류사회에 대한 열정은 없다. 그들은 진정한 대변자가 아니며 대변자를 상실한 코러스의 구성원들과 더 흡사하게 "그들" 가운데 거의 우연히 선정된 인물들이다.

이야기는 돈을 노리는 신혼부부가 젊은이의 숙모가 소유한 아파트(그들은 살 아파트를 가지고 있으나 "향유할" 새 아파트를 필요로 한다)를 어떻게 획득하는가에 관한 이야기다. 그런데 숙모는 비통하게도 악취미로 아주 새로운 문을 집에 설치했다. 이야기가 복잡하게 전개되는 원인은 가구와 불운의 문 때문이다. 변신은 작품의 거의 끝부분에서 나타나며 매우 반갑게 같은 문과 연관된다. 젊은이는 유명 인사를 데리고 다니는데 그 때문에 고생했다. 그는 문 때문에 고민하지만 그 고민을 해소한다. 유명 인사가 둘러보고 있을 때 "단 1초 만에 가장 놀랍고 가장 경이로운 변신이 일어난다. 그가 그것에 시선을 주시하는 순간 얇은 혼용지(papier maché)가 붙은 벽, 평범한 집의 흉물스러운 벽에 에워싸여 있는 문은 삶으로 눈부시게 빛나 오래된 수녀원의 회랑 벽에 틀의 형태로 나타났을 때 마치 요술 지팡이가 닿은 듯이 원래의 측면으로 되돌아간다." 아아 빈약한 문은 미묘한 은총의 상태에서 오랫동안 유지되는 것을 허용하지 않는다. 아파트에는 다른 당혹스러운 대상, 복구된 팔에 의해 한쪽이 손상된 고딕식 동정녀상이 있다. 이런, 유명 인사는 그것을 알지 못한다. 그녀는 "어깨, 팔을 뚫어져라 바라보고, 그것들을 무신경하게 삼키는데, 그의 강한 위는 그것들을 쉽게 소화시키고, 그의 눈은 암소의 눈과 같이 평온하고 무관심한 인상을 유지하고 있다." 이것은 모든 것이 "틈, 갑작스런 분열"로 갈라지는 결정적 순간이다. 그녀는 기적을 수행할 힘을 상실하고, 타원형 문…… 유동적이고 불안정하고 불확실한 상태로 매달려 있는…… 거대한 옛 수녀원 문이나 값싼 방갈로 문은"…… 이후 계속 그에게 문제가 된다.

이 문장은 내가 현대문학에서 알고 있는 아주 절묘하게 우스운 문장들 가운데 하나다. 이것은 물론 미국식 타인 지향의 희극이거나 프랑스 말투로 "가식적인 것"의 희극이다. 그러나 이러한 말들이 사물 자체라는 지독히 기이한 현실과 비교할 때 얼마나 미미하고 현학적인가! 그것을 아주 웃기게 만드는 것은 이 모든 것이 "훌륭한 취향"과 교양을 갖춘 이른바 "내부 지향적인" 엘리트들 가운데에서, 즉 아무것에도 관심을 갖지 않은 체하며 단지 최상의 정신적 질서와 같은 것에 대해 확실히 언급하는, 최상의 기준을 뽐내는 지식인들 사이에서 발생한다는 것이다. 『뉴욕 타임스 서평』이 『플라네타륨』이 드러내는 기만을 설명하라고 요청받기라도 한 듯이 높은 찬사로 밝힌 바와 같이 그들은 자신을 묘사하라고 요청을 받았을 때 "어둡고 적대적인 세계와 조화하지 못하는 고도로 민감하고 허약한 존재"로 나타난다. 그러나 이것은 의당 그래야 하듯이 아마도 그렇다. 왜냐하면 문제의 진실을 종합해 보면 『플라네타륨』과 『황금열매』가 "지식인들"에게 여전히 부과된 가장 심각한 고발장을 형성하기 때문이다. 사로트는 마치 다음과 같이 말했다. "『지식인의 배반』(*Le Trahison des Clers*)[7]? 나를 웃기지 마라. 그렇다면 이러한 인물들은 우선 무엇을 배반할 수 있었는가?"

『황금열매』: 책

희극은 『황금열매』에서 아주 명백하다. 여기서 "그들"은 문파 외부의 어떤 "인물"에 의해 방해받지 않은 그들 자신에 속한다. 그 책은 "황금열매"라는 제목으로 방금 출간된 소설, 최초에 특별히 성공해 완전히 망각으로 이어지기까지 책의 일생에 관한 이야기로 구성되며, 책의 불확실한 미래에 대한 전망으로 종결된다. (프랑스에서 이 책에 대한 초기의 반응이 열광적이지 않았던 것 같다. 왜냐하면 서평자들은 모든 문구, 참신하거나 관용적인 칭찬과 비방의 모든 표현이 단순한 말로서 기대되고 노출되는 작품을 아마도 어떻게 고려할 수 있는

---

7) 프랑스 철학자이며 소설가인 방다(Julien Benda)는 1927년 출간한 이 책을 통해 당시 지적인 타락을 공격했다. 그는 '클레르'(clerc)를 율법에 정통한 학자를 의미하는 중세적 의미로 사용했다. 오늘날에는 다양한 부류의 지식인을 지칭한다—옮긴이.

가를 자문했기 때문이다.) 우리는 책 자체에 대해 어느 것도—저자는 문파에 속하기 때문에 언급된다—결코 배우지 못한다. 이 책은 글을 읽고 쓸 줄 아는 모든 사람의 수중에 떨어지는 불운을 가지고 있는 모든 책에 관한 이야기이기 때문이다. 글을 읽고 쓸 줄 아는 모든 사람의 소곤거리는 소리와 외침은 모든 것이 언급될 때까지 지속된다.

그리고 모든 사람은 실제로 현존한다. 비평가, 대가(maître), 감탄하는 숙녀들, 흠잡을 데 없는 취향을 범함으로써 한때 "은총을 상실했지만 오래전에 그로부터 벗어난 장본인", 자신이 "황금열매"를 발견하지 않았다고 의심 받는 남편—물론 그는 자신이 행한 것을 자기 부인에게 말한다—, 그들로부터 멀리 떨어져 진부한 이야기로 가득 찬 소설을 발견한 지방사람(그러나 그것은 "고의로" 이루어졌으며, 그는 확신한다), "더 적은, 보통, 큰"이란 범주에 따라 죽은 사람을 분류하면서 가장 최근에 도착한 것을 위한 장소를 발견하는 학자들("배움으로 머리가 무거운 사람들"), 심지어 의심을 품은 사람, 평화를 방해하면서 맨발로 누더기를 입은 채 세계를 일주하는 광적이고 고귀한 사람, 심지어 "외국인, 파리아"(그러나 "당신은 우리 가운데 한 사람"이며 "당신을 배제할 수는 없다")이다. 그들은 자신들이 모두 알 때까지 모든 측면과 주장을 샅샅이 다루고 최상의 말로 서로를 능가하듯이 "황금열매 이전의 사람들과 이후의 사람들이 있을 것이다."[8]

---

8) "황금열매 이전의 사람들과 이후의 사람들이 있다. 우리는 그 이후의 사람들이다. 그 흔적을 영원히 지니고 가야 할 사람들. 황금열매 세대. 우리는 그렇게 남을 것이다.
그건 사실이다. 나도 전적으로 동감이다. 황금열매 이래로 내게서 무엇인가가 결정적으로 변했다. 그건 지진이다. 황금열매는. 그건 해일이다. 누가 감히 이 책 이후에도 여전히 책을 쓸 수 있을까? 난 때로 자문해본다." 남수인 옮김, 『황금열매』, 열림원, 2002, 117쪽-옮긴이.

그들 각자에서 "자신 ─ 그들이 그것에 공들이고 있는 것으로 완전히 가득 찰 공허한 수신자 ─ 을 비울" 이러한 신비하고 유쾌한 과정은 그들 각자에서 발생한다.

그리고 "그들"은 누구인가? 그들은 각기 동일한 "전능한 나"다. 이런 나의 비극적인 내면의 삶은 초기 소설들의 주제였다. 그들 개개인은 생지옥에서 벗어났는데 혼자 있을 때가 어떠했는가를 너무나 잘 기억하면서 그곳으로 되돌아가는 것을 두려워한다. 그들 개개인은 인정을 받으려고 하다가 항상 얻어맞는 "가난한 악마, 무명의 작은 친구, 미지의 저자"다. 그들이 각기 "거대한 비율로, 더욱더 엄청나게 모든 면으로 확산시키며…… 자신에 대한 다른 이미지"를 확고하게 고수하지 않았다면 그에게 무슨 일이 일어났겠는가? 이것은 "그들"이 모두 비슷한 이유이며, 그들이 "미세한 진동도 직접 소통되고 점점 더 증가하는 파장에서 증폭되는" 매개체를 자신의 동료에게서 발견해 온 이유다. 이러한 종류의 결사는 "나"의 대우주, 즉 "나의 확대판"이다. 또는 그것은 아마도 반대로 심리적 "내면의 삶"이다. 사로트가 탐구한 내면의 삶의 울리는 진동은 외견상 "외부를 향하며" 어느 누구도 아닌 그들에게만 관심을 갖는 지극히 자기 중심적인 사람의 "내면적 삶"일 뿐이다. 하여튼 운명의 부침만큼 세차게 무리지어 몰리는 감정 ─ 정의상으론 충실성·성실성·착실성을 전적으로 결여한 ─ 의 충격적 불안정에 더 가까운 것은 없다. "그들"은 유행하는 취향의 해일에 이리저리 휩쓸린다.

조류는 확실히 바뀌는데, 파도의 상승은 그 하강으로 이어지고, 모든 것은 재빠르게 무너져 "당신은 결코 방법을 정확히 알지 못한다." 당신이 알고 있는 것은 모두 매일매일 모든 것이 역전된다는 것이다. 우리는 같은 사람, 같은 비평가, 여전히 사랑하는 같은 남편의 소리를 듣는데, 그 부인의 남편은 이제 "처음부터 결코 넘어가지 않았다." 그리고 책이 마침내 치명적인 일격(coup de grâce)을 당할 때까지 "그들" 가운데 다른 모든 사람들, "당신들은 여전히…… '황금열매'와 함께 있을 것이다?" 확실히 "그들"은 이런 표변으로 마음이 흔들리지 않으며, 같은 매개체, 같은 동료 속에 있으며, 발생한 것을 거의 깨닫지 못한다. 그리고 그들 가운데 어느 한 사람이 여전히 의혹에 의해 괴로움을 당했다면 그는 역사(History), 변화의 여신을 환기하라는 말을 들을 것이며, 거대한 원양선에 실려 가듯이 변화의 여신에 실려 간다.

이것은 희극이며 대단히 진지한 무엇인가와 연관된 훌륭한 모든 희극과 같다. 지식인인 "그들"의 거짓은 특별히 고통스럽다. 그것은 인간관계의 가장 섬세하고 동시에 필수불가결한 요소들 가운데 하나인 공통 취미의 요소에 영향을 미치기 때문이다. 실제로 "어떠한 가치 기준"도 공통 취미에 존재하지 않는다. 취미는 세상이 어떻게 보여야 하는가에 대해 결정할 뿐만 아니라 그것에 함께 속하는 사람들의 "선택적 친화성"을 결정한다. 그것은 우리가 서로 인정하는 "은밀한 징표"다. 그들이 무어라고 말하는가 하면 "우리는 형제이며, 우리는 이 성스러운 빵을 당신에게 제공하지 않는가. 나는 당신을 우리 식탁에 초대한다." 우리 모두가 이방인으로 온 세계 속에서 이러한 동류의식 감정은 공동의 대상 세계에서 사회 조직의 수단인 비밀번호와 부적을 만들어 온 세련된 사람들의 결사에서 엄청나게 왜곡된다. 그러나 그들은 그것을 파멸시키는 데 실제로 성공했는가? 사로트는 종결 직전에 "그들"과 "나"로부터 벗어나 "우리", 즉 저자와 독자로 구성된 옛날의 우리로 관심을 돌린다.[9] 독자는 말한다. "우리는

---

9) 책 마지막 부분에서 다음과 같이 언급하고 있다. "우리는 너무도 연약하고, 저들은 너무나 강하다. 아니 어쩌면 내가 때로 느끼는 것인데, 내가 뚜렷이 자각하는 것은 아니지만, 어쩌면 난 당신과 나, 우리가, 지금도, 제일 강한 사람들

아주 유약하고 아주 강하다. 또는 아마도…… 우리, 당신과 나는 이제 더 강한 사람들이다."

이라는 확신을 가졌을지도 모른다. 난 저들이 조금 가여운지도…… 모르겠다. ……흔히 말하듯이 내가 입을 다물고 있는 것은 예의 때문이라고, 섬세한 마음 씨 때문이라고 해두자. 그러니까 나는 아무 말도 안 한다." 같은 책, 202쪽-옮긴이.

제15장 위스턴 휴 오든

분수와 자신감을 유지한 오든

나는 오든(Wystan Hugh Auden, 1907~73)이 만년에 접어들었을 때 그를 만났다. 나 역시 젊은 시절에 형성되는 쉽게 인식할 수 있는 우정의 친근감을 더 이상 획득할 수 없는 나이가 들었다. 서로 공유할 수 있을 만큼 여생이 충분히 남아 있지 않았고 그렇게 기대되었다. 따라서 우리는 친근한 친구 사이는 아니지만 좋은 친구가 되었다. 게다가 그에게는 친근함을 가로막는 신중함이 있었다. 나는 그것을 내내 확인하지는 않고 오히려 그것을 위대한 시인의 필요한 은밀함으로 기꺼이 존중했다. 그는 시의 응결된 응축의 형태도 훨씬 더 만족스럽게 말하는 법을 알았을 정도로 산문조로 느슨하고 임의로 사물에 대해 말하지 않겠다는 것을 일찍이 스스로 체득했다. 말의 적음은 시인의 전문가적 완곡한 성향(*déformation professionnelle*)일 수 있다. 오든의 경우 이것은 더욱더 그런 것 같다. 완벽한 단순성을 특징으로 하는 그의 저작 대부분은 구어(口語), 즉 일상 언어의 관용구— "사랑하는 그대, 잠에 겨운 머리를 뉘어라, 인간이라 믿지 못할 나의 팔베개 위에"(Lay your sleeping head, my love, Human on my faithless arm)[1] ── 에서 생겨났기 때문이다. 이러한 형태의 완벽성은 아주 진귀하다. 우리는 괴테의 시들 가운데 가장 위대한 시 몇 편에서 그런 완벽성을 발견하며, 그것은 푸시킨(Aleksandr Sergeevich Pushkin)의 작품 대부분에서도 존재함이 틀림없다. 이 시들을 번역할 수 없다는 것이 그 특징이기 때문이다. 이러한 종류의 시들은 본래의 장소에서 추방되는 순간 평범성의 구름 속으로 사라진다. 여기서 모든 것은 "산문적인 것에서 시적인 것으로 사실을 승화하는" ── 비평가 클리브 제임스가 1973년 12월 『논평』에 게재한 오든에 관한 논문에서 강조한 요지[2] ── 과정에서 "수려한 표현"에 좌우된다. 우리는 그러한 언어의 유창함을 드러내는 시에서 모든 일상언어가 잠재적으로 시적이라는 것을 매혹적으로 확신하며, 우리의 귀는 시인들의 가르침을 받을 때 진정한 언어의 신비에 열린다. 오든의 시들 가운데 한 시의 번역 불가능성은 여러 해 전에 나에게 그의 위대성을 확신시킨 것이었다. 세 명의 독일 번역자들은 자신들의 운을 시험했으나 내가 좋아하는 시들 가운데 한두 개의 구어체적 문구 ── "시간은 말할 것이

---

1) W.H. Auden, "Lullaby", *Collected Poems*, ed. Edward Mendelson, New York: Vintage, 1991, pp.157-158.
「자장가」는 1937년 1월에 발표한 시다. 봉준수 편역, 『아킬레스의 방패』, 나남, 2009를 참조할 것-옮긴이.
2) "1930년대 환상의 시들은 이후 '필론'(Pylon) 시를 비웃는 것이 유행했으나, 의도가 행위를 구성하지 않는다고 하더라도 기술적 상상력을 지배하려는 의도에는 존중할 만한 무엇인가가 항상 있었고, 오든 자신은 하여튼 단지 의도하기만 했으며, 행위는 이루어졌다. 그래서 사실을 산문적인 것에서 시적인 것으로 승화시키는 아주 어마어마한 능력은 몇 세기 동안 거의 보이지 않았으며, 그러한 훌륭한 몸짓은 결코 거의 보이지 않았다. 오든의 시는 파스테르나크(Boris Leonidovich Pasternak)가 푸시킨의 시에서 그렇게 존경한 특성을 지녔다." Clive James, "Auden's Achievement", *Commentary* 56, December, 1973-옮긴이.

고"나는 그렇게 당신에게 말했다"—로 자연스럽게 시작하는 "내가 당신에게 말할 수 있다면"[3](『시 모음집 1927-57』)을 무참하게 망가뜨렸다.

시간은 내가 당신에게 그렇게 말했다는 것만 말할 것이며,
시간은 우리가 지불해야 할 대가를 알 뿐이다.
내가 당신에게 말할 수 있다면 알려주겠다.

우리는 광대들이 공연을 할 때 눈물을 흘려야 한다면,
우리는 음악가들이 연주할 때 실수해야 한다면
시간은 내가 당신에게 그렇게 말했다는 것만 말할 것이다.

바람은 불 때 어디에선가 불어야 하고
나뭇잎들이 마르게 되는 이유는 있어야 한다.
시간은 내가 당신에게 그렇게 말했다는 것만 말할 것이다.

아마도 장미는 진정 자라기를 원하고,
시선은 진지하게 머물기를 의도하며
내가 당신에게 말할 수 있다면 알려주겠다.

사자들이 일어나 간다고 가정하자.
그리고 모든 개천과 병사들이 달아나고
시간은 내가 당신에게 그렇게 말했다는 것만 말할까?

---

3) 1940년 10월에 발표했으며, 19행 2운체(韻體)의 시(villanelle)다. 제4연은 옮긴이가 첨가한 것이다. 제1연의 제1행과 제3행은 다른 연에서 반복된다. 삶과 죽음, 그리고 시간의 역할에 관한 시이며, 시간은 의인화되었다-옮긴이.

내가 당신에게 말할 수 있었다면 알려주겠다.

나는 1958년 가을 오든을 만났으나 이미 1940년대 말 어느 출판사가 마련한 연회에서 그를 본 적이 있었다. 우리는 그때에 한마디 말도 나누지 않았지만, 나는 그를 아주 잘 기억했다. 당시 그는 잘생겼고, 훌륭한 옷차림새였으며, 매우 영국적인 신사로서 우호적이고 여유가 있었다. 나는 10년 후에 그를 알아볼 수 없었다. 삶 자체가 "보이지 않는 마음의 분노"를 드러내는 일종의 얼굴 풍경(face-scape)을 보여주기라도 하듯이 그의 얼굴에는 이제 주름이 두드러지게 깊이 패었기 때문이다. 여러분이 그의 말에 귀를 기울였다면 이런 외모보다 더 오해를 살 수 있었던 것은 없었을 것 같다. 반복해 말하자면 이렇다. 그는 더 이상 모든 현상에 대처할 수 없을 때, 그의 빈민가 아파트는 추워서 배관시설이 더 이상 작동하지 않아 모서리에 위치한 술가게의 화장실을 이용해야만 했을 때, 그의 양복(어느 누구도 남자는 적어도 양복 두 벌은 갖고 있어서 양복 한 벌을 세탁소에 보낼 수 있으며, 구두는 두 켤레를 갖고 있어 한 켤레는 수선할 수 있어야 한다고 그에게 납득시킬 수 없었다. 몇 년 동안 우리 사이에 끊임없이 지속한 논쟁의 주제다)은 지저분한 얼룩투성이였고 옷은 얇게 달아서 그의 바지가 위에서 아래로 갑자기 찢어졌을 때, 간단히 말해 재앙이 여러분의 눈앞에서 갑자기 닥칠 때마다 그는 "감사하게 생각하라"는 투의 전적으로 특이한 견해를 다소간 읊조렸다. 그는 결코 허튼소리를 하지 않았고 명백히 어리석은 것을 언급하지 않았기 때문에—그리고 나는 이것이 매우 위대한 시인의 소리였다는 것을 항상 자각했기 때문에—그의 경우 오해를 샀던 것이 외모가 아니라 내가 본 그의 삶의 방식을 전형적인 영국 신사의 무해한 기벽성의 탓으로 돌리는 게 치명적으로 잘못됐다는 것을 깨닫는 데 몇 년이 걸렸다.

나는 마침내 빈곤을 확인했고 "감사하게 생각하라"는 장황한 설명 이면에 빈곤을 숨길 강렬한 필요성을 왠지 모호하게 깨달았다. 아직도 나는 그가 왜 그렇게 비참하고 자신이 일상의 삶을 그렇게 견딜 수 없게 했던 부조리한 상황에 대해 아무것도 할 수 없었는가를 완전히 이해하는 데 어렵다고 생각했다. 그것은 확실히 인식의 결핍일 수 없었다. 그는 상당히 유명했고 그러한 야망은 하여튼 그에게 결코 중요할 수 없었다. 왜냐하면 그는 내가 지금까지 만난 모든 저자들 가운데 허영심이 가장 없는 사람이었기 때문이다. 그는 일상적 허영심의 무수한 취약점에서 완전히 해방된 사람이었다. 그가 겸손한 것은 아니었다. 그는 자신감 때문에 아첨을 하지 않았다. 이런 자신감은 인정이나 명성 이전, 또한 성취감 이전에 존재했다. 『타임문학비평』(*Time Literary Supplement*)의 그릭슨은 옥스퍼드 대학 시절 젊은 오든과 스승 사이의 다음 대화를 게재했다. "선생: '오든 군, 자네는 대학을 졸업하면 무엇을 할 것인가?' 오든: '저는 시인이 되고자 합니다.' 선생: '그래—그 경우에 자네는 영어를 읽었다는 게 유용하다는 것을 발견해야 하네.' 오든: '선생은 이해하시지 않는군요. 저는 위대한 시인이 되고자 합니다.'"[4] 자신감은 그를 결코 떠나지 않았다. 자신감은 다른 사람들과의 비교를 통해 경쟁에서 승리함으로써 획득되지 않기 때문이다. 자신감은 자연적이었으며 언어, 그가 기뻐했던 모든 것을 신속하게 하는 엄청난 능력과 상호 연계되지만 동일한 것은 아니다. (친구들이 다음날 저녁 6시까지 출생 시를 짓도록 그에게 요청했을 때 그들은 그것을 얻을 수 있으리라고 확신할 수 있었다. 이것은

---

4) Geoffrey Grison, "A Meaning of Auden", in *W.H. Auden: A Tribute*, ed. Stephen Spender, London: Weidenfeld & Nicolson, 1975, p.15. 그릭슨 (Geoffrey Grigson, 1905-85)은 영국 시인이며 1930년대 영향력 있는 『새로운 시』(*New Verse*)의 편집자였다-옮긴이.

분명히 자기회의의 부재 속에서만 가능하다.) 그러나 그는 이것으로도 우쭐하지 않았다. 왜냐하면 그는 결정적인 완벽함을 주장하지도 않았고, 또는 아마도 열망하지도 않았기 때문이다. 그는 발레리의 의견에 동감하면서 자신의 시를 끊임없이 수정했다. "시는 결코 완성되지 않는다. 그것은 단지 폐기될 뿐이다."[5] 달리 말하면 그는 그러한 귀중한 자신감으로 복을 받았다. 이러한 자신감은 다른 사람의 좋은 의견을 필요로 하지 않으며 자기의혹의 덫에 빠지지 않은 채 자기비판과 자기검토도 견뎌낼 수 있다. 이것은 오만과 아무런 관계가 없지만 오만으로 쉽게 오인된다. 오든은 무례한 언동으로 도전을 받을 때를 제외하고 결코 오만하지 않았다. 따라서 그는 영국의 지적인 삶에 특징적으로 나타나는 오히려 퉁명스러운 무례함으로 자신을 보호했다.

브레히트와 공유한 시세계

스티븐 스펜더는 오든을 아주 잘 알고 있던 친구로서 "[오든의] 시의 전반적 발전과정에서 그의 주제는 사랑이었다"고 강조하고 있다 (인간을 "나는 사랑받는다. 그러므로 나는 존재한다"라고 말한 "멍청이 존재"로 정의함으로써 데카르트René Descartes의 "나는 생각한다 그러므로 존재한다"를 변경한 것이 오든에게 있지 않았는가?). 스펜더는 옥스퍼드 대학 성당에서 친구를 기념하여 행한 연설 끝부분에서 오든이 미국에서 제시한 읽을거리에 대해 오든에게 질문했다고 언급했

---

5) 오든은 『짧은 시 모음집』(*Collected Shorter Poems: 1927-57*, London: Faber & Faber, 1966), 16쪽에서 밝히고 있다. 발레리(Paul Valéry, 1871-1945)는 상당히 영향력 있는 프랑스 시인이자 수필가였다.

다. "그의 얼굴은 주름의 모습을 바꾸는 웃음으로 빛났고, 그는 말하길 '그들은 나를 사랑했다네!'"[6] 그들은 그를 존경하지 않았으나 사랑했다. 내 생각에 그의 예외적인 불행과 그의 시가 지닌 예외적인 위대성 — 강렬함 — 을 이해하는 열쇠는 여기에 있다. 이제 나는 기억의 슬픈 지혜로 그가 무한히 다양한 형태로 표현하는 짝사랑의 명수였다는 것을 알고 있으며, 이러한 짝사랑 가운데 사랑을 존경으로 정말 화나게 바꾸는 것은 확실히 불가피함이 틀림없다. 그리고 이러한 정서의 이면에는 이성과 믿음이 극복할 수 없었던 어떤 동물적 슬픔이 처음부터 있었음이 틀림없다.

마음의 욕망은 코르크 마개 뽑는 기구같이 삐뚤어져 있고,
태어나지 않는 것이 인간에게 최선이고
차선책은 형식적인 순서이고,
춤의 형태, 할 수 있는 동안 춤춰라.

그는 『짧은 시 모음집』에 수록된 「죽음의 메아리」에서 이렇게 쓰고 있다. 내가 그를 알았을 때 그는 최선을 더 이상 언급하려고 하지 않고 차선책, 형식적인 순서를 아주 확고하게 선택했다. 결과적으로 칼만(Chester Kallman)은 오든을 아주 적절하게 명명했듯이 "모든 규율을 강조하는 사람들 가운데 가장 부스한 후예"라고 아주 적절하게 명명했다. 나는 현재를 즐겨라(*carpe diem*)가 다양한 변주곡으로 실천되는 1920년대 유명한 베를린에 그렇게 많이 오든에게 매력을 갖게 하고 편안하게 한 것이 이러한 슬픔이며 "할 수 있는 동안 춤춰

---

6) 스티븐 스펜더, 「고별사」(1973년 10월 27일 옥스퍼드 대학 크라이스트처치에서 오든 추도식에서 행한 연설), 『위스턴 오든: 헌사』(*W. H. Auden: A Tribute*), 247-248쪽. 스펜더(1909-95)는 오든의 절친한 친구로서 영국 시인이며 수필가였다.

라"라는 것이었다고 생각한다. 그는 한때 일찍이 "독일어 용례에 대한 중독"을 "질병"이라고 언급했으나 베르톨트 브레히트의 영향은 이것보다 훨씬 더 현저했으며 그것을 제거하기 쉽지 않았다. 내 생각에 오든은 자신이 인정할 준비가 되어 있는 것보다 훨씬 더 많이 브레히트와 공유하고 있다. (그는 칼만과 공동으로 브레히트의 『마하고니시의 흥망』을 번역했다. 이 번역본은 아마도 저작권 문제 때문에 결코 출판되지 않았다. 나는 지금까지도 브레히트 작품을 영어로 제대로 번역한 다른 번역본을 알지 못한다.) 단지 문학적 관점에서 오든의 담시들에 브레히트의 영향을 쉽게 추적할 수 있다. 예컨대 나이가 들어 경건해졌기에 성모 마리아를 위해 곡예를 함으로써 성모 마리아를 영광스럽게 한 곡예사의 이야기, 즉 경탄할 만한 후기 시 「바르나비의 발라드」[7], 그리고 "미스 에디스 지이(Miss Edith Gee)에 대한 짤막한 이야기 하나 해드리지요. 그녀는 클리브든 테라스 83번지에 살았답니다"라는 시행으로 시작되는 초기 시 「미스 지이」를 들 수 있다.[8] 이러한 영향을 가능하게 했던 것은 그들이 좌절과 삶의 환희

---

7) Edward Mendelson ed., *W.H. Auden: Collected Poems*, Franklin Center, PA: The Franklin Library, 1976.
이와 관련된 시행은 다음과 같다.
And so next day when Barnaby slipped/Away he followed him down to the crypt. When he saw how he honored the Mother-of-God,/ This brother thought: This is very odd.
그리고 그렇게 바르나비가 사라진 다음날에/ 그는 그를 따라 지하실로 내려갔다./ 그는 그가 성모 마리아를 어떻게 명예롭게 하는가를 보았을 때/ 이 형제는 생각했다. 이게 매우 이상해-옮긴이.
8) 다음은 제5연과 제6연이다.
그리 멀지 않은 곳에/ 세인트 알로이시우스 교회가 있었는데/ 그녀는 교회의 자선모임을 위해/ 뜨개질 많이 했답니다. // 미스 지이는 별을 보며 말했어요./ "내가 클리브든 테라스에서/ 일 년에 백 파운드로 연명하는 것을/ 누가 알기나 할까? 봉준수 편역, 앞의 책, 51쪽-옮긴이.

(joie de vivre)를 신기하게 함께 지녔고, 관습적인 반응 규범을 멸시하며 "냉정하게 대처하는" 것을 애호하는, 제1차 세계대전 이후 세대에 속했기 때문이다. 냉정하게 대처하는 것에 대한 애호는 영국에서는 속물의 가면을 쓴 채로 발현되고, 독일에서는 다소간 브레히트의 『서푼짜리 오페라』의 맥락에서 전반적으로 사악함을 가장한 채 발현된다. (베를린에서 사람들은 모든 것에 농담하듯이[Er geht böse über den Kurfürstendamm] 이러한 유행하는 전도된 위선에 대해 농담을 했다. 이것은 "그것은 아마도 그가 할 수 있는 모든 사악함이다"를 의미한다. 내 생각에 1933년 이후 어느 누구도 사악함에 대해 더 이상 농담을 하지 않았다).

브레히트의 경우에도 그렇듯이 오든의 경우에도 전도된 위선은 선해지고 선행을 하고자 하는——두 사람이 선언하는 것은 차치하더라도 인정하기를 부끄러워한 것——저지할 수 없는 성향을 숨기는 데 기여했다. 이것은 오든에게는 설득력이 있다. 그는 결국 기독교인이 되었기 때문이다. 그러나 브레히트와 관련해 그것을 듣는다는 것은 처음에는 충격이었을 것이다. 그럼에도 그의 시와 희곡을 면밀히 읽으면 나에게는 그것이 거의 증명되는 것 같다. 희곡『쓰촨의 선인』(The Gute Mensch von Sezuan)과 『도축장의 성녀 요안나』(Die Heilige Johanna der Schlachthöfe)가 있을 뿐만 아니라 아마도 더 설득력이 있지만 『서푼짜리 오페라』의 냉소 가운데 이러한 행들이 있다.[9]

착한 사람이 되어라! 누가 마다해?
빈민에게 재산을 왜 안 나눠 줘?

---

9) 제1막 제3장 「인간적 상황들의 불확실성에 관하여」에서 피첨이 부르는 노래다. 임한순 역주, 『브레히트 희곡선집 1』, 서울대출판문화원, 2006, 47쪽 참조할 것-옮긴이.

모두 착하면 천국이 멀지 않은데
누가 하느님 빛 가운데 앉기 싫을까?

　이러한 지극히 탈정치적인 시인들을 우리 세기의 혼돈스러운 정치
적 장면으로 끌어들인 것은 공적 행복에 대한 행위의 필요성이나 세
계를 변화시키려는 어떠한 욕구와 구별되는 로베스피에르의 불행한
사람들에 대한 "강력한 열정"(zèle compatissant)이었다.

　브레히트보다 훨씬 더 현명한—결코 더 똑똑하지는 않았지만—
오든은 일찍이 "시는 어떠한 변화도 일으킬 수 없다"[10]는 것을 알았
다. 그에게는 시인이 특별한 특권을 주장하거나 우리가 순수한 고마
움에서 아주 기꺼이 인정하는 인내를 요구하는 것은 완전히 터무니
없는 생각이었다. 오든의 경우 그의 온전한 정신과 분별에 대한 확
고한 신념만큼 존경스러운 것은 없었다. 그가 "무례한, 무례한"이라
고 언급하곤 했듯이 온갖 종류의 광기는 그의 눈에 규율의 결핍으
로 보였다. 중요한 것은 환상을 갖지 않은 것이고 현실에 당신의 눈
을 가리려는 생각—이론 체계—을 수용하지 않는 것이었다. 그는
초기의 좌파 신념에 등을 돌렸다. 수많은 사건들(모스크바 재판, 히틀
러-스탈린 비밀협정, 스페인 내란 동안의 경험)은 좌파 신념이 "부정
직"—그가 『짧은 시 모음집』 서문에서 언급했듯이 자신이 한때 썼

---

10) 오든, 「W.B. 예이츠를 추모하며」, 제2연의 시행이다. 그대 우리처럼 실없었
　　지만, 그대의 시재는 초월했나니,/ 부유한 여인들이 몰려 살던 곳, 쇠잔한 육
　　체, 바로 그대 자신을. 아일랜드의 광기에 상처 입어 시를 쓴 그대,/ 그 광기와
　　고약한 날씨는 여전하니/ 시는 어떠한 변화도 일으킬 수 없기에. 시는 세인들
　　이 한사코 멀리 하는/ 창조의 골짜기에서 살아남아,/ 외딴 목장과 번거로운
　　슬픔,/ 우리가 믿고 살다가 숨을 거두는 조야한 도회지에서/ 남쪽으로 흘러
　　간다. 시는 영원하리,/ 그것은 하나의 사건, 하나의 입. 봉준수 편역, 앞의 책,
　　79쪽-옮긴이.

던 것을 어떻게 버리는가를 아주 수치스럽게 말하면서 ─ 하다는 것을 증명했다.

　역사는 패배한 사람들에게
　아아라고 말할 수 있으나 어떠한 도움도 사과도 할 수 없네[11]

　그는 이렇게 말하는 것은 "자비와 성공을 동일시하는 것"이었다고 지적했다. 그는 자신이 "이러한 사악한 교의"─내가 의심하는 진술─를 결코 믿지 않았다고 단언했다. 왜냐하면 시행들은 "수사학적으로 효과적이기" 위해 쓰였을 만큼 아주 훌륭하고 정확했기 때문일 뿐만 아니라 이것은 1920년대와 1930년대 모든 사람이 믿었던 교의였기 때문이기도 하다. 이후 이런 시대가 왔다.

　어두운 악몽 속에서
　유럽의 모든 개들이 짖었고……

　모든 인간의 얼굴 속에서
　모욕당한 지성이 노려보고[12]

---

11) Auden, "Spain"(1937). 이 시는 오든이 스페인 내란 기간(1936-38)인 1937년 스페인을 방문했을 때 영감을 얻어 쓴 것이다. 내란 이전 스페인이 얼마나 영향력 있고 강력했는가를 표현하면서 스페인이 내란으로 어떻게 몰락하고 있는가를 표현했다. 이 시행은 마지막 연에 포함되어 있다. The stars are dead./ The animals will not look./ We are left alone with our day, and the time is short, and/ History to the defeated/ May say Alas but cannot help nor pardon-옮긴이.

12) 오든, 「W.B. 예이츠를 추모하며」 제3연의 시행이다-옮긴이.

마치 최악이 발생하여 순수한 악이 성공이 될 수 있었듯이 잠시 동안 보이는 시대가 왔다. 히틀러-스탈린 비밀협정은 좌파에게 전환점이었다. 이제 사람들은 인간사의 궁극적 판관으로서 역사에 대한 모든 신념을 포기해야 했다.

1940년대 자신들의 오랜 신념에 등을 돌린 사람들은 많았다. 그러나 그런 신념에 무엇이 잘못되었는가를 알았던 사람들은 소수였다. 그들은 역사와 성공에 대한 자신들의 신념을 포기하지 않은 채 대상(열차)만을 바꾸었을 뿐이다. 사회주의와 공산주의라는 열차는 잘못되었으며, 그들은 자본주의나 프로이트주의 또는 약간 세련된 마르크스주의의 열차, 아니면 정제된 세 가지 혼합물의 열차로 바꾸었다. 오든은 대신 기독교인이 되었다. 즉 그는 역사라는 열차를 완전히 떠났다. 스펜더가 "기도는 그〔오든-옮긴이〕의 가장 깊은 내면의 욕구에 부응한다"—나는 그의 가장 깊은 내면의 욕구가 단지 운문을 쓰는 것이었다는 것을 의심한다—고 주장했는데, 나는 그런 스펜더가 옳았는가에 대해서는 모른다. 그러나 나는 오든의 모든 산문 저작(에세이와 서평)을 밝혀준 분별력, 훌륭한 양식이 어느 정도 정통파의 보호막에 기인한다는 것을 상당히 확신한다. 오든의 저작이 체스터턴에 제공했듯이 이성에 의해 입증되거나 반증될 수 없었던, 오든의 저작이 지닌 전통적이며 일관된 의미성은 그의 표현대로 "쓰레기"의 쇄도에 맞서서 지적으로 만족스럽고 정서적으로 오히려 안락한 도피처를 그에게 제공했다. 그것은 그 시대의 무한한 시사풍자극이다.

만년의 오든을 회상하며

오든의 시를 연대기적 순서에 따라 다시 읽고 신성한 재능이나 축복받은 재주에 조금도 영향을 받지 않은 채 빈곤과 불행을 점점 더 견딜 수 없게 되었던 마지막 몇 년 동안 그를 기억할 때 나는 그가 예이츠보다 훨씬 더 많이 "상처를 입어 시를 쓰게" 되었다("아일랜드의 광기에 상처를 입어 시를 쓰다"[13])는 것을, 그리고 동정에 대한 그의 민감성에도 불구하고 공적인 정치적 상황에 상처를 입어 시를 쓰는 것이 필요하지 않다는 것을 이전보다 훨씬 더 확신하게 되었다. 그가 시인이 된 것은 말을 구사하는 예외적인 능력과 말에 대한 사랑이었지만 그가 위대한 시인이 된 것은 반대하지 않으려는 의향이다. 그는 이런 마음을 유지하면서 인간적 실존의 모든 차원에서 인간적 실패에 취약한 점 — 욕망의 뒤틀림, 마음의 부정, 세계의 불의에 취약한 점 — 이라는 "저주"를 인정했다.

시인을 따라, 제대로 따라
밤의 밑바닥까지 오라,
그대의 거침없는 목소리로
계속하여 기뻐하라고 우리를 설득하라;

시를 배양하여
저주의 포도원으로 만들고,
인간의 실패를 노래하라
황홀한 고통 속에서;

마음의 사막에서
치유의 샘물이 나오게 하라

---

13) 오든, 「W.B. 예이츠를 추모하며」 제2연의 시행이다-옮긴이.

그가 살던 시대의 감옥에서

자유인에게 찬미하는 법을 가르쳐라.[14]

찬사는 이러한 시행의 핵심어이며, "가능한 모든 세계의 가장 좋은 것"에 대한 찬사 ― 하느님의 창조를 정당화하는 것이 시인(또는 철학자)에게 마치 달려 있기라도 한 듯이 ― 가 아니라 이 지구상의 인간조건에서 가장 불만족스러운 모든 것에 맞서 이야기하고 상처 부위에서 그 자체의 힘을 빨아들이는 찬사다. 고대 그리스 음유시인들은 자신들이 이야기를 하고 노래를 부를 수 있도록 신들이 인간들을 향해 불행과 악한 것을 이야기한다는 것을 확신하고 있다.

나는 할 수 있었다(너는 할 수 없었고)

이유를 충분히 빨리 발견하여

하늘과 함성을 대면하기에

분노와 좌절에

진행되고 있는 것에 대해

그것이 명명하기를 요구하며

책임 있는 누구에게나;

하늘은 단지 기다리고

나의 모든 숨이 사라질 때까지

그리고 이후 반복한다

마치 내가 거기 없는 듯이

그 단일한 명령을

나는 이해하지 못하네,

---

14) 오든, 「W.B. 예이츠를 추모하며」 제3연의 시행이다─옮긴이.

축복하라, 존재를 위해 있는 것,
복종되어야 하는 것
나는 다른 무엇을 위해 만들어졌는데,
동의하든 반대하든[15)

그리고 사적인 인물의 승리는 위대한 시인의 목소리가 대단히 건
전한 공통감을 알리는 작지만 마음속을 꿰뚫어 보는 듯한 소리를 결
코 잠재우지 못했다는 것을 의미했다. 그리고 이런 공통감의 상실은
아주 가끔 신성한 재능을 위해 지불되는 대가였다. 오든은 자신의 정
신을 상실하는 것 — 즉 정신에서 발생한 "황홀" 속의 고통을 상실하
는 것 — 을 허용하지 않았다.

기억하라, 어떠한 은유도 표현할 수 없으니
실질적인 역사적 불행을;
당신의 눈물은 우리를 즐겁게 한다면 가치를 가지고 있고;
오 행복한 고통!은 슬픈 시가 말할 수 있는 모든 것이다.[16)

물론 젊은 오든은 위대한 시인이 되겠다고 마음을 먹었을 때 자신
이 지불해야만 하는 대가를 알았을 가능성은 없었던 것 같다. 나는
결국에 — 그의 감정의 강도도 아니고 그들을 찬사로 변형시키는 재
능도 아니고 그들을 지닌 채 그들과 함께 살려는 마음의 순수한 실제
적 힘이 점차 소멸되어 갈 때 — 그가 영어의 지속적인 영광을 위해
마지막 한 푼까지 대가를 지불했다는 것에 대해 단지 감사함을 표시

---

15) Auden, "Five Precious", *Selected Poetry of W.H. Auden*, New York: The
    Modern Library, 1958, pp.131-134-옮긴이.
16) Auden, "The Truest Is the Most Feigning", *Collected Poems*, p.620-옮긴이.

할 수 있다. 그리고 그의 친구들은 저승에서도 ─스펜더가 언급했듯이 한 가지 이상의 이유 때문에 "그의 현명한 무의식적인 자기 자신이 죽음을 위해 좋은 날을 택했다"─그의 아름다운 농담에서 어떤 위안을 발견할 수 있다.[17] "살 때와 죽을 때"를 아는 지혜는 인간들에게 주어지지 않았으나 사람들은 위스턴이 그 지혜를 시의 잔인한 신들이 자신들의 하인들 가운데 가장 복종하는 시인에게 부여한 최상의 보상으로 수용했을 수도 있다고 생각하기 좋아한다.

---

17) 스펜더가 오든 서거 한 달 즈음하여 쓴 추도사의 일부다. "그는 한 달 전에 서거했다. 이 몇 주 사이에 많은 일들이 일어났다. ······그의 가장 지속되는 이념들 가운데 하나는 한 사람의 신체적 무질서가 ······영혼상태의 성찰이며, 무의식적으로 살 때와 죽을 때를 선택할 수 있다는 것이었다. 그래서 나는 그의 현명한 무의식적인 자기 자신이 죽음을 위해 좋은 날을 택했다는 생각을 갖고 저승에 있는 그와 농담을 하면서 거의 미신에 사로잡히지 않는다." John Sutherland, *Stephen Spender: A Literary Life*, New York: Oxford University Press, 2005, p.480─옮긴이].

용어해설

개념적 사유(Conceptual thinking) 유형이나 연계성을 확인하고 주요 쟁점들을 설명함으로써 상황이나 문제를 이해하는 능력으로서 추상화 또는 일반화를 지향한다. 그러나 아렌트는 추상적·체계적·객관적인 사유를 비판하면서 모든 것을 과정으로 설정하는 '주관적' 사유-추상화 수준을 넘어서 경험에 충실하려는 태도-를 지향한다.

권력(Power) 공동으로 활동하는 능력이며, 사람들이 모일 때 나타났다가 흩어지면 사라진다. 따라서 언어 행위를 수반하는 현상인 권력은 가능태로 존재하며 강제력이나 내구력 같이 측정 가능한 실체가 아니다. 아렌트의 권력은 지배나 피지배와 다른 의미로 사용된다.

권위(Authority) '권위'(auctoritas)라는 말은 '증대'(augment)라는 의미의 동사 'augere'로부터 나온 것이며 권력과 대조적으로 그 뿌리를 과거에 두고 있다. 일반적으로 권위는 자발적 복종을 끌어내는 힘으로 정의된다. 따라서 권위는 항상 복종을 요구하기 때문에 특정 형태의 권력이나 폭력으로 오인되지만, 권위는 외부적 강제 수단의 사용을 사전에 배제한다는 점에서 권력이나 폭력과 다르다. 권위는 평등을 전제로 하는 설득과 다르다.

동정(Compassion), 연민(Pity) 전자는 특정한 사람의 고통을 함께하려는 감정이며, 후자는 불특정 다수의 고통을 함께하려는 추상화된 감정이다.

새로운 시작(New beginning) 아렌트 정치철학에서 핵심 개념어들 가운데 하나로서 여러 가지 용어로 표현된다. 절대적 시작은 'principium'으로, 상대적 시작은 'initium'으로 표현된다. 탄생(natality), 행위, 건국, 혁명, 입법 활동, 용서 등의 개념은 새로운 시작의 다른 표현이다. 탄생은 생물학적·정치적·정신적 차원으로 나뉜다. 정치적 차원에서 행위는 새로운 시작으로 정의되며, 건국은 새로운 정치질서의 형성이라는 측면에서 새로운 시작이다. 혁명 역시 새로운 시작이란 의미를 담고 있다. 새로운 법의 제정 또는 법 개정 역시 정치적 차원에서 새로운 시작이다. 용서는 행위로 야기된 난관을 제거하고 또 다른 행위를 가능하게 한다.

세계(World) 지구나 자연적 현상과 달리 인간들의 노력에 의해 형성되는 인위적인 공간으로서 인간조건의 일부다. 작업의 결과 존재하는 객관적 사물세계, 그리고 말과 행위를 통해서 형성되는 주관적인 인간관계망으로 구성된다. 지구 위에 세워져 있는 인위적인 안식처인 세계는 소비 대상이 아닌 사용 대상으로 구성된다. 자연과 지구가 일반적으로 인간적 삶의 조건을 구성한다면, 세계와 사물세계는 이러한 특별한 인간적 삶이 지구상에서 안주할 수 있는 조건을 구성한다.

세계사랑(Amor mundi, Love of the world) 신체 또는 생존 자체에 대한 관심, 영혼에 대한 배려인 '자아에 대한 사랑'(amor hominis)이나 이데올로기나 현대의 주관주의에서 나타나는 '세계 멸시'(contemptus mundi)와 대비되는 개념으로서 세계의 복지에 대한 냉정하면서도 열정적인 태도를 의미한다. 이러한 태도는 거리감과 관여라는 역설을 담고 있다. 따라서 확장된 사유방식, 대리적 사유, 공통감각, 불편부당성과 같은 판단의 속성은 세계사랑의 특성이다. 세계사랑의 태도는 정치적이다. 이러한 태도는 공적이고 공통된 상호주관적 세계의 형성과 유지에서 나타나며, 시민적 우정과 같은 실천에서 나타나고, 제도나 법과 같이 세계를 구성하는 활동에도 나타난다. 세계사랑의 태도나 실천은 안정성·실재성·공동성·공공성·공적 자유 등을 가능하게 하는 원동력이다. 아렌트의 경우 인간성 또는 인간의 존엄성은 세계사랑에서 나타난다. 따라서 세계사랑은 아렌트 인간주의의 핵심이다.

세계소외(World-alienation), 무세계성(Worldlessness) 근대성의 정신적 조건으로서 상호주관적으로 구성된 행위와 경험 세계를 상실한 상태다. 공적 세계가 형식적으로 존재함에도 불구하고 실제로는 사람들의 의식과 태도 속에서 무시되고 경멸되는 상태다. 전체주의는 이데올로기로서 사실과 공통감을 무시한다. 이것은 이데올로기가 공유하는 일반적 측면이다. 전체주의는 테러를 통해 공적·사적 삶과 더불어 다원성을 파괴한다. 그리고 다원성과 세계성은 상호 연계되기 때문에, 다원성의 상실은 세계 상실을 의미한다. 형이상학적 오류와 편견은 세계 멸시에 대한 가장 명백한 논리적 추론이다.

양심(Conscience) 기독교적 관점에서는 하느님이 인간의 내면에 심어준 것, 하느님의 목소리, 또는 비종교적 관점에서는 자연의 빛으로 정의된다. 소크라테스의 관점에서는 나와 나 자신이 공동으로 인식한 상태로서 사유의 부산물로 이해되었다.

용서(Forgiving) 인간사 영역에서 용서의 역할을 발견한 사람은 나사렛 예수다. 그는 종교적 맥락에서 그것을 발견하고 종교적 언어로 명료화했다. 아렌트는 종교적 용어를 정치언어로 전환했다. 우리가 행위의 결과로부터 해방되지 못할 경우 행위 능력을 결코 회복할 수 없다. 따라서 행위로 야기된 난관을 치유하여 행위를 지속하게 할 수 있는 치유능력을 지닌 또 다른 행위가 바로 용서다.

이야기하기(Storytelling) 아렌트는 이야기하기를 정의하지 않았지만, 경험에서 비판적 사유를 기술하기 위해 이 용어를 사용했다. 역사에 대한 인과론적 설명이 아니라 개별적 사건의 보편적 의미를 밝히는 글쓰기 형식이며, 정치이론의 한 방법이다. 정치사상가의 정의와 임무를 갱신하는, 즉 정치사상의 주류에서 벗어나 공적인 삶에 대한 비판적 이해를 표현하는 방식이고, 개념적 사유와 달리 경험을 정신 속에 재현하는 상상력을 훈련하고, 친밀성과 달리 우정을 촉진하며, 저자와 독자 사이에 확장된 사유방식을 유지하는 데 기여하는 저술방식이다.

인간조건(Human condition) 인간적 실존의 조건들인 삶 자체, 출생성과 사멸성, 세계성, 다원성, 지구가 인간조건이다. 아렌트는 야스퍼스의 '한계상황'을 인간조건으로 표현하고 있다. 이는 인간의 의지와 무관하게 우리의 삶을 제약하는 요소들이다. 아렌트의 정의에 따르면, 고통과 노력이 삶 자체를 변경시키지 않은 채 제거될 수 있는 징후일 뿐만 아니라 삶을 제약하는 필연성과 더불어 삶 자체가 자신을 느끼게 하는 양식과 같은 것이다.

자유(Freedom, Liberty) 아렌트의 자유(freedom) 개념은 근대 자유주의에서 말하는 소극적 의미의 자유가 아니라 새로운 것을 시작하는 능력으로서 자유라는 공화주의적 의미를 담고 있다. 정치의 존재이유는 자유이기 때문에, 자유는 정치와 대립적이지 않고 공존한다. 반면에 아렌트는 시민적 자유를 정치적 자유와 구분하고 이를 '리버티'(liberty)로 표현했다.

전통(Tradition) 어원은 '물려주다' '넘겨주다'라는 라틴어 'tradatio'에서 유래했다. 로마인은 건국 정신을 후세에 계승하는 정치행위로서 전통을 강조했다. 이러한 측면에서 전통은 최초의 행위와 연관된다. 그들은 정신적 전통의 출발점을 그리스 철학, 플라톤의 정치철학으로 이해했으며, 정치적 전통을 건국행위와 연계시켰다.

정신의 삶(Life of the mind) 활동적 삶과 달리 현상세계로부터 이탈하여 '고독한' 상황에서 작동되는 사유하기, 의지하기, 판단하기를 가리킨다. 관조의 삶(vita contemplativa)은 내면적 삶의 한 형태라는 점에서 정신의 삶과 같은 개념으로 오해된다. 관조의 삶은 마음의 평정 상태이지만 정신의 삶은 '분주한 상태' 또는 '긴장 상태'라는 점에서 두 개념은 서로 다르다. 그래서 카토는 아무것도 하지 않을 때 가장 분주하다고 주장했다. 정신의 삶 자체는 자신을 드러내지 않고 말과 행위를 통해서 비로소 자신을 드러낸다.

정치적 사유(Political thinking) 특정한 쟁점을 다양한 관점에서 고려함으로써, 즉 현존하지 않는 사람들의 입장을 내 정신에 나타나게 하는 정신활동이다. 나와 타자가 공존하는 정치영역에서 내가 세계 속에서 경험한 것, 다른 사람이 수행한 것을 수많은 사람의 관점에서 성찰하는 활동이다.

지구소외(Earth-alienation) 지구가 인간적 삶의 근본 조건임에도 불구하고 지구의 존재를 무시하는 태도다.

책임(Responsibility) 책임은 법적·도덕적 책임과 집단적 책임으로 구분된다. 전자는 사적 차원을 띠며, 후자는 정치적 차원을 띤다. 아렌트는 책임에 정치적 의미를 부여했다. 책임은 비자발적 행위이고 대리적 행위다. 책임은 범죄에 참여하지 않은 후손들의 행위이기 때문에 대리적이며 비자발적 성격을 띤다.

테러(Terror) 전통적 관점에서 테러는 단지 정치권력의 수단으로 이해되었다. 전체주의적 테러와 혁명적 또는 폭정적 테러는 다르다. 전자는 목적을 실현하는 수단이 아니라 오히려 목적 없는 과정이다. 이러한 전체주의적 테러의 목표는 인간의 단순한 잉여성을 노출시키는 것이다. 온갖 종류의 조직적인 반대가 사라질 때 테러의 완전한 강제력은 활개를 칠 수 있다.

폭력(Violence) 언어행위인 설득이 한계에 직면할 때 나타나는 한계적인 정치 현상이다. 권력은 언어행위를 매개로 나타나지만, 폭력은 수단을 매개로 사용된다. 인간은 사물세계를 구성하기 위해 자연을 폭력의 대상으로 삼을 수 있다. 그러나 인간을 대상으로 하는 폭력은 근본적으로 정당하지 않기 때문에 사후적으로만 정당화될 수 있다. 폭력은 물리적 강제력, 신체력 등과 같이 자연 현상이 아닌 인간적 현상이다. 폭력 본능을 동물적 본능으로 규정하는 것은 인간을 동물로 전락시키는 위험성을 내포한다.

혁명(Revolution) 혁명이란 용어는 천체 궤도의 운행(De revolutionibus orbium coelestium)이란 코페르니쿠스의 표현을 통해 자연과학에 중요해진 천문학 용어였지만, 18세기에 이르러 새로운 시작이 정치적 사건이라는 것을 깨달으면서 정치학 용어로 정착되었다. 혁명은 미국 혁명과 프랑스 혁명을 통해서 나타난 근대적 정치현상이다. 아렌트의 경우 새로운 시작과 자유의 확립이란 요소를 지닌 정치적 사건만이 혁명이라는 명칭을 부여받을 수 있기 때문에, 근대 이전에 존재했던 정변·내란·소요·반란·폭동·정부 순환 등은 혁명의 위상을 지니지 못한다.

활동적 삶(Vita activa) 아렌트는 관조적 삶의 관점에서 활동적 삶의 의미를 규정하는 전통을 거부하고 활동적 삶의 진정한 의미를 복원시키고자 했다. 노동, 작업, 행위는 인간의 근본적 활동이다. 우리는 생존 또는 삶이란 인간조건을 극복하고자 노동에 참여하고, 자연의 위협으로부터 인간을 보호하는 세계와 세계성이라는 인간조건에 대응하고자 작업에 참여하며, 세계의 다원성을 유지하고자 행위에 참여한다.

후마니타스(Humanitas) 다양한 형태의 인간애, 즉 동정심, 형제애, 박애 등이 존재하지만, 아렌트는 공공영역에서 인간애를 인간성으로 규정했다. 그리스인은 우정의 대화에서 이루어지는 인간다움을 '필란트로피아'로, 로마인은 인간성이 형제애에서 발현되기보다 우정 속에서 나타난다고 생각했고 이를 '후마니타스'라고 표현했다. 칸트와 야스퍼스는 인간다움의 극치를 '후마니테트'로 표현했다. 아렌트는 일단 획득되면 사람들을 결코 떠나지 않는 정당한 개성이라고 규정했다.

한나 아렌트 연보

1906년   바울 아렌트(Paul Arendt, 1873-1913)와 마르타 콘(Marta Cohn, 1874-1948)은 1902년 4월 11일 결혼했다. 아렌트는 쾨니히스베르크 대학교에서 공학을 전공한 아버지가 하노버 인근 도시 린덴의 전기회사에 근무하던 때인 1906년 10월 14일 태어났다.

1909년   어머니 집안은 1852년 리투아니아에서 동프러시아의 수도인 쾨니히스베르크(현재 칼리닌그라드)로 이주해 무역회사(N.J. Cohn & Company)를 운영했다. 바울 아렌트의 병세가 악화되자 아렌트 집안은 이곳으로 귀향했다.

1910년   아렌트는 유치원에 입학해 교육을 받으면서 유별나게 조속해 선생들로부터 주목을 받았다. 1911년 아버지가 정신병원에 입원하자 할아버지 막스(Max, 1843-1913)와 많은 시간을 보냈다.

1913년   말벗이 되었던 할아버지가 3월 사망했고, 지트니크(Szittnick) 초등학교에 입학한지 2개월만인 10월 30일 아버지가 사망했다.

1914년   제1차 세계대전이 발발하자 아렌트 집안은 잠시 베를린으로 이주했다가 10주 후에 귀향했다. 아렌트는 1915년 루이제슐레(Luise schule)에 입학해 학교를 다니는 동안 잦은 병치레를 하였다.

1919년   스파르타쿠스단의 반란이 발생했을 때 로자 룩셈부르크를 존경했던 어머니 마르타는 아렌트에게 "너는 관심을 가져야 한단다. 이것은 역사적인 계기란다!"라고 말해주었으며, 로자 룩셈부르크

	는 아렌트의 혁명이론에 많은 영향을 미쳤다.
1920년	어머니가 전쟁 기간 동안 알고 지냈던 베어발트와 2월 재혼하면서 아렌트는 베어발트 집안 식구들과 함께 살았다. 라헬 파른하겐 전기를 쓸 수 있도록 도움을 준 안네 멘델스존을 만났으며 평생 우정을 나눴다.
1921년	무분별함으로 악명이 높았던 젊은 선생의 수업을 거부하는 데 참여했다는 이유로 고등학교에서 퇴학당했다. 퇴학당한 이후 베를린 대학교에서 로마노 과르디니의 지도로 신학강좌와 그리스어반과 라틴어반에 참여해 공부했다.
1923년	쾨니히스베르크로 돌아와 대학교 입학 자격시험(Abitur)에 응시해 급우들보다 1년 일찍 시험에 통과했다.
1924년	마부르크 대학교에 입학해 하이데거의 철학 강의에 참여했다. 이때 하이데거와의 은밀한 사랑으로 다른 사람들과의 관계가 소원했지만, 평생 우정을 나눈 한스 요나스와 첫 남편인 귄터 스턴(안더스)을 1925년 만났다. 이때 자화상을 묘사한 시 「그림자」을 써서 하이데거에게 보냈다.
1926년	열렬히 사랑했지만 이방인일 수밖에 없었던 하이데거와 결별한 뒤 프라이부르크 대학교에서 후설의 현상학 강의에 참여했다. 하이델베르크 대학교로 이적해 박사학위 논문을 준비했다.
1929년	야스퍼스의 지도 아래 「아우구스티누스의 사랑 개념」이란 주제로 박사학위 논문을 마쳤다. 아렌트는 베를린으로 이주해 9월 아동심리학의 연구로 독일에서 존경을 받았던 집안의 스턴과 결혼했다. 릴케의 『두이노의 비가』에 관한 논문을 공동으로 집필하고 『라헬 파른하겐: 한 유대인 여성의 삶』을 집필하기 시작했다.
1930년	독일 학술비상대책재단(Notgemeinschaft)으로부터 연구기금을 받았다.
1933년	2월 27일 제국의회가 방화로 소실되고 반유대인조치가 내려진 기간 동안 정치인사의 망명을 돕는 일에 참여하다가 체포되어 심문을 받았으며, 경찰에서 풀려난 직후 체코 국경을 넘어 파리로 망명했다.

1935년	파리 소재 '유대인 청년 알리야'(Jewish Young Aliyah) 단체에서 활동하면서 팔레스타인을 방문했고 1938년까지 활동했다. 이 단체는 1939년 본부를 런던으로 옮겼다.
1936년	아렌트는 스파르타쿠스단과 공산당에 가입해 활동하다가 파리로 망명했으며 이후 공산주의로부터 전향한 블뤼허를 만났다.
1937년	귄터 스턴과 이혼했다. 스턴은 이때 미국으로 망명했다.
1939년	어머니와 파리에서 4월에 재회했으며, 블뤼허는 여름에 빌마라드(Villemalard)수용소에 구금되었다가 가을이 되어서야 파리로 돌아왔다.
1940년	아렌트와 블뤼허는 1월 파리 시민법정으로부터 결혼허가서를 받아 결혼했고, 여름에 프랑스가 독일군에 함락되자 미국행 긴급비자를 발급받아 스페인 국경을 넘어 망명길에 올랐다. 베냐민은 마르세유에서 자신의 원고를 블뤼허 부부에게 맡겼으며 스페인 세관원의 국경선 폐쇄가 있던 날 자살했다.
1941년	5월 22일 뉴욕에 도착한 블뤼허 부부는 무국적자로서 미국 생활을 시작했다. 이때부터 1945년까지 『재건』의 기고자로 활동하면서 『유대인전선』, 『파르티잔 리뷰』 등에 많은 글을 게재했다.
1942년	조셉 마이어와 함께 청년유대인단체(The Young Jewish Group)를 창설했다.
1944년	메리 매카시를 만났으며, 미국 소재 유럽유대인문화재건위원회의 이사가 됐다.
1945년	『전체주의의 기원』을 집필하기 시작했으며, 멜빈 라스키를 통해 야스퍼스와 편지를 교환하기 시작한 직후 공동 연구자가 되었다. 브루클린 대학교에서 현대 유럽사를 강의했다.
1946년	「팽창과 힘의 철학」, 「프랑스 실존주의」, 「지옥의 이미지」, 「더 이상 아님과 아직 아님」 등 다수의 에세이를 기고했으며 쇼켄출판사 편집자로 활동했다.
1948년	영국에 거주하고 있는 에바 베어발트(어머니 두 번째 남편의 딸)를 방문한 직후인 7월 어머니 마르타가 타계했다.
1949년	『전체주의의 기원』 집필을 완료하였으며, 전후 처음으로 유럽을

방문해 유대인 문화재건위원회 비즈바덴 본부에서 6개월간 활동
했다. 이때 1948년 스위스 바젤로 이주한 야스퍼스 부부, 그리고
하이데거와 재회했다.

1950년   한국전쟁 발발 소식을 듣고 스탈린주의의 분석으로 이어질 수 있
는 전체주의의 마르크스주의적 요소를 연구했다. 하이데거를 만
나고 귀국한 이후 『사유일기』를 집필하기 시작했다.

1951년   『전체주의의 기원』 초판을 출간했으며 미국 시민권을 얻게 되어
18년 동안 무국적자로서의 삶을 청산했다. 이후 노동하는 동물로
서 인간이라는 마르크스의 개념을 이해하고자 관련 자료를 검토
했다. 이후 10년 동안 많은 대학교에서 철학과 사회이론을 강의했
다.

1952년   신학을 가르친 은사 로마노 과르디니(Romano Guardini)를 뮌헨
에서 만났다.

1953년   프린스턴 대학교 가우스 세미나에서 「칼 마르크스와 위대한 전
통」에 대한 탐색적이고 포괄적인 철학적 접근을 제시했다. 「칼 마
르크스와 서양 정치사상의 전통」이란 주제의 논문은 『사회연구』
(2002)에 출간되었다.

1954년   2월 노트르담 대학교에서 「프랑스 혁명 이후 행위와 사유의 문제」
라는 주제로 세 차례 강의했으며, 수정된 원고는 「철학과 정치」라
는 제목으로 1990년에 출간되었다.

1955년   버클리 대학교에서 「유럽의 정치이론」이란 주제로 대학원 세미나
와 「철학과 정치」라는 강의를 담당하면서 『인간의 조건』 및 『과거
와 미래 사이』에 포함될 논문을 집필했다. 남편인 블뤼허는 바드
대학교 철학 교수로 임용되었다.

1956년   메리 매카시와 함께 네덜란드를 방문하던 중 헝가리 혁명에 관한
소식을 듣고 헝가리 혁명에 대해 저술했다. 시카고 대학교 월그린
재단에서 '활동적 삶'(*Vita Activa*)이란 주제로 강의했다.

1957년   「세계시민으로서 야스퍼스」라는 주제의 논문을 『칼 야스퍼스의
철학』에 게재했고 이후 『어두운 시대의 사람들』에 다시 수록했다.

1958년   마르크스의 노동 개념 분석을 노동, 작업, 행위에 관한 연구로 전

환한 결실, 즉『인간의 조건』을 출간했다. 독일 출판서적상협회가 야스퍼스에게 평화상을 수여하는 자리에서 "카를 야스퍼스: 찬사"라는 주제로 연설했다.「전체주의적 제국주의: 헝가리 혁명에 대한 성찰」을『정치학지』(*The Journal of Politics*)에 게재했다.

1959년 　『논평』잡지사측이 요청해「리틀 락 지역에 대한 성찰」이란 제목의 논문을 집필했으나 최종적으로『의견 차이』에 게재했다. 여기에서 인종차별이 각 공간(사적·사회적·정치적)에서 어떤 의미를 지니는지를 제시했다. 함부르크 자유시가 시상하는 레싱상을 받는 자리에서 "어두운 시대의 인간성: 레싱에 관한 사유"라는 주제로 강연을 했다. 여성으로서 프린스턴 대학교 정교수로 처음 임명됐다.

1960년 　5월 아이히만이 이스라엘로 송환되자『뉴요커』(*The New Yorker*) 편집장에게 재판 참관자로 참여하겠다고 제안하고 이후 강의 및 연구일정을 재조정했다.

1961년 　아이히만 재판 참관 기사를『뉴요커』에 5연작으로 기고하고 남편과 함께 야스퍼스 부부를 만났다. 귀국 후『혁명론』을 집필했고,『과거와 미래 사이』초판을 출간했다. 아이히만은 유대민족에 대한 범죄와 인류에 반하는 범죄로 사형 선고를 받았다.

1962년 　3월 택시 교통사고로 입원했다. 미국 예술과학아카데미 특별 회원으로 선출됐다. 이스라엘 라므라(Ramla)감옥에서 아이히만의 사형이 집행됐다.

1963년 　『혁명론』은 봄에 출간되었으나『예루살렘의 아이히만』의 출간으로 독자들로부터 주목받지 못했다. 1963년부터 1967년까지 시카고 대학교 사회사상위원회 회원으로 활동하며 강의를 담당했다.

1964년 　권터 가우스와의 텔레비전 대담하였으며, 대담 내용은 "무엇이 남아있는가? 언어가 남아있다"는 제목으로『이해의 에세이』(*Essays in Understanding*, 1930-1954)에 수록되었다.

1965년 　「진리와 정치」라는 주제의 논문을 집필하기 시작해 코넬 대학교 강의를 통해 완결지었다. 이 논문은 아이히만 논쟁에 대한 아렌트의 답변이었으며, 정치에 있어서 '초연한 진리 추구'의 중요성에 대한 아렌트의 주장이었다. '통킹만 사건'(Gulf of Tonkin Incident)을 계기로 미국의 베트남전 참전에 비판적 입장을 보였다.

1966년 미국정치학회의 모임에서 「진리와 정치」라는 논문 최종판을 발표했다. 『예루살렘의 아이히만』 히브리어판이 이스라엘에서 출판됐다.

1967년 뉴스쿨에서 전임 교수직을 맡았으며, 「진리와 정치」를 『뉴요커』에 게재했다. 언어와 문학에 기여한 공로로 독일 학술원으로부터 지그문트 프로이트상을 수상했다.

1968년 『어두운 시대의 사람들』을 출간함으로써 현대의 인식론과 가치론의 위기 문제를 제기했고, 베냐민의 저작 『조명』을 편집 출판했다. 마틴 루터 킹 목사, 컬럼비아 대학교 점거, 구소련의 체코 침공을 목격하면서 『폭력론』을 집필하기 시작했다. 블뤼허는 바드 대학교에서 퇴임했다.

1969년 2월 26일 스승인 야스퍼스의 서거로 바젤을 방문하고 장례식에 참석했다. 미국 예술문학원으로부터 에머슨-소로우 메달을 받았다.

1970년 10월 30일 뉴스쿨에서 「사유와 도덕적 고찰」이란 주제의 논문을 발표했으며, 다음날 남편인 블뤼허가 타계했다. 그의 묘소는 바드 대학교 교정 인근에 있다. 「시민 불복종」을 『뉴요커』에 게재했고, 『폭력론』을 출간했다.

1971년 『국방성 보고서』가 『뉴욕 타임스』(The New York Times) 등을 통해 공개되자 「정치에서의 거짓말」이라는 논문을 발표했다.

1972년 스코틀랜드 에버딘 대학교의 에드워드 라이트로부터 1973년 봄 기퍼드 강의를 수락해달라는 편지를 받고 '사유'에 관한 원고를 집필하면서, 10월 토론토 사회정치사상연구회가 조직한 '한나 아렌트의 저작에 관한 학술회의'에 참석했다.

1973년 첫 번째 일련의 기퍼드 강의를 마치고 귀국한 후 '의지'에 관한 원고를 준비하기 시작했다.

1974년 두 번째 일련의 기퍼드 강의를 진행하던 중 5월 심장병 발병으로 강의를 중단했다.

1975년 덴마크 정부는 유럽 문명에 기여한 공로로 아렌트에게 소닝상을 수여했다. 12월 4일 '판단' 원고를 집필하던 중 심근경색으로 타계했다. 12월 8일 리버사이드 기념 예배당에서 친구인 한스 요나스, 메리 매카시, 제롬 콘, 윌리엄 요바노비치가 아렌트의 생애와 저작을 회상하는 추도예배가 열렸다.

옮긴이의 말

  아렌트는 유럽의 '잃어버린' 제1세대와 제2세대 사이에 해당하는 1906년에 태어났습니다. 레싱을 제외하면 9명의 인물은 아렌트보다 거의 한 세대 앞서 태어났으며 구리안, 자렐, 사로트는 아렌트와 같이 1900년대에 태어났습니다. 그러나 아렌트는 이들과 어두운 시대의 세계를 함께 경험했으며, 레싱과 교황 요한 23세, 로자 룩셈부르크를 제외하고 생전에 만났던 인물들을 특별히 이 책의 주인공으로 삼고 있습니다. 아렌트는 위대한 사상가들과 우정의 대화를 나누어 그 결실을 많은 저작에 남겼으며 또한 이 책에 등장하는 인물과 교류하면서 우정을 나누며 이를 자신의 방식으로 드러냈습니다.

  이 책은 『라헬 파른하겐』과 더불어 아렌트의 삶을 간접적으로 이해할 수 있는 자서전과 같은 성격을 다분히 띠고 있습니다. 아렌트는 자신의 삶과 사상을 직접 이야기하기보다 주로 20세기 어두운 시대에 살았던 사람들의 삶과 정신세계를 조명하는 가운데 자신의 정체성을 어렴풋이 독자들에게 보여주고 있기 때문입니다. 따라서 아렌트의 유대인성과 유럽인성을 살펴볼 수 있을 것입니다. 즉 이 책은 아렌트의 정치사상을 이해하려는 독자들에게 그녀의 정신세계에 접근할 수 있는 기회를 제공하고 있습니다. 드러내려는 의도와 숨기려는 의도를 이중적으로 표현하는 '이야기하기'는 독자들의 이해를 어렵게 할 수도 있습니다. 이러한 특성을 담고 있는 원본을 우리말로 옮기는 과정에서 일부 내용의 번역은 역자에게는 마치 암호를 해독하는 것 같기도 하였습니다.

이 책은 한국사회가 '칠흑같이' 어두웠던 1980년대 초반 해직기자라는 한계인의 위치에 있던 권영빈 선생의 각별한 노력으로 1983년에 문학과지성사에서 출판하여 우리 독자들에게 소개된 적이 있습니다. 오래 전에 출간된 적이 있던 『혁명론』과 더불어, 이 책들은 당시 독자들로부터 주목을 많이 받지 못한 것으로 기억합니다. 독자들께서 한나 아렌트라는 정치사상가에 주목할 정치사회적 환경은 아니었기 때문입니다. 아쉽게도 이 책은 절판되어 독자들에게 회자되지 못했습니다. 아렌트가 재조명되던 시기에 역자는 도서출판 인간사랑의 도움으로 한 세대 후의 독자들에게 이 책을 다시 소개한 바 있습니다.

한길그레이트북스 시리즈에 포함된 이 책에는 4편의 에세이를 추가로 수록하였습니다. 아렌트가 1968년 출간한 영어본은 그녀가 1955년 이후 1968년까지 쓴 11편의 에세이를 수록하고 있으며, 우르주라 루츠(Urzula Ludz)가 편집하여 1989년 출간한 피페르(Piper)출판사의 독일어 번역본에는 1965년 발표한 사로트에 관한 에세이를 포함해 1969년 이후 1973년 사이 쓴 세 편의 에세이가 포함되어 있습니다. 『난간 없는 사유』와 『문학과 문화에 대한 성찰』에 수록되어 있는 이 에세이들을 우리말로 독자들에게 소개할 수 있게 되어 다행이라고 생각합니다.

15편의 에세이 가운데 몇 편만이 논문 형식을 취하고 있으며 대부분은 전기 형식을 취하고 있습니다. 따라서 아렌트는 출처를 많이 인용하지 않고 주로 인용 형식으로만 표기하고 있습니다. 문제는 아렌트가 인용 문장과 강조 문장을 똑같이 큰따옴표로 표기하고 있다는 점입니다. 이 점을 고려하여 인용표기를 그대로 유지하지만 강조 문구는 되도록 작은따옴표로 표기했습니다. 경우에 따라 구분하기 어려운 부분도 있기 때문입니다. 아렌트가 인용 표시만 한 경우 그 출처를 옮긴이주에 표기하였고 맥락을 이해할 수 있도록 관련 문헌의 내용을 소개하였습니다. 옮긴이주가 많기 때문에 독자들의 읽기를 더디게 하는 의도하지 않은 결과가 생겼습니다. 독자 여러분의 양해를 바랍니다.

아렌트는 몇 편의 에세이를 제외하고 대부분 '절'이나 '항'의 제목을 달지 않고 로마 숫자 Ⅰ, Ⅱ, Ⅲ으로 표기하거나 아예 이러한 구분도 하지 않았습니다. 이 번역본에서는 원문의 의도를 유지하면서 중간에 소제목을 달았습니다. 이를 통해 독자들에게 아렌트의 의도를 좀 더 명료하게 제시하고자 하였으나 맥락 전체를 포괄할 수 없는 경우 전반적인 흐름을 흩트리지 않는 범위에서 소제목을 달았습니다.

그러나 독자 여러분은 이러한 불편함에 개의치 않고 책을 읽는다면 아렌트의 사상을 이해하고 한국 현대사와 우리의 삶을 되돌아볼 수 있는 통찰력을 얻을 수 있을 것입니다. 한국 현대사에도 어두운 시대는 오랫동안 지속되었기 때문입니다. 그리고 우리가 살고 있는 현재는 국정농단으로 비가시광선(black light) 같이 '보이지 않는 어둠'이 깔려 있던 시기와 2016-17년 촛불집회로 빛을 밝히게 된 시기로 나누어집니다. 아렌트의 정치철학을 연구하다보면 역사적 산물인 전체주의나 그 잔재를 연상시키기 때문에 우리 시대, 그리고 우리 사회와의 연관성에는 덜 주목할 수도 있습니다. 1960년대 말과 1970년대 초 미국사회에서도 존재했으며, 따라서 민주사회에서도 존재했던 수많은 어두운 시대를 이해할 때 우리는 역사적으로 존재했던 어두운 시대를 다시 성찰할 수 있는 기회를 갖게 될 것입니다.

'어두운 시대'는 시적 은유입니다. 철학과 시는 비가시적인 현상을 드러내고자 은유를 공통으로 이용합니다. 아렌트는 브레히트의 「후손들에게」에 나타나는 시적 은유를 정치적 은유로 바꾸었습니다. 아렌트는 이 책에서 독자들에게 무엇을 이야기하고 있는가요? 아렌트는 '등장인물들'의 삶과 사상을 이야기하기로 들려주고 있지만 무엇보다도 사유의 중요성을 알리고 있습니다. 아렌트의 저작에는 변증법적 사유, 대리적 사유 그리고 시적 사유가 잘 드러납니다. 변증법적 사유는 나와 나 자신 사이의 대화이고, 대리적 사유는 다른 사람의 입장에서 현상을 보는 정신활동입니다. 그러나 이 책에서는 시적 사유가 단연 돋보입니다. 우리는 시인이나 작가가 아니면서 시적 사유로 수많은 현상에 숨겨진 의미를 이해할 수 있습니다.

아렌트의 표현대로 '언어적' 망명자의 글을 번역하기란 쉽지 않은 일입니다. 1933년 나치 독일에서 망명하여 18년간 무국적자로 살다가 1951년 미국 시민권을 얻게 되었지만 모국어인 독일어로 사유하면서 영어로 쓴 아렌트의 원전을 우리말로 옮기는 과정에서 오역이 생기지 않을까라는 우려 때문에 작업은 지체될 수밖에 없었습니다. 그리고 독자들의 이해를 돕고자 해제논문을 첨부하기로 결정한 이후 아렌트의 은유적 글쓰기를 파악하면서 해제논문을 쓰는 작업 역시 역자에게는 큰 부담이었습니다.

이 책을 번역하는 과정에서 많은 분들의 지적 도움과 격려가 있었습니다. 많은 분들의 우정, 그리고 관심과 배려를 잊을 수 없습니다. 무엇보다도 한나아렌트학회 회원 여러분의 조언과 격려는 이 책을 번역하는 과정에서 가장 큰 힘이 되었습니다. 특히 원본의 의미를 음미하여 속속들이 이해할 만큼 이 책에 각별한 관심을 갖고 있는 가산불교문화원의 고옥스님의 배려에 감사함을 표합니다. 여러분들의 조언으로 번역상의 오류를 많이 벗어나기는 했으나 여전히 부족한 점을 느낍니다. 자신감이 아니라 오만이 앞설 때 일을 그르치기란 쉽습니다. 번역을 '고역'(苦譯)이라고 하지만 이 고역을 '깨닫는 기쁨' 보다 '고역'(苦役)으로 생각하는 순간 오역은 자연스럽게 나타납니다. 따라서 번역상의 오류는 전적으로 역자의 책임입니다. 방심하여 나타나는 실수를 완전히 극복할 수 없기에 독자 여러분께서 넓은 마음으로 혜량하여 주시기 바랍니다.

역자는 텍스트 중심에서 음성과 이미지가 부각되는 시대로 바뀐 요즈음 출판계의 사정이 그렇게 좋은 편은 아니라는 점을 잘 알고 있습니다. 이미 출간했던 책이 다시 빛을 보기란 쉽지 않은데, 한길사의 깊은 관심과 배려로 이 귀중한 책이 독자들을 다시 만날 수 있게 되었습니다. 아렌트 저작에 지대한 관심을 갖고 책을 출간할 수 있도록 귀중한 기회를 마련해주신 김언호 사장님께 감사의 말씀을 드립니다. 아울러 현대 독자들의 책읽기를 도울 수 있는 좋은 의견을 제시하고 번역의 완성도를 높일 수 있도록 세심하게 편집과 교정을 맡은 김대일 선생님에게도 고마움을 표합니다. 마지막으로 연구하는 삶에 매진할 수 있도록 도와준 아내를 비롯한 집안 식구들과 출간의 기쁨을 함께 나누고자 합니다.

2019년 4월
이문동 연구실에서

찾아보기

인명

용어

|ㄱ|

지은이 한나 아렌트

한나 아렌트(Hannah Arendt, 1906-75)는
독일 하노버 인근 도시 린덴에서 태어나
대부분 유년시절을 쾨니히스베르크에서 보냈다.
대학시절 하이데거 강의에 참여하면서 철학에 관심을 갖게 되었고
야스퍼스의 지도 아래 「아우구스티누스의 사랑 개념」이라는 주제로
박사학위를 받았다. 나치체제가 등장한 1933년 파리로 망명한 후
망명지식인들과 교류하면서 유대인운동에 참여했다.
1941년 미국으로 이주해 1951년 미국 시민권을 획득했다.
1951년 『전체주의의 기원』을 출간한 이후 『인간의 조건』(1958),
『과거와 미래 사이』(1961), 『예루살렘의 아이히만』(1963), 『혁명론』(1963),
『어두운 시대의 사람들』(1968) 등 주요 저작을 출간했다.
이 가운데 『어두운 시대의 사람들』은 언제 어디서나 나타날 수 있는
어두운 시대의 세계에 맞서 투쟁한 인물들의 삶을 조명하고 있으며,
시적인 사유가 돋보이는 저작이다. 이후에도 『폭력론』(1969),
『공화국의 위기』(1972), 『라헬 파른하겐』(1974)을 출간했다.
만년에 이르러 기퍼드 강의에 참여해 정신의 삶을 연구하는 데 전념하다가
1975년 12월 4일 심근경색으로 타계했다.
사후에 출간된 저작으로는 『정신의 삶: 사유와 의지』(1978),
『칸트 정치철학 강의』(1982), 『이해의 에세이』(1994),
『아우구스티누스의 사랑 개념』(1996), 『책임과 판단』(2003),
『정치의 약속』(2005), 『유대인 문제에 대한 성찰』(2007),
『난간 없는 사유』(2018), 그리고 다수의 서간집이 있다.
평생 동안 인간다운 삶으로서 정치적 삶과 정신의 삶의 의미를 조명하는 데 헌신했다.

옮긴이 홍원표

홍원표(洪元杓)는
한국외국어대학교 정치외교학과를 졸업했고
동 대학원에서 「고전적 합리주의의 현대적 해석:
스트라우스, 보에글린, 아렌트」라는 주제로 박사학위를 받았다.
이후 한나 아렌트 정치철학 연구에 전념하고 있다.
한국외국어대학교 언어외교(LD)학부 재직 중
미네르바교양대학 학장을 맡았으며, 현재는 명예교수로 있다.
한국외국어대학교 교무처장,
한국정치학회 편집이사·총무이사·부회장을 역임했고,
한나아렌트학회 회장을 역임한 바 있다.
저서로는 『현대 정치철학의 지형』(2002),
『아렌트: 정치의 존재이유는 자유다』(2011),
『한나 아렌트 정치철학: 행위, 전통, 인물』(2013),
『비극의 서사』(2018) 이외 다수의 공저가 있다.
역서로는 『혁명론』(2004), 『한나 아렌트 전기: 세계사랑을 위하여』(2007),
『이해의 에세이』(공역, 2012), 『정신의 삶: 사유와 의지』(2019) 등이 있다.

HANGIL GREAT BOOKS 161

어두운 시대의 사람들

지은이 한나 아렌트
옮긴이 홍원표
펴낸이 김언호

펴낸곳 (주)도서출판 한길사
등록 1976년 12월 24일
주소 10881 경기도 파주시 광인사길 37
홈페이지 www.hangilsa.co.kr
전자우편 hangilsa@hangilsa.co.kr
전화 031-955-2000~3 **팩스** 031-955-2005

부사장 박관순 **총괄이사** 김서영 **관리이사** 곽명호
영업이사 이경호 **경영이사** 김관영 **편집주간** 백은숙
편집 박희진 노유연 최현경 강성욱 이한민 김영길
관리 이주환 문주상 이희문 원선아 이진아 **마케팅** 정아린
디자인 창포 031-955-2097
인쇄 오색프린팅 **제책** 경일제책사

제1판 제1쇄 2019년 5월 31일
제1판 제3쇄 2022년 6월 30일

값 28,000원

ISBN 978-89-356-6478-8 94080
ISBN 978-89-356-6427-6 (세트)

● 잘못 만들어진 책은 구입하신 서점에서 바꿔드립니다.

한길그레이트북스 인류의 위대한 지적 유산을 집대성한다

●한길그레이트북스는 계속 간행됩니다.